Silver Currency and
Its Role in the Evolution of
Chinese History

白银货币与
中国历史变迁问题研究

王 信 罗 锐 ◎ 主编

中国金融出版社

责任编辑：李 融 董 飞
责任校对：刘 明
责任印制：张也男

图书在版编目（CIP）数据

白银货币与中国历史变迁问题研究/王信，罗锐主编. —北京：中国金融出版社，2021.5

ISBN 978 – 7 – 5220 – 1120 – 2

Ⅰ.①白… Ⅱ.①王…②罗… Ⅲ.①银—货币史—研究—中国 Ⅳ.①F822.9

中国版本图书馆CIP数据核字（2021）第083536号

白银货币与中国历史变迁问题研究
BAIYIN HUOBI YU ZHONGGUO LISHI BIANQIAN WENTI YANJIU

出版 发行	中国金融出版社
社址	北京市丰台区益泽路2号
市场开发部	（010）66024766，63805472，63439533（传真）
网上书店	www.cfph.cn
	（010）66024766，63372837（传真）
读者服务部	（010）66070833，62568380
邮编	100071
经销	新华书店
印刷	保利达印务有限公司
尺寸	185毫米×260毫米
印张	30.75
字数	650千
版次	2021年5月第1版
印次	2021年5月第1次印刷
定价	128.00元

ISBN 978 – 7 – 5220 – 1120 – 2
如出现印装错误本社负责调换　联系电话（010）63263947

编委会

[主　　编] 王　信　罗　锐

[副 主 编] 雷　曜　陈建新

[学术顾问] 吴景平　何　平　戴建兵　周卫荣　高聪明

[编 写 组] 尹向明　宋东晓　褚雪洁　魏　磊
　　　　　　刘东岩　王佳琪　蒋晓宇　段赛赛

前　言

　　我国货币历史源远流长。金银因其价值高、易分割、便于携带等特点，历史上长期在不同程度上发挥货币职能作用，特别是白银在其中的作用尤为重要。中国人民银行作为中央银行，在计划经济时期收兑了大量金银历史货币。加强货币史、金融史研究，从历史上的货币发行管理实践中总结规律、经验，既是央行的职责所在，也是当前深化金融体制改革的现实要求。

　　中国历史上的白银货币问题是近年来中国人民银行货币史研究的重点之一。行领导高度重视白银货币研究工作，易纲行长、郭树清书记充分肯定货币史、金融史研究的必要性，并多次作出重要指示批示。2019年12月，易纲行长参加中国历史上的白银货币问题研究讨论会，从贸易差额、货币存量与流动、战争赔款等方面阐述白银货币问题研究思路。郭树清书记批示深入研究白银流动与经济金融稳定的关系问题。陈雨露副行长多次强调金融史研究的紧迫性和重要性，并作出开展红色金融史研究的重要批示。范一飞副行长部署、推动人民银行库存非标准金银清点查验工作，多次就以史为鉴、古为今用开展货币史研究提出具体指导意见。刘桂平副行长高度重视金融史研究工作，肯定白银货币研究的重要意义。

　　为落实行领导有关指示精神，做好中国货币史特别是白银货币问题研究，中国人民银行研究局（所）和货币金银局（保卫局）牵头，依托货币金银局（保卫局）、研究局（所）、中国钱币博物馆、中国印钞造币总公司、中国金币总公司、上海黄金交易所等单位搭建的货币史研究平台，广泛动员分支行和社会力量参与研究。通过选题指导、中期研讨、年终评审等多种学术活动，形成了一系列研究报告和论文。在确定研究方向时，主要基于以下四点考虑：

一是以白银货币为重点。中国历史上用银时间较长，直到1935年法币改革之前，白银长期是主要货币，且在较长时期内是国际货币，在全球化时代国际经济活动中通行。重点研究白银，有利于把握中国货币史发展的主线，准确分析中国历史上的货币运行规律，深入理解中国在全球经济贸易体系中的地位。

二是兼顾其他货币。除白银外，中国历史上还存在着铜、金、纸币等其他货币，它们都曾在不同历史时期发挥重要作用，是中国货币发展史的重要组成部分。近代随着外资银行的进入，中国部分地区还流通外国银行发行的货币，对中国以白银为中心的货币制度产生较大影响。关注其他货币和货币竞争问题，才能呈现中国货币史、金融史的全貌。

三是关注货币与社会经济的关系。一国货币和货币制度与其政治经济社会等问题息息相关。历史证明，币制复杂混乱会增加社会交易成本，导致政治经济形势恶化，甚至成为王朝倾覆的重要原因。相反，币制合理、币值稳定，则促进社会经济发展；社会经济的繁荣发展对货币流通量的增长要求，也可能成为币制更迭的重要推动力。注重从社会经济角度看待货币和货币制度，研究货币与其他问题的相互作用，才能开阔视野，得到深刻的启示。

四是以白银为主线进行古今比较。从货币存量、货币流动角度可以看出中国经济实力和中国国际地位的变化。16世纪中叶至18世纪末，中国曾长期占据亚洲甚至世界舞台的中心。鸦片战争后，大量战争赔款及贸易入超引起的国际收支逆差等问题，导致中国国力逐渐衰弱。新中国成立后，特别是改革开放以来，中国实现了国际收支顺差，创造了经济快速发展奇迹和社会长期稳定奇迹，国际地位明显提升。

本文集共分为三编。第一编的主题为货币、货币制度与货币竞争。马克思说过，"金银天然不是货币，但货币天然是金银"[1]。在第一编收录的文章

---

1 马克思.马克思恩格斯全集（第23卷）[M].北京：人民出版社，1972：107.

中，《中国历史上黄金未充分发挥货币职能原因初探》回答了在中国黄金未能实现货币化的问题；《从广东银铤看两宋时期白银货币化程度及影响》《唐宋银铤初探兼论白银的货币化问题》分析了白银在特定时期的货币化程度；《近代中国白银货币计量单位换算研究》结合史料研究了近代中国白银货币计量单位换算问题；《中国历史上银本位制辨析》阐述了银本位的概念和主要特征，并对中国银本位问题进行了辨析；《1934年中国放弃银本位的背景、影响及启示》分析了中国放弃银本位的事实和过程；《中国历史上非官定货币的冲击、原因及启示》《17—19世纪我国康藏地区受外国银币主导的影响、应对及启示》《近代中国白银货币制度下汇丰银行的类中央银行职能》从货币竞争等角度，分别分析了非官定货币、外国货币及外资银行对中国货币制度的影响。

第二编的主题为货币存量与货币流动。中国不是传统产银国，产银数量有限，国内流通的白银主要依靠国外白银的大量流入。在全球化发展演变进程中，中国的国际地位经历了较大变化，白银的流动方向也多次发生逆转。本编收录的文章着重就中国历史上的白银货币流入、流出的情况和贸易盈余变化进行研究。《历史观点中的中国贸易盈余和外汇储备》对1636—2018年中国的进出口贸易规模及相应的货币存量及流动情况进行了长时段的比较研究；《中国历史上白银大规模跨境流动研究》总结了16世纪以后中国几次白银大规模跨境流动，并分析其原因；《1550—1826年流入中国白银数量估计——基于文献综述的视角》《1550—1830年中国白银流入及其影响》从不同视角对不同时段自日本、美洲流入中国的白银数量进行了估算；《1830—1936年中国国际收支与白银流入流出情况》估算了该时段中国国际收支和白银流动数据；《鸦片进口及走私导致白银外流数量估算》着重从贸易角度，分析了清代鸦片进口及走私对中国白银流动的影响。

第三编的主题为货币制度、货币流动与中国社会历史变迁。明朝中后期，白银的大量流入推动了中国的白银货币化进程，而清末民初贸易逆差、大量战争赔款和外国政策调整等因素引起的白银大量外流，导致中国通货紧缩和经济衰退，迫使国民政府放弃银本位，实行法币改革。在第三编收录的文章中，《海上丝绸之路与白银货币地位问题研究及启示》以海上贸易的发展为切入点，分析了白银世界货币地位与国际贸易的互动关系；《明清白银流入导致的社会变革及其现实启示》分析了明清时期巨额白银货币的输入对中国社会变革及世界贸易的影响；《清代银钱比价波动及其对社会生活的影响》揭示了清代"银钱并行"货币制度下，银钱比价波动对中国社会和民众日常生活的负面影响；《庚子赔款的债务化偿付及其影响》结合相关研究测算了庚子赔款实际赔付额，分析了赔款对近代中国财税金融制度的影响；《近代中国对外战争赔款问题研究》细致考察了历次赔款偿付情况，深入探讨了赔款对中国财政经济、白银流动、外资银行地位、国际汇兑等方面的影响。

  本文集的作者，既有金融货币史领域的专家学者，也有从事金融政策研究和操作的一线工作者，各篇文章仅代表作者个人学术观点。文集在选文、编写方面尚有不完善或疏漏之处，望读者补充指正。

编写组

2021 年 1 月

目 录

第一编 货币、货币制度与货币竞争 / 1

◎ 中国古代白银货币榷论　　　　　　　　　　　　　　　　　　周卫荣 / 3
◎ 中国古代银锭——形制与内涵　　　　　　　　　　　　　周卫荣　杨 君 / 17
◎ 唐宋银铤初探兼论白银的货币化问题　　　　　　　　　　李宝庆　梁思远 / 32
◎ 从广东银铤看两宋时期白银货币化程度及影响
　　　　　　　　　陈洁波　马 超　岑伟志　廖思政　黄琍琼　陈治平 / 62
◎ 中国历史上银本位制辨析　　　　　　　王 信　宋东晓　徐 航　范卫红 / 79
◎ 中国历史上黄金未充分发挥货币职能原因初探　　　　　　　　　王 信 / 89
◎ 近代中国白银货币计量单位换算研究　　王会奇　李建伟　程卫红　赵明晓 / 97
◎ 20 世纪之交中日货币制度的不同选择　　　　　　　　　王 信　张挽虹 / 118
◎ 近代中国白银货币制度下汇丰银行的类中央银行职能　　王 信　张挽虹 / 137
◎ 1934 年中国放弃银本位的背景、影响及启示
　　　　　　　　　　　　　　　王 信　雷 曜　尹向明　魏 磊　王佳琪 / 155
◎ 中国历史上非官定货币的冲击、原因及启示　　　王 信　孟郁聪　刘东岩 / 166
◎ 17—19 世纪我国康藏地区受外国银币主导的影响、应对及启示　王 信　孟郁聪 / 178
◎ 上海近代货币竞争问题研究（1911—1937 年）
　　　　　　　　　　　吴金友　魏雅丽　王 笑　张徐乐　辜 雅　黄 超 / 190

第二编　货币存量与货币流动 / 211

- 历史观点中的中国贸易盈余和外汇储备　　　　　管汉晖　金星晔　庞　浩 / 213
- 中国历史上白银大规模跨境流动研究　　　　　　王　信　孟郁聪　郭冬生 / 244
- 1550—1830 年中国白银流入及其影响　　　　　　　　　　　　　　张　翼 / 259
- 1830—1936 年中国国际收支与白银流入流出情况　　　　　　　　张　翼 / 285
- 1550—1826 年流入中国白银数量估计——基于文献综述的视角

　　　　　　　　　　　　　　　　　　　　　　　　刘东岩　陈　祺 / 320
- 清代晚期白银外流情况分析

　　　　　王亚洲　高克州　孔令中　郭骏锐　秦　颍　张昌武　夏　楠 / 334
- 鸦片进口及走私导致白银外流数量估算　　　　　　　　袁　萍　黄亚捷 / 352

第三编　货币制度、货币流动与中国社会历史变迁 / 375

- 海上丝绸之路与白银货币地位问题研究及启示

　　　　　　徐子福　李培芳　唐照宇　宋建江　包斌伶　任力刚　邱嗣峰 / 377
- 明清白银流入导致的社会变革及其现实启示

　　　　　　　　　　　　陈　锋　范卫红　义小明　范金民　董圣兰 / 385
- 清代银钱比价波动及其对社会生活的影响

　　　　　　　　　　　　陈　锋　范卫红　义小明　范金民　张景瑞 / 393
- 近代中国对外战争赔款问题研究　　　　　　　　　　　　　　　吴景平 / 412
- 甲午战争时期中日军费筹措与金融动员：比较与启示　　　王　信　张　翼 / 434
- 庚子赔款的债务化偿付及其影响　　　　　　　　　王　信　张　翼　魏　磊 / 453

后记 / 481

第一编

货币、货币制度与货币竞争

中国古代白银货币榷论[1]

◎ 中国钱币博物馆　周卫荣

摘要： 本文依据大量考古资料和历史文献的研究，指出：(一) 基于中国青铜时代深厚的青铜文化、长期的农业经济及相对富铜寡银的矿产资源，中国古代长期使用青铜货币是必然的选择。(二) 以往文博界和钱币界的一些研究者提出的战国时期的"银仿贝""银空首布"及西汉的"白金三品"是早期白银货币的观点是错误的。"银仿贝"系白银饰品，"银空首布"的提法属误解，实为白银原料块（也系财富）；"白金三品"是汉武帝铸造的大额铅质代用币，目的是套取诸侯王的财富。(三) 中国的白银货币化始于唐朝的丝路贸易，但在相当长的时期内没有取得本位货币地位，流通中广泛使用的还是铜钱；至明代中期，随着大航海时代的到来、全球贸易的发展，融入世界贸易的中国，最终完成了白银货币化的进程，白银在中国取得了本位货币地位。

▶ **Abstract:** Based on a large amount of archaeological sources and historical documents, this article points out that: (1) It was an inevitable choice for ancient China to use bronze currency for a long time. This is attributed to the profound bronze cultural heritage of the Bronze Age in China, the long-term agricultural economy and natural endowment of relative richness in copper reserves as compared to that of silver . (2) The previous view based on numismatics and cultural relics research that the "silver cowries" and "silver *kongshoubu*" (hollow-head spade) of the Warring States period and the "*baijin sanpin*" of the Western Han Dynasty were early silver currencies is erroneous. In fact, the "silver cowries" were a kind of ornaments; the so-called "silver

---

[1] 关于这一论题，笔者曾于2016年在《中国钱币》第1期发表《丝路贸易与中国古代白银货币》一文，之后颇感有些重要问题论述过于简略，故今再撰此文，以作进一步之阐述。

Silver Currency and Its Role
in the Evolution of Chinese History
白银货币与中国历史变迁问题研究

> *kongshoubu*" was silver raw material (also a storage of wealth); the "*baijin sanpin*" was issued by Emperor Wu of the Western Han Dynasty as a set of large-value lead token coins to exchange for the wealth of the feudal princes. (3) The monetization of silver in China began with the Silk Road trade in the Tang Dynasty, but it did not obtain the status of standard currency in a long period of time. Copper coins were still widely used in circulation. By the middle of the Ming Dynasty, with the start of the great maritime era and China's integration into global trade, the process of silver monetization was finally completed, and silver achieved complete monetary function in China.

白银系贵金属,但在远古、中古与近代,它的角色是很不相同的。与黄金不同,白银由于其化学性质相对活泼,自然界极少有天然银块存在,大多以共生矿的形式存在于其他金属的矿脉中,而且因其提取技术比较复杂,早期产量很低。所以,尽管白银早在公元前1600年左右的甘肃玉门四坝文化遗存中已有出现[1],但在相当长的时期内,白银皆为稀有资源,主要作为饰品为人们所用[2]。至唐代,随着炼银技术的提高和对外贸易的发展,白银逐渐进入货币领域,但在相当长的时期内,还不具有完全货币职能;至明代中期,伴随着丝路贸易的发展(尤其是海上丝路的兴盛),大量白银输入,可以说,白银在中国完成了货币化进程,取得本位货币地位。尽管如此,在我国两千多年的货币历史中,广泛使用的主流货币还是铜钱。

一、中国古代早期没有白银货币

(一)青铜货币是中国社会的必然选择

中国古代货币与西方货币有诸多的不同,其中一个显著的特点是,中国古代货币始终以铜质货币为主,其他材质货币为辅;不仅如此,汉朝的五铢铜钱甚至到了清代还能流通使用,这在世界上是绝无仅有的,有其深刻的社会原因。

1. 文化渊源

中国的金属货币诞生于青铜时代晚期——春秋后期,也就是说,中国古代货币是在青铜文化的大背景下孕育而生的。

---

1 文物编辑委员会.文物考古工作三十年[M].北京:文物出版社,1979:143.
2 从人类文明历史来看,早期货币(黄金、白银、青铜及海贝等)皆从饰品转换而来。

中国的青铜时代大约起始于公元前2000年，即通常所说的夏代，这个时期是中国远古文明的形成期，社会最重要的精神活动是祭祀，人们祭拜神灵和祖先。当人们认识掌握了青铜冶铸技术后，便最大程度地将其用于最高统治者最神圣的需求——铸造青铜礼器。于是，青铜器较快地发展起来，并融入了社会的意识形态，形成了青铜文化。青铜技术经过夏商两代的发展，在商代后期达到鼎盛，人们不仅熟练掌握了青铜合金的配比与应用，而且掌握了多种复杂的铸造技术，能铸造各种极其复杂的礼器和实用器（如著名安阳殷墟司母戊大方鼎和湖南宁乡出土的精美绝伦的四羊尊），创造了中国历史上灿烂的青铜时代。至此，可以这么说，青铜作为一种理想的合金材料，几乎可以用来制作任何人们想要的东西：礼器、盛器、兵器、乐器、农具、工具以及各种装饰用品等，青铜的用途得到广泛的认识，青铜的价值为社会所普遍认同，社会形成了青铜崇拜，青铜器成为社会地位与身份的象征[1]。与青铜器的使用相对应，至西周，中国社会形成了成熟的礼乐文化，《周礼》《仪礼》和《礼记》就是其集中体现。至此，客观上青铜已经具备了作为一般等价物的资格。

中国的青铜时代与西方早期文明地区的青铜时代有所不同。西方的青铜时代主要体现在社会生产力的进步与提高，青铜技术主要应用于工具、农具与兵器方面。中国的青铜时代不仅体现在生产力领域，更重要的是在精神文化方面产生了广泛而深刻的影响——青铜器从它产生之时就与社会的精神生活、意识形态和王权紧密结合在一起，担当着通神灵、敬天地、祭祖宗、释王权的社会功用，被赋予神圣的力量与智慧，象征着地位与身份的尊贵，并形成了独特的文化——基于青铜器的礼乐文明。

需要指出的是，我国青铜时代的非凡影响，不仅给我们带来了无数令世人赞叹的美轮美奂的青铜器，更重要的是，给中国社会带来了青铜的价值体系与衡量尺度，并根深蒂固地树立了青铜的价值观念。所以，当铸币产生时，中国社会自然而然选择了青铜，并且沿用了两千余年；这也是彭信威先生在其著作《中国货币史》一书序言中所提出的"为什么西汉的五铢钱到清末还能流通使用"[2]的根本所在。

2. 经济因素

我国古代早在史前就进入农耕社会，形成农耕文化。以农耕为主的社会，基本的生存方式和经济模式即是自给自足，极少涉及交易活动。并且，商代的方国社会、西周的分封体制与礼乐制度，使得"赏赐经济"在相当长的时期内盛行，上对下"赏赐"，下对上"贡献"，基本上没有"等价交换"可言；并在相当长的时期内盛行物物交换。所以，客观地说，中国古代经济学层面的、真正意义上的货币产生较晚。春秋以后，随着周王室的衰微，"礼崩乐坏"，

---

[1] 按照《周礼》记载，贵族使用鼎和簋的种类、数量都有严格规定：天子用"九鼎八簋"，诸侯用"七鼎六簋"，大夫用"五鼎四簋"，士用"三鼎一簋"。

[2] 彭信威. 中国货币史[M]. 上海：上海人民出版社，1958：序言12.

Silver Currency and Its Role
in the Evolution of Chinese History
白银货币与中国历史变迁问题研究

社会分化加剧，平民阶层（自由民）的涌现，买卖交换的频繁发生，作为一般等价物的青铜铸币才应运而生。

迄今为止的考古发掘也证实，在河南新郑的郑韩故城遗址和山西侯马铸铜遗址发现了最早的铸币，时间都在春秋后期（公元前6世纪末）[1]。

货币是经济活动的产物，必然与经济发展相对应。这种主要在普通平民间日常交换使用的一般等价物，必然要由价值较低、公认度高的青铜担当。当然，这也并不是说中国古代社会完全排斥金银货币，事实上，战国晚期，楚国贵族就曾较广泛地使用黄金称量货币——金版；秦汉时期，朝廷、王公贵族也曾使用过饼形金币，但这些都不是普通民众所能拥有的，也不是在一般的市场买卖交换中所能使用的。

在之后的两千多年中，漫长的封建社会长期实行"重农抑商"政策，人们长期生活在自给自足的小农经济中，在低值而量小的货物交换中，铜钱必然也是最佳的选择；虽然在明代中期以后由于税收政策的改变和对外贸易的扩大，白银在中国取得了本位货币的地位，但直到清代晚期，民间交换所用，主要还是铜钱。

3. 资源因素

虽然从地质角度来看，我国目前探明的白银总储量可以排世界前5名，但大多品位较低[2]，且分散于其他矿物中。《中国大百科全书·矿业》载"我国的银有三分之二产自含银的铅锌矿"[3]。所以，我国古代在相当长的时期内白银开采量十分有限。虽然《汉书·地理志》有"四川宜宾西南朱提山出银"的记载，但迄今为止，经过科学考古论证的成规模的银矿遗址在江西德兴银山，年代可追溯至隋唐时期[4]。但铜矿资源非常丰富，中东部的安徽铜陵[5]、江

---

1 马俊才.新郑"郑韩故城"新出土东周钱范[M]// 中国钱币学会编.中国钱币论文集：第四辑.北京：中国金融出版社，2002：78.

山西省文物考古研究所.侯马铸铜遗址[M].北京：文物出版社，1993：444，452.

2 [北齐]魏收.魏书：食货志[M].北京：中华书局，1974.《魏书·食货志》载，长安骊山银矿"二石得银七两"，恒州白登山银矿"八石得银七两"。

3 中国大百科全书：矿冶卷[M].北京：中国大百科全书出版社，1984：774.

4 江西德兴银山炼银遗址是目前发现的我国最早的银矿矿冶遗址，可追溯至隋唐，能明确的成规模的开采年代是唐宋，2013年5月被国务院核定公布为第七批全国重点文物保护单位。参见《德兴银山银矿遗址通过省文物考古专家考察论证》，中国选矿技术网， 2015-12-12.

5 安徽省文物考古研究所等.安徽铜陵市古代铜矿遗址调查[J].考古，1993（6）.安徽铜陵铜矿大规模开采冶炼至迟始于西周，发展于春秋战国，兴盛于汉唐，至北宋才逐渐衰落。

西瑞昌[1]、湖北大冶（铜绿山）[2]等地皆产铜，且品质上乘；北方的辽西[3]、中条山地区[4]、陕西商洛地区及新疆等地亦出产铜。这也是我国古代能有发达的青铜时代和长期流通使用铜钱的一个关键因素。

（二）"银空首布"、银仿贝、"白金三品"不是白银货币

尽管中国古代长期使用铜钱是业内的共识，但由于考古出土中有战国时期的银仿贝和"银空首布"，文献记录中汉武帝时期铸造过"白金三品"，所以，迄今为止，一些钱币学、货币史论著常常把中国古代白银货币上推到春秋战国。其实，它们皆不是白银货币。

1. 扶沟出土的不是"银空首布"

据《文物》杂志1980年第10期报道：1974年8月，河南省扶沟县古城公社两名社员在古城西门内挖石灰池时发现了两个锈在一起的铜器。上为铜鼎，内盛银币（铲形银块，业内称银空首布）18块，重3 072.9克；下为铜壶，内盛金币（大大小小的楚金版块和金饼）392块，重8 183.3克[5]。这一考古发现传开后，考古文博界和钱币界大都把中国使用白银货币的时间上推到了春秋战国。其中，尤以朱活先生和郝本性先生的观点最具代表性。朱活先生认为："河南扶沟出土的贵金属铸币中，有银币十八件，均为布钱，从而充实了我国先秦银铸币的内容。……银布币可能是郑币，而不是楚币或韩币。……过去钱币学界总认为我国以银铸币源于汉武帝元狩四年（公元前119年）铸白金三品。但出土文物证明，这种看法已经站不住脚了。从而把我国以银铸成固定形态的铸币，上推了两个多世纪。"[6] 郝本性先生认为，河南扶沟出土的银布"是东周时期楚国的货币，其中短型空首银布币时代为春秋中期，还保留着农具铜铲的形制，其后演变为实首，而且布的形制也逐步由短型变成中型、长型、最后变成无首的长方版"。[7] 目前，许多钱币学著作在论述我国古代的白银货币时，也必引银空首布之后的银仿贝[8]。近年来，笔者在系统研究了我国货币起源与发展源流后发现，上述的认定是不正确的。

---

1 崔涛，刘薇.江西瑞昌铜岭铜矿遗址新发现与初步研究[J].南方文物，2017（4）.江西铜矿资源丰富，瑞昌铜岭铜矿自商代即开始开采。

2 华觉明.中国古代金属技术[M].郑州：大象出版社，1999：47.

3 李延祥等.辽西地区早期冶铜技术[J].广西民族学院学报（自然科学版），2004（4）.

4 李延祥.中条山古铜矿冶遗址初步考察研究[J].文物季刊，1993（2）.

5 河南省博物馆，扶沟县文物馆.河南扶沟古城村出土的楚金银币[J].文物，1980（10）：61-66.

6 朱活.古币三谈——谈我国先秦货币的龟贝、珠玉、金银[J].中国钱币，1983（2）：10-15.

7 郝本性.关于周代使用钱币的探索[J].中国钱币，1984（4）：1-6.

8 千家驹，郭彦岗.中国货币史纲要[M].上海：上海人民出版社，1986：118-119.

　李如森.中国古代铸币[M].长春：吉林大学出版社，1998：602-604.

　黄锡全.先秦货币通论[M].北京：紫禁城出版社，2001：62-66.

　汤国彦主编，洪天福副主编.中国历史银锭[M].昆明：云南人民出版社，1993：2-5.

首先，所谓的银空首布并没有按空首布的形态设计铸造。一是没有按空首布的弧线设计。空首布无论是平肩、斜肩还是耸肩，底部都是弧形的，不同类型的空首布的两侧也都有一点弧度或斜度，而出土的所谓"银空首布"，上下、左右四边基本上都是直边的，完全的长方形（见图1）。二是没有设计空首布的空銎，出土报告称，这些"银空首布"除一枚空首外，其余皆系实首。其实，从出土实物来看，所谓的"首"实际上是浇口把，即银块浇铸时留下的水口，若是空首布的空銎，必须要设计出专门的泥芯与芯撑（如图2所示空首布范芯）。而所谓的"银空首布"，原本就不是空首布，上边的开口只是熔液入口而已，所以，铸造出来的皆系实首；而其中一枚的空首，也不是设计浇铸出的空首，只是因为其浇口设计得粗而深，冷凝时因收缩而呈现出部分的空头而已。另外，原报告中把两枚肩部的突起解读为冒口也是不正确的[1]，实际上只是因为制范时范线划过了一点而引起的流水。当时白银价值很高，材料金贵，不可能将其去掉。事实上每块白银都是称定分量的，不可随意去头去边刺。现在国家标金标银块在浇铸完后是要将上面的水口把切削掉的，因为其分量是按下面的型腔容量算的，不包括上面的水口把（见图3成都长城金银精炼厂实物）。

其次，它们的年代不是春秋，皆系战国晚期物。所有"银空首布"皆出于一战国青铜鼎中，此鼎（见图4）年代明确，属战国晚期。尽管所谓"银空首布"有短型、中型、长型三个规格，但并不构成子母关系，代表性重量分别是162.7克、206.4克、188.1克，也没见有任何切割称量使用的痕迹。郝氏提出春秋时期的看法只是在此简单使用器物类型学的推测而已，与实际情况不符。

最后，对它们的价值与"身份"的认定，值得深入讨论。与18块"银空首布"同时出土的还有392块金版和金饼，金版195块，6个品种，皆系楚式金版，因被切割使用，所以大小不一；金饼197块，虽原报告分为4个品种，但实际上就是通常人们所说的马蹄金和柿子金。值得注意的是，"银空首布"装在青铜鼎中，而金版、金饼放在青铜壶中，是否意味着这些"银空首布"比金版、金饼更尊贵？通常就青铜器而言，鼎要比壶显得尊贵。战国时期白银非常稀少，如此大块的银子未见切割使用，应当理解为财富，抑或实际即为作金银错的原料，因为，战国时期银的最主要用途即是作镶嵌装饰之用，而不应解读为流通的货币。

2. 银仿贝不是货币

迄今为止，考古报道出土银仿贝的仅见一例。1974年11月至1978年6月，河北省文物管理处在平山县三汲公社作考古调查和发掘过程中，在中山王厝墓椁室（一号墓）墓主人身上和棺椁上发现了大量的小件饰物，有金匕、金饰片、银带钩、银仿贝、各种泡饰、铜戈、铜剑、

---

1 郝本性，郝万章.河南扶沟古城村出土的楚金银币[J].文物，1980（10）：61.

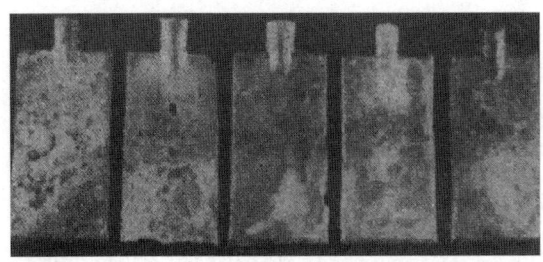

图1　扶沟出土银块
图2.1　空首布范
图2.2　空首布范芯
图3　国标银锭毛坯
图4　扶沟出土装银块铜鼎

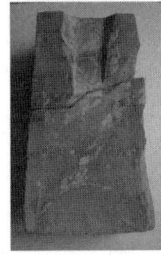
图2.1

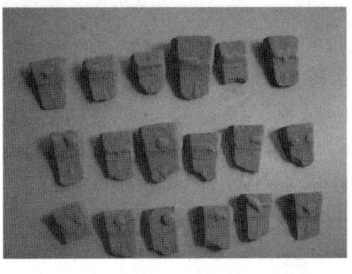
图2.2

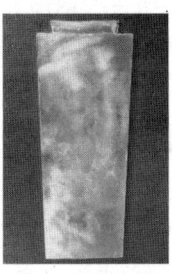
图3

图4

铜削、铜镜、铜铃、各种玉饰玛瑙和大量陶器、骨串珠等。银仿贝共有4枚[1]。从出土位置和伴出物即知，银仿贝显然系饰品，而不是银币；考古报告也不认为是银币，解释为银币是没有根据的。

之所以有的研究者把银仿贝认作银币，只是由于以往人们把海贝认作最早的货币，于是就简单地把银仿贝类推为银币，这种类推是不能成立的。

首先，河北平山中山王厝墓的埋葬年代明确，系战国中后期（公元前310年左右），这个时候早已不是以贝为币的时代；中山国铸行刀币，其他各国亦皆有自己的铸币，怎可能铸银仿贝为币？

其次，迄今为止，战国时期银仿贝仅见寥寥数枚，怎能作为一般等价物的货币使用；其若流通，与当时广泛使用的铜铸币如何兑换？若果真铸银仿贝为货币使用过，可在之后的千余年中既未再见流通使用，也未见任何文献的记述。

最后，据考古报告，中山王厝墓出土器物极其奢华，金银饰件甚多，连殉葬的动物项圈也用金银制成，怎么能把银仿贝认作是货币？很显然，这里的银仿贝与银带钩、金匕、金饰片及各色泡饰一样，皆系墓主人的饰品而已。

3."白金三品"是铅饼

"白金三品"问题源自《史记》和《汉书》的记载。《史记·平准书》曰："又造银锡

---

[1] 张守中，郑名桢，刘来成.河北省平山县战国时期中山国墓葬发掘简报[J].文物，1979（1）：5.

Silver Currency and Its Role
in the Evolution of Chinese History
白银货币与中国历史变迁问题研究

为白金。以为天用莫如龙，地用莫如马，人用莫如龟，故白金三品。"《汉书·食货志》中也有大体相同的记述。自此，几乎历代钱币学人都有所涉猎。20世纪90年代和21世纪初，陕西《文物与考古》杂志曾对"白金三品"开过研究专栏，中国钱币学会组织过专题研讨会。因此，"白金三品"属性等相关问题，本文在此不作专门论述，只讨论与本主题相关的材质问题，这也是长期以来人们争论的焦点，即所谓的"白金"到底是指什么？由于中国古代有些时候白银亦被称作"白金"，因此，人们常把上述的"白金三品"视作汉代用白银为币的证据，抑或按《史记》和《汉书》所言"银锡"合金币。于是，尽管这么多年来，从西部的陕甘到东部的苏皖皆出土了为数不等的铅质"白金三品"，但人们总还是期待着有真正银锡合金的"白金三品"。其实，银锡合金在古代是不存在的，笔者在做《中国古代银锭科学研究》课题时，从金相学方面曾作过专门研究[1]。

从金属的物理化学性质来看，银锡合金是不可能用来铸造货币的。在锡的熔点温度以下，银与锡的互熔度极为有限。在银锡熔炼过程中，会有较为复杂的包晶和共晶反应。以含锡52%的成分点为例，当温度从银的熔点降至480℃，发生包晶反应，形成固液混合相，外层是液态锡，至221℃液相部分又会进行共晶反应，完全凝固后，成为各部分物相成分与结构不稳定的混合物。而且，银与锡合金化过程中，由于银有吸附氧气的特性，引起内部氧化而产生多维网络结构的惰性聚合体。现代工业生产银锡合金，必须采用中频炉低真空熔化，先熔锡后再加银，这样才能得到银锡合金。因此，银锡二元合金在古代冶金技术水平下，很难达到稳定的合金化状态，也就不可能铸造出银锡合金的"白金三品"。

如果说早年陕西、甘肃、安徽等地出土的铅质"白金三品"多非科学发掘，也非明确的墓葬出土，不足以解读汉代的"白金三品"的话，那么近年来扬州汉墓发掘出土的"白金三品"，则已经给出了真相。

2015年，扬州市文物考古研究所为配合基本建设对扬州西湖镇万科"金色梦想"建设项目进行了抢救性考古发掘，在一座西汉竖穴土坑木棺墓中，出土了26枚圆形带有外国字铭文的龙纹铅饼和6枚长条形龟背纹，尺寸、形态、铭文内容（字符）皆与国内其他地区出土的铅饼近似，并且龙纹、龟纹铅饼上均有"少"字篆书戳印。这与文献记述中"少府多银锡"之说相符，结合墓内同出的西汉铜镜、"五铢"铜钱，我们完全有理由相信，扬州汉墓出土的这批铅饼系当时官方铸造的货币，从而明白无误地告诉我们所谓汉代的"白金三品"，实即为铅饼[2]。

"白金三品"为铅饼，本身并没有什么不妥，并不与文献中所说的"银锡"相矛盾。《史

---

[1] 周卫荣，杨君，黄维. 中国古代银锭科学研究[M]. 北京：科学出版社，2016.

[2] 《扬州蜀冈考古证实汉广陵城形似"斗城" 汉墓中首现外国字铭文的龙纹铅饼》，2016-11-07，陶敏，中国考古网（中国社会科学院考古研究所）。

记》中所谓的"少府多银锡"并不是说少府有很多的银和锡,无论是查阅汉代的史料,还是历年来的考古资料,都没有证据能说明汉代会有大量的银。这里的银字,实为修饰词"银白色"之义,意指上好的、质量上乘的"锡";而这里的锡,也并非是现在的金属锡(Sn),实为铅,因为古代文献记事中,铅与锡是经常混称的,尤其是汉代。《史记》曰"长沙多连锡";《汉书·食货志》曰"王莽居摄,变汉制,铸作钱布皆用铜,殽以连锡"。这里的"连锡"就是铅[1]。《宋史·食货志下二》载"初,蔡京主行夹锡钱,诏铸于陕西,亦命转运副使许天启推行。其法以夹锡钱一折铜钱二,每缗用铜八斤,黑锡半之,白锡又半之"。这里的"黑锡",即是铅,与锡无关。又,古代药方中常用的"粉锡",实为铅粉或称胡粉,如李时珍《本草纲目》金石部[2]。因此,结合汉武帝时候的实际情形,"少府多银锡",应当是指少府有很多上好的铅,而非有许多银和锡。

事实上,银、锡不用作货币,在秦汉时期有明确的规定。《汉书·食货志》曰:"秦兼天下,币为二等:黄金以镒为名,上币;铜钱质如周钱,文曰'半两',重如其文,而珠玉龟贝银锡之属为器饰宝藏,不为币……",而汉代在货币及其材质上基本是传承秦朝的,尤其是西汉。

综上所述,我国古代无论是春秋战国还是两汉,皆无白银货币,这个时期白银尚未进入货币领域。

二、中国古代白银货币源于唐朝

中国白银货币化是从唐朝(618—906年)开始的。唐朝不仅是中国历史上最强盛的朝代,也是一个中华民族充满阳刚之气的时代。它最显著的特点是自信、开放、包容、博大,善于接受外来的文化,善于接受外来的技术,乃至于接受外域人在唐朝为官。杜佑《通典·边防典》记述了与中国发生联系的国家或部族有189个;记载唐武宗迄五代十国史事的《北梦琐言》言,唐朝时在华做官的外国人达3 000余人之多,甚至有波斯人官拜宰相[3]。开放的唐朝为中国接受白银货币提供了思想文化基础。

唐朝善于接受一切外来好的东西。当然,丝路贸易是其最重要的途径或者说平台。尽管中国古代与外域的交往早已开始,但真正成规模的经常性商贸活动是从唐朝开启的。受朝廷的重视与支持,唐朝的对外贸易发展迅猛。《新唐书·艺文志·地理类》转摘的唐朝宰相贾

---

1 以前笔者曾提出"连锡"系"铅锡"的观点(参见周卫荣.中国古代用锌历史新探[J].自然科学史研究:第10卷,(3)。近年来的研究,笔者倾向于认为"连锡"即铅。

2 李时珍.本草纲目:第八卷 金石部[M].北京:人民卫生出版社,1982:474.

3 [宋]孙光宪.北梦琐言卷第"令狐公密状·中书蕃人事"[M]//丛书集成初编.北京:中华书局,1985:33-34.

Silver Currency and Its Role
in the Evolution of Chinese History
白银货币与中国历史变迁问题研究

耽所撰《皇华四达记》中说，大唐通往周边民族地区和域外有七条交通干道：一曰营州人安东道，二曰登州海行人高丽、渤海道，三曰夏州塞外通大同、云中道，四曰中受降城人回鹘道（参天可汗道），五曰安西人西域道，六曰安南通天竺道，七曰广州通海夷道。此外，还记有从长安分别通往南诏的南诏道和通往吐蕃的吐蕃道。朝廷以长安为中心，在全国各地设置驿路，以促进对外贸易。《唐六典·兵部尚书·驾部郎中》载，当时天下共设驿1 643所，其中，水驿260所，陆驿1 297所，水陆相兼驿86所，足见唐王朝对贸易之发达及政府之重视。

唐朝中期以后，海洋交通与贸易得到更大发展。中国与西方世界的经贸往来进一步扩大。当时经由东南沿海已能通达印度洋和波斯湾。借助海上航线，中国与南亚、中亚各国的商业活动更加密切。

至唐朝末年，在广州从事贸易活动的外国人有数十万之众。这些外国商人带着香料、药物和珠宝，换取中国的丝织品、瓷器等。来华的外商足迹几乎遍及中国水陆交通发达的所有城市[1]。

中西贸易，丝绸之路上的诸国，皆用银币，难以与中国的铜钱直接互换相通，尤其是海上大宗贸易，要顺利实现贸易交换，采用以分量计值的银锭是最便利的。唐朝的这种全方位的商贸活动涉及社会生活的方方面面，时间久了，国人必然走向接受白银货币。当时，没有专门的国际货币，久而久之，银两自然成为了国际货币。所以，我国古代最早的银锭即是从唐朝开始的，唐朝的船形银锭是中国古代白银货币化的标志，也是实物见证（西安重点库非标金银查验发现有多枚唐朝银锭，见图5.1~图5.3）。唐朝的银锭之所以做成奇特的船形，也与其使用场所有关。因为，白银作为价值昂贵[2]的交换中介进入贸易领域尚在初期，在贸易场合使用必须让人一目了然，高度延展的银锭能让人看清是否为纯色、有无夹杂；而服务于海上贸易的银两，采取船形也是自然而然的选择。船形银锭为什么两头经常翘得非常夸张，原因即在于此[3]。

---

[1] 中国印度见闻录[M].穆根来,汶江,黄倬汉译.北京：中华书局，1983.

[2] 早期白银价值不菲，唐代金银价比大都在1：10之下，而汉代从相关资料来看长期在1：5之下，由此可见一斑。可参阅彭信威：《中国货币史》（1958年11月第1版）中的相关章节。

[3] 周卫荣,杨君.中国古代银锭形制演变刍议[J].中国钱币，2014（4）.

第一编 货币、货币制度与货币竞争

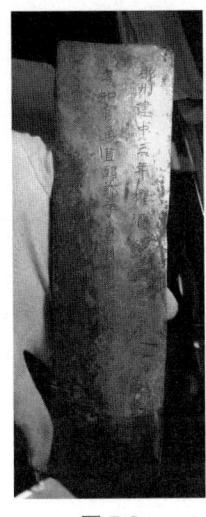

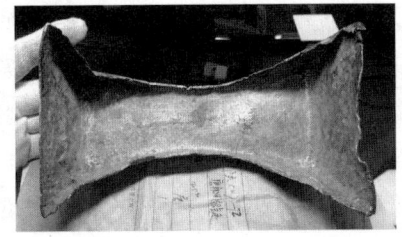

图 5.1

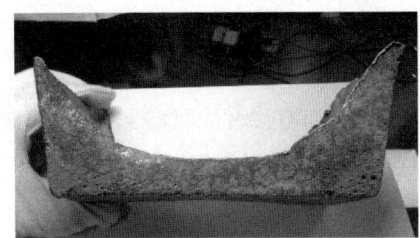

图 5.2

图5.3

图5.1 唐朝船形银铤
图5.2 唐朝船形银铤
图5.3 唐朝建中三年笏形银铤

三、全球贸易发展与中国白银货币化的完成

有必要强调，虽然唐朝已经开启白银货币化的进程，但直至明代中期，白银皆未取得本位货币的地位。在整个宋、元及明代前期，白银的货币职能主要体现在朝贡赋税、财富贮藏、大额支付及世界货币（国际贸易，尤其是海上贸易）方面，尚未完全获得价值尺度、流通手段与支付手段的职能[1]。关于这方面的学者的研究著述较多，在此不再赘述[2]。

从唐朝至元朝，我国基本上保持了贸易开放政策，鼓励对外贸易，有效带动了经济社会的发展。至明朝，明太祖朱元璋以防范沿海军阀余党与海盗滋扰为名，厉行海禁，下令"寸板不许下海"[3]，禁止中国人赴海外经商，也限制外国商人到中国进行贸易；洪武七年（1374年），朝廷下令撤销自唐朝以来就存在的负责海外贸易的福建泉州、浙江明州、广东广州三市舶司，中国对外贸易从此断绝。这严重妨碍了沿海居民正常的生产作业和经济生活。由于沿海地区多为山地，难以耕种，很多人出于生计被迫走上匪路，以至明朝初年便有倭寇骚扰海疆（多为当地居民假扮），为此，朝廷不得不反过来耗费财力去平定倭寇之患，而实际上民间海上

---

1 游牧民族发展起来的辽国，曾在一定区域内较早使用了银锭流通，有"承安宝货"一两及一两半小银锭为证，但时间不长，根本原因还是不适应实际需要，因为一两银子通常等值一千文铜钱，价值过大。另外，唐、宋、元及明代早期皆未见用小碎银子，也说明白银尚未进入日常的支付与流通。

2 高聪明.宋代货币与货币流通研究[M].保定：河北大学出版社，2000.
　汪圣铎.两宋货币史[M].北京：社会科学文献出版社，2003.
　王文成.宋代白银货币化研究[M].昆明：云南大学出版社，2011.

3 [清]张廷玉等.明史：朱纨传[M].北京：中华书局，1974.

Silver Currency and Its Role
in the Evolution of Chinese History
白银货币与中国历史变迁问题研究

商贸活动亦始终未能完全禁绝。至隆庆元年（1567年），明穆宗应福建巡抚涂泽民"请开市舶，易私贩为公贩"之奏，宣布"开关"，解除海禁。当时，正值全球贸易快速发展，打开国门的明朝，其丝织品、瓷器、茶叶、铁器等物产源源不断销往海外，受到周边国家的普遍欢迎，并远销西洋，于是，作为国际贸易硬通货的白银便源源不断地流入中国，而中国社会从朝廷到民间却很少购买海外商品，这使得明朝自隆庆以后逐年积存下大量的白银。尤其是万历年以后（16世纪80年代以后），葡萄牙、西班牙等欧洲国家经由菲律宾入华的贸易日趋繁盛。据全汉升先生的研究，1586—1643年，西班牙人每年购买丝绸等货物输入中国的白银约133万元[1]；1602年，西班牙殖民当局每年从南美的墨西哥阿卡普尔科等地运往马尼拉的白银总计有500万比索（1比索即一块银元），1597年高达1 200万比索，其中的绝大部分用来购买中国的丝茶等商品[2]；英国学者形象地说，"中国皇帝能够用从秘鲁运来的银条建一座宫殿"。[3]

明朝入华的白银还有一个重要来源，那就是日本。当时的日本物产匮乏，对中国商品依赖性很大，姚士麟《见只编》载："大抵日本所需皆产自中国，如室必布席，杭之长安织也；妇女须脂粉，扇、漆诸工须金银箔，悉武林造也。他如饶之瓷器，湖之丝绵，漳之纱绢，松之绵布，尤为彼国所重。"[4]但日本富产金银，与中国交易，皆用银子。日本学者笃小畑认为，"在17世纪初，由日本人、中国人、葡萄牙人以及荷兰人的船只，从日本载运出口的白银每年可达150 000到187 500公斤……最终还是流到中国大陆"[5]。我国著名历史学家梁方仲先生估算，"由万历元年到崇祯十七年（1573—1644），合计各国输入中国的银元由于贸易关系的至少远超过一万万元以上"[6]。晁中辰先生估算，"在隆庆开放后的七八十年间，通过各种渠道流入中国的白银大约1亿两左右"。[7]

可见，16世纪中期以后，打开国门的明朝通过海上丝路贸易积存了数额巨大的白银，远远超过了自己历年来的矿冶出产，从而使白银在中国取得本位货币地位有了至关重要的物质保证，自此，白银在中国不仅用于赋税、贮藏、国际贸易，还用于货物甚至劳动力的计价和日常支付，也就是说，白银货币化过程在中国趋于完成。

众所周知，明朝后期有一个称作"一条鞭法"的赋税及徭役制度，它是嘉靖十年（1530

---

1 全汉升.明季中国与菲律宾间的贸易[J].香港中文大学中国文化研究所学报，1968（1）：27-49.

2 C. G. F. SIMKIN.The Traditional Trade of Asia[M].London: Oxford University Press, 1968.

3 威廉·S.阿特韦尔.国际白银的流动与中国经济（1530—1650）[J].中国史研究动态，1988（9）.

4 [明]姚士麟.见只编[M]//丛书集成初编.北京：中华书局，1985：50-51.

5 W.S. ATWELL.International Bullion Flows and the Chinese Economy circa: 1530—1650[J].Past and Present, 1982（95）.

6 梁方仲.明代的国际贸易与银的输出入[J].中国社会经济史集刊：第6卷，1939（2）.

7 晁中辰.明代海禁与海外贸易[M].北京：人民出版社，2005：268.

年)提出,但至万历九年(1581年),才由首辅张居正推广到全国。"一条鞭法"的主要内容是:"总括一县之赋役,量地计丁,一概征银,官为分解,雇役应付。"就是把各州县的田赋、徭役以及其他杂征总为一条,合并征收银两,按亩折算缴纳,大大简化了征收手续,同时使地方官员难以作弊。实行这种办法,使没有土地的农民可以解除劳役负担,有田的农民有较多的时间耕种土地,对于发展农业生产发挥了积极作用。同时,把徭役改为征收银两,农民获得了较大的人身自由,比较容易离开土地,这就给城市手工业提供了更多的劳动力来源。没有土地的工商业者可以不纳丁银,这对工商业的发展也有积极作用。

"一条鞭法"把一切税赋和征收都合计到银两,用银两支付,并推广到全体国民,是中国历史上具有深远历史影响的一次社会变革,它有效地化解了社会矛盾,促进了商品经济的发展。这一做法之所以能够实现,很大程度上得益于更广阔的海上丝绸之路——全球化贸易,是全球贸易的发展保障了明朝的白银供给。这也很好地诠释了为什么嘉靖十年提出的"一条鞭法"至万历九年方才推广到全国,因为没有足够的白银储备,白银是不可能完全货币化,成为本位货币的。

因此,我们可以说,唐朝的丝绸之路改变了中国白银为器饰宝藏不为币的传统;明代后期大规模的全球化贸易使白银在中国完成了货币化进程,取得了本位货币地位。

参考文献

[1] 文物编辑委员会. 文物考古工作三十年[M]. 北京:文物出版社,1979.
[2] 中国钱币学会编. 中国钱币论文集:第四辑[C]. 北京:中国金融出版社,2002.
[3] 彭信威. 中国货币史[M]. 上海:上海人民出版社,1958.
[4] 山西省文物考古研究所编. 侯马铸铜遗址[M]. 北京:文物出版社,1993.
[5] 中国大百科全书:矿业卷[M]. 北京:中国大百科全书出版社,1984.
[6] (北齐)魏收. 魏书:食货志[M]. 北京:中华书局,1974.
[7] 千家驹,郭彦岗. 中国货币史纲要[M]. 上海:上海人民出版社,1986.
[8] 李如森. 中国古代铸币[M]. 长春:吉林大学出版社,1998.
[9] 黄锡全. 先秦货币通论[M]. 北京:紫禁城出版社,2001.
[10] 汤国彦主编,洪天福副主编. 中国历史银锭[M]. 昆明:云南人民出版社,1993.
[11] 周卫荣,杨君,黄维. 中国古代银锭科学研究[M]. 北京:科学出版社,2016.
[12] (明)李时珍. 本草纲目:第八卷 金石部[M]. 北京:人民卫生出版社,1982.
[13] (宋)孙光宪. 北梦琐言[M]//丛书集成初编. 北京:中华书局,1985.
[14] 中国印度见闻录[M]. 穆根来,汶江,黄倬汉译. 北京:中华书局,1983.
[15] 汪圣铎. 两宋货币史[M]. 北京:社会科学文献出版社,2003.

[16] 王文成. 宋代白银货币化研究[M]. 昆明：云南大学出版社，2011.

[17] 高聪明. 宋代货币与货币流通研究[M]. 保定：河北大学出版社，2000.

[18]（清）张廷玉等. 明史：朱纨传[M]. 北京：中华书局，1974.

[19]（明）姚士麟. 见只编[M]//丛书集成初编. 北京：中华书局，1985.

[20] 晁中辰. 明代海禁与海外贸易[M]. 北京：人民出版社，2005.

[21] C. G. F. SIMKIN. The Traditional Trade of Asia[M]. London: Oxford University Press, 1968.

[22] W.S.ATWELL. International Bullion Flows and the Chinese Economy circa: 1530—1650 [J]. Past and Present, 1982（95）.

中国古代银锭
——形制与内涵

◎ 中国钱币博物馆 周卫荣 杨 君

摘要： 中国古代银锭货币形制从原始铸坯形状的饼形和长方形的初始阶段，经历了笏形和船形等极有特色的形制阶段，演变出银锭的起翘和捶平状态，并在宋金元时期固定为平板束腰的形制，最后，在明清时期，银锭货币完成了从整体的扁平状向立体状的演变，并固化了起翘的银锭形制。起翘形制是中国古代银锭彰显高成色白银物理属性的需要，是反假防伪需求的表现。中国古代银锭形制的演变是中国古代白银货币发展的自然呈现，有着深刻的物质文化内涵。

▶ **Abstract:** In ancient China, the shape of sycee (silver ingot) evolved from the initial stage of cake and rectangle shapes, to board and boat shapes, and then into a winging and flattening shape. Later, Sycee gradually developed into having a flat waist in the Song, Jin and Yuan Dynasties. Finally, in the Ming and Qing dynasties, the evolution from an overall flat shape to a three-dimensional shape was completed, and the shape of wings had since then become a major characteristic of sycee. The shape of wings was used to indicate the high quality of the silver, and it also reflected the need for anti-counterfeiting. The evolution of the shape of ancient Chinese sycee, as a natural manifestation of the development of silver currency in China, has profound material and cultural connotations.

银锭是对中国古代白银货币的通行称谓，其产生、发展，经历了一系列形态、制作的变化，每种形制的演变都有着深刻的时代背景，有着政治、经济、科技和文化等多种因素的影响。

Silver Currency and Its Role
in the Evolution of Chinese History

白银货币与中国历史变迁问题研究

从银锭形制与内涵的角度，对中国古代银锭的起源、演变进行考证和梳理，将有助于廓清历史迷雾，更正讹传谬说，从而加深对中国古代白银货币性质和特点的认识。

一、起源期中国银锭

中国古代各种材质的货币都有各自独特的起源和演变轨迹，白银货币也不例外。中国银锭货币起源是货币起源研究的难点和重点，过去曾经有学者把1974年河南扶沟出土的18枚银板[1]、中山国墓葬出土的银仿贝[2]和汉武帝时期的"白金三品"定为中国早期白银货币，今天看来这些都是错误的[3]。扶沟银板（见图1）其实就是没有切掉水口把的长方形银质坯板，属性是白银宝藏，不是货币；中山国银仿贝（见图2）是贝形的银质饰物，不是货币；汉武帝"白金三品"（见图3），其实是以"银锡"之名铸造的铅质虚值大钱，不是银质货币。

古代典籍也印证了扶沟银板、中山国银仿贝这些战国时代的银质实物不是白银货币。司马迁《史记·平准书》曰："及至秦，中一国之币为二等，黄金以镒名，为上币。铜钱识曰半两，重如其文，为下币。而珠玉、龟贝、银锡之属为器饰宝藏，不为币。然各随时而轻重无常。"[4]即在秦朝和西汉前期，黄金和铜钱是货币，而白银则用作器饰，或为宝藏，但不是货币。司马迁是汉武帝时人，距秦和汉初不远，记录秦朝和西汉前期货币形态和性质当为确论。秦朝与战国秦国一脉相承，制度相因，也应不以白银为货币，其他"战国七雄"的货币情况也大致如此。

根据文献记载，最早将白银定为货币的是王莽。始建国二年（公元10年），王莽进行了他的第三次币制改革，"而更作金、银、龟、贝、钱、布之品，名曰'宝货'"，"黄金重一斤，直钱万。朱提银重八两为一流，直一千五百八十。它银一流直千。是为银货二

图1　扶沟银板
图2　中山国银仿贝
图3　白金三品之龙币

图1　　　　图2

　　　　　图3

---

1 郝本性，郝万章. 河南扶沟古城村出土的楚金银币[J]. 文物，1980（10）.
2 河北省文物管理处. 河北省平山县战国时期中山国墓葬发掘简报[J]. 文物，1979（1）.
3 周卫荣. 丝路贸易与中国古代白银货币[J]. 中国钱币，2016（1）.
4 司马迁. 史记[M]. 北京：中华书局，1982：1442.

品"。[1] 王莽确定了两种白银货币："朱提银"和"它银"，并且规定了不同白银与铜钱的比值，这是历史典籍第一次明确记载的白银货币。遗憾的是，到目前为止，还没有发现确切的"朱提银"和"它银"实物，后世曾有伪造"朱提银"或误认"朱提银"的情况，国家博物馆的研究者已经做过真伪辨析的工作[2]。王莽的托古改制往往违背经济规律，"银货二品"同"龟宝四品""贝货五品"一样，有货币之名，无货币之实，在历史上昙花一现，迄今也未发现确切的"银货""龟宝""贝货"存世实物。王莽改制中的"银货二品"是政府强制推行的所谓"白银货币"，其实质仍是将作为财富宝藏的白银，以复古之名强行冠以货币的称谓，并不是社会商品经济发展的自然结果。从这个意义上讲，作为"银货二品"的"朱提银"和"它银"不是真正的白银货币。

东汉、三国时期的墓葬出土有形制较为标准的银饼，有白银货币属性的一些特质。2001年，湖南常德市汉寿县一座东汉墓出土46枚银饼[3]；2008年，湖北襄樊市樊城区一座三国早期墓出土1枚银饼[4]。近来，已有研究者关注到这两座墓葬出土的银饼，并进行了有益的探究[5]。从发掘报告提供的资料看，常德46枚银饼（见图4）形制较为统一：圆形饼状，底部呈球形凸起，面部较平，有圆棍状银桥横置于锭面中间，银桥两侧有半熔于锭体的银疙瘩，高度与桥面相近。襄樊出土的那枚银饼也与常德银饼形制一致。推论这种特殊形制是当时的一种安排，如同后世银元宝起翅一样，是为了彰显银锭的高成色，兼有防伪的功能。除了形制以外，这些银饼重量也大都相近，从不太完整的考古信息看，完整的银饼主要是汉代一斤类型，也有半斤类型的。遗憾的是两篇考古报告都没有银饼的合金成分检测记录，民间收藏家偶有收藏同类型的银饼，根据对同类型民间收藏银饼的合金检测，发现含银99%，含铅接近1%，与中国古代"灰吹法"提炼纯银锭的成分一致，可能即为古代灰吹法炼银的高成色银锭。推测在东汉后期和三国时期，白银在有些地域可能开始具备一些货币属性。

三国之后的两晋南北朝时期，典籍和出土文献

图4　常德银饼

1　班固.汉书[M].北京：中华书局，1962：1177-1178.

2　蒯宁."万汇银号"朱提银考[J].中国历史博物馆馆刊，1999（1）.潘路，杨小林."汉朱提残砖"的分析与思考[J].中国历史博物馆馆刊，1999（1）.

3　王永彪.湖南常德出土一批汉代金银饼[J].文物，2013（6）.

4　刘江生.湖北襄樊樊城菜越三国墓发掘报告[J].考古学报，2013（3）.

5　黄维.出土东汉银饼实物刍议[J].中国钱币，2018（2）.另，王显国撰有《中国早期白银货币的使用及银两制的形成》，在2019年国家博物馆举行"货币与王朝"国际学术研讨会宣读.

Silver Currency and Its Role
in the Evolution of Chinese History
白银货币与中国历史变迁问题研究

留下了以银计价的记载，如《晋书》载："（石）勒既还襄国，刘翰叛勒，奔段匹䃅。襄国大饥，谷二升直银二斤，肉一斤直银一两。"[1] 还有王显国披露，2004年湖南郴州市东门口古井中发现大批三国东吴、西晋时期简牍，其中的西晋简中发现有以银计价的："'猪一头直银三朱'、'羊一头直银三朱'、'右猪羊各一头为吴称银合一两二朱'、'右猪二头羊二头直吴称银合三两一铢二钣'、'右猪三头羊二头直吴称银三两二铢二钣'。"[2] 不同于当时社会物价多以铜钱记值的惯例，是在社会动荡、坑冶不兴、经济领域严重缺钱的地区白银行使价值尺度等货币职能的表现。南朝时期，"梁初，唯京师及三吴、荆、郢、江、湘、梁、益用钱。其余州郡，则杂以谷帛交易。交、广之域，全以金银为货"[3] 这也是梁朝初期，岭南的交州、广州等地区，在严重缺钱的情况下，白银担当起货币角色的体现。但遗憾的是，迄今为止，均没有见到出土或存世的两晋、南北朝时期的白银货币实物。

二、唐代银铤

唐代的主流货币是铜钱，但在一些地区绢帛和白银也经常用作交换中介，尤其是在岭南地区。白银的货币属性日渐凸显，并影响到了国家白银货币化的进程[4]，在支付上逐渐取得重要地位[5]。

从遗存的银铤实物来看，唐代是白银确切具有货币属性的重要历史阶段，出现了各种形制的银铤，主要有笏形铤、长条铤、饼形铤、平头束腰薄铤、平头束腰长铤和船形铤等。

古代"锭"和"铤"意义基本相同，唐代多称"铤"，宋代"铤""锭"称谓同时并存，元明清时期则多称"锭"。为统一起见，本文论及唐宋称"铤"，元明清称"锭"。

笏形银铤是最引人注目的唐代银铤形制，因外形与古代官员上朝时所执的笏板相似而得名，重量一般为五十两，是平面最大、錾刻文字最多、最为知名的类型。笏形银铤按照加工形态可分为原始铸造态和捶平修整态两种。顾名思义，原始铸造态笏形银铤（见图5），是直接铸造出来没有明显修整的银铤。铭文直接錾刻在铸造后的银铤表面，文字结体宽大，笔画深刻有力。该类型银铤存世稀少。捶平修整态笏形银铤（见图6），是在浇铸银铤后，使

---

1 房玄龄等.晋书[M].北京：中华书局，1974：2723.此条校勘记："谷二升直银二斤，《通鉴》八九、《御览》三五引《三十国春秋》'二斤'皆作'一斤'，文较合理，疑此'二'为'一'之误"。

2 王显国撰有《中国早期白银货币的使用及银两制的形成》，在2019年国家博物馆举行"货币与王朝"国际学术研讨会宣读。

3 魏征，令狐德棻.隋书[M].北京：中华书局，1973：689.

4 王承文.论唐代岭南地区的金银生产及其影响[J].中国史研究.2008（3）.

5 彭信威.中国货币史[M].上海：上海人民出版社，2007：237.

用切割、捶平等手法对银铤进行全面修整，几乎看不出原始的铸造痕迹，银铤表面光洁。文字錾刻在加工后的表面上，结体较小，笔画纤劲。该类型银铤是笏形银铤的主流。

长条银铤（见图7），虽然也是长方形，但整体体量明显小于笏板银铤，长度多为十几厘米，重量多为几百克。铸造粗糙，没有经过捶平修整，多素体，无文字。从该种银铤的原始状态看，其性质更接近于白银财富，在交换流通中作为贵金属称量货币使用。

饼形银铤（见图8），呈圆饼状，一般为铸造态，重量多为十两，表面多凿刻有铭文。也有一些重量不定，带重量墨书或无文字的类型，状态原始。

平头束腰薄铤（见图9），主要以何家村出土的金银窖藏遗物为代表，平面为平头微束腰银铤，呈薄板状，表面经过捶打修整，多为修整态。重量一般为五两或十两。表面无文或有少量的錾刻文字。

平头束腰长铤（见图10），是近些年来才被注意到的新类型，它不同于北宋的平头束腰银铤：比北宋的束腰银铤更长，北宋银锭则显宽短；长铤束腰腰线分为斜直折线和圆弧线两种类型，腰围瘦，北宋银铤束腰则为弧线，腰围粗；长铤虽不似船形银铤起翘，但银铤边缘多起沿，甚至是高边沿，北宋银铤则不起沿。平头束腰长铤平面与船形银铤类似，接近于不起翘的船形银铤，同重量的长铤比船形铤更长，因为没有确切的考古出土信息，仅从器物类型学的角度看，应稍早于船形银铤或与船形银铤同时，可视为不起翘的船形银铤。

船形银铤（见图11），形似船体，平底，两端起高翘。重量多为五十两和二十五两。船形银铤大都没有凿刻铭文，偶有银铤底部铸造有少量铭文。

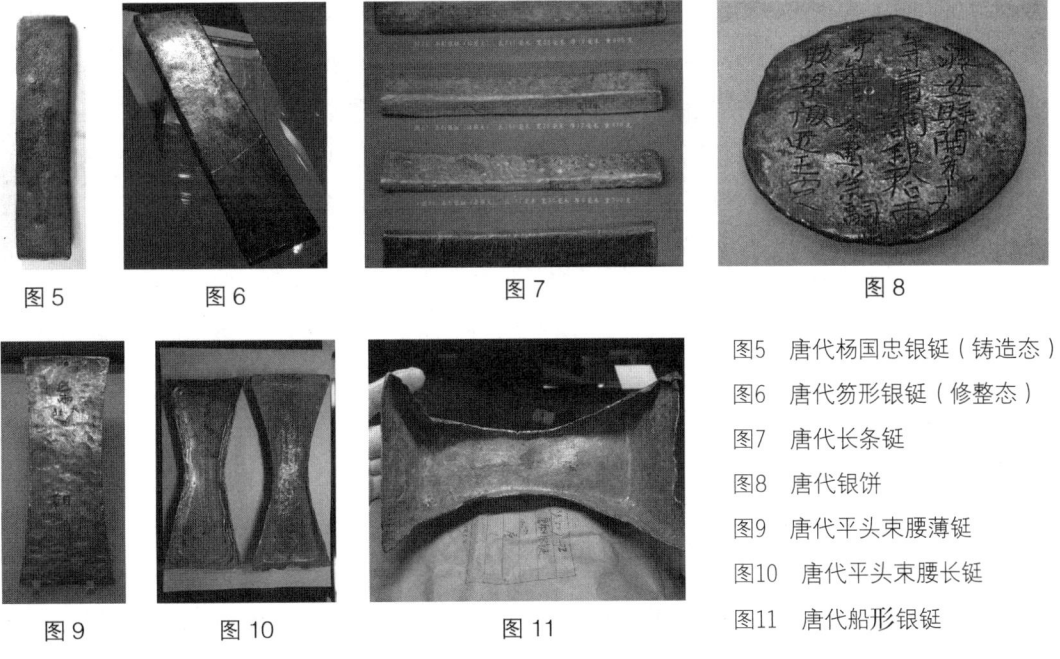

图5　　　　图6　　　　　　　图7　　　　　　　图8

图9　　　　图10　　　　　　图11

图5　唐代杨国忠银铤（铸造态）
图6　唐代笏形银铤（修整态）
图7　唐代长条铤
图8　唐代银饼
图9　唐代平头束腰薄铤
图10　唐代平头束腰长铤
图11　唐代船形银铤

Silver Currency and Its Role
in the Evolution of Chinese History
白银货币与中国历史变迁问题研究

从外形看，笏形、长条形和饼形银铤保留了白银铸坯的原始形态，长方形和饼形是铸造银铤坯料最容易选择的形状，笏形、长条形和饼形银铤的形态就是对白银坯料外形的自然沿承，从这个意义上讲，是当之无愧的早期白银货币。

根据唐代银铤的形制特点，结合唐代社会经济活动的情况，我们认为，唐代的笏形和饼形银铤系官方普遍采用的形制，银铤上多刻有时间、地点、性质、用途，以及官员的姓名和身份、匠人姓名等，显示了这类银铤的主要性质是上供进奉银铤和税收银铤，是典型的官铤。饼形银铤中的无文类型则多为商铤，有的状态原始，其性质更接近白银财富。平头束腰薄铤大都捶平整修，见有"五两""拾两""大北朝"等字样，应属官铤。平头束腰长铤和船形银铤有着天然的渊源，性质相同，都应是商铤。

船形银铤是唐代主要用于大额商贸往来的银铤。从考古出土、公家收藏来看，尚未见确切的有唐代官府铭文的船形银铤，偶有底部铸造铭文的，也往往是银匠姓氏等极简信息，印证了船形银铤的"民间身份"。业内公认，船形银铤产生于唐晚期，主要作用并非官府的贡银和库银，而是民间用作大额支付的货币。唐代与外界的贸易活动频繁，陆上丝绸之路和海上丝绸之路都非常兴盛，东西方物质与文化的交流频繁，域外的金银、珠宝、香料等大量涌入中国，如西亚波斯式金银器在唐代中国极为流行，白银成为丝路贸易的重要商品和媒介，丝路贸易的繁荣在某种程度上促进了白银在中国的货币化进程。船形银铤就是在这种大历史背景下出现的，船形银铤采用这种两端高翘的特别形制也有着深刻的内涵。由于当时白银价值大，人们在制作货币银铤时，首要的问题便是如何呈现所用银两是没有掺杂的纯银。由于贸易环境下，交易用银没有其他保证，因此，所用银铤必须让人一目了然地看到，银两本身没有任何物理夹杂和合金混杂。于是，船形银铤便应运而生。就白银的金属特性而言，这种底部平而较薄，周边高沿，两头起翘的银铤，能让人便捷地作出判断。平而薄的底和周边，不可能有物理夹杂，延展的周边，也便于人们观察银铤外观形态和色泽的状况，方便人们审视有无贱金属掺杂和判断银色高低。根据科学的模拟实验，发现纯银中加有2%的铜之后颜色就明显变灰。可见，船形银铤夸张舒展的起翘就是为了充分彰显白银的金属特质，是反假防伪的需要。而具体取形时采用这一奇特的、酷似舟船的铤形，很可能受到了海上丝绸之路贸易中货船外形的启发。

三、北宋银铤

北宋时期发明了纸币，丰富了人类的货币形态，当时的货币以铜钱为主，辅以铁钱和纸币，与此同时，白银在经济社会中也担当着越来越重要的角色。

北宋银铤形制在唐末五代的基础上，有了明显的改变，形制逐渐趋向统一。船形银铤、长方形银铤和平头束腰银铤是北宋银铤的主要类型，圆饼状银铤在北宋已经退出货币形态。

北宋船形银铤（见图12），继承了唐代船形银铤形制，但又有明显变化：唐代船形银铤比较瘦长，北宋船形银铤则较为粗短；北宋船形银铤两端的高翅普遍被刻意砸倒放平，或者把四个翅角精心对称反折；唐代船形银铤一般都保留两端高翅，偶有高翅弯折的，多是磕碰所致，不属刻意为之；北宋船形银铤上开始出现錾刻铭文，内容有地名、官员及身份、匠人姓名、税收种类等，性质已属官铤；唐代船形银铤基本没有錾刻文字，属性是商铤。北宋船形银铤主要流通在北宋前期，北宋后期已被平头束腰银铤取代。

北宋长方形银铤（见图13），形制简单，就是一个平阔的小型银砖，存世罕少，存世实物中见有"元丰六年"官府錾刻文字的。

北宋平头束腰银铤（见图14），不起翅，不起沿，是北宋船形银铤发展演变后的形态。银铤较厚，表面有丝纹，底部有蜂窝。这种银铤是北宋时期的标准性银铤，主要流通在北宋后期，存世实物铭文有宋哲宗、宋徽宗时期的年号。平头束腰银铤铭文基本都是凿刻，布局和制作较为规范，内容一般有银铤的制作或使用地点、年份、用途、重量、主管官员及职位、银匠姓名等。从出土存世实物看，平头束腰银铤多为五十两类型。

北宋平头束腰银铤在辽地有一定数量的出土，从铭文看，多是北宋给辽朝的"岁币"，未见有确切的辽朝自铸银铤。

四、金代和南宋银铤

金朝和南宋一北一南，存续时间相近。金朝主要流通宋朝铜钱，也自铸有"正隆元宝""大定通宝"等铜钱；银铤曾经作为完全货币流通，金朝后期官方曾铸造用于民间流通的承安宝货小银铤；金朝纸钞流行，纸钞的单位为"贯"和"两"等，分别对应铜钱和银铤；金朝为推行纸钞，一直限制民间持有铜钱的数量。南宋的主要货币是铜钱、铁钱，辅以银铤和纸币，铜钱除供应南宋使用外，还被大量走私到金朝和西夏等政权，使得南宋境内通货不足；纸币通行，以按"界"发行回收的"会子"最为知名；银铤已广为流通，都城临安等地遍设金银交引铺。

图12　北宋船形银铤
图13　北宋长方形银铤
图14　北宋平头束腰银铤

图12　　　　　图13　　　　　图14

Silver Currency and Its Role
in the Evolution of Chinese History
白银货币与中国历史变迁问题研究

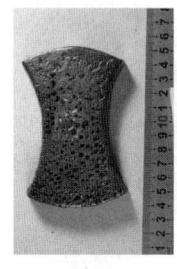   

图15　南宋银铤底部蜂窝
图16　金代弧头束腰银铤
图17　南宋弧头束腰银铤
图18　金朝承安宝货壹两银铤

图15　　　　图16　　　　图17　　　　图18

　　金朝和南宋南北并立，其银铤形制都沿袭北宋银铤而有发展，形制日趋统一，以弧头束腰为主要形态特征。该时期，银两货币在经过一段时间的使用之后，人们已积累了经验和共识，蜂窝、丝纹等外观特征显现。蜂窝作为白银铸造的一项基本特征，在该时期银铤上有充分的展现，铤底的密布蜂窝和滴珠（见图15），丝纹清晰自然。

　　虽然金代和南宋银铤都是弧头束腰形制，但二者仍有明显区别。其一，金代银铤（见图16）铭文主要为錾刻文字，并有简单的带花押的官府戳印文字；南宋银铤（见图17）铭文则基本都是多种戳印文字的组合，只有很少的银铤以戳印文字为主，并补充以錾刻文字。其二，南宋银铤以中大型银铤为主，并形成了五十两、二十五两、十二两半等的重量体系；金代银铤多以五十两铤为主，并在承安年间铸造发行了一两到十两五种重量组合的小型银铤，《金史·食货志》载：承安二年十二月，"旧例银每铤五十两，其直百贯，民间或有截凿之者，其价亦随低昂，遂改铸银名'承安宝货'，一两至十两分五等，每两折钱二贯，公私同见钱用，仍定销铸及接受稽留罪赏格。"[1] 这是有确切记载的官府第一次铸造用于民间交易流通的小型银铤货币，在货币史上具有重要意义。从存世承安宝货实物看，目前仅见一两（见图18）和一两半两种类型。

　　南宋弧头束腰银铤在制作上更为成熟和规范。戳印铭文的类型非常丰富，主要有"真花铤银""京销铤银""京销细渗"等代表银铤成色的戳印文字，有"出门税"等代表银铤性质的戳印文字，有"霸北街西""猫儿桥东""朝天门里"等代表铸造银铤的金银交引铺地址的戳印文字，有"朱二郎押""许二郎造"等代表金银交引铺铺主或银匠的戳印文字，有"重伍拾两""重贰拾伍两""重拾贰两半"等代表银铤重量的戳印文字等。戳印铭文的布局也有固定的章法，以戳印完整的银铤为例，通常在银铤四角戳印四枚相同的银铤成色印，或四枚相同的税收类型印，或四枚相同的金银交引铺地址印等，再在银铤中部束腰左侧钤压银铤重量印，然后在银铤中部束腰右侧钤压金银交引铺铺主或银匠印。这是南宋银铤中戳印类型

1　脱脱等．金史[M]．北京：中华书局，1975：1076．

最丰富、最经典的章法布局。由此可见，南宋银铤是中国古代白银货币标准化历程中的重要阶段性代表。

在出土存世的南宋银铤上，经常能见到某些银铤表面的两端最宽处的中心常有毛笔涂写的黑色大圆点（见图19），画圆规整，位置居中对称，刻意所为明显。该种墨迹应是南宋银铤校验后的题记符号，兼有反假防伪功能。

与金代、南宋并立的西夏王朝是否铸造过银铤，是学界非常关注的一个问题。由于确切的考古出土信息不足以回答这个问题，目前没有压倒性的统一意见。笔者曾经见过民间留存的带錾刻西夏文字的银铤，并检测过合金成分，初步确认为真品。笔者倾向于西夏王朝铸造过银铤，西夏银铤也是弧头束腰形制，与金代、南宋银铤形制相同。

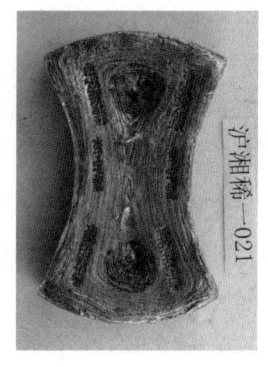

图19 南宋墨点银铤

五、元代银锭

元代银两、钞并行，以钞为主，铜钱在有些时候也参与流通。

元代银锭在传承前朝银铤的基础上有所变化，除沿袭弧头束腰的外形外，银锭周边普遍起沿，有的在首尾两端甚至形成小短翅，可以视为明清时期银锭普遍起翅的先导；元代银锭的束腰比南宋、金代银锭更瘦。元代银锭主要是五十两大锭、十两锭、五两锭（见图20）和仅一二两甚至不足一两的小锭，大锭一般为官锭，小锭（见图21）多为商锭。元代银锭的蜂窝和丝纹大都自然明显，这些高成色银锭的外观特征在当时的银锭铸造中都充分呈现。

元代银锭中最出名的是"扬州元宝"（见图22），底部铸造阴文"元宝"（见图23）字样。元朝初年的忽必烈时代就有银锭铸有"元宝"铭文的记载：至元年间的财政官员杨湜"加诸路交钞都提举，上钞法便宜事，

图20　元朝五两银铤

图21　元代小银铤，采自《湖南宋元窖藏金银器发现与研究》

图20　　　　图21

图22　元代扬州元宝

图23　元代扬州元宝底部

图22　　　　图23

谓平准行用库白金出入，有偷滥之弊，请以五十两铸为锭，文以元宝，用之便。"[1]这是元代五十两大锭铸"元宝"字样的文献证据。

"元宝"为何意？元朝多承袭金朝制度，金朝末年曾铸造"承安宝货"银锭，"宝货"是金朝对流通白银货币的称谓，元朝铸造的白银货币自然就是"元朝宝货"，"元宝"就是"元朝宝货"的简称。当然，"元"还有"大"的意思，五十两银锭是流通银锭中的最大锭型，"元宝"也自然含有"大宝货"的意思。

"扬州元宝"有一段典故，《南村辍耕录》载："扬州元宝，乃至元十三年，大兵平宋，回至扬州，丞相伯颜号令搜检将士行李，所得撒花银子，销铸作锭，每重五十两，归朝，献纳。世祖大会皇子、王孙、驸马、国戚，从而颁赐，或用货卖，所以民间有此锭也。后朝廷亦自铸。"[2]可见，扬州元宝是元军灭宋时用掳掠的白银铸造而成，铸造地在扬州，是特定历史时期的专门铸锭。

扬州元宝底部铭文为阴文"元宝"，"寳"字因为繁体复杂，采用了当时民间俗体简写的"宝"字，这个"宝"字在新中国成立后的简化字方案中被采纳为繁体"寳"的标准简化字。扬州元宝面部铭文繁多，多是各种类型的戳印文字，是南宋银锭戳印文字的继续发展。扬州元宝戳印的章法布局更趋严格，一般锭面右侧从上到下钤压"扬州""省监销铸官某某""销银官某某""秤验银库子某某"，中间上部为"行中书省""十成"（"拾成色"），锭面左侧从上到下钤压"重伍拾两""至元十四年""库官某某""银匠某某某、银匠某某某、银匠（或铸银）某某某"等，格式布局和文字内容几乎固定不变。

六、明代银锭

明代随着海外白银贸易繁盛和赋役税收白银化，白银在中国实现了完全货币职能，白银货币日趋财政化，在白银、铜钱并行的货币体系中扮演着举足轻重的角色。明代也是中国古代银锭形制发展的一个重要时期，银锭形制完成了由整体的扁平状向立体状的演变。

明代中前期，银锭形制基本继承元代稍起翅的平板束腰器形，该形制以洪武、永乐、宣德、正统、景泰等时期最具代表性，并一直延续到明武宗正德（见图24）年间。此时期，全国锭形基本一致。

明代后期，大致在明世宗嘉靖朝及其以后，白银货币由束腰平板稍起翅的银锭形制变成了束腰厚体起翅的银锭形制（见图25）。并且，明代后期开始出现了锭形的地域性差异。

其一，出现"方宝"的早期雏形。江西、福建、广东、广西等数省相连地区，即在南岭

---

[1] 宋濂. 元史[M]. 北京：中华书局，1976：4003.
[2] 陶宗仪. 南村辍耕录[M]. 北京：中华书局，1959：377.

及其周边，除了弧头束腰起翅的锭形外，还存在接近平头的束腰起翅锭形（见图26），这种锭形与后来清代"方宝"形制有渊源关系，可视为清代方宝的滥觞。

其二，四川地区出现了大弧头小束腰、锭底呈椭圆状的锭形（见图27）。有意思的是，明末四川的这种特殊锭形也影响到了张献忠自铸银锭（见图28）。近年来"江口沉银"出水银锭的研究揭示了张献忠占据四川后铸造过自己政权的银锭，"其自铸银锭主要来自成都府和紧邻州县，范围不广，铭文银锭都属官式赋税银锭；银锭种类主要是各种粮银等；银锭上有确切的'大顺'年号及'大西''西朝'国号铭文"。[1] 张献忠自铸银锭的时间在1645年到1646年，时段已在清代初年，其形制明显沿袭了明末四川地区的锭形。

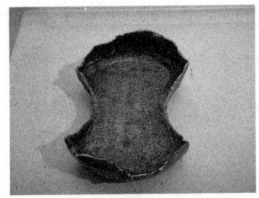

图24

图25

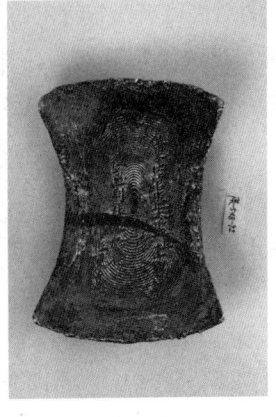

图26

图24　明朝正德银铤
图25　明代后期银锭
图26　明代后期方宝

明代后期，中国古代银锭形制地域性差异开始显现，是清代各地域银锭形制纷繁复杂的先导。

明代银锭固化了银锭起翅的形制，此后几乎所有的大型银锭都以两端起翅为重要的形制特征。该形制是通过宽大细薄的起翅，来彰显高成色白银的物理特征，是反假防伪需求的表现。此外，明代明确以锭面丝纹来鉴定白银成色。从历史上看，明代银锭的丝纹（见图29）也是最清晰、最美观

图27

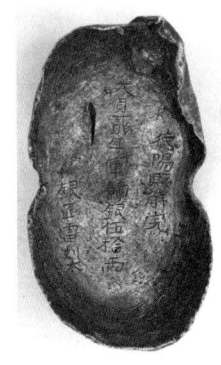

图28

图29

图27　明末四川银锭
图28　张献忠大顺二年银锭
图29　明代丝纹银锭

---

1 杨君."张献忠沉银"银锭初考[J].澳门研究，2017（3）.

的。"细丝"是当时人们对纯度较高银锭的称谓，Sycee是英文中对中国银锭的专门称谓，就源于明代来中国东南沿海商贸的外国商人对当地人称呼白银为"细丝"的音译。这种银锭丝纹形制的科学解释是，古人已经注意到银锭成色越高，丝纹越细密，白银成色低于九成便不会自然形成丝纹。

七、清代、民国银锭

随着对外贸易的兴盛，中国对白银的需求使得大量海外白银涌入，从而促进了中国社会白银货币化和财政化的发展，银锭在中国社会各个地区、各个领域都得到了广泛的使用。值得关注的是，清代银锭形制承接明代后期地域化的倾向而继续发展并推向极致，是中国历史上银锭形制最为繁多复杂的时期。银锭一直广泛使用到民国前期，直到1933年的"废两改元"才被银元取代。民国前期银锭形制是清代银锭形制的延续，变化不大。

清代同治年间无锡佚名士人著《平贼纪略》，其中"用银记"一篇载："今之国课而言，所用总称元宝纹银，然各省各式：江西、湖南、山西、山东、河南、安徽、直隶、江苏、浙江九省藩库倾用元宝库平重五十两，杂项铸大小银锭十两至五两；湖北、广东、广西、陕西、甘肃、云南、贵州、四川、福建九省皆无元宝，仅铸银锭十两至五两。此外，关税及盐课：关则江海关、山海关是元宝，盐则河（湖）北之武昌、安徽（应为"河北"，笔者按）之长芦是元宝；其余亦用银锭十两至二、三两不等，故难枚举。其银色十足十成者，江西方宝为最，湖南龟宝次之，其余相等；独武昌宝仿龟式而轻，库平重四十八、九两，银色九九八。关东重而色次，库平重五十二两左右，银色九九，此言钱粮也。至市廛有高低不等之元宝及银锭者，乃商贾仿各省之锭鏃（应为"窠"，笔者按）所铸，非钱粮也。"[1] 罗尔纲曾以《清代的元宝纹银》[2]为题在《历史研究》上进行专门介绍，可见史料价值之高。

清代银锭重量类型主要有五十两的"大宝"，此外有十两锭、五两锭和其他三两、一两不等的小锭。形制分类中，五十两的"大宝"有"元宝""方宝""龟宝""大翅宝"等，其中，"元宝"主要指山西、河北、河南、安徽、山东、江苏、湖北等地区铸造流通的两头起翅，底部平整或圆凸的普通大元宝，是五十两元宝的主流形制。此类大元宝中存世最多的是山西元宝（见图30），这与清代后

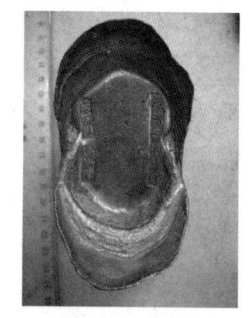

图30 清代山西元宝

---

[1] 佚名.平贼纪略：用银记[M]//太平天国历史博物馆编.太平天国史料丛编简辑：第一册.北京：中华书局，1961：333.

[2] 罗尔纲.清代的元宝纹银[J].历史研究，1956（4）.

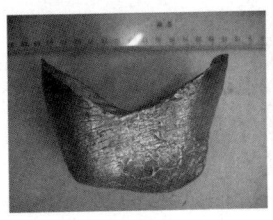  

图31　清代山西元宝
图32　清代江西方宝
图33　清代湖南龟宝

图31　　　　　图32　　　　　图33

期晋商实力雄厚、汇通天下有密切的关系；山西元宝形制的特点是两端起翅，锭面稍倾斜，底部圆凸，底部前端普遍有因铁范被银液冲蚀而后浇铸形成的瘤状凸起（见图31）。"方宝"（见图32）是江西地区的代表性锭形，起源于明代后期南岭周边地区的略呈方形起翅的银锭；存世实物中见有上海、甘肃等地区铸造的形制相似的类型。"龟宝"（见图33）是湖南地区的特有锭形，因银锭倒扣放置时形似龟壳而得名。"大翅宝"（见图34）是东三省地区特有的锭形，双翅高耸，锭面在双翅间极度倾斜，底部平整，是清代形制最夸张的锭形；存世多见吉林省铸造的实物，铭文有"宽城同顺成""吉林会盛通"等。

图34　清代吉林大翅宝
图35　清代十两元宝
图36　清代四川椭圆形槽锭

图34　　　　　图35　　　　　图36

清代银锭重量，五十两之后是十两，没有宋金时期二十五两的过渡，这一情形在元明时期就逐渐显现，在清代被彻底固定下来。清代十两、五两银锭主要有山东为代表的十两元宝（见图35），四川等地区的椭圆形槽锭（见图36），陕西等地区的小椭圆形槽锭（见图37），浙江、福建、江苏等地区的圆形槽锭（见图38），广西、广东、湖南等地区的砝码锭（见图

图37　清代陕西小椭圆形槽锭
图38　清代圆形槽锭
图39　清代砝码锭

图37　　　　　图38　　　　　图39

39），云南等地区的牌坊锭（见图40），河南及相邻山西等地区的腰锭（见图41），等等。其中，四川椭圆形槽锭形制有些特别，锭面四周有半厘米高的起沿，锭面中心都有一个隆起于锭面的圆疙瘩。其制作流程是：在尖底坩埚中熔化银液，浇注入铁范后，不待银液冷却，直接用坩埚的尖底压入银液，使得银液沿铁范内壁

图40　清代牌坊锭
图41　清代腰锭

图40　　　　　图41

图42　东海关银锭
图43　浙海关银锭

图42　　　　　图43

向上漾起，再提起坩埚，银液回落，坩埚底部尖端带起的银液凝固成高出锭面的圆疙瘩[1]。该种形制无非是通过铸造过程的一压一提，形成银锭的起沿和圆尖，来彰显白银的高成色，该种形制既有反假防伪考量，也有保护锭面和戳印文字的需要。

各地税关银锭形制一般采用税关所在地主流银锭形制，如东海关银锭（见图42）采用江苏地区锭形；浙海关银锭（见图43）采用浙江地区锭形等。

清代银锭形制的复杂，考其原因，应该与清代纷繁复杂的平码制度、经济文化的地域割据性等有着密切的联系。

概言之，中国古代银锭形制的演变是中国古代白银货币发展的自然呈现，有着深刻的物质文化内涵，是当时政治、经济、科技、文化大背景在银锭上的折射。

（注：本文配图银锭实物系国家博物馆、中国钱币博物馆、陕西历史博物馆、河南博物院、西安博物院、常德博物馆等单位藏品）

参考文献

[1] 司马迁. 史记[M]. 北京：中华书局，1982.

[2] 班固. 汉书[M]. 北京：中华书局，1962.

[3] 房玄龄等. 晋书[M]. 北京：中华书局，1974.

[4] 魏征，令狐德棻. 隋书[M]. 北京：中华书局，1973.

---

1 铸宝见闻录——清末洋人在中国所见之银锭制程[J]. 孙浩编译. 中国钱币，2008（3）.

［5］脱脱等.金史[M].北京：中华书局，1975.

［6］宋濂.元史[M].北京：中华书局，1976.

［7］陶宗仪.南村辍耕录[M].北京：中华书局，1959.

［8］佚名.平贼纪略：用银记[M]//太平天国历史博物馆编.太平天国史料丛编简辑：第一册.北京：中华书局，1961.

［9］彭信威.中国货币史[M].上海：上海人民出版社，2007.

［10］罗尔纲.清代的元宝纹银[J].历史研究，1956（4）.

［11］河北省文物管理处.河北省平山县战国时期中山国墓葬发掘简报[J].文物，1979（1）.

［12］郝本性，郝万章.河南扶沟古城村出土的楚金银币[J].文物，1980（10）.

［13］蒯宁."万汇银号"朱提银考[J].中国历史博物馆馆刊，1999（1）.

［14］潘路，杨小林."汉朱提残砖"的分析与思考[J].中国历史博物馆馆刊，1999（1）.

［15］王承文.论唐代岭南地区的金银生产及其影响[J].中国史研究，2008（3）.

［16］铸宝见闻录——清末洋人在中国所见之银锭制程[J].孙浩编译.中国钱币，2008（3）.

［17］刘江生.湖北襄樊樊城菜越三国墓发掘报告[J].考古学报，2013（3）.

［18］王永彪.湖南常德出土一批汉代金银饼[J].文物，2013（6）.

［19］周卫荣.丝路贸易与中国古代白银货币[J].中国钱币，2016（1）.

［20］杨君."张献忠沉银"银锭初考[J].澳门研究，2017（3）.

［21］黄维.出土东汉银饼实物刍议[J].中国钱币，2018（2）.

［22］加藤繁.唐宋时代金银之研究——以金银之货币机能为中心[M].北京：中华书局，2006.

［23］伊恩·卡拉代斯.古希腊货币史[M].黄希韦译.北京：法律出版社，2017.

［24］JONATHAN WILLIANMS.Money—a History[M].London: British Museum Press, 1997.

［25］WILLIAM E. METCALF.The Oxford Handbook of Greek and Roman Coinage[M].New York: Oxford University Press, Ins., 2012.

唐宋银铤初探兼论白银的货币化问题 [1]

◎ 中国人民银行西安分行 李宝庆 梁思远

摘要： 唐宋时期商品经济的发展，促使白银以饼形、笏形、船形、束腰形货币形态活跃于赋税、禁榷、贡献、进奉等官方经济之中。本文对所见银铤实物做了断代分期，认为唐宋白银大致经历了唐代中晚期的银饼、笏形银铤，到晚唐五代至北宋早期的船形银铤，再到北宋中晚期的平首束腰形银铤，至南宋时期的弧首束腰形银铤的发展演变过程。通过释读银铤铭文、探讨银铤性质，认为中唐时期已出现赋税征银，晚唐北宋时期，白银广泛参与官方经济，并用于大宗海外贸易和宅、田交易，白银交换取得深入发展，南宋时期，白银打造、鉴定及银钱、银钞、银会兑换业务发达，白银货币化取得了很大发展。

▶ **Abstract:** With the development of commerce in Tang and Song dynasties, silver was widely used in the official economy of taxation, monopolization and tribute as a currency with varying physical shapes such as round, board, boat and narrow-waist. This paper makes a periodization study of the silver ingot, and concludes that the shape of silver ingots roughly experienced the evolution of round shaped and board shaped in the middle and late Tang Dynasty, boat shaped in the late Tang and Five Dynasties to the early Northern Song Dynasty, narrow-waist shaped with flat head in the middle and late Northern Song Dynasty, and narrow-waist shaped with arc head in the Southern Song Dynasty. Based on inscriptions on silver ingots, we draw

---

[1] 本文为中国人民银行货币金银局（保卫局）、研究局（所）、中国钱币博物馆，中国印钞造币总公司，中国金币总公司，上海黄金交易所共同推动的货币史研究系列成果之一，获人民银行2019年中国货币史研究二等奖，部分内容已在《中国钱币》杂志2020年第4期发表。本文为陕西省社科界2020年重大理论与现实问题研究项目。本文的写作和修改得到了陕西师范大学历史学院石涛副教授的精心指导，特此致谢。

> a conclusion that the tax paying sliver already appeared in the middle Tang Dynasty; in the late Tang and Northern Song Dynasty, silver was widely involved in the official economy and bulk overseas trade, real estate and cropfield transactions, and silver exchange achieved in-depth development; in the Southern Song Dynasty, silver making, authentication and exchange business thrived, and silver monetization made great progress.

  1992年中国钱币学会陕西分会编撰的《元宝图录》[1]和2013年中国人民银行货币金银局主持出版的《中国银锭图录》[2]中收录了中国历代银锭2 000余件，是目前国内出版的较为系统的白银货币图录。经统计，收录的银锭中有50余件唐宋银铤（饼），其形制多样、年代序列较为完整，且大多数银铤（饼）表面戳刻有铭文，是研究唐宋时期经济发展、财税制度的珍贵实物资料，具有较高研究价值。遗憾的是，两本著作仅采集了银锭的图片、重量和尺寸信息，未完整释读银锭铭文、未开展深入研究。笔者有幸在工作中见到了两本图录中收录的19件唐宋银铤（饼）实物，并对所见银铤（饼）实物进行了分类、断代和分期研究，详细考释了银铤（饼）铭文，探讨了银铤（饼）的性质与用途，补充了图录银锭的研究空白。

  讨论银铤的性质必然难以忽视其货币性用途。其实早在19世纪20年代，日本加藤繁先生在他的著作《唐宋时代金银之研究》[3]中就探讨过唐宋时期白银的货币化问题，他认为白银在唐代上层阶级已发挥货币职能，至宋代扩展到社会全体，白银作为货币的作用也更加发达。但由于当时考古发掘资料的限制，部分论断参考实物不足。之后，彭信威、汪圣铎、黄成、高聪明、王文成等国内学者从史料和实物出发，对唐宋白银的货币化做了不同阐释，而近些年新发现的唐宋银铤（饼）又为进一步开展白银货币研究提供了丰富实物资料。本文在前人研究的基础上，着重以银铤（饼）实物为视角考察唐宋时期白银的货币化问题。

---

1 张志高.元宝图录[M].西安：三秦出版社，1992.
2 文四立.中国银锭图录[M].北京：中国金融出版社，2013.
3 加藤繁.唐宋时代金银之研究——以金银之货币机能为中心[M].北京：中华书局，2006.

一、唐宋银铤（饼）的分类与断代

（一）银铤（饼）的分类

两本图录所收录的 19 件唐宋白银实物（见表 1），根据其形制的不同，大体分为银饼和银铤两大类。

表 1 19 件唐宋银铤（饼）统计表

编号	铭文	重量/g	尺寸/mm（长×宽×厚）	完残	形制	来源
1	陵州井课银壹专	764.13	131.82×94.47×9.95	残	饼形	文四立.中国银锭图录[M].北京：中国金融出版社，2013：8.
2	郴州建中三年榷酒银壹梃伍拾两典曹宝金专知官通直郎前守道州司马权勾当禄事参军李遂	2 010.16	252.40×69.36×12.94	完整	长方形条状	文四立.中国银锭图录[M].北京：中国金融出版社，2013：5.
3	衡州建中三年榷酒利钱和市轻货银壹铤重伍拾两典罗悔专知官权勾当禄事参军刘元□	2 017.69	237.16×71.92×12.60	完整	长方形条状	文四立.中国银锭图录[M].北京：中国金融出版社，2013：7.
4	岭南观察使建中四年巡内州及当使撙节送上都银伍拾两官秤	2 080.02	241.00×78.00×12.94	完整	长方形条状	文四立.中国银锭图录[M].北京：中国金融出版社，2013：5.
5	衡州粜江淮盐价钱和市银壹铤伍拾两 □中三年酒利□	2 042.60	237.60×74.93×13.21	完整	长方形条状	文四立.中国银锭图录[M].北京：中国金融出版社，2013：6.
6	衡州粜江淮盐价钱和市银壹铤伍拾两	2 025.98	234.50×72.28×12.39	完整	长方形条状	文四立.中国银锭图录[M].北京：中国金融出版社，2013：6.
7	江东道都团练观察使（侧）匠申屠德	1 321.66	107.14×95.73×12.40	残	长方形条状	文四立.中国银锭图录[M].北京：中国金融出版社，2013：7.
8	使左散骑常侍使持节都督潭州诸军铤重伍	458.40	85.42×74.41×7.36	残	长方形条状	文四立.中国银锭图录[M].北京：中国金融出版社，2013：8.

续表

编号	铭文	重量/g	尺寸/mm（长×宽×厚）	完残	形制	来源
9	建昌军起发元丰六年充计结剩盐钱银壹锭伍拾两 唐匠左皋 知禄参军 圻夏守（背）多肆钱	2 031.06	159.76×70.81×17.92	完整	宽厚的长方形	文四立.中国银锭图录[M].北京：中国金融出版社，2013：19.
10	庐州禁□钱买 两匠人 马肆茅□叁人 专副彭展 监	1 313.80	102.24×76.10×23.32	残	两端平直，束腰	文四立.中国银锭图录[M].北京：中国金融出版社，2013：18.
11	（戳）霸南街西 京销铤银 相五郎（刻）荒号贰拾叁两潮州解淳祐七年夏季银押人曾举等 阳县解府判厅拾壹年□银（背）80	916.90	110.40×72.18×16.90	完整	两端弧首，束腰	文四立.中国银锭图录[M].北京：中国金融出版社，2013：25.
12	平阳石十二 出门税	943.25	118.08×71.20×16.40	完整	两端弧首，束腰	文四立.中国银锭图录[M].北京：中国金融出版社，2013：29.
13	素面无文	1 000.00	121.00×71.00×50.00（腰宽）×18.00	完整	两端弧首，束腰	中国钱币学会陕西分会.元宝图录[M].西安：三秦出版社，1993：38.
14	素面无文	1 997.35	197.55×86.00（头宽）×36.15	完整	边沿略微起翘，束腰	文四立.中国银锭图录[M].北京：中国金融出版社，2013：9.
15	素面无文	1 950.00	190.00×105.00（头宽）×45.00（腰宽）	完整	两端向上起翘，束腰	中国钱币学会陕西分会.元宝图录[M].西安：三秦出版社，1993：31.
16	素面无文	1 847.46	192.70×99.45（头宽）×49.90	完整	两端向上起翘，束腰	文四立.中国银锭图录[M].北京：中国金融出版社，2013：10.

续表

编号	铭文	重量/g	尺寸/mm（长×宽×厚）	完残	形制	来源
17	素面无文	1 805.90	181.03×106.00（头宽）×64.50	完整	两端向上起翘，束腰	文四立.中国银锭图录[M].北京：中国金融出版社，2013：11.
18	素面无文	1 150.00	147.00×83.04（头宽）×31.00（腰宽）	完整	两端向上起翘，束腰	中国钱币学会陕西分会.元宝图录[M].西安：三秦出版社，1993：33.
19	素面无文	732.65	126.47×71.65（头宽）×58.5	完整	两端向上起翘，束腰	文四立.中国银锭图录[M].北京：中国金融出版社，2013：15.

1. 银饼 1 件

编号1（见图1），下半部残佚，其余断为三部分，中间厚、周边薄，表面有块状突起，残存錾刻文字，重764.13克。

2. 银铤 18 件

图 1　陵州井课银饼

图 2　北宋建昌军元丰六年银铤

根据形制差异，分为长方形银铤、船形银铤和束腰形银铤三大类型。

A 型：长方形银铤，8件。整体呈长方形条状，均为五十两的大铤。根据形制差异，细分为二亚型。A1 型：7件，编号2-8（见图5和图6），5件完整，2件残；铤面有锤揲锻打加工痕迹，表面錾刻铭文，铤5和铤6背面有坑洞；完整者长234.5~252.4毫米、宽69.36~78毫米、厚12.39~13.21毫米，重2 010.16~2 080.02克。A2 型：编号9（见图2），较A1型短而厚，面稍大于底，中部微凹，正背面均錾刻铭文，长159.76毫米、宽70.81毫米、厚17.92毫米，重2 031.06克。

B 型：船形银铤，6件。整体呈船形，弧底束腰，两端向上起翼，表面粗糙，多有不规则凹坑，均无铭文。根据两翼高度差异，可细分为三亚型。B1 型：编号15，两翼高度大于100毫米，形状如舟船，倒置如小案，长190毫米、头宽105毫米、高109毫米，重1 950克，五十两大铤。B2 型：4件，编号16-19，两翼高度70~50毫米，形状如舟船，倒置如小案，两翼高度明显小于B1型，重732.65~1 847.46克，规格有五十两、三十两、二十两几等。B3型：编号14，两翼高度小于40毫米，整体呈平首束腰形，铤两端及周边略微起翘，制作特征与典型的船形银铤（B1、B2型）基本相同，长197.55毫米、头宽86毫米、高36.15毫米，重1 997.35克，五十两大铤（见图3）。

C型：束腰形银铤，4件。整体呈束腰板状，根据铤首形制差异，分为平首束腰和弧首束腰两类。C1型：编号10（见图4），平首束腰，铤首宽厚平直，中部束腰，下半部残佚；铤面大于底，制作较粗糙，分布有不规则凹坑，有锻打加工的现象，錾刻有铭文；重1 313.8克，原规格为五十两。C2型：3件，编号11~13（见图7），弧首束腰，两端圆弧，中部束腰，面底基本同大，均为二十五两的中铤，重916.9~1 000克；制作规范，正面丝纹明显，底面遍布蜂窝；铤11弧腰两侧整齐地砸有三排戳记，铤面亦錾刻有铭文，铤12表面仅砸戳记，铤13素面无铭文。

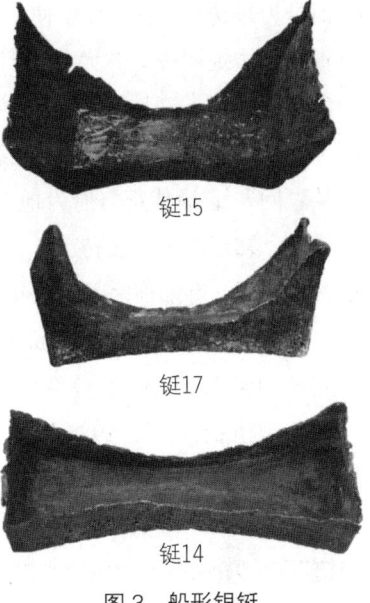

图3 船形银铤

图4 庐州专副彭展银铤

（二）唐宋银铤（饼）的断代与分期

1. 银铤（饼）的断代

所见银铤（饼）有明确纪年者6件，无纪年者依据其铭文内容进行断代，依靠铭文内容无法断代或无铭文者则需根据其形制、铭文特征、铸造工艺等要素，同时结合目前已发现的纪年银铤（饼）特征进行年代判定。

银饼1与何家村窖藏出土的庸调银饼、隋唐洛阳宫城遗址出土的通州税口银饼的形制、铭文特征、铸造方法等基本相同，年代定为唐代无误。表面残存铭文"陵州井课银壹""专"。李锦绣通过对唐代盐利、盐井监、专知官的考证研究，将此陵州井课银饼的时代定在开元、天宝年间，安史之乱之前[1]。

A1型银铤有纪年者4件，铤2、铤3、铤5有建中三年（782年）纪年，铤4有建中四年（783年）纪年。铤6与铤5铭文内容基本相同，其年代也应在建中年间。铤7铭文中有唐代官职"观察"和"都团练"，"观察"即"观察处置使"，是唐代中后期的地方军政长官，

---

[1] 李锦绣."陵州井课"银饼考[J].隋唐辽宋金元史论丛，2012：104-116.

SILVER Currency and Its Role
in the Evolution of Chinese History
白银货币与中国历史变迁问题研究

其前身为采访处置使、按察使；"都团练"即"都团练守捉使"，肃宗乾元元年（758年）置，负责统领边地团练，"大者领州十余，小者二三州"[1]，常由刺史、观察使兼领。故铤7年代为唐代中晚期。铤8残存铭文"使左散骑常侍使持节都督潭州诸军"，唐高宗显庆二年（657年）分散骑常侍为左右，分别隶属门下、中书省，左散骑常侍二人，正三品下，"掌规讽过失，侍从顾问"[2]；唐代都督府为地方行政机构，大、中、下都督府各置都督一人，都督为地方军事长官，初唐加号"使持节"。可知铤8的年代稍早，判断为盛唐时期。A2型银铤形制系目前首次发现，有宋神宗元丰六年（1083年）纪年，形制较A1型的唐代五十两银铤变短变厚。

B型船形银铤的年代判断为晚唐五代至北宋早期。其中，B1型和B2型银铤仅两翼高度存在差异，形制如舟状，目前发现的年代较为明确的该类型船形银铤有：唐代"永州度牒银铤"[3]、"荣州银伍拾两"[4]，1975年浙江长兴县唐代银器窖藏[5]、1980年陕西蓝田杨家沟唐代金银器窖藏[6]和1984年江苏镇江唐代文化层[7]出土的船形银铤；1997年印度尼西亚爪哇海域"印坦沉船"出水的"盐税（盐务）银铤"，沉船的时代为五代末至北宋初[8]；北宋"汀州余朗船形银铤"[9]、"建安军榷务银"[10]以及《尊古斋所见吉金录》所见"盐务银铤"，铭文中的"专副"为北宋官职。因此，B1型和B2型银铤的年代为晚唐五代至北宋初。B3型银铤呈平首束腰状，两翼基本消失，仅两端及周边略微起翘，与形如舟状的典型船形银铤形制差异较大，与1973年西安市莲湖区仪表厂出土的银铤[11]、与1998年印度尼西亚爪哇海域勿里洞岛沿岸发现的唐代宝历时期（825—827年）"黑石号沉船"中出水的银铤[12]形制基本相同。根据黑石号沉船出水的"开元通宝"判断其年代下限为会昌五年（845年），较印坦沉船年代稍早，故将B3型银铤的年代定在晚唐较为合适。

C1型银铤具有北宋银铤的典型形态特征，整体呈宽厚的板状，平首微束腰，面大于底，制作粗糙，无蜂窝状孔洞，分布有不规则的凹坑，表面丝纹不明显，存在锻打加工刻字现象。

---

1 （宋）欧阳修，宋祁.新唐书：卷四十九下：百官四下[M].北京：中华书局，1975：1316.

2 （宋）欧阳修，宋祁.新唐书：卷四十七：百官二[M].北京：中华书局，1975：1206.

3 李晓萍.元宝收藏与鉴赏[M].杭州：浙江大学出版社，2006：7.

4 中国嘉德2011年春拍品.

5 夏星南.浙江长兴县发现一批唐代银器[J].文物，1982（11）：38-42.

6 樊维岳.陕西蓝田发现一批唐代金银器[J].考古与文物，1982（01）.

7 季长隽.镇江出土唐代"卷足银锭"[J].江苏钱币，1994（01）.

8 杜希德，思鉴.沉船遗宝：一艘十世纪沉船上的中国银锭[C]//唐研究（第十卷），北京：北京大学出版社，2004：383-442.

9 金德平.北宋银铤考[J].中国钱币，2008（3）：3-14.

10 参见中国国家博物馆馆藏陈列.

11 西安市文物保护考古所编著.西安文物精华·金银器[M].西安：世界图书出版公司，2012：131.

12 参见上海博物馆"黑石号沉船出水珍品展"陈列.

铤 10 铭文中出现的"专副"官职，宋初始设，至政和末年取消，说明其为北宋银铤无误。C2 型银铤具有南宋银铤的典型特征，整体呈弧首束腰板状，制作规范，蜂窝、丝纹显著，铭文以戳印为主，部分也有錾刻文字。铤 11 有南宋淳祐七年（1247 年）纪年，铤 12 为南宋出门税银铤。

2. 银铤（饼）的分期

根据上文对银铤的分类和断代分析，可大致将所见唐宋白银分为四个发展演变时期（见表 2），再结合考古出土的纪年唐宋银铤情况，可梳理出：唐宋白银货币大致经历了从唐代中晚期的银饼、笏形银铤，到晚唐五代至北宋早期的船形银铤，再到北宋中晚期的平首束腰形和南宋的弧首束腰形银铤的发展演变过程。

表 2 唐宋银铤（饼）分期表

时代	类型	基本特征
唐代中晚期	银饼	不规则圆饼形，铭文为錾刻
	A1 型	长方形笏板银铤，经切割捶打磨光，铭文为錾刻
晚唐至宋初	B1 型	船形银铤，两翼高度大于 100 毫米
	B2 型	船形银铤，两翼高度约 70~50 毫米
	B3 型	束腰船形银铤，两翼高度小于 40 毫米
北宋中晚期	A2 型	长方形银铤，面大底小、较为宽厚，铭文为錾刻
	C1 型	平首束腰形银铤，面大底小，有不规则凹坑，铭文为錾刻
南宋时期	C2 型	弧首束腰形银铤，腰部内弧程度不一，丝纹、蜂窝明显，铭文为戳印、錾刻

二、唐宋银铤（饼）的性质和用途

（一）唐代银铤（饼）的性质与用途

所见 8 件唐代银铤（饼）上均錾刻有铭文，铭文内容包括井课、榷酒、和市、上供四类，是唐代赋税、专卖、官买、上供等制度的产物。

银饼 1、银铤 5 和银铤 6 分别体现了唐代前、后期完全不同的食盐政策。初唐承隋制"通盐池、盐井与百姓共之"[1]，虽开盐池盐井之禁，但部分产盐地仍由政府管理，《旧唐书》载："武德令有盐池盐井盐丞。"[2] 据《新唐书》载，司农寺总管诸盐池监，下设"监一人，正七品下，

---

[1]（宋元）马端临.文献通考：卷十五：征榷[M].北京：中华书局，1986：考二.
[2]（后晋）刘昫等.旧唐书：卷四十二：职官一：从第八品上阶[M].北京：中华书局，1975：1800.

SILVER CURRENCY AND ITS ROLE
IN THE EVOLUTION OF CHINESE HISTORY
白银货币与中国历史变迁问题研究

掌盐功簿帐。有录事一人，史二人"[1]，以供"京都百司官吏禄禀、朝会、蔡祀所须"[2]。史籍中并无明确记载唐代始收盐税的时间，但据《太平广记》引《陵州图经》万岁通天二年（697年）之前"陵州盐井……置灶煮盐，一分入官，二分入百姓家"。[3]可知这时陵州盐井已纳盐税，且实行的是盐产量二分留用、一分上纳的实物税制。到了开元十年（722年），玄宗敕："诸州所造盐铁，每年合有官课"[4]，即全国范围内按州纳盐税。而这时多地的盐井税已由实物税变成了货币税，《通典》引《屯田格》曰："（开元二十五年）蜀道陵、绵等十州盐井总九十所，每年课盐都当钱八千五十八贯。陵州盐井一所，课都当二千六十一贯。"又云："随月征纳，任以钱银兼纳。其银两别常以二百价为估。"[5]可知井课以铜钱为定额，但亦可纳银，每两银折二百铜钱。"陵州井课银饼"若完整则重量为唐代二十五两左右，合约当时的五千贯钱。

唐代中期，为了增加财政收入，开始实行榷盐，之后亦有榷酒、榷茶之制。乾元元年（758年）第五琦任盐铁使，始推榷盐制，规定"就山海井灶收榷其盐，官置吏出粜"[6]即池盐、海盐、井盐均由官府独立收购和销售，即实行的是官府"统购统销"的盐政，并设监院管理、由亭户生产，"就山海井灶近利之地置监院，游民业盐者为亭户"[7]。收购和销售价格亦有规定，"天宝、至德间，盐每斗十钱。……及琦为诸州榷盐铁使，尽榷天下盐，斗加时价百钱而出之，为钱一百一十。"[8]可知官府以每斗十文的价格收购食盐，再加上一百文税钱卖出，当时盐价即为一百一十文钱。不久，刘晏对第五琦的榷盐制度进行了改革，实行"统购商运商销"政策，也称间接专卖制度。《新唐书》载："亭户粜商人，纵其所之"[9]《资治通鉴》亦载："（建中元年）收盐户所煮之盐转鬻于商人，任其所之"[10]，并在淮北设立十三个巡院对榷盐进行管理。江淮地区是唐代海盐的主要产区，铤5和铤6铭文中的"盐价钱"说明其铸造于第五琦改革盐法之后。据《新唐书》载："青、楚、海、沧、棣、杭、苏等州，以盐价市轻货，亦输司农"[11]，可知江南道的苏、杭等州可用卖盐所得的钱购买绢帛等轻货上输司农寺，故"衡州粜江淮盐价钱和市银铤"（见图5铤5）的性质是衡州卖江淮盐所得的铜钱经和市后所购

---

1 （后晋）刘昫等.旧唐书：卷四十八：百官三：司农寺[M].北京：中华书局，1975：1262.
2 （后晋）刘昫等.旧唐书：卷四十八：百官三：司农寺[M].北京：中华书局，1975：1259.
3 （宋）李昉等.太平广记：卷三百九十九[M].北京：中华书局，1961.
4 （宋元）马端临.文献通考：卷十五：征榷[M].北京：中华书局，1986：考二.
5 （唐）杜佑.通典：卷十：食货十：盐铁[M].北京：中华书局，1988：224-240.
6 （后晋）刘昫等.旧唐书：卷一百二十三：第五琦[M].北京：中华书局，1975：3517.
7 （宋）欧阳修，宋祁.新唐书：卷五十四：食货四[M].北京：中华书局，1975：1378.
8 同上.
9 同上.
10 资治通鉴：卷二百二十六[EB/OL].http://www.guoxue123.com/shibu/0101/01zztj/225.htm.
11 （宋）欧阳修，宋祁.新唐书：卷五十四：食货四[M].北京：中华书局，1975：1377.

买的轻货。唐代安史之乱开始实行的榷盐制度，给朝廷带来了相当可观的财政收入，正所谓"天下之赋，盐利居半"。

唐代酒的专卖始于代宗广德二年（764年），稍晚于榷盐。规定"天下州各量定酤酒户，随月纳税。除此外，不问官私，一切禁断。"[1]特许酒户按月纳酒税，其余一律禁止酒的产销。大历六年（771年）规定"量定三等，逐月税钱，并充布绢进奉"[2]，即按酒户规模大小纳税，并折布绢进奉，这与"以盐价市轻货输司农"的榷盐之制相同。至德宗朝，为缓解"征榷过重"曾"罢天下榷酒"[3]，但很快就为充军费又恢复，《旧唐书》载："建中三年，初榷酒，天下悉令官酿。斛收值三千，米虽贱，不得减二千。委州县综领。"[4]《通典》又载："禁人酤酒，官司置店自酤，收利以助军费。"[5]可知这时榷酒实行官酤，即政府全面垄断酒的产销，并由州县官府负责管理，定每斛酒价为两千至三千文钱。因此，"郴州建中三年榷酒银"（见图5铤2）和"衡州建中三年榷酒利钱和市轻货银"（见图5铤3）是地方官府将收取的酒利钱折纳铸造的银铤，由各州录事参军兼专知官负责收纳。榷酒制度在专卖形式上不断发展，贞元年间，据《册府元龟》载："（贞元十四年诏）其诸道州府应欠负贞元八年、九年、十年两税及榷酒钱，总五百六十万七千馀贯"[6]得知各道州府需纳榷酒钱。再结合《旧唐书》记载："贞元中……百姓除实出榷酒钱外，更置官酤，两重纳榷，获利至厚。"[7]《太平御览》引《唐书》曰："元和十四年，湖州刺史李应奏：'先是，官酤酒，代百姓纳榷。岁月既久，为弊滋深。伏望许令百姓自酤，取登旧额，仍许入两税，随贯均出，依旧例折纳。轻货送上都。许榷酒钱，旧皆随两税征众户。自贞元已来，有土者竞为进奉。故上言百姓困弊，纳输不充，请置官坊

铤2　　铤3　　铤5

图5　唐代笏形银铤

1　（唐）杜佑.通典：卷十一：食货十一：榷酤[M].北京：中华书局，1988：245.
2　同上。
3　（后晋）刘昫等.旧唐书：卷十二：德宗上[M].北京：中华书局，1975：322.
4　（后晋）刘昫等.旧唐书：卷四十九：食货志下[M].北京：中华书局，1975：2130.
5　（唐）杜佑.通典：卷十一：食货十一：榷酤[M].北京：中华书局，1988：245.
6　（北宋）王钦若等.册府元龟：卷四百九十一：邦计部：蠲复第三[M].北京：中华书局，1960.
7　（后晋）刘昫等.旧唐书：卷一百七十四：列传第一百二十四：李德裕[M].北京：中华书局，1975：4512.

Silver Currency and Its Role
in the Evolution of Chinese History
白银货币与中国历史变迁问题研究

酤酒以代之。'"[1]可知，贞元年间榷酒钱和官酤实则并行，榷酒钱随两税征收，按户征纳。同时，部分地方官府垄断了酒曲原料，实行酒曲专卖"（贞元二年）独淮南、忠武、宣武、河东榷麴而已"[2]。榷盐、榷酒之制给唐朝廷带来了可观的财政收入，"（大中七年）每岁天下所纳钱九百十五万余缗……八十二万余缗榷酤，二百七十八万余缗盐利"[3]。

"和市"是中国古代的一种官买制度。"和"指"两和商量"[4]，即官府和百姓双方要自愿协商，"市"指市场价格，即"时价"，"和市"即官府向百姓议价购买其剩余物资。"和市"早在南北朝时期就已出现，据《南齐书》载，永明五年（487年）诏曰："京师及四方出钱亿万，籴米谷丝绵之属，其和价以优黔首。远邦尝市杂物，非土俗所产者，皆悉停之。必是岁赋攸宜，都邑所乏，可见直和市，勿使逋刻。"[5]官府可按现价议价购买都邑所缺乏的物资，不得拖欠削减。到了唐代，"和市"成为了普遍的制度，朝廷专设官员管理和市事务，"金部郎中、员外郎各一人，掌天下库藏出纳、权衡度量之数，两京市、互市、和市、宫市交易之事"[6]。根据唐代史料，"和市"之物有粮食、牛羊、草料、丝绢等，其中官府和价收购粮食专称"和籴"，中国古代以农业经济为主，"和籴"制度更加复杂。上述"榷江淮盐价钱和市银"和"榷酒利钱和市轻货银"均为地方官府与百姓"和市"所得，具体做法是官府用榷盐、榷酒所得的铜钱与百姓议价后购买其手中之银，再熔铸成规范的五十两银铤上缴。唐代地方州郡为了运输方便、节省运脚钱，经常将粮食赋税转市为绢帛、金银等"轻货"[7]上纳，例如："（开元二十一年）慎矜于诸州纳物者有水渍伤破及色下者，皆令本州征折估钱，转市轻货，州县征调，不绝于岁月矣"[8]"（至德初）第五琦见上于彭原，请以江、淮租庸市轻货"[9]"（大历年）恐远路往来增费……每年取当使诸色杂钱，及回易利酒赃赎钱等，每人计二十贯，每道据合配防秋人数多少，都计钱数，市轻货送纳上都左藏库，贮以纳充别敕和籴用"[10]。建中元年颁布两税法之后，以户等纳铜钱，而银两比起大量铜钱更易运输，所以地方州郡铸造银铤缴纳

---

1 （北宋）李昉等.太平预览：卷八百二十八[EB/OL].http://www.guoxue123.com/zhibu/0201/03tpyl/0827.htm.

2 （宋）欧阳修，宋祁.新唐书：卷五十四：食货四[M].北京：中华书局，1975：1381.

3 资治通鉴：卷二百四十九[EB/OL].http://www.guoxue123.com/shibu/0101/01zztj/248.htm.

4 （唐）白居易撰，（清）汪立名编.白香山集·论和籴状[M].清刻本，卷四十一.

5 （梁）萧子显.南齐书：卷三：本纪第三[M].北京：中华书局，1972：54.

6 （宋）欧阳修，宋祁.新唐书：卷四十六：百官一·户部[M].北京：中华书局，1975：1193.

7 《汉语大词典》释"轻货"为"微小而贵重的财货"。分析唐代相关史料可知"轻货"的含义在不断变化，唐代前期多指绫绢、奇货、铜钱等，中晚唐多指金银，而铜钱相对于金银反而成为了"重货"。

8 （后晋）刘昫等.旧唐书：卷一百五：列传第五十五：杨慎矜[M].北京：中华书局，1975：3226.

9 资治通鉴：卷二百一十九[EB/OL].http://www.guoxue123.com/shibu/0101/01zztj/218.htm.

10 （北宋）王钦若等.册府元龟：卷四百八十四：邦计部：经费[M].北京：中华书局，1960.

铤7

铤8

铤4

图6　唐代笏形银铤

赋税亦不足为奇。

唐代两税法实行的是各州两税定额上供、留州、送使的三分制，各州税收除上供部分外，还留有州级和使级支出，包括官员俸禄、军衣资粮钱、杂给用钱等费用。"岭南观察使建中四年巡内州银铤"（见图6铤4）性质是"当使撙节送上都银"，《新唐书·柳公绰传》载："遭岁恶，撙节用度，辍宴饮，衣食与士卒钧"，故"撙节"为"节约""节制"之意，"当使撙节"可理解为掌管使级节约用度之事。那么，为何各州要"撙节"部分留使额送纳上都呢？我们可以从唐代的进献制度中找到答案。唐代进献之风在玄宗开天时期就相当盛行，《新唐书》载："（天宝年间）非租庸正额者，积百宝大盈库，以供天子燕私。"[1]考古也出土了不少开天时期杨国忠等人进奉的金银铤、金银器。至德宗朝，两税法规定天下赋税皆归度支、罢进献，"大历中，非法赋敛，急备供军、折估、宣索、进奉之类者，既并收入两税矣。"[2]虽有此法，但地方大官以进献邀恩宠之风亦未断绝，甚至愈演愈烈。但与唐代前期正税外进奉不同的是，唐代后期地方进献只能从上供之后的留州、送使份额中提取，"贡入之奏，皆白臣于正税外方圆，亦曰'羡余'"[3]，故亦称"羡余进奉"。结合《李相国论事集》的记载，李绛曰："凡是方镇土地，则有财赋出入，或俭省节用，或货易羡余，则有进奉"[4]，可知方镇进奉需要通过节省用度、贸易羡余来实现。故铤4虽名为上供银，实则是岭南道观察使的进奉银，再结合建中年间的战乱背景和财政经济状况，其进奉目的除了"以固恩泽"外，可能还为资助军费、国用。此类性质的银铤还有"岭南观建中二年减判银"和"停减课料银"，即将地方官俸节余铸成银铤上供中央，但也有学者认为二铤并非作为进奉银入内库，而是作为两税支出节余上纳户部，属户部别贮钱[5]。

---

1 （宋）欧阳修，宋祁.新唐书：卷五十一：食货一[M].北京：中华书局，1975：1346.
2 全唐文：卷四百六十五：均节赋税恤百姓六条：其一[EB/OL].http：//ab.newdu.com/book/s161545.html.
3 （后晋）刘昫等.旧唐书：卷四十八：食货上[M].北京：中华书局，1975：2087.
4 李相国论事集：卷五：上处分旧例户部有进奉事[EB/OL].影印古籍资料网.
5 李锦绣.唐建中二年岭南"减判"与"停减课料"银铤考释[J].晋阳学刊，2017（06）：58-67.

（二）宋代银铤的性质与用途

1. 北宋银铤

北宋延续了中唐至五代的禁榷制度，并为解决冗兵、冗官、冗费所带来的财政压力不断扩大禁榷收入，包括榷盐、榷酒、榷茶、榷矾香等。至大中祥符八年（1015年）财政收入计"茶盐酒税榷利钱帛金银二千八百万二千"超过了"两税钱帛粮斛二千二百七十六万四千一百三十三"[1]，禁榷、两税收入成为北宋财政收入的主体。但严苛的禁榷制度出现了很多弊病，如榷

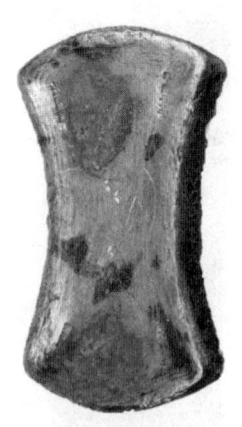

铤11　　　铤12

图7　南宋银铤

货价高质次、限制了商品流通和商业发展、导致商税收入减少等问题。至仁宗末年，茶最先实行通商法[2]，具体做法是园户纳租、茶商贩卖、官收租税。宋初"天下盐利皆归县官"[3]，之后行禁榷、通商两法，传统禁榷法即官产官运官销，通商法包括盐商贩卖、官收其税和"盐钞法"两种，后者由陕西制置解盐使范祥于庆历八年（1048年）始创[4]，盐商入钱买官府盐钞后，再到盐产地以盐钞兑盐运卖，盐场由官府控制。宋代各时期的盐法不同，各盐产销区盐法也有所差异，禁榷、通商法兼行的情况也很常见。铤9铭文中的"建昌军"于太平兴国三年（978年）设置，军治在今江西南城县，北宋属江南路淮盐区，淮盐在太宗至道年间至徽宗以前基本实行禁榷法，以官卖为主。盐虽本属于禁榷收入，但将榷盐课利摊入地亩的盐钱却作为杂税随两税征收，故铤9应是建昌军元丰六年（1083年）充当岁计后的结剩盐钱折银。铤正面铭文曰重"五十两"，背面又补了一块银，旁边刻"多肆钱"。徽宗崇宁以来，盐罢官卖之法全面实行盐钞法，盐钞法主要实行的是"见钱钞法"即商人用钱买钞，但买钞亦可折纳金银，"（崇宁四年）算请东南末盐，愿折以金银、物帛者听其便。"[5]南宋时期各盐产销区仍以盐钞法为主，四川井盐区在绍兴二年（1132年）始行"合同场法"[6]，就是在官办合同场内，盐商用钞引直接向井户取盐。

北宋时期，无银坑冶的州府常购买白银上供京师，例如仁宗天圣五年（1027年）"缘诸

1　（宋）李焘.续资治通鉴长编：卷八十六[M].北京：中华书局，2011.
2　《续资治通鉴.卷八十八》载："茶自嘉祐通商"。
3　（元）脱脱等.宋史：卷一百八十一：食货下三：盐上[M].北京：中华书局，1977：4413.
4　（元）脱脱等.宋史：卷一百八十一：食货下三：盐上[M].北京：中华书局，1977：4417.
5　（元）脱脱等.宋史：卷一百八十二：食货志下四：盐中[M].北京：中华书局，1977：4445.
6　（元）脱脱等.宋史：卷一百八十三：食货志下五：盐下[M].北京：中华书局，1977：4461.

州元无出银坑冶，自来准望客人将川中匹帛往内地州军破卖，收买到银送纳"[1]，并早在雍熙四年（987年）就规定"诏诸道州府军监课利上供银今后煎作折角铤送纳，不得更作板石子铤"[2]。铤10铭文残存"庐州□□钱买"，推测应属于买银上供性质。

2. 南宋银铤

南宋银铤的出土数量远超前代，有字银铤数量众多，银铤性质复杂，包括"京销铤银""上供银""免丁银""经总制银""出门税银""钞库银""军资库银""司马银"等，是南宋金银交引、上供、税收、专卖等制度的体现。

南宋银铤上"京销铤银"戳记十分常见，意思是京城临安销铸的银铤。北宋初，金银的销镕打造由文思院负责，"景德四年八月，诏文思院销镕金银，令本院差人员工匠赴左藏库看拣一等金银，封样归院。监官当面看验，别无不同，即销镕打造"[3]。至淳熙九年（1182年）文思院革弊"打造器物，系临安府籍定铺户一十名""文思院上界打造金银器皿，自来止凭作家和雇百姓作匠，承揽掌管金银等……仍召临安府元籍定有物力金银铺户二名委保"[4]，京城的金银铺户承担了打造、鉴定金银器饰和货币的业务。铤11（见图7）的铭文有戳记和錾刻两类，戳记为"霸南街西　京销铤银　相五郎"，记录了银铤性质、金银铺户所在的街巷名、金银铺主名或银匠名，据李晓萍考证，"霸南街西"指霸头以南、御街以西，位于临安城市南坊[5]。根据铤面刻字的深浅和字迹特征，判断錾刻铭文分两次刻划，分别为"荒号二十三两潮州解淳祐七年夏季银押人曾举等"和"阳县解府判厅十一年□银"。南宋朝廷规定各路一年分四季上供，《宋会要》载：绍兴三年（1133年）户部尚书黄叔敖言"诸路岁额上供事须权宜别立季限"，又载：乾道六年（1170年）户部尚书曾怀言"谓如春季钱物，即于四月初五日以前填写纲目，申发户部……夏、秋、冬季准此"[6]，故"夏季银"即为夏季上供的白银。潮州，南宋属广南东路，附郭海阳县、下辖潮阳县，"阳县"有府判厅，故应指海阳县。据《宋会要》载，绍兴三十一年广东路上供银三万八百二十二两[7]，占六路上供银总量的12.8%左右[8]，可以说广南东路是南宋上供白银的主力之一。"府判厅"是"府通判厅"的简称，南宋通判专管钱粮，与知州或知府共同催收经总制钱缴纳户部，银铤上"通判"铭文较为常见。铭文刻有上供银的千字文编号、重量，上供州府和时间，官员官职和姓名等，故该铤应是潮

---

1 （清）徐松辑.宋会要辑稿：食货三六榷易[M].吴兴刘氏嘉业堂钞本.
2 （清）徐松辑.宋会要辑稿：食货六四之六一[M].吴兴刘氏嘉业堂钞本.
3 （清）徐松辑.宋会要辑稿：职官二九[M].吴兴刘氏嘉业堂钞本.
4 同上.
5 李小萍.南宋金银盐钞交引铺研究[J].中国钱币，2010（2）：24-30.
6 （清）徐松辑.宋会要辑稿：食货六四上供[M].吴兴刘氏嘉业堂钞本.
7 同上.
8 根据《宋会要辑稿：食货六四上供》中记载的诸路上供银数量计算。

州淳祐七年解发的夏季上供银，之后由潮州府海阳县通判厅于十一年补发。据史载，诸路州军上供钱银多有拖欠，户部或要求补发，或予以免发，如"诸州补拨前官任内侵支拖欠上供诸色窠名钱物""诏与免带发"[1]。铤面的京销银、临安地名、金银铺主名铭文，说明该铤是潮州在京城相五郎金银铺预先购买好的，之后錾刻铭文上供朝廷。

南宋银铤、金牌上常见的"出门税"是商税的重要税种之一。《宋会要辑稿》载：淳化二年（991年）江南转运司言"鄂州旧例，盐米出门，皆收税钱""诏自今民贩鬻斛斗及买官盐出门，并免收税"[2]，可见北宋初已有出门税。《文献通考》引陈傅良曰："将银出京城门往诸路州军者，并须於在京税务纳钱，每两四十文"又载："（熙宁）七年，诏减国门税数十种，钱不满三十者蠲之"[3]，说明银出京城门需要缴纳税钱，而出国门亦有税。故可知"出门税"银铤是商贾贩运大批货物出城门、国门时缴纳的税银，属商税中"过税"的一种"行者继货，谓之'过税'"而"居者市鬻，谓之'住税'"[4]。

三、银铤所反映的唐宋时期白银的货币化

（一）中唐赋税征银和白银交换的发展

1. 银矿的开采与赋税征银的出现

唐代前期，银矿分官采和百姓私采两种。李锦绣引《唐六典》中的两条史料来说明唐前期的矿税征收情况[5]，"凡天下诸州出铜铁之所，听人私采，官收其税，若白镴则官为市之"和"凡周界内有出铜、铁处，官员未采者听百姓私采。若铸得铜或白镴，官为市取。如欲折充课役，亦听之"，可知官府若在矿冶置冶监官采，百姓可私采但要纳矿税，而未置冶监的矿冶，百姓私采不纳矿税。文献中虽未提及银矿，但银矿情况大抵也应如此。《太平寰宇记》云："饶州乐平之地，有银山，出银及铜。总章二年邓远上列取银之利。上元二年因场监，令百姓任便采取，官司什二税之"[6]，说明饶州银场置场监之前百姓可随意私采，置场监后百姓私采则需纳矿税，与上述《唐六典》记载一致。考古出土的天宝年间杨国忠进奉"税山银铤"[7]和"窟课银铤"[8]就是信安郡和伊阳县的银矿税。

---

1 （清）徐松辑.宋会要辑稿：食货六四上供[M].吴兴刘氏嘉业堂钞本.
2 （清）徐松辑.宋会要辑稿：食货一七商税四[M].吴兴刘氏嘉业堂钞本.
3 （宋元）马端临.文献通考：卷十四：征榷[M].北京：中华书局，1986：考一.
4 （元）脱脱等.宋史：卷一百八十一六：食货下八[M].北京：中华书局，1977：4547.
5 李锦绣.唐代财政史稿（上卷）[M].北京：北京大学出版社，1995：773-774.
6 （宋）乐史.太平寰宇记：卷一百七：江南西道五[M].北京：中华书局，2007：2146.
7 唐长孺.跋西安出土唐代银铤[J].学术月刊，1957（07）：29-30.
8 秦波.西安近年来出土的唐代银铤、银板和银饼的初步研究[J].文物，1972（07）：54-58.

高宗上元二年（675年）饶州矿税比例为十分之二，也就是说采户纳矿税后仍留有十分之八的白银，那这些白银如何使用呢？《唐六典》提到所采矿物的两种用途，一是官府收购，二是折充课役。所采白银大部分由官府通过和市、折纳等手段收购，所见"和市银铤"就属此类；部分被采户丁男用于折充课役，如"宣城郡采丁课银铤"[1]和"鄱阳郡采丁课银铤"[2]。目前所见"税山银""窟课银"和"丁课银"银铤均出自有银矿或贡银之地（见表3），可以说是官府从银矿生产中直接获得的赋税收入，无论是地方银矿开采还是采矿手工业者缴纳的矿课，其性质都更接近于矿冶产品税。除了史料提到的两种用途之外，我们推测部分白银还可能被矿冶经营者打造成器皿使用或作贿赂、赠送、贮藏等用途，少量可能还用于民间物物交换。

表3 唐代笏形银铤统计表

名称及数量	制作地及产银情况	发现地	来源
天宝十年杨国忠进信安郡税山银铤	江南东道衢州信安郡；衢州西安县有银[3]	大明宫遗址窖藏	唐长孺.跋西安出土唐代银铤[J].学术月刊,1957(07):29-30.
杨国忠进河南府伊阳县天宝十二年窟课银铤	河南道河南府河南郡伊阳县；伊阳县南五里有银钏窟，每岁税银一千两[4]；伊阳县太和山有银[5]	西安南郊	秦波.西安近年来出土的唐代银铤、银板和银饼的初步研究[J].文物,1972(07):54-58.
天宝十三年宣城郡采丁课银铤	江南西道宣州宣城郡；宣州土贡银器[6]	长安县韦曲镇收购	朱捷元.长安县发现唐丁课银铤[J].文物,1964(06).
杨国忠进鄱阳郡采丁课银铤	江南西道饶州鄱阳郡；饶州土贡银，乐平县有银[7]	中国钱币博物馆藏	文四立.中国银锭图录[M].北京:中国金融出版社,2013:4.
天宝十年杨国忠进宣城郡和市银铤	江南西道宣州宣城郡；宣州土贡银器	大明宫遗址窖藏	霍宏伟等.中国国家博物馆藏唐代彭杲银铤考[J].中国钱币,2011(02):3-12.

---

[1] 朱捷元.长安县发现唐丁课银铤[J].文物,1964(06).
[2] 文四立.中国银锭图录[M].北京:中国金融出版社,2013:4.
[3] （宋）欧阳修,宋祁.新唐书：卷四十一：地理志五[M].北京：中华书局,1975:1062.
[4] （唐）李吉甫.元和郡县图志：卷五：河南道一[M].北京：中华书局,1983:136.
[5] （宋）欧阳修,宋祁.新唐书：卷三十八：地理二[M].北京：中华书局,1975:984.
[6] （宋）欧阳修,宋祁.新唐书：卷四十一：地理五[M].北京：中华书局,1975:1066.
[7] （宋）欧阳修,宋祁.新唐书：卷四十一：地理五[M].北京：中华书局,1975:1069.

续表

名称及数量	制作地及产银情况	发现地	来源
天宝十二年杨国忠进安边郡和市银铤	河东道蔚州安边郡；无产银贡银记载	隋唐洛阳宫城西北角	苏健.洛阳隋唐宫城遗址中出土的银铤和银饼[J].文物,1981（04）：58-60.
衡州建中三年榷酒利钱和市轻货银铤（铤3）	江南西道衡州；无产银贡银记载	人民银行收藏	文四立.中国银锭图录[M].北京：中国金融出版社,2013：7.
衡州粜江淮盐钱和市银（铤5、铤6）	江南西道衡州；无产银贡银记载	人民银行收藏	文四立.中国银锭图录[M].北京：中国金融出版社,2013：6.
阳朔县天拾府口前限税银伍拾两银铤	岭南道桂州阳朔县；桂州元和贡银一百两[1]，土贡银铜器[2]	桂林钱币学会收藏	周庆忠,陈功印.桂林地区发现唐代阳朔县限税银铤[J].中国钱币,2002（003）：55-56.

　　唐代前期赋税实行租庸调制，以征收谷物、绫绢布麻等实物为主。而庸调所纳皆为布匹绢帛等物，所以至开元年间庸调实际已合并成一个税目。大多数史料未提及庸调赋税征银之制，然而据《新唐书》记载："丁随乡所出，岁输绢二匹，绫、絁二丈，布加五之一，绵三两，麻三斤，非蚕乡则输银十四两，谓之调。"[3] 可知在非蚕乡地区可调银以代绢帛。此段史料学界历来争议较大，清代学者认为《新唐书》所述为谬误[4]，加藤繁认为调银十四两按当时比价换算后与调绢之数相差悬殊，故初唐至盛唐租庸调应无征银之制[5]。但考古出土的唐代开天时期"庸调银饼"（见表4）却表明庸调制度并非与银无关。开天时期，随着土地兼并的日益激烈，建立在均田制下的租庸调制度开始遭到破坏，唐廷兼顾地区土产及运输情况，采取庸调折纳之制来满足国家支用。"凡金银宝货绫罗之属，皆折庸调以造"[6]，就是将庸调折纳成金银宝货绫罗等轻货，方便运输至京师国库。这些银饼重量不一，自铭重十两或四十两，推测可能是各县将收缴的每丁所纳之银熔铸成饼或是将每丁所交的绢帛布匹等统一变造为银。二者的区别在于，前者为赋税直接征银，银充当庸调的本色，后者为以银折赋，银是庸调的折色。

---

1 （唐）李吉甫.元和郡县图志：卷三十七：岭南道四[M].北京：中华书局,1983：918.

2 （宋）欧阳修,宋祁.新唐书：卷四十三：地理志七[M].北京：中华书局,1975：1105.

3 （宋）欧阳修,宋祁.新唐书：卷五十一：食货一[M].北京：中华书局,1975：1342-1343.

4 参见：（清）卢文弨.钟山札记[M].北京：商务印书馆,1939.（清）钱大昕.二十二史考异：卷四十五[M].株式会社中文出版社,1980.

5 加藤繁.唐宋时代金银之研究——以金银之货币机能为中心[M].北京：中华书局,2006：45-48.

6 （后晋）刘昫等.旧唐书：卷四十三：职官二[M].北京：中华书局,1975：1827.

从"庸调银饼"基本出自产银之地来看，赋税所征之银的属性应更接近于地区特产或珍宝，而非商品银、更非货币银，庸调变造之银则经历了"转折"，具有了商品银属性。唐代前期赋税除了租庸调外，还有地税、户税、资课、附加税、杂税等。广西桂林发现了一件户税银铤"阳朔县天十府□前限税银"[1]，户税以钱为定额，分前后两段时限缴纳，推测直接征银或折银交纳。《全唐诗》记载德宗时"税户应停月进银"[2]，说明饶州户税征银的时间可能更早。由此可见，白银最迟在中唐时期就直接用于缴纳赋税，虽以铜钱计价，但在某种程度上已经具有了支付手段职能。

表4　唐代银饼统计表

名称及数量	制作地及产银情况	发现地	来源
怀集县开元十年十两庸调银	岭南道广州怀集县；广州土贡银[3]，岭南道产银丰富	何家村窖藏	陕西历史博物馆等.花舞大唐春：何家村遗宝精粹[M].北京：文物出版社，2003：203.
洊安县开元十九年十两庸调银（4件）	岭南道广州洊安县；广州土贡银，岭南道产银丰富	何家村窖藏	陕西历史博物馆等.花舞大唐春：何家村遗宝精粹[M].北京：文物出版社，2003：203.
罗江县天宝五年四十两庸调银	剑南道绵州罗江县；绵州土贡镂金银器，罗江县无产银贡银记载，巴西县富乐山有银[4]	2006年嘉德春拍	李晓萍.元宝收藏与鉴赏[M].杭州：浙江大学出版社，2006：11.
陵州井课银饼	剑南道陵州；无产银贡银记载	人民银行收藏	李运兴，黄士斌.陵州井课银饼考略[G].洛阳钱币.中国社会科学出版社，1993：256-265.
通州税口银饼	山南西道通州；无产银贡银记载	洛阳隋唐宫城遗址	苏健.洛阳隋唐宫城遗址中出土的银铤和银饼[J].文物，1981（04）：58-60.
西充县银饼（9件）	山南西道果州西充县；无产银贡银记载	中国嘉德拍卖品	中国嘉德拍卖有限公司官网

1　周庆忠，陈功印.桂林地区发现唐代阳朔县限税银铤[J].中国钱币，2002（3）：55-56.
2　全唐诗：卷300-42：送吴谏议上饶州[M].北京：中华书局，1999.
3　（宋）欧阳修，宋祁.新唐书：卷四十三：地理志七[M].北京：中华书局，1975：1095.
4　（宋）欧阳修，宋祁.新唐书：卷四十二：地理志六[M].北京：中华书局，1975：1089.

2. 白银交换的发展

白银交换有两层含义：一是白银作为商品参与物物交换，二是白银作为交换媒介发挥货币职能。白银成为交换媒介与当地的白银供给量和商品经济发展水平息息相关，成批商品要实现流通就需要等价值量的货币作为交易媒介，金银等贵金属就自然被赋予了货币职能。

中唐时期，随着银矿的开采和商品交换的发展，白银开始参与市场流通。井课以铜钱为定额，也可纳银，但唐代陵州不产银，剑南道井盐区也只有绵州巴西县有银，陵州盐课银钱兼纳则说明当时陵州确实有一定数量的白银。那这些白银从何来？《通典》曰："（盐井）其课依都数纳官，欠即均征灶户。"[1] 有学者研究认为：灶户直接用白银纳盐课，白银可能来源于与西南用银的少数民族之间的食盐贸易往来[2]。笔者认为此观点有其合理性，唐王朝在边远少数民族地区置羁縻州，剑南道辖戎州、嵩州、姚州等诸多都督府统领羌、蛮诸族，与吐蕃、岭南等用银之地毗邻，灶户手中的碎银可能就是用剩余井盐与西南诸族以物易物所得。唐代银饼数量不多，据统计有12件出自唐代银产量并不丰富的剑南道、山南西道（见表4），银饼的铸造似乎具有一定地区因素，再考虑到巴南、蜀地道路之难行，轻货银更有运输优势、更加节省运费。总之，银饼在非产银的铸造使用，表明中唐时期白银的交换范围开始逐渐扩大。

"和市银铤"的出现证实了唐代白银的市场来源。"和市"是官府与百姓之间按市场价格进行的议价交易，和市之物皆需通过市场进行交换，这就意味着"和市银"来源于市场。再结合实物情况，目前发现的5件唐代和市银铤（见表3），铸造时间在天宝、建中年间，铸造地点分布于江南西道宣州、衡州和河东道安边郡，说明此时白银已经在除岭南以外的更加广泛的地区内参与了市场交换，实现了商品化。但有三点需要明确：首先，和市的买卖双方虽然在名义上遵循平等自愿的交易原则，和市之价亦遵循市场价值规律，但在实际执行时，官府却常以和市的名义向百姓压价强购、高价摊派，"虽以和市为名，而实抑夺其价"[3]，将和市变成了一种变相剥削方式。其次，和市以铜钱作价，白银虽然通过铜钱与其他商品实现了价值比较，但铜钱实际履行了价值尺度职能，白银与其他和市物资一样仍是商品。再次，从白银的流向来看，无论是税山、庸调还是和市银，最后都作为地方进献入中藏内库，用于宫廷消费或皇帝赏赐，藏于朝廷内库或贵族私库中的白银也就与市场彻底失去了联系。因此，唐代中后期普遍实行的和市之制，虽然加大了白银参与市场的广度和深度，但由于其强制性贸易的特征，反而又在一定程度上阻碍了白银交换的发展。也就是说，中唐时期白银交换虽有发展，但实际却十分有限，白银更多是作为商品参与交换，而少用作交换媒介。

---

1 （唐）杜佑.通典：卷十：食货十：盐铁[M].北京：中华书局，1988：224-240.

2 李锦绣."陵州井课"银饼考[J].隋唐辽宋金元史论丛，2012：104-116.

3 （唐）杜佑.通典卷七：食货七：历代盛衰户口[M].北京：中华书局，1988：142-153.

（二）晚唐至北宋白银货币化的萌芽

1. 白银在官方经济中的广泛使用

晚唐五代，商品银投入市场的数量大增，并广泛参与官府折价交易，具有一定规模的金银铺、金银市逐渐兴起，白银的使用开始脱离贵族阶级，这些现象的出现标志着白银交换深入发展。

德宗朝，和市银的范围扩展到禁榷制度，"衡州榷酒利钱和市轻货银"和"衡州巢江淮盐价钱和市银"就是唐代禁榷、和市制度的有力实物证据。进奉中的白银也更多地源于市场，《旧唐书》载穆宗长庆四年（824年）时任浙江观察使的李德裕"去二月中奉宣令进盝子，计用银九千四百余两。其时贮备，都无二三百两，乃诸头收市，方获制造上供"[1]，可知李德裕在润州"诸头收市"九千余两白银用于打造盝子上供，"寻令并合四节进奉金银，造成两具进纳讫。今差人于淮南收买，旋到旋造"[2]，李德裕又派人到淮南收买四节进奉所用的金银器。此外，《因话录》[3]中记载了卢仲元"持金鬻于扬州"之事，《文献通考》中记载了穆宗朝"京师鬻卖金银十两亦垫一两"[4]被禁之事。《太平广记》引《纂异记》云："有金银行首，乩合其徒"[5]到苏州东阊门之西的吴泰伯庙祈福。"行首"现指商家掌柜，加藤繁认为"行"是同业商店的街市和同业商店公会之意[6]，说明宣宗大中年间苏州不仅有金银商店，还形成了金银街市和金银行。可见，唐代后期京师长安及商业繁荣的江淮等地，已经出现了具有一定规模的金银市场，交易金银不仅为官员进奉，还用于百姓祈福诸事，白银的使用逐渐从上层阶级专享向普遍化发展。

五代十国时期，南方的南唐、吴越、南汉、闽、马楚所辖之地盛产金银，多次向中原王朝贡金银及金银器[7]。蜀地素来产银量稀少，但据《旧五代史》记载，后唐宰相郭崇韬仅得前蜀纳银就有四十万两之多[8]，而蜀地白银除中原赐银外的部分自然是交换所得。唐代的金银铺以打造和买卖金银器饰为主，五代出现了出售白银的"银肆"[9]。

---

1 （后晋）刘昫等.旧唐书：卷一百七十四：列传第一百二十四[M].北京：中华书局，1975：4512.
2 同上。
3 《因话录》是唐代笔记小说，作者为德宗朝宰相赵宗儒之侄孙赵璘。
4 （宋元）马端临.文献通考：卷八：钱币一[M].北京：中华书局，1986：考九二.
5 （宋）李昉等.太平广记：卷二百八十：梦五（鬼神上）[M].北京：中华书局，1961.
6 加藤繁.唐宋时代金银之研究——以金银之货币机能为中心[M].北京：中华书局，2006：484-487.
7 杜文玉.五代十国经济史[M].北京：学苑出版社，2011：70.
8 （宋）薛居正等.旧五代史：卷五十七：列传九[M].北京：中华书局，1976：763-774.
9 《太平广记》卷八十引《北梦琐言》曰："鬻银肆有患白癫者"，《北梦琐言》是孙光宪（901—968年）所著的笔记小说，记述了唐武宗至五代十国时期文人、士大夫的言行与政治史实。

SILVER Currency and Its Role
in the Evolution of Chinese History

白银货币与中国历史变迁问题研究

　　北宋时期，白银在赋税、禁榷、商税、市易、上供、贡献等官方经济中广泛使用。首先是赋税总收入中白银数量的增长，《续资治通鉴长编》记载真宗天禧末（1022年）每岁总收"银八十八万三千九百余两"[1]，《宋会要辑稿》记载神宗熙宁十年（1077年）稍早每岁总收"银一百一十四万六千七百八十四两"[2]，单从白银收入两数来看，比天禧末增加了29.74%。北宋两税及附加税均未以银立额，但实际也有折征白银的情况。"凡岁赋，谷以石计，钱以缗计，帛以匹计，金银、丝绵以两计"[3]，银产地桂阳监更是"官中逐月催租税，不征谷帛只征银"[4]，据汪圣铎统计熙宁十年两税收入中白银共入60 137两[5]。免役钱也偶有折银，如北宋"怀安军金堂县免夫钱折纳银铤"[6]。

　　北宋禁榷收入包括官卖、算请[7]、茶盐酒税等。部分地区茶盐酒税纳银，四川不产银但盐酒课税也纳银，至道二年（996年）"东、西川盐酒商税课半输银帛外，有司请令二分入金"[8]，康定元年（1040年）"川峡素不产银，而募人以银易盐，又盐酒场主者亦以银折岁课，故贩者趋京师及陕西市银以归，而官得银复辇置京师，公私劳费。请听入银京师榷货务或陕西并边州军，给券受盐于川峡，或以折盐酒岁课，愿入钱，二千当银一两"[9]。白银常用于榷货算请，宋初算请盐茶矾允许用金银绢帛等物，开宝三年（970年）诏"应博易自今客旅将到金、银、钱、物等折博茶货及诸般物色，并止于扬州纳下"[10]，太平兴国八年（982年）"（盐货）请许通商，官为置场，听商旅以金银钱帛博买，每斤二十五钱"[11]，淳化初年（990年）"矾直酬以见钱……诏今后惟听金银见钱入博"[12]，咸平二年（999年）"榷货务招诱客人，将银、钱、紬、绢入中并卖象牙"[13]，景德二年（1005年）"解盐元许客人从本务入中金、银、丝、帛博买交引，就两池请盐，于南路唐、邓等十二州军通商地分货卖"[14]。北宋中晚期折博时废时复，崇宁元年（1102年）"悉听商人於榷货务入纳金银、缗钱或并边粮草，即本务给钞，

1　（宋）李焘.续资治通鉴长编：卷九十七[M].北京：中华书局，2011.
2　（清）徐松辑.宋会要辑稿：食货三三[M].吴兴刘氏嘉业堂钞本.
3　（元）脱脱等.宋史：卷一百七十四：食货上二[M].北京：中华书局，1977：4205.
4　（宋）潘自牧.记纂渊海：章俅诗[M].北京：中华书局，1988.
5　汪圣铎.两宋财政史[M].北京：中华书局，1995：692.
6　金德平.北宋银铤考[J].中国钱币，2008（3）：3-14.
7　"算"即计算，"请"指申请，"算请"可理解为商贾入纳钱后请发钞引。
8　（元）脱脱等.宋史：卷一百八十五：食货下七[M].北京：中华书局，1977：4524.
9　（元）脱脱等.宋史：卷一百八十三：食货下五[M].北京：中华书局，1977：4473.
10　（清）徐松辑.宋会要辑稿：食货三六榷易[M].吴兴刘氏嘉业堂钞本.
11　（清）徐松辑.宋会要辑稿：食货二三盐法杂录[M].吴兴刘氏嘉业堂钞本.
12　（元）脱脱等.宋史：卷一百八十五：食货下七[M].北京：中华书局，1977：4537.
13　（清）徐松辑.宋会要辑稿：食货[M].吴兴刘氏嘉业堂钞本.
14　（清）徐松辑.宋会要辑稿：食货三六榷易[M].吴兴刘氏嘉业堂钞本.

取便算请於场，别给长引"[1]。到了宣和七年（1125年）权货务云："契勘客人般载见钱金银赴务算请盐钞，依法经所属给据，免沿路力胜税钱"[2]，可知这时算请盐钞只许用现钱和金银。反映出金银以外的其他商品逐渐退出了榷货算请，白银与普通商品间的差别日益显露，逐渐成为特殊商品。内蒙古巴林左旗辽上京遗址出土的"福州绍圣二年五十两折博银"[3]就是商旅为折博茶盐诸货而入纳的白银，福州官府将银铤上缴宋廷内库后，又被作为岁币银输送辽上京。《宋会要辑稿》中详细记载了宋廷在茶酒课税、杂税、买扑、互市、市舶、入中博籴等方面获得的白银数额[4]。

为确保地方上供中央的比例，宋廷先后对上供的各类财物数量做了明确规定，并在大中祥符元年（1008年）初立银纲定额[5]，至此，宋代地方每年定额上供白银成为定制。《宋会要辑稿》记载神宗熙宁二年（1069年）诏"每岁上供谷六百万石，权截五十万变易金银上京"，五年"罢诸路上供科买"置市易司、市易务管理和买。[6]可见，熙宁年间诸路上供银多为官府购买的"买到银"，"买到银"数额也有具体记载，"（熙宁十年）买到银八千三百二十八两四钱五分"[7]。考古发现也证实了白银的市场来源，"潭州酒务银铤"[8]和"连州元鱼场二年上供银铤"[9]皆为"买到银"。宋太祖立国初期，虽规定"自今长春节及他庆贺，不得辄有贡献"[10]，但贡献一直难以禁绝。神宗熙宁元年（1068年）"诸路进奉金银钱帛共二十七万三千六百八贯、匹、两……同天节进奉一十二万七百四十三贯、匹、两"[11]，仅同天节进奉就占到总额的44%左右。而考古发现的北宋进奉银铤也确实占绝大多数，这其中又以圣节祝寿进奉银为主，如"福州进奉同天节银铤"[12]、"荆南军资库元祐四年兴龙节银铤"[13]、"京西北路提举学事司进奉崇宁四年天宁节银"[14]等，同天节、兴龙节、天宁节分别是神宗、哲宗和徽宗的诞辰。进奉银也

---

1 （宋元）马端临.文献通考：卷十八：征榷五[M].北京：中华书局，1986：考一七六.

2 （清）徐松辑.宋会要辑稿：食货二五盐法[M].吴兴刘氏嘉业堂钞本.

3 金永田.内蒙古巴林左旗出土三件宋代银铤[J].内蒙古金融研究，2002（S1）：352-355.

4 《宋会要辑稿.食货三三》载："凡赋入之数……银一百二十三万一千二百七十七两"。

5 "纲"是唐时起官府为方便转运大批货物所编的组织单位。参见（宋元）马端临.文献通考：卷二十三：国用一[M].北京：中华书局，1986：考二二五-考二二九.

6 （清）徐松辑.宋会要辑稿：食货三八和市[M].吴兴刘氏嘉业堂钞本.

7 （清）徐松辑.宋会要辑稿：食货三四各路产物买银价[M].吴兴刘氏嘉业堂钞本.

8 项春松.内蒙古赤峰发现的五件宋代银铤[J].文物，1986（05）：86-87.

9 王雪农，赵全明."连州上供银伍拾两"银铤[J].中国钱币，1998（01）：30-32.

10 （宋元）马端临.文献通考：卷二十二：土贡一[M].北京：中华书局，1986：考二二〇.

11 同上.

12 李逸友.内蒙古巴林左旗出土北宋银铤[J].考古，1965（12）：643-644.

13 金永田.巴林左旗出土一件北宋银铤[J].中国钱币，1988（03）：71.

14 金永田.内蒙古巴林左旗出土三件宋代银铤[J].内蒙古金融研究，2002（S1）：352-355.

Silver Currency and Its Role
in the Evolution of Chinese History
白银货币与中国历史变迁问题研究

有相当一部分来源于市场,《宋会要辑稿》中记载了景祐元年（1034年）乾坤节"买银进奉"之事，还强调"买银并依市价，不得亏损人民"[1]。

北宋朝廷将收纳于府库中的白银通过赏赐、经费等又重新投入市场，增强了白银的市场流动性。宋太宗、真宗朝有将赏赐的白银用于买宅、田的记载，太平兴国年间太宗赐田钦祚"白金五千两，令市宅"[2]、赐武宁节度使陈洪进诸子"白金万两，各令市宅"[3]，乾兴元年（1022年）"内遣中使赐荆门军玉泉山景德院白金三千两，令市田，院僧不敢受"[4]。市易法中金银用于赊钱抵当，"市易旧法，听人赊钱，以田宅或金银为抵当……以田宅金帛抵当者，减其息"[5]。白银还用于国费、军费支出，元符二年（1099年）哲宗诏"特于内藏库支发银绢共二百万匹两，赴逐路经略司封桩，专充准备边事及招纳之用"[6]。

2. 白银货币化的萌芽

白银广泛使用于官方经济，但要证明其货币属性，最重要的是白银在贸易中要发挥货币职能。价值尺度是货币最基本的职能。唐宋时期，通常用铜钱来表示物价的尺度。唐代用金计价偶有见之，一般用来表示珍贵名物的价值，如阎立本等人的"屏风一片，值金二万，次者售一万五千"[7]，太宗所赐的长孙无忌七宝带"直千金"[8]，小片龙茶"凡二十饼重一斤，其价值金二两"[9]，但未见用白银计价的情况。随着白银频繁折价参与市场交换，至北宋真宗朝出现了"时估"之则，"内东门降出宣赐银及成器物……依时估取系省钱收买"[10]，"时估"使银价在一定时限内保持相对稳定。徽宗政和二年（1112年）"诸输纳折变物，并以纳月上旬时估中价准折"[11]，这一时期折变开始以更加稳定的平均价格计算。从史料可窥探出，北宋神宗熙宁年间至徽宗崇宁年间银价在一两银一贯铜钱上下小幅浮动[12]，白银也继而开始通过银钱兑换价格对商品进行价值度量，如《宋会要辑稿》记载元丰三年（1080年）河北籴便粮草曾以银紬绢估值草料钱。但这种以银计值之事并不多见，白银只是偶尔充当等价物。

---

1 （清）徐松辑. 宋会要辑稿：食货[M]. 吴兴刘氏嘉业堂钞本.
2 （元）脱脱等. 宋史：卷二百七十四：田钦祚[M]. 北京：中华书局，1977：9359.
3 （元）脱脱等. 宋史：卷四百八十三：陈洪进[M]. 北京：中华书局，1977：13959.
4 （宋）李焘. 续资治通鉴长编：卷三十六[M]. 北京：中华书局，2011.
5 （宋）李焘. 续资治通鉴长编：卷七十四[M]. 北京：中华书局，2011.
6 （宋）李焘. 续资治通鉴长编：卷五百五[M]. 北京：中华书局，2011.
7 （唐）张彦远. 历代名画记：卷二：论名价品第[M]. 北京：人民美术出版社，1963.
8 （唐）张鷟. 朝野佥载：卷六[M]. 北京：商务印书馆，1936.《朝野佥载》是笔记小说集，记载唐代朝野轶闻。
9 《续茶经》引欧阳修《归田录》记载的北宋庆历中之事。
10 （清）徐松辑. 宋会要辑稿：食货[M]. 吴兴刘氏嘉业堂钞本.
11 （清）徐松辑. 宋会要辑稿：食货九赋税杂录[M]. 吴兴刘氏嘉业堂钞本.
12 参考王文成所列"北宋银价变动简表"。王文成. 宋代白银货币化研究[M]. 昆明：云南大学出版社，2001：175-178.

第一编 货币、货币制度与货币竞争

行用于晚唐至宋初的船形银铤，在学界一般被定义为商贸用银。原因有三：从铭文来看，船形银铤与银饼、笏形银铤不同，大多数无铭文，因此很可能系民间出身；从铸造方面看，船形银铤底平而薄、两端延展的形态在贸易中更便于判断成色；从形制来看，船形银铤已经完全脱离了胚料银的形态，其如舟状的形制可能与海上贸易有关。[1] 上述论断有其合理性，但似乎并不能完全说明船形银铤的商贸银性质，因此我们还需要充分发掘考古证据。1997 年印度尼西亚爪哇海西北部水域的印坦沉船出水了 97 件中国银铤，银铤有五十两的"盐税银"和重约二十五两的"盐务银"两种，均应为"桂阳监"所铸。杜希德认为，该沉船是五代末或宋初十年从广州驶向三佛齐途中沉没的，而同时出水的南汉"乾亨重宝"铅钱则表明这艘船应与南汉的海上贸易有关。[2] 那么这些本应收归朝廷的盐税银为何会出现在南洋贸易商船上呢？首先，银锭不同于精美的银器，它的作用在于白银本身的价值，故这些银锭作为交换媒介的可能性远大于商品。而且东南亚诸国一直有用银的传统，因此从海外贸易中获得的中国银再次熔铸后，仍可在东南亚继续发挥货币职能。其次，结合沉船上同时出水的天平、砝码和试金石，可以基本断定这些银锭是用作远洋贸易大额支付的称量货币。此外，船形银铤的切割使用也是其作为称量货币的有力证据[3]，切割后最轻者重量也有七两余，表明船形银铤不用于小额交易。

相关史料记载了市舶贸易曾用白银博买的事实，《宋会要辑稿》记载："雍熙四年（987年）五月，遣内侍八人，赍敕书、金帛，分四纲各往海南诸蕃国勾招进奉，博买香药、犀牙、真珠、龙脑"，又载：天圣三年（1025年）"福州递年常有舶船三两只到锺门海口，其郡县官员多令人将钱物、金银博买真珠、犀象、香药等"[4]，或许能够推测沉船上的钱银可能与市舶贸易有关。因此，最迟在五代末至北宋初，白银已具备一定的流通和大额支付职能，部分船形银铤一开始并不是专门的商贸用银，它们最初通过赋税、进奉等目的进入朝廷国库，之后重新投入流通，成为官府支付大额款项的媒介。除大宗贸易支付外，上文提到，宋太宗、真宗朝有用赏赐之银购买宅、田之事。

晚唐至北宋，白银虽然在贸易中发挥了一定的流通、支付手段职能，但这两个职能的实现只局限于大宗海外贸易及稀有名物、宅田交易，并且白银基本上不直接用作价值尺度，它更多的作用在于置换商品。

---

1 参见：达津.船形银铤考[J].中国钱币，2008（03）：15-20. 周卫荣，杨君，黄维.中国古代银锭科学研究[M].北京：科学出版社，2016：20.

2 杜希德，思鉴.沉船遗宝：一艘十世纪沉船上的中国银锭[C]// 唐研究（第十卷），北京：北京大学出版社，2004：383-442.

3 韩荣福，周长源.扬州两次出土唐代船形银铤[J].中国钱币，1984（4）：70.

4 （清）徐松辑.宋会要辑稿：官职四市舶司[M].吴兴刘氏嘉业堂钞本.

（三）南宋白银货币化的发展

1. 白银成为特殊商品

北宋时期银绢完成了从普通商品向特殊商品的过渡，至南宋，银绢并用的情况逐渐减少，并出现了以银代绢帛、以银买绢帛的现象，白银与绢帛分离成为了特殊商品。

绢帛等物供给军需，实行和买。建炎三年（1129年），两浙转运副使王琮上言："本路上供、和买、夏税绸绢，岁为匹一百一十七万七千八百，每匹折输钱二千以助用"[1]，即所谓"折帛钱"。绍兴五年（1135年）"预借民户和买䌷绢二分，止令输见缗，毋得抑纳金银"[2]，说明之前存在折帛钱抑纳金银的情况。之后折帛钱征银较为多见，如"江浙四路所起折帛钱……诏除徽、处州、广德军旧折轻赍外，余州当折银者并发见缗，愿起银者听"[3]，乾道元年（1165年）更是出现了"折帛银"一词，"将人户今岁合纳折帛银遵依旨挥"[4]。至此，银与绢帛的关系发生了变化。折价交易从以金银钱帛折博榷货，逐渐向以银钱楮(纸币)折博转变，绍兴八年（1138年）"契勘本路无为军昆山场入纳金银、见钱算请钞引"[5]，隆兴二年（1164年）"镇江卖临安、平江、绍兴府钞，并许用轻赍，系是金银、会子之类，比之见钱，大段省便"[6]，乾道二年（1166年）"建康榷货务都茶场，自来除每袋五贯文通货钱并纳见钱外，余以金银、公据、关子入纳""镇江务场应入纳茶、盐、香矾，并听客户以金银、见钱、公据、关子从便算请"[7]。由此可知，南宋初绢帛已完全退出了榷货算请，而金银却与铜钱、关子、会子等货币共同用于算请，说明绢帛此时已恢复了一般商品的性质，而白银在某些方面成为了与铜钱、纸币一样的特殊商品。

2. 金银铺的兴盛与货币兑换的发展

金银铺最初是打造、鉴定和买卖金银的场所，而宋代专卖、入中制度的发展使金银铺增加了兑换钞引的新业务，因此，金银铺又被称为"金银钞引铺"。至南宋时期，临安城内的金银铺规模十分庞大，《都城纪胜》载："自五间楼北，至官巷南御街，两行多是上户金银钞引交易铺，仅百余家，门列金银及见钱，谓之看垛钱，此钱备入纳算请钞引，并诸作匠炉鞴纷纭无数"，铺内陈列金银和现钱准备入纳和算请钞引，匠炉无数反映出临安城金银铸造之繁盛。

除了钞引买卖外，金银铺还经营货币兑换业务。地方官府所需的银铤通常在金银铺打造。

---

1 （元）脱脱等.宋史：卷一百七十五：食货上三[M].北京：中华书局，1977：4240.
2 （宋）李心传撰.建炎以来系年要录：卷九十五[M].北京：中华书局，1988.
3 （宋）李心传撰.建炎以来系年要录：卷一百八十二[M].北京：中华书局，1988.
4 （清）徐松辑.宋会要辑稿：食货[M].吴兴刘氏嘉业堂钞本.
5 （清）徐松辑.宋会要辑稿：食货三四[M].吴兴刘氏嘉业堂钞本.
6 （清）徐松辑.宋会要辑稿：食货二七盐法十[M].吴兴刘氏嘉业堂钞本.
7 同上。

例如"循州上供银""潮州司户林银""广东运司银""郴州起发淳祐八年下半年钢银""安吉州淳祐七年天基圣节银""广州经制银""桂阳军免丁银"[1]等银铤，表面戳印有"京销铤银"、金银铺名、铺户所在街巷名、勘验人姓名等铭文，表明这些银铤出自临安金银铺，之后被地方官府收买用于上供、进奉、赋税等。官府收买一般用钱，而钱与银的兑换场所就是鳞次栉比的金银铺户。民间用银也常在金银铺兑换。湖北黄石西塞山出土了数件"广州钞库银铤"[2]，卖钞库是买卖钞引的机构，《宋会要辑稿》载："广东路奉行钞法，自绍兴间客铺赴广州卖钞库入纳，皆是用银"[3]，说明"广州钞库银铤"用于商铺与钞库之间的钞引交易。而此类银铤上大多都有的"京销铤银"戳记，表明它们最初兑换于京城金银铺。商客贩运货物所上缴的过税——"出门税银铤"的情况也是如此，铤面多戳印金银铺或铺主名、铺户所在街巷名。

金银铺银钱、银钞、银会兑换业务的发达，与白银价值大、易携带转移的特性密切相关。从上文举证的大量史料和银铤实物来看，距京师路途遥远之地会更多地使用白银折纳上供钱、圣节钱、赋税钱等，以克服运输现钱的困难，同时又节省运费。换言之，南宋白银更多的作用实际体现在轻货或轻赍上，"轻赍银"的大量出现与南宋商品经济的深入发展、市场范围的扩大、贸易量的增加以及各地流通的纸币互不通用等原因有关。大额资财需要在各地之间进行流转，因此白银成为了当时农耕经济大背景下和复杂的货币制度下充当这种"大额价值"的优越选择。南宋海外贸易之发达无须赘述，在世界广泛使用金银货币的13世纪，白银比起铜钱、会子更加具备世界货币的职能，也更加适用于贸易量巨大、路途遥远的海外贸易，我们甚至可以想象宋代商贾拿着从金银铺兑换而来的白银与外国商人进行交易的繁荣场景。

3.以银计价与白银用作交换媒介的发展

南宋时期，出现了用银表示盐钞价格的情况，但用银计钞价是以银钱兑换价格为基础的。《宋会要辑稿》记载："广东路奉行钞法，自绍兴间客铺赴广州卖钞库入纳，皆是用银，每两价钱三贯五十文九十八陌籴钞，以示优润""欲将客人入纳籴买广西钞引，每箩钞面正钱五贯省，一例作每两价钱三贯五十文九十八陌折银"[4]，隆兴初"若客人于镇江算请钞一袋，合纳正钱通货钱一十七贯六百文足，只用银五两三钱，每两官价三贯三百文入中"[5]。白银计马匹价格有所不同，绍兴七年（1137年）买马"须四尺二寸已上乃市之。其直为银四十两，

---

1 李晓萍.尘封千年的国家宝藏——南宋金银铤收藏与鉴赏[M].杭州：浙江大学出版社，2008：38，41，45，51，56，63，74.

2 同上：77-87.

3 （清）徐松辑.宋会要辑稿：食货二八盐法[M].吴兴刘氏嘉业堂钞本.

4 （清）徐松辑.宋会要辑稿：食货二七盐法十[M].吴兴刘氏嘉业堂钞本.

5 同上.

每高一寸增银十两，有至六七十两者。"[1] 可知白银直接用于度量马价。民间交易也时常用银计价，《清波杂志》[2] 中记载了商人卖长安古墓中的玉注碗"索银百笏酬十之二"之事，《西湖老人繁胜录》[3] 中记载了乡民买苕之事"乡民争捉入城货卖……苕生得大，更会斗，便有一两银卖"。虽然史料中关于南宋以银计价的记载很少，但民间交易中以银计价现象的出现，说明至少在都城临安，白银已经较为普遍地被用作价值尺度。

南宋朝廷获得的白银大量来自市场收买，如：建炎三年（1129年）"访闻福建、广南自崇宁以来，岁收买上供银数浩瀚"[4]，绍兴二年（1132年）"欲令福建路转运司将本路合买发上供银委官置场，依市价收买"[5]。继而宋廷又将所得的大量白银投入市场，用于军费、俸禄、赏赐、贿赂、礼赠、赈济、借贷、购买物资等用途[6]。上文提到绍兴年间用银计马价，而买马实际也用银，考古出土的南宋"马司银铤"[7] 就是朝廷为买马而专门征收的白银。因此可以说，白银在官方经济买卖过程中发挥了交换媒介作用，这意味着白银成为南宋国家财政收支的主要媒介之一。

四、结论

唐宋时期商品经济的发展，促使白银以饼形、笏形、船形、束腰形货币形态活跃于赋税、禁榷、贡献、进奉等官方经济之中。唐代开元、天宝时期，白银与市场的联系还颇为有限，至晚唐宋初，白银开始广泛参与官方经济，并被用于大宗海外贸易和宅田交易，但未出现以银计价的情况。北宋中期，白银交换深入发展，白银参与市场的程度不断加深，偶尔用作价值尺度，白银货币化的萌芽显现。到了南宋时期，作为白银货币形态的银铤的数量大增，白银与绢帛分离，基本完成了从普通商品向货币的转变，金银铺鳞次栉比，白银打造、鉴定及银钱、银钞、银会兑换业务发达，白银货币化取得了很大发展。

但同时，白银的流通和使用还要受到银矿开采、商品经济发展程度等方面的影响，因此货币银并未遍及南宋各地区，也并未深入到官民经济生活的各个领域。白银主要流通使用于

---

1 （元）脱脱等.宋史：卷一百九十八：兵十二[M].北京：中华书局，1977：4956.
2 （宋）周煇.清波杂志[M].北京：中华书局，1985.《清波杂志》是宋代笔记，记载了宋代的一些名人轶事。
3 （南宋）佚名.西湖老人繁胜录[M].北京：中国商业出版社，1982.《西湖老人繁胜录》是南宋笔记，记载了南宋都城临安市民的文化生活和游艺活动。
4 （清）徐松辑.宋会要辑稿：食货六四上供[M].吴兴刘氏嘉业堂钞本.
5 （清）徐松辑.宋会要辑稿：食货[M].吴兴刘氏嘉业堂钞本.
6 加藤繁.康宋时代金银之研究——以金银之货币机能为中心[M].北京：中华书局，2006.
7 《尘封千年的国家宝藏：南宋金银铤收藏与鉴赏》一书中收录了6幅马司银铤图片，包括"道州淳祐六年上半年马司银""道州宝祐二年秋季马司银""永州秋季马司银"等。

临安、建康、泉州等商业都会，以及以各府州为中心的区域市场和转运地的官方大宗商品贸易中，但在以民间小商品贸易为主的成千上万的县（镇）市、草市中并无一席之地，并且白银较少发挥价值尺度职能，固定地充当一般等价物的特殊商品是铜钱。因此，自中晚唐开始的白银商品化、货币化进程，发展至南宋也只是在一定地域和交易范围内得到了初步实现，但却与金代白银货币化[1]一同影响到了元代，至明代最终完成了白银的货币化进程。

参考文献

［1］张志高.元宝图录[M].西安：三秦出版社，1992.

［2］文四立.中国银锭图录[M].北京：中国金融出版社，2013.

［3］加藤繁.唐宋时代金银之研究——以金银之货币机能为中心[M].北京：中华书局，2006.

［4］李锦绣."陵州井课"银饼考[J].隋唐辽宋金元史论丛，2012：104-116.

［5］（宋）欧阳修，宋祁.新唐书[M].北京：中华书局，1975.

［6］李晓萍.元宝收藏与鉴赏[M].杭州：浙江大学出版社，2006：7.

［7］夏星南.浙江长兴县发现一批唐代银器[J].文物，1982（11）：38-42.

［8］樊维岳.陕西蓝田发现一批唐代金银器[J].考古与文物，1982（01）.

［9］季长隽.镇江出土唐代"卷足银锭"[J].江苏钱币，1994（01）.

［10］杜希德，思鉴.沉船遗宝：一艘十世纪沉船上的中国银锭[C]//唐研究（第十卷），北京：北京大学出版社，2004：383-442.

［11］西安市文物保护考古所编著.西安文物精华.金银器[M].西安：世界图书出版公司，2012：131.

［12］（宋元）马端临.文献通考[M].北京：中华书局，1986.

［13］（后晋）刘昫等.旧唐书[M].北京：中华书局，1975.

［14］（宋）李昉等.太平广记[M].北京：中华书局，1961.

［15］（唐）杜佑.通典[M].北京：中华书局，1988.

［16］（宋）司马光.资治通鉴[EB/OL].http：//www.guoxue123.com/shibu/0101/01zztj/index.htm.

［17］（北宋）王钦若等.册府元龟[M].北京：中华书局，1960.

［18］（北宋）李昉等.太平预览[EB/OL].http：//www.guoxue123.com/zhibu/0201/03tpyl/.

［19］（唐）白居易撰，（清）汪立名编.白香山集.论和籴状[M].清刻本，卷四十一.

［20］（梁）萧子显.南齐书[M].北京：中华书局，1972.

［21］全唐文：卷四百六十五：均节赋税恤百姓六条：其一[EB/OL].http：//ab.newdu.com/book/

---

1 王雷，赵少军.试论金代白银的货币化[J].中国钱币，2015（01）：3-10.

s161545.html.

[22] 李相国论事集：卷五：上处分旧例户部有进奉事[EB/OL].影印古籍资料网.

[23] 李锦绣.唐建中二年岭南"减判"与"停减课料"银铤考释[J].晋阳学刊，2017（06）：58-67.

[24]（宋）李焘.续资治通鉴长编[M].北京：中华书局，2011.

[25]（元）脱脱等.宋史[M].北京：中华书局，1977.

[26]（清）徐松辑.宋会要辑稿[M].吴兴刘氏嘉业堂钞本.

[27] 李小萍.南宋金银盐钞交引铺研究[J].中国钱币，2010（2）：24-30.

[28] 李锦绣.唐代财政史稿（上卷）[M].北京：北京大学出版社，1995：773-774.

[29]（宋）乐史：太平寰宇记[M].北京：中华书局，2007.

[30] 唐长孺.跋西安出土唐代银铤[J].学术月刊，1957（07）：29-30.

[31] 秦波.西安近年来出土的唐代银铤、银板和银饼的初步研究[J].文物，1972（07）：54-58.

[32] 朱捷元.长安县发现唐丁课银铤[J].文物，1964（06）.

[33]（唐）李吉甫.元和郡县图志[M].北京：中华书局，1983.

[34]（清）卢文弨.钟山札记[M].北京：商务印书馆，1939.

[35]（清）钱大昕.二十二史考异[M].株式会社中文出版社，1980.

[36] 周庆忠，陈功印.桂林地区发现唐代阳朔县限税银铤[J].中国钱币，2002（3）：55-56.

[37] 全唐诗：卷300-42：送吴谏议上饶州[M].北京：中华书局，1999.

[38] 杜文玉.五代十国经济史[M].北京：学苑出版社，2011：70.

[39]（宋）薛居正等.旧五代史[M].北京：中华书局，1976.

[40]（宋）潘自牧.记纂渊海：章俊诗[M].北京：中华书局，1988.

[41] 汪圣铎.两宋财政史[M].北京：中华书局，1995：692.

[42] 金德平.北宋银铤考[J].中国钱币，2008（3）：3-14.

[43] 金永田.内蒙古巴林左旗出土三件宋代银铤[J].内蒙古金融研究，2002（S1）：352-355.

[44] 项春松.内蒙古赤峰发现的五件宋代银铤[J].文物，1986（05）：86-87.

[45] 王雪农，赵全明."连州上供银伍拾两"银铤[J].中国钱币，1998（01）：30-32.

[46] 李逸友.内蒙古巴林左旗出土北宋银铤[J].考古，1965（12）：643-644.

[47] 金永田.巴林左旗出土一件北宋银铤[J].中国钱币，1988（03）：71.

[48]（唐）张彦远.历代名画记：卷二：论名价品第[M]北京：人民美术出版社，1963.

[49]（唐）张鷟.朝野佥载[M].北京：商务印书馆，1936.

[50] 王文成.宋代白银货币化研究[M].昆明：云南大学出版社，2001：175-178.

[51] 达津.船形银铤考[J].中国钱币，2008（03）：15-20.

[52] 周卫荣，杨君，黄维.中国古代银锭科学研究[M].北京：科学出版社，2016：20.

［53］韩荣福，周长源.扬州两次出土唐代船形银铤[J].中国钱币，1984（4）：70.

［54］（宋）李心传撰.建炎以来系年要录[M].北京：中华书局，1988.

［55］李晓萍.尘封千年的国家宝藏——南宋金银铤收藏与鉴赏[M].杭州：浙江大学出版社，2008.

［56］（宋）周辉.清波杂志[M].北京：中华书局，1985.

［57］（南宋）佚名.西湖老人繁胜录[M].北京：中国商业出版社，1982.

从广东银铤看两宋时期白银货币化程度及影响[1]

◎ 中国人民银行广州分行　陈洁波　马　超　岑伟志
◎ 东莞市钱币博物馆　廖思政
◎ 中国人民银行东莞市中心支行　黄琍琼　陈治平

摘要： 两宋是我国历史上经济发展极为迅速的时期，同时也是白银初步实现货币化的时期。本文从两宋时期广东的银铤入手，结合该时期的相关政策，进一步明确了两宋时期白银货币化的程度及其对当时财政的积极影响。

▶ **Abstract:** The Song Dynasty witnessed a period of rapid economic and the early development of silver monetization in ancient China. Through the study of the Song Dynasty Silver Ingots discovered in Guangdong and the relevant government policies in the same period, this paper further explores the degree of silver monetization and its positive impact on public finance at that time.

一、两宋时期广东银铤的发现与特征

（一）北宋时期广东银铤的发现与特征

两宋时期，以铜钱、铁钱、纸币作为主要的流通货币。但随着商品经济的发展及白银商品化进程的影响，白银的使用开始逐渐增多，赏赐、纳贡、军费、税负等大量使用或折成白银，白银初步实现货币化。

---

[1] 本文为中国人民银行货币金银局（保卫局）、研究局（所），中国钱币博物馆，中国印钞造币总公司，中国金币总公司，上海黄金交易所共同推动的货币史研究系列成果之一，获人民银行2019年中国货币史研究三等奖。

两宋时期注重对白银的开采，北宋时期白银不断出现在税收、民间储藏以及大额支付等活动中，全国冶银业发展迅速。皇祐时全国白银产量达二十一万九千八百二十九两[1]，元丰时全国白银总产量达二十一万五千三百八十五两，产量保持稳定。但是，存世可见的北宋银锭数量并不多，其中公开信息的北宋时期广东银锭可见三枚，分别是：

1.绍圣二年（1095年）英州军资库银锭，正面刻"英州军资库 绍圣二年银拾二两 匠王平"，背面刻"司录参军监杨晏"。

2.崇宁四年（1105年）英州银锭，银锭正面刻有铭文"崇宁四年 分年 额银伍拾两 专副严面 □□曹伸 行人李诚 将仕郎司户参军监宋一风"，背面刻"英州年额银"。

3.第三枚是连州元鱼场二年上供银锭，正面刻"连州元鱼场买到二年（钱）上供银伍拾两 专知官唐莘"，背面刻"始字号 匠人廖昌"。

据《宋史》记载，广东韶、广、英、连、恩、春[2]皆是产银之地，北宋时期全国银有三监五十一场，治平年间各类坑冶虽有增减变化，但英、韶、连、春[3]仍是银冶所在。《宋史》所录北宋时期全国银有三监五十一场，而《元丰九域志》所记北宋时期广东的银场则有一监二十二场，分别是：广州清远大富银场，怀集大利一银场，东莞、香山崖二银场、韶州曲江灵源、石膏、岑水三银场、翁源大湖一银场，乐昌伍汪、黄坑二银场，循州兴宁夜明一银场，潮州海阳强丰济一银场，连州桂阳同官一银场，端州高要沙利一银场，梅州程乡乐口一银场，英州真阳钟峒一银场，洽光贤德、尧山、竹溪、师子四银场，惠州归善酉平、流坑二银场、高州电白高北一银监。广东银场不但数量大，超过全国银场总数的三分之一，而且分布于广东全境，是全国重要的白银供应地。政和元年，广东漕司奏言："韶州曹峒场、英州银冈场皆并入英之清溪场，惟黄坑场欲权存。"政和年间，又有广东廉访黄烈等言："广、惠、英、康、韶州、兴庆府，政和中，宝货司立坑冶金银等岁额，或苗脉微，或无人承买，而浮冗之人虚托其名，发毁民田，骚动邀贩。"可见，英州是北宋时期广东最重要的白银产地之一，后期甚至韶州的银冶也归入英州管理，但是一些矿冶已经显现产量不足，人员浮冗，出现毁民田、贩买纳课的乱象，于是徽宗下诏并罢政和六年所立金银矿额，仅留有岁课能力的苗脉继续课金银之税。从广东银锭的发现地来看，这些银锭均北供中央，广东虽产银，但是北宋后期金银课税也难以完全承受。

（二）南宋时期广东银锭的发现与特征

宋室南渡后，由于财政上捉襟见肘的状态，南宋朝廷不断开征各种名目的苛捐杂税，人民长期饱受战乱动荡和统治者的盘剥。在财富输送的过程中，贵金属白银也广泛参与到国家

---

1 （元）脱脱.宋史·卷一百八十五·志第一百三十八·食货下七[M].北京：中华书局，1977.

2 同上。

3 同上。

白银货币与中国历史变迁问题研究

税收、地方政府上供、专卖品收入等领域中来，成为反映南宋时期国家财政状况的一面镜子。自20世纪50年代起，在浙江杭州、湖州、温州，安徽六安，河南方城，江苏溧阳，湖北黄石、蕲春，四川双流等地都陆续出土南宋金银货币。1955年，湖北黄石市出土了银铤292件，其中155件有铭文，这是南宋银铤出土最集中的一次。2004年春，江苏南京出土大量南宋金银铤。在目前可见的南宋银铤中，广东银铤为数不少，笔者搜集了与广东相关的南宋银铤信息83条，如表1所示。

表1 南宋广东银铤信息采集表

序号	名称	重量（g）	刻字	戳记
1	跨浦桥北 张百一郎 二十五两银铤	960	潮州司户林	跨浦桥北 张百一郎 重二十五两
2	霸北街西 京销铤银 二十五两银铤	950	潮州司户林	霸北街西 京销铤 相五郎□
3	霸南街西 陈曹宅 二十五两银铤	935	循州上供银	霸南街西 陈曹宅 重二十五两
4	苏宅韩五郎十二两半银铤	457.7	德庆府起上供银监官黄连功银匠黄庆仁	□□□苏宅韩五郎 邢文彬 贾寔 沈执中 京销
5	京销铤银十二两半银铤	445	德庆府起上供银库官许迪功匠黄庆仁	京销铤银 朱铺
6	霸西街南 京销铤银十二两半银铤	450	循州上供银	霸西街南 京销铤银
7	康尔坊西孙宅渗银二十五两银铤	960	循州上供银	康尔坊西 孙宅渗银 重二十五两
8	柴木巷丁三郎二十五两银铤	953	潮州司户林	柴木巷 丁三郎 重二十五两
9	京销铤银	958	潮州司户林	京销铤银
10	新州解发淳祐四年鄂州纲银二十五两银铤	930	新州解发淳祐四年鄂州纲银	霸北街西 苏宅韩五郎
11	新州解发淳祐四年鄂州纲银十二两半银铤	435	新州解发淳祐四年鄂州纲银	铁线巷里 霸北街西 □□□□
12	新州解发淳祐四年鄂州纲银十二两半银铤	425	新州解发淳祐四年鄂州纲银	京销铤银 金三郎
13	新州解发淳祐二年鄂州纲银十二两半银铤	437	新州解发淳祐二年鄂州纲银	

第一编 货币、货币制度与货币竞争

续表

序号	名称	重量（g）	刻字	戳记
14	新州解发淳祐四年鄂州纲银十二两半银铤	480.6	新州解发淳祐四年鄂州纲银	
15	霸北街西 赵孙宅 重十二两半银铤	425	肇庆府淳祐四年押纲□李士良匠□□监官	霸北街东 赵孙宅 重十二两半
16	霸北街东 京销铤银 十二两半银铤	435	肇庆府淳祐四年押人李达监官	霸北街东 京销铤银
17	京销铤银十二两半银铤	414	肇庆府银纲押银人	京销铤银
18	京销铤银十二两半银铤	480	肇庆府银纲押银 银□ 银□	京销铤银 重一十二两半 屠林铺
19	肇庆府银纲十二两半银铤		肇庆府银纲	霸北街东 京销铤银 赵孙宅□
20	京销铤银十二两半银铤		肇庆府淳祐四年押李士良张王监官	京销铤银
21	街东桥西十二两半银铤	436.7	肇庆府银纲押银人李史监官	街东桥西 苏宅韩五郎 重十二两半银铤
22	京销铤银王宅渗银十二两半银铤		肇庆府银纲押银人李□监官银匠	京销铤银 王宅渗银
23	霸北街西旧日苏宅张二郎十二两半银铤		肇庆府银纲押银人李□□□	霸北街西 旧日苏宅张二郎 重十二两半
24	□□御街程二郎铺记十二两半银铤	443	肇庆府银□□押银人李士安监官	□□御街 程二郎铺记
25	京销铤银宋二郎十二两半银铤	452	肇庆府起发银纲李银匠谢达	京销铤银 宋二郎
26	京销铤银赵宅渗银十二两半银铤	468	肇庆府押银人	京销铤银 赵宅渗银 重十二两半
27	京销铤银相五郎十二两半银铤	466.1	肇庆府银押银人银□□	京销铤银 相五郎（押记）重十二两半
28	霸北街东赵孙宅十二两半银铤	464	肇庆府银押银人李□监官	霸北街东 赵孙宅（押记）重十二两半
29	京销铤银王宅十二两半银铤		梅州起发纲运银	京销铤银 王宅
30	京销细渗广东运司十二两半银铤	450		京销细渗 广东运司 杜一郎 □□验

续表

序号	名称	重量（g）	刻字	戳记
31	霸东街西广东运司十二两半银铤	457.4		霸东街西 京销铤银 相五郎□ 黄俊验 广东运司
32	广东运司十二两半银铤		广东运司	京销铤银 吴宅
33	广东运司二十五两银铤			京销铤银 重二十五两
34	新州起发经总制银十两银铤	390	新州起发经制纲银	真花铤银 京销 沈执中 盛缣 邢文彬 贾寔
35	霸头里角广州经制银十二两半银铤	463	广州经制银	霸头里角 赵孙宅 重十二两半
36	京销铤银霸西王二郎广州经制银二十五两银铤	960	广州经制银	京销铤银 霸西王二郎
37	京销细渗 猫儿桥东 广州经制银二十五两银铤	970	广州经制银	京销铤银 猫儿桥东 吴二郎 夏华验
38	京销铤银霸西王二郎广州经制银二十五两银铤	965	广州经制银	京销铤银 霸西王二郎 二十五两
39	京销铤银赵孙宅循州经制银二十五两银铤	945	循州经制银	京销铤银 赵孙宅 重二十五两
40	京销铤银广州经制银十二两半银铤	447	广州经制银	京销铤 赵孙宅□
41	京销铤银赵孙宅广州经制库银十二两半银铤	453.7	广州经制库银	京销铤银 赵孙宅 重一十二两半
42	霸北街东广州经制银十二两半银铤	468	广州经制银	霸北街东 赵宅
43	霸北街东赵宅广州经制银十二两半银铤	451.5	广州经制银 麦新	霸北街东 赵宅 重一十二两 吴荣验
44	周伯四郎记广州经制银十二两半银铤		广州经制银	周伯四郎记
45	霸北街东赵宅广州经制银十二两半银铤	441.3	广州经制银	霸北街东 赵孙宅 重十二两半
46	京销铤银金铺广州经制银十二两半银铤	466.3	广州经制银	京销铤银 金铺□ 重一十二两半
47	霸北街东赵宅广州经制银十二两银铤	450.1	广州经制银	霸北街东 赵孙宅 重一十二两

续表

序号	名称	重量(g)	刻字	戳记
48	京销铤银霸西王二郎广州经制银十二两半银铤	432.1	广州经制银	京销铤银 霸西王二郎 十二两半
49	京销铤银惠州经制银十二两半银铤	376.4	惠州经制银	京销铤银 □宅
50	惠州经制银十二两半银铤		惠州经制银	霸北街西 重十二两半
51	霸北西街惠州经制银十二两半重银铤	450.3	惠州经制银	霸北西街 一十二两重
52	京销铤银潮州免丁银十二两半银铤	411.9	潮州□□免丁银	京销铤银 吴二郎 重十二两半
53	霸北街东京销铤银 纲米十二两半银铤	472.8	潮州陈康信□□□纲米	霸北街东 赵孙宅 广东□□ 京销铤银
54	霸北街西广东盐司籴本纲十二两半银铤	465.5	广东盐司籴本纲官 王□	霸北街西 广东钞库 严成验 □□□□
55	京销银广州钞库二十五两银铤	946		京销银 广州钞库 霸西陆宅 二十五两
56	霸北街西旧日苏韩张二郎二十五两银铤	960		霸北街西 旧日苏韩张二郎 广州钞库
57	霸南街东广州钞库二十五两银铤	890		霸南街东 广州钞库 京销铤银 金三郎
58	京销铤银广州钞库十二两半银铤		南安军蔡照	京销铤银 丁宅 广东钞库
59	广东钞库二十五两银铤	946		广东钞库 钞铺 □□□
60	霸北街西广东钞库十二两半银铤	450	坤公□	霸北街西 京销渗银 一十二两半 梁平验 广东钞库 钞铺朱明
61	铁线巷广东钞库十二两半银铤	444.9	侯应龙	铁线巷 钞铺黎全（押记）广东钞库 梁平验 重一十二两半 顾铺铤银
62	京销铤银广东钞库十二两半银铤	414.7		京销铤银 广东钞库 丁铺
63	京销铤银广东钞库十二两半银铤	472	南安军蔡照（南安军属江南西路）	京销铤银 广东钞库 梁平验
64	霸北街东广东钞库十二两半银铤	442		霸北街东 重十二两半 赵孙宅（押记）广东钞库 梁平验 钞铺朱

续表

序号	名称	重量（g）	刻字	戳记
65	京销铤银广东钞库十二两半银铤	421	侯应龙	京销铤银 广东钞库 钞铺黎全（押记）
66	京销铤银霸南街西广东钞库十二两半银铤	646.4		京销铤银 霸南街西 相五郎□ 广东钞库 梁平验（押记）钞铺朱礼
67	京销铤银赵孙宅广东钞库十二两半银铤	392	侯应龙	京销铤银 赵孙宅 广东钞库 钞铺黎全（押记）梁平验
68	铁线巷京销铤银广东钞库十二两半银铤	414.7	凌元章	铁线巷 京销铤银 林六郎 广东钞库 梁平验 钞铺朱礼
69	京销铤银广东钞库十二两半银铤	424	杨必达	京销铤银 赵宅渗银 广东钞库 钞铺黎全 梁平验（押记）
70	霸北街南广东钞库十二两半银铤	454.9	何肖讫	霸北街南 钞铺黎全（押记）广东钞库 梁平验 苏宅韩五郎 重十二两半
71	京销铤银丁宅广东钞库十二两半银铤	452.6	□彦昭	京销铤银 丁宅 钞铺黎全（押记）梁平验（押记）广东钞库
72	京销铤银左郜宅广东钞库十二两半银铤	466.4	黄□庆	京销铤银 重十二两半 左郜宅 广东钞库 梁平验（押记）
73	京销铤银十二两半银铤	425	广东提举司十一年上半年卖钞库押人□□杨俊卿	京销铤银 重十二两半
74	京销铤银赵宅渗银广东钞库十二两半银铤	465.5	侯□□	京销铤银 重十二两半 广东钞库 梁平验 赵宅渗银 钞铺朱礼
75	广东钞库十二两半银铤	450		广东钞库 钞铺黎全（押记）梁平验
76	广东钞库十二两半银铤	400	戴□□	广东钞库 梁平验（押记）钞铺□□
77	真花银广东钞库十二两半银铤	458	陈彦验	真花银 广东钞库 钞铺黎全（押记）双葫芦印（押记）
78	钞铺朱礼广东钞库十二两半银铤	472.8	陈□□□	钞铺朱礼 梁平验（押记）广东钞库
79	康尔坊西孙宅渗银二十五两银铤	900	循州上供银	康尔坊西 孙宅渗银 重二十五两

续表

序号	名称	重量（g）	刻字	戳记
80	广东城南十二两半银铤			广东城南 重十二两半 木复兴□ 黄俊验
81	广东城南十二两半银铤	375	康□□	广东城南
82	广南市舶司起发畸零银		广南市舶司起发畸零银 监官何成 翟良白	霸北街西 苏宅韩五郎 重拾贰两半 京销 杨瑞 韩宗□
83	舶司起发水脚银		舶司起发水脚银 一月八日 监官 谢仲永	京销铤银 霸北韩宅 京销 广东钞库 钞铺朱礼

根据以上数据，归纳南宋银铤特点如下：

1. 南宋银铤平板、弧首、束腰，因开模浇注，最后冷凝的铤面两处略呈收缩性凹陷；背部呈蜂窝状，且蜂窝较大。

2. 存世南宋广东银铤大多为税银。

大量银铤上有"上供银""经制银""纲银"等字样，反映了南宋时期地方财政机构将税赋财物折银上供的情况；部分银铤上有"广东钞库"字样，反映了南宋时期朝廷在广东地区专卖盐钞取得禁榷收入的情况；部分银铤上有"广南市舶司起发畸零银""舶司起发水脚银"等字样，反映了南宋时期广南市舶司对进出口贸易的商品进行抽税以及向朝廷运输财赋的情况。

3. 南宋广东银铤大多是在京城倾销成铤。

绝大部分银铤上有"京销铤银"的字样，表明这些银铤是在京城临安的金银交引铺铸造的。南宋定都临安后，城区人口增长迅速，也促进了临安商业经济的繁荣。在京城临安繁华的商业区中，有大量的金银钞引铺从事金银打造、销售、兑换以及钞引兑换等业务。对于一些离京城较远的州县，朝廷往往要求将部分税赋折换成白银上供，因此地方政府需要经常到京城的金银钞引铺购买银铤用于上供税赋。这些银铤从京城的金银钞引铺卖出，然后又以上供银的形式回流到京城，形成了一个循环流通的过程。

4. 南宋广东银铤以十二两半和二十五两银铤为主，尚不见五十两大锭。

铭文"十二两半"的银铤重量大都实重在450克左右，最大480.6克，最小375克；铭文"二十五两"银铤重量大都实重在950克左右，最大970克，最小890克。除潮州地区的四枚錾刻有"司户"字样的银铤同为二十五两以外，其他同一个品种税项下、同一地区供银中既有十二两半的，也有二十五两的（如表1第10条"新州解发淳祐四年鄂州纲银二十五两银铤"和第11条"新州解发淳祐四年鄂州纲银十二两半银铤"），银铤的种类与重量似无固定关系。

二、两宋时期白银对财政的主要影响

（一）赋税的增加与财政收入结构的显著变化

宋廷由于面临着冗兵冗官等巨大的财政支出压力，不断采用各种手段增加财政收入，中央财政收入整体上不断增加。表 2 列出北宋和南宋时期中央财政收入数额情况。

表 2 北宋和南宋各个时期中央货币岁入表

时间（北宋）	数额（缗、贯）	时间（南宋）	数额（缗、贯）
太平兴国五年（980 年）	1 600 余万	建炎末、绍兴初（1130—1131 年）	3 000 万左右
至道三年（997 年）	2 224 万	绍兴末期（1161—1162 年）	8 000 万
景德间（1004—1007 年）	1 550 万	乾道间（1165—1173 年）	7 000 万以上
天禧五年（1021 年）	2 653 万	淳熙末期（1189 年）	8 000 万~8 200 万
庆历间（1041—1048 年）	4 500 万	淳熙末—绍熙间（1189—1194 年）	8 000 万以上
皇祐间（1049—1054 年）	3 900 万	嘉泰、开禧间（1201—1207 年）	10 650 万
嘉祐间（1056—1063 年）	3 680 万	淳祐间（1241—1252 年）	12 000 万以上
治平间（1064—1067 年）	4 400 万	咸淳间（1265—1274 年）	2 551 万以上
熙宁间（1068—1077 年）	5 060 万		
元丰间（1078—1085 年）	6 000 万		
元祐元年（1086 年）	4 800 万		
政和间（1111—1118 年）	5 000 万		

资料来源：郭正忠 . 两宋城乡商品货币经济考略 [M]. 北京：经济管理出版社，1997：349，385.

在财政收入的结构上，田赋收入和禁榷收入构成了两宋时期财政收入的主要部分。与前代相比，两宋时期是一个对绝大多数重要商品奉行专卖和高压垄断控制的朝代，禁榷收入的地位不断上升，逐渐占据了主导地位。代谦等认为，"靖康之变"使宋朝完全丢失了传统的农耕区——黄河中下游流域，田赋收入大幅度减少，财政结构开始向非农产业倾斜。[1] 南宋时期，在田赋收入减少的背景下，为了应付日益庞大的财政支出，朝廷不得不想方设法增加禁榷收入。因此，南宋政府在干预经济、实施专利政策方面，比北宋更加变本加厉。

对于两宋时期财政收入结构的变化，古人及现代学者都有相关的论述。南宋人叶适对

---

[1] 代谦，别朝霞 . 财政压力的经济后果——以宋朝的"靖康之变"为例 [J]. 世界经济，2015（1）：173-189.

绍兴末年中央财政岁入有所记载：上供和买折帛（两税）收入 1 000 余万贯（约占总收入的20.4%）；盐茶榷货收入 2 400 万贯（约占总收入的 49%）；经总制钱收入 1 500 余万贯（约占总收入的 30.6%）。[1] 据漆侠考证，南宋两税在财政结构中所占比重越来越小，北宋仁宗时尚占 50%~60%，而南宋则下降为 20.4%（绍兴末年）和 15.3%（淳熙末年），这是两宋赋税制度、国家财政结构的再一重大变化。[2] 贾大泉认为，在两宋时期，地主政权为了缓和同地主阶级争夺地租的矛盾，实行不加田赋而增加专卖榷禁和工商等税的税收政策，从而使两宋时期赋税的组成结构发生了变化：农业两税在国家赋税收入中逐渐降到次要地位，而茶、酒、盐等税则逐渐上升并居于主要地位。[3]

南宋时期，在禁榷收入当中，榷盐收入则是最为重要的部分。据南宋人李心传记载，绍兴六年，南宋三大榷货务收入 1 300 万缗，其中"大率盐钱居十之八，茶居其一，香矾杂收又居其一焉"。[4] 可见，榷盐收入占了禁榷收入的 80%，是榷货务的主要财源。汪圣铎指出，宋朝禁榷收入在财政中居于与两税收入并驾齐驱的地位，而禁榷收入中又以榷盐居首，特别是南宋版图缩小，两税收入减少，榷盐收入在财政中更有举足轻重的位置。[5] 王红等认为，盐利收入作为国家财政收入的重要组成部分，对两宋时期国家统治机制的正常运转起着很大作用，在很大程度上满足了两宋时期政府日常开销以及战争开支。政府开支不断增大，使得两宋时期统治者不断改革盐法，以求获得最大的利润。[6]

（二）白银在国家财政收入中的使用十分普遍

两宋时期，贵金属白银的使用，无论是数额还是范围，都较以前有了显著的增加和扩大，货币属性得到了明显的增强。总的来说，两宋时期货币制度是由当时的商品经济发展水平决定的。两宋时期，商业和相关服务行业迅速发展，商品交换日益突破了地域的限制，获得了前所未有的发展。交换的发展对货币流通提出了新的要求，但既有的货币——铜钱已无法满足市场的要求。柳平生等认为，南宋时期人口增长、社会财富总量增加、城市化率上升、贸易规模扩大等原因所导致的货币需求量急剧上升，已是体重价低的贱金属货币体系所无法承担的历史重任。与此相呼应的则是，白银货币化进程在北宋启动，并在南宋加速，这预示着以贵金属称量货币即白银为主币的新时代即将来临。[7]

---

1 叶适.水心先生文集·卷四·实谋[M].上海：商务印书馆，1922.
2 漆侠.两宋时期经济史[M].上海：上海人民出版社，1987：444.
3 贾大泉.两宋时期赋税结构初探[J].社会科学研究，1981（3）：51-58.
4 李心传.建炎以来系年要录·一百〇四[M].上海：上海古籍出版社，1992.
5 汪圣铎.两宋财政史[M].北京：中华书局，1995：243.
6 王红，赵婷婷.论榷盐制度对宋统治的影响[C].盐文化研究论丛（第五辑），2010.
7 柳平生，葛金芳.基于货币需求的南宋钱荒成因新探[J].国际社会科学杂志（中文版），2014（2）：52-69.

Silver Currency and Its Role
in the Evolution of Chinese History
白银货币与中国历史变迁问题研究

在大宗商品交易和远距离贸易时，铜钱因为值小量重，使用起来有很大的不便，所以白银和纸币便在商品交换中起到了弥补铜币不足的作用。南宋朝廷为筹措军费经常滥发纸币，造成物价大幅上涨，纸币的信用不足，所以在南宋时期白银在交换中的使用更加普遍。据汪圣铎考证，金银在北宋时期的法偿能力是较差的，这大抵是同官方在铜钱与金银二者之间更乐于接受铜钱相联系；南宋时期与北宋时期不同，在宋孝宗即位以后，纸币在全宋逐渐推广，在金银与纸币二者之间，无论是官方还是百姓，通常都会选择金银。[1]

由于白银在大宗商品交易和远距离贸易中发挥的特殊作用，南宋朝廷在禁榷收入、财赋上供等方面大量使用白银。南宋时期，商人向朝廷榷货务入纳算请盐、茶、酒、矾等专卖品时就经常使用白银，当时实行盐钞制度的广南盐就是一个非常典型的例子。地方政府在向中央输送财赋时，由于各种财赋物资量重体大，再加上运输的路途遥远，地方政府往往会将各种财赋物资折算成白银上供。笔者搜集到的银铤实物中也有大量"京销银铤"字样的戳记，表明这些银铤是在京城临安的金银交引铺铸造的；这些银铤往往也同时有上供地点相关的刻字（如广东运司、循州上供银等），反映了地方政府从京城金银交引铺购买银铤用于财赋上供的情况。

（三）南宋时期广东地区对国家财政的贡献

南宋时期，朝廷在财政管理机构的设置上，总体上沿袭北宋元丰旧制，并在此基础之上有所改革，以加强中央政府对财政权的集权力度。在中央，户部掌管天下财政政令、征役、贡赋等事；户部之外的四总领所，掌管淮东、淮西、四川、湖广四个区域的驻军钱粮；而提举茶盐司、提举坑冶司、都大提举茶马司、提举市舶司等特设机构负责工商税赋的税征。在地方，转运使作为朝廷派到路级地方长官，其首要任务是督促州县地方征收赋税，发挥着连接中央和地方财政的重要功能。府州的行政长官主管辖区内的财政事务，每年将赋税按照中央规定，一部分上供朝廷，一部分作为地方支用。

关于两宋时期广东的经济地位，根据学者葛金芳的考证，两宋时期广南东路人口密度为16.8，比全国平均人口密度34.31要低一半。而两宋时期广东的垦殖指数仅为0.18%，在全国各路对比中居于倒数第五位。[2] 另据葛金芳的测算，南宋中叶，广东路的粮食总产量为5 737 373宋石，南宋全境的粮食总产量为857 902 589宋石，由此可得出广东路的粮食产量占比约为0.67%。[3] 从人口密度、垦殖指数、粮食总产量等指标来看，两宋时期广东的经济发展水平与同期的中原、四川、江淮和东南相比，还存在比较大的差距。学者郎国华认为，南宋时期，宋室南渡，两宋时期中央政府在丧失了大部北方疆土后，对广东的经济依赖程度加

---

[1] 汪圣铎. 两宋货币史（下册）[M]. 北京：社会科学文献出版社，2003：861-862.

[2] 葛金芳. 中国经济通史（第五卷）[M]. 长沙：湖南人民出版社，2002：812.

[3] 葛金芳. 农商社会视野下的南宋经济再评价[J]. 国际社会科学杂志（中文版），2016（3）：72-73.

深,广东经济在全国的地位得到提升。这种进步,在南宋时期要超过北宋时期。[1]在南宋的财政体制之下,广东地区与全国其他地区一样,严格执行中央财政的规定,从当地百姓身上获取赋税收入,并按时按量向中央上供。结合区域特点来看,广东地区在榷盐收入、白银生产、市舶收入等方面对国家财政有较大的贡献。

1. 榷盐收入

两宋时期的盐业生产包括海盐、颗盐、井盐、崖盐等,其中以海盐产量最高。据《宋史》卷一八一《食货下三》记载:"鬻海为盐,曰京东、河北、两浙、淮南、福建、广南,凡六路。"[2]可见,由于拥有漫长的海岸线,广东在两宋时期已经成为主要的海盐产区之一。另据《宋史》卷一八二《食货志·盐》记载:"盐之入官,淮南、福建、两浙之温台明斤为钱四,杭、秀为钱六,广南为钱五。其出,视去盐道里远近而上下其估,利有至十倍者。"[3]据记载,朝廷对食盐的收购价为每斤4至6钱左右,利润可高达10倍,可见食盐专卖的利润十分丰厚,并为封建政府带来巨大的收入。

终宋一朝,当财政出现困难时,朝廷在财赋分配上一般都会采取重中央轻地方的手段来支持中央财政,这种倾向在北宋蔡京集团执政以后越来越严重。由于盐利收入在财政收入中占据了十分重要的地位,因此变更盐法是最有效、最直接的增收手段。据南宋人李心传记载:"东南盐者,通、泰煮盐也。旧为江湖六路漕计。蔡京为政,始行钞法,取其钱以赡中都,自是淮浙之盐则官给亭户本钱,诸州置仓,许商人买钞算请。闽、广盐则官般官贾,以助岁计。其后亦行钞法,然罢复不常。"[4]从上述记载可以反映出官卖法与通商法(钞盐法)之间的区别。在官卖法的制度下,一路盐产的产销大权由转运使操纵,所得盐利主要用作本路岁计;而在钞盐法的制度下,盐钞由行在榷货务印销,所得盐利全归中央,中央可以直接支配榷盐收入。北宋末年蔡京集团执政后,对盐法进行了重大的变革,其中一项改革就是把东南海盐的官卖法变为通商法,使原来属于地方的盐利被搜刮到中央。

进入南宋后,钞盐法仍然是东南海盐区通商制的主要形式。建炎四年,南宋朝廷开始在广东路推行钞盐法。据《宋会要辑稿·食货》二六建炎四年二月条记载:"近缘淮盐道路不通,诸色人自京师带到钞引前来两浙请盐,……契勘广南、福建两路盐货,岁至浩渺,已许通商,访闻客人皆愿请,令相度,应温、台州盐仓不曾支盐,令出给公据,揭取钞引连粘付客人前来

---

[1] 郎国华.试论两宋时期广东的经济地位与中央政府的政策[J].中山大学学报论丛,2004(24-1):21-29.

[2] 脱脱.宋史·卷一八一·食货下三[M].北京:中华书局,1977.

[3] 脱脱.宋史·卷一八二·食货志·盐中[M].北京:中华书局,1977.

[4] 李心传.建炎以来朝野杂记·甲集卷十四[M].北京:中华书局,2000.

行在榷货务,换给广南、福建路钞引二每二百贯与支换广南盐钞六十贯,福建盐钞四十贯。"[1]可见,在南宋初年,随着北方大片国土沦丧,宋廷原有的解盐区及河东、河北、京东等海盐区已经落到金人手中,再加上金兵频繁进攻宋境,原本盐利丰厚的淮浙盐也因兵祸连年而不能正常生产和销售,于是广南盐和福建盐就成为了南宋初年朝廷获取财政收入的重要支柱。此外,为了获取稳定的榷盐收入,南宋朝廷还给广东路确定了繁重的卖钞岁额,给地方财政带来沉重的负担。据《宋会要辑稿·食货》二八之一四记载:"二广旧行客钞时通以九十万贯为额,广东卖盐十万箩,计正钞钱五十万贯;广西卖盐八万箩,计正钞钱四十万贯。"[2]这里讲的是绍兴年间的情况,从记载中可以看出,朝廷给广东路确定的卖钞岁额曾高达50万贯的水平。

2. 白银生产

在两宋时期,由于商品经济得到了进一步的发展,货币需求量相应地快速增长,同时也刺激了铜、金、银等金属矿冶业的发展。根据汪圣铎考证,两宋时期产银主要集中于福建、两广、陕西、荆湖、江南、两浙地区,从记载看,福建地区是两宋时期最重要的产银区,其次是广东路。据《元丰九域志》记载,福建共有银场务42所,是各路中银场务数量最多的,广东共有银场务23所,也是各路中较多的。南宋时期,陕西地区基本不在宋朝辖区内,而福建、广东仍属于宋朝,因而对宋朝产银的影响时间更长。两宋时期广东路产银量较大的州主要有循州、潮州、韶州、英州。[3]

按照两宋时期财政制度,地方政府须定期向中央上供财赋,其中相当一部分是折算成铜钱、白银上供。表3列出了南宋绍兴三十一年各路府上供钱银数及其百分比。

表3 南宋绍兴三十一年各路府上供钱银数及百分比

路府	上供钱		上供银	
	贯	%	两	%
各路府合计	1 628 323	100.00	241 630	100.00
京西路	4 680	0.29		
浙东路	67 694	4.16		
浙西路	154 830	9.51		
淮东路	78 291	4.81		

---

1 徐松.宋会要辑稿·食货·二六·建炎四年二月[M].上海:上海古籍出版社,2009.
2 徐松.宋会要辑稿·食货·二八之一四[M].上海:上海古籍出版社,2009.
3 汪圣铎.两宋货币史(下册)[M].北京:社会科学文献出版社,2003:819-820.

续表

路府	上供钱		上供银	
	贯	%	两	%
淮西路	243 119	14.93		
江东路	181 170	11.13		
江西路	150 610	9.25		
湖北路	281 600	17.29	82	0.03
湖南路	280 111	17.2		
福建路	32 674	2.00	163 262	67.57
成都府	380	0.02		
利州路	9 739	0.59	9 978	4.13
夔州路			36 881	15.26
潼川路	37 057	2.28		
广东路	41 498	2.54	30 822	12.76
广西路	64 870	4.00	605	0.25

资料来源：梁方仲.中国历代户口、田地、田赋统计 乙表 18 [M].北京：中华书局，2008：412.

从表 3 可以看出，南宋绍兴三十一年（1161 年），各路大部分都有向中央上供铜钱，但上供白银的路主要是福建路、广东路、夔州路、利州路等。其中，福建路上供银数量约 16 万余两，占比最大，其次是广东路和夔州路，上供银数量约 3 万余两，占比也较大。据汪圣铎考证，宋朝财政收入中的白银主要来自三方面，一是坑冶课利，二是榷货务收入，三是收买。地方官府收买白银上缴，以福建、广东、夔州三路最突出。[1] 可见，广东路产银量较多是其上供银数量较多的一个重要影响因素。

两宋时期，白银的采矿同样受到政府的严格监督与控制。由于政府财力有限，白银矿冶场完全官资官营的情况很少，通常是通过招募民户的方式进行矿冶，但是政府可以通过垄断矿源、设定课额、实施榷买等手段，使白银坑冶成为主要为官府生产的经济体，民户承买的坑冶也失去了大部分产品的处置权，成为官营经济的附庸。按照朝廷法令规定，每当民间发现新矿苗时，必须由朝廷先勘察，制定课额后才能采掘，禁止民间私下采掘。在课税办法方面，总体上有二八分成法、三七分成法、定额课税法等，朝廷根据财政收入及白银需求量而采用不同的课税办法。以二八分成法为例，白银矿产品出产后，以十分为率，由朝廷直接抽取二

---

[1] 汪圣铎.两宋货币史（下册）[M].北京：社会科学文献出版社，2003：854.

分作为课税，剩余的矿产品通常是由朝廷以低价进行全部或部分收买，如是部分收买，剩余的矿产品允许矿户自行处置。但在实际操作中，朝廷为了保持白银课税的稳定，往往以一定的课额作为二八分成法的基数，当白银产量低于课额时，仍按课额二分抽税，造成实际抽税率提高，大大加重了矿冶户的负担。如果矿冶户无力完成课税的上缴，往往会面临没收家产甚至被拘禁的处罚。

3. 市舶收入

两宋时期的海外贸易十分繁荣，在商品种类和通商范围方面都比前代有较大的发展。据《宋史》记载，政府用金、银、缗钱、铅、锡、杂色帛、瓷器等商品与海外的香药、犀象、珊瑚、琥珀、珠琲、镔铁、鼍皮、玳瑁、玛瑙、车渠、水精、蕃布、乌楠、苏木等商品进行贸易。[1] 两宋时期，与中国有贸易关系的国家达五十多个，其中关系最密切的有大食、天竺、三佛齐、阇婆、占城等国。这些国家为了发展贸易关系，经常派遣使节到中国进行友好的访问。据学者葛金芳考证，南宋海外贸易的兴盛为汉唐和北宋所不及，除北宋时期在广州、杭州、明州、泉州等地设立市舶司以外，又在温州（1132年）、江阴军（1146年）、秀州海盐县（1250年）等地设立市舶场（务）。此外，通（今江苏南通）、楚（今淮安）、海（今连云港）、越（今浙江绍兴）、台（今临海）、福、漳、潮、雷（今广东雷州）、琼（今海南海口）等十多个城市也有规模不等的外贸活动，通商港口近20个。[2]

南宋时期，朝廷丢失了北方大量国土，田赋收入减少，因此市舶收入在财政收入中的地位十分重要，这从南宋皇帝对市舶收入的部分言论可以看出。据《宋会要辑稿》记载，绍兴七年，宋高宗曾说："市舶之利最厚，若措置合宜，所得动以百万计，岂不胜取之于民？"[3] 绍兴十六年，宋高宗又说："市舶之利，颇足国用，宜循旧法，以招徕远人，阜通货贿。"[4] 据漆侠《两宋时期经济史》考证，海外贸易给两宋时期财政带来不小的影响，市舶收入在南宋初期约占百分之四、五，到南宋中叶约占百分之三。从这方面讲，宋朝政府通过市舶司达到了它垄断海外贸易利润的目的。[5] 鉴于海外贸易带来丰厚的市舶收入，宋廷对海外贸易进行严格的控制。内外商人出海或登陆，必须先赴市舶司登记。凡从海外运货抵港，必须先经市舶司抽分、博买，否则将没收货物、治罪。私自与海商贸易者，也要重治其罪。此外，按照财政制度规定，市舶收入归属于朝廷，不计入地方岁计，因此，中央财政对市舶收入也有较大的支配权。

在各路市舶司当中，宋朝政府对广州市舶司的海外贸易和市舶收入是非常重视的。从地

---

[1] 脱脱.宋史·卷一百三十九·食货下八[M].北京：中华书局，1977.
[2] 葛金芳.从"农商社会"看南宋经济的时代特征[J].国际社会科学杂志（中文版），2009（3）：15.
[3] 徐松.宋会要辑稿·职官·四四之二〇[M].上海：上海古籍出版社，2009.
[4] 徐松.宋会要辑稿·职官·四四之二四[M].上海：上海古籍出版社，2009.
[5] 漆侠.两宋时期经济史[M].上海：上海人民出版社，1987：1044.

理条件看,广东的海岸线十分漫长,中心城市广州地处海上要冲,远洋航线四通八达,因此,广州在两宋时期一直是海外贸易的重要港口。由于两宋时期广州海外贸易兴盛,有许多外国人在广州聚居,甚至长期定居下来,为此宋朝政府在广州还专门设立了蕃坊,对外国人进行管理。对于广州市舶司的重要地位,古代官员及现代学者都有相关的论述。据《宋会要辑稿》记载,绍兴二年,广州市舶司官员曾说:"广州自祖宗以来兴置市舶,收课入倍于他路。"[1] 学者杨文新从设置时间的先后、存在时间及前后变化情况、收入的多寡、朝廷给的本钱数量、各路官员的情况等几个方面,对两宋时期各路市舶司的地位进行了考证,认为北宋时各路市舶司的排序大体是广南东路、两浙路、福建路和京东东路,南宋时各路市舶司的排序大体是广南东路、福建路和两浙路。[2] 从笔者搜集到的银铤信息来看,"广南市舶司起发畸零银"和"舶司起发水脚银"很好地反映了南宋时期广州市舶司对舶货进行抽税、纲运的历史事实。[3]

三、结语

两宋时期是我国经济重心南移和白银货币化进程加速的时期。在外部军事压力不断增大、内部冗兵冗官的局面之下,北宋时期广东白银的开采力度大,有力地支撑中央经济对白银货币的需求。进入南宋以后,随着国家面积缩小,田赋收入减少,禁榷收入成为财政最重要的支柱。虽然两宋时期广东的经济发展水平与同期中原、江淮、两浙等地区相比仍有一定的差距,但南宋朝廷对广东的经济依赖程度有所加深,广东地区在榷盐收入、白银生产、市舶收入等几方面对国家财政有较大的贡献,具有比较明显的地区特色。

参考文献

[1]脱脱.宋史[M].北京:中华书局,1977.

[2]叶适.水心先生文集[M].上海:商务印书馆,1922.

[3]李心传.建炎以来系年要录[M].上海:上海古籍出版社,1992.

[4]徐松.宋会要辑稿[M].上海:上海古籍出版社,2009.

[5]漆侠.两宋时期经济史[M].上海:上海人民出版社,1987.

[6]汪圣铎.两宋财政史[M].北京:中华书局,1995.

[7]汪圣铎.两宋货币史[M].北京:社会科学文献出版社,2003.

---

1 徐松.宋会要辑稿·职官·四四之一四[M].上海:上海古籍出版社,2009.
2 杨文新.两宋时期市舶司研究[D].西安:陕西师范大学,2004.
3 刘翔.海上丝绸之路之历史遗存——两宋时期市舶银铤考[J].区域金融研究,2016(11):81-85.

[8] 葛金芳.中国经济通史(第五卷)[M].长沙:湖南人民出版社,2002.

[9] 彭信威.中国货币史[M].上海:上海人民出版社,2007.

[10] 王红,赵婷婷.论榷盐制度对宋统治的影响[C].盐文化研究论丛(第五辑),2010.

[11] 杨文新.两宋时期市舶司研究[D].西安:陕西师范大学,2004.

[12] 代谦,别朝霞.财政压力的经济后果——以宋朝的"靖康之变"为例[J].世界经济,2015(1):173-189.

[13] 贾大泉.两宋时期赋税结构初探[J].社会科学研究,1981(3):51-58.

[14] 柳平生,葛金芳.基于货币需求的南宋钱荒成因新探[J].国际社会科学杂志(中文版),2014(2):52-69.

[15] 葛金芳.农商社会视野下的南宋经济再评价[J].国际社会科学杂志(中文版),2016(3):72-73.

[16] 郎国华.试论两宋时期广东的经济地位与中央政府的政策[J].中山大学学报论丛,2004(24-1):21-29.

[17] 葛金芳.从"农商社会"看南宋经济的时代特征[J].国际社会科学杂志(中文版),2009(3):15.

[18] 刘翔.海上丝绸之路之历史遗存——两宋时期市舶银铤考[J].区域金融研究,2016(11):81-85.

[19] 薛艳.白银货币在中国的发展历程[J].金融天地,2013.

[20] 易彪.两宋白银的流通与发展研究[J].生产力研究,2009.

[21] 郭正忠.两宋城乡商品货币经济考略[M].北京:经济管理出版社,1997:349,385.

[22] 梁方仲.中国历代户口、田地、田赋统计[M].北京:中华书局,2008:412.

中国历史上银本位制辨析

◎ 中国人民银行研究局　王　信
◎ 中国人民银行货币金银局（保卫局）　宋东晓
◎ 中国人民银行南京分行　徐　航　范卫红

摘要： 在中国货币史上，白银占有重要地位，并且一度实行银本位制。尽管如此，对于中国历史上的银本位制在多大程度上是真正的银本位，以及何时开始实行银本位，学术界颇有争议。本文基于前人研究与相关文献，梳理了中国白银货币化历程，阐述了银本位的概念和主要特征，并对中国银本位问题进行了辨析，最后得出了简要结论。

▶ **Abstract:** Silver played a very important role in China's monetary history. For a period of time, China even adopted a silver standard system. Nevertheless, it is a subject for debate as to when the silver standard system was established and to what degree it was a standard. This article, based on the historical documents and previous research, aims to review the process of silver monetization in China, explains the concept and main features of the silver standard, analyses the main questions of silver standard in China, and provides a brief conclusion.

一、中国的白银货币化历程

中国用银的历史悠久。先秦至隋唐时期，白银的货币性有限。宋（金）、元时期，白银作为流通媒介和价值尺度的职能不断发展，由商品变为货币。明代，白银逐渐成为主要流通货币。近代中国以白银为主的多种货币形态并行，在外来银元的冲击下逐渐走向统一和完善。

（一）早期白银的货币作用有限

先秦至隋唐时期，白银更多地充当一种有价值的商品或财宝，很少出现在流通领域。春

Silver Currency and Its Role
in the Evolution of Chinese History

白银货币与中国历史变迁问题研究

秋战国时期，南方的楚国已有银布、银贝和银郢爰等，但数量很少，并未进入流通[1]。几乎同一时期，小亚细亚的吕底亚率先在西方打制银币，随后古希腊铸造的德拉克马银币在城邦贸易中大量使用，并形成了2~3个主要的重量、成色标准[2]。秦朝法令规定白银仅作为饰物及财富储藏，禁止其作为货币流通。汉朝至南北朝，白银从西方流入中国，货币作用有所增强[3]。汉武帝用银锡合金铸造"白金三品"[4]作为虚值大钱，是中国见于官方文献的最早法定货币；王莽篡汉时也曾效仿，但均因盗铸难禁很快废止。"丝绸之路"贯通后，受东西方金银比价差异的影响，白银在大约1000年中输入中国，货币作用不断增强。魏晋至隋，连续的战乱导致商品经济向自然经济倒退，布帛等实物货币大行其道，铜钱流通逐步衰退，公私竞相储藏白银。晋代以后，白银在对外贸易发达的广州、交趾、河西诸郡等地逐渐成为地区性通货。南北朝晚期，内地大宗贸易也开始使用白银。唐代白银冶炼业发展，白银产量上升，在国内成为与谷、帛、盐、茶并重的商品，白银开始用于大额支付，包括军费、征税、赏赐、资费、进奉等，且出现了赋税征收白银的情况，但很少在民间日常交易中出现。

（二）宋（金）、元时期白银由商品变为货币

宋（金）、元时期，白银使用范围扩大，并向计价和流通领域发展，逐渐由商品变为货币。政府的税收、开支，民间财富贮藏与转移，大额支付和国际贸易等活动都大量使用白银，某些特殊商品开始以银计价。北宋时，价值较低的铜钱已不能满足日益发展的商品经济需要，政府千方百计增铸铜钱、严禁铜钱外流也无济于事[5]。政府只得允许铜钱、铁钱、铅锡钱根据数量多寡分区域流通，对四川地区出现的"交子"纸币也予以引导发展。当时，福建、江西、广西等地的白银采冶有了较大发展，银产量快速增加，白银使用的禁令和等级限制相继解除。白银矿产品和银制品经历了一个商品化的过程，逐步成为民间可广泛使用的贵金属，成为远距离批量贸易中的重要商品。在宋对辽、金不断岁贡白银等因素的影响下，与南宋同时期的金朝实现了白银货币化。承安二年（1197年），金朝政府铸银币"承安宝货"，分为一两至十两五等，每两折钱二贯，规定其既作为纸钞发行的准备，又与铜钱一并流通。然而，当时银、钞、钱之间价差巨大且政府难以控制比价，私铸难禁导致市场交易受到很大影响。贞祐三年（1215年），金朝政府颁布法令以银、钞取代铜钱，肯定了白银的法定货币地位[6]。蒙古受金影响也

---

1 千家驹，郭彦岗.中国货币演变史[M].上海：上海人民出版社，2014.

2 [英]伊恩·卡拉代斯.古希腊货币史[M].北京：法律出版社，2017.

3 石俊志.中国货币法制史概论[M].北京：中国金融出版社，2012.

4 所谓"白金三品"的具体内容如下：圆形龙币，又名"白选""白馔"，圆形而有龙纹，重八两，值三千。方形马币，方形而有马纹，重六两，值五百。椭形龟币，肉圆好方，币形像龟，以龟甲为币文，重四两，值三百。

5 汪圣铎.两宋货币史[M].北京：社会科学文献出版社，2016.

6 王文成.金朝时期的白银货币化与货币白银化[J].思想战线，2016（6）.

用白银，在发行纸钞后严禁锭银直接在市场上流通。太宗八年（1236年）耶律楚材模仿金朝发行"万锭"交钞。宪宗元年（1251年）以法令明确规范银、钞关系，史称"银钞相权"，即以白银为基准计价标准和储备发行纸币[1]。忽必烈即位后发行"中统"钞，规定了各面值纸钞和白银的兑换关系，并在全国范围内推广。蒙古灭宋前，南宋政府也以白银为兑现基金发行"会子"纸钞。彭信威认为："南宋的会子，有时用金银来收兑，主要是用白银来收兑，白银成了纸币的兑现基金。"然而，蒙古、南宋在双方交战期间均大量增发纸币筹措军费，致使白银准备不足，纸币随即大幅贬值。蒙元灭南宋过程中，其铸造的银元宝具有一定形制，一度广为流通。蒙元政府在1260—1276年白银准备充足，且严格按标准兑换银、钞；1277—1294年白银准备逐渐不足；1295—1341年纸币已无法兑换白银[2]。至正十三年（1354年）元政府改革币制，纸币失去信用，白银复出，银钱并行的货币流通体系初现雏形[3]。

（三）明代白银成为主要流通货币

明代，白银货币化经历了从民间使用到官方认可的过程，成为主要流通货币。明洪武元年至七年（1368—1374年）推行铜钱货币。洪武八年（1375年）起铜钱不能满足逐渐恢复的经济发展需要，政府发行大明宝钞作为法定货币，禁止民间金银交易。然而，大明宝钞不可兑换白银，征税时也被拒收，导致其难以回流，再加上投放量大，流通不久就产生问题。洪武二十一年（1388年）后宝钞流通不畅，白银在民间交易中使用增多。在政府严格执行白银流通禁令时，民间不得不先以白银议价，再用谷帛等实物货币支付。正统元年（1436年），明英宗放松了白银流通禁令，允许江南租税折收白银，谓之"金花银"[4]。此后，宝钞绝迹于民间流通，白银使用量大增。嘉靖年间（1522—1566年），政府规定了银两的成色、重量和单位，又将其定为纳税货币和财政收支的计量单位，确立了银两货币制度。民间交易开始以白银为主体，白银成为中国的主要流通货币[5]。此后，白银通过海外贸易快速流入中国，民间用银更为普遍，各种商品都用银计价，"朝野皆率用银，其小者乃用钱"的格局逐渐形成，自此直至民国初年白银都是有计价职能和流通职能的货币[6]。明朝政府在万历九年（1581年）

---

1 王文成.从"钱楮并用"到"银钞相权"宋金时期传统中国的市场结构与货币流通[J].思想战线，2014（6）.
2 管汉晖，毛捷.本位、战争与通胀：元代纸币的运行机制[J].中国经济史研究，2018（2）.
3 千家驹，郭彦岗.中国货币演变史[M].上海：上海人民出版社，2014.
4 《明史·食货志》："南畿、浙江、江西、湖广福建、广东、广西米麦共四百余万石，折银百万余两，入内承运库，谓之金花银。其后概行于天下。自起运兑军外，粮四石收银一两解京，以为永例。诸方赋入折银，而仓廪之积渐少矣。"
5 万明.明代白银货币化与明朝兴衰[J].明史研究论丛（第六辑），2004.
6 万明.明代白银货币化的初步考察[J].中国经济史研究，2003(2)；万明.明代白银货币化与明朝兴衰[C]//明史研究论丛（第六辑），2004；万明.晚明社会变迁问题与研究[M].上海：商务印书馆，2005.

Silver Currency and Its Role
in the Evolution of Chinese History
白银货币与中国历史变迁问题研究

推行"一条鞭法"[1]税制，明令全国各地一律"计亩征银"，其他各项税收也一律征银。然而，明朝政府似乎只是被动接受了货币白银化的结果，未重视货币流通管理。明末白银依赖海外贸易供给，东南银多，西北银少，政府却在辽东战事不断时减收东南白银，在灾害频发农业歉收时不顾西北银荒强征白银，又未能采取有效手段西调白银，最终导致西北农民起义，进而覆灭了王朝。

（四）改革币制应对外来银元冲击

清中晚期和民国初期，外来银元成为中国主要流通货币，政府被迫改革币制却未获成功。16世纪后期开始，日本、美洲以及欧洲各国的白银大量流入中国，其中很大一部分是银元形态。初时因银元为舶来品且成色较低，人们多将其熔铸为银锭使用。清中晚期，银币的规范性和便捷性逐渐为大众所知。在沿海南方诸省，银元的使用范围和规模逐渐超过了银两。道光年间，洋钱已深入中国内地，自广东、福建到黄河以南均有流通。鸦片战争后，银元使用更为普遍，以上海为中心的江南地区，官府征税、民间商业及社会捐款几乎全部使用银元。早期最常见的"本洋"由西班牙在墨西哥铸造，主要由广州等地外贸商人及菲律宾等地华侨带入。19世纪20年代开始铸行的墨西哥"鹰洋"，成色好且多年稳定，其受欢迎度超过之前的"本洋"，在中国各主要城市成为标准货币，早期户部银行兑换券都以"鹰洋"兑现。据清政府调查，1910年在中国流通的外国银元有11亿元[2]。

17—19世纪，我国康藏地区货币匮乏，尼泊尔银币、印度银币通过茶马古道相继流入。因其形制先进、使用便利，再加上19世纪英政府利用不平等条约力推，这类银币逐渐为商民乐用，在市场占据主导地位。为夺回货币主权，当地政府不断尝试自铸银元。20世纪初，在政府强力推行下，藏元成为康藏地区主要流通货币，维护了当地金融秩序。

在外来银元流入的冲击下，清廷开始重视币制。光绪三十一年（1905年），清政府颁布《铸造银币分量成色章程》，将库平1两银币定为本位币，五钱、二钱、一钱的银币为辅币。宣统二年（1910年），清政府颁布《币制则例》，规定国币单位为"圆"，重量为库平7钱2分，含纯银九成，另有银、铜、镍辅币，这是中国第一个规定银本位制度的条例。然而，当时清政府内外交困，经济命脉受制于人，无力落实上述规定。《币制则例》颁布后第二年清廷即被推翻，银本位制并未实行[3]。为推行《币制则例》，清政府改革币制局并开始铸造"龙洋"国币。清政府垮台后，已造"龙洋"国币流入市面，成为民国流通的多种银元之一。此外，清政府还以白银为准备发行纸钞。1905年，中国第一家国家银行——大清户部银行（后改名

1《明史·食货志》："凡额办、派办京库岁需与存留供亿诸费，以及土贡万物，悉并为一条，皆计亩征银，拆办于官。"

2 彭信威. 中国货币史[M]. 上海：上海人民出版社，1958.

3 叶世昌. 中国近代货币本位制度的建立和崩溃[C]// 中国钱币论文集第四辑，2002.

为大清银行）成立，但其发钞时间短、规模小。

北洋政府建立后延续了清政府未完成的币制改革。1914年2月，北洋政府颁布《国币条例》，规定实行银本位制度，以一圆银币为本位货币，但未立法禁止银两的流通，"两""元"并用局面依旧。《国币条例》颁布之后，北洋政府开铸新版国币（俗称"袁大头"）。"袁大头"规格式样统一，重量成色都遵守《国币条例》的规定，很快被市场所接受。1915年，"袁大头"在上海金融市场上取代清政府、日本所铸的"龙洋"地位[1]。1919年"五四运动"爆发后，各地抵制英、日货，上海钱业公会趁机决议取消"英洋"行市[2]，至此"袁头币"确立了其唯一的主币地位。然而，北洋政府公开声明银本位制只是过渡办法，政府币制改革的目标是建立金本位制。1918年8月北洋政府公布《金券条例》，规定由币制局指定之银行发行金券，以便将来改用金本位。《金券条例》的推行没有相应的黄金准备，又没有规定金券与国币之间固定的比价，反而造成货币制度进一步混乱[3]。此外，中国银行、交通银行一同作为国家银行，以白银为准备发钞。

（五）"废两改元"与法币改革

清末民初中国货币制度混乱，流通的货币有银两、银元、银角、铜元和纸币等。银两制度经明清两代已演变得极为复杂：以白银实物存在的是实银两，一般有元宝、中锭、小锭、碎银、滴珠等几种类型，库平、关平、漕平、司马平等170多种重量标准；以记账形式存在的是虚银两，有上海等地规银、天津行化银、汉口洋例银、北京公码、营口炉银等标准。钱庄利用银两的杂乱标准渔利。凌乱庞杂的货币制度加大了社会交易成本，恶化了政治经济形势，也阻碍了国家的统一[4]。

1933年3月，国民政府发布《废两改元令》《银本位币铸造条例》等，规定所有公私款项收付、契约票据及一切交易一律改用银币，不得再用银两；持有银两者，可由中央造币厂代铸银币，或在中央、中国、交通三银行兑换银币，史称"废两改元"。此时，国民政府经过连年征战，已对上海等华东地区军政具有较强控制力。其联合中外银行，从资金、舆论等各个方面，攻击维护银两制度的旧式钱庄，迫使其接受"废两改元"[5]，使改革很快取得成功。

"废两改元"前后，国民政府纸币发行职能由中央银行、中国银行和交通银行共同行使，中国银行在发钞中地位尤为突出，这些钞票均可兑付银元。与此同时，中央苏区以银元为准备发行纸币，规定"对持票要求兑换者，须尽量兑付现洋，不得拒绝"。然而由于银元不足，

---

1 石毓符.中国货币金融史略[M].天津：天津人民出版社，1984.
2 中国人民银行金融研究所.中国货币金融史大事记[M].北京：人民中国出版社，1994.
3 宋振凌.从《币制则例》到《金券条例》——近代币制改革的法律实践[J].法制博览，2017（1）.
4 中国人民银行上海市分行.上海钱庄史料[M].上海：上海人民出版社，1978.
5 吴景平.评上海银钱业之间关于废两改元的争辩[J].近代史研究，2001（5）.

SILVER Currency and Its Role
in the Evolution of Chinese History
白银货币与中国历史变迁问题研究

中央苏区纸币仅在 1932 年 7 月至 1933 年 4 月全额兑付[1]。1934 年，美国通过《白银收购法案》授权美国财政部在国际市场收购白银，世界银价大涨，导致白银大规模、快速流出中国，国民政府纸币难以维持兑付，国内经济陷入困境，迫使国民政府下决心彻底改革币制。1935 年 11 月，国民政府公布《民国廿四年十一月实施新货币政策命令及章程》及《兑换法币办法》，实行法币和白银国有制度，中央银行、中国银行和交通银行发行的钞票被定为法币，并享有无限买卖外汇之特权；规定凡持有银元、生银或其他银类者，必须在法币政策实行后三个月内，就近向兑换机关兑换取法币。由于"废两改元"扫清了货币紊乱的障碍，英、美等国全力支持，法币改革取得成功[2]。这次改革彻底实现了币制统一，标志着白银退出货币流通领域。

二、银本位制辨析

（一）银本位的概念与特征

货币本位制度最早来源于西方。货币在执行价值尺度职能时，要求自身有一个确定的单位或标准。这个单位或标准就称为货币本位。它最早是约定俗成的，后来是基于经济发展的客观水平，以法律形式将某种商品同本国货币建立固定关系，使其作为衡量价值的标准和进行国际贸易的清偿手段。[3] 全面的货币本位制由本位币和辅币共同组成。本位币又称为主币，是最为根本的货币，它以本身的实际价值进行流通，不论数额多大，任何单位和个人均不能拒绝接受。[4] 辅币则是辅助主币进行流通的不足值小面额货币，每次支付的辅币数额有一定限制。超过限额，收方可以拒绝接受。

银本位制是以白银为本位币的货币制度。国家规定白银为本位币，并要求铸成一定形状、重量和成色的银币。银本位制的主要特征：一是银币可以自由铸造和熔化。国家规定，每个公民都有权把原始的货币金属送到国家造币厂请求铸成本位货币。造币厂代公民铸造本位货币或者不收费，或者收取很低的造币费。二是银行券可以自由兑换银币或白银。银行券最初

---

1 刘居照，杨晖，杨庆明，谢月华.中央苏区货币兑付理论与考证——基于银本位制度框架[J].党史文苑，2015（5）.

2 姚会元.论法币改革[J].学术月刊，1997（5）.

3 陈观烈."西方国家货币与银行概论讲座"第二讲：货币的本质和形式[J].世界经济文汇，1987（5）.
（陈观烈，字阳生（1920—2000 年），1942 年毕业于西迁至重庆的国立中央大学（1949 年更名为南京大学）经济系。1947 年获美国哈佛大学经济硕士学位。1948 年后，历任复旦大学教授、世界经济系主任、复旦大学经济学院首任院长、中国美国经济学会、中国国际经济合作学会副会长。专于货币银行学、世界经济。）

4 主币是一个国家法定作为价格标准的主要货币，是一个国家的基本通货。在金属货币制度下，主币有三个显著特点：①主币为足值货币。即主币的名义价值（面值）与实际价值（金属价值）一致。②可以自由铸造。③具有无限法偿能力。（见戴相龙，黄达.中华金融辞库[M].北京：中国金融出版社，1998.）

是一种银行因为代客保存金银而给顾客开出的收据。持有人可用它兑换到收据上所标明的金银，因而起到配合金银和铸币完成部分货币职能的作用，并不是独立的货币形态。三是银币或白银可以自由输出或输入，以保证外汇市场的稳定。[1] 在世界货币史上，银本位制实行的时间较早，持续的时间较长，通常是在商品生产不够发达和黄金供应较少情况下采用的币制。[2] 西班牙、墨西哥、日本、印度等国曾实行过银本位制，其中西班牙较为典型。

1497年西班牙王室颁布的法律明确规定：本国主币是面额为8里亚尔的比索银币（pedazo de ocho），标准重量为550.2088西班牙格令（即27.468克），成色为93.06%，标准直径为39~40毫米，价值为272马拉维迪（maravedi）；铸造比龙（billon）铜币作为小额辅币，规定1比龙铜币的标准重量为1.198克，价值为1/2马拉维迪。1556年西班牙再次进行货币改革，命令将西属美洲生产的白银全部铸造成比索银币，自此比索银币开始在利马、波多西、圣多明各等地的造币厂大规模铸造。1556—1824年，西班牙比索银币通过正当贸易、走私、海盗掠夺等方式在各国自由输出和输入，成为当时币值最稳定、贬值率最小和流通最广的世界性货币。[3]

（二）关于中国银本位制的争论

关于中国货币史上有没有建立过银本位，或者从什么时候开始实行银本位，学术界历来有不同的认识。

1. 中国没有货币本位制

梁启超认为中国的金银称量货币、银元、纸币等没有统一的货币单位和主辅币结构，因此没有货币本位制[4]。彭信威认为中国古代虽有货币制度，但没有现代意义上的货币本位制[5]。当代有学者认为中国在金属本位层面与银行货币层面缺失演进环节，对人民币国际化进程的影响长期、深远[6]。

2. 中国历史上实行过银本位制，但对起始时间有不同看法

（1）银本位早在元代就已建立

有学者认为，元代是我国历史上最早且唯一统一将纸币作为法定流通货币的朝代，是价

---

[1] 何盛明. 财经大辞典·上卷[M]. 北京：中国财政经济出版社，1990.

[2] 黄达，刘鸿儒，张肖. 中国金融百科全书·上[M]. 北京：经济管理出版社，1990；李琮. 世界经济学大辞典[M]. 北京：经济科学出版社，2000；何盛明. 财经大辞典·上卷[M]. 北京：中国财政经济出版社，1990.

[3] William Arthur Shaw. The History of Currency 1251 to 1894: Being an account of the gold and silver moneys and monetary standards of Europe and America, together with an examination of the effects of currency and exchange phenomenon commercial and national progress and well-being[J]. G.P.Putnams's Sons, 1895.

[4] 梁启超. 吾党对于不换纸币之意见[M]//饮冰室合集·文集，北京：中华书局，1936.

[5] 彭信威. 中国货币史[M]. 上海：上海人民出版社，1958.

[6] 张杰. "恋铜情结"、低水平货币均衡与人民币国际化的"本位困扰"[J]. 中国金融，2010（9）.

值尺度从铜钱转为白银的转折点,并由此形成了世界历史上最早的银本位货币体系[1]。

(2)银本位的建立始自明代"一条鞭法"的实施

部分学者认为,"一条鞭法"规定各项赋税皆用银折纳,这是白银确立本位货币地位的标志。甚至有人说,明代嘉靖八年(1529年)明世宗确立了地方解京银两倾铸成锭的标准,中国就已是银本位制了[2]。也有学者称,明代中后期建立了实质上的白银本位制。[3] 个别学者还认为,明代的货币本位制是一种银铜复本位制。[4]

(3)清末、民初是银本位制的真正开端

冯泽培认为,1910年,清政府颁布《币制则例》,标志着银本位制实行的开始。一些学者认为,北洋政府在1914年2月颁布《国币条例》及其实施细则,从法律层面确定了中国使用银本位的货币制度[5]。这意味着中国银本位制度的真正开端。

(4)"废两改元"标志着中国确立了真正的银本位制

叶世昌认为,"废两改元"前,中国没有货币本位。它既没有主币与辅币,也不能自由铸造和销毁。中国虽早已以白银为主要货币,但都不是银本位制[6]。王业键认为,清代先后实行了银钱平行本位和多元本位[7]。其提到,被国民政府聘为币制改革顾问的美国普林斯顿大学教授甘末尔(Edwin W. Kemmerer),认为1929年中国为多元本位。1933年4月,国民政府出台《废两改元令》和《银本位币铸造条例》,结束了19世纪以来"两""元"并用的混乱局面,开始实行统一的银币本位制。

3. 中国近代币制是一种独特的白银核心型货币体系

戴建兵认为,近代中国市场上各自流通的多种货币均以白银为核心兑换,并日益向白银收缩,他称之为"白银核心型货币体系"。在该体系中,银两与制钱并非主辅币关系,与复本位制中两种货币金属的固定比价不一致,虽然清政府规定了银钱比价并极力维持,但实际上银钱比价随行就市、时有变化,与严格意义上的任何本位制度均有较大距离[8]。该体系随着"废两改元"过渡到银本位制。

---

1 管汉晖,毛捷.本位、战争与通胀:元代纸币的运行机制[J].中国经济史研究,2018(2).
2 朱偰.中国银两本位之史的研究[J].财政学报,1942.
3 万明.中国的白银时代与国家转型[J].读书,2016(4).
4 杜恂诚.白银进出口与明清货币制度演变[J].中国经济史研究,2017(3).
5 黄逸平,虞宝棠.北洋政府时期经济[M].上海:上海社会科学院出版社,1995.
6 叶世昌.中国近代货币本位制度的建立和崩溃[C]// 中国钱币论文集第四辑,2002.
7 王业键.中国近代货币与银行的演进(1644—1937)[M]."中央研究院"经济研究所,1981.
8 戴建兵.中国近代的白银核心型货币体系[J].中国社会科学,2012(9).

三、结论

按照银本位制的定义,根据中国白银货币化的客观历程,并综合考虑专家的观点,本文提出以下结论:

第一,明代中后期白银成为主要货币,但不能因此认定为银本位制。因中国的银两是称量货币,没有全国统一的标准,而货币本位制对于货币单位及主辅币制度有严格规定,所以我国明朝中后期至民国初年的货币体系与严格意义上的货币本位制度均有距离。

第二,清末至民初,当时的政府曾通过一系列币制改革尝试确立银本位制,但并没有得到真正实行。清朝的《铸造银币分量成色章程》《币制则例》,北洋政府的《国币条例》,均未在实际流通中发挥效用,银两与制钱、银元与铜元之间没有形成主辅币关系。民国初年的货币状况是"自由放任的",没有形成全国统一的币制。但江南、康藏等地区已经出现了银元普遍流通的现象。这说明,在中国局部地区,银本位已经有了现实基础。

第三,1933年"废两改元"赋予了银元作为价值尺度和交易媒介的唯一合法地位,革除了银元、银两并行的积弊,统一了货币单位,对内能方便流通,减少不同货币单位之间兑换产生的成本和流通时间的延迟;对外能稳定汇率,便利国际贸易。它的成功实施标志着中国终于实现了真正的银本位制度。1935年,以法币改革为标志,中国的银本位制度宣告结束。

参考文献

[1] 陈观烈. "西方国家货币与银行概论讲座"第二讲:货币的本质和形式[J]. 世界经济文汇,1987(5).

[2] 戴建兵. 中国近代的白银核心型货币体系[J]. 中国社会科学,2012(9).

[3] 戴相龙,黄达. 中华金融辞库[M]. 北京:中国金融出版社,1998.

[4] 杜恂诚. 白银进出口与明清货币制度演变[J]. 中国经济史研究,2017(3).

[5] 管汉晖,毛捷. 本位、战争与通胀:元代纸币的运行机制[J]. 中国经济史研究,2018(2).

[6] 何盛明. 财经大辞典·上卷[M]. 北京:中国财政经济出版社,1990.

[7] 黄达,刘鸿儒,张肖. 中国金融百科全书·上[M]. 北京:经济管理出版社,1990.

[8] 黄逸平,虞宝棠. 北洋政府时期经济[M]. 上海:上海社会科学院出版社,1995.

[9] 李琮. 世界经济学大辞典[M]. 北京:经济科学出版社,2000.

[10] 梁启超. 吾党对于不换纸币之意见[M]// 饮冰室合集·文集,北京:中华书局,1936.

[11] 刘居照,杨晖,杨庆明,谢月华. 中央苏区货币兑付理论与考证——基于银本位制度框架[J]. 党史文苑,2015(5).

[12] 彭信威. 中国货币史[M]. 上海:上海人民出版社,1958.

[13]千家驹,郭彦岗.中国货币演变史[M].上海:上海人民出版社,2014.

[14]石俊志.中国货币法制史概论[M].北京:中国金融出版社,2012.

[15]石毓符.中国货币金融史略[M].天津:天津人民出版社,1984.

[16]宋振凌.从《币制则例》到《金券条例》——近代币制改革的法律实践[J].法制博览,2017(1).

[17]万明.明代白银货币化的初步考察[J].中国经济史研究,2003(2).

[18]万明.明代白银货币化与明朝兴衰[C]//明史研究论丛(第六辑),2004.

[19]万明.晚明社会变迁问题与研究[M].上海:商务印书馆,2005.

[20]万明.中国的白银时代与国家转型[J].读书,2016(4).

[21]汪圣铎.两宋货币史[M].北京:社会科学文献出版社,2016.

[22]王文成.从"钱楮并用"到"银钞相权"宋金时期传统中国的市场结构与货币流通[J].思想战线,2014(6).

[23]王文成.金朝时期的白银货币化与货币白银化[J].思想战线,2016(6).

[24]王业键.中国近代货币与银行的演进(1644—1937)[M]."中央研究院"经济研究所,1981.

[25]吴景平.评上海银钱业之间关于废两改元的争辩[J].近代史研究,2001(5).

[26]姚会元.论法币改革[J].学术月刊,1997(5).

[27]叶世昌.明代的称量货币白银[C]//中国钱币论文集(第三辑),1988.

[28]叶世昌.中国近代货币本位制度的建立和崩溃[C]//中国钱币论文集第四辑,2002.

[29][英]伊恩·卡拉代斯.古希腊货币史[M].北京:法律出版社,2017.

[30]张杰."恋铜情结"、低水平货币均衡与人民币国际化的"本位困扰"[J].中国金融,2010(9).

[31]中国人民银行金融研究所.中国货币金融史大事记[M].北京:人民中国出版社,1994.

[32]中国人民银行上海市分行.上海钱庄史料[M].上海:上海人民出版社,1978.

[33]朱偰.中国银两本位之史的研究[J].财政学报,1942.

[34] Chester L. Krause, Clifford Mishler. Standard Catalog of World Coins[M].Spain, Portugal and The New World, Iola, Krause Publications, 2002.

[35] William Arthur Shaw.The History of Currency 1251 to 1894: Being an account of the gold and silver moneys and monetary standards of Europe and America, together with an examination of the effects of currency and exchange phenomenon commercial and national progress and well-being[J].G.P.Putnams's Sons, 1895.

中国历史上黄金未充分发挥货币职能原因初探[1]

◎ 中国人民银行研究局　王　信

摘要： 黄金在我国很早就成为一种货币，但主要作为储藏手段和上流社会国际贸易中的支付工具，很少作为价值尺度和市场流通手段，且标准化的金银铸币出现很晚、作用有限。这与我国长期封建割据、小农经济、自然经济的特征，货币经济、金融发展滞后，以及黄金生产及可用作流通货币的供应受限等有密切关系。我国历史上币制复杂混乱，黄金货币作用未得到充分发挥，加大了市场交易成本，不利于国内、国际贸易的扩大和经济稳定发展。

▶ **Abstract:** Gold became a kind of currency in China at very early time, but it was mainly used as a storage of value and a payment tool in the upper-class international trade, and rarely as a unit of account and means of payment in the domestic market. Moreover, the standardized gold and silver coinage appeared late and had limited use. This is closely related to the state of feudalism, small-scale peasant economy and natural economy in ancient China, the lack of development in terms of monetary economy and financial system, and the limited supply of gold as a usable currency in circulation. In the history of China, the complex and chaotic currency system and the limited role of gold currency increased the cost of the market transactions, and was not conducive to the expansion of domestic and international trade and stable economic development.

---

1 本文发表于《清华金融评论》2018 年第 08 期。

Silver Currency and Its Role
in the Evolution of Chinese History

白银货币与中国历史变迁问题研究

马克思在《资本论》中指出："金银天然不是货币，但货币天然是金银。"金银以其价值贵重、易于分割、便于携带等特征，成为各国普遍使用的货币。中国是世界上最早发现黄金并将其作为货币的国家之一，但黄金很少作为市场流通手段。彭信威（2015）认为，黄金在中国历史上从未真正成为货币。与古希腊、古罗马早在公元前几个世纪就使用较为标准化、便携的金铸币形成鲜明对比，中国金属货币形制五花八门，直到20世纪仍沿用秤量形式，依靠其重量、成色来判断金属货币的价值，很不便于使用。黄金货币的作用未能充分发挥，其原因值得探究。

一、中国历史上黄金的货币职能

（一）黄金的货币职能未充分发挥

黄金在我国很早就发挥货币的部分职能。[1] 远古时代，金的采集比铜容易，早在距今三四千年的商代，金银就被当作货币。公元前1091年（周成王13年）立九府图法，黄金已正式定为交易媒介之一（侯厚培，2014）。太史公言，虞夏之币，金为三品。《管子·国蓄篇》中说，先王以珠玉为上币，金为中币，刀布为下币。这表明春秋战国以前，金银作为货币，与龟贝、珠玉、布帛一起使用。战国时，黄金货币已相当普遍。秦始皇统一中国后统一了币制，他把秦国实行的金钱本位制推广到全国，即大数用黄金，小数用半两钱，钱的形态统一为圆形。

西汉是我国黄金货币使用的最盛期，之后其货币作用相对下降，银、铜等货币的地位上升。西汉时期，黄金充当价值尺度、支付工具和储藏手段，并不作为流通手段，日常流通专用铜钱，人们购物时须将黄金先兑成铜钱。黄金作为支付手段最重要的是用于赏赐，包括投降的匈奴人得到汉武帝的重赏。单是《汉书》记载的赐金数就有90万斤。当时朝廷要求诸侯进献黄金以助祭，违者削地夺爵，这实际上是朝廷加强中央集权、搜刮黄金的方式。汉武时全国有百万金，皇室占其半。黄金还用于买卖官爵、贿赂和国际贸易支付等。当时汉朝大量进口马匹、明珠、碧琉璃，西汉末年到东汉，外贸规模更大，以经敦煌、新疆到小亚细亚的陆路为主。

在王莽短暂的统治期，金银几乎成为正式货币，特别是最初的宝货制中，金银有法定比价。王莽搜刮全国黄金集于宫中，日常流通手段主要是铜钱。

东汉以后，黄金用于赏赐大为减少。彭信威（2015）认为，汉代持续的外贸逆差、黄金外流是国内黄金货币使用减少的最重要原因。此外，东汉工艺方面对黄金的需要增多，墓葬中常发现金银饰物，这种情况在西汉墓中很少见。

由晋到隋三四百年间，中国币制非常混乱，大体是铜钱为主、布帛为副。由于海路、陆

---

[1] 本文中有关中国币制历史沿革和黄金作用的描述，除非特别注明，主要参考彭信威（2015）。

路对外贸易较大发展，金银尤其是白银的使用又较盛行。[1] 同时，黄金用于工艺品和饰物远超两汉，黄金常以器饰的方式流通。如公元 480 年，南齐高帝赠周盘龙金叉 20 枚，这些金叉器饰即作为货币之用。可见，黄金作为货币和作为器物的界限较为模糊。

唐朝初年，天下太平，混乱了几百年的币制得到了统一。流通手段以（铜）钱帛为主，金银的使用在用途、数量等方面也较魏晋南北朝有明显发展。黄金除主要作为储藏手段外，还更多发挥支付手段的作用，如用于赏赐、捐献、进奉贿赂、军政开支以及民间买卖田地房产、缴纳租税等。各种器皿、饰物常由黄金制成，可直接用于赏赐、馈赠。

宋代币制仍以铜钱为主，白银地位显著上升，同时出现了纸币。金银在支付租税、赏赐等方面的使用进一步增多，黄金甚至作为价值尺度，但很少作为市场流通手段。由于国际贸易，我国受到通行白银的中亚细亚的影响，宋代以后，白银货币的地位超过了黄金。

自元代起，中国币制发生根本性改变，改用白银作为价值尺度，白银逐渐成为流通手段。黄金则多用于赐予，广泛用作转移价值的工具，如结算旅费等，甚至在云南用于计算税赋。

明朝初期曾用钞不用钱，禁止民间以金银交易，但难以禁绝。不久民间就钱钞兼用，以纸钞为主。随着纸币的贬值，一切都以银、钱支付。嘉靖以后，白银在币制中发挥主导作用，大数用银，小数用钱。明代也铸金币，但很少流通使用。

清代与明代相同，银钱并用，白银的地位较明代更重要。黄金大多用作装饰，或被窖藏，金币偶也铸造，包括洪秀全时的太平金币、同治朝的新疆金币，及宣统时的西藏金币（侯厚培，2014）。

综上所述，黄金在我国历史各时期发挥不同的货币职能，除一直作为储藏手段和国际支付手段外，只在极少时期发挥价值尺度和市场流通手段职能。马克思在《政治经济学批判》中指出，"价值尺度与流通手段的统一是货币"。可见，黄金在我国历史上并未真正货币化。侯厚培（2014）认为金银自古在我国就是主要货币，发挥了货币的各种职能，但他将金银统而论之，如果深究金、银的不同货币职能，实际上还有相当的差别。

（二）金银铸币的作用有限

从形态看，中国历史上集中发行、重量规格规范统一的金银铸币很晚才出现，不利于降低交易成本，促进市场扩大和经济发展。黄金货币形态最早是生金块，非常粗糙，战国以后有一定形制，如当时盛产黄金的楚国所用爰金、卢金均为各种方块，之后到汉代出现圆饼金。汉武帝统一铸币权，铸麟趾金、马蹄金，以表祥瑞。到唐宋时，则有各种金铤、金锭、金牌、金饼等。

---

[1] 当时金银较普遍使用，主要在交广、河西等地。交广是中国海上贸易的集中地，与波斯等国外贸较多；河西则为中国陆路贸易的大门，同拜占庭、波斯等国关系密切（彭信威，2015）。

Silver Currency and Its Role
in the Evolution of Chinese History
白银货币与中国历史变迁问题研究

两晋南北朝开始出现金银钱，即有一定规格、体形，可计数使用的金银币。如：唐开元通宝银币存世的较多；宋朝铸大量金银钱，包括宣和金钱、乾道元宝金钱；元朝铸大朝通宝银钱、至元通宝金钱。金银钱较秤量货币是很大的进步，但它们主要是在统治阶层内部作赏赐、馈赠、祭祀、布施等用，民间也有作为象征吉祥的礼品赠送，但金银钱不进入市场普遍流通。我国金银钱的出现，可能受公元初年拜占庭的金币、波斯银币流入的影响，北周时河西各郡公开使用西域的金银币，官府并不禁止（彭信威，2015）。

近代中央政府铸法定流通金币仅见于清末。在新疆、西藏、云南等地，金币在流通货币中占一席之地。即使是官铸银币的尝试，也仅始于清乾隆年间，即在国外银元大量流入、国内民间群起仿铸之后（董文超，1992）。

我国长期流通各种形式、重量、成色不同的秤重货币，而非标准化的铸币，给货币使用者带来很大不便，不利于促进交易发展和市场的扩大。这与古希腊、古罗马等很早就铸行金银币形成鲜明对比。

（三）金银铸币在西方很早就发挥重要作用

一般认为，贵金属铸币公元前7世纪起源于吕底亚（Lydia，现土耳其西部）。吕底亚币由一种金银合金经标准化手工打造而成。公元前568年即位的吕底亚国王克洛伊索斯（Croesus）建立了世界史上首个帝国币制，实行金银复本位制，小额交易用银币，大额国际贸易则用金币。这些贵金属币在大小、重量、形态上有统一规格，发行后很快受到普遍欢迎。公元前547年，波斯国王居鲁士（Cyrus）击败克洛伊索斯后，立刻将后者的铸币制度在整个波斯帝国推行。居鲁士的继承人大流士（Darius）将其肖像印制在铸币上，开世界君王像铸币之先河。这进一步保证了铸币的标准性、统一性。大流士铸币除在广袤波斯帝国的贸易中使用外，还破天荒地用于交税。公元前359年，菲利普（Philip）加冕为马其顿国王，成为马其顿及整个希腊世界的君主。之后菲利普大量铸造金币，以满足国内经济和对外征战之需，并将金银比价定为1∶10，黄金在帝国币制中居核心地位。菲利普之子亚历山大大帝继续扩大铸币量，并通过不断地攻城略地，将这一简单易行的币制推行到从埃及到印度的巨大弧形地域。亚历山大铸币通行了150年，与帝国的贸易经济发展相互促进（伯恩斯坦，2013）。

在古罗马，金属币使用顺序大体是由铜到银再到金，初期黄金被视为储藏手段而非支付手段。尽管如此，在危机和对外支付时，罗马人往往用黄金。公元前150年之后，随着帝国扩张步伐加快，黄金铸币的需求大大增加，以满足战争之需。此后多年，多种金属铸币在罗马并行，古罗马皇帝常通过降低铜币、银币的总量、成色大量发币敛财，但黄金铸币的情况好得多。公元307年，统治西罗马帝国的君士坦丁一世（Constanine）以其名义铸造金币（solidus），即闻名后世、流传久远的"拜占庭金币"，取代之前的银币；324年，君士坦丁击败了统治帝国东方的李锡尼乌斯（Licinius），于是其金币改革通行整个罗马帝国。此时，金币在币制中居核心地位，发挥价值尺度、流通手段、储藏手段等职能，黄金不再大量地储藏在神庙，而是在日常交易中快速流通。君士坦丁的金币改革是欧洲货币史上的分水岭，其标准金币成为当时拜占庭人、阿拉伯人、诺曼人币制的核心，促进了整个地中海地区国际贸易、金融的稳定发展（Banca D'Italia，1993）。

二、我国历史上黄金较少作为流通手段的可能原因

第一，我国传统社会经济环境下币制混乱，最为贵重的黄金因而大量被窖藏。我国历史上分裂割据与中央集权交替出现和激烈斗争，构成多元化货币体系的社会基础（千家驹、郭彦岗，2014）。分裂割据时，各地货币必然各行其是；在中央集权时，各地币制也是五花八门，这种情形在五代后尤甚。[1] 即使朝廷有心统一币制，由于中国长期是封建社会，加之幅员辽阔，交通通信极其不便，山高皇帝远，也很容易出现地方当局和民间私铸货币、屡禁不止的现象。例如，一般认为宋朝是中央集权的封建帝国，但南北宋的币制比前朝更分散。比较而言，早期地中海、爱琴海沿岸多城邦国家，其疆域较小，统一币制本该容易推行得多，但其货币五花八门，可见我国统一币制更难得多。

由于我国长期币制混乱，各种形式的货币形态、使用范围、价值等差别很大，在劣币驱逐良币规律的作用下，最贵重、最能保值的黄金便被用于窖藏，或被用于制作器物和工艺品珍藏。东汉自和帝以后，政局动荡，战乱频仍，官民更是纷纷窖藏黄金。这样既能发挥黄金的价值储存作用，将来需要时也可方便地将其用于支付。

第二，我国历代金融投资、价值储存工具非常有限，黄金窖藏成为价值储存的上选。我国历史上不乏金融创新，如世界最早的纸币、汇票、可转让权证等都诞生于中国。但宋代以后，中国货币金融的发展明显落后于欧洲，金融机构和金融工具极为匮乏。例如，中国直到明末才出现钱庄，且与中世纪欧洲的银行相比，钱庄的放款只是个人之间的资金融通，数目不大，而存款业务仍无进展。而几乎同时期成立的威尼斯Rialto银行、阿姆斯特丹银行都是大信用机构，存贷业务兴隆（彭信威，2015）。我国国债发行到清代才出现，而且最早的国债是在国际市场而非国内上市（Goetzmann，2016）。历史上朝廷用兵或进行其他大开支，主要通过滥发货币或征收名目繁多的税费。

在欧洲，银行、债券、股票等各类金融制度、金融工具的出现比中国早得多。欧洲小国林立，国际贸易、战乱冲突使君主经常面临筹集大额资金、分散风险的压力。随着新兴阶层的兴起和民主思想的传播，君权受到议会、民众越来越大的约束，"无代表就不交税"，君

---

[1] 许多地区有各自通货，尤其是两淮和四川。它们的货币不得出境，外面的货币不得入境（彭信威，2015）。

Silver Currency and Its Role
in the Evolution of Chinese History
白银货币与中国历史变迁问题研究

主难以肆意挥霍国库资金,往往通过市场发债、向银行借款等方式筹资,促进了现代银行制度、债券等金融工具的出现和发展。世界上最早的政府债券诞生于12世纪的意大利,全方位的债券市场在13世纪就已出现。欧洲国家不断发展的国际贸易和15世纪以后大航海时代的对外扩张,更是极大地推动了股份公司、股票、保险等制度和金融工具的发展。

总之,中国在金融手段、投资工具缺失的情况下,黄金等公私财富只能窖藏,[1]无法用于放贷增利,也不利于发挥黄金作为市场流通手段的重要作用。

第三,我国小农经济下贸易不发达,统一币制、发挥黄金流通手段职能的动力和需求小。货币使用与商品价值、货币经济的发展是相适应的。黄金价值高昂,便于分割和携带,在大额支付和长途贸易结算中具有很大优势。世界上金银铸币最早出现于吕底亚并非偶然。吕底亚的首都萨迪斯地处横跨东西方、连接爱琴海与幼发拉底河乃至远东的交通要道,贸易与商业发达,产生了对贵金属货币的较大需求。贵金属铸币的出现,以及克洛伊索斯统一币制,极大地促进了吕底亚的国内贸易,也推动了该国与东西方及南部国家的贸易和思想观念交流(伯恩斯坦,2013)。古雅典粮食难以自给自足,对从黑海沿岸等地进口粮食的依赖很大,罗马帝国的疆土不断扩大,各地区需要互通有无,催生了地中海沿岸贸易以及较为标准化的金银币的广泛使用。

相比之下,我国长期重农抑商,小农经济下商品经济不发达,国内贸易、国际贸易规模均有限,市场分割,对黄金货币的需求不旺。即使在社会经济较为发达的唐朝,也只有开宝年间货币经济有所发展,官员月俸完全用现钱支付,而初唐、晚唐实物经济的占比都较大,月俸大量是禄米等实物(彭信威,2015)。明清很多时期实行"海禁",如明太祖不许寸板下海,必然抑制外贸发展和当时国际通行的贵金属币的使用。虽然在汉代、唐宋经济商业发展较快,对外贸易较为兴盛,我国较多开展外贸的地区也用金银作为市场流通手段,但可能是由于外贸占比较小,全国其他广大地区仍是封建小农经济,作为大额支付首选的黄金难成气候。

第四,守旧落后的货币思想影响黄金货币职能的充分发挥。货币思想在我国很早就产生了,春秋战国时期诸子著述中,多次提到发挥货币职能的重要性。管仲治齐,就把货币同粮食一起,作为富国强兵的两大经济支柱(千家驹、郭彦岗,2014)。然而,自给自足的小农经济,决定了轻视货币的观点长期具有较大影响力。如货币的实物论就认为货币没有价值,主张废钱币而用谷帛。《管子·八观》中有"时货不遂,金玉虽多,谓之贫国也",意即一国虽有金玉货币但无物资,也还是贫国。《汉书·食货志》载西汉晁错之言"夫珠玉金银,饥不可食,寒不可衣",他主张明君贵五谷而贱金玉。汉元帝时贡禹反对开采金属矿,认为这样做会使

---

[1] 明嘉靖时权臣严嵩之子严世蕃在家挖深一丈、方五尺的地窖,受贿所得银子经三昼夜才将其填满。严嵩见状亦愕然,说如此积财必遭大祸(彭信威,2015)。

许多农夫不耕作，导致"弃本逐末，民心动摇"。即使到了清代，自然经济仍占重要地位，黄宗羲还主张废金银。彭信威（2015）认为，轻视货币的思想根深蒂固，根本原因在于货币问题在封建社会不是中心问题，士大夫阶层生活的基础是土地，而土地收益绝大部分没有货币化。另外，历朝历代金属币减重、滥发现象比比皆是，民众深受其苦，也使一些人对货币经济产生怀疑。总之，在实物论等落后货币思想的干扰下，黄金等货币的作用发挥得不充分。

第五，黄金产量有限并主要作为他用，可用于市场流通的黄金供给受限。一是可能有黄金矿藏的大片田地山林被官员、豪强所占，影响黄金产出。东汉时，许多豪强世族、贵族外戚或富商成为大地主，占有大片山林川泽。西晋时官员按官阶占田，魏晋时强宗大族为逃避五胡乱华来到南方，在长江边丘陵地带占据大片山泽；到唐代，土地多为富豪强占（钱穆，2014）。这造成金矿未能得到集中有效的开采，影响黄金供应。二是东汉以后，佛教传入我国，与道教一样盛行，庙宇道观中塑像、法物、装饰等用金极多。这种情况在南北朝以后表现得尤为明显。三是汉朝廷将大部分黄金用于赏赐，同时令诸侯进献黄金用于祭祀，这使得黄金多集中于上流社会，较少流入民间。此外，黄金还大量作为帝王陵墓陪葬物。如武帝茂陵内埋有大量金银；曹操发梁孝王墓，得数万金（钱穆，2014）。四是东汉以后社会风气渐趋奢靡，黄金多用于制造金银器物和工艺品，到南北朝时此风尤盛。这影响黄金发挥市场流通手段等货币职能。

三、结论和思考

第一，一国币制的演变很大程度上由其政治社会经济环境所决定，并对社会经济产生重要影响。黄金在我国很早就成为货币的一种形式，但在历史长河中几乎未成为当时的主要货币，甚至较少发挥市场流通手段职能而未真正成为货币。这与我国长期封建割据、小农经济、自然经济的特征，货币经济、金融发展滞后，以及黄金生产及可用作流通货币的供应受限等有密切关系。商品经济下，币制是一国基础经济制度的重要组成部分，币制复杂混乱、货币作用未得到充分发挥，必然加大市场交易成本，不利于国内、国际贸易的扩大和经济稳定发展。历史发展至今，货币形态已发生了很大变化，但货币与经济社会大环境相互作用的基本规律可能依然有效。

第二，金银币是对外贸易、跨国交流的重要产物和催化剂。古希腊、罗马、波斯等地区很早就大量铸行标准化、便于使用的金银币，与其通过不断征伐开疆辟地、对外贸易发达有直接密切的关系。统一铸行、标准化的金银币的广泛流通，又促进了经济贸易的发展和相关国家国际影响力的提升。在我国，历史上一些时期金银发挥重要的货币职能、形态标准统一的金银币的铸行，很大程度上也是由于当时外贸较为发达，以及受到国外先进货币文化的影响。

第三，历史上黄金未真正成为货币对我国的影响有必要深入探究。币制的选择较为复杂，

Silver Currency and Its Role
in the Evolution of Chinese History
白银货币与中国历史变迁问题研究

对一国的影响难以一概而论。清末民初，许多国家都实行金本位制，而中国几乎是实行银本位制的唯一大国。[1]这有其好处。20世纪20年代末、30年代初，面对日益加大的经济金融压力，不少国家为维护其金本位制而实行紧缩政策，这是导致危机蔓延和经济大萧条的重要原因之一。中国当时实行银本位制，得以免受风暴冲击。但中国历史上黄金未真正成为货币，清末民初独立于金本位的世界大潮之外，不利于发展对外贸易和加深中国与世界的经济融合。另外，从物价情况看，如能以黄金为主要价值尺度，则中国历史上物价变动比用银来衡量低得多，[2]这也会有利于经济社会的稳定发展。当然，简单的假设和比较可能会有误导，但黄金在我国长期未充分发挥货币职能，其原因和影响值得深入思考。

参考文献

[1] 彼得·L.伯恩斯坦.黄金简史：第3版[M].黄磊，译.上海：上海财经大学出版社，2013.

[2] 彭信威.中国货币史[M].上海：上海人民出版社，2015.

[3] 千家驹，郭彦岗.中国货币演变史[M].上海：上海人民出版社，2014.

[4] 侯厚培.中国货币沿革史[M].太原：山西人民出版社，2014.

[5] 钱穆，叶龙.中国经济史[M].北京：北京联合出版公司，2014.

[6] 董文超.中国历代金银货币通览：近代金银币章卷[M].北京：中国金融出版社，1993.

[7] Ahamed, Liaquat. Lords of Finance[M]. London: Windmill books, 2010.

[8] Banca D'Italia. Money in Ancient Rome[C]// The first volume of Money in Ancient Rome and in Italy, 1993.

[9] Goetzmann, Williamn N. Money Changes Everything: How Finance Makes Civilization Possible. Princeton: Princeton University Press, 2016.

---

1 1914年，59个国家实行了金本位制；在全球流通的货币中，约25%（超过30亿美元）是金币，15%是银币，其他60%是由黄金作为发行准备的纸币（Ahamed，2010）。

2 明清两朝500多年，中国用白银衡量的米价每百年上涨50%多，而以黄金衡量的米价每百年上涨不到20%。中国大米金价的上涨也低于一些欧洲大国。15—19世纪500年间，以黄金计价的米麦价格的上涨，中国是一倍多，英国6倍多，法国也上涨了三四倍（彭信威，2015）。

近代中国白银货币计量单位换算研究 [1]

◎ 中国人民银行天津分行　王会奇　李建伟　程卫红　赵明晓

摘要： 白银是近代中国货币运行的重要载体，其交易形式、计价方式在近代的演变，既是特定历史背景的产物，也是不同层级市场发展的必然要求。以银两、银元为代表的白银货币计量单位广泛渗透到政府赋税收缴、国内埠际贸易往来、国际贸易往来、民众日常生活等社会活动，与多种外币、黄金、铜元、制钱等共同形成计量单位换算标准。本文重点从不同层级市场白银交易模式和换算方式出发，深入研究近代中国白银货币计量单位，以及与其他货币间的换算关系。

▶ **Abstract:** Silver played an important role in the monetary system of modern China. The evolution of its transaction and pricing methods is not only the outcome of the specific historical circumstances, but also an inevitable requirement for the development of different levels of market. Silver currency measurement units represented by silver taels and silver dollars were widely used in activities such as collection of tax payments, domestic and international trade, and people's daily life. It served as a conversion standard of measurement unit together with a variety of foreign currencies, gold, machine-made copper coins, and standard copper coins. This article provides an in-depth study of silver currency measurement units and the conversion relationship with other currencies by focusing on the silver transaction modes and conversion methods in different levels of market.

---

1 感谢复旦大学吴景平教授、河北师范大学戴建兵教授、中国钱币博物馆周卫荣馆长和中国社科院石俊志研究员对本文的评阅意见。

Silver Currency and Its Role
in the Evolution of Chinese History

白银货币与中国历史变迁问题研究

白银在近代中国货币体系中占据举足轻重的地位，在政府赋税收缴、国内埠际贸易、国际贸易、市民日常生活等社会活动中发挥着关键作用。随着经济社会的发展和变革，白银的货币表现形式、计价方式在不断变化。然而，各地银两成色不一、名目繁多，白银货币计量单位较多，相互换算复杂，统计核算存在较大困难。深入研究近代中国白银货币计量单位及相互间换算关系，是近代中国货币体系研究中一个不可回避的重要课题，还关系到近代中国白银流入流出、对外战争赔款以及财政收支等重大历史问题的研究。

一、文献综述

现有文献就白银的计量、计价问题主要从三方面展开：一是政府赋税收缴计价研究。张国辉（1997）[1]指出，清政府收赋税在1两以上者必须收受银两。韩祥和李宏（2014）[2]对1908年22省财政统计史料进行研究，认为货币换算关系着财政规模统计的精确性与完整性。二是国内埠际间大宗贸易的核算研究。马建华（2013）[3]、燕红忠和李裕威（2019）[4]认为，以上海为主的内汇市场连接了国内重要商埠，形成资金融通的国内汇兑网，并梳理了国内汇兑的主要计算方法。三是以白银为核心的货币体系研究。戴建兵（2005）[5]、孙毅和刘晓明等（2019）[6]依托经济学理论，从银两、银元、制钱、铜元多方面系统地梳理了白银核心型的货币体系。杨枫和岳华（2005）[7]、荣晓峰（2020）[8]分别以汉口洋例银、天津行化银为例，剖析了银两制度的变迁。熊昌锟（2018）[9]基于交易成本理论，认为以枚计数的银元因降低了核验费用而被广泛使用，并确立在近代中国市场上的主币地位。朱嘉明（2012）[10]对银两与银元平行使用体

---

1 张国辉.晚清货币制度演变述要[J].近代史研究，1997（05）：16-40.
2 韩祥，李宏.近代财政统计中货币换算问题之实例分析——以清末财政清理为中心的考察[J].江海学刊，2014（04）：156-162.
3 马建华.20世纪二、三十年代中国国内汇兑层级体系——从申汇计算公式看近代中国国内金融市场圈的构建[J].上海经济研究，2013，25（03）：45-55+80.
4 燕红忠，李裕威.近代中国内汇市场的发展及其特点[J].暨南学报（哲学社会科学版），2019，41（05）：102-121.
5 戴建兵.白银与近代中国经济（1890—1935）[M].上海：复旦大学出版社，2005：21-63.
6 孙毅，刘晓明，张秀玉.近代中国以白银为中心的货币体系的有机性及其启示意义（1897—1927）[J].人文杂志，2019（11）：85-92.
7 杨枫，岳华.虚银两之汉口洋例银[M]//《武汉金融》编辑部.湖北钱币专刊总第四期.湖北省钱币学会，2005：3.
8 荣晓峰.近代天津行化银两制度研究[J].中国经济史研究，2020（02）：130-146.
9 熊昌锟.良币胜出：银元在近代中国市场上主币地位的确立[J].中国经济史研究，2018（06）：67-80.
10 朱嘉明.从自由到垄断：中国货币经济两千年（上）[M].台北：远流出版公司，2012：227.

系的形成进行了分析。通过梳理现有文献发现，一是近代中国国内大宗贸易往来有较为完整的"银两支付体系"做支撑；二是日常百姓生活以铜钱、碎银、银元为媒介，相互换算清晰明了；三是国际贸易结算依托外汇市场的每日报价，不同时期分别以各地的虚银两、银元及海关金等单位记账核算。总的来看，现有文献中以白银的货币计量单位为研究核心，系统梳理白银计价方式与换算机制的研究不多。本文重点从白银货币计量单位梳理和各种货币计量单位换算两个方面，对近代中国白银货币计量单位进行比较和研究。

二、近代中国白银货币计量单位梳理

从货币职能看，近代中国白银货币计量单位可划分为履行流通手段职能的实银两（银锭）、履行价值尺度职能的虚银两（无实物）和兼具价值尺度、流通手段职能的银元。

（一）作为流通手段的实银两

实银两是以银锭（又称元宝[1]、锞子、散碎银等）为主要形式，由官炉、私炉铸造的实际流通的白银，包括上缴政府赋税的银锭，如盐课银、漕项银、关税银等[2]；贸易及市面流通所用的银锭，如北京松江银、天津白宝银、上海二七宝银[3]、汉口二四宝银等。

银锭的主要计量单位为两，往下分为钱、分、厘，均以十进，到厘时仅能用铜钱支付。各地铸造的银锭因成色[4]（即含银比例）和平砝[5]（即单位重量）各异导致名义价值不同。名义重量相同的银两因成色不同而名义价值不同；成色、重量相同的银两因平砝不同而名义重量不同，故名义价值不同，因此各地银两间有一定的换算比率。由官方、商会或行业协会许可和公认的炉房（或公估局），是负责对银炉熔铸的银两进行鉴定衡量的权威机构，各地有差异[6]，一般一地只允许设立一局[7]。

（二）作为价值尺度的虚银两

虚银两是一种以一定成色和一定平砝为标准的记账单位，履行价值尺度职能，并非实物，

---

1 元宝是熔铸成锭的白银，又称"宝银"，重约50两，多由各地银炉铸造。
2 武英殿.皇朝文献通考（卷十五）[M].上海：上海图书集成局，1901.
3 成色超过纹银标准的50两银锭，在按纹银标准记账时，比50两多出2.7两，称为"二七宝银"。
4 成色指贵金属铸币的金属纯度，如官方的纹银成色（含银比例为93.5374%）、二四宝成色等。
5 平砝是衡量银两重量的单位，由于各地的"两"所代表的克数不一致，种类达百余种。平砝可分库平、关平、漕平和市平四类，分别适用于政府税收、海关税收、漕粮折色和市场交易。
6 "上海公估局……保证元宝之成色、重量品位者"，引自张家骧.中华币制史[M].民国大学出版部，1925：54；重庆公估局"凡遇银锭，先辨真伪，继秤重量，再察成分"，引自记公估局[J].银行周报，1918（2）：14.
7 张家骧.中华币制史（上）[M].北京：知识产权出版社，2013：90.

Silver Currency and Its Role
in the Evolution of Chinese History
白银货币与中国历史变迁问题研究

如官方的纹银[1]、政府财政标准的库平银、关税标准的关平银、上海规元银[2]、天津行化银、汉口洋例银等。决定虚银两单位的要素有二，成色和平砝，分别决定了虚银两单位的含银比例（见表1）和单位重量（见表2）。政府赋税收缴、贸易商品标价上的银两数字均是虚银两，实银两只在实际支付环节使用，所有实银两均可与虚银两换算。

表1 主要成色的含银比例

名称	折算公式	含银比例（%）	较纹银成色升水/贴水
以纹银成色为基准	—	93.5374	—
二四宝成色	=93.5374%×（52.4÷50）	98.0272	升水
二五宝成色	=93.5374%×（52.5÷50）	98.2143	升水
二六宝成色	=93.5374%×（52.6÷50）	98.4013	升水
二七宝成色	=93.5374%×（52.7÷50）	98.5884	升水
二八宝成色	=93.5374%×（52.8÷50）	98.7755	升水
足银成色	=93.5374%×（53.0÷50）	99.4196	升水

资料来源：作者整理，参考张惠信.中国银锭[M].台北：齐格飞出版社，1988：187.

表2 主要平砝的重量

名称	单位重量（克/两）[3]
库平	37.31
关平	37.68
漕平	36.65

---

1 纹银作为虚银两单位时，指重量为库平1两、成色为纹银成色的固定单位；前文所述纹银成色则专指含银比例为93.5374%的银。

2 上海规元"为上海通行之计算银两。……无论银行钱庄各商号，无不以此为计算之标准"，引自上海银行周报社.上海金融市场论[M].上海：上海银行周报社，1923：5.

3 库平、关平、漕平的单位重量由作者根据MORSE HB（1913）计算得出，与戴建兵（2005）表述一致，"现有资料多称中央库平一两为37.3克，或37.31克""各地海关关平并不一致……一般认为其为37.68克""各地的漕平也不相同，平均为36.65克"，引自戴建兵.白银与近代中国经济（1890—1935）[M].上海：复旦大学出版社，2005：23-25。京平、行平、估平、申公砝平、胶平的单位重量引自张惠信.中国银锭[M].台北：齐格飞出版社，1988：177.

续表

名称	单位重量（克/两）
京平（北京的市平）	35.16
行平（天津的市平）	36.18
估平（汉口的市平）	35.88
申公砝平（上海的市平）	36.56
胶平（青岛的市平）	36.17

资料来源：作者整理，参考 MORSE HB. THE TRADE AND ADMINISTRATION OF CHINA [M]. LONGMAMS, GREEN & CO., 1913：151-157；张惠信. 中国银锭 [M]. 台北：齐格飞出版社，1988：177.

（三）兼具价值尺度与流通手段职能的银元

1840 年后，市场广泛流通的银元多为外国银元。外国银元主要通过对外贸易流入，因为重量统一、成色一致而得到广泛应用。其中，西班牙银元（本洋）最早流入我国，墨西哥银元（鹰洋）则使用范围最广。20 世纪初，中国银元逐步兴起，外国银元流通逐步减少。1910 年《币制则例》对银币重量、成色等作出了规定，银币定名为"大清银币"，一圆银币重库平七钱二分，含纯银九成[1]。1914 年《国币条例》规定一圆银币（俗称"袁大头"，重库平 0.72 两，含银比例为 90%）为本位币[2]。1927 年南京国民政府成立后，仍沿用银元。1933 年《银本位币铸造条例》规定，每枚银元重量为 26.6971 克，含银比例为 88%。

由于近代中国白银货币计量单位的种类和名称繁多，为便于进行不同单位间的比较与换算，本文梳理出近代中国主要白银货币计量单位的名称、类别、适用范围、平砝和成色，并选取使用普遍、应用广泛的纹银为基准，参考戴建兵（2005）[3]的换算方法，依据相关史料中记载的白银货币计量单位的平砝和成色，计算出每个单位与纹银的换算关系（见表 3）。

---

[1] 郭廷以. 近代中国史事日志 [M]. 北京：中华书局，1987：1357.

[2] 圆、角、分均以十进，一圆合十角，一角合十分，引自中国人民银行总行参事室金融史料组. 中国近代货币史资料 [M]. 北京：中华书局，1964：784-785.

[3] 戴建兵. 白银与近代中国经济（1890—1935）[M]. 上海：复旦大学出版社，2005：26.

表3　近代中国主要白银货币计量单位及换算关系一览

白银货币计量单位	类别	适用领域或地区	平砝和成色	与纹银的换算关系		参考文献
				每两折合纹银两数	每克折合纹银克数	
票厘银锭（盐课银的一种）	实银两	征收盐课的用银	以库平1两为单位重量，含银比例为93.5374%	1.0000	1.0000	戴建兵（2005）[1]，文汉宇（2012）[2]
漕项银	实银两	征收漕项的用银	—	—	—	戴建兵（2005）[3]
江海关银锭（关税银的一种）	实银两	征收关税的用银	以关平1两为单位重量，含银比例为98.5884%	1.0645	1.0540	戴建兵（2005）[4]，尹艳萍（2020）[5]
北京松江银	实银两	北京	以京平1两为单位重量，含银比例为97.6%	0.9833	1.0434	张家骧（1925）[6]，宫下忠雄（1952）[7]
天津白宝银	实银两	天津	以行平1两为单位重量，含银比例为98.7755%	1.0240	1.0560	魏建猷（1986）[8]，戴建兵（2005）[9]
上海二七宝银	实银两	上海	含银比例为98.5884%	—	1.0540	戴建兵（2005）[10]
汉口二四宝银	实银两	汉口	以估平1两为单位重量，含银比例为98.0272%	1.0078	1.0480	姜林（2012）[11]，戴建兵（2005）[12]

---

1 戴建兵.白银与近代中国经济（1890—1935）[M].上海：复旦大学出版社，2005：21.
2 文汉宇.清末四川盐课归丁盐税银锭浅论[J].中国钱币，2012（04）：28-36+6-7.
3 同1.
4 同1.
5 尹艳萍.清代海关银锭漫谈[J].艺术品鉴，2020（19）：124-131.
6 张家骧.中华货币史（上）[M].北京：民国大学出版部，1925.
7 宫下忠雄.中国币制的特殊研究：近代中国银两制度的研究[M].東京：日本学術振興会，1952.
8 魏建猷.中国近代货币史[M].合肥：黄山书社，1986：29.
9 戴建兵.白银与近代中国经济（1890—1935）[M].上海：复旦大学出版社，2005：105.
10 戴建兵.白银与近代中国经济（1890—1935）[M].上海：复旦大学出版社，2005：26+105.
11 姜林.湖北近代银炉业与汉口公估局[J].中国钱币，2012（04）：37-42.
12 戴建兵.白银与近代中国经济（1890—1935）[M].上海：复旦大学出版社，2005：24+27+105.

续表

白银货币计量单位	类别	适用领域或地区	平砝和成色	与纹银的换算关系		参考文献
				每两折合纹银两数	每克折合纹银克数	
纹银	虚银两	清政府的官方标准	重量为库平1两，含银比例为93.5374%	1.0000	1.0000	张国辉（1997）[1]
库平银	虚银两	又称库平两，用于收缴财政税赋	重量为库平1两，含银比例为93.5374%	1.0000	1.0000	戴建兵（2005）[2]，戚其章（1998）[3]
关平银	虚银两	又称海关银、关平两、海关两，用于收缴进出口关税	重量为关平1两，含银比例为93.5374%	1.0099	1.0000	张国辉（1997）[4]
规元银	虚银两	又称规元两，主要在上海地区使用	纹银两数/98%	0.9800	—	戴建兵（2005）[5]
行化银	虚银两	又称行化两，主要在天津地区使用	早期，重量为行平1两，含银比例为98.0272%	1.0163	1.0480	荣晓峰（2020）[6]，戴建兵（2005）[7]，天津市档案馆等（1997）[8]，魏建猷（1986）[9]
			后期，重量为行平1两，含银比例为93.74%	0.9718	1.0022	

---

1 张国辉. 晚清货币制度演变述要[J]. 近代史研究，1997（05）：16-40.
2 戴建兵. 白银与近代中国经济（1890—1935）[M]. 上海：复旦大学出版社，2005：23.
3 戚其章. 甲午战争赔款问题考实[J]. 历史研究，1998（03）：3-5.
4 张国辉. 晚清货币制度演变述要[J]. 近代史研究，1997（05）：16-40.
5 戴建兵. 白银与近代中国经济（1890—1935）[M]. 上海：复旦大学出版社，2005：26.
6 荣晓峰. 近代天津行化银两制度研究[J]. 中国经济史研究，2020（02）：130-146.
7 戴建兵. 白银与近代中国经济（1890—1935）[M]. 上海：复旦大学出版社，2005：105.
8 公裕厚等十炉房恳请勿立公估文及津海关道蔡批文（光绪三十四年八月二十五日、九月三日）[M]//天津市档案馆，天津社会科学院历史研究所. 天津商会档案汇编（1903—1911）（上）. 天津：天津人民出版社，1997：372；转引自荣晓峰. 近代天津行化银两制度研究[J]. 中国经济史研究，2020（02）：130-146.
9 魏建猷. 中国近代货币史[M]. 合肥：黄山书社，1986：29.

续表

白银货币计量单位	类别	适用领域或地区	平砝和成色	与纹银的换算关系		参考文献
				每两折合纹银两数	每克折合纹银克数	
洋例银	虚银两	又称汉口两,主要在汉口地区使用	重量为估平1两,含银比例为96.07%	0.9877	1.0271	戴建兵(2005)[1]
1910年《币制则例》规定的银元	银元	全国	重量为库平0.72两(约26.8632克),含银比例为90%	—	—	中国人民银行总行参事室金融史料组(1964)[2]
1914年《国币条例》规定的银元	银元	全国	重量为库平0.72两(约26.8632克),含银比例为90%	—	—	中国第二历史档案馆(1991)[3]
1933年《银本位币铸造条例》规定的银元	银元	全国	重量为26.6971克,含银比例为88%	—	—	陆仰渊(1995)[4]

注：1.作者整理，与纹银的换算关系由作者参考戴建兵(2005)的计算方法和各史料中记载的白银货币计量单位的平砝和成色计算得出，参考文献见表中备注，对于个别查不到权威资料的，如"漕项银"的平砝和成色，在表格中标注了"—"。2.银元与银两的换算关系受地区银根松紧、政治与军事关系等多种因素影响而各地不同、动态波动，各地依托当地洋厘市场每日市价进行换算，故此处未对银元与纹银的换算关系进行计算，后文再进行详细描述。

---

1 戴建兵.白银与近代中国经济(1890—1935)[M].上海：复旦大学出版社，2005：27.

2 中国人民银行总行参事室金融史料组.中国近代货币史资料[M].北京：中华书局，1964：617；转引自荣晓峰.近代天津行化银两制度研究[J].中国经济史研究，2020(02)：130-146.

3 中国第二历史档案馆.中华民国史档案资料汇编：第3辑[M].南京：江苏古籍出版社，1991：80；转引自刘斌.近代中国货币本位制度的变迁述论[J].武汉商学院学报，2015，29(02)：38-43.

4 陆仰渊.银元在民国时期的流通[J].民国春秋，1995(03)：8-10+19.

三、近代中国白银货币计量单位的换算

从白银的流通范围看,主要分为政府赋税、埠际贸易、国际进出口贸易与日常生活使用,各范围内货币换算自成体系、相对独立(见图1)。

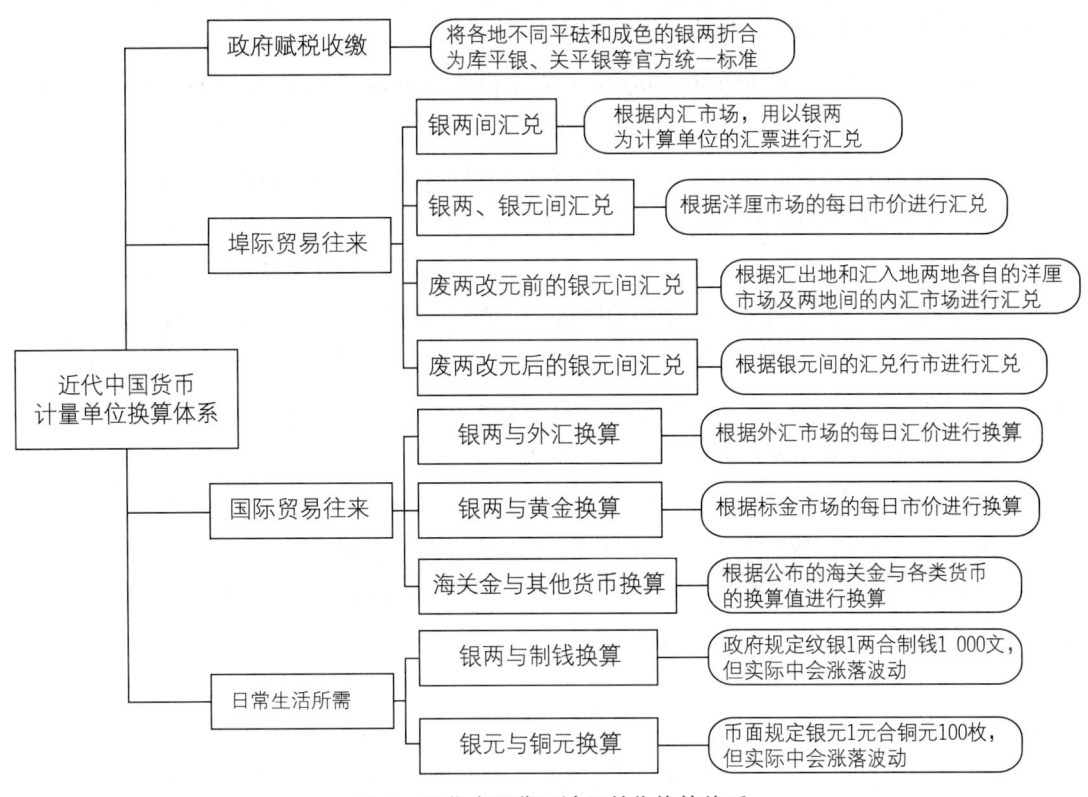

图 1　近代中国货币计量单位换算体系

（一）政府赋税收缴的货币计量单位换算

虽然银元在近代中国货币使用总量上占有重要地位,但晚清时期,政府统计赋税、制定预算、对外赔款时仍以银两作为计量单位[1]。各地通用的是不同的虚银两单位,使得政府在赋税收缴时需将各地不同成色与平砝的银两折合为库平银、关平银等官方统一标准。库平银是清朝国库收支的标准货币单位。关平银是海关进出口课税的标准银,多用于中国举借和偿付外债的核算。计算公式为:

---

1 杨荫溥.我亲见的上海宝银铸造和批估实况[M]//上海政协文史资料委员会.上海文史资料存稿汇编.上海:上海古籍出版社,2001.

Silver Currency and Its Role
in the Evolution of Chinese History
白银货币与中国历史变迁问题研究

$$库平银两数 = 银锭的两数 \times 银锭铸造地的平砝$$
$$\times 银锭的含银比例 \div 库平1两 \div 库平银含银比例$$

举例说明，上海、天津各上缴赋税50两银锭，上海50两银锭（设其含银比例为95.4%）执行申公砝平（每两36.56克），天津50两银锭（设其含银比例为98.0272%）执行行平（每两36.18克）。首先，以库平银（重量为库平1两、含银比例为93.5374%）为统一的虚银两单位，将不同成色的银两调校到同一基准上。计算如下：

上海50两银锭为：$50 \times 36.56 \times 95.4\% \div 37.31 \div 93.5374\%$ = 库平银49.9705两；

天津50两银锭为：$50 \times 36.18 \times 98.0272\% \div 37.31 \div 93.5374\%$ = 库平银50.8130两。

故政府收缴上海和天津的财政收入合计为：上海银锭库平银49.9705两+天津银锭库平银50.8130两=库平银100.7835两。

1908年清政府对全国22省进行财政清理时，统计的仅是各省缴纳税额，并没有对全国税收总量进行汇总，原因有二。一是各地财政收支必须先换算成库平银后再合计。二是在22省中，约有12.68%的财政收入和11.76%的财政支出不是以库平银计量的[1]。例如，1908年黑龙江的财政收入有中钱、羌钱、金沙三种货币形式，广东的财政收入有纹银、洋银两种货币形式。若都分别换算为库平银再汇总，工作量极大。

（二）埠际贸易的货币计量单位换算

1840年后，近代中国埠际贸易愈加频繁，国内的"内汇"市场逐步形成和完善。在银元广泛使用前，贸易计价与结算均为银两。在银元广泛使用后，银两仍作为部分地区的计价单位，银元间的直接汇兑占比逐渐增多。

1. 银两间汇兑

上海作为国内贸易中心，汇兑业务需求十分旺盛，申汇[2]由此出现。申汇的本质是以上海规元银为计算单位的汇票，最终结算地在上海[3]。全国各地可直接或间接地通过申汇市场购买申汇用于结算，由此各地银两与上海规元银挂钩。各地申汇市场是上海内汇市场的重要组成部分，北平、天津、汉口等地都有直接的申汇市场，以1 000规元银合地区通用货币报价，报价受供需影响而涨落（见表4），各地往上海的汇兑均可依据上海内汇市价进行换算。根

---

[1] 中央财经大学图书馆.清末民国财政史料辑刊（第一册）[M].北京：北京图书馆出版社，2007：165-171.
[2] 申汇是指由上海钱庄或商号向收款人开具的、以上海规元银为计算单位的、以自身为付款人的汇票统称。
[3] 洪葭管，张继凤.近代上海金融市场[M].上海：上海人民出版社，1989：116.

据南开指数[1]中整理的上海内汇汇票平均市价（1926年至1933年9月），以1926年天津向上海汇兑为例，天津需支付价值1 057.4行化银的津汇汇票才可换取价值1 000规元银的申汇汇票。

表4　上海内汇汇票平均市价

年份	北平 规元银：公砝两	天津 规元银：行化银	汉口 规元银：洋例银	广州 规元银：毫洋两	辽宁 规元银：银元	哈尔滨 规元银：哈洋两	青岛 规元银：银元
1926	1 000 : 1 049.5	1 000 : 1 057.4	1 000 : 1 033.4	1 000 : 626.4	1 000 : 1 007.5	—	—
1927	1 000 : 1 058.2	1 000 : 1 066.4	1 000 : 1 026.5	1 000 : 639.3	1 000 : 1 015.1	—	—
1928	1 000 : 1 052.2	1 000 : 1 058.5	1 000 : 1 030.0	1 000 : 615.6	1 000 : 1 022.3	—	—
1929	1 000 : 1 053.4	1 000 : 1 061.0	1 000 : 1 026.4	1 000 : 625.3	—	1 000 : 736.4	—
1930	1 000 : 1 049.4	1 000 : 1 057.3	1 000 : 1 029.7	1 000 : 636.2	1 000 : 1 006.5	1 000 : 829.5	1 000 : 1 003.9
1931	1 000 : 1 044.7	1 000 : 1 052.1	1 000 : 1 025.2	1 000 : 609.8	1 000 : 1 004.2	1 000 : 799.4	1 000 : 1 004.4
1932	1 000 : 1 038.8	1 000 : 1 055.9	1 000 : 1 025.0	1 000 : 544.3	1 000 : 1 010.4	1 000 : 816.9	1 000 : 1 002.0

数据来源：作者整理，参考孔敏.南开经济指数资料汇编[M].北京：中国社会科学出版社，1988：493-495.

2.银两、银元间汇兑

上海、天津是近代中国最主要的洋厘市场[2]，服务于商业贸易和资金汇兑。上海自1856年开洋厘行市，直到1933年废两改元共历经77年，标价以银元1元折合规元银计算。天津

---

[1] 南开大学经济研究所编制的南开指数是我国最早编制的指数之一，起编时间较早，从1928年即开始编制；所跨时间较长，从1867年至1952年，前后跨越了近一个世纪，这一时期正是我国近现代史上政治与经济最动荡不安的年代。它是研究我国近现代经济史、金融史、统计史的重要资料。引自孔敏.南开经济指数资料汇编[M].北京：中国社会科学出版社，1988：1.

[2] 即银元与银两间的汇兑市场。

洋厘行市于19世纪末形成,"天津之主要金融行市,厥惟洋厘"[1],标价以银元1元折合行化银计算[2]。洋厘行市每日不同、涨落不定(见表5),反映的是银元与银两的供求关系,会受政治、军事、季节等多种因素影响,但市场调节机制的存在会使洋厘市价维持在相对均衡水平。

<table>
<tr><th colspan="6">表5 上海、天津洋厘平均市价</th></tr>
<tr><th rowspan="2">年份</th><th>上海</th><th>天津</th><th rowspan="2">年份</th><th>上海</th><th>天津</th></tr>
<tr><th>银元：规元银</th><th>银元：行化银</th><th>银元：规元银</th><th>银元：行化银</th></tr>
<tr><td>1872</td><td>1：0.7810</td><td>—</td><td>1903</td><td>1：0.7489</td><td>1：0.7184</td></tr>
<tr><td>1873</td><td>1：0.7544</td><td>—</td><td>1904</td><td>1：0.7376</td><td>1：0.7188</td></tr>
<tr><td>1874</td><td>1：0.7372</td><td>—</td><td>1905</td><td>1：0.7289</td><td>1：0.7013</td></tr>
<tr><td>1875</td><td>1：0.7322</td><td>—</td><td>1906</td><td>1：0.7372</td><td>1：0.7017</td></tr>
<tr><td>1876</td><td>1：0.7539</td><td>—</td><td>1907</td><td>1：0.7387</td><td>1：0.7107</td></tr>
<tr><td>1877</td><td>1：0.7430</td><td>—</td><td>1908</td><td>1：0.7383</td><td>1：0.7003</td></tr>
<tr><td>1878</td><td>1：0.7291</td><td>—</td><td>1909</td><td>1：0.7420</td><td>1：0.6863</td></tr>
<tr><td>1879</td><td>1：0.7318</td><td>—</td><td>1910</td><td>1：0.7420</td><td>1：0.6983</td></tr>
<tr><td>1880</td><td>1：0.7329</td><td>—</td><td>1911</td><td>1：0.7571</td><td>1：0.7263</td></tr>
<tr><td>1881</td><td>1：0.7372</td><td>—</td><td>1912</td><td>1：0.7515</td><td>1：0.7085</td></tr>
<tr><td>1882</td><td>1：0.7315</td><td>—</td><td>1913</td><td>1：0.7388</td><td>1：0.6945</td></tr>
<tr><td>1883</td><td>1：0.7282</td><td>—</td><td>1914</td><td>1：0.7258</td><td>1：0.6885</td></tr>
<tr><td>1884</td><td>1：0.7317</td><td>—</td><td>1915</td><td>1：0.7376</td><td>1：0.6896</td></tr>
<tr><td>1885</td><td>1：0.7388</td><td>—</td><td>1916</td><td>1：0.7227</td><td>1：0.6870</td></tr>
<tr><td>1886</td><td>1：0.7354</td><td>—</td><td>1917</td><td>1：0.7227</td><td>1：0.6881</td></tr>
<tr><td>1887</td><td>1：0.7286</td><td>—</td><td>1918</td><td>1：0.7267</td><td>1：0.6931</td></tr>
<tr><td>1888</td><td>1：0.7308</td><td>—</td><td>1919</td><td>1：0.7236</td><td>1：0.6969</td></tr>
<tr><td>1889</td><td>1：0.7372</td><td>—</td><td>1920</td><td>1：0.7283</td><td>1：0.6906</td></tr>
<tr><td>1890</td><td>1：0.7308</td><td>—</td><td>1921</td><td>1：0.7233</td><td>1：0.6911</td></tr>
</table>

1 杨荫溥.杨著中国金融论[M].上海：黎明书局,1931：295.
2 吴石城.天津货币流通之概况(一)[J].银行周报,1935(2).

续表

年份	上海 银元：规元银	天津 银元：行化银	年份	上海 银元：规元银	天津 银元：行化银
1891	1：0.7282	—	1922	1：0.7211	1：0.6900
1892	1：0.7317	—	1923	1：0.7218	1：0.6881
1893	1：0.7314	—	1924	1：0.7214	1：0.6859
1894	1：0.7471	—	1925	1：0.7267	1：0.6908
1895	1：0.7644	—	1926	1：0.7199	1：0.6851
1896	1：0.7362	—	1927	1：0.7270	1：0.6907
1897	1：0.7433	—	1928	1：0.7223	1：0.6904
1898	1：0.7459	1：0.7165	1929	1：0.7193	1：0.6809
1899	1：0.7435	1：0.7088	1930	1：0.7236	1：0.6837
1900	1：0.7453	1：0.7136	1931	1：0.7255	1：0.6945
1901	1：0.7375	1：0.7089	1932	1：0.7063	1：0.6734
1902	1：0.7441	1：0.7113	—	—	—

数据来源：作者整理，参考孔敏. 南开经济指数资料汇编[M]. 北京：中国社会科学出版社，1988：475-478+495-496.

3. 废两改元前的银元间汇兑

银元间汇兑是指汇出地和汇入地都以银元结算，在银两间汇兑的基础上，在汇出地和汇入地各增加一次基于当地洋厘市场的银元与银两的换算。以由天津向上海汇款为例，先确定需汇入上海的银元数，按上海洋厘市价将银元数折算为规元银两数，再按上海的内汇市价折算为天津的行化银两数，最后按天津洋厘市价确定天津需支付的银元数。

4. 废两改元后的银元间直接汇兑

废两改元后，洋厘行市取消，银元间汇兑无须再核算银两的成色差异，但银元间的汇兑行市仍然存在[1]。需注意的是，汇兑行市市价是时点值，受各地银根松紧不同等因素影响而涨落波动，并非恒定不变。例如，1933年7月（汇兑行市平均值见表6），天津商号欲支付上海商号1 000元银元，需在天津汇出1 003.7元银元汇票，上海商号在上海才可收到1 000元

---

[1] 以银元汇银元，本应无须核算汇价，但两地资金供求情况仍存差异，且因邮寄运输等各种费用，汇水变化仍涨落不一，汇兑行市仍存在。

银元汇票，原因是天津银根较松。欲从南昌汇往上海 1 000 元，则需在南昌汇出 999.84 元，表明南昌银根较紧。可见，各地银元价值会受到地区银元银根松紧的影响。

表6　1933年7月国内汇兑行市平均值

汇出地（每行数值表明需汇出的银元数）	地区	每列为汇入地可提取到 1 000 元银元汇票					
		上海	汉口	天津	厦门	南京	北平
	天津	1 003.7	1 005.10	—	1 004.4	1 003.4	1 001
	北平	1 003.64	1 005	—	—	1 003.64	—
	青岛	1 003.43	1 004.91	1 002	1 004.87	1 003.13	1 002
	汉口	1 001.2	—	—	—	—	—
	南昌	999.84	999.12	—	—	—	—
	上海	—	1 001.18	1 000	1 000	1 000.5	1 000

数据来源：作者整理，参考中央银行秘书处.中央银行月报[J].1932.

（三）国际贸易的货币计量单位换算

近代中国对外贸易的货币计量单位换算包括银两与外汇换算、银两与黄金换算以及1930年后的海关金与各货币换算。

1. 银两与外汇换算

在天津贸易结构中，通过上海进行转口间接贸易占比高，对外直接贸易占比小，加之各国商人利用中国与国际市场的银价差额进行套利，导致天津白银长期大量外流，白银与外币的汇价由此备受关注。例如，在天津外汇市场形成行化银与欧美主要国家货币的汇价（见表7）。英汇、美汇、法汇、日汇以每单位外币折合行化银计算。每日汇价受国际市场、外汇和白银供求变化的影响而涨落波动[1]。

表7　天津主要外汇市场汇价

年份	英汇		美汇		法汇		日汇	
	便士：行化银		美金元：行化银		法郎：行化银		日元：行化银	
	单位：两	单位：克	单位：两	单位：克	单位：两	单位：克	单位：两	单位：克
1898	1：0.0306	1：1.107	1：1.5100	1：54.632	1：0.2940	1：10.637	1：0.7575	1：27.406

---

[1] 中国人民银行总行金融研究所金融历史研究室.近代中国的金融市场[M].北京：中国金融出版社，1989：75.

续表

年份	英汇 便士：行化银		美汇 美金元：行化银		法汇 法郎：行化银		日汇 日元：行化银	
	单位：两	单位：克	单位：两	单位：克	单位：两	单位：克	单位：两	单位：克
1899	1：0.0296	1：1.071	1：1.4600	1：52.823	1：0.2826	1：10.224	1：0.7325	1：26.502
1900	1：0.0288	1：1.042	1：1.4200	1：51.376	1：0.2706	1：9.790	1：0.7133	1：25.807
1901	1：0.0801	1：2.898	1：1.4700	1：53.185	1：0.2870	1：10.384	1：0.7274	1：26.317
1902	1：0.0340	1：1.230	1：1.6800	1：60.782	1：0.3270	1：11.831	1：0.8500	1：30.753
1903	1：0.0343	1：1.241	1：1.6700	1：60.421	1：0.3260	1：11.795	1：0.8830	1：31.947
1904	1：0.0313	1：1.132	1：1.5300	1：55.355	1：0.2960	1：10.709	1：0.7690	1：27.822
1905	1：0.0298	1：1.078	1：1.4500	1：52.461	1：0.2810	1：10.167	1：0.7223	1：26.133
1906	1：0.0269	1：0.973	1：1.3200	1：47.758	1：0.2550	1：9.226	1：0.6618	1：23.944
1907	1：0.0279	1：1.009	1：1.3600	1：49.205	1：0.2620	1：9.479	1：0.6801	1：24.606
1908	1：0.0334	1：1.208	1：1.6300	1：58.973	1：0.3170	1：11.469	1：0.8181	1：29.599
1909	1：0.0398	1：1.440	1：1.6700	1：60.421	1：0.3220	1：11.650	1：0.8227	1：29.765
1910	1：0.0317	1：1.147	1：1.6100	1：58.250	1：0.3110	1：11.252	1：0.8009	1：28.977
1911	1：0.0324	1：1.172	1：1.6100	1：58.250	1：0.3127	1：11.313	1：0.8008	1：28.973
1912	1：0.0287	1：1.038	1：1.4200	1：51.376	1：0.2757	1：9.975	1：0.7092	1：25.659
1913	1：0.0291	1：1.053	1：1.4400	1：52.099	1：0.2785	1：10.076	1：0.7167	1：25.930
1914	1：0.0325	1：1.176	1：1.5300	1：55.355	1：0.2996	1：10.840	1：0.8000	1：28.944
1915	1：0.0343	1：1.241	1：1.7300	1：62.591	1：0.3270	1：11.831	1：0.8450	1：30.572
1916	1：0.0239	1：0.865	1：1.3600	1：49.205	1：0.2305	1：8.339	1：0.6858	1：24.812
1917	1：0.0204	1：0.738	1：1.0500	1：37.989	1：0.1876	1：6.787	1：0.5392	1：19.508
1918	1：0.0169	1：0.611	1：0.8500	1：30.753	1：0.1546	1：5.593	1：0.4500	1：16.281
1919	1：0.0143	1：0.517	1：0.7700	1：27.859	1：0.1160	1：4.197	1：0.3940	1：14.255
1920	1：0.0136	1：0.492	1：0.8900	1：32.200	1：0.0658	1：2.381	1：0.4515	1：16.335
1921	1：0.0224	1：0.810	1：1.4000	1：50.652	1：0.1070	1：3.871	1：0.6802	1：24.610
1922	1：0.0236	1：0.854	1：1.2700	1：45.949	1：0.1050	1：3.799	1：0.6159	1：22.283
1923	1：0.0253	1：0.915	1：1.3200	1：47.758	1：0.0814	1：2.945	1：0.6491	1：23.484
1924	1：0.0241	1：0.872	1：1.3000	1：47.034	1：0.0687	1：2.486	1：0.5449	1：19.714

续表

年份	英汇		美汇		法汇		日汇	
	便士：行化银		美金元：行化银		法郎：行化银		日元：行化银	
	单位：两	单位：克	单位：两	单位：克	单位：两	单位：克	单位：两	单位：克
1925	1：0.0252	1：0.912	1：1.2500	1：45.225	1：0.0604	1：2.185	1：0.5160	1：18.669
1926	1：0.0271	1：0.980	1：1.4000	1：50.652	1：0.0434	1：1.570	1：0.6670	1：24.132

数据来源：作者整理，以两为单位的数据参考孔敏．南开经济指数资料汇编[M]．北京：中国社会科学出版社，1988：578-587；以克为单位的数据由作者根据荣晓峰（2020）中所提"行化银的平砝为行平"和戴建兵（2005）中所提"行平的单位重量为36.18克/两"计算得出，参考荣晓峰．近代天津行化银两制度研究[J]．中国经济史研究，2020（02）：130-146；戴建兵．白银与近代中国经济（1890—1935）[M]．上海：复旦大学出版社，2005：23．

2. 银两与黄金换算

近代中国在与金本位国家开展国际贸易时，不可避免会有收付金币的情况，涉及银两与黄金的换算。标金[1]市场的出现，是为了减少金银比价变动引发的汇率风险。标金主要在上海金业交易所交易[2]，实行每日报价[3]制度。表8显示，上海标金平均市价在1894年后的近40年时间里涨落波动。1919年，1条标金平均市价为198.7规元银（两），此时银价达到最高；到1931年，1条标金平均市价为727.6规元银（两），银价大跌。

表8 上海标金平均市价

年份	标金1条与规元银（单位：两）比价	标金1克与规元银（单位：克）比价	年份	标金1条与规元银（单位：两）比价	标金1克与规元银（单位：克）比价
1894	339.8	33.9001	1913	360.7	35.9852
1895	329.8	32.9024	1914	399.7	39.8760
1896	322.2	32.1442	1915	423.7	42.2703
1897	365.1	36.4241	1916	347.7	34.6882
1898	375.0	37.4118	1917	274.2	27.3555
1899	361.5	36.0650	1918	231.9	23.1355

---

1 交易所买卖的标准金条称为"标金"，上海标金纯度978‰，每条计重漕平10两（1934年2月改为市平10两），引自周顺鑫．标金评价计算之嬗递[J]．银行周报，1937（21）．

2 上海金业交易所是中国最大的黄金市场，引自杨荫溥．经济新闻读法[M]．上海：黎明书局，1933．

3 耿爱德．中国货币论[M]．蔡受百，译．太原：山西人民出版社，2015．

续表

年份	标金1条与规元银（单位：两）比价	标金1克与规元银（单位：克）比价	年份	标金1条与规元银（单位：两）比价	标金1克与规元银（单位：克）比价
1900	352.9	35.2070	1919	198.7	19.8233
1901	363.1	36.2246	1920	210.4	20.9905
1902	415.4	41.4423	1921	338.2	33.7405
1903	416.8	41.5820	1922	312.8	31.2064
1904	377.8	37.6911	1923	328.7	32.7927
1905	362.8	36.1947	1924	275.4	27.4752
1906	330.7	32.9922	1925	265.0	26.4377
1907	335.3	33.4511	1926	335.6	33.4811
1908	403.5	40.2551	1927	371.6	37.0726
1909	418.1	41.7117	1928	354.6	35.3766
1910	404.9	40.3948	1929	387.0	38.6090
1911	403.6	40.2651	1930	548.2	54.6911
1912	358.3	35.7457	1931	727.6	72.5889

数据来源：作者整理，标金1条与规元银（单位：两）比价参考孔敏.南开经济指数资料汇编[M].北京：中国社会科学出版社，1988：481-485；标金1克与规元银（单位：克）比价由作者根据周顺鑫（1937）中所提"上海标金每条计重漕平10两"、戴建兵（2005）中所提"纹银以九八除之，即得规元数""纹银1两指重库平1两含银比例为93.5374%的白银""库平的单位重量为37.31克/两、漕平的重量单位为36.65克/两"计算得出，参考周顺鑫.标金评价计算之嬗递[J].银行周报，1937（21）；戴建兵.白银与近代中国经济（1890—1935）[M].上海：复旦大学出版社，2005：23-26.

3. 海关金与其他货币的换算

近代上海、天津在进行国际贸易结算、缴纳关税时，需将外币折算为官方标准的关平银或区域通行的虚银两。20世纪20年代末，世界银价的骤然暴跌，使南京国民政府以关税为主[1]的财政压力骤增[2]。为避免金银比价变动的负面影响，1930年1月15日，南京国民政府正式决定，自2月1日起，采用海关金（CGU）征收进口税及以进口税为基础的关税（如码头税、

---

[1] 南京国民政府成立后，海关税收在全部税项收入中占比保持在55%~60%，1928年高达69.1%，引自杨荫溥.民国财政史[M].北京：中国财政经济出版社，1985：47.
[2] 杨格.一九二七至一九三七年中国财政经济情况[M].陈泽宪，陈霞飞，译.北京：中国社会科学出版社，1981.

附加税）。海关金是一种以黄金计值的记账单位，履行价值尺度职能，与关平银、标金、各国外币均可直接换算（见表9）。

表9 海关金与各类货币的换算表

公布时点	货币	换算值
1930年2月1日	关平银（1930年2月1日—3月15日）	1海关金=关平银0.667两
	关平银（1930年3月16日及之后）	1海关金=关平银0.571两
	美元	1海关金=0.40美元
	便士	1海关金=19.7265便士
	日元	1海关金=0.8025日元
1934年2月20日	上海标金	1海关金=上海标金0.002两

资料来源：作者整理，参考中国第二历史档案馆.中华民国史档案资料汇编[M].南京：江苏古籍出版社，1994：3，转引自吴景平，龚辉．1930年代初中国海关金单位制度的建立述论[J].史学月刊，2007(10)：63-72；戴建兵，史红霞．近代上海黄金市场研究（1921—1935年）[J].黄金，2003(03)：11-14.

（四）日常生活所需的货币计量单位换算

日常生活中，银元、银两、铜元、制钱满足了不同的市场所需，商人批购货物需用银两而出售货物常以银元结算，民间零星交易多用银元、制钱。

1. 银两与制钱换算

市民在日常生活中采购商品等民间交易大多坚持"大数用银、小数用钱"的货币使用习惯，1两以上多用银，1两以下多用钱。清政府规定银钱比价为纹银1两合制钱1 000文，但在实际流通中该比率受白银波动、制钱减重等多类因素影响而涨落波动，最高曾涨到纹银1两合制钱2 400文。

2. 银元与铜元换算

铜元币面规定银元1元合铜元100枚[1]，例如，1900年广东省试造的铜元背面镌刻"百枚换一元"。实际流通中，不同地区银元与铜元的换算比价不一，随着铜元供应量增多，铜元总体呈贬值趋势。北京、上海、汉口等地的铜元由起初的每80枚铜元合银元1元，在1905年后贬值至每130余枚铜元合银元1元[2]。

---

1 彭泽益.中国近代手工业史资料[M].北京：中华书局，1962：582.
2 中国第二历史档案馆，中国海关总署办公厅.中国旧海关史料（1859—1948）[M].北京：京华出版社，2001：9.

四、结论

近代中国货币体系包含多种货币形式、多种换算关系,看似纷繁复杂,但有其内在规律与章法,包括政府赋税收缴领域的实银两与虚银两换算,埠际贸易领域内的内汇市价,国际贸易领域内的外汇汇价,日常交易领域内的银钱比价等。在此基础上,货币的流通手段、价值尺度职能得以发挥。

同时要看到,近代中国货币体系暴露出货币种类繁多、记账标准多样、换算过程烦琐等弊端,一定程度上制约和延缓了中国货币近代化进程与经济金融发展。例如,地区间银两平色的差异,使各地银两价值不同,需逐一进行换算方可汇总记账;废两改元前的银两与银元平行使用,使地区间银元无法直接汇兑,需依据两地洋厘市价与内汇市价才能核算。货币换算的复杂性增加了交易成本,不利于形成全国统一的大市场,限制了近代商品经济的发展。

总之,回顾近代中国白银货币计量单位换算体系的形成与发展,既应看到其历史必然性,也应看到其时代局限性和滞后性,全面、客观、辩证地把握其在近代中国经济金融发展中的作用。

参考文献

[1] 张国辉.晚清货币制度演变述要[J].近代史研究,1997(05):16-40.

[2] 韩祥,李宏.近代财政统计中货币换算问题之实例分析——以清末财政清理为中心的考察[J].江海学刊,2014(04):156-162.

[3] 马建华.20世纪二、三十年代中国国内汇兑层级体系——从申汇计算公式看近代中国国内金融市场圈的构建[J].上海经济研究,2013,25(03):45-55+80.

[4] 燕红忠,李裕威.近代中国内汇市场的发展及其特点[J].暨南学报(哲学社会科学版),2019,41(05):102-121.

[5] 戴建兵.白银与近代中国经济(1890—1935)[M].上海:复旦大学出版社,2005.

[6] 孙毅,刘晓明,张秀玉.近代中国以白银为中心的货币体系的有机性及其启示意义(1897—1927)[J].人文杂志,2019(11):85-92.

[7] 杨枫,岳华.虚银两之汉口洋例银[M]//《武汉金融》编辑部.湖北钱币专刊总第四期.湖北省钱币学会,2005:3.

[8] 荣晓峰.近代天津行化银两制度研究[J].中国经济史研究,2020(02):130-146.

[9] 熊昌锟.良币胜出:银元在近代中国市场上主币地位的确立[J].中国经济史研究,2018(06):67-80.

[10] 朱嘉明.从自由到垄断:中国货币经济两千年(上)[M].台北:远流出版公司,2012.

［11］武英殿.皇朝文献通考（卷十五）[M].上海：上海图书集成局，1901.

［12］张家骧.中华币制史[M].北京：民国大学出版部，1925.

［13］记公估局[J].银行周报，1918（2）：14.

［14］张家骧.中华币制史（上）[M].北京：知识产权出版社，2013.

［15］上海银行周报社.上海金融市场论[M].上海：上海银行周报社，1923.

［16］张惠信.中国银锭[M].台北：齐格飞出版社，1988.

［17］郭廷以.近代中国史事日志[M].北京：中华书局，1987.

［18］中国人民银行总行参事室金融史料组.中国近代货币史资料[M].北京：中华书局，1964.

［19］文汉宇.清末四川盐课归丁盐税银锭浅论[J].中国钱币，2012（04）：28-36+6-7.

［20］尹艳萍.清代海关银锭漫谈[J].艺术品鉴，2020（19）：124-131.

［21］宫下忠雄.中国币制の特殊研究：近代中国银两制度の研究[M].东京：日本学术振兴会，1952.

［22］魏建猷.中国近代货币史[M].合肥：黄山书社，1986.

［23］姜林.湖北近代银炉业与汉口公估局[J].中国钱币，2012（04）：37-42.

［24］戚其章.甲午战争赔款问题考实[J].历史研究，1998（03）：3-5.

［25］公裕厚等十炉房恳请勿立公估文及津海关道蔡批文（光绪三十四年八月二十五日、九月三日）[M]//天津市档案馆，天津社会科学院历史研究所.天津商会档案汇编（1903—1911）（上）.天津：天津人民出版社，1997：372.

［26］中国第二历史档案馆.中华民国史档案资料汇编：第3辑[M].南京：江苏古籍出版社，1991.

［27］刘斌.近代中国货币本位制度的变迁述论[J].武汉商学院学报，2015，29（02）：38-43.

［28］陆仰渊.银元在民国时期的流通[J].民国春秋，1995（03）：8-10+19.

［29］杨荫溥.我亲见的上海宝银铸造和批估实况[M]//上海政协文史资料委员会.上海文史资料存稿汇编.上海：上海古籍出版社，2001.

［30］中央财经大学图书馆.清末民国财政史料辑刊（第一册）[M].北京图书馆出版社，2007.

［31］洪葭管，张继凤.近代上海金融市场[M].上海：上海人民出版社，1989.

［32］孔敏.南开经济指数资料汇编[M].北京：中国社会科学出版社，1988.

［33］杨荫溥.杨著中国金融论[M].上海：黎明书局，1931.

［34］吴石城.天津货币流通之概况（一）[J].银行周报，1935（2）.

［35］中央银行秘书处.中央银行月报[J].1932.

［36］中国人民银行总行金融研究所金融历史研究室.近代中国的金融市场[M].北京：中国金融出版社，1989.

［37］周顺鑫.标金评价计算之嬗递[J].银行周报，1937（21）.

［38］杨荫溥.经济新闻读法[M].上海：黎明书局，1933.

［39］耿爱德.中国货币论[M].蔡受百，译.太原：山西人民出版社，2015.

［40］杨荫溥.民国财政史[M].北京：中国财政经济出版社，1985.

［41］杨格.一九二七至一九三七年中国财政经济情况[M].陈泽宪，陈霞飞，译.北京：中国社会科学出版社，1981.

［42］中国第二历史档案馆.中华民国史档案资料汇编[M].南京：江苏古籍出版社，1994.

［43］吴景平，龚辉.1930年代初中国海关金单位制度的建立述论[J].史学月刊，2007（10）：63-72.

［44］戴建兵，史红霞.近代上海黄金市场研究（1921—1935年）[J].黄金，2003（03）：11-14.

［45］彭泽益.中国近代手工业史资料[M].北京：中华书局，1962.

［46］中国第二历史档案馆，中国海关总署办公厅.中国旧海关史料（1859—1948）[M].北京：京华出版社，2001.

［47］王信，魏磊，王佳琪.1934年中国放弃银本位的背景、影响及启示[J].华北金融，2020（01）：1-7.

［48］MORSE H B. THE TRADE AND ADMINISTRATION OF CHINA[M]. LONGMANS, GREEN & CO., 1913.

20世纪之交中日货币制度的不同选择

◎ 中国人民银行研究局　王　信
◎ 中国人民银行上海总部　张挽虹

摘要：19世纪下半叶，随着西方国家纷纷建立金本位制，传统用银的中日两国对币制也进行了较多讨论。最终，国内产银的日本转向了金本位，而高度依赖白银输入的中国仍坚持用银。本文从三个方面对中日两国不同币制选择进行分析，并得出启示。从经济贸易角度看，银价下跌并未减少中国的贸易逆差，但也未增加中国转向金本位的迫切性。日本则为推行军事化、重工业化，融入金本位的全球贸易网络、降低海外借款成本，坚决转向金本位制。从货币金融角度看，日本建立了以日本银行为核心的金融体系，较早建立了国民银行，对统一币制、积累外汇发挥了积极作用。相比之下，当时中国缺少货币管理机构，新式银行发展缓慢。在华外资银行出于自身利益，阻碍币制改革。从推动改革的力量来看，近代中国政府内部分歧严重，没有强有力的人物主导货币事务。在日本，以松方正义为首的改革者的眼光和行动力，对币制改革的成功起到了十分重要的作用。中日两国在20世纪之交对货币制度的不同选择表明，币制改革的推行和成功至少需要三方面条件：合理清晰的政策目标，社会经济金融等基础条件，以及强力推行改革的力量。币制改革有赖于经济社会条件，也反作用于本国经济社会发展。

▶ **Abstract:** In the second half of the 19th century, with the establishment of the gold standard in Western countries, China and Japan, which had traditionally adopted silver currency, had a lot of discussions on the choice of monetary system. Eventually, Japan, which produced domestic silver, turned to gold standard, while China, which relied heavily on silver imports, continued with silver currency. This paper analyzes the choices of monetary system in China and Japan from three aspects, and draws conclusions. From an economic and trade perspective, the fall in silver price did not help reduce China's trade deficit,

第一编 货币、货币制度与货币竞争

nor did it provide incentive for China to switch to gold. In order to promote military and heavy industry development at home, integrate into the global trading system of the gold standard, and reduce overseas borrowing costs, Japan swtiched to gold standard. From a monetary and financial perspective, Japan had established a financial system with the Bank of Japan as its center, and its national banks played a positive role in unifying the currency and accumulating foreign exchange. In contrast, China did not have a monetary authority and the development of modern banks was slow. Furthermore, foreign banks in China hindered currency reform out of their own interests. From the perspective of the pro-reform forces, due to serious differences within the Chinese government, there was no individual powerful enough to lead currency matters. In Japan, the vision and action of the reformers led by Masayoshi Matsukata played a very important role in the success of the currency reform. The different choices of the monetary system in China and Japan at the turn of the 20th century showed that the successful implementation of monetary reform requires at least three conditions: reasonable and clear-cut policy objectives, adequate social, economic and financial support, and strong forces to drive reforms. The currency reform depends on economic and social conditions, and also affects a country's economic and social development.

日本明治维新之后，1885年正式确立了银本位制，中国则长期将白银作为货币。19世纪后半叶，以英镑为中心的金本位国际货币体系形成[1]，在金贵银贱的长期趋势下，中日两个用银国均面临货币制度的选择。日本产银丰富，却在1897年转向金本位制，较中国统一国内货币、正式确立银本位制早近四十年。而中国在大部分流通白银依赖外部输入、清末以来朝

---

[1] 19世纪70年代第一波"黄金争夺战"将大部分欧洲大陆国家和美国通过黄金联系起来：德国于1871年，美国、挪威、丹麦于1873年，芬兰于1876年，荷兰于1877年，拉丁货币同盟（法国、比利时、意大利和瑞士）于1878年，奥匈帝国于1879年（1892年最终实现）先后建立了金本位。19世纪90年代出现又一轮金本位浪潮：日本、俄国于1897年加入金本位，1899年印度改用金汇兑本位（1890年停铸银币）。20世纪初，泰国1902年停铸银币，菲律宾1903年采用金汇兑本位，1905年玻利维亚与墨西哥采用金汇兑本位，1906年英属海峡殖民地采用金汇兑本位，1907年哥伦比亚采用金本位制。及至大萧条前，印度、安南和波斯分别于1925年、1930年、1930年采用。戴建兵．白银与近代中国经济（1890—1935）[D]．上海：复旦大学，2003：124．

野不乏币制改革呼声的情况下,一直持续用银,多年游离于国际主流的金本位制之外,直到1935年实行法币改革。本文试图从经济贸易、货币金融、币制改革力量等方面,对20世纪之交中日两国不同币制选择进行分析,并得出几点启示。

一、19 世纪末中日两国关于币制改革的争论

19 世纪中期,中日两国都曾面临西方势力入侵、国内政治经济局势混乱等相似的内外部环境。日本明治维新之后,逐步走向现代化之路,与中国的发展差距拉大。随着西方国家纷纷建立金本位制,金银比价变动对中日两国国际收支、国内经济都产生较大影响,引发国内激烈争论。

(一) 日本国内的争论

明治维新之后,日本建立了新式政府,统一财政和国内市场,不断推进工业化和技术革新,积极扩大对外贸易。1885 年,日本正式确立了银本位。关于是否转向金本位,以松方正义为代表的支持者认为,金本位有助于降低汇率风险和交易成本,扩大日本与金本位国家的贸易,并以更低的利率吸引外国资本,从而有利于日本工商业和资本市场发展。反对者则认为,金本位并不能降低日本海外融资成本,反而抹杀了银价下跌带来的出口利益(见表1)。改革前后,反对金本位的声音始终很多。

表 1　关于日本建立金本位制的不同观点

观点	代表人物	身份	理由
支持	川岛	立法委员	日本的主要贸易伙伴是金本位制国家,为在贸易领域与其他国家竞争,必须拥有共同的世界货币。 增强外国投资者对日本政府债务的信心,帮助日本以较低利率吸引外国资本。 金本位有利于工商业发展;外资将投资于日本市场和购买日本政府债券和私募证券。
	阪谷芳郎	大藏省会计官	日本的贸易不再局限于亚洲,而是进入了一个日益由金本位制主导的世界。许多曾经的银本位大国已转向金本位,表明一种自然发展趋势。
	松方正义	大藏大臣	与金本位国家的汇率保持稳定,将促进对外贸易繁荣;放弃不稳定的白银,可消除导致一般价格波动的一个因素,使日本与世界核心货币市场之间建立更紧密的联系。

续表

观点	代表人物	身份	理由
反对	涩泽荣一	实业界代表货币制度调查会成员	1878—1893年日本对金本位国家出口增长260%以上,是因为出口价格下降、进口价格上升,促进了工业发展、技术进步和劳动力需求增长。币制改革会阻碍日本海外贸易,对国计民生无所裨益。 实行金本位后国内物价会下跌,恶化商业环境,对经济、社会造成严重影响。
	园田孝吉	横滨正金银行总裁	日本最亟待开发的海外市场是韩国和中国,有必要与它们采用统一的货币制度。如果银价继续下跌,日本对用银国家的出口不利。
	重冈	自由党成员	银价下跌损害出口行业利益,采用金本位将使日本陷入持续的贸易逆差。 即使加入金本位会使日本以更低利率进行国外借款,利率降低也只是暂时的;对金本位国家的出口下降,会打击外国投资者对日本经济增长的信心,最终日本被迫以更高利率借贷。
	加勒特·卓普斯	经济学家	1886—1897年,每一次白银贬值都使工商业者普遍满意。
	若宫正音	农商务省商工局长	欧美资本大量流入,将导致日本幼稚产业被控制;银价下跌为日本农业和工商业发展提供机会,形成对产业的自然保护,应该利用时机发展纺织业等;随着制造业发展,日本未来出口主要地区是东亚银本位国家。
	出口商	商界	日本出口集中在关键领域,其中41%为丝绸(主要竞争对手为意大利)、27%的茶叶、大米和火柴,附加值几乎全部来自国内,从银本位日元贬值中获益最大。而进口行业较为分散,没有任何一项进口总额的比例较高;同时进口品大多被用于中间环节,白银贬值造成的物价水平上涨不明显。

资料来源:MITCHENER K J, SHIZUME M, WEIDENMIER M D. Why did countries adopt the gold standard? lessons from japan[J]. The journal of economic history, 2010, 70(1):27-56; MATSUKATA M, FOXWELL E. Report on the adoption of the gold standard in japan[J]. The economic journal, 1900, 10(38):232-245; SCHILTZ M. Money on the road to empire: Japan's adoption of gold monometallism, 1873—1897[J]. The economic history review, 2012, 65(3):1147-1168; 董昭华. 产业发展战略与一战前日本金本位制的建立[J]. 中央社会主义学院学报, 2019(4):84-92.

（二）中国国内的争论

自明朝正统年（1436年）以来，中国将白银作为核心货币。晚清关于中国币制改革的争论一直存在，观点因形势而变（见表2）。同治末年，在欧美主要国家相继实行金本位后，中国货币的对外价值不断下跌，入超逐年增加，主张币制改革的人多了起来。尤其在甲午战争后，迫于巨额外债和赔款的压力，改革者多希望改行金本位制，但大部分未能提出具体方案。20世纪初，中国庚子赔款负担更重，必须设法稳定本国货币汇价，才有各种具体办法提出来。

表2 关于中国货币制度的不同观点

时间	建议者	身份	观点
道光年间	王鎏	学者	行钞法、禁铜器、铸大钱。一贯以上用钞，一贯以下用钱；白银不再作为货币，人民可用白银向政府换领钞票
1853年	张祥晋	给事中	将内府储藏金器改铸金钱，颁行天下，与白银并用
1854年	王庆云	陕西巡抚	银少价昂，应三金并用，以黄金、红铜辅银而行。不主张铸金币，以生金块流通
1859年	洪仁玕	太平天国领导者	兴办银行，发行纸币
光绪年间	康有为	学者	纸币信用基于金属储备多寡。可学习英格兰银行，国家以公债为担保向银行获取纸币，代替金属货币
1887年	黄遵宪	驻日公使	发行兑换券，以十足金属货币为准备
1895年	胡燏棻	顺天府尹	各省口岸局开铸金银铜钱，并由户部设立银行，发行钞票
1895年	王鹏运	御史	鼓铸金银铜三品之钱，金钱轻重略仿英镑大小，银钱用鄂粤铸成之式
1896年	盛宣怀	洋务运动代表	在京师设立银元总局，其他省市设立分局，开铸银币，再酌铸金钱及小银钱并行。禁用元宝小锭
1897年	杨宜治	通政使司参议	直接仿照英国币制，制造与英镑、先令同等重量的金银币。各省督抚开采金矿，仿照英镑式样，铸造金币，在此基础上，再发行钞票
光绪年间	梁启超	学者	中国不能用辅币作为国际支付手段。批评精琪的《中国新圆法条议》
1903年	刘世珩	江苏候补道	采用金币本位，铸造五圆、十圆、二十圆的金币，及银铜辅币。本位币（一圆金币）不必铸造，规定等于库平银一两。设国家银行发钞票。但并未说明金银比价变动时如何应对
1903年	精琪	美国国际汇兑委员会委员	采用金汇兑本位制。以相当于一两白银的黄金为单位，人民可自由请求铸造该单位倍数的金币。同时铸造银币，金银间维持32：1的比价。由政府在伦敦等地开立信用户，出售金汇票维持比价。中国政府聘请一外国人为司泉官，全权处理上述事务
1903年	胡维德	驻俄公使	金银铜同时流通，约定铜币对银币、银币对金币的比例

续表

时间	建议者	身份	观点
1904年	赫德	海关总税务司	采用金汇兑本位制。由政府设立统一的造币厂，铸造银币和铜币用于流通，本位币不铸造，只规定新币八两合英金一镑的比价。银币可以自由铸造，实际上是金汇与银币的复本位制
1907年	汪大燮	驻英公使	采用虚金本位制，将银币作价提高两成，用于对外支付
1911年	卫斯林	爪哇银行总裁，币制改革顾问	用二三十年的时间，分三阶段实行金汇兑本位。第一是采取金单位为记账货币，设立银行发行金单位钞票，积存准备金。第二是规定虚币和新辅币的重量、成色。第三是收回旧银币、纹银及制钱
1918年	曹汝霖	财政总长	《金券条例》，确定一个金币单位，并以此为基础发行金券。金券与国币不定比价，但各指定银行可挂牌兑换。银行发行金券应有十成准备，包括本国金元、生金、外国金币
1929年	甘末尔	美国普林斯顿大学教授	采用金汇兑本位。创设名为"孙"、以金计算的货币单位，无须实际铸造和行使金币。每单位孙币等于0.4美元（1930年银价暴跌后，又提议把孙币的汇价调低到0.40美元以下）。每一孙币所含纯银为222.22格林，相当于通用银元的60%。储备金主要来自于铸币收益，大部分储存于外国，价值至少相当于流通中金本位币总值的35%

资料来源：彭信威.中国货币史[M].2版.上海：上海人民出版社，2015：669，678-686；杨格.一九二七至一九三七年中国财政经济情况[M].陈泽宪，陈霞飞，译.北京：中国社会科学出版社，1981：194-196；燕红忠.本位与信用：近代中国白银货币制度及其变[J].中国经济史研究，2019（6）：40-57；耿爱德.中国货币论[M].蔡受百，译.上海：商务印书馆，1929：378-379.

综合来看，清末币制改革的意见主要有以下三种：一是以张之洞为代表的地方实力派，为分享货币发行权并获取一定铸币税，主张采用银本位，自铸银元。二是胡燏棻、胡维德等中央官员从避免汇价剧烈波动和减少投机的角度出发，建议实行金本位制以稳定金融市场。三是精琪、赫德等外国人士主张中国实行金汇兑本位制，新货币与其母国货币相联系，试图借机对中国货币制度施加较大影响。对后两种意见，张之洞等人认为，黄金价值太大，不适用于生活水平较低的中国；金汇兑本位又将造成外国政府对中国财政的直接干预。最终因难以形成共识，改革未能实施[1]。1910年清廷颁布《币制则例》，进一步明确了银币的法偿地位。

---

[1] 尽管清末民初中国币制改革呼声不绝，但从未付诸实施，可能主要是由于中国长期银铜并用，各地货币繁杂，朝野上下对币制问题有模糊甚至错误认识等。更重要的是，清末民初社会剧烈动荡，中央政府地位脆弱，根本无力进行难度较大的币制改革。王信.中国清末民初银本位下的汇率浮动：影响和启示[J].国际金融研究，2011（2）：35-41.

清末民初，币制改革建议多有提出，但中国历经辛亥革命、第一次世界大战、大萧条以及日本侵华等一系列重大事件，一直未能建立金本位[1]。

20世纪之交，中日两国对币制作出了不同选择，可从经济贸易、货币金融、币制改革力量等多方面加以考察。

二、经济贸易方面的考察

19世纪，各国本位币基本分属金银两大阵营。货币本位的选择直接关系到一国汇率水平及其稳定性，以及对外贸易收支的平衡，并影响到国内物价和产业发展。随着越来越多的欧美国家转向金本位，国际市场出现金贵银贱的趋势，对中日两国经济及其币制选择都产生了直接影响。

（一）银价下跌，中国贸易逆差并未减少

对用银国来说，从金本位国进口通常用金本位货币计价并结算，对金本位国的出口则相反。金贵银贱导致的本币贬值理论上会抑制进口、刺激出口。然而，从19世纪80年代后期开始，随着银价加速下跌，不包括鸦片在内的中国进口商品量和金额的增长均快于出口，导致贸易顺差逐渐缩小，在19世纪末转为逆差（见表3）。

表3 1870—1900年中国进出口情况

单位：海关两

1870—1872 =100	进口总值指数	进口物量指数	出口总值指数	出口物量指数	出超（+） 入超（-）	每关两合英镑指数
1870—1875年	97.2	99.5	101.9	103.6	26 299 858	97.9
1876—1880年	103.1	128.0	111.1	125.9	29 845 039	89.0
1881—1885年	125.3	165.0	103.7	129.1	15 651 219	84.1
1886—1890年	194.4	256.5	133.6	161.3	6 340 713	74.3
1891—1895年	288.0	343.5	179.8	199.1	-2 552 503	59.7

---

1 杨格.一九二七至一九三七年中国财政经济情况[M].陈泽宪，陈霞飞，译.北京：中国社会科学出版社，1981：195.

续表

1870—1872 =100	进口总值指数	进口物量指数	出口总值指数	出口物量指数	出超（+）入超（-）	每关两合英镑指数
1896—1900 年	447.2	465.5	245.7	197.6	-25 956 638	46.4

注：考虑到鸦片的成瘾性，其需求量受汇率变化影响较小，上表中进口商品剔除了鸦片。若再计入鸦片贸易，中国从十九世纪七十年代中期便开始出现逆差，且金额不断扩大。1877—1879 年，逆差为 1 936.7 万海关两；1892—1894 年逆差高达 1.01 亿海关两，较 15 年前增加 4 倍。数据来源：郑友揆.中国的对外贸易和工业发展[M].上海：上海社会科学院出版社，1984：334-335.

资料来源：郑友揆.十九世纪后期银价、钱价的变动与我国物价及对外贸易的关系[J].中国经济史研究，1986（02）：1-27.

究其主要原因，一是国内银铜比价下跌，部分抵消了金银比价上升的影响（见表4）。其时，中国城镇银钱混用，农村基本只用铜钱。在最终销售环节，进口商品约80%以铜钱计价。国际银价在19世纪最后30年下跌近55%，制钱对银两的比价则上升了34%；加上生产技术进步带来工业品价格下降，以钱计算的进口商品甚至较内地土货价格更低[1]。因此，银价相对英镑等货币下跌，并未妨碍中国从金本位国的进口。二是丝茶等主要出口商品竞争激烈，加之中国厂商丧失了出口定价权[2]，导致出口货物量、价增速不及进口。

表4　1876—1895 年世界制造品价格指数、英汇及银铜兑换率

时间＼指数	世界制造品价格指数	海关两对英镑汇价指数	上海两对铜钱兑换指数
1876—1880 年	100.0	100.0	100.0
1881—1885 年	91.2	94.9	101.3
1886—1890 年	83.6	83.8	94.6
1891—1895 年	82.4	67.2	81.8

资料来源：姚贤镐.19世纪70至90年代中国对外贸易的发展趋势[J].中国社会经济史研究，1987（1）：1-14.

---

1 郑友揆.十九世纪后期银价、钱价的变动与我国物价及对外贸易的关系[J].中国经济史研究，1986(02)：1-27.

2 在苏伊士运河通航和东西方电讯联系建立以前，中国丝茶出口市场的变动，是影响国外丝茶市场供需和价格变动的主要因素。此后，生丝、茶叶对外贸易价格完全由伦敦和纽约挂盘价格决定，中国商人并无影响。棉花、豆类、糖类、毛皮等商品能否出口、出口多少，完全由洋行、买办根据当时国外市价、银汇变化决定。郑友揆.中国近代对外经济关系研究[M].上海：上海社会科学院出版社，1991：119.

SILVER Currency and Its Role
in the Evolution of Chinese History
白银货币与中国历史变迁问题研究

银价下跌还从另外两个方面影响中国经济。一是由于中国进口货物中以轻工业品及其原料为主[1]（不考虑鸦片），对本土相关产业造成打击。二是金银比价在短期内急剧上升，干扰市场对未来汇价的判断，一定程度妨碍了出口经营[2]。部分外国商人不仅将进口商品以金币订约结价，还要求出口货物也同此办理，将全部汇率风险加诸于中国商人[3]。综上所述，银本位制和金贵银贱并未给中国对外贸易和国内经济带来明显好处，从对外贸易角度看，中国没有很大的动力固守银本位。

（二）银价下跌也未增加中国转向金本位的迫切性

这主要是由于中国与银本位地区间的贸易占比提升。同样实行银本位的中国香港在中国进出口货值中的占比从1872年的45.9%升至1881年的57.9%，取代英国成为中国最大的贸易伙伴[4]。1882—1891年，英国对华贸易占比更降至18%，中国香港则继续激增。1896年，中国香港占比又升至42.3%[5]。因此，汇率波动的负面影响因贸易地区结构的调整得以降低。

另外两个因素也导致中国并未转向金本位。其一，由于中国对外贸易总量并未萎缩，关税、厘金等作为外债担保品的财政收入得以继续保持。1874年、1884年和1894年，中国进口税收入分别较各自10年前增长57.6%、14.7%和49.6%，1874年、1884年和1894年的出口税分别较各自10年前增长49%、16.4%和13.4%[6]。其二，由于几十年巨额国际收支逆差，中国未能积累充足的金银和外汇储备，这是后期反对金本位的论据之一。

（三）日本从军事化、重工业化发展战略大局出发，决心转向金本位

币制改革前，银价下跌加大日本贸易顺差，成为许多工商业者维护银本位的重要理由。1878—1893年，日本对金本位国家的出口增长260%以上，同期从这些国家的进口只增长70%[7]。日本从银价下跌中获得了大量贸易盈余[8]，主要得益于其对本国贸易的掌控力。明治维新前，日本国内存在的"藩"是较强的经济集团[9]，其拥有的对外机构和人员能直接开展对外

---

1 1873年，中国进口货物中，鸦片占39.2%，棉织品和毛织品分别占24.4%、8%，棉纱线、金属分别占4.7%和4.2%。姚贤镐.中国近代对外贸易史资料1840—1895[M].北京：中华书局，1982：1058.

2 姚贤镐.中国近代对外贸易史资料1840—1895[M].北京：中华书局，1982：1052.

3 武堉干.中国国际贸易概论[M].上海：商务印书馆，1932：547.

4 香港贸易占比提升有1887年新设九龙关征收鸦片关税和厘金的缘故。姚贤镐.中国近代对外贸易史资料1840—1895[M].北京：中华书局，1982：1044-1048.

5 郑友揆.中国的对外贸易和工业发展[M].上海：上海社会科学院出版社，1984：25.

6 姚贤镐.中国近代对外贸易史资料1840—1895[M].北京：中华书局，1982：800.

7 MITCHENER K J, SHIZUME M, WEIDENMIER M D. Why did countries adopt the gold standard? lessons from Japan[J]. The journal of economic history, 2010, 70（1）：27-56.

8 Miller E S. Bankrupting the enemy: the U.S. financial siege of Japan before pearl harbor[M]. Annapolis: Naval Institute Press, 2007: 77.

9 "藩"是日本江户时代（1603—1868年）对于将军家直属领地以外大名领国的非正式称呼。

贸易，国内市场也由本国自主掌控[1]。这与中国对外贸易被洋行垄断、进出口价格由外商控制的情形有根本不同。

然而，银价下跌不利于明治政府大力推行的军事化、重工业化发展战略。1895年8月，松方正义将《关于财政前途之计划的提议》提交内阁审议。这份关于"甲午战后经营"构想的核心是"军事与经济并行发展"，包括扩军、建造制铁所等计划。为此，需要支付巨额资金从金本位国家进口军舰和机械等，银价持续下跌加重了相关采购成本及财政负担[2]。1887年，松方正义提醒时任国防大臣，由于白银不断贬值，向西方国家订购军火时要谨慎行事[3]。因此，一些日本重要人士提出建立金本位，有助于消除汇率风险、减少交易成本，更好地施行重工业化、军事化发展战略。

从日本的贸易结构看，日本转向金本位，对其对外贸易的负面影响并不大。1897年前，日本近60%的出口和贸易是与金本位国家（或计划在几年内加入黄金俱乐部的国家）进行的，而日本向其他白银国家的出口只占其出口总额的30%，这些国家只占日本贸易总量的35%[4]。加入金本位，可使日本在以黄金而非白银为核心的全球贸易网络中进行交易，与其他国家竞争[5]。

（四）日本转向金本位，还有利于便利海外借款，降低融资成本

日本执政者坚持扩张主义，转向金本位，可提高日本在国际金融市场的信誉、降低融资成本、弥补国内融资之不足，有利于松方正义推行军事化、重工业化，这是明治政府"富国强兵"和"殖产兴业"政策的集中体现，也是日本"脱亚入欧"的关键原因。

三、货币金融方面的考察

货币制度是一国货币金融体系的重要组成部分，需要结合货币金融体系的其他条件进行考察。19世纪末，日本的货币金融制度较中国更健全、发达，为其转向金本位提供了较好条件。

（一）日本的货币制度较中国更加统一健全

近代中国内部货币统一进程异常缓慢。金并不是中国传统流通货币，主要作为储藏手

---

1 依田憙家.19世纪后半叶日中两国的现代化[M]//罗荣渠，牛大勇.中国现代化历程的探索.北京：北京大学出版社，1992：479-509.

2 董昭华.日本产业发展战略的历史实践——基于货币制度视角的考察[J].国际论坛，2013（1）：60-65.

3 SCHILTZ M. Money on the road to empire: Japan's adoption of gold monometallism, 1873-97[J]. The economic history review, 2012, 65（3）：1147-1168.

4 MITCHENER K J, SHIZUME M, WEIDENMIER M D. Why did countries adopt the gold standard? lessons from Japan[J]. The journal of economic history, 2010, 70（1）：27-56.

5 MITCHENER K J, SHIZUME M, WEIDENMIER M D. Why did countries adopt the gold standard? lessons from Japan[J]. The journal of economic history, 2010, 70（1）：27-56.

Silver Currency and Its Role
in the Evolution of Chinese History
白银货币与中国历史变迁问题研究

段。明清近 500 年间，中国主要实行银钱并用的货币体系[1]，大数用银，小数用钱[2]。中国长久以来的城乡二元经济结构，也造成了货币制度的分层化特征[3]，广大乡镇以及城市普通民众都用制钱交换商品和结算收入。中国在 1933 年前既无明确的本位币，银两、银元和铜钱、铜元间也不存在主辅币的关系[4]。银、铜之间无固定比价，各自随行就市[5]。此外，还有外国银元，以及在华外资银行和各地官银钱号发行的银钱票和外国钞票大量流通。据 1910 年度支部调查，中国境内流通的外国银元约 11 亿枚[6]。上述货币不但对外汇率波动大，国内的兑换比率也是各地标准不一，折算手续繁复。曾任国民政府顾问的美国经济学家甘末尔（Edwin W. Kemmerer）认为，"中国币制是任何一个重要国家里所仅见的最坏制度"，是一大堆铸币、重量单位和纸币凑成的大杂烩[7]。在西方势力、地方政府、民间使用习惯等多方面因素影响下，国内货币统一进程异常缓慢。张之洞曾提出，中国应先铸造银币以统一货币，这对币制改革的讨论产生较大影响[8]。但直到 1910 年的《币制则例》和 1914 年的《国币条例》，中国都未能完成对内货币整理、建立真正的银本位，实行金本位也就无从谈起了。

相比之下，日本在 1885 年便建立了银本位，金本位制改革前完成了大部分的货币整理。明治维新前，日本国内金银铜三种货币比价与国际标准比价不同，导致洋银流入和黄金流出，且各地私铸赝币、增发"藩票"[9]，货币制度混乱至极[10]。1881 年松方正义任大藏大臣后，即行财政紧缩和整理纸币。为融入欧美主导的国际经济体系，日本先后进行了双金属标准、银

---

1 清朝的币制也是银钱并用，但政府重点放在白银，且明确提倡用银。彭信威.中国货币史[M].2版.上海：上海人民出版社，2015：575.

2 关于废两改元前中国货币本位制度的讨论颇多。赵兰坪、周伯棣、杨端六等人认为，当时中国并无本位币，也无主币辅币之分；彭信威认为，清代是不完整的银钱平行本位，白银更加重要；魏建猷主张从实际流通的角度判断，中国算得上银本位制；王业键和郝延平认为，银钱并用乃复本位制；戴建兵从银钱能否自由铸造的角度，认为较接近于跛行本位制。资料来源：燕红忠.本位与信用：近代中国白银货币制度及其变革[J].中国经济史研究，2019（6）：40-57.

3 许晨，燕红忠.近代中国的二元货币与二元经济研究[J].浙江社会科学，2018（8）：27-34.

4 燕红忠.本位与信用：近代中国白银货币制度及其变革[J].中国经济史研究，2019（6）：40-57.

5 王信.中国清末民初银本位下的汇率浮动：影响和启示[J].国际金融研究，2011（2）：35-41.

6 献可.近百年来帝国主义在华银行发行纸币概况[M].上海：上海人民出版社，1958：3.

7 杨格.一九二七至一九三七年中国财政经济情况[M].陈泽宪，陈霞飞，译.北京：中国社会科学出版社，1981：177.

8 戴建兵.白银与近代中国经济（1890—1935）[D].上海：复旦大学，2003：283.

9 江户时代（1603—1868 年）形成 276 个地方分权单位（藩），它们发行的货币叫"藩票"，直到 1871 年明治政府废藩置县，才建立中央集权地方行政体系。

10 当时流通的还有金银硬币、政府发行的纸币、历史遗留的 1 500 多种各藩所发纸币。1868 年，日本政府所发纸币兑现跌价 45%。艾伦.近代日本经济简史 1867—1937 年[M].蔡谦，译.北京：商务印书馆，1959：32.

本位等币制尝试[1]。1897年正式建立金本位以前，日本国内大部分铸币、纸币已转换为日本银行发行的可兑现纸币[2]。

（二）中国货币管理机构缺位，日本银行则发挥重要作用

中国晚于日本建立中央银行制度。晚清时期，在华外资银行特别是汇丰银行掌握白银进出口，既决定汇价，又对中国的货币供应量拥有相当影响力；外资银行和中资银行均参与国债发行、税收保管、货币发行，不同程度地承担了现代中央银行的某种职能，但它们以自身利益为先，无法真正起到约束金融机构、管理货币的作用。即便成立了中央银行性质的大清银行，其与一般商业银行的界限并不是很清晰，官银钱号、官办商办银行均可发行钞票，大清银行无法对其进行妥善管理，导致私票横行[3]。国内货币清理十分困难，不利于推进币制改革[4]。

日本1882年建立中央银行，以推动形成全国统一的金融和货币市场、调整财政与金融的关系，促进银行业发展[5]。1885年，日本银行开始发行可兑换纸币，成为唯一的发行银行。1888年，日本银行获得了调节货币供应量的权力。

（三）中国的银行体系落后于日本，外国势力制约中国币制改革

近代，中国银行业整体发展缓慢，1897年才出现第一家新式银行——中国通商银行；作为外汇银行的中国银行，也比日本的横滨正金银行晚了30多年。中资银行相较外资银行总体实力偏弱，风险较大，特别是外汇市场长期被外资银行垄断，中国进口货价支付、出口货价收取、外债偿还，以及华侨汇款等，几乎全由外资银行经手[6]。中资银行无法在促进对外贸易、稳定

---

1 明治维新时，日本货币有金银币、墨西哥银洋及铜钱、纸币等。1871年颁布新货币条例，以金币为本位币，银、铜币为辅币。为了便利贸易，另发行一元银币，作为贸易货币，与墨西哥银洋同在通商口岸流通。1872年又准许一元银币在全国通用，实际上是金银复本位制。金银法定比价1∶16，因国际金价高涨，金币不断流往国外。经过1876年修改国立银行条例以及1877年西南战役，日本政府滥发纸币，纸币价格惨跌，最低时1元纸币仅可兑换硬币二角。此时政府不再兑换纸币。1882年设立日本银行，发布《兑换银行券条例》，规定于1885年5月开始发行"兑换日本银行券"，恢复了纸币对银币的兑换。艾伦.近代日本经济简史1867—1937年[M].蔡谦，译.北京：商务印书馆，1959：33.

2 日本银行成立后，通过各国立银行收兑纸币。至1899年底，所有政府纸币和国立银行纸币退出历史。1900年始，除日本银行的可兑换纸币外，没有其他钞票流通. MATSUKATA M, FOXWELL E. Report on the adoption of the gold standard in Japan[J]. The economic journal, 1900, 10（38）: 232-245.

3 戴建兵.白银与近代中国经济（1890—1935）[D].上海：复旦大学，2003：75.

4 20世纪30年代前，中国尚未出台相关规定。政府将进口白银等同于商品，金银进出全无限制，令外资银行可肆意操纵。

5 张光，汤金旭.纸币与白银——明治维新后日本与明清中国货币体制之比较[J].南开日本研究，2011（00）：26-56.

6 戴建兵.白银与近代中国经济（1890—1935）[D].上海：复旦大学，2003：151.

Silver Currency and Its Role
in the Evolution of Chinese History
白银货币与中国历史变迁问题研究

汇率等方面有所作为，难以代表本国的长远利益，在币制改革中发挥重要作用。

与此同时，在华外资银行很大程度上控制中国的货币金融体系，极大地影响中国币制改革进程。在华外资银行通过外汇、发钞等业务，控制中国金融体系。一方面，外资银行垄断中国外汇交易长达半个多世纪，从外汇资金和手续便利等方面给予本国洋行优惠条件，协助它们完成商品倾销和原料收购[1]。辛亥革命以后，上海、天津、汉口等重要商埠的外资银行成立了国外汇兑银行公会（又称"外商银行公会"），以巩固其外汇市场垄断地位。掌握大量生金银的外资银行还获得了中国汇率的定价权，多次乘中国政府对外借款和偿付外债之机，调整先令行市来改变中国政府实际收付的款项。

另一方面，外资银行长期超发纸币，扰乱官方货币流通，打击中资银行纸币信用。外资银行最迟在咸丰年间，开始凭借治外法权在中国发行纸币。清末至1918年，是外资银行纸币在中国流通最广的时期，据保守估计，外资银行流通纸币总额约合战前银币3.1亿元[2]。

外资银行在中国金融市场占据主导地位，很大程度上影响了中国币制。例如，1889年清廷自铸银元时，听从了汇丰的意见，将银元重量减为库平七钱二分，与在市面通行的鹰洋保持一致，这有利于新银元的流通交易，但也使鹰洋的流通优势得以维持[3]，中国新银元难以建立自身的信誉。曾任南京国民政府中央银行总裁的张嘉璈认为，对于中国统一货币、建立中央银行和实行金本位制，外资银行无疑是一个阻碍[4]。外资银行特别是白银库存最多的英资银行通过吞吐白银、操纵元两比价，以及控制钱庄资金来源，可牟取巨额利润，因此强烈反对中国废除银两制度。直到1934年白银风潮时，汇丰等英资银行深信中国脱离白银是个"严重错误"[5]。由于外资银行的反对，中国币制改革的进程被延缓。

值得注意的是，在中国币制问题上，西方列强政府与在华外资银行的立场不一定一致，列强更多的是意图主导中国币制改革。中国多种货币并存给外国对华投资造成困难，因此，西方列强赞成中国统一币制[6]，但希望采用附属于其货币制度的金汇兑本位制。例如，赫德、精琪等代表母国中央政府利益的非外资银行人士主张中国实行金汇兑本位制。中国币制改革事务成为列强在货币领域的角力场。由于列强争夺中国币制改革主导权，加之中国内部无法

---

1 上海金融史话编写组.上海金融史话[M].上海：上海人民出版社，1978：122.

2 献可.近百年来帝国主义在华银行发行纸币概况[M].上海：上海人民出版社，1958：35.

3 当时，鹰洋每元重库平七钱二分，张之洞在广东银元局试铸银元时主张每元加重一分，以抵制鹰洋。中国人民银行总行参事室.中国近代货币史资料：第一辑[M]北京：中华书局，1964：676-677；彭信威.中国货币史[M].2版.上海：上海人民出版社，2015：587.

4 戴建兵.白银与近代中国经济（1890—1935）[D].上海：复旦大学，2003：151.

5 杨格.一九二七至一九三七年中国财政经济情况[M].陈泽宪，陈霞飞，译.北京：中国社会科学出版社，1981：247.

6 1902年9月，《中英通商条约》提出中国应发行有法偿资格的统一货币。1903年10月，中美、中日也做了类似约定。

达成一致¹，精琪有关中国实行金本位的提议无果而终²。

与中国情况相反，日本较早建立了本土银行体系。1872年日本颁布《国立银行条例》，引入美国式的国立银行体系。发行可兑换银行券来回收不兑换纸币，调节资金市场。1876年，主张扩张财政、扩大货币发行的大隈重信修订《国立银行条例》，免除银行券的兑现义务，并降低发行准备要求，一定程度上为解决货币供应不足、振兴国内产业发挥了作用³。1876年开始，出现三井银行等普通私人银行，以满足民众的金融服务需要。1878年，成立横滨正金银行作为外汇银行，取代原西方银行的地位⁴。横滨正金银行自1880年以来实行海外押汇制度，促进本国出口，并吸收大量金银外汇⁵；1889年，该行被赋予再贴现便利，以便管理汇率风险⁶。中央银行及国内金融机构的健全，有助于日本加强对货币的掌控以及金本位制的顺利推行。

（四）日本较充足的黄金外汇储备支撑币制改革

十足的黄金储备并非实行金本位制的必要条件，但充足的国际储备无疑有利于币制改革的顺利推进。就古典金本位制而言，政府须允许金币自由铸造、兑换和输出入，对黄金的需求量极大。19世纪90年代前，中日两国均面临黄金储备不足的困境。但实施金本位的根本目的是稳定汇率，通过规定本币单位的含金量，将币值与金价相联系，而普通民众仍可沿用银币和铜钱，无须实际使用金币⁷。日本金本位制倡导者松方正义也认为，一国只需在国内保

---

1 精琪主张金汇兑本位，并建议外国人为司泉官全权处理货币事务，遭到中国朝野抨击，尤以刘世珩和张之洞最为激烈，理由是当时实行金汇兑本位制的全是殖民地，精琪方案有伤国家主权。彭信威.中国货币史[M].2版.上海：上海人民出版社，2015：685-688.

2 杨格.一九二七至一九三七年中国财政经济情况[M].陈泽宪，陈霞飞，译.北京：中国社会科学出版社，1981：195.

3 张玉来.明治初期的"代金纸币"政策[J].日本研究论集，2001（2）：51-69.

4 SCHILTZ M. Money on the road to empire: Japan's adoption of gold monometallism, 1873—97[J]. The economic history review, 2012, 65（3）: 1147-1168.

5 日本政府从国内"准备金"中支出资金贷给出口商作为商品担保，之后回收销售出口商品所得货款，以外币形式收归国库，而支付给出口商相应的本国纸币。同时，在日本最大的出口市场伦敦、纽约、里昂等地设置领事馆以监管国际货币汇兑事务。张玉来.明治初期的"代金纸币"政策[J].日本研究论集，2001（2）：51-69.

6 SCHILTZ M. Money on the road to empire: Japan's adoption of gold monometallism, 1873—97[J]. The economic history review, 2012, 65（3）: 1147—1168; MATSUKATA M, FOXWELL E. Report on the adoption of the gold standard in Japan[J]. The economic journal, 1900, 10（38）: 232-245.

7 例如，中国从战国到两汉，基本以黄金作为计算标准；英国在13世纪使用金银复本位，但大部分英国民众一生见不到金币。彭信威.中国货币史[M].2版.上海：上海人民出版社，2015：685-686. 英属印度也建立了无黄金货币的金本位；荷兰实行了30多年的金本位制，但却没有金币。CONANT C A. Putting China on the gold standard[J]. The North American review, 1903, 177（564）: 691-704.

白银货币与中国历史变迁问题研究

有一定的黄金储备,重要的是硬通货,或可与世界主要国家交易的外汇[1]。因此,十足的黄金储备并不是建立金本位制的必要条件。19 世纪末,中国朝野并未认识到这一点,而日本则积极接受这些理念,主动进行币制改革。

从贸易顺差和中国战争赔款获得的黄金外汇储备,有利于日本走向金本位制。1894 年甲午战争前,日本保持了 10 多年的贸易顺差。战后,日本要求中国在伦敦以英镑支付赔款[2],这部分外汇成为日本建立金本位制的基础。而中国则因巨额赔款和外债支出(见表 5),财力和经济状况愈加困顿。1895—1936 年,中国实际支付战争赔款约 8.64 亿海关两、支付外债约 30.5 亿海关两[3]。其中最大的两笔赔款——甲午赔款和庚子赔款,均须折成外币支付。清廷与北洋政府承借的主要外债,如俄法借款、英德借款、善后大借款、西原借款,也约定合同本金为外币。在银价趋势性下跌背景下,中国被迫承担了巨额"镑亏",外汇储备无从积累,币制改革自然成了空中楼阁。

表 5　1895—1930 年中国战争赔款与外债支出平均金额

单位:百万关平两

支出内容	1895—1899 年	1903—1913 年	1914—1919 年	1920—1930 年
偿还外债本息	13.8	37.2	37.1	33.8
战争赔款	45.5	23.3	15.0	10.6

资料来源:陈争平.1895—1936 年中国国际收支研究[M].北京:社会科学出版社,1996:99-101.

四、改革力量对货币制度的影响

在中日两国国内,都存在有关币制改革的激烈争论,最终以松方正义为代表的改革派成功地将日本带向金本位制。除了经济金融基本面等因素外,是否存在强有力的改革力量,推行富有远见的目标和计划,也是币制改革成功与否的重要因素。在这方面,中日两国显然有

---

1 SCHILTZ M. Money on the road to empire: Japan's adoption of gold monometallism, 1873—97[J]. The economic history review, 2012, 65(3):1147-1168.

2 最初约定赔款以银两支付,但时任大藏大臣松方正义向伊藤博文提议,要求中国以英镑直接在伦敦支付。赔款金额原为 2 亿两库平银,从 1895 年 10 月到 1898 年 5 月清政府交清最后一笔赔款,伦敦市场上的白银价格下跌了 20%。经阪谷芳郎计算,中国政府为此多支付了 6 500 万日元的赔款。董昭华.产业发展战略与一战前日本金本位制的建立[J].中央社会主义学院学报,2019(4):84-92.

3 陈争平.1895—1936 年中国国际收支研究[M].北京:社会科学出版社,1996:127.

很大的区别[1]。

具体而言，中国决策群体可谓意见纷杂、难以调和。政府内部对币制改革的目标并不清晰，考虑不长远。最初一些论者出于财政压力开始关注这一问题，最初把币制改革与建立银行、发行钞票相联系[2]，试图同时解决币制统一和币值对外稳定两个目标。不少改革人士对货币理论并无深刻认识，也不了解全国情况，天真地认为改变币制就可使国家富强，甚至增加岁入。这种想法伴随白银的使用延续至20世纪30年代，杨格评论，这一阶段中国的统治者们久有操纵货币牟取利润的传统，且用银已经积重难返[3]。再加上银元本位符合北洋政府和中资银行的利益[4]，金本位改革更是难以推进。就改革力量而言，洋务派与顽固派有分歧，相互掣肘；后者不了解西方近代制度和技术，前者与维新派就"体""用"难以达成共识，没有强有力的人物出面主导币制改革。同光时期，尽管有识之士已知非变不足以救亡，但开展洋务运动只是试图学习西方技术，并不希望真正融入国际主流。甲午战争后，维新派已知西方之可学者不止在技器，更在政教，将洋务运动"器物层次的现代化"上升到"制度层次的现代化"[5]。但随着戊戌变法失败，相关改革即告中止。到北洋政府时期，军阀割据，中央集权难以实现，遑论币制改革。

日本的情况则相反。时任大藏大臣松方正义清醒地意识到，日本最迫切的问题不是维持传统产业的出口优势，而是银价下跌带来财政赤字。阪谷芳郎等金融官僚及海军官员对从金本位国家进口的军舰、武器和机械价格不断上涨感到不满，成为支持金本位的中坚力量。松方正义为推动金本位改革，1893年成立了由官员、学者、商界人士等组成的货币制度调查会，研究全球金银价格波动原因及对日本经济影响，并评估日本现行货币制度改革的必要性。大

---

1 李思涵.清季同光自强运动与日本明治维新运动的比较[M]//罗荣渠，牛大勇.中国现代化历程的探索.北京：北京大学出版社，1992：468-478.

2 康有为、洪仁玕、郑观应、盛宣怀等人均有此观点. 彭信威.中国货币史[M].2版.上海：上海人民出版社，2015：669-686.

3 杨格.一九二七至一九三七年中国财政经济情况[M].陈泽宪，陈霞飞，译.北京：中国社会科学出版社，1981：198.

4 对中资银行来说，银元是其与外资银行和钱庄竞争的工具。当时，外资银行和钱庄只对银两存款计息，中国银行对银元存款也计息。根据《国币条例》，中国银行和交通银行负责回收旧银币，并进口大条银铸发新币，由此成为银两与银元间的转换者。1918年，交通银行的资本记账单位也从银两改为银元。中国银行行史编辑委员会.中国银行行史[M].北京：中国金融出版社，1995：61；交通银行总行，中国第二历史档案馆.交通银行史料：第一卷[M].北京：中国金融出版社，1995：19.

同时，银元也是北洋政府征税和发行公债的计价单位。外资银行和钱庄掌握了大量白银，使私人金融机构对公共财政的影响不断增强。为绕过钱庄直接掌握造币厂，各地政府都倾向于使用银元。

5 金耀基.现代化与中国现代历史——提供一个理解中国百年来现代史的概念架构[M]//罗荣渠，牛大勇.中国现代化历程的探索.北京：北京大学出版社，1992：13.

多数支持金本位的委员会成员是与松方关系密切的官僚和政客,反对者多是商界领袖和学者。1895年7月,委员会向松方提交了最终报告,认为日本有必要采取金本位制。事实上,委员会内部支持和反对改革的力量几乎旗鼓相当,但松方正义及其支持者的精心运作、强力推动起了很大作用[1]。

五、结论和启示

19世纪末,面对世界主要国家纷纷走向金本位制,中日两个传统用银的东亚国家经过国内激烈争论,作出了截然不同的选择。从两国经济贸易、货币金融以及币制改革力量等角度进行分析,有助于我们深入理解两国的选择。

19世纪末,中国没有转向金本位,原因可能是多方面的:从对外贸易角度看,中国银钱并用的货币制度以及主要与银本位国家开展贸易的状况,使中国既未从银价持续下跌中获益,也没有迫切需要转向金本位制,从而维持原有货币制度。从货币金融条件看,中国进行币制改革的障碍较为明显:缺乏有力的货币管理机构,货币使用五花八门、币制未能统一;近代银行制度较为落后,掌握大量存银的外资银行在中国呼风唤雨,为了自身利益反对币制改革;连年贸易逆差和大额国外借款与战争赔款,使中国没有足够的黄金外汇储备支持币制改革等。从改革力量看,当时的中国缺乏具有世界眼光和对货币金融事务深刻理解的领袖及强有力的力量推动币制改革,西方列强将币制改革问题作为扩大其在华影响力的角斗场,更增大了改革的难度。20世纪之交中国内外交困,无力进行复杂的币制改革,即使勉强为之,新体制也难以顺利运行。

反观日本,明治维新之后厉行改革,坚定地走强国发展之路,其转向金本位制可从此大背景观之。尽管日本可从金贵银贱中获得更大贸易顺差,但为了重工业化和军事化,仍决心转向金本位制,以降低进口成本,便利从国际市场融资。明治维新之后,日本迅速建立近代中央银行制度,统一币制,健全银行体系,为顺利转向金本位制奠定坚实基础。同时,连年贸易顺差和从中国获得的巨额战争赔款,为币制改革提供了必要的黄金外汇储备。以松方正义为首的改革者的眼光和行动力,对币制改革的成功也起到十分重要的作用。

综上所述,中日两国的反差表明,币制改革的推行和成功至少需要:合理清晰的政策目

---

[1] 1895年5月的调查报告显示,除了阪谷芳郎,其余6位特别委员会成员都认为眼下无须进行货币改革。1895年6月召开的第六次全体会议上,货币制度调查会再次就货币改革的必要性进行表决,7人希望保留银本位,8人认为有必要进行改革,其中6名倾向金本位,另2名建议采取金银复本位。根据记载,认为日本有必要"立即"实行"金本位"的只有阪谷芳郎。董昭华.产业发展战略与一战前日本金本位制的建立[J].中央社会主义学院学报,2019(4):84-92。

标，社会经济金融等基础条件，以及强力推行改革的力量，三者缺一不可。币制改革有赖于经济社会条件，反过来又对本国经济社会发展产生较大影响。转向金本位制之后，日本进一步融入主流国际社会，军事和工业实力迅速增长，在日俄战争中打败俄国，跻身资本主义强国；日本在中国贸易总额中的占比，从1888年的4.3%升至1913年的18.7%，两国贸易值约为1888年的20倍[1]。阪谷芳郎评论，日本之所以能取得远超中国的发展业绩，金本位制的建立起到不可低估的作用[2]。回顾历史，中日在20世纪之交对币制的选择，以及更广泛意义上一国币制的优劣及其与经济社会发展的互动，种种问题，值得深思。

参考文献

[1] 艾伦.近代日本经济简史1867—1937年[M].蔡谦，译.北京：商务印书馆，1959.

[2] 陈争平.1895—1936年中国国际收支研究[M].北京：社会科学出版社，1996.

[3] 戴建兵.白银与近代中国经济（1890—1935）[D].上海：复旦大学，2003.

[4] 董昭华.产业发展战略与一战前日本金本位制的建立[J].中央社会主义学院学报，2019（4）：84-92.

[5] 董昭华.日本产业发展战略的历史实践——基于货币制度视角的考察[J].国际论坛，2013（1）：60-65.

[6] 董昭华.日英同盟的货币维度——日本金汇兑本位制的历史考察[J].东北亚学刊，2013(04)：45-49.

[7] 耿爱德.中国货币论[M].蔡受百，译.上海：商务印书馆，1929.

[8] 交通银行总行，中国第二历史档案馆.交通银行史料：第一卷[M].北京：中国金融出版社，1995.

[9] 罗荣渠，牛大勇.中国现代化历程的探索[M].北京：北京大学出版社，1992.

[10] 彭信威.中国货币史[M].2版.上海：上海人民出版社，2015.

[11] 上海金融史话编写组.上海金融史话[M].上海：上海人民出版社，1978.

[12] 王信.中国清末民初银本位下的汇率浮动：影响和启示[J].国际金融研究，2011（2）：35-41.

[13] 武堉干.中国国际贸易概论[M].上海：商务印书馆，1932.

[14] 献可.近百年来帝国主义在华银行发行纸币概况[M].上海：上海人民出版社，1958.

---

1 郑友揆.中国的对外贸易和工业发展[M].上海：上海社会科学院出版社，1984：24.

2 董昭华.日英同盟的货币维度——日本金汇兑本位制的历史考察[J].东北亚学刊，2013（04）：45-49.

[15] 许晨, 燕红忠. 近代中国的二元货币与二元经济研究[J]. 浙江社会科学, 2018（8）: 27-34.

[16] 燕红忠. 本位与信用: 近代中国白银货币制度及其变革[J]. 中国经济史研究, 2019（6）: 40-57.

[17] 杨格. 一九二七至一九三七年中国财政经济情况[M]. 陈泽宪, 陈霞飞, 译. 北京: 中国社会科学出版社, 1981.

[18] 姚贤镐. 十九世纪七十至九十年代中国对外贸易的发展趋势[J]. 中国社会经济史研究, 1987（1）: 1-14.

[19] 姚贤镐. 中国近代对外贸易史资料 1840—1895[M]. 北京: 中华书局, 1982.

[20] 张光, 汤金旭. 纸币与白银——明治维新后日本与明清中国货币体制之比较[J]. 南开日本研究, 2011（00）: 26-56.

[21] 张玉来. 明治初期"代金纸币"政策[J]. 日本研究论集, 2001（2）: 51-69.

[22] 郑友揆. 十九世纪后期银价、钱价的变动与我国物价及对外贸易的关系[J]. 中国经济史研究, 1986（02）: 1-27.

[23] 郑友揆. 中国的对外贸易和工业发展[M]. 上海: 上海社会科学院出版社, 1984.

[24] 郑友揆. 中国近代对外经济关系研究[M]. 上海: 上海社会科学院出版社, 1991.

[25] 中国人民银行总行参事室. 中国近代货币史资料: 第一辑[M] 北京: 中华书局, 1964.

[26] 中国银行行史编辑委员会. 中国银行行史[M]. 北京: 中国金融出版社, 1995.

[27] CONANT C A. Putting China on the gold standard[J]. The North American review, 1903, 177（564）: 691-704.

[28] MATSUKATA M, FOXWELL E. Report on the adoption of the gold standard in Japan[J]. The economic journal, 1900, 10（38）: 232-245.

[29] Miller E S. Bankrupting the enemy: the U.S. financial siege of Japan before pearl harbor[M]. Annapolis: Naval Institute Press, 2007.

[30] MITCHENER K J, SHIZUME M, WEIDENMIER M D. Why did countries adopt the gold standard? lessons from Japan[J]. The journal of economic history, 2010, 70（1）: 27-56.

[31] SCHILTZ M. Money on the road to empire: Japan's adoption of gold monometallism, 1873-97[J]. The economic history review, 2012, 65（3）: 1147-1168.

近代中国白银货币制度下汇丰银行的类中央银行职能[1]

◎ 中国人民银行研究局　王　信
◎ 中国人民银行上海总部　张挽虹

摘要： 近代以来至1935年法币改革前，中国一直实行以白银为核心的货币制度。以汇丰银行为代表的外资银行，凭借资金实力和国际金融市场的优势地位，在中国白银流动中扮演了重要角色。首先，汇丰银行很大程度上掌控了中国的对外经济活动和白银进出口，进而影响了中国货币供给与货币制度，并成为中国汇率的主要决定者。其次，汇丰银行积极参与政府性事务，在政府对外借款和关盐税收保管中发挥了重要作用，对中国政府筹资成本与负债规模有较大影响。最后，汇丰银行影响中国传统金融业的流动性，并间接扰动资金价格。由于汇丰银行对中国经济金融的强大影响力，其很大程度上发挥了发行的银行、政府的银行和银行的银行等中央银行职能。这种局面直到中国政治社会趋于稳定、本土金融机构实力增强才逐渐改变。最终随着南京国民政府加强对经济金融的统制，中央银行开始真正集中行使央行职能。

Abstract: From 1840 until the currency reform in 1935, silver was at the core in China's monetary system. Foreign banks, represented by Hong Kong and Shanghai Banking Corporation (HSBC), played an important role in China's silver flows based on their financial strength and superior position in international financial market. First, HSBC controlled China's foreign trade and silver import and export to a large extent, thus had a large impact on money supply and monetary system, and was a major determinant of China's exchange rate. Secondly, as a result of active participation in government affairs, in particular

---

[1] 感谢中国人民大学何平教授和中国工商银行蒋立场博士对本文的评阅意见。为便于比较，本文按1银元＝0.73库平两＝0.72关平两将所有原始数据换算为关两。

Silver Currency and Its Role
in the Evolution of Chinese History

白银货币与中国历史变迁问题研究

> in the government's overseas borrowing and as the custody of salt tax and tariff revenue, HSBC was able to affect the Chinese government's financing costs and debt volume. Thirdly, HSBC was able to influence the liquidity of China's traditional financial sector and indirectly affect fund price. Due to its vital role in China's economic and financial activities, HSBC fulfilled certain central bank functions, to a very large extent serving as banknote issuing bank, government's bank and bank's bank. This situation gradually changed as China slowly achieved social stability and domestic financial institutions gained strength. Eventually, as the KMT's Nanjing Government strengthened control over the country's economic and financial system, the official central bank took over central bank functions.

一、汇丰银行的白银实力及其类央行职能

中国进入近代以后直至1935年法币改革，一直实行以白银为中心的货币制度。由于中国自古产银较少，对外贸易、投资、借用外债等行为导致的白银跨境流动，直接影响中国的货币供给，并由此影响中国的经济金融活动。在此过程中，在华外资银行尤其是汇丰银行，由于很大程度上掌控中国对外经济活动和白银流动，因而扮演了重要角色。

1905年户部银行成立后（1908年改称大清银行），近代中国开始了对现代中央银行制度的探索，但央行职能远未能做到集中统一行使。汇丰银行凭借对白银进出口等活动的强大影响力，很大程度上发挥了发行的银行、政府的银行和银行的银行等中央银行职能。这种状况直到中国政治社会局面趋于稳定、政府对本国经济金融掌控力增强才逐步改变。最终在第二次世界大战爆发后，南京国民政府的"中央银行"才真正集中行使央行职能。

鸦片战争后，白银跨境流动迅速扩大，以汇丰为代表的外部金融势力在白银流动中扮演了重要角色[1]，对中国的经济金融产生了多方面的深远影响，对此已有较多研究关注。在货币制度和白银流动方面，献可（1958）、魏建猷（1986）介绍了汇丰银行所发银票的面额、流通区域、对中国货币制度的影响等情况。戴建兵（2003）考察了1890—1935年以白银为核心的货币体系对中国金融体系和经济的影响，涉及汇丰在银市、国内银钱业和白银进出口方面

---

1 本文选择汇丰银行作为研究对象，是由于汇丰银行是第一家将总行设在中国的外资银行，其规模、业务范围、市场影响力等实力均优于同业。1885年后汇丰已"无可争辩地成为在中国沿海地区活动的最大银行"，1895年前汇丰就"已是具有世界影响力的银行"。资料来源：KING F H H. The history of the hongkong and shanghai banking corporation: volume I[M]. Cambridge: Cambridge University Press, 1987: 6.

的经营。贺水金（2009）探讨了1927—1952年汇丰银行对中国政府货币整理、币制改革、汇率稳定等方面的作用。杨端六（1941）分析了法币改革前汇丰银行在中国的汇率定价上的作用。李洪梅（2015）论述了1840—1938年汇丰银行在汇兑业务和外汇市场中的重要性。

在经理外债和政府借款领域，吴承明（1955）论述了外资银行在政府借款和外汇市场中的地位。蒋立场（2008）认为清末外资银行通过控制银两汇价牟取利益，而汇价频繁波动加深了清政府对外债的依赖程度，延缓了货币制度的改革进程。陈诗启（1993、1999）介绍了汇丰银行在由关税作抵的中国外债，以及关税收入保管事宜中的活动。丁长清和唐仁粤（1997）整理了以盐税收入为抵押的赔款和外债，以及汇丰银行保管盐税余款的前因后果。

关于汇丰等外资银行对金融市场的影响，洪葭管（1993、2004、2008）、汪敬虞（1995、1997、1998、1999）、杜恂诚（2002）在各自著述中多次介绍了汇丰垄断地位的形成经过。辜晓红（2004）、孙建华（2009）、宋佩玉（2011）、潘庆中（2012）、朱荫贵（2014）和吴景平（2019）分析了外资银行通过控制贸易和信用影响市场流动性的情况。洪葭管和张继凤（1989）围绕外资银行在拆放、外汇投机、股票交易等业务上的影响，探讨了它与中国钱庄和本土银行的关系。

上述文献描述了以汇丰为代表的外资银行对中国货币流通、外汇管理、国库收支、金融市场等方面的影响，但多侧重于史料梳理，未能从金融角度进行深入分析，更未明确提出汇丰银行实际在一定程度上发挥了发行的银行、政府的银行和银行的银行等中央银行职能。因此，本文尝试从以上三个角度分析汇丰银行的白银业务对中国经济金融体系的影响，并以此说明近代中国货币发行权、调控权的取得并非一蹴而就，而是经历了曲折艰苦的过程。

二、汇丰影响中国货币供给与货币制度稳定性

1935年法币改革前，中国官方不直接掌握充足的白银，对货币的供应量与对外价格均无法有力掌控。外资银行特别是汇丰银行的白银业务对中国货币供应量有很大影响。外汇定价权长期握于汇丰之手，汇丰常以此影响行市涨落。此外，汇丰凭借治外法权发行大量纸币，长期扰乱官方货币的流通。

（一）汇丰通过白银进出口影响中国的货币供给，扰动市场资金价格，并在一定程度上放大了地区流动性差异

由于中国传统上将白银进出口视为普通贸易[1]，每逢国际市场上金贵银贱，外资银行便运

---

[1] 此处认为白银进出口与普通贸易接近，是就其出入境不受政府管理的特性而言。在海关统计年册中，金银归属于Treasure，而不统计在贸易货值（Value of the Foreign Trade）中。因此本文提到的贸易入超/出超仅指一般商品，不包含金银进出口。

SILVER CURRENCY AND ITS ROLE
IN THE EVOLUTION OF CHINESE HISTORY
白银货币与中国历史变迁问题研究

入大条银，熔制银元或元宝投放中国市场作为货币流通；当国际银价上涨，又在中国收集白银装运出境。白银进出口直接导致中国货币供给的增减，尤其在国际金银比价剧烈变化时，对中国货币供应量产生较大冲击。1929—1935 年，中国发生了"金贵银贱"和"白银风潮"两次大规模白银跨境流动。1928—1931 年，中国合计净进口白银 32 467.2 万关平两；1932—1935 年，转为净出口白银 21 883.3 万关平两。美国出台《白银收购法案》的 1934 年，中国白银出超 16 478 万关平两[1]。

从上海银行业现银存底数据变化看，外资银行较中资银行更热衷于此项投机[2]，其存银占比从 1933 年 12 月的 50.4% 下降至 1935 年 9 月的 12.7%[3]，变化幅度与同期白银出超的增长速度（3.1 倍）接近。外资银行中又以汇丰的活动最为频繁。粗略计算，1932—1935 年，汇丰存银减少了 4 530.67 万关平两，占 20 家主要外资银行白银减少量的 42.4%，占同期中国白银出超额的 20.7%。1934 年，汇丰存银同比下降 91.1%，幅度远高于外资同业；规模约 5 504.04 万关平两，占主要外资银行白银减少总数的 32.3%，占当年中国白银出超的 33.4%（见表 1）。

表 1　1928—1935 年各国银行在上海的白银储备

单位：万关平两

银行＼年份	1928	1929	1930	1931	1932	1933	1934	1935
英资银行	2 689.7	3 936.4	4 850.9	2 820.7	7 006.2	11 516.0	863.8	1 020.6
汇丰银行	2 237.8	3 501.9	4 327.8	2 142.9	5 134.8	6 042.3	538.3	604.2
美资银行	529.1	941.0	632.3	849.3	1 722.6	3 028.1	1 194.3	447.5
日资银行	1 163.5	1 644.0	953.6	1 751.6	3 013.2	3 109.9	1 200.1	611.8
其他银行	568.0	395.9	450.9	834.0	1 569.0	3 265.0	608.4	549.4
合计	4 950.4	6 917.3	6 887.7	6 255.6	13 311.0	20 919.0	3 866.5	2 629.3

数据来源：戴建兵. 白银与近代中国经济（1890—1935）[D]. 上海：复旦大学，2003：149-150.

---

1 数据来源：海关官方统计，转引自郑友揆. 中国的对外贸易和工业发展[M]. 上海：上海社会科学院出版社，1984：343.

2 根据 1934 年 8 月下旬的情况，从上海运银至伦敦或纽约出售，扣除运费、保费、木箱费、熔制折耗等一切费用，尚可得 4%~5% 的净利，即每运银百万元出口约有四五万元盈利. 杨荫溥. 中国金融研究[M]. 上海：商务印书馆，1936：294.

3 郑友揆. 中国的对外贸易和工业发展[M]. 上海：上海社会科学院出版社，1984：104.

由货币供给变化带来的流动性松紧，在利率上表现得十分明显。白银风潮以前，汇丰掌握了最多的生金银库存（1930年存银占上海外资银行业的62.8%，占上海全部银储的22.9%）[1]，对市场银根和资金价格的影响也最大。1933年是全国资金最宽松的一年，该年末汇丰银行上海存银达6 042.31万关平两；汇丰运银出口最多的1934年，金融市场活跃的上海、广州、汉口、天津等地利率开始上升（见表2）。1934年7月15日，汇丰运银出口169万元（合121.68万关平两）；7月末，上海金融业银拆为6分，8月1~16日为7分；8月21日，汇丰从上海装运出口的白银达1 150万元（合828万关平两）[2]，8月24日银拆升至1角5分，较月初上涨一倍有余[3]。在同业拆借价格上升的同时，实体经济的融资成本也明显增加。1934年钱庄收取的利息从每年6%上升到16%。在上海几乎无论出多大利息也借不到钱[4]。

表2　1931—1936年中国重要商埠的日息变化

单位：‰

年份	杭州	天津	太原	汉口	重庆	广州	汕头	上海
1931								0.13
1932	0.23		1.50	0.25			1.26	0.10
1933	0.25	0.35	0.90	0.21	0.90	0.23	0.41	0.05
1934	0.25	0.38	0.66	0.30	0.51	0.25	0.33	0.09
1935	0.30		1.34	0.33	0.51	2.50	0.21	0.15
1936	0.10		0.68	0.25	0.41	1.50	0.16	0.08

数据来源：TAMAGNA F M. Banking and finance in China[M]. New York: Institute of Pacific Relations Publications Office, 1942: 66-67.

白银进出口带来的流动性变化，在不同区域并不一致，各地只能被动接受。作为中国最大的贸易枢纽[5]、对外赔付款项和白银进出口的集中地，上海的资金较其他城市更为充裕，上海的利率也低于其他地区（见表2）。1931年上海平均日息约为0.13‰，折合年利率4.75%[6]，

---

1 戴建兵. 白银与近代中国经济（1890—1935）[D]. 上海：复旦大学，2003：149-150.
2 洪葭管. 中国金融通史：第四卷[M]. 北京：中国金融出版社，2008：186.
3 吴景平. 近代中国的金融风潮[M]. 上海：东方出版中心，2019：187.
4 杨格. 一九二七至一九三七年中国财政经济情况[M]. 陈泽宪，陈霞飞，译. 北京：中国社会科学出版社，1981：244.
5 19世纪50年代起上海超越广州成为中国最大的外贸口岸。
6 根据TAMAGNA F M. Banking and finance in China[M]. New York: Institute of Pacific Relations Publications Office, 1942: 66. 计算。

SILVER CURRENCY AND ITS ROLE
IN THE EVOLUTION OF CHINESE HISTORY
白银货币与中国历史变迁问题研究

较70年前下降了60%[1]。而广州、汉口、天津等主要贸易口岸利率，低于太原、重庆等内陆城市。不论是各地汇集用于对外赔付的税收，抑或汇丰通过分支机构吸收存款并集中到上海出境，白银在大部分时间里从内陆向沿海、从农村向城市逐级流动。其规模之大，使市场难以依据各地资金需求，通过价格工具灵活调节货币流向。

（二）汇丰对中国币制有较大影响力

金属本位制顺利运行的前提是该金属的稳定供应。近代以来，中国货币制度以白银为核心，在中国非传统产银国的情况下，白银进出口对币制的运行有很大影响。19世纪70年代后，中国对外贸易由出超转为入超，贸易项下白银大量流出。而1888—1929年的42年中，白银有26年呈净进口状态，合计入超9.54亿关平两[2]，这有赖于汇丰等外资银行通过投资、借债等方式输入境外白银，一定程度上缓解了中国市场上白银货币的短缺，维持了以白银为核心的货币体系。19世纪30年代国际银价大幅上升时，汇丰从中国大量运出白银，市面白银急剧减少破坏了金属本位的基础[3]，加速了中国的币制改革。

作为英国利益的代表，汇丰在很大程度上影响了中国币制改革的成败。1889年清廷自铸银元时，听从了汇丰的意见，将银元重量减为库平七钱二分，与在市面通行的鹰洋保持一致，目的是便于交易，同时鹰洋的流通优势得以维持[4]。在中国政府提出废两改元时，外资银行强烈反对：一是由于无法继续通过进出口生银获利，且习惯银两已久，各地外汇标价多与银两联系；二是出于对中国银币的不信任[5]。最后中国在取得汇丰的同意，按1银元兑规元7钱1分5厘的比价折合后才能实行[6]。而在法币改革中，由于法币与英镑相联系，英国资本较他国更有优势，汇丰银行率先交兑库存白银，显示其对新政的支持；此后又抛出逾期外汇，协助

1　19世纪六七十年代沿海地区的贷款利率在12%~15%。资料来源：汪敬虞.中国近代工业史资料：第二辑[M].北京：科学出版社，2016：1016.

2　根据徐雪筠.上海近代社会经济发展概况1882—1931[M].上海：上海社会科学院出版社，1985：352.计算。

3　以上海为例，1929年上海现银库存达2亿两，较1928年多出一倍。而到了1934年11月15日，上海库存纹银仅余3 600万两，较上年同期减少74.3%。资料来源：吴景平.近代中国的金融风潮[M].上海：东方出版中心，2019：179，185.

4　当时，鹰洋每元重库平七钱二分，张之洞在广东银元局试铸银元时主张每元加重一分，定为库平七钱三分，以期抵制鹰洋。从流通角度看，与鹰洋同等成色便于民众使用。但考虑到外资银行持有大量外国银元，汇丰的建议也反映出外资银行并不愿中国出现信誉良好的本国货币。中国人民银行总行参事室.中国近代货币史资料：第一辑[M].北京：中华书局，1964：676-677；彭信威.中国货币史[M].2版.上海：上海人民出版社，2015：587.

5　马寅初.就银本位之资格论中国可否放弃银本位[M]//马寅初.马寅初全集：第九卷.杭州：浙江人民出版社，1999：33-34.

6　洪葭管.1895—1927年间在沪外资银行的进一步扩展[M]//洪葭管.20世纪的上海金融.上海：上海人民出版社，2004：159.

中央银行、中国银行、交通银行三行盯住汇率[1]。

(三)汇丰占据中国外汇市场的最大份额

19世纪70年代后，中国对外贸易快速增长，汇丰凭借其财力和在中国以及全世界的众多分支机构，在国际汇兑方面占据了有利地位[2]。法币改革前，中国进口商品价格一般用金计算并以银兑成金单位货币支付，出口商品则相反。华商运进货物，先要通过洋行将单据凭证向汇丰做押汇，出口贸易也需洋行出具汇票存于汇丰。尤其在第一次世界大战以前，上海的外汇一直用英镑结算，规银折英镑或是英镑折规银，都要经过汇丰之手[3]。当时，中国对外贸易成交额和款项调拨约有80%通过上海[4]，而汇丰买卖的外汇总值占上海外汇市场成交额的60%~70%[5]，汇丰的外汇业务占全部外资银行的33%~50%[6]。19世纪80年代初期至20世纪20年代末前后近50年，汇丰银行运用于国际汇兑的资金占其资金运用总额的1/3~1/2，大部分周转于中外贸易市场[7]。

以英国对华直接投资及华侨汇款的片段数据为例，对汇丰的汇兑业务规模加以说明。根据美国学者雷麦的估计，1902年、1914年和1929年，英国对华企业直接投资额分别为1.5亿美元、4亿美元和9.63亿美元[8]。本文粗略估算，上述年份汇丰承担的汇兑金额约为

---

1 马寅初.中国新金融政策与银价跌落之关系[M]//马寅初.马寅初全集：第九卷.杭州：浙江人民出版社，1999：162.

2 LEE F E. Currency, banking, and finance in China[M]. Washington: Government Printing Office, 1926: 92.

3 郭太风.汇丰银行在上海[M]//寿充一，寿乐英.外商银行在中国.北京：中国文史出版社，1996：6-7.

4 汪敬虞.外国资本在近代中国的金融活动[M].北京：人民出版社，1999：143.

5 洪葭管.上海金融志[M].上海：上海社会科学院出版社，2003：179.书中并未提及数据出处，但郭太风.汇丰银行在上海[M]//寿充一，寿乐英.外商银行在中国.北京：中国文史出版社，1996：6.也提到"汇丰上海分行的业务通常占上海外汇市场成交量的2/3"。

6 洪葭管.1895—1927年间在沪外资银行的进一步扩展[M]//20世纪的上海金融.上海：上海人民出版社，2004：160.

注：相关准确资料并未遗留下来，此数为洪葭管的估计。另有一个数据或许可以佐证：1938年国民政府在上海实行外汇审核制度，3月21日中央银行核配外汇46.5万镑，汇丰获得15万镑，约占1/3。数据来源：吴群敢.外商银行概况[M].上海：现代经济通讯社，1949：68.

7 郭太风.汇丰银行在上海[M]//寿充一，寿乐英.外商银行在中国.北京：中国文史出版社，1996：6-7.

8 雷麦.外人在华投资[M].蒋学楷，赵康节，译.北京：商务印书馆，1959：262, 270, 295, 300.关于境外汇入的资金占比的问题，作者提到，美国和日本有50%，但英国恐怕不到此数，半数以上是由利润项下再投入和土地价值增高所致。

Silver Currency and Its Role in the Evolution of Chinese History
白银货币与中国历史变迁问题研究

3 968.25万关平两、9 950.25万关平两和25 078.13万关平两[1]。根据侨汇中心之一的厦门银行界的调查，20世纪20年代福建华侨每年由汇丰银行汇回国内的款项约1 500万元（约合1 080万关平两），占福建省侨汇总数的五成[2]，约占中国侨汇总收入的7.5%[3]，抵补各年中国贸易入超约4.6%[4]。

（四）汇丰凭借与银市的紧密联系和全球布局[5]，成为中国汇率的主要决定者

一是汇丰长期掌握大条银和外汇的定价权。一方面，伦敦银价的议定常依据汇丰、麦加利在上海的交易情况，伦敦现银的市价由汇丰上海分行隔日挂牌公布。除银块现货和银块期货根据上一天伦敦银市场行情确定外，其余13个品种皆由汇丰自行定夺[6]。另一方面，上海对英汇价以当日伦敦现银市价为基础，并供各地行市参考[7]。第一次世界大战后，外汇牌价改由汇丰、花旗和横滨正金三家银行共同商定。但直至1935年，汇丰银行公布的每日外汇牌价始终是上海市场的公认汇率[8]，而该行的外汇挂牌，又成为中国各地外汇市场的基准。

---

1 本文以50%作为境外汇入资金比例，按各年份美元对关平两的汇率进行折算，再以汇丰在外资银行外汇业务中所占份额1/3做估计。1902、1914、1929年1关平两分别等于0.63、0.67、0.64美元。数据来源：各年份中国海关贸易报告，转引自郑友揆.中国的对外贸易和工业发展[M].上海：上海社会科学院出版社，1984：342-343.

2 马寅初.中国经济上之根本问题[M]//马寅初全集：第三卷.杭州：浙江人民出版社，1999：393.

3 根据中国银行统计，1902—1913年间年均有1.5亿元（约10 800万关平两）侨汇流入中国，1914—1930年该数字升至2亿元（约14 400万关平两）。资料来源：中国银行行史编辑委员会.中国银行行史[M].北京：中国金融出版社，1995：215.

4 贸易入超数据取1920—1929年均值，约23 300万关平两/年。资料来源：郑友揆.中国的对外贸易和工业发展[M].上海：上海社会科学院出版社，1984：112.

5 为实现白银的跨区域调配，汇丰设计了两套平行运行机制，"一个是中国和银货圈，一个是伦敦和英镑圈"，使汇丰能在欧美等地以低成本筹集资金，投放在包括香港在内的中国市场并获取巨额利润。例如：1875年汇丰设立旧金山分行，主要业务便是购买鹰洋和白银并运往香港。同时，汇丰把印度作为其黄金和白银转换地，通过加尔各答和孟买分行，把准备金用于买卖印度政府发行的英镑债券和白银债券，以保持两者的适当比例，防止由于银价波动遭受损失。资料来源：KING F H H. The history of the hongkong and shanghai banking corporation: volume I[M]. Cambridge: Cambridge University Press, 1987: 19; 柯立斯.汇丰—香港上海银行[M].李周英，甘培根，白鸿，等译.北京：中华书局，1979：59.

6 当时汇丰上海分行挂牌的交易品种共15种，分别为伦敦英汇（电汇、信汇、4个月期汇、6个月期汇）、纽约电汇及4个月期汇、法国电汇及4个月期汇、香港电汇、印度电汇、日本电汇、巴塔维亚电汇、马来电汇以及银块现货、银块期货等。资料来源：吴群敢.外商银行概况[M].上海：现代经济通讯社，1949：66-67.

7 LEE F E. Currency, banking, and finance in China[M]. Washington: Government Printing Office, 1926: 92.

8 ALLEN G C, DONNITHORNE A G. Western enterprise in far eastern economic development: China and Japan[M]. 2nd ed. London: George Allen & Unwind LTD, 1962: 112.

二是汇丰利用其汇市定价权影响行市涨落。汇丰在白银跨境流动中，充当金银两种货币本位间的转换媒介，多次乘中国政府对外借款和偿付外债之机，调整先令行市来改变中国政府实际收付的款项数额，多则半便士，少则一便士之 1/4[1]。1921—1925 年中国政府购汇偿付外债本息时，汇丰通过压低白银价格，将牌价由真实的 1 两规元对 3 先令 3.71875 便士降为 3 先令 3.25 便士，即每规元两亏损 0.46875 便士，从中国政府手中额外获取白银 76.4 万两，占中国全部结算损失的 67.7%[2]。

（五）汇丰银行长期超额发行纸币，扰乱中国货币流通

根据英国财政部、港英政府和汇丰银行章程的许可，汇丰银行各地分行拥有发钞权。1935 年法币改革以前，汇丰银行在大陆及香港所发钞票有两种：一种是内地分支机构发行的以中国银两/银元为单位的银两票及银元票[3]；另一种是香港地区发行的以香港银元（以墨西哥鹰洋为主）为单位的港元[4]。1889 年，汇丰银行在中国内地和香港地区的发行规模分别为 67.88 万港元和 302.34 万港元[5]，约占全行发行总数的 11.7% 和 52.2%[6]。1926 年，汇丰银行在中国内地和香港地区的发行规模分别为 186.11 万港元和 4 100.90 万港元，约占全行发行总数的 4.3% 和 95.5%[7]。从趋势看，汇丰银行发行的中国银票和港元均有所增长，但港元的增速更为惊人。

汇丰银行的纸币有两个特点：一是尽管港元在香港发行，但流通区域以内地尤其是华南地区为主，约占总数的 2/3[8]。1872 年，香港政府额外准许汇丰银行发行一元面值港元钞票[9]，更是加速了港元在内地的扩张。1890 年以后，汇丰银行的港元逐渐成为中国沿海乃至内地通货及商贸领域的流通与支付手段[10]。1927 年，汇丰银行在香港发行的 4 100.90 万港元中有近 70% 在广东一带流通，并通过贸易成为南方诸省公认的交易媒介[11]。值得注意的是，尽管汇丰

---

1 马寅初.如何提倡中国工商业[M]//马寅初.马寅初全集：第二卷.杭州：浙江人民出版社，1999：473.
2 根据上海档案馆藏《陈光甫对国税存放以及税款偿债时汇丰银行结价问题意见书的底稿》整理计算，档号 S174-1-29。
3 潘连贵.上海货币史[M].上海：上海人民出版社，2004：78-79.
4 献可.近百年来帝国主义在华银行发行纸币概况[M].上海：上海人民出版社，1958：9.
5 汇丰总行设在香港，因此汇丰的财务统计均以港元为单位。
6 KING F H H. The history of the hongkong and shanghai banking corporation: volume I[M]. Cambridge: Cambridge University Press, 1987: 392.
7 KING F H H. The history of the hongkong and shanghai banking corporation: volume III[M]. Cambridge: Cambridge University Press, 1988: 64.
8 献可.近百年来帝国主义在华银行发行纸币概况[M].上海：上海人民出版社，1958：88.
9 原先出于保护钞票持有人的考虑，小额钞票的发行权应由殖民地政府直接掌握。
10 姜建清，蒋立场.近代中国外商银行史[M].北京：中信出版社，2016：265.
11 KING F H H. The history of the hongkong and shanghai banking corporation: volume III[M]. Cambridge: Cambridge University Press, 1988: 63.

银行在内地发行的纸币数量不及香港,但多数可以兑现。而从香港流入内地的港元,汇丰银行内地分行并不负兑现责任[1]。二是汇丰银行常利用国内矛盾,趁机大规模增发以打压其他纸币。例如,1916年中交两行停兑风潮、1919年抵抗日货、1921年中交再次停兑、1924年广东省银行纸币贬值,汇丰银行都趁机大量增发纸币[2],打击其他银行纸币信用,以扩大自身的流通范围。

凭借治外法权,汇丰纸币在中国内陆流通并不受中国政府监管[3],破坏了中国的币制统一,打击了中资银行的纸币信用。同时,汇丰纸币缺少足额发行准备[4],以极低的成本换取了中国的经济资源。法币改革后,香港政府也随之进入信用货币时代,汇丰银行的港元较中国法币膨胀更快。1935年,汇丰银行的发行额较十年前增长了1.6倍;1936年发行额是1925年的2.8倍[5]。随着战事升级,汇丰银行在内地及香港的分支机构陆续关停或被日军接管。但1941年后,有相当数量的港元在昆明、重庆等地出现,其中大部分或是汇丰银行重庆分行发行的[6]。抗战胜利后,法币和金圆券的恶性贬值反而促进了港元的增发及其在华南地区的流通。1949年4月汇丰银行的发钞量较1936年增长538%,对中国金融体系的崩溃起到了推波助澜的作用[7]。直到解放后初期,港元在广东仍有相当的势力[8]。

三、汇丰在关税自主前长期经理中国外债与国库

晚清至1935年法币改革前,中国一方面承受长期贸易逆差带来的资本外流压力,另一方面面临巨额赔款。为纾解财政困难,19世纪六七十年代起,清朝中央及地方政府向以汇丰为代表的外资银行寻求借款。随着外债金额不断增加,外资银行逐渐获得了关盐税收的保管

---

1 献可.近百年来帝国主义在华银行发行纸币概况[M].上海:上海人民出版社,1958:85.

2 献可.近百年来帝国主义在华银行发行纸币概况[M].上海:上海人民出版社,1958:75.

注:由于汇丰的发行统计是全行性的,难以区分发行地,因此本文无法断定当时增发的是中国银票抑或港元。

3 1915年中国政府发布《取缔纸币条例》,首次尝试对本土银行业发行纸币进行管理,但并未对外资银行加以限制。

4 汇丰发行纸币需遵循英国海外银行的发行制度:一是银行须保有发行额1/3的现金准备;二是银行须提存等于实收资本1/3的现金或有价证券,交与政府保管;三是超过实收资本发行纸币时,超额部分须交存铸币或生金银与政府。但港英政府向来对汇丰的发钞业务给予优惠政策,1929年政府更是停收了超额发行税。资料来源:献可.近百年来帝国主义在华银行发行纸币概况[M].上海:上海人民出版社,1958:69.

5 献可.近百年来帝国主义在华银行发行纸币概况[M].上海:上海人民出版社,1958:75-77.

6 献可.近百年来帝国主义在华银行发行纸币概况[M].上海:上海人民出版社,1958:92.

7 献可.近百年来帝国主义在华银行发行纸币概况[M].上海:上海人民出版社,1958:77.

8 献可.近百年来帝国主义在华银行发行纸币概况[M].上海:上海人民出版社,1958:35-36.

权作为担保品。汇丰作为多国银行团的领导者,是经理中国外债、保管税收的主要金融机构,对中国政府筹资成本、负债规模等有较大影响力。

(一)汇丰是中国对外借款的主要经办机构[1]

据本文统计,甲午战争前清政府向在华外资银行举债共23笔,汇丰占18笔,共计3 258.73万关平两,约占清政府向外资银行借款总额的91.9%,占全部借款总额的57.8%(含向各外国洋行借款,见表3)。甲午战争爆发后至清末,清朝中央及地方政府向外资银行举借外债合计39笔,共40 840.07万关平两。其中,由汇丰单独办理的有8笔,计6 602.45万关平两;与其他外资银行合办的有6笔,合同本金共22 026.73万关平两[2]。该时期汇丰参与的外债占中国全部外债的65.9%。

表3 汇丰银行参与的中国政府对外借款情况

单位:万关平两

项目	甲午战争前	甲午至辛丑前	辛丑(含)至清朝结束
A. 全部外债	5 642.02	37 555.56	5 901.57
B. 向外资银行举借的外债	3 545.99	36 794.36	4 045.72
C. 汇丰单独经办的外债	2 864.21	5 668.57	933.88
D. 汇丰与他行共同经理的外债	394.52	20 751.40	1 275.34
(C+D)/A 汇丰占全部债款比例	57.8%	70.3%	37.4%

资料来源:根据中国人民银行总行参事室. 中国清代外债史资料[M]. 北京:中国金融出版社,1991:136-140,247,315,842-849. 整理计算。

北洋政府时期是中国近代史上借用外债次数最多的时期。经本文估算,辛亥革命后至南京国民政府成立以前,汇丰单独办理的外债有7笔,共714.84万关平两;与其他外资银行合办的有15笔,合同本金合计20 149.16万关平两(见表4)。汇丰参与的外债占全部的22.1%。袁世凯及皖直奉系军阀执政时期,汇丰的表现大相径庭,主要是由于后期日本的积极参与,英国份额相应收缩[3]。

---

[1] 本文主要关注汇丰经理政府性业务的情况,因此在统计清朝和北洋政府外债时剔除了与财政收支无关的,即用途与担保品均为商业性质的部分实业借款。

[2] 笔者对各借款合同金额进行了加总,不对由汇丰银行承担的部分加以单独区分。

[3] 经统计,皖直奉系军阀时期,日资银行和日本其他主体参与的外债本金约占全部债款的近五成。数据来源同表4。

表4 辛亥革命至南京国民政府前汇丰银行参与的对外借款情况

单位：万关平两

项目	辛亥革命时期南京临时政府及南方各省军政府	袁世凯时期北洋军阀政府	皖直奉系军阀统治时期
A. 全部外债	1 795.37	34 594.64	57 902.29
B. 向外资银行举借的外债	230.11	24 642.34	41 905.73
C. 汇丰单独经办的外债	—	29.15	685.69
D. 汇丰与他行共同经理的外债	192.90	18 849.02	1 107.24
（C+D）/A 汇丰占全部债款比例	10.7%	54.6%	3.1%

注：所用数据为合同借款金额，非实收金额。资料来源：根据徐义生. 中国近代外债史统计资料1853—1927[M]. 北京：中华书局，1962：96-100，114-128，148-197，224-240. 逐笔整理计算。部分原始数据存在借款信息缺漏，本文将难以判断性质的借款视为政府性借款。

其中，部分借款由于金额巨大，中国政府委托外资银行在国际市场上发行债券。外资银行扮演了承销商和还本付息经理人的角色。以汇丰经手的第一笔清政府公债——1874年福建台防借款为例，为募集债款（本金200万两，折合英金约62.76万镑），汇丰在伦敦和香港发行了75万英镑债券，自身承购发行额的半数。它不仅充当中国政府的代理人，还可自行决定债券发行的期限和折扣、票面利率等条件[1]，并从票面利率和清政府实际给付的利息中获取差额。《马关条约》签订后，中国政府的借款规模远超以往，此类外债规模也快速增长。

（二）汇丰作为英国银行业最重要的代表[2]，是中国对英赔款的接收者，也是中国关盐税收的主要保管者

例如庚子赔款，本金计4.5亿关平两，英国约占11.2%。汇丰是8家在沪外资银行组成的收款委员会成员之一[3]。随着武昌起义爆发和善后借款合同的签订，外资银行逐步获得了中国关税及盐税收入的保管权。1911年武昌起义后，总税务司指示在汇丰银行各地分支机构开设总税务司账户，专门用来存储关款。根据《管理税收联合委员会办法》，各收税处所应每周一次将净存税项汇交上海，后再均分收存于汇丰、德华、华俄道胜三家银行（此三家银行

---

[1] 巫云仙. 汇丰银行与中国金融研究[M]. 北京：中国政法大学出版社，2007：132.

[2] 汇丰占英国银行团贷款额度的1/3。在善后大借款中，有英国银行抗议汇丰过度垄断了远东金融业务，英国外交部立即向汇丰保证在此次债项成功发行和获得担保前绝不让更多银行介入。资料来源：刘诗平. 汇丰金融帝国[M]. 北京：中国方正出版社，2006：86.

[3] 中国人民银行总行参事室. 中国清代外债史资料[M]. 北京：中国金融出版社，1991：882-883.

所经理的债款主要以关税收入作保）[1]。第一次世界大战后，德华被接收、道胜倒闭，海关收入全存储于汇丰。

至于盐税收入，根据1913年《存储及汇寄盐款暂行章程》，中国银行在各地的分支行为盐税之收款银行，"在有银行团之地点，中国银行应将盐税净收入逐日解交银行团，……每日解款应由中国银行按照稽核总所对各地征收盐税所规定之货币缴解；此一货币应为当地银行团予以接受之货币。在付税之货币系属当地流行而非以上规定之货币时，收税银行应按市场最有利之折合率，折成规定之货币。"[2]其中，缴解货币的选择使汇丰有机会获取额外收益。例如，1915年始全国通行袁像银元，但汇丰仍要求各地盐款须用鹰洋缴纳。中国银行只能先向汇丰购入鹰洋，再行缴存[3]。再以广东为例，由于需将粤币所收盐税兑成港元（当时汇丰所发行港元占全港的74%[4]），仅半年即亏折150余万元（约合108万关平两）[5]。在实际征解过程中，盐税最终汇集上海，由汇丰等五家外资银行均摊保管。1917年善后借款本息基金改由关税收入拨抵，但五国银行团仍将盐余存于外资银行。德华、道胜退出后，汇丰等三家外资银行的保管份额进一步上升。

关余、盐余存款，在整个北洋政府时期年均额达15 700万元（约11 304万关平两），年底结存汇丰等银行的金额平均每家达2 200万元（约1 584万关平两）[6]，且这些只支付极低的利息[7]。汇丰作为中国关税和盐税的主要保管行，仅海关收入就有八九千万元（合五六千万关平两）全部存于该行上海分行[8]。1917年中国对德奥宣战后停付庚款，但应付本息以银元折算后记入海关总税务司七年短期内国公债账下，分存于汇丰等六家银行，以总税务司的命令支付[9]，汇丰继续掌握大量白银。白银存款的稳步流入，进一步加强了汇丰在国际汇

---

1 王铁崖.中外旧约章汇编：第二册[G].北京：三联书店，1957：795.

2 丁长清，唐仁粤.中国盐业史：近代当代编[M].北京：人民出版社，1997：62-63.

3 中国人民银行上海市分行.上海钱庄史料[M].上海：上海人民出版社，1960：570.

4 根据献可.近百年来帝国主义在华银行发行纸币概况[M].上海：上海人民出版社，1958：71，79-82.计算。由于部分数据缺失，麦加利银行1914年数据用1913年数据代替，有利银行1914年数据用1918年数据代替。按1英镑=10元中国银币计算。

5 丁长清，唐仁粤.中国盐业史：近代当代编[M].北京：人民出版社，1997：63.

6 徐义生.中国近代外债史统计资料1853—1927[M].北京：中华书局，1962：111.

7 根据《存储及汇寄盐款暂行章程》，存放于银行团的盐款，只在上海才按活期存款一年息2厘给付，其他各地银行所存盐款均不付利息。至1919年银行团才同意将年息提高为4厘，但以400万元为限（约合规元300万两）。1914年后的数年间中国盐款利息损失至少20万镑。资料来源：丁长清，唐仁粤.中国盐业史：近代当代编[M].北京：人民出版社，1997：63.同时，存在外资银行的洋关税款也无利息，后只付年息2厘。资料来源：马寅初.在中国的洋商[M]//马寅初全集：第三卷.杭州：浙江人民出版社，1999：92.

8 马寅初.中国外债之特色[M]//马寅初全集：第二卷.杭州：浙江人民出版社，1999：283.

9 唐有壬.关款存放问题[C]//中国经济学社.关税问题专刊.台北：文海出版社，1988：60.

兑市场上的优势地位[1]。

（三）汇丰抬高了中国政府的筹资成本

一是在债券发行定价中多次加码。以1876年第四次西征借款为例，从汇丰照会文书到左宗棠的奏请，再到中间人德商泰来洋行，所要求的年息从10%变为15%。最后债券公开发行时，票面利率为年息8%，且以九八折扣出售[2]，交付时银行还要扣除"经手规费暨他项经费"。清政府承担的实际成本与汇丰向投资人给付的利息，两者相差近一倍。二是汇丰给付银两时的折扣较大。当时国际市场上的借款一般是九七折扣，而中国借款一般是九〇至九三折扣[3]，即政府实际获得的债款金额较其名义上承担的要少7%~10%。该折扣可能尚未扣除外资银行的发行手续费，也不包括还本付息时的手续费[4]。

（四）汇丰还影响中国政府的内债发行

由于汇丰等外资银行掌握了大量税余，导致中国内债缺少担保品而发行不利[5]。20世纪20年代末外资银行大量进口白银，客观上为政府发行内债提供了资金条件。1928—1930年，国民政府累计发行内债3.52亿元（合约25 344万关平两），占全部债款收入的84.2%，占政府总收入的20.9%[6]。同期汇丰在上海的白银库存增加了2 090.09万关平两[7]，相当于同期内债规模的8.3%。

四、汇丰影响中国传统金融业的流动性与资金拆借价格

汇丰一方面通过向钱庄拆款，实现对工商业的间接授信；另一方面又人为调整拆借规模，影响洋厘与拆息行市，加深了对中国传统金融业的渗透。

（一）汇丰在一定程度上影响了钱庄的负债稳定性

19世纪六七十年代后，外资银行与钱庄建立了基于拆票的短期拆放关系。钱庄以庄票为抵押向外资银行借款，再进行投机或对工商企业提供信用贷款。这种业务链条与当前的再贴

---

1 LEE F E. Currency, banking and finance in China[M]. Washington: Government Printing Office, 1926.

2 马金华. 中国外债史[M]. 北京：中国财政经济出版社，2005：113-114.

3 马金华. 中国外债史[M]. 北京：中国财政经济出版社，2005：99.

4 吴景平. 关于近代中国外债史研究对象的若干思考[J]. 历史研究，1997（4）：53-72.

注：以1898年英德续借款为例，中国政府需按每年还本付息基金总数的2.5‰向汇丰给付手续费。资料来源：雷麦. 外人在华投资[M]. 蒋学楷，赵康节，译. 北京：商务印书馆，1959：258.

5 马寅初. 中国关税问题[M]// 马寅初全集：第二卷. 杭州：浙江人民出版社，1999：150.

6 杨荫溥. 民国财政史[M]. 北京：中国财政经济出版社，1985：60-61.

7 戴建兵. 白银与近代中国经济（1890—1935）[D]. 上海：复旦大学，2003：149-150.

现有相似之处。汇丰通过境外输入、汇兑、存款等渠道获取的白银，得以大量拆与钱业。从1908年上海各银行拆款数额来看，汇丰约占一成（1 398.1万两）[1]。

由于钱庄的负债过于依赖外资银行，一旦后者收回拆款或不再接受庄票，钱庄便面临流动性困难。1883年钱业风潮、1910年橡皮股票风潮等均与此有关。杨端六曾提出，"拆票最盛时期，总数约千数百万两，每庄拆进之款最多者约在七八十万两左右。此时上海金融市面之消长，不啻均操于外国银行之手，即钱庄之生死操于外国银行也"[2]。除了拆票，以道契为抵押的贷款也面临同样问题[3]。20世纪30年代经济危机波及上海后地价下跌，1935年房地产成交额仅占1931年的7%[4]。房地产业基本停滞，道契的流动性也随之丧失。外资银行拒做地产抵押贷款，资金周转受影响最大的便是钱庄[5]。1935年，上海地区有9家钱庄停业，涉及资本210万元（合151.2万关平两）[6]。

（二）汇丰干预资金市场价格

由于贸易商品交易时机比较固定，市场资金需求也有规律可循，汇丰便常在银根紧张时收回拆款，市场利率立刻升至30%以上[7]。19世纪70年代以后，部分钱庄还与外资银行一道利用洋厘的季节性波动，通过押存银元、抬高厘价等方式影响行市[8]。而实行此种套利需大量现银，因此尽管钱庄名义上把持了上海洋厘行市，但其身后是拥有最多银两的汇丰[9]。

---

1 宋佩玉.近代上海外商银行研究[M].上海：世纪出版公司，2016：112.

2 杨端六.清代货币金融史稿[M].武汉：武汉大学出版社，2007：151.

3 外国人"永租"中国土地后取得的土地凭证称为道契，其手续是由承租人先向各洋行或外籍律师事务所挂号，报明所需土地，经该处转报本国驻沪领事馆注册，由领事馆照会苏松太兵备道发给道契。凡中国人在租界内购置房地产，也须向洋行或外籍律师事务所挂号，由洋商出面申请道契。资料来源：丁日初.上海近代经济史：第一卷[M].上海：上海人民出版社，1994：291，297.

4 刘佛丁.中国近代经济发展史[M].北京：高等教育出版社，1999：205.

5 信用链条断裂的大致过程如下：（1）原本资力最雄厚的外资银行，因售卖了过多白银，自身也无太多资金留存。考虑到地产价格下行，开始拒做新的地产抵押贷款，或催收原先的地产抵押贷款。（2）地产商、地产投机者无法通过道契融资，出现违约。（3）房地产抵押贷款占比很高的钱庄，既面临企业坏账和抵押品无法变现的问题，又难以再凭道契向外资银行融资，周转受到严重影响。资料来源：吴景平.近代中国的金融风潮[M].上海：东方出版中心，2019：188.

6 中国科学院上海经济研究所，上海社会科学院经济研究所.上海解放前后物价资料汇编1921—1957年[G].上海：上海人民出版社，1959：15.

7 汪敬虞.外国资本在近代中国的金融活动[M].北京：人民出版社，1999：130.

8 吴景平.近代中国的金融风潮[M].上海：东方出版中心，2019：55.

9 洪葭管.1895—1927年间在沪外资银行的进一步扩展[M]//20世纪的上海金融.上海：上海人民出版社，2004：159.

五、结论和启示

综上所述,近代以来直到 1935 年法币改革前,汇丰银行凭借其在国际金融市场和中国金融领域的优势,掌握了大量的白银,在白银为中心的货币体制下,一定程度上发挥了发行的银行、政府的银行和银行的银行等中央银行职能,这些并不因户部银行成立后中国开始现代中央银行制度的探索而很快发生改变。然而,汇丰不可能是真正意义上的中央银行:一是出于对风险的考量,汇丰不可能履行最后贷款人职责,无法在出现系统性风险时为金融体系提供流动性支持;二是汇丰的出发点最终服务于自身和英国在华利益的最大化。因此,汇丰在白银业务上的优势地位影响了中国货币主权的完整性和货币制度的稳定性,可能干扰金融市场的正常运行。

相比之下,当时本土金融机构孱弱,无法与外资金融机构竞争。作为名义上的中央银行,不论是户部银行,还是早期的南京中央银行,都未能完全掌控本国的货币发行权和调控权。随着中国政治社会趋于稳定,本国金融机构实力增强,政权进一步巩固,才逐渐收复了货币主权。1935 年法币改革后,货币发行权集中于中央银行、中国银行、交通银行三行。抗战爆发后,政府加强经济金融统制,以应对战时所需,货币发行和调控才最终统一由国民政府中央银行行使。

可见,汇丰在近现代中国地位的变迁、中国现代中央银行制度的建立和强化,正是半殖民地半封建社会变迁过程中现代国家建设在金融领域的缩影。

参考文献

[1] 戴建兵. 白银与近代中国经济(1890—1935)[D]. 上海:复旦大学,2003.

[2] 丁日初. 上海近代经济史:第一卷 [M]. 上海:上海人民出版社,1994.

[3] 丁长清,唐仁粤. 中国盐业史:近代当代编 [M]. 北京:人民出版社,1997.

[4] 洪葭管.20 世纪的上海金融 [M]. 上海:上海人民出版社,2004.

[5] 洪葭管. 上海金融志 [M]. 上海:上海社会科学院出版社,2003.

[6] 洪葭管. 中国金融通史:第四卷 [M]. 北京:中国金融出版社,2008.

[7] 姜建清,蒋立场. 近代中国外商银行史 [M]. 北京:中信出版社,2016.

[8] 柯立斯. 汇丰—香港上海银行 [M]. 李周英,甘培根,白鸿,等译. 北京:中华书局,1979.

[9] 雷麦. 外人在华投资 [M]. 蒋学楷,赵康节,译. 北京:商务印书馆,1959.

[10] 刘佛丁. 中国近代经济发展史 [M]. 北京:高等教育出版社,1999.

[11] 刘诗平. 汇丰金融帝国 [M]. 北京:中国方正出版社,2006.

[12] 马金华. 中国外债史 [M]. 北京:中国财政经济出版社,2005.

［13］马寅初.马寅初全集：第二卷［M］.杭州：浙江人民出版社，1999.

［14］马寅初.马寅初全集：第九卷［M］.杭州：浙江人民出版社，1999.

［15］马寅初.马寅初全集：第三卷［M］.杭州：浙江人民出版社，1999.

［16］潘连贵.上海货币史［M］.上海：上海人民出版社，2004.

［17］彭信威.中国货币史［M］.2版.上海：上海人民出版社，2015.

［18］寿充一，寿乐英.外商银行在中国［M］.北京：中国文史出版社，1996.

［19］宋佩玉.近代上海外商银行研究［M］.上海：世纪出版公司，2016.

［20］汪敬虞.外国资本在近代中国的金融活动［M］.北京：人民出版社，1999.

［21］汪敬虞.中国近代工业史资料：第二辑［M］.北京：科学出版社，2016.

［22］王铁崖.中外旧约章汇编：第二册［G］.北京：三联书店，1957.

［23］巫云仙.汇丰银行与中国金融研究［M］.北京：中国政法大学出版社，2007.

［24］吴景平.关于近代中国外债史研究对象的若干思考［J］.历史研究，1997（4）：53-72.

［25］吴景平.近代中国的金融风潮［M］.上海：东方出版中心，2019.

［26］吴群敢.外商银行概况［M］.上海：现代经济通讯社，1949.

［27］献可.近百年来帝国主义在华银行发行纸币概况［M］.上海：上海人民出版社，1958.

［28］徐雪筠.上海近代社会经济发展概况1882—1931［M］.上海：上海社会科学院出版社，1985.

［29］徐义生.中国近代外债史统计资料1853—1927［M］.北京：中华书局，1962.

［30］杨端六.清代货币金融史稿［M］.武汉：武汉大学出版社，2007.

［31］杨格.一九二七至一九三七年中国财政经济情况［M］.陈泽宪，陈霞飞，译.北京：中国社会科学出版社，1981.

［32］杨荫溥.民国财政史［M］.北京：中国财政经济出版社，1985.

［33］杨荫溥.中国金融研究［M］.上海：商务印书馆，1936.

［34］郑友揆.中国的对外贸易和工业发展［M］.上海：上海社会科学院出版社，1984.

［35］中国经济学社.关税问题专刊［C］.台北：文海出版社，1988.

［36］中国科学院上海经济研究所，上海社会科学院经济研究所.上海解放前后物价资料汇编1921—1957年［G］.上海：上海人民出版社，1959.

［37］中国人民银行上海市分行.上海钱庄史料［M］.上海：上海人民出版社，1960.

［38］中国人民银行总行参事室.中国近代货币史资料：第一辑［M］北京：中华书局，1964.

［39］中国人民银行总行参事室.中国清代外债史资料［M］.北京：中国金融出版社，1991.

［40］中国银行行史编辑委员会.中国银行行史［M］.北京：中国金融出版社，1995.

［41］ALLEN G C, DONNITHORNE A G. Western enterprise in far eastern economic development: China and Japan[M]. 2nd ed. London: George Allen & Unwind LTD, 1962.

［42］KING F H H. The history of the hongkong and shanghai banking corporation: volume I[M].

Cambridge: Cambridge University Press, 1987.

［43］KING F H H. The history of the hongkong and shanghai banking corporation: volume III[M]. Cambridge: Cambridge University Press, 1988.

［44］LEE F E. Currency, banking, and finance in China[M]. Washington: Government Printing Office, 1926.

［45］TAMAGNA F M. Banking and finance in China[M]. New York: Institute of Pacific Relations Publications Office, 1942.

1934 年中国放弃银本位的背景、影响及启示 [1]

◎ 中国人民银行研究局　王　信　魏　磊
◎ 中国人民银行金融研究所　雷　曜　尹向明　王佳琪

摘要： 1934年，美国购银法案的实施等因素导致国际银价上涨，中国货币升值，白银大量外流，国内出现通货紧缩和经济衰退，迫使国民政府放弃银本位[2]，1935年实施法币改革。为获取足够外汇支撑法币发行，1936年中美达成《中美白银协定》，中国向美国出售白银换取美元。英美日等国针对中国货币问题展开博弈，最终法币未与英镑和美元绑定。法币改革后中国货币汇率较为稳定，经济迅速回升，整体上是成功的。但好景不长，抗战爆发后货币发行日益失控，经济陷入恶性通货膨胀。这段历史启示我们：开放经济条件下，国际因素会通过国际资本流动、汇率变动对一国经济产生较大冲击；货币制度有利有弊，其作用受形势变化的影响；货币制度固然重要，但对一国社会经济发展不是决定性的；货币汇率与经济、政治、外交等问题密切相关，是国际博弈的焦点。

▶ **Abstract:** The adoption and implementation of Silver Purchase Act by the United States caused a silver price hike in the international market in 1934. Subsequently, China experienced currency appreciation, massive outflow of silver, domestic deflation and economic recession. The National Government in Nanjing had to abandon silver standard and implemented fiat money reform in 1935. In order to obtain enough foreign exchange to support the issuing of fiat currency, China reached the Silver Agreement with the United States in 1936, under which China sold silver to the United States in exchange for dollars. United States, Britain and Japan responded differently to China's fiat currency

---

1 本文发表于《华北金融》2020 年第 1 期。
2 1934 年 10 月以后，中国通过征税抑制白银出口，银本位制名存实亡，中国汇率与国外银价才有所偏离（王信，2011）。但有关放弃银本位制、实行法币改革的官方声明迟至 1935 年 11 月 3 日才发布。

> reform. Finally, the fiat currency was not linked to the pound nor the dollar. After the reform, the exchange rate of China's currency was relatively stable, and the economy recovered quickly. The fiat money reform was successful overall. However, it did not last long. After the outbreak of the Anti-Japanese War, money supply was out of control, and hyperinflation ensued. This history teaches us that under in an open economy is susceptible to shocks from international factors, such as capital flows and exchange rate fluctuations. Any monetary system has both pros and cons, and its function is affected by the changing situation. Although the choice of monetary system is important, it alone is not a decisive factor in country's social and economic development. Exchange rate is closely related to economic, political and geopolitical factors, and is a focal point in international competition.

20 世纪 30 年代初,中国是当时世界上实行银本位制的少数国家之一。在此之前有关中国币制改革的争论也一直持续。1934 年美国实施购银法案,国际银价上升,中国白银大量外流,国内出现通货紧缩和经济衰退,中国被迫放弃了银本位制。

一、中国放弃银本位和实施法币改革的背景

（一）中国 1933 年"废两改元"真正确立银本位制,币值直接受银价影响

中国历史上,白银作为货币由来已久。明朝万历年间,"一条鞭法"在全国推行,统一以白银征税,完成了白银货币化（万明,2005）。清朝沿袭明制,银钱并用,大数用银,小数用钱（叶世昌,2002）,白银占据了主要货币地位。1914 年,北洋政府决定实行银本位制,颁布《国币条例》,银元成为主要流通货币（孔鼎音,2016）,但银两的影响仍很大（习永凯,2012）。1933 年 3 月 10 日,南京国民政府实施"废两改元",废除称量不规则的银两,将银两以法定换算率兑换为银元,一切交易使用银元收付,银本位制度真正确立（孔鼎音,2016）。

在银本位制度下,中国白银货币的对外价值由国际银价决定,随国际银价波动而调整,1932—1935 年国际银价快速上涨,中国白银大量外流。1932 年世界银价开始上涨,当时 1 盎司白银为 0.28 美元,到 1935 年峰值时已达 0.65 美元,是原来价格的 2.32 倍（见图 1）。

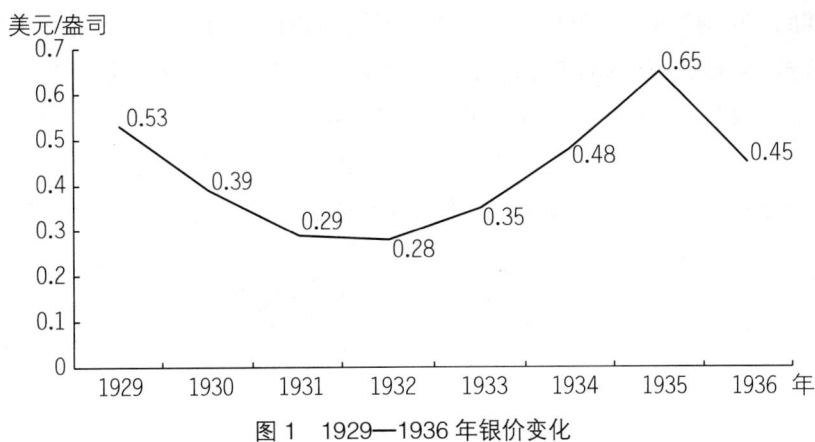

图1 1929—1936年银价变化

（数据来源：洪葭管.中国金融通史第四卷[M].北京：中国金融出版社，2008（5）：259）

受此影响，从1932年起，中国白银由净流入转为净流出：1932年净流出1 040万元，1934年高达25 673万元（最高值），1935年的净流出降至5 940万元。从上海运银到伦敦或纽约出售，按外汇折算至少可获利50%。外国银行将白银大量装船出口[1]，其库存白银在1933年12月至1934年12月锐减2.21亿元（郑友揆，1984）。凭借治外法权的庇护，外国银行把作为营业支付和发钞准备的白银外运，其库存白银降至5 000万元以下（洪葭管，2008）。

表1 1929—1936年中国白银流入和流出情况

单位：百万元

年份	流入	流出	流入减流出
1929	189.2	24.3	164.9
1930	159.8	55.4	104.4
1931	118.2	47.4	70.8
1932	96.5	106.9	−10.4
1933	80.4	94.8	−14.4
1934	10.8	267.5	−256.7
1935	10.9	70.3	−59.4
1936	4.7	254.3	−249.6

资料来源：中国银行总管理处经济研究室.全国银行年鉴（中华民国二十六年）[M].上海：汉文正楷印书局，1937：S138，转引自戴建兵（2003）.

---

[1] 此前的1929—1933年大量白银曾流入上海，金融业存银一度高达5.47亿元，其中外国银行存银高达2.76亿元，如此大规模的库存白银，在银价上涨后迅速调拨集中运出中国。

白银货币与中国历史变迁问题研究

在此期间，中国货币不断升值，出口急剧下降。1931年9月中国百元本币可兑换4.5英镑或42日元或21美元，到1934年10月，则可兑换7.5英镑或130日元或37美元（Friedman，1992；新生，1934）。受此冲击，1934年中国出口额相比1929年下降50%，1935年出口额相比1929年下降46.2%。中国贸易逆差迅速扩大，1929年逆差为5.5亿元，1932年增至9.55亿元，此后逆差有所下降，1933年为7.33亿元（见表2）。

表2 1929—1936年价格指数及贸易变化情况

年份	银价指数 1926=100	外汇指数 1926=100	物价指数（1926=100）		贸易额（百万元）		
			出口	进口	进口	出口	逆差
1929	85.4	85.9	105.2	107.7	1 620	1 070	550
1930	61.7	59.5	108.3	126.7	1 723	944	779
1931	46.5	45.0	107.5	150.2	2 002	915	1 087
1932	45.2	55.8	90.4	140.2	1 524	569	955
1933	56.1	62.7	82.0	132.3	1 345	612	733
1934	77.4	73.5	71.7	132.1	1 030	535	495
1935	103.5	82.0	77.6	128.4	919	576	343
1936	72.8	65.0	96.1	141.7	941	706	235

资料来源：银价指数、外汇指数来源于郑友揆（1984），外汇指数是根据中国对外贸易中四个主要国家（日美英德）的汇率，以及它们的贸易值为权数计算的平均指数，进出口物价指数、进出口贸易额来源于民国政府的美国顾问杨格（1981），转引自管汉晖（2007）。

（二）银本位制有利有弊，中国币制改革的争论不断

20世纪初以来，关于中国货币本位制度的争论较为激烈。从清末到民国初年，主流观点是中国应实行金本位制，在相关条件尚不具备时，梁启超、周学熙[1]、陶德琨和美国金融专家精琪等主张先实行金汇兑本位制，刘冕执等主张实行金银并行本位，徐荣光等主张先实行银本位制（叶世昌，2002）。随着北洋政府颁布《国币条例》和南京国民政府实施"废两改元"，中国坚持实行银本位制。由于当时世界主要国家实行金本位制，而中国实行银本位制，国际金银比价不断变动，因而中国货币对世界主要货币价格波动频繁，这使得中国成功避开了席卷西方世界的大萧条的冲击。1931年4月以后，英国、日本等西方国家陆续退出金本位，实

---

[1] 北洋政府先后成立三个币制委员会，1913年春成立的第二个币制委员会由财政总长周学熙主持，陶德琨、刘冕执、徐荣光为专任委员。资料来源于叶世昌.民初金属本位制度的讨论[J].中国钱币，1993（03）：38.

施货币贬值政策。国际银价大起大落，中国实行银本位的弊端日益显现。1933年，顾翊群[1]提出实施管理通货制，对银本位加以管理，发行纸币（王能应，2005）。张素民[2]、姚庆三[3]、赵兰坪[4]、褚辅成[5]等学者都主张取消银本位制，管理通货，实行通货贬值（叶世昌，2002），但他们对在金本位制、金汇兑本位制、不兑现纸币制度之中如何选择的认识不同（王能应，2005）。

（三）美国实施白银购买法案，国际银价上涨导致中国白银大量外流

出于国内政治需要，为取悦产银州的国会议员，1934年6月，美国总统罗斯福签署《白银购买法案》（Friedman，1992），授权美国财政部在国内外市场购银以提高银价。随后国际市场银价猛涨[6]，远高于中国国内，在华外资银行纷纷在中国收购白银运往纽约和伦敦套利，中国白银大量外流。白银外流导致中国银根紧张，国内通货紧缩，经济萧条（洪葭管，2005），工商业衰落，大批银行倒闭。1932—1934年中国主要城市或地区物价指数持续下滑，出现通货紧缩，1932年上海、1933年华北和汉口、1934年南京物价下跌均超过10%（见表3）。1933年和1934年中国经济陷入衰退，增速分别为 –0.172% 和 –8.64%。

表3 1929—1936年中国若干地区批发价格变化情况

年份	南京	上海	华北	广州	汉口	青岛
1929	—	2.8	2.9	0.1	—	—
1930	—	9.9	4.3	4.9	—	—
1931	—	10.4	5.8	11.0	—	—
1932	–5.0	–11.3	–7.9	1.1	–1.8	–3.7
1933	–8.6	–7.7	–10.5	–8.1	–12.2	–8.4

---

1 顾翊群曾就读于北京大学，1921年赴美留学。学成回国在上海金融界任职。1936年，任国民政府行政院参事，与陈光甫等赴美，与美国财政部交涉白银问题。

2 张素民著有《白银问题与中国币制》。

3 姚庆三，1929年毕业于复旦大学，随后留学法国。他归国后投身于中国货币研究，代表作有《金融论丛》和《现代货币思潮及世界币制趋势》。

4 赵兰坪，历任暨南学校、国立东南大学、国立中央大学及中央政治学校经济学教授，著有《经济学》《近世欧洲经济学说》等。

5 褚辅成在日本加入光复会和中国同盟会。回国后任嘉兴府商会总理。辛亥革命时期，参与领导起义，1913年录选为第一届国会众议院议员，九三学社发起人之一。

6 1934年6月到1935年6月，伦敦银价由19.96便士/盎司迅速上涨至36.25便士/盎司。资料来源于石柏林.凄风苦雨中的民国经济[M].郑州：河南人民出版社，1993：90。

续表

年份	南京	上海	华北	广州	汉口	青岛
1934	-12.5	-6.5	-8.6	-9.8	-9.8	-8.5
1935	-0.3	-0.7	3.5	-10.2	0.2	3.0
1936	5.6	12.6	15.8	24.5	9.0	4.5

资料来源：Chung-kuok'o-hsüehyüan. Shang-hai chieh-fang ch'ien-houwu-chia tzu-liao hui-pien（Collected Materials on Commodity Prices in Shanghai Before and After Liberation）[M]. Shanghai: Shanghai ching-chi yen-chiu so, 1958: 91-92; Richard C.K. Burdekin, US pressure on China: Silver flows, deflation, and the 1934 Shanghai credit crunch [J]. China Economic Review, 2008: 19（2）.

1934年7—10月，物价下降21.7%[1]。由于信用收缩，市场利率从6%跃升至26%左右（叶世昌和潘连贵，2001）。由于物价低迷，需求不振，加之日本、英国工厂的竞争，中国工厂频频倒闭：上海31家民营资本纱厂停工8家，丝厂停工28家，面粉厂开工的只有14家，不到原厂数量的一半，商店倒闭多达521家[2]。1935年1—10月，上海倒闭企业数达1 065家。由于本币随银价上升对主要西方国家货币升值，1935年生丝、茶叶等主要出口商品出口货值比1929年减少65%左右（余捷琼，1937）。这一时期，上海等城市的房地产价格暴跌，交易陷入持续停滞状态。金融业受到冲击，上海1934年底有4家钱庄倒闭，1935年12家民族资本银行停业（冯泽培，1996），占当时上海民族资本银行总数的17.9%。在华外资银行也出现停业清理或倒闭，美国的美丰银行、信济银行，英国的达商银行和俄国的远东银行均于1935年前后倒闭（洪葭管，2008）。

二、放弃银本位的过程和法币改革评价

（一）国民政府未能解决白银危机，白银走私严重

面对白银危机，国民政府采取了以下措施：一是从1934年10月15日开始征收白银出口关税和平衡税，以减少白银出口。二是10月16日设立外汇平市委员会，以在必要时干预外汇市场，稳定汇价。三是与美国政府交涉，要求美国政府遵循1933年伦敦会议达成的白银

---

[1] 数据来源于上海市政协编. 旧上海的金融界[M]. 上海：上海人民出版社，1988：39-40.
[2] 数据来源于上海金融史话编写组. 上海金融史话[M]. 上海：上海人民出版社，1978：125.

协定[1]，维持银价稳定，但美国政府表示无能为力（洪葭管，2005）。这些措施未能改变中国白银外流局面，白银走私盛行。据估计，1934年白银走私1 500万盎司，1935年达1.74亿盎司，约1.5亿~2.3亿元（杨格，1981）。

（二）国民政府寻求西方国家帮助进行货币改革

白银危机迫使国民政府考虑放弃银本位，发行不与白银挂钩的纸币。为获得充足的外汇发行准备，国民政府寻求英美等国帮助。英国希望中国货币与英镑绑定，美国在早期持观望态度，日本则始终反对中国币制改革，拒绝了英国关于英日对华提供贷款的计划（洪葭管，2005），且其在华占领区故意走私白银。出于对美、日的顾忌，英国在对华贷款问题上举棋不定，国民政府转为与美国协商出售白银（吴景平，1991）。1935年11月1日，汪精卫遇刺致伤，引起人心不安。第二天，中央银行、中国银行、交通银行及其他银行出现挤兑狂潮（戴建兵，2003）。面对紧张局势，尽管外汇准备不足，国民政府仍决定进行法币改革。

1935年11月3日，财政部发布公告，宣布在全国范围内推行法币制度，其主要内容如下：仅以中央银行、中国银行、交通银行三家银行作为法币发钞行；三家银行可无限制买卖外汇，维持法币对外汇价格稳定；所有完粮纳税及一切公私款项的收付均以法币进行；银钱行号、商店及其他公私机关或个人持有银类，均交给发行准备管理委员会或指定银行兑换法币（洪葭管，2005）。国民政府还于1936年1月11日公布了《发行法币条例》，统一了辅币标准[2]。

（三）法币改革后，各国反应不一

英国政府给予支持。英国当局决定其在华银行交出白银、兑换法币（吴景平，1988）。除日本的银行外，所有外商银行均安排移交白银（洪葭管，2005）。日资银行不愿移交所存白银，日本在平津地区还阻挠现银南运（吴景平，1988）。

美国政府利用中国外汇准备不足的弱点与中国进行购银谈判。法币改革后，美国对中国法币与英镑保持固定比价表示不满，1935年12月，停止在伦敦市场收购白银，伦敦银价下跌，使国民政府通过售银换取外汇作为法币发行准备的计划流产。国民政府被迫再与美国政府接触，美方要求法币与美元相联系（洪葭管，1988）。1936年3月，上海商业储蓄银行总经理陈光甫访美，与美国财政部长摩根索商谈货币问题。1936年5月15日，中美达成《中美白银协定》：中国保持币制独立，不与世界任何货币集团联系；美国财政部从中国购入白银，

---

1 1933年7月，美国、加拿大、墨西哥、秘鲁、澳大利亚等世界五大产银国与中国、印度、西班牙等三大存银国在伦敦会议上达成白银协定，协定规定了有关产银、用银国4年内售卖白银的数量和办法，以维持银价稳定。
2 条例规定辅币有五种，其中镍币分二十分、十分、五分三种，都是纯镍，铜币分一分、半分两种，成色铜95%，锡5%，资料来源于李斌.战前中国货币制度的变迁及其原因分析[D].清华大学，2005.

白银货币与中国历史变迁问题研究

中国售银所得存入美国的银行,用于稳定货币[1]。该协定维持了法币对外价值的稳定。

(四)关于法币改革的评价

对法币改革的评价整体是积极的。法币改革后,法币汇价基本稳定,中国经济迅速恢复增长:1934 年经济下跌 8.64%,1935 年、1936 年的增长率分别为 8.30%、5.87%(Yeh, K.C., 1997),物价也显著回升,扭转了通货紧缩局面。

支持者认为,中国放弃银本位、实行法币改革,顺应了世界许多国家放弃贵金属本位制的潮流,有利于应对白银价格大起大落造成的严重问题,适应中国经济增长对扩张货币发行的需要。例如在法币改革后,马寅初多次撰文表达对法币的支持,认为中国继续维持银本位会使经济处于不利地位,实施法币政策,货币当局可进行有序管理,对社会有利(马寅初,1999,2007)。法币改革后货币供应扩大,推动经济复苏。1934 年供应量为 79.87 亿元,1935 年、1936 年分别达到 88.32 亿元和 104.74 亿元。受此影响,物价显著回升(见图 2)。

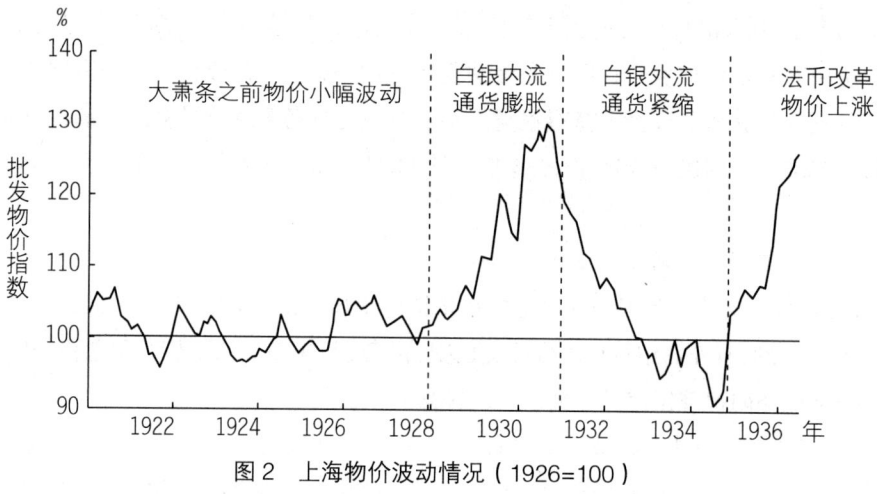

图 2　上海物价波动情况(1926=100)

(数据来源:[美]阿瑟·恩·杨格.一九二七至一九三七年中国财政经济情况[M].北京:中国社会科学出版社,1981:527-531;刘愿,岳翔宇.银行商誉资本与货币竞争性发行——来自中国白银风潮前夕银行微观数据的经验证据[J].财经研究,2016,42(03):95-108)

---

[1] 美国财政部在 1936 年 6 月从中国购银 1 200 万盎司,以后的 7 个月里每月购入 900 万盎司,总共购入 7 500 万盎司,价格按购银前两周的平均市价,但不低于 45 美分/盎司,中国可要求美方以黄金支付,中国须将售银收入存于纽约的美国银行,这些基金只能用于稳定中国币制;美国另向中国提供 2 000 万美元的外汇,中国用 5 000 万盎司白银作抵押,美方保证最终将买下这批白银;取消关于艺术与工业用银的限制;铸造五角、一元银辅币。资料来源于仇华飞.20 世纪 30 年代白银问题与中美关系[J].近代中国,1998(00):26-62;郑会欣."中美白银协定"述评[J].民国档案,1986(02):96-103。

此时，恰逢多年未有的农业大丰收，原材料充沛，制造业也有较大幅度增长（洪葭管，2008），中国经济恢复增长。1936年工业总产值为44.88亿元，全年出口总额为7.06亿元，同比增长22.6%[1]。但反对者认为，法币虽有外汇作为发行准备，但属于不兑现纸币，为国民政府无视货币发行纪律创造了条件。例如，Friedman（1992）认为，中国放弃银本位，加速了中国通胀进程。

三、结论和启示

（一）开放经济条件下，国外因素会通过国际资本流动、汇率变动对一国经济产生较大冲击

当时货币随国际银价波动，中国国力较弱，金银和外汇准备不足，法币改革缺乏自主权，未能及时有效应对外部冲击。美国白银收购法案是其国内政治博弈的结果，但国际银价上升导致中国白银大量流出，在银本位制下中国货币供应量减少，导致通货紧缩和经济萧条。

（二）货币制度不可能十全十美，其作用受形势变化的影响

在银本位制下，中国货币对实行金本位制的其他国家的货币汇率波动，可能不利于中国对外经济活动的稳定发展；但在西方世界经济大萧条时，中国因汇率波动而避免受到较大冲击。在美国实施购银法案、国际银价大幅上升后，中国经济又因银本位制遭受重创。1929—1931年，中国经济曾从银价下跌中短暂受益；1933—1934年，在国际银价上涨、白银大量外流时则陷入金融危机、经济衰退。1935年，中国放弃银本位制、实行法币改革，货币贬值了40%[2]，随后两年物价回升，实现了经济复苏。

（三）货币制度不可能一成不变，一国社会经济的需要是决定性因素

法币改革后两年，中国货币汇率较为稳定，经济较快增长。之后货币发行量越来越大，主要是抗战爆发，战时开支飞涨的结果。此时即使仍实行银本位制，货币供应受限，无法满足战时经济需要，必然也难以为继。历史上不少实行贵金属本位制的国家为满足战时需要，扩大货币发行，将纸币宣布为法定使用的货币，暂停其兑换贵金属的义务，如1844年之后欧洲陷入战争和动荡，奥地利、意大利均采取这种做法（王信和郭冬生，2018）。

（四）货币问题对国际政治经济有较大影响，往往是各国博弈的焦点

中国法币改革前后，因事关各自利益，美英日等国展开博弈，试图对中国货币问题乃至中国的政治经济施加更大影响。在信用货币制度下，货币发行基础不再是作为发行准备的贵

---

[1] 数据来源于海关刊布的1936年中国贸易。

[2] 当时的财政部钱币司承认1935年实行法币后币值减低约1/3。数据来源于洪葭管. 中央银行史料[M]. 北京：中国金融出版社，2005：379.

Silver Currency and Its Role
in the Evolution of Chinese History
白银货币与中国历史变迁问题研究

金属等资产，而是国家信用和综合实力，各国在国际货币问题上的较量更直接、更激烈。

参考文献

[1][美]阿瑟·恩·杨格.一九二七至一九三七年中国财政经济情况[M].北京：中国社会科学出版社，1981：210，238.

[2]戴建兵.白银与近代中国经济（1890—1935）[D].复旦大学，2003.

[3]冯泽培.银本位制对近代中国经济的影响[J].金融研究，1996（03）：66-69.

[4]洪葭管.1935年的币制改革（下）[J].中国金融，1988（08）：57-58.

[5]洪葭管.中国金融通史第四卷[M].北京：中国金融出版社，2008：264，247，298.

[6]洪葭管主编.中央银行史料（上卷）[M].北京：中国金融出版社，2005：316-318，326-327，335.

[7]管汉晖.20世纪30年代大萧条中的中国宏观经济[J].经济研究，2007（2）：16-25.

[8]孔鼎音.民国时期的币制改革：废两改元与法币建立[J].中国银行业，2016（03）：104-105.

[9]马寅初.马寅初全集第九卷[M].杭州：浙江人民出版社，1999：137，158.

[10]马寅初.马寅初全集补编[M].上海：上海三联书店，2007：218-220，541.

[11]吴景平.美国和1935年中国的币制改革[J].近代史研究，1991（06）：201-222.

[12]吴景平.英国与1935年的中国币制改革[J].历史研究，1988（06）：174-189.

[13]万明.白银货币化与中外变革：晚明社会变迁问题与研究[M].北京：商务印书馆，2005：148.

[14]王能应.管理通货制：20世纪30年代中国币制改革方案的讨论[J].中国地质大学学报（社会科学版），2005（06）：43-47.

[15]王信.中国清末民初银本位下的汇率浮动：影响和启示[J].国际金融研究，2011（02）：37.

[16]王信，郭冬生.20世纪上半叶中国中央银行制度的起源和发展——基于央行发钞以外职能的视角[R].货币金银专题调研，2018（13）.

[17]习永凯.近代中国白银购买力的变动及影响（1800—1935）[D].河北师范大学，2012.

[18]新生.白银和中国[J].世界知识，1934（2）.

[19]余捷琼.中国的新货币政策[M].北京：商务印书馆，1937：224-225.

[20]叶世昌，潘连贵.中国古近代金融史[M].上海：复旦大学出版社，2001：275.

[21]叶世昌.中国金融通史第一卷[M].北京：中国金融出版社，2002：497.

[22]叶世昌.中国近代货币本位制度的建立和崩溃[A].中国钱币论文集第四辑[C]：中国钱币学会，2002：9.

[23]郑友揆.中国的对外贸易和工业发展(1840—1949)[M].上海:上海社会科学出版社,1984:104.

[24]Friedman Milton. Franklin D. Roosevelt, Silver, and China. Journal of Political Economy [J]. 1992(100):62-83.

[25]Yeh, K.C.China's National Income, 1931—1936[C].Modern Chinese Economic History, edited by Hou, Chi-ming and Yu, Tzong-shian, Taipei: The Institute of Economics, Academia Sinica, 1977.

中国历史上非官定货币的冲击、原因及启示[1]

◎ 中国人民银行研究局　王　信
◎ 中国人民银行货币金银局（保卫局）　孟郁聪　刘东岩

摘要： 中国历史上，官府很早就掌控货币的发行和流通，但历朝历代的币制复杂、混乱，各种货币竞争一直存在，私铸、外来货币对官定货币造成不同程度的冲击。对此，官府有时允许私铸以弥补流通货币之不足，但更多时候则通过严刑峻法等手段对非官定货币进行打击，但相关政策效果不一定显著。货币无序竞争，币制复杂、混乱，加大了社会交易成本，恶化政治经济形势，甚至成为王朝倾覆的重要原因之一。

官定货币受到其他货币的严重冲击反映了当时政治经济等方面的问题：政府未能及时根据经济发展需要扩大货币供应，经济陷入通缩；政府通过货币贬值横征暴敛，官定货币的价值、信誉一落千丈；政府未建立强有力的货币发行管理制度和机构，官定货币使用不便，国力疲弱，政府腐败无能，放任私铸和外来货币横行，等等。

中国货币史对当今依然有重要启示：一是货币竞争自古而然，官定货币并不必然占据优势。二是政治社会稳定，经济健康发展，是维持官定货币地位的根本。三是科学有效的货币调控对保证经济社会稳定、维护官定货币地位至关重要。四是货币反假防伪依然是我国货币当局的重要任务。五是及早应对数字货币和相关支付工具给国内货币金融管理和国际货币竞争带来的挑战。

▶ **Abstract:** Government controlled the issuance and circulation of currency from very early on in the Chinese history. Yet, the country's currency system was complicated and chaotic throughout the dynasties, and private coinage and foreign currencies competed with the official currency. In response, the government sometimes allowed private coinage to make up for the shortage

---

[1] 本文发表于《新金融评论》2018年第1期。

of currency in circulation, but more often it cracked down on non-official currency with severe punishments and strict laws though the efficacy of these policies were not necessarily significant. The disorderly currency competition and the complex and chaotic currency system increased market transaction cost, deteriorated the political and economic situation, and in some cases even became a contributing factor to a dynasty's collapse.

The competition from non-official currencies reflected the political and economic problems at that time. The government failed to expand money supply to serve the needs of economic development, the economy fell into deflation; The government expropriated and collected excessively through currency devaluation, the value and credibility of the official currency plummeted; The government did not establish an effective system and the necessary institutional arrangements for currency issuance and management, people found the use of official currency inconvenient; the governance was poor with a corrupt and inept government, private coinage and the foreign currency became popular, and etc.

Ancient China's monetary history offers relevant lessons for today. Firstly, currency competition has been around since ancient times, and the official currency is not necessarily dominant. Secondly, political and social stability and sound economic development underpins the proper functioning of an official currency status. Thirdly, effective monetary regulation is of vital importance to ensure economic and social stability and to maintain the official currency status. Fourthly, anti-counterfeit is still an important task for China's monetary authorities. Fifthly, we should promptly respond to the challenges that digital currencies and related payment tools pose to monetary and financial management and international currency competition.

中国历史上，尽管官府很早就开始掌控货币的发行和流通，但历朝历代的币制多变、复杂、混乱，很多时候货币发行的集中统一性并不强。民间私铸货币、外来货币大行其道，官府对此试图打击但难以奏效。官定货币受到其他货币的严重冲击，反映了当时政治经济等方面的问题，币制的复杂、混乱反过来加大了社会交易成本，进一步恶化政治经济形势，甚至成为王朝倾覆的重要原因之一。本文梳理我国历史上非官定货币对官定货币的冲击和官府的应对，

Silver Currency and Its Role
in the Evolution of Chinese History
白银货币与中国历史变迁问题研究

分析非官定货币经常出现的原因,并针对当前国内外的货币竞争总结几点启示。

一、中国历史上非官定货币的冲击及政府应对

(一)私铸、外来货币对官定货币的冲击

在中国,自古以来,货币因其在社会经济活动中的重要作用,成为王权的象征。官府试图控制货币发行和流通,但因战乱频仍、政局动荡、政府经济管理无能等原因,秦统一中国后两千多年来的很多时期,币制混乱,民间私铸、外来货币盛行。私铸者不但用其金属、设备、技术和人工,甚至自定钱币的重量、成色标准。在金属货币制下,只要非官定货币的金属重量、成色并不很差,就容易被接受而在一定范围内流通。

秦始皇灭六国后,统一全国币制,回收、销毁春秋战国时期各国所铸货币,以黄金为上币、铜钱为下币,铸造权集于中央政府,同时禁止其他财物作为货币,官定"秦半两"得到广泛使用。然而在秦末战乱中,项梁部下私铸大钱,"秦半两"一统天下的局面很快就被打破。刘邦为了打败项羽,允许民间私铸小钱,利用铜钱减重增加收入、扩充军备。这些私铸小钱轻薄如榆荚,史称"荚钱"(石俊志,2012)。

汉朝建立后,朝廷在允许和禁止私铸之间摇摆,一些时期币制混乱、私铸猖獗的结果是"钱益多而轻",物价飞涨(钱剑夫,1986)。汉初,对铸币权是否应由朝廷掌握,就争论了百年之久。最初,朝廷鼓励各地发展经济,听任郡国和民间自由铸币。随着商业资本崛起,新兴贵族和地方豪强实力增强,自由铸币的呼声更高。汉文帝时,盗铸钱令被取消,吴王刘濞凭借豫章郡铜山的有利条件,"召致天下亡命者,盗铸钱",其四铢钱流布全国;大夫邓通得赐蜀严道铜山,也自铸钱。各地私铸成风,铜钱由"秦半两"的7.8克左右减重至最小0.4克左右,且大小不一。汉景帝则实行削藩,收回铸币权。汉武帝时为远征匈奴、经略西域筹措经费,用银锡合金铸造白金币,实行通货贬值。由于未规定合金成色,含锡量可任意增减,导致"吏民盗铸者不可胜数"。当时郡国铸钱,民多盗铸,钱多轻薄。之后汉武帝改革币制,厉行高度的中央集中铸钱,公元前118年始铸的"五铢钱"轻重适中、形制先进,是之后七百多年间中国的主要货币。

王莽篡汉时,靠推出种种新币、铸币大幅贬值来掠夺资源,满足大额开支需要。民众拒用新币,坚持用五铢钱,同时私铸蜂起。

魏晋到隋是中国历史上大分裂时期,政权更迭快,经济发展缓慢,时有通胀肆虐,因此币制不稳,私铸较多。两晋朝廷基本没有正式铸钱,主要使用两汉及三国旧钱。南朝时,宋、梁两朝财政开支大,税捐沉重,私铸盛行,后代所见的宋钱、梁钱多为私铸;萧齐时出现没有外郭的"五铢钱",时称"公式女钱",但官方铸造少,而由民间大量私铸。北朝东魏孝静帝时,洛州刺史王曾毁佛像私铸"五铢钱",号称"河阳钱"。《隋书·食货志》记载北

周时，河西各郡公开使用西域的金银币，多为拜占庭金币和波斯银币，官府不加禁止。这一现象应不仅限于北周（彭信威，2015）。

唐朝时，私铸和外国货币也时有流通。唐初由于政权稳定、经济发展，货币需求明显增大。大历元年推行青苗税、地头钱，建中年间推行两税法，需用钱币缴纳税款，官定钱币更是供不应求，导致私铸兴起。由于铜材受到控制，私铸总量不是很大。唐玄宗时，官定货币信用良好、广泛流通，为经济的繁荣奠定了重要基础。"开元通宝"流通了两三百年，是"五铢钱"之后中国货币史上又一重要钱币。然而，"安史之乱"后官定货币的地位由盛转衰，史思明在洛阳曾私铸"得一元宝"和"顺天元宝"。唐朝中后期藩镇各自为政，民间私铸重归泛滥。此外，唐代边疆地区还流通过外国货币。如近代在新疆出土了大量波斯晚期银币，西突厥铸造的兼有突厥文和汉文的几种方孔钱也长期在中国境内流通。

五代后晋天福三年（938年）准许民间自由铸钱，但民间铸钱不够分量，夹杂铅铁，后被禁止。

宋朝私铸钱币时有发生，当时出现世界最早的纸币后，伪造纸币也出现了。宋朝币制较为复杂，官府认可铜钱、铁钱、纸币、白银混合流通。北宋前期政治相对清明、经济发展较快，官定货币地位稳固。宋神宗时，官铸钱数量多、质量差，私铸钱开始增多。北宋末年，因财政捉襟见肘，蔡京主持推广"当十钱"，规定新铸大钱1枚可换旧小钱10枚，导致私铸泛滥、物价飞涨、商品交易停滞，北宋政治经济很快崩溃。

从南宋到明初两百多年间，朝廷在铸钱的同时推广纸币。南宋、金、元、明代都出现过因纸币滥发而引起通货膨胀，铜钱铸造成本大幅提高。结果纸币越发越多、铜钱越铸越少，民间私铸无利可图而基本停止。这一时期的纸币已采用特殊纸张、官押官印等防伪技术，民间伪造难度较大，但有关伪币的记载并不鲜见。如南宋淳熙年间，工匠蒋辉多次伪造纸币。元朝纸币刚刚问世，燕京等地就有人结伙伪造。元末纸币币值彻底崩溃，农民起义将领刘福通、徐寿辉、陈友谅、张士诚等均私铸铜钱。

明朝万历年后，连年战争，官府开支庞大，币制恶化，物价腾贵，私铸猖獗，甚至官府铸匠也干此营生。过去各朝铸钱，不惜工本，力求精整，以防私铸，但到了天启年，铸钱大幅减重、或降低铜的成色，加之官府铸局人员舞弊，异常轻小钱也投放市场，因而遭到抵制，据说苏州等地民众曾拒用天启钱达10个月之久。到明末，私钱名目繁多，对银的比价不断下跌（彭信威，2015）。

清中后期，政治崩坏、国运日衰，清廷无力维持统一币制，外国银元、钞票竟成为中国主要流通货币。鸦片战争前，中国外贸持续顺差，加之利率较高，吸引外国银元持续流入。道光年间，洋钱已深入中国内地，自广东、福建到黄河以南均有流通。鸦片战争后，清政府被迫开埠通商，外国银元流入更甚。早期最常见的"本洋"由西班牙在墨西哥铸造，主要由广州等地外贸商人及菲律宾等地华侨带入。19世纪20年代开始铸行的墨西哥"鹰洋"，成

Silver Currency and Its Role
in the Evolution of Chinese History
白银货币与中国历史变迁问题研究

色好且多年稳定，其受欢迎程度超过之前的"本洋"，在中国各主要城市成为标准货币，早期户部银行兑换券都以"鹰洋"兑现。当然，"鹰洋"只是各种外国银元的代表，据清政府调查，1910年在中国流通的外国银元有11亿元。

与外国银元相比，列强通过发行外国钞票能更低廉、便捷地掠夺中国财富。早在道光咸丰年间，外国钞票已在我国出现，其流通大致限于闽、粤等地。19世纪70年代后，先后有二十多家外资银行借口享有"治外法权"，不经清廷批准就在华发行纸币。这包括两种情况：一是麦加利、汇丰、花旗等银行用中国货币单位发行银元、银两两种钞票，其在长江流域势力很大；二是用外国货币单位发行纸钞，包括俄国在东三省发的卢布票，日本在日俄战争时期在东北发的军用票，以及英商发行、在华南通行的港元（彭信威，2015）。外资银行资本雄厚，加上以中外不平等条约为后盾，其钞票在当地形成了垄断。外资银行中，以俄资和日资银行的影响最为恶劣。据统计，1926年我国各公私团体、私人共存华俄道胜银行纸币12.6亿卢布，由于该银行破产，顷刻间这些资产化为乌有。日本则利用发行的纸币收购中国银元，运往大连销毁，旨在动摇中国金融体系。1917—1920年，日本人收买的现银就有3 000万元之巨（杜恂诚，2002）。整体来看，清末货币结构中，外国银元占43.3%，外国钞票占12.4%，两者合计高达55.7%。列强配合政治经济入侵，在华发行货币，形成各自势力范围，其发行的银元和钞票成为列强控制旧中国的重要工具（千家驹、郭彦岗，2014）。

清朝除外国银元、钞票外，中国民间银号、钱庄和当铺等发行的银钱票对官定货币也造成冲击。如由于通胀，咸丰末年官票就被清理，但民间私票仍继续流通。这些私票以钱文或银两，而不是以银元为单位（中国人民银行上海市分行，1960）。

（二）官府对非官定货币的应对及其效果

对于是否允许民间私铸货币，中国历史上多有争论、政策摇摆不定。有时官府允许私铸，以弥补当时流通货币之不足，但更多时候，出于防止非官定货币冲击官府铸币收益，或私铸多导致通胀，官府会通过各种手段打击非官定货币，但效果不一定明显；有时因政局动荡、国力衰弱，对私铸和外来货币只好听之任之。

1.通过严刑峻法进行打击

相关例子比比皆是。汉景帝时，为打击盗铸颁行"铸钱伪黄金弃市律"。王莽时期，自诸侯卿大夫至于庶民，因私铸而定罪者不可胜数，甚至有规定一家铸钱、五家连坐。刑罚不可谓不严，但私铸铜钱未能禁止。汉武帝铸造"五铢钱"当年，就有"真工大奸盗为之"；官铸"白金三品"面世之后五年，因私铸者过多，法不责众，死罪获赦免者数十万人。纸币出现后，因官定纸币容易滥发、信用难以维持，官府对金属币的流通、纸币造假等打击力度普遍较大。元朝1297—1300年，杭州等地破获印造伪钞案88起，囚禁关押涉案人员274人。当时官府对伪造纸币刑罚极重。元后期伪钞案中，"凡起意者、雕板者、印钞者、抄纸者、项科号者、蒙里安藏印造者、收买颜色物料者"，一律处斩。但由于官印纸币质量下降，不同面额纸币防伪差异较小,民间挑补描改,用小钞伪做大钞,假钞难以杜绝。

宋朝规定私造交子者要被发配,伪造小钞且进入流通者处斩。但由于伪造纸钞需要一定的财力和技术,伪造者多与社会上层联系密切,"一有败露,纳贿求免"(汪圣铎,2016)。如淳熙九年(1182年)朱熹告发匠人蒋辉伪造会子2 600余张,宰相王淮有意包庇,蒋辉等人提前得到消息试图逃跑,被抓回后又"尽行释放"。

2.官府积极收兑

唐朝初年,朝廷多方收兑不规范、不足值的"恶钱",对减少私铸钱币流通起到了积极作用。唐高宗时,官方按1∶5用官铸好钱收兑不足值"恶钱",但因"恶钱"尚有相当含铜量、收兑比例过低而被藏匿。官府改按1∶2收兑,又试图用陈年粮食收兑。尽管流通的"恶钱"减少,但仍有人在江中舟筏上私铸钱。开元年间,朝廷强令收集熔化"恶钱"改铸好钱,有效打击了私铸铜钱流通,但铜钱流通减少,引起市场骚乱。

清乾隆年间为打击民间私铸,也曾实行官方收兑。乾隆五十五年(1790年),江西以1枚官铸铜钱换5枚私铸铜钱,但违法者在换到大钱后又"私行销毁,复铸小钱";有官员徇私,将收到的小钱"复行转售,弊中生弊"(叶世昌,2002)。仅仅一年之后,收兑私铸铜钱就不了了之。宣统年间,清廷曾企图统一混乱的货币发行制度,如1910年规定大清银行统一发行钞票,各省商号发行的私票逐步收回,但政策未及实施,辛亥革命就爆发了。

1935年民国政府发行法币、禁止银元流通,后由于抗日战争全面爆发,银元收兑并不彻底。法币贬值时,未收兑的银元又重新进入流通,促使法币加速贬值、信誉崩溃(中国人民银行总行参事室,1986)。

3.控制制币材料

铜是中国历史上最重要的币材之一。中国铜矿较少,官府控制铜材、铜器的私藏和交易,有利于防止私铸。西汉时,贾谊强烈反对私铸,提出了"铜国有"的主张。王莽篡汉时,禁止民众携带铜、炭,以防私铸。唐代官府管制铜矿石、铜器交易,控制铜锡买卖。唐玄宗时,官府规定私人开采冶炼的铜一律由官方收购。五代后周的世宗实行黄铜国有政策,禁止民众藏铜。宋代采取了更为严格的措施,禁止私人采炼、占有原铜,经批准铜矿的产品须由官方全部收购(汪圣铎,2016)。南宋时明确把铜列为官方专营。由于对铜控制较好,唐宋两代官铸铜钱数量多、成本低,私铸铜钱较少,对经济稳定发展起到了重要作用。

宋、元时期,官府通过控制印钞纸张来防伪。宋朝官府选定楮皮制造的"川纸"作为印钞专用纸,并加强管理、保证钞纸供应。元朝官府用桑穰制造印钞纸,民间很难伪造。但宋、元后期,钞纸质量均下滑;元代时甚至改用榆皮来制造印钞纸,质量很差。因此,宋、元后期伪造的纸币大量流通,加剧了通货膨胀和经济崩溃。

4.允许实物货币流通使用

中国历史上,面对恶钱泛滥、私铸猖獗、通胀严重的困境,有时官府会限制金属铸币的流通，推动或认可谷帛等实物货币的广泛使用。这一方面可打击金属币私铸，另一方面，通过降低经济的货币化程度，减少铸币流通数量，可抑制高通胀（钱穆，2014）。西汉元帝时，因汉武帝之后日益泛滥的私铸问题，官府减少铸钱，谷帛的货币地位提高，贡禹等大臣甚至主张租税只用谷帛缴纳。王莽新朝末年（公元24年）因私铸钱太多、币制混乱，官府停止铸钱，完全用谷帛作为货币。东晋桓温执政（公元347年）后，因地方豪族私铸铜钱，朝廷允许将布帛切成不同大小来使用，大大提升了布帛的支付功能。东晋桓玄攻下建康、把持朝政后（公元402年），也允许实物货币流通，甚至主张正式废钱币用谷帛，但因大臣反对而作罢（Gruen, 2004）。

然而，实物货币毕竟使用不便，且民间可通过浸湿谷物、摊薄绢布来牟利，实物货币只在特殊时期暂时流通，难以持久，更无法作为主要的流通手段。

除上述措施外，官府还用其他手段应对非官定货币的冲击。如清末朝廷通过印花税来限制民间钱庄、票号等发行的私票。

应该指出，在政局动荡、国力衰微时，币制往往较为混乱，官府无暇、无力对非官定货币进行严格限制和打击，这也是非官定货币兴起的重要原因之一。对此，下文将进一步说明。

二、中国历史上非官定货币兴起的原因

中国历史上一些时期，民间私铸和外来货币大行其道，并非偶然，有着深刻的社会、政治、经济等原因。

（一）官定货币供应不足，不能充分满足经济发展需要

在使用金属货币情况下，由于政府缺乏对货币需求的有效掌握和应对、制钱材料有限等原因，货币投放未能及时增加，成为非官定货币兴起的诱因。

初唐到开元年间的例子很有代表性。当时天下太平，人口增多，商业发展，货币供应却迟迟未跟上。武德四年废旧钱，货币流通全靠新铸之开元通宝，更难以满足经济发展需要，以致实物经济盛行，官府鼓励商民兼用绫、罗、绢、布等作为货币，但这些实物使用有诸多不便。有识者对官府未能多采矿铸钱深以为弊，[1] 如张九龄反对实物货币，主张民间自由铸钱，否则货币量太少将影响生产。

唐建中元年（780年）推行两税法，规定各种租赋全用铜钱缴纳。这有利于促进货币经济的发展，但由于新铸钱少，大量钱币作为税款流入国库不再放出，富人因钱贵争相窖藏，

1　陈子昂在《上益国事》中指出："伏见剑南诸山，多有铜矿，采之铸钱，可以富国。今诸山皆闭，官无采铜，军国资用，唯敛下人。乃使公府虚竭，私室贫弊，而天地珍藏委弃不论。"

流通中的铜钱更为不足。白居易因此赋诗"私家无钱炉,平地无铜山,胡为秋夏税,岁岁输铜钱"。在通货紧缩的情况下,农民税负更为沉重。为增加铜钱供应,唐德宗贞元九年(793年)朝廷奖励采铜,规定开采的铜全由政府收买铸钱、禁止民间铸造铜器和蓄积铜钱,但还是难以满足钱币流通的需求。由于铜山往往被地方豪强占据,奖励采铜的措施实行30余年后,采铜量仍很有限,导致官铸铜钱不足、私铸泛滥。据彭信威(2015)估计,唐朝开元至天宝年间货币总量在4 260万贯左右,人均摊得720文,其中近一半是民间私铸币。大量私铸并未引起高通胀,而当官府查收恶钱,商民反而觉得不便,可见货币需求之大。

(二)滥发货币,官定货币信誉扫地

历史上官府为应对连年战事和巨额国内开支,往往通过铸币减重或滥发纸币大肆搜刮财富,造成高通胀,严重影响了公众对官定货币的信心,这是私铸产生和屡禁不止的最重要原因之一。一些人反对中央集中铸币、鼓吹民间自由铸造,重要理由之一正是官府朝令夕改,官钱日益薄轻,通货贬值司空见惯。如果私铸金属币的重量、成色不输官铸币,或民间纸钞的金属发行准备不是很差,民间发行的币(钞)就可以通行。

据考证,从汉代到辛亥革命以前,历代最为严重的通胀计15次。恶性通胀时期,私铸猖獗。例如,南朝刘宋孝武帝至废帝铸孝建四铢,减重40%,官民竞铸恶钱。萧梁朝在侯景之乱时,国库空虚,不得不铸行铁钱,商人以车载钱,私铸司空见惯。宋朝官铸钱的成色有逐年减低趋势。宋钱以太平兴国八年(983年)铸造的太平通宝为最好,含铜65.58%,以后各朝铸钱含铜比例逐渐降低。徽宗时的夹锡钱含铜57.14%,却规定当两个铜钱用,实际含铜量减少了一半多(千家驹、郭彦岗,2014)。

与金属货币减重相比,纸币滥发更易导致通胀,对公众信心影响更大。元朝时纸钞发行过多,著名书画家赵孟𫖯曾描述为:"使客饮食之费,几十倍于前"。明朝洪武二十三年(1390年)宝钞一贯(面值铜钱1 000文)在两浙仅值铜钱250文,四年后则仅能兑换160文。这使得人们丧失对纸币的信任,私下以银两交易。明正统十三年(1448年),宝钞一贯只能兑铜钱1~10文,纸币遂被淘汰。到了近现代,北洋政府滥发纸币为巨额财政赤字融资,导致货币发行声誉大跌,外国银行、国内私营银行、私人商户、钱庄票号纷纷巧立名目发行纸币(洪葭管,1990)。解放战争期间,国民党政府滥发纸币导致严重通货膨胀,国统区纸币信用崩溃,各项交易大量使用黄金、美元。

(三)币制长期不统一,称量货币使用不便

我国历史上,有关应否由官府统一铸币制钞多有争论。即使官府铸币,其铸造和发行管理也较为松散,货币形制、规格、重量、金属成色五花八门,金银货币长期称量使用,在币制混乱时期,铜钱差异过大,也需称量。这带来诸多不便,为非官定货币的流通大开方便之门。

战国时,钱币多由地方铸造。秦汉时中央集权,法律上政府统一铸钱,但制度流于表面。例如,秦半两枚枚不同,至今未发现制作整齐、文字规矩,一望可知为官炉所铸的秦半两(彭

Silver Currency and Its Role
in the Evolution of Chinese History
白银货币与中国历史变迁问题研究

信威，2015）。官炉所铸铜币铸造工艺简单粗糙，数百年间进步甚微。这可能是由于中国古代是小农经济、自然经济，价值较低的铜钱不需精细打造。即使到了清代，清政府铸造铜钱主要通过北京的宝泉局、宝源局，这二局也有"局私"，公然以降低铜钱成色重量来牟利（刘克祥、陈争平，1999）。

明代白银普遍作为货币使用之后，其标准也不统一，成色各异。清代政府从不铸造银锭，除清末出现官铸银元外，并无官定白银形式，而是由各州、县衙或其他机构在税收时期招来银匠，设立临时性官炉房。官银匠在收银时，往往苛估成色，横加勒索，民众怨声四起，因而贸易和市面流通用银，主要由私炉铸造（戴建兵，2005）。即使到光绪朝后，各省银元局也几乎都是独立的，银币流通具有地方性。

作为称量货币，金银在用于交易时，要先称重、再折算。早年来华的传教士看到中国人做生意都带一杆秤。衡量银两重量的标准十分复杂，晚清时有库平、关平、漕平、市平等大类，分别适用于政府税收、海关税收、漕粮折色和市场交易；每一大类还有若干小类，各地标准总计超过1 000种（戴建兵，2005）。我国集中发行、重量规格规范统一的金银铸币很晚才出现。两晋南北朝时期开始出现有一定规格、形体、可计数使用的金银币，但主要在统治阶层内部作赏赐、馈赠、祭祀、布施等用，不进入市场流通。相比之下，标准的金银铸币在西方很早就出现了[1]。

19世纪初以后，大量流入中国的外国银元都计枚核值、流通，远比中国银两方便。"既不必较银色之高低，又无须称分量之轻重，远行服贾，便于携带"（张国辉，2003）。由于民间乐用，其作价高于实价，外国银元"价与纹银争昂，而成色可以稍低"，许多人用银元换取含银量更高的银两套利（魏建猷，1955）。

20世纪以后，保证货币统一发行的一些重要制度才在中国逐步建立起来，强化了官定货币的地位。光绪三十年（1904年），户部才开始筹设政府银行发钞，当时大清户部银行兑换券是由商务印书馆印制。民国北洋政府颁布条例，对货币单位、面额、材质、重量等做了具体规定。成立币制局，对货币的铸造、发行等进行监督管理。南京国民政府成立后，通过设立中央银行等机构控制金融业，于1933年"废两改元"，废弃称重使用的银两而改用国际先进的银元制度，银币铸造专属中央造币厂，其他旧有局厂一律停废，旧银元在一定期限内停止使用（洪葭管，2005）。之后，利用银两流通牟利的钱庄和外国银行势力急剧下降，官定货币的地位得到了加强（陆仰渊、方庆秋，1991）。

---

1 例如，公元前546年，居流士的波斯帝国攻灭吕底亚，之后统一西亚、中亚，在这些区域推行统一的金银币，对经济金融发展起到了很大的促进作用。

(四) 政治腐败、崩坏,官府无法维持官定货币地位

官定货币的有序流通、使用,需要法律、行政和经济等有力手段加以保证。在政治崩坏、社会动荡时,政府管控经济的能力势必急剧下降,甚至滥发纸币、铸行恶钱。由前文可知,无论是通胀或通缩,都可能导致非官定货币的兴起。同时,如果中央政府腐败无能、分崩离析,诸侯割据、地方分裂愈演愈烈,非官定货币就难以得到有效打击,将对官定货币造成巨大冲击甚至取而代之。

最典型的案例莫过于鸦片战争以后的中国。当时清政府腐败无能,中国已沦为半殖民地社会,被列强欺压,无力维护货币发行权,这使得外国银元、银行券大行其道。同治、光绪年间,列强按其在华势力范围划定银元的金融势力圈。如英国专门铸造在中国境内发行的"站洋"、香港银元,在平津及华东、华南地区流通;美国贸易银元专供远东贸易,挤占"站洋"地位;法国安南银元垄断云南、广西两省;日本"龙洋"大量流入东三省和福建等地(千家驹、郭彦岗,2014)。各地俨然成为金融的独立王国,清政府货币发行权被列强彻底瓜分。

在清朝地方政府模仿外国银元纷纷自铸银元后,清廷放任外国银元继续流通。清政府对外商银行在华发行流通的外钞既不取缔,也未进行检查管理,有关外钞发行量、发行准备等事项,完全不过问;对有关中国也设立银行发钞的主张,清廷多年后才许可(彭信威,2015)。总之,货币发行权的丧失,使中国经济进一步陷入混乱,加速了清朝的覆亡。

三、结论和启示

综上所述,我国历史上币制长期未统一,即使在中央集权时,统一、规范的货币发行和管理也较为罕见。历朝历代货币竞争一直存在,私铸、外来货币对官定货币造成不同程度的冲击。尽管官府对非官定货币采取严厉打击、积极收兑、控制铜等制币材料、允许谷帛等实物货币广泛流通等手段,但应对效果不一定理想。

政治、社会、经济金融的动荡和混乱,影响币制稳定,容易导致非官定货币泛滥。这主要表现为以下几点:政府未能及时根据经济发展需要扩大货币供应,经济陷入通缩,非官定货币有市场需求的基础;政府通过货币贬值横征暴敛,物价飞涨,官定货币的价值、信誉一落千丈;统一、强有力的货币发行管理制度和机构缺乏,官定货币的形制、规格、重量、成色等纷繁杂乱,使用不便;国力疲弱,政府腐败无能,放任私铸和外来货币横行;等等。

中国货币史上的货币竞争对当今我国的货币管理有着以下重要启示。

第一,货币竞争自古而然,官定货币并不必然总是占据优势。古今中外,曾发挥支付工具、价值尺度、储藏手段等货币职能的物品林林总总,各种货币的竞争一直存在。从世界各国历史看,从实物货币到金属货币,再到信用纸币,从民间分散发行到政府集中统一发行是普遍规律。正常情况下,这有利于降低交易成本,维护经济金融的稳定运行。货币的关键特征是

Silver Currency and Its Role
in the Evolution of Chinese History
白银货币与中国历史变迁问题研究

可接受性和稳定性，政府似乎可凭借其政权的强制力而保证官定货币的地位，但历史上官定货币受到严重冲击甚至被私铸币、外来币取代的例子比比皆是。政府必须牢牢掌控货币发行权，但这并非轻而易举，需要具备坚实的基础。

第二，政治社会稳定，经济健康发展，是维持官定货币地位的根本。金属货币制下，官定、非官定货币本身皆有价值，货币竞争很大程度上是货币本身价值、使用便利程度的竞争。但在信用货币制下，官定货币仅仅是一种价值符号，其被普遍接受，是因为人们普遍认同作为货币发行准备和价值保证的国家的综合实力。综合实力既包括经济金融实力，也包括政治、军事等实力。如果出现政治崩坏、社会经济动荡、金融危机等状况，一国官定货币就可能迅速被抛弃。

第三，科学有效的货币调控对保证经济社会稳定、维护官定货币的地位至关重要。中外历史上，官定货币总量过多或过少，通胀、通缩较为严重时期，都容易导致非官定货币的兴起。当今，货币调控已成为一门高度复杂的科学，以实现货币供求基本平衡，维护物价稳定和金融稳定。这是保证官定货币地位、在国际货币竞争中取得优势的前提。科学有效的货币调控需要一系列制度机制保证，如调控目标和货币当局的定位、调控手段的赋予等，都需要根据形势的变化及时进行合理调整。

第四，货币反假防伪是一国货币当局的重要任务。历史上，我国金属铸币形制、规格等五花八门，非常复杂，难以准确辨识，为私铸币的流通打开方便之门。在现代信用货币制度下，法定钞票很容易做到统一、规范，但部分假币乱真度高，国内、跨境假币犯罪不能禁绝，在一些地区、人群中造成危害，甚至给一国经济金融稳定带来较大冲击。政府可以通过强化防伪技术、发行新版钞票来防范，但对于我国这样的大国而言，货币质量提升涉及面广、情况复杂，可能需要较长时间。因此，应高度重视货币反假防伪工作，站在假币犯罪可能危害整个社会经济秩序的高度来看待，完善法律法规，加大宣传力度，发挥各部门合力对假币犯罪进行严厉打击，及时收缴、销毁假币。借鉴历史经验，对印钞造币和防伪所用纸张、金属等各种材料，以及全部或部分盗用法定货币图案等行为加以严格管控。应积极推动人民币各券别的提升，提高印钞造币材料的可靠性、独一性，强化防伪特征，使人民币难于伪造、易于识别。

第五，数字货币和相关支付工具的出现，给国内货币管理和国际货币竞争带来新的课题和挑战。随着科技驱动的数字经济、金融科技的发展，各种形式的电子货币、数字货币和相关支付工具，甚至包括代币、积分等层出不穷，有些"类货币"使用便捷，在一定范围内发挥了货币的部分职能，大大改变了支付格局，对现金使用、商业银行业务都造成较大冲击。现金使用减少有利于降低相关的社会成本，但如果上述具有民间信用的电子支付、数字货币等无序发展，削弱央行的货币发行权，造成严重的金融脱媒，就可能危及经济金融稳定。恩格斯说，最重要的商品即货币恰最需要垄断。因此，应密切关注、全面评估数字货币/电子支付的发展及其影响，对违法违规行为进行打击；同时充分动员各种力量，加快央行数字货币及相关电子支付工具的研发,牢牢掌控货币发行权。鉴于在互联网上运行的各类虚拟货币、数字货币容易突破国界和传统的跨境资本流动管理方式,可能改变当前国际货币竞争态势和格局,从而加大货币管理、反洗钱等工作的难度,我国亦应及早加以应对,争取主动。

参考文献

[1] 戴建兵.白银与近代中国经济(1890—1935)[M].上海:复旦大学出版社,2005.

[2] 杜恂诚.中国金融通史:第三卷[M].北京:中国金融出版社,2002.

[3] 洪葭管.在金融史园地里漫步[M].北京:中国金融出版社,1990.

[4] 洪葭管.中央银行史料[M].北京:中国金融出版社,2005.

[5] 刘克祥,陈争平.中国近代经济史简编[M].杭州:浙江人民出版社,1999.

[6] 陆仰渊,方庆秋.民国社会经济史[M].北京:中国经济出版社,1991.

[7] 彭信威.中国货币史[M].上海:上海人民出版社,2015.

[8] 钱剑夫.秦汉货币史稿[M].武汉:湖北人民出版社,1986.

[9] 千家驹,郭彦岗.中国货币演变史[M].上海:上海人民出版社,2014.

[10] 钱穆,叶龙.中国经济史[M].北京:北京联合出版公司,2014.

[11] 石俊志.中国货币法制史概论[M].北京:中国金融出版社,2012.

[12] 魏建猷.中国近代货币史[M].上海:群联出版社,1955.

[13] 汪圣铎.两宋货币史[M].北京:社会科学文献出版社,2016.

[14] 叶世昌.中国金融通史:第一卷[M].北京:中国金融出版社,2002.

[15] 张国辉.中国金融通史:第二卷[M].北京:中国金融出版社,2003.

[16] 中国人民银行上海市分行.上海钱庄史料[M].上海:上海人民出版社,1960.

[17] 中国人民银行总行参事室.中华民国货币史资料[M].上海:上海人民出版社,1986.

[18] Gruen, Sarah. The Chinese monetary system: From Ancient times to the early modern period.mimeo, 2004.

17—19世纪我国康藏地区
受外国银币主导的影响、应对及启示

◎ 中国人民银行研究局　王　信
◎ 中国人民银行货币金银局（保卫局）　孟郁聪

摘要： 17—19世纪，尼泊尔银币、印度卢比银币先后分别在我国西藏和康藏地区[1]大量流通并占据主导地位。当时，中国传统铜钱不能满足贸易需要，流通中白银杂乱无章。尼泊尔银币、印度卢比银币因形制先进、使用便利，商民乐用。英国政府也利用不平等条约等手段力推。外国银币在康藏地区大行其道，使当地铸币收益大量外流，外贸因支付手段受制于人而处于劣势，更弱化了康藏与内地的社会经济联系。

清朝中央和地方政府采取仿铸高质量银币等一系列措施加以应对，通过废除土司制度强化中央政府对藏区的管控和藏元的政治保障。最终，藏元成为康巴地区主要流通货币，对卢比银币在西藏的地位也形成有力遏制。

我国康藏地区持续两百余年的中外货币竞争具有重要启示：一是货币竞争持续不断，我国称量货币使用不便，是康藏地区及清末中国很多地区受外币主导的重要原因之一。二是货币竞争离不开政治因素。康藏等边远地区较易受外国货币的影响，可能与其受中央政府的控制相对较弱、本币使用缺乏有力保障有关。三是货币的先进性在不同货币制度下具有不同含义，金属货币的先进性体现在金属货币本身的重量、成色和使用的便利性上。四是政府应牢牢把握货币发行权，切实打击假币和防范外币冲击。

Abstract: In the 17th—18th century and the 19th century, the Nepalese silver coins and the Indian rupee silver coins were widely accepted and became dominant currencies in Tibet and Kham Tibet. The Traditional Chinese copper

---

1 本文所称康藏地区包含西藏、康巴两个部分。其中，西藏地区主要是指今西藏自治区除昌都以外的地区，康巴地区主要指今四川省甘孜藏族自治州、西藏自治区昌都市、云南迪庆藏族自治州等地。

coins could not meet the needs of trade payment, and the circulation of silver was in disorder. The Nepalese silver coins and Indian rupee silver coins were widely accepted by merchants and residents, due to their modern design and convenience in use. The British government also used unequal treaties and other means to promote these foreign silver coins. The dominance of foreign silver coins resulted in massive outflow of seigniorage and deteriorating terms of trade, and weakened social and economic ties between Kham Tibet and the mainland.

The central and local governments of the Qing Dynasty took a series of measures, supplying high-quality silver coins, abolishing the local chieftain system, strengthening central government control and the political guarantee of Tibetan yuan. Eventually, the Tibetan yuan became the main currency in circulation in Kham Tibet area while the use of rupee and silver coins in Tibet was effectively contained.

The more than two hundred years of currency competition between China and foreign countries in Kham Tibet area provides important lessons for today. Firstly, currency competition is constant. Silver as a currency with value based on its weight did provide convenience in use, foreign coins thus became dominant in Kham Tibet and many other areas in the late Qing Dynasty. Secondly, currency competition is inseparable from political factors. The remote areas such as Kham Tibet were more susceptible to the influence of foreign currencies, which may be related to the relatively weak control of the central government and the lack of effective guarantee for the use of local currencies. Thirdly, the advanced nature of money has different meanings under different monetary systems. The advanced nature of metal money is reflected in the weight, quality and convenience of use of metal money itself. Fourthly, the government should have full control of the right to issue currency, and effectively crack down on currency counterfeiting and address the impact of foreign currencies.

17—19世纪，受内外多方面因素影响，尼泊尔银币、印度卢比银币相继在我国康藏地区广泛流通，甚至成为主导货币，给当地政治、经济带来了较大影响。为此，清朝中央和相关地方政府采取推广仿铸银币等一系列措施加以应对，有力地抵制了外国银币的冲击。我国康

Silver Currency and Its Role
in the Evolution of Chinese History
白银货币与中国历史变迁问题研究

藏地区持续两百余年的中外货币竞争，为我们研究货币问题提供了重要的启示。

一、外国银币在康藏地区流通概况及原因

17—19世纪，尼泊尔银币、印度卢比银币先后在我国西藏和康藏地区大量流通并占据主导地位，其原因主要包括康藏与尼泊尔、印度有较紧密的经贸联系，我国货币制度较落后，以及英国官商有意联手推动等。

（一）17—18世纪尼泊尔银币在西藏大量流通

西藏地广人稀，商品经济不发达，16世纪前半叶，其所用金属货币基本靠内地输入，使用不便。当时中国币制大体是白银、铜钱平行本位，大数用银，小数用钱。政府任由民间银楼铸造银锭、银块，与碎银一起称量使用，其式样、重量、成色甚至称重标准无统一规范，流通中白银杂乱无章，民众使用极其不便[1]。由于内地与西藏间运输极为困难，中央政府给西藏地方政府回赏、向驻藏官兵支付薪俸等，用价值较高的白银而不用价低量大的铜钱[2]。《打箭炉[3]志略》称，"塞外不使制钱，间用云南生银，成色甚低"，即内地铜钱的流通只到打箭炉为止，再往西直至拉萨、日喀则的藏区大额交易用银锭，小额交易用碎银。

16世纪后半叶，形制较先进的尼泊尔银币[4]因茶马古道贸易流入西藏。尼泊尔和我国西藏相邻，人员和经济往来较多。途经尼泊尔和我国康藏地区的茶马古道是与丝绸之路相媲美的古代中外贸易线路，兴于唐宋，盛于明清，其川藏线东起四川雅安，经打箭炉至西藏拉萨，再通往尼泊尔、印度，直抵红海海岸。16世纪以前，马其顿、波斯、贵霜和帖木儿等帝国相继入侵印度，将起源于爱琴海沿岸、铸造统一的金银铸币制度带入。尼泊尔受印度等影响，也铸金银币[5]。随着帖木儿帝国的后继者莫卧儿人于1526年建都德里，印度北方的大批印度教徒涌入尼泊尔避难，尼泊尔开始使用莫卧儿银币。1565年之后，尼泊尔马拉王朝仿照莫卧儿自制银币。尼泊尔银币承袭古希腊打制银币的传统，式样、大小、重量均整齐划一。西藏商民在贸易中，发现尼泊尔银币比本地白银在使用上方便得多，可免去每次交易都需将白银

---

1 千家驹，郭彦岗.中国货币演变史[M].北京：人民出版社，2014.
2 中国人民银行金融研究所金融史研究室.中国少数民族地区货币金融史文集[M].北京：中国金融出版社,1986.
3 打箭炉即今四川甘孜藏族自治州首府康定市，清朝政府在此设关，打箭炉关以西地区也称塞外，1908年由时任驻藏大臣、川滇边务大臣赵尔丰改设康定府。
4 藏人称为章噶（tangka）。
5 尼泊尔早在5世纪末马纳—德瓦（464—505年在位）统治时就铸钱币。这种钱币有君王的姓名戳记，兼具古印度钱币和爱琴海金银币的特征。

称重、分割和成色鉴定等麻烦[1]。越来越多的西藏商人用碎银和银锭，与到西藏经商的尼泊尔商人兑换尼泊尔银币用于小额贸易，后者则将白银运回本国铸成银币。尼泊尔商人用银币也可直接在西藏购买各类商品[2]。

1640年以后，随着藏尼银钱贸易规模的不断扩大，出现了西藏商人请尼泊尔商人代铸银币的现象，甚至西藏地方政府请尼泊尔驻藏商团代铸银币。17—18世纪，尼泊尔银币大量流入并得到广泛使用，其受欢迎程度远超中国的白银，成为西藏地区的主要流通货币。例如，1742年，协助驻藏大臣总理政务的颇罗鼐—索朗多杰在主持藏经雕印时，就以尼泊尔银币向工匠支付酬劳[3]。18世纪上半叶，位于尼泊尔西部的廓尔喀崛起，连年征讨位于加德满都谷地的马拉王朝。尼泊尔内战使藏尼商路阻断，西藏因银币输入减少而出现货币短缺，地方政府被迫于1763年、1764年仿铸尼泊尔银币。1769年，廓尔喀推翻马拉王朝后建立了沙阿王朝，承袭与西藏签订的代铸银币协议。其初铸银币成色不足，且币面有廓尔喀统治者名字，与西藏习俗和宗教信仰相悖，因而被藏人拒收，廓尔喀人改铸后又哄抬币值，迫使西藏地方政府1785年再次仿铸。但西藏仿铸仅是权宜之计，并未大规模进行以满足所需，以致尼泊尔银币直至18世纪末仍能主导西藏货币流通。

（二）19世纪印度卢比银币在我国康藏地区占主导地位

当时，印度卢比银币在西藏也普遍流通，但中外货币竞争的焦点在康巴。康巴地区早在汉代就已纳入中央政府的有效管辖，处于茶马古道川藏线上，是内地与西藏的纽带，与内地货币制度的一致性也较强。但因山脉纵横、交通不便，内地与康巴的经贸往来和相应的货币流通受到影响。当时茶叶贸易较发达，除白银外，四川的"砖茶"也在一定程度上成为康巴地区的通用货币，这反映了当地货币的匮乏和币制的落后[4]。世袭的土司自元代以来代朝廷在康巴行使治权，俨然成了地方割据势力。清朝中后期，中央政府对康巴地区的控制力较弱，土司多次对抗中央政府，阻断了川滇与康巴地区的经济联系，导致康巴流通的内地货币逐渐减少。1793年，清政府在西藏铸造宝藏银币，却不许其进入康巴，康巴货币供应不足，许多民间交易只得采取以物易物的方式。

19世纪后半叶，印度卢比银币随藏印、藏尼贸易流入康藏地区。早在18世纪，英国东印度公司从孟加拉、孟买等殖民据点向印度全境持续扩张，并于1816年将尼泊尔纳入势力范围。为控制殖民地经济，英国在印度制造卢比银币。这种银币铸造采用工业革命后的机制币

---

[1] 西藏自治区钱币学会.中国西藏钱币[M].北京：中华书局，2002.下文亦有引用。
[2] 引自中国人民银行拉萨中心支行"尼泊尔银币进入西藏货币流通领域的各个重要历史阶段的探究"一文（2018年6月，打印稿），下文亦有引用。
[3] 多卡瓦·策仁旺杰.颇罗鼐传[M].成都：四川民族出版社，1981.
[4] 张策刚.中国康巴地区货币史[M].成都：四川出版集团巴蜀书社，2013.

白银货币与中国历史变迁问题研究
Silver Currency and Its Role in the Evolution of Chinese History

技术，大小规范、制作精良、外形美观、成色稳定，比尼泊尔银币更先进。

藏印贸易的逐步扩大和藏尼、藏印不平等条约的签订，为卢比银币流入康藏地区创造了条件。1840年第一次鸦片战争前，清政府闭关锁国，严禁藏民与英国人通商。但由于两地商民客观上存在贸易需求，英国商人利用清政府的腐败无能，在茶马古道上大量走私。第一次鸦片战争后，英国不满足于攫取走私利润，于1855年怂恿尼泊尔军队入侵西藏，以打开当地市场[1]。1856年，西藏地方政府被迫与尼泊尔签订了不平等的《西藏尼泊尔条约》，条约规定西藏地方政府每年向尼泊尔支付1万印度卢比银币。英国政府强制西藏对尼泊尔赔款使用卢比银币结算，使西藏地方政府只得用商品换取卢比，为卢比银币大规模入藏创造条件。1858年，英属印度殖民地建立，其统治范围包括今印度、孟加拉国、巴基斯坦、缅甸[2]等地。此后，藏印、藏尼之间的茶马古道贸易基本被英国及其代理商人垄断，卢比银币由此形成了"英属印度—西藏—康定—中甸[3]—英属印度"的环状流通路径。由于卢比银币较为先进，康藏商民乐用，可升水换取白银，对1840年左右始铸的西藏地方银币也有很大优势。

19世纪末20世纪初，印度卢比银币在英国推动下成为康藏地区主要流通货币。1876年，英国政府与清政府签订《中英烟台条约》，条约规定英国人可自四川、英属印度等地入藏。1888年，英军借中印锡金领土争端入侵西藏。1890年、1893年，中英双方先后签订了不平等的《藏印条约》《藏印续约》，清政府被迫开放亚东为商埠口岸，并在5年内免征关税。之后英属印度商品大量进入西藏，卢比银币也随之压倒了缺乏竞争力的白银和西藏地方银币，逐渐在西藏畅行无阻[4]。1894年西藏亚东正式开关时，进出口货物价值还是以白银计算，3年后卢比银币已成为计量单位了[5]。19世纪末，内地商旅到康藏地区，必须以银元兑换卢比银币才能使用；交易、纳税缴捐、寺庙布施皆用卢比银币。清朝官员惮于英国势力，对此迟迟没有拿出应对措施。1901年，打箭炉同知刘廷恕报请清廷批准其自铸银元与卢比银币竞争，四川总督奎俊[6]唯恐引发英国不满，并未转报中央，经刘廷恕据理力争才默许其试铸。1904年，英军再次入侵西藏并攻占拉萨，强迫清政府签订不平等的《拉萨条约》，要求清廷开放江孜、噶大克为商埠口岸，赔款250万卢比。此时，英属印度商品大量涌入康藏市场，卢比银币借

---

1 许广智,达瓦,赵君.鸦片战争前后西藏百年历史研究论文选辑[M].北京:民族出版社,2011.下文亦有引用。

2 1862年以英属缅甸省并入。

3 今云南省迪庆藏族自治州首府香格里拉,属康巴地区。

4 周永红.清末中英在西藏的货币之争[J].南京师大学报（社会科学版）,2002（5）.下文亦有引用。

5 陶思曾.川藏游踪汇编——藏輶随记[M].成都:四川民族出版社,1985.

6 1898—1902年任四川总督,其后,岑春煊（1902年）、锡良（1903—1907年）、赵尔丰（1907年）继任。

机向周边藏区迅速渗透[1]。20世纪初，卢比银币成为康藏地区主要流通货币，流通范围一度东至四川康定、松潘，北及甘肃拉卜楞，南达云南中甸、维西等地[2]。

二、康藏地区受外国银币主导的负面影响和中国的应对

（一）外国银币大行其道的负面影响

1. 铸币收益拱手让人

17、18世纪，尼泊尔人通过用其银币换取西藏同样重量的白银，可获得12%的利润，其中4个百分点利润来自银锭中提炼出的黄金，8%的利润为掺假所得。随着我国西藏地区对尼泊尔银币依赖的加深，尼泊尔商人不断加大银币掺假比例，从中榨取大量利润。到1750年左右，尼泊尔银币含银量仅为50%。这种劣币大量运往西藏，仍换白银一钱五分，致使清政府运往西藏的白银大量外流。

清末，印度卢比银币在康藏地区流通数十年，数额至少在4 000万元以上。据估算，英国仅从铸币得到的利润就达四百万两之多[3]。19世纪末，随着康藏地区对卢比银币的依赖越来越强，当地白银大幅贬值。1894年以前关平银[4]一两还可换三枚卢比银币，到1907年就仅可换二枚。同时，卢比银币对西藏当地银币的比价不断扩大，"卢比一元，抵换藏币（章卡）四十余枚，以至七八十枚，藏中不能制止"[5]。西藏铸币机构无利可图，加剧了地方政府的财政危机，英国商人则垄断西藏地区金融市场，获得高额铸币收益。

2. 支付手段受制于人，康藏地区对外贸易处于不利地位

17、18世纪，尼泊尔商人在西藏用银币可购买各类商品，基本垄断了藏尼贸易。据英国人基尔派特里克（Kirkpatrick）估计，仅加德满都谷地的尼瓦尔三土邦平均每年就从藏尼贸易中赚取约10万尼泊尔银币[6]。

印度卢比银币主导康藏地区货币流通，则成为英属印度争夺藏区茶叶等商品贸易的重要手段。西藏消费的茶叶长期基本来自内地。霍伊兹（A. Hoise）的报告记载，1905年打箭炉输藏货物总值105.3万两，其中茶砖价值占了90%。清末，四川茶叶经打箭炉中转运往西藏，

---

1 引自中国人民银行成都分行"四川藏元的发行及中英货币斗争"一文（2018年6月，打印稿），下文亦有引用。

2 分别为今四川省甘孜藏族自治州、阿坝藏族羌族自治州、甘肃省甘南藏族自治州、云南迪庆藏族自治州。

3 陈一石. 卢比侵淫康藏及其影响[J]. 中国钱币，1990（1）.

4 又称"关平两""关银""海关两"，清朝中后期海关所使用的一种记账货币单位，属于虚银两。虚设重量为37.7495克（后演变为37.913克）的足色纹银（含93.5374%纯银）。

5 吴丰培. 赵尔丰川边奏牍[M]. 成都：四川民族出版社，1984.

6 梁俊艳. 18世纪中尼"银钱贸易"冲突与西藏自铸银币[J]. 中国社会经济史研究，2007(2).

Silver Currency and Its Role
in the Evolution of Chinese History
白银货币与中国历史变迁问题研究

利润高达75%以上。雍正年间对川茶征税以后，打箭炉的茶叶贸易税收成为晚清一项重要财政收入。但19世纪末20世纪初，由于印度银币已在康藏地区占据主导地位，内地商人将茶叶贩至西藏获得卢比银币，返回内地后需将其熔为银锭或换成内地银元才能再购茶叶，大大影响了贸易效率和利润。而英国商人利用货币之利向西藏大量出口茶叶，1905年，入藏印茶已达入藏川茶总量的一半以上[1]。民国初年，打箭炉入藏的川茶仅为卢比银币入侵前的一半[2]。受此影响，西藏尤其是后藏（今西藏日喀则）在经济上受到英印越来越多的控制。这大大削弱了内地与康藏地区的经济联系，不利于中央政府对康藏地区发挥强大的政治影响力。

3. 货币主权旁落扰乱货币金融秩序，影响社会经济稳定

尼泊尔银币主导西藏货币流通之时，当地货币供给由尼泊尔人控制。1742—1768年尼泊尔内战期间，西藏出现货币短缺，经济社会稳定受到很大影响。尼泊尔内战结束后，廓尔喀人于1769年重新铸造了成色较高的银币，但因新旧银币同时流通引起混乱，西藏商业贸易不能正常进行。藏人提议用新钱回收旧钱，但廓尔喀人强行要求旧钱2枚换新钱1枚，引起藏尼银钱纠纷，最终酿成1788年、1791年两次廓尔喀军队入侵，后藏财富被洗劫一空。

印度卢比银币在康藏地区占据主导地位后，英国政府与其商人通过控制货币流通量操纵汇率，抬高卢比银币币值，贬损中国白银的价值。由于白银价值不断下跌，驻藏官兵的饷银购买力下降，影响军心稳定。白银在康藏地区基本退出流通后，驻藏官兵饷银要由藏商兑换成卢比银币才可使用。1895年以后，拉萨银价快速下跌，从事白银兑换的藏商损失巨大，拒绝在打箭炉兑换驻藏官兵的白银。清政府只好从官兵饷银中扣除10%作为藏商的汇兑费用，驻藏官兵利益因此受损，直到1902年铸行四川藏元后，官兵收入才得以恢复。在此7年间，驻藏官兵收入减少了四万两白银。英国还控制卢比汇兑，清政府由印度汇丰银行汇款到拉萨，"每万两只得六千八百之用"[3]。四川藏元在康藏地区流通日益增多后，英国人又故技重施，以致与卢比银币大小相同、质量相似的四川藏元仅值白银二钱四五或三钱，而每枚卢比银币却可值白银四钱，直至1905年清政府平定康巴土司叛乱，重新打通川藏贸易线路后，四川藏元汇率才逐渐恢复。

（二）清政府应对外国银币的措施

1. 自行仿铸高质量银币

1792年，清军在反击廓尔喀入侵时攻至尼泊尔首都附近，迫使廓尔喀每5年向清政府朝贡一次，康藏地区迎来近50年的和平。战争胜利之初，清政府拟按内地之例在西藏铸钱，但因铜料专门运入的成本过高，不如利用西藏当地白银铸币。1793年，清中央政府在西藏设宝

---

1 吕昭义. 英属印度与中国西南边陲[M]. 北京：中国社会科学出版社，1996.
2 叶秀峰. 西康茶叶[M]. 北京：建国书店，1942.
3 吴丰培. 清季筹藏奏牍第3册[M]. 北京：国立北平研究院史学研究会，1934.

藏局，铸宝藏银币，将尼泊尔银币正背面的尼泊尔文分别改为汉语、藏语的"乾隆宝藏"（其后有嘉庆、道光等）字样，重量、大小、厚度也略有改变，但银币周围花纹与尼泊尔银币相仿，与中国传统的方孔圆钱大不相同。清政府立钱法，对宝藏银币的材料、图样规格、兑换办法、造币机构、监督机制和奖惩制度等均作规定，还派一名"监铸官"协助驻藏大臣监督造币事宜[1]。宝藏银币因成色较好大受欢迎，结束了尼泊尔银币在西藏长达两个世纪的流通。宝藏银币比内地官定仿铸的银元早了近一个世纪[2]。

西藏铸币的改进并未持续很长时间。钱法规定宝藏银币不得掺假，币值比所含白银价值高10%。但由于铸币工艺落后、管理混乱，宝藏银币的铸币费高达白银币材价值的11%，以致宝藏局经营困难。加之19世纪初，驻藏大臣多由被贬官员担任，他们往往懒政惰政，对铸币事务漠不关心，中央为西藏准备的部分银币样币未投入铸造。1836年，西藏宝藏局无力维持，只得停铸宝藏银币。1837年以后，造币事务逐渐改由西藏地方政府办理。1844年，驻藏大臣竟称铸币监管事务无足轻重，报请中央政府放弃了对西藏地方政府铸币的监管。当时，鸦片大量输入中国造成白银外流、银价上涨，西藏货币不足，宝藏银币被地方政府改铸，掺入约占币重一半的铜，造成新铸银币成色不足[3]。一些寺庙、贵族领地甚至私铸劣质银币，导致西藏货币流通更加混乱。

在康巴，面对印度卢比银币的大量流入，有识之士大声疾呼，最终促成清政府准许当地仿照卢比银币自铸藏元[4]。1901年，打箭炉同知刘廷恕看到卢比银币的流通已从西藏扩大到康巴地区，首倡"印币亡边"说，认为放任卢比银币流通将严重影响清政府对康藏地区的统治，呼吁自铸藏元并得到四川总督岑春煊的支持。1902年，打箭炉政府利用运藏饷银，仿照卢比银币铸造三钱二分重的"炉关锲"藏元。这种藏元用土法制造，精美程度不及机铸的卢比银币，但其成色接近纯银，因而"汉夷通用称便，推行甚广"。清政府用藏元发放边饷，得到打箭炉官兵欢迎。1902年，"炉关锲"藏元铸造20余万枚，次年便增至80余万枚，仍供不应求。1903年，四川省银元局开始用机器制造四川藏元，该币进一步仿照卢比银币，将卢比银币正面的维多利亚像改为光绪像，背面英文也改为"四川省造"四个汉字，但银币周围花纹与卢比银币相仿，重量、大小也与卢比银币一致。四川藏元是中国历史上唯一使用皇帝像的铸币，因制作精美逐渐取代了"炉关锲"藏元。1905年，四川总督锡良正式奏请"随时酌量续批鼓铸发充饷需等项"，中央政府允准并要求四川藏元"铸造务精，银色务足"，数量"期于足用而止"，使用范围"专为藏卫而设"，"应准在西藏及附近边台行用，作为特别商品，自

---

1 西藏研究编辑部. 清实录藏族史料[M]. 拉萨：西藏人民出版社，1982.
2 1887年，两广总督张之洞奏请自铸银元，彭信威称之为中国最早的新式银元。
3 陈观浔. 西藏志[M]. 成都：巴蜀书社，1986.
4 张策刚. 中国康巴地区货币史[M]. 成都：四川出版集团巴蜀书社，2013.

Silver Currency and Its Role
in the Evolution of Chinese History
白银货币与中国历史变迁问题研究

不得任便行使内地"。1916年停铸前，四川藏元总计制造1 750万枚，成为康巴地区主要流通货币，直到1958年才停止流通。四川藏元扩大到西藏流通后，对卢比银币在西藏的地位也形成有力的遏制。因四川藏元大受欢迎，1930—1942年，地方军阀在康定仿铸800万~1 000万枚。总体来看，在四川藏元广泛流通时，康巴地区商业较为繁荣，是中国藏区与印度等地贸易的枢纽，对当地金融业的发展也起到了促进作用。

2. 强力推动藏元使用

1905年，清廷在批准铸造四川藏元的文件中，要求将其使用范围扩大至西藏，使其成为康藏地区的法定货币。但受康巴土司叛乱等影响，藏元实际主要在打箭炉及其以东地区流通。同年，锡良命令赵尔丰率兵平定康巴土司叛乱。当军队行至理塘时，当地藏民拒用藏元，赵尔丰即诛杀为首二人，从此民众畏惧，不敢不用藏元。赵尔丰到巴塘、乡城之后，藏元开始在打箭炉以西地区流通。他开设了宝丰隆银号，用藏元经营康藏金融业务，从根本上解决了驻藏官兵饷银的汇兑问题；同时，发行铜元作为四川藏元的辅币，极大地便利了藏人的零星交易。直到解放初期，四川藏元在康巴以及邻近的青海玉树、称多、囊谦[1]等地均是主要货币，当地部分粮赋、喇嘛放债、寺庙捐收、土地租金等均用藏元支付。

3. 打击外币和假币流通

1792年，清廷要求"所有廓尔喀银钱，嗣后作为银两，用完销除"；在藏尼边境设立界碑，禁止尼泊尔银币进入，一举将尼泊尔银币驱逐出境。针对印度卢比银币，1905年赵尔丰平定土司叛乱后，主动降低藏元比价，颁布法律规定藏元按本位重量三钱二分行使，迫使价格虚高的卢比银币降价，借机推广藏元。清政府还通过行政手段规定康巴地区征收赋税只收藏元，不收卢比，从此卢比银币流通量日渐减少。清政府还严厉打击假币，如1910年，清政府驻藏大臣联豫查封了西藏地方官员私设的一家造币厂，阻止其质量低劣的银币扰乱市场。

4. 强化自铸银元的政治保障

1793年，清政府派兵入藏打败廓尔喀军队之后，订立了治理西藏的"钦定藏内善后章程"二十九条，在西藏增加驻军，强化了驻藏大臣的职权和地位，限制达赖喇嘛和班禅额尔德尼的权力，加强对藏统治，为宝藏银币在藏顺利流通提供了政治保障。20世纪初，面对康巴土司的多次叛乱，为巩固藏区统治、抗击英国势力入侵，清政府决定"改土归流"，即废除土司制度，直接委命官员掌管各级政权，以"流官"取代"土官"[2]。赵尔丰平定康巴土司叛乱后，被任命为川滇边务大臣，在"改土归流"后形成特区的康巴筹建西康省。这些政策为四川藏

---

1 均属今青海省玉树藏族自治州。
2 马菁林.清末川边藏区改土归流考[M].成都：巴蜀书社，2004.

元在康巴地区的流通提供了强有力的政治保障。

三、结论和启示

17—19世纪，尼泊尔银币和印度卢比银币先后分别在我国西藏、康藏地区大量流通，直至占据主导地位。这两则中外货币竞争的事例有不少共同点。一是外国银币借中外贸易之机流入。当时康藏地区实行内地币制，但白银货币不足、使用不便，外国银币通过双边贸易流入后逐渐占领市场。二是货币发行权丧失带来严重后果：铸币收益拱手让人；康藏商民在货币支付上处于劣势，使茶叶等贸易受到很大负面影响；当地货币供应的数量、质量受制于人，影响经济发展和社会稳定等。尤其需要指出的是，外国银币居主导地位弱化了我国康藏地区与内地的经济社会联系，不利于中央政府对康藏地区的管治。三是为夺回康藏地区的货币发行权，中央政府或直接在西藏设立宝藏局铸币，或允准四川地方政府铸币，对有效打击外币流通起到了至关重要的作用。四是西藏、康藏地区自铸银币时，都在很大程度上仿照当时主导的外国银币，四川藏元更是一改中国几千年的传统，银币上出现了中国皇帝像，以便当地商民接受。

两则货币史事例也有不同点。尼泊尔银币在西藏的流通更多是中外贸易交流和货币竞争的结果，当时的西藏地方政府听之任之，甚至请尼泊尔驻藏商团代铸银币。后尼泊尔银币在藏地位丧失，主要是由于其以次充好引起藏商民不满，尼泊尔军队入侵导致清政府干预和政治、军事解决。但宝藏银币铸行30多年即难以为继，西藏地方政府自行管理货币事务后导致货币混乱。而印度银币在康藏地区日益做大，除双边贸易和货币自身的因素外，英国政府利用各种不平等条约，大力推动印度银币流通也是重要原因。对此，康巴地方政府较为警觉，自铸银币并大力推广使用，四川藏元广泛流通，较好地促进了社会经济发展。

历史上康藏地区曾受外国银币主导的事例对货币研究有一定启示。第一，货币竞争持续不断，货币的先进性是其重要基础。历史上我国货币曾长期通行日本、朝鲜、东南亚和西域，而外国银币17—19世纪在我国康藏地区居主导地位，清末民初，外国银币、在华外商银行发行的银行券更是占据了中国货币流通的半壁江山。当时各种外国银币占优，与其均属于最早起源于爱琴海沿岸的金银铸币体系，银币铸造标准、形制统一，较我国的称量货币使用更为方便有直接密切的关系。康藏地区乃至后来全国各地纷纷按照外国银币式样仿铸，说明外国银币确有其先进性；中外货币竞争、中国各地仿铸银币，客观上有利于中国改进币制。过去我国学者在论及外国货币在华广泛流通时，往往过于强调帝国主义的政治经济侵略，忽视当时中国币制的混乱、落后，可能有失偏颇。

第二，货币竞争也离不开政治因素。货币的先进性固然是货币竞争的基础，但作为一国通行的支付工具、价值尺度和储藏手段，货币的使用极大地影响着生产流通和利益分配，必

Silver Currency and Its Role
in the Evolution of Chinese History
白银货币与中国历史变迁问题研究

然与政治、政府管控力密不可分。在中外经贸等交流持续存在的情况下，我国广大地区一直通行的称量货币体系与爱琴海铸币体系并存了几千年，但康藏等边远地区较易受到外国货币的影响，可能一定程度上是由于这些地区受中央政府的控制相对较弱，其自主性较强。外国货币占主导后，相关地区与中央政府的联系就更容易受到削弱。清末民初外国货币大肆在中国很多地区流通，与当时中国政治崩坏、政府软弱直接相关。随着历史的演进，主权国家产生并成为国际交流、博弈的核心主体，政府在社会经济中的作用也越来越大。无论货币形态如何变化，政权稳固始终是本币顺利流通的坚强保障。

第三，货币的先进性在不同货币制度下具有不同含义。在金属货币时代，货币的先进性主要体现在金属货币本身的重量、成色和使用的便利性上；而在信用货币时代，货币的先进性则主要体现为货币发行体的信用，这种信用是由发行体的政治、经济等综合实力支撑的。当今美元在国际货币体系中的主导地位与美国的综合实力占优相辅相成。新兴经济体的根本出路是保持自身政治社会稳定，不断提升经济金融实力，才能使本币保持稳定，在国际货币体系中占据更重要的地位。

第四，政府应牢牢把握货币发行权。历史上外国银币在康藏地区占据主导地位，给当地政治、社会和经济带来严重后果；清末民初外国货币在中国大行其道，列强更是借此攫取巨额财富，强化其对华政治、经济控制，使积贫积弱的中国更加分崩离析。货币发行权不可旁落，政府必须高度重视货币问题，牢牢树立"本币第一"的观念，切实打击假币和防范外币冲击。随着互联网的普及和电子、数字技术的发展，各类数字代币、商业积分等可能更多地发挥货币职能，对此必须高度关注、严厉打击。同时，应充分动员社会力量加大法定数字货币的研发，确保人民币在数字时代的先进性，在各种货币竞争中占据主动。

参考文献

[1] 千家驹，郭彦岗.中国货币演变史[M].北京：人民出版社，2014.

[2] 中国人民银行金融研究所金融史研究室.中国少数民族地区货币金融史文集[M].北京：中国人民银行，1986.

[3] 西藏自治区钱币学会.中国西藏钱币[M].北京：中华书局，2002.

[4] 多卡瓦·策仁旺杰.颇罗鼐传[M].成都：四川民族出版社，1981.

[5] 张策刚.中国康巴地区货币史[M].成都：四川出版集团巴蜀书社，2013.

[6] 许广智，达瓦，赵君.鸦片战争前后西藏百年历史研究论文选辑[M].北京：民族出版社，2011.

[7] 周永红.清末中英在西藏的货币之争[J].南京师大学报（社会科学版），2002（5）.

[8] 陶思曾.川藏游踪汇编——藏輶随记[M].成都：四川民族出版社，1985.

[9] 陈一石.卢比侵淫康藏及其影响[J].中国钱币,1990(1).

[10] 吴丰培.赵尔丰川边奏牍[M].成都:四川民族出版社,1984.

[11] 梁俊艳.18世纪中尼"银钱贸易"冲突与西藏自铸银币[J].中国社会经济史研究,2007(2).

[12] 吕昭义.英属印度与中国西南边陲[M].北京:中国社会科学出版社,1996.

[13] 吴丰培.清季筹藏奏牍第3册[M].北京:国立北平研究院史学研究会,1938.

[14] 西藏研究编辑部.清实录藏族史料[M].拉萨:西藏人民出版社,1982.

[15] 陈观浔.西藏志[M].成都:巴蜀书社,1986.

[16] 马菁林.清末川边藏区改土归流考[M].成都:巴蜀书社,2004.

上海近代货币竞争问题研究（1911—1937年）[1]

◎ 中国人民银行上海总部　吴金友　魏雅丽　王　笑
◎ 复旦大学　张徐乐　辜　雅
◎ 上海造币有限公司　黄　超

摘要： 近代上海地区货币竞争现象是晚清币制的延续，并在民初军阀混战、中国社会近代化变革和上海远东金融中心形成过程中走向了极致。这一时期，通过市场的自发引进和分散铸币，新、旧、官、私、中、外各种货币进入上海金融领域，在市场上自由竞争，上演了一场没有硝烟的战争，逐渐形成世界金融史上罕见的"多元本位"货币体系。随着近代军阀混战的结束，国民政府实现了形式上的政权统一，市场从分散转向统一，货币也从市场自发供给转向政府统一供给，即实现了从货币竞争到中央银行垄断发行的转变。上海近代货币竞争史不仅体现了经济发展对货币形态演变的客观要求，而且反映了币制改革和中央银行制度对货币从竞争走向统一的积极推动作用，并在一定程度上推动了上海近代远东金融中心的形成，这对当前人民币国际化、数字货币研发和监管、上海国际金融中心建设以及防范化解系统性金融风险等均有一定借鉴意义。

▶ **Abstract:** The currency competition in modern Shanghai represented a continuation of the currency system in the late Qing Dynasty, and reached its extreme in the warlord era in the early years of the Republic of the China, the modernization of the Chinese society and Shanghai's growth as a financial center in the Far East. During this period, as a result of market choices and dispersed coinage, various currencies, new and old, official and private, Chinese and foreign, competed freely in the Shanghai financial market and staged a war

---

[1] 本文为中国人民银行货币金银局（保卫局）、研究局（所），中国钱币博物馆，中国印钞造币总公司，中国金币总公司，上海黄金交易所共同推动的货币史研究系列成果之一，获人民银行2018年中国货币史研究一等奖。

> without smoke and gradually formed a "multi-standard" monetary system, which was rarely seen in the world financial history. With the end of the warlord era, the Nanking National Government established a unified government, a unified market and a central bank that gradually took over money supply from the market participants. The central bank monopoly of banknote issuance put an end to currency competition. The history of currency competition in modern Shanghai reflected the impact of economic development on monetary evolution. Furthermore, it reflected the role of monetary system reform and central banks in promoting the unification of currency, and to a certain extent, in facilitating the growth of modern Shanghai as a Far East financial center. This history is relevant today for RMB internationalization, digital currency research and regulation, Shanghai's development as an international financial center, and for the prevention of systemic financial risk.

一、货币的本质和货币竞争的定义

（一）货币的本质

对货币本质的探究是研究货币竞争问题的基础，但目前理论界尚无公认的权威定义，主流的货币本质定义分为两个流派：演绎的货币定义与经验的货币定义。演绎的货币定义侧重于从货币职能入手探讨货币本质，认为"流动性""普遍接受性""购买力"等构成货币的本质；经验货币流派则采用了彻底的工具主义态度对货币进行定义，认为凡是通过计量验证与国民生产总值之间存在着稳定关系的金融资产就是货币，或从"利率弹性一致""相互具有高替代性"等要求出发定义货币。[1] 实际上，这些定义只是对货币表象和外延的界定，没有深入到货币所体现的社会的、制度的、技术的因素，因而也就不能揭示出货币的本质。

马克思从生产关系着手探讨货币的本质，指出"货币不是东西，是一种社会关系"，是"隐藏在物后面人的关系的表现形式"，从而给出了研究货币本质的切入角度。[2] 骆玉鼎（1998）、褚俊虹等（2002）、王玉峰等（2003）都从交易货币化和货币演变史角度展开研究，认为货

---

[1] 骆玉鼎.交易货币化与货币的信用本质[J].财经研究，1998（9）：22-23.
[2] 马克思，恩格斯.马克思恩格斯全集（第四卷）[M].北京：人民出版社，1974：119.

Silver Currency and Its Role
in the Evolution of Chinese History
白银货币与中国历史变迁问题研究

币的本质是信用[1]，具体包括普适性信用、中间人信用和强权者信用，并指出"货币竞争与货币流通区域问题可以从信用的消长及信用的覆盖区域等方面着手分析"[2]。本文沿用货币信用本质观，认为货币是一种能提供一般购买力的信用，在此基础上研究分析上海近代货币的演变和竞争过程。

（二）货币竞争的定义

为突出重点、简化分析，本文剔除银角、铜元等辅币和军用票等特定用途货币后，选取银两、银元、银行券、庄票、法币作为上海近代货币竞争问题的研究对象。具体而言，上海近代的货币竞争和演变包含以下内容：

一是以银两为代表的足值货币。银两以自身内在价值作为信用担保形式，属于普适性信用，冶炼技术的产生是金属货币取代实物货币的技术因素。

二是以银元为代表的不足值货币。历史上经历了由地方财阀、地方政府到中央政府铸造的发展过程，从而在对银元自身价值的信任之外，增加了财阀和政府信用作为外在信用担保，但两者之间仍以货币自身价值的信用担保为主。冶炼技术的进一步发展是金属铸币取代称量货币的技术条件。

三是以银行券和庄票为代表的可兑换纸币。银行券和庄票自身并无价值，但其拥有一定信用关系，一方面是对与之存在兑换关系的贵金属的信任，另一方面是对发行机构的信任，由于兑换关系由发行机构维系，因此两者之间以发行机构的信用担保为主，此时的发行机构为钱庄、银行等金融中介，属于中间人信用。造纸术的发展是纸币取代金属货币的技术条件。

四是以法币为代表的不兑换纸币。法币不仅无内在价值，也不与贵金属存在兑换关系，因此完全以发行机构信用为担保，此时的发行机构是中央政府，属于强权者信用，即国家信用。造纸术、印刷防伪技术的进一步发展，为纸币信用的扩张提供了技术条件。

表1　货币竞争的内在逻辑

货币形态	特征	信用关系	信用风险	技术革新	交易成本
银两	足值货币	对货币自身价值的信任（普适性信用）	最低	冶炼技术的产生	最高

---

1 基本的逻辑是，最初的物物交换中存在需求双重巧合困境和商品计价困难，交易货币化解决了上述两个问题。货币化交易是一种间接交易，货币的出现在导致交易断裂的同时又牢固地维系了交易，使货币具有这种神奇特性的是社会人群中的信用关系，或者说是一种信任结构。如果缺少了信用因素，则货币在断裂的交易中所起的维系作用便无从谈起。

2 骆玉鼎. 交易货币化与货币的信用本质[J]. 财经研究，1998（9）：27.

续表

货币形态	特征	信用关系	信用风险	技术革新	交易成本
银元	不足值货币	对货币自身价值和发行机构的信任（普适性信用＋强权者信用，以普适性信用为主）	较低	冶炼技术的进一步发展	较高
银行券、庄票	自身无内在价值，与贵金属存在兑换关系	对可兑换货币自身价值和发行机构的信任（普适性信用＋中间人信用，以中间人信用为主）	较高	造纸术的发展	较低
法币	自身无内在价值，与贵金属不存在兑换关系	对发行机构的信任（强权者信用）	最高	造纸术、印刷防伪技术的进一步发展	最低

由此可见，货币竞争的实质是技术革新背景下，新的信用关系取代旧的信用关系的过程，即各类市场主体出于各自利益考虑，对不同信用风险下的信用关系和不同交易成本下的技术革新的动态选择过程。货币的产生是社会、制度、技术因素综合作用的结果，参与货币竞争的主体不仅包括市场主体，而且还包括中央和地方政府以及国外相关政府，即政府及其币制改革也应纳入货币竞争的范畴加以综合考量。

二、上海近代金属货币之间的竞争

中国以白银为主要货币，有着悠久的历史。但是在很长的历史时期里，中国实行的是银两制度，即称量货币制度。明朝对外贸易频繁，外国银元开始流入中国，并逐渐为中国商民所接受。自此，中国货币流通领域开始了长达数百年的银两银元并用时期。两元并用，相依又相斥，弊端尽现，晚清、北洋和南京国民政府都曾意识到货币统一的重要性，先后致力于废两改元，几经曲折，直到1933年银两终于退出货币行列，银元成为银本位货币。

（一）银两之间的竞争

银两制度是一种比较原始的货币制度，属于金属货币制度中的称量货币类型，即以金属币材所含的重量来计值。使用的时候，要检验成色，秤定重量，确定其实有价值，而后才能充当货币。从明朝嘉靖（1529年）时正式确立起，至1933年废两改元止，共计存续了405年。[1]

银两制度是一种极其繁琐庞杂的货币制度，可分为实银两和虚银两两大类。实银就是以

---

[1] 千家驹,郭彦岗.中国货币演变史[M].上海：上海人民出版社,2005：171-172.

Silver Currency and Its Role
in the Evolution of Chinese History
白银货币与中国历史变迁问题研究

实物形式存在的白银，实银两的形状、重量、名称、成色、平砝等各不相同，没有全国统一的标准。随着经济的发展，首先需要区域性的统一货币，至少记账货币能够统一起来，由此产生了虚银两。虚银两是白银货币的价值符号，规定了某种银两的名称、重量、成色和按照当时当地的行用方法，代表白银发挥货币的职能作用，是政府和民间公认的能在市场上流通使用的标准银两，作为记账单位和清算标准。

在虚银两的种类中，以上海九八规元影响最大，使用最广，此外还有天津的"行化银"、汉口的"洋例银"等。上海九八规元具有公认的法偿能力，因此它不仅在上海的商品交易中成为标准货币单位，而且在全国众多的货币单位中最具影响力。北洋政府时期，规元在上海金融市场中通行使用，在1925—1929年上海钱业汇划总会公单收付中，规元收付在交易总额中占比近九成。[1]

综上，可以看出银两制度是一种非常繁杂的货币制度，千家驹把银两制度的特点总结为"形式不适于应用""种类名称过于复杂""成色高下不齐""平砝大小不一""计算烦难"五个特点[2]，基本上都是负面的评价，可见其落后性。这样的货币体系已经不是商品经济的润滑剂，而是制约了商品经济的进一步发展，同时也为西方贸易银元的入境和流通提供了可乘之机。

（二）银元之间的竞争

中国使用银两货币的历史久远，而银元则是与西方国家进行国际贸易活动所带来的舶来品。外国银元因形制、重量、成色都有精确规定，交易时计枚流通，计价方便，手续简便，为中国商民乐用。上海近代流通的外国银元，除流通量最大的西班牙银元（俗称"本洋"）和墨西哥银元（俗称"鹰洋"）以外，还有少量英国贸易银元、美国贸易银元、日本银元、法国安南（西贡）银元等。在华流通的外国银元之间也存在激烈的竞争。

近代中国最早正式铸造的银元是光绪元宝，其背面铸有龙纹图案，故俗称"龙洋"。但"龙洋"因成色和重量不统一，各省之间不能相互流通。1914年，北洋政府颁布《国币条例》，开铸新版袁世凯头像国币，称为"袁头币"，其形式划一，花式新颖，容易识别，成色重量严守规定。国民政府成立后，于1928年草拟《国币条例草案》，停铸袁头币，改以孙中山开国纪念币旧模铸造银币。1933年，国民政府颁布《银本位币铸造条例》，新币正面为孙中山半身像，背面为帆船图案，俗称"孙头币"或"船洋"。此后，其他中外银元逐渐退出中国市场。

上海"洋厘"行市的变迁可以看做是中外各类银元竞争的结果。洋厘即银元的市场价格

---

[1] 杨荫溥.杨著中国金融论[M].上海：黎明书店，1936：90-91.
[2] 千家驹，郭彦岗.中国货币演变史[M].上海：上海人民出版社，2005：181.

（以 1 银元兑换多少规元计价），"洋"即银元，"厘"即厘价[1]。上海洋厘行市最早有本洋行市、鹰洋行市两种，此后西班牙银元因停铸、窖藏等原因流通渐少，中国自铸龙洋开始流通。到民国初期，洋厘行市又分为鹰洋行市和龙洋行市。1914 年，袁头币开始投入上海流通市场，逐渐成为市面流通最广的银元之一。1915 年 8 月，经中国银行、交通银行两行与上海钱业公会协商，取消龙洋行市，洋厘行市改为鹰洋行市和国币（即袁头币）行市，且前者更为活跃，处于统治地位。1919 年"五四运动"上海罢市之后，上海钱业公会毅然取消鹰洋行市。自此，上海洋厘行市统一为国币行市，所有大清银币、江南、湖北、广东龙洋及鹰洋，与国币一律同价。上海银钱业先后取消本洋、龙洋、鹰洋三种行市，体现了鹰洋取代本洋、国币取代龙洋以及国币最终取代鹰洋的货币竞争过程。洋厘行市的统一不仅大大降低了社会交易成本，还结束了中国流通主币使用外国银元的历史，标志着国币在中外银元竞争中取得了胜利，迈出了货币统一的第一步，同时也为后续的废两改元准备了条件。

（三）银两和银元之间的竞争：废两改元

上海近代银两、银元并用的状况，增加了货币流通的复杂性，给正常的商品交易和工商业的发展带来极大的负面影响。在两元并用的情况下，上海一般商品交易使用银元，而大部分的批发交易以及国际贸易尚以银两定价，商家既要有银元准备，又要有银两准备，以避免银元与银两在折算上的损失。而对金融机构来讲，两种货币并用，账目计算麻烦，且须有两种准备以分别应付银两或银元的提取，分散了发行准备力量。同时，银两与银元之间的比价又时常起伏涨落，银两与银元互相汇兑、反复兑换，既麻烦，又徒增手续费。特别在国际贸易方面，有碍其正常发展。

废两改元是银两和银元之间货币竞争的集中体现。两元并用的存在，在进一步加剧白银货币制度混乱的同时，也推动了传统金属称量货币制度开始向近现代转型。实行货币单一化，成为中国近代历届政府努力的目标，但直到 1933 年南京国民政府颁布《银本位币铸造条例》才得以最终实施。

1933 年 3 月 1 日，国民政府财政部颁布《废两改元令》，在上海先行试行；3 月 8 日，颁布《银本位币铸造条例》，确定新的银本位币的单位、重量、成色等参数；4 月 5 日，发布《废两改元布告》，宣布从次日起在全国范围内推行废两改元。自此，由于国民政府运用国家强制力推行，从而保证了废两改元得以顺利进行，并从法律上取消了银两作为货币的资格，标志着银元本位制度的真正确立。

综上，银两制度是一种落后的货币制度，不能在全国范围内充分发挥其价值尺度和流通手段的职能，对商品交换和全国统一商品市场的形成，对全国统一货币流通市场的形成，都

---

[1] "厘"，表示银元市价涨落变动一般精确至小数点后三位（厘位）为止。

有严重的阻碍。废两改元是货币制度演化的必然结果，也是符合商品经济发展的客观需要。同时，废两改元之所以成功，不仅因其顺应了经济金融发展的内在需要，也离不开强权政府的有力推进。

三、上海近代纸币之间的竞争

上海近代国内的纸币发行主体，主要包括代表传统金融势力的钱庄、代表外国经济利益的外商银行、代表新式金融势力的华商银行和代表本国政府意志的国家银行，四大势力之间的货币竞争，不仅体现了中国近代曲折的货币统一进程，而且还见证了各类金融机构的发展变迁和兴衰沉浮。

（一）庄票

在近代上海金融体系中，钱庄通过发行庄票和操控"洋厘""银拆"等货币市场基础定价权，从而在货币竞争中一度占据优势，并逐渐与华商银行（包括国家银行）、外商银行形成"三足鼎立"的金融格局。早期的庄票由于携带方便、信用良好，对金属货币起到了部分替代作用，承担了一定的交易媒介和价值储藏功能，这一时期的庄票相当于流通中现金（M_0），与银两、银元、银行券等通货存在正面的货币竞争。后期，特别是1933年废两改元和1935年法币改革后，庄票被彻底排除在流通货币之外，庄票的货币性逐渐淡化，流动性降低，这一时期的庄票仅仅是促进贸易结算的金融票据，属于准货币（M_2）的范畴。

表2 上海庄票数量的估计值

单位：亿两

年份	1925	1926	1927	1928	1929	1930	1931	1932
庄票数量	13.03	17.32	13.83	16.26	17.97	18.62	21.66	13.13
						23.84	29.58	18.59

注：1930年至1931年分别为估计值的下限和上限。

数据来源：李耀华.上海近代庄票的性质、数量与功能[J].财经研究，2005（2）：98-109.

上海钱庄的经营俱守秘密主义，从而造成庄票的数量无法从直接统计中得到，《上海钱庄史料》中对1919年的庄票数量的粗略估计，认为庄票总额为"十六七万万两"[1]。李耀华（2005）通过对与庄票发行密切相关的公单和进出口数量的分析，粗略估计1925年至1932年上海钱

---

[1] 中国人民银行上海市分行.上海钱庄史料[M].上海：上海人民出版社，1960：552.

庄发行庄票的金额（见表2）。从数量上看，上海庄票的估计值是同期纸币发行量[1]的数倍，这从一个侧面说明，庄票的性质已经逐渐从流通中现金向准货币转变。

（二）外商银行纸币

1847年，英资丽如银行率先在上海设立代表处，此后日、美、法、俄等国相继在上海租界设立银行，并借口享有"治外法权"，擅自在中国非法发行纸币。半个世纪之后，国人才逐渐认识到外商银行在华发行纸币的侵略本质，并开始成立银行，发行兑换券，至民国初期，中外银行纸币发行量基本相当（见表3）。到了北洋政府后期，随着军阀混战和帝国主义加剧侵略，外商银行纸币一度占据总额的三分之二。

表3 中外银行纸币发行额比较

单位：元

年份	外商银行		华资银行	
	发行额	占比	发行额	占比
1912	43 948 359.80	45.48%	52 675 375.00	54.52%
1916	65 344 657.20	49.10%	67 735 125.00	50.90%
1921	212 384 806.80	68.88%	95 948 965.00	31.12%
1925	323 251 228.46	61.19%	205 006 026.00	38.81%
1935	322 016 195.20	27.06%	867 984 374.00	72.94%
1936	360 819 442.00	20.41%	1 407 200 000.00	79.59%

数据来源：千家驹，郭彦岗.中国货币演变史[M].上海：上海人民出版社，2005：208.

此后，随着一些在华外商银行因战争或投机失败等原因相继停业或倒闭[2]，外国纸币信用丧失；1919年"五四运动"以后，特别是1925年"五卅运动"的爆发，中国人民反帝斗争和爱国热情使外商银行受到沉重打击，各地一再反对外商银行在中国发行纸币，并倡议拒绝使用。到1935年，法币改革时收兑的外商银行发行的纸币，"上海一地为300万元，天津一地为150万元，而这时中资银行发行的钞票已达6.5亿元，两者相差已经很悬殊了"[3]。法币

---

[1] 法币改革前，上海纸币流通总额恒在三万万元左右，见中国人民银行总行参事室.中华民国货币史资料（第二辑）[M].上海：上海人民出版社，1991：231.

[2] 如：德华银行因北洋政府对德宣战于1917年停业清理；中法实业银行因巴黎总行投机失败于1921年停业，发行的225万元纸币无法兑现，经北京、上海两地银行公会垫款收兑210万元；友华银行因买卖生金银投机失败于1924年停业，并入花旗银行；华盛顿银行于1924年因挤兑而倒闭；华俄道胜银行因买卖日金和英镑投机失败于1926年倒闭，发行的39 666银元纸币、11 858银两纸币、107 000卢布纸币均成废纸。

[3] 洪葭管.中国金融通史（第四卷）[M].北京：中国金融出版社，2008：287.

Silver Currency and Its Role
in the Evolution of Chinese History
白银货币与中国历史变迁问题研究

改革的实施使得外商银行的发钞权逐渐被取消，至1937年仅有日美两国银行在华发行纸币，整体发行额锐减，标志着外商银行纸币最终在一系列竞争中退出我国历史舞台。[1]

（三）华商银行纸币

北洋政府时期，华商银行大多拥有货币发行权，市场流通货币最为纷繁复杂，竞争最为自由且充分，但最终只有"南三行""北四行"[2]等部分经营得当、信用卓越的银行在竞争中得以发展壮大。华商银行的纸币发行，对外不仅打破了外国在华银行长期侵占上海货币市场的局面，对内通过广设分支机构促进了纸币的跨区域流通，遏制了私票滥发，为货币发行最终统一到少数银行机构奠定了基础。然而，与国家银行相比，华商银行纸币发行额及占比虽然逐年增大，但自始至终无法与中央银行、中国银行、交通银行三行相提并论，差距悬殊（见表4）。

表4 国家银行与华商银行纸币发行对比

单位：元

年份	中央 中国 交通 共三行		通商 浙江 四明 中实 中南 农工 垦业 共七行	
	发行额	占比	发行额	占比
1921	92 636 574	96.55%	3 312 391	3.45%
1922	110 289 870	95.93%	4 682 196	4.07%
1923	119 504 325	85.06%	20 983 838	14.94%
1924	131 592 000	86.88%	198 878 217	13.12%
1925	175 428 595	85.66%	29 376 815	14.34%
1926	194 557 811	84.97%	34 403 736	15.03%
1927	224 097 991	85.48%	38 065 893	14.52%
1928	252 043 064	81.62%	56 774 875	18.38%
1929	282 329 661	80.61%	67 906 424	19.39%
1930	309 410 457	74.92%	103 558 131	25.08%
1931	298 020 567	75.76%	95 347 302	24.24%

数据来源：于彤，戴建兵.中国近代商业银行纸币史[M].石家庄：河北教育出版社，1996：394.

---

1 需要指出的是法币改革后，虽然外商银行大规模发钞停止，但局部地区仍然通行着外商银行纸币。如东方汇理银行发行的安南纸币，在云南、广西等地，直至解放前也仍然流通着。（见献可.近百年来帝国主义在华银行发行纸币概况[M].上海：上海人民出版社，1958：36.）

2 "南三行"即上海商业储蓄银行、浙江兴业银行和浙江实业银行；"北四行"即中南银行、金城银行、盐业银行和大陆银行。

第一编　货币、货币制度与货币竞争

国民政府时期，通过征收发行税等一系列措施加强国家对金融的主导权，华商银行的纸币发行流通受到挤压而逐步边缘化。1935年前后，国民政府以白银风潮、银根紧缩为契机，通过采取提前大量筹措华商银行所发行纸币，然后突然兑现的手段，人为制造挤兑和破产危机，迫使其不得不接受政府的"救济"，改组为官商合办银行。此后，华商银行的经营业务和纸币发行逐渐被国家银行所挤压，华商银行与国家银行之间的货币竞争在政府强权统治中走向货币统一。

（四）国家银行纸币

国家银行[1]在成立之初即享有发行纸币的特权。北洋政府初期，特别是1914年《国币条例》颁布之后，中国银行和交通银行承担起部分中央银行的职能。1916年"停兑令"中，交通银行遵令停兑，而中国银行上海分行毅然抗命，照常兑现，从此声誉大振，发钞业务也日益壮大。此后中交两行纸币发行额的占比发生了显著的变化，从民国初期的各占五成变为北洋政府后期的七三分成（见图1）。

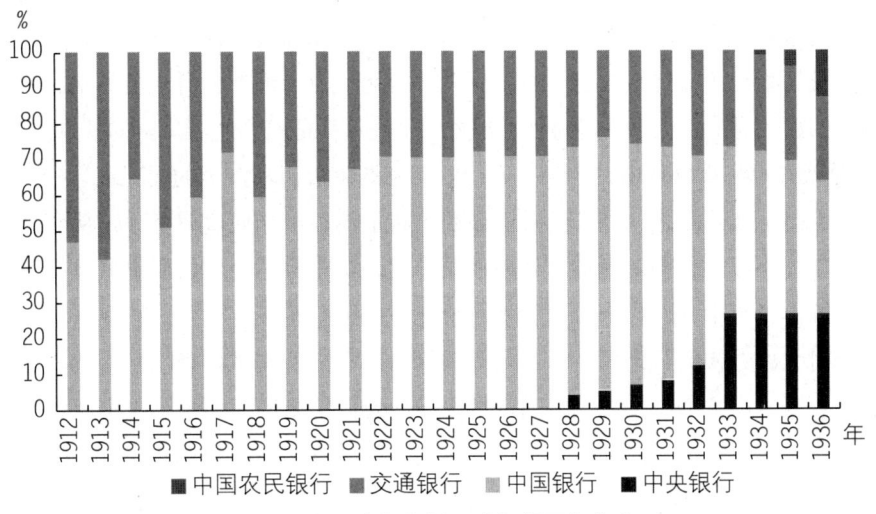

图1　各国家银行纸币发行额历年占比

（数据来源：中央银行数据见《中央银行营业报告》1928—1937年上期，中国第二历史档案馆藏，中央银行档案，档号：三九六—2672（1）.中国银行数据见中国银行总行，中国第二历史档案馆.中国银行行史资料汇编（上篇二）[M].北京：档案出版社，1991：956.交通银行数据见交通银行总行，中国第二历史档案馆.交通银行史料（第一卷下册）[M].北京：中国金融出版社，1995：838；中国农民银行数据见中国人民银行金融研究所.中国农民银行[M].北京：中国财政经济出版社，1980：201）

1　国家银行作为纸币的发行机构，在南京临时政府（1911—1912年）和北洋政府时期（1913—1927年）为中国银行和交通银行，在国民政府前期（1928—1937年）为中央银行、中国银行、交通银行和中国农民银行。中中交农四行分别成立于1928年、1912年、1908年和1935年。

199

国民政府时期，中央银行、中国农民银行相继成立，随着"四行二局"[1]国家垄断金融体系的形成和经济政治中心的南迁，国民政府强势介入市场货币竞争。1935年法币改革后，"四行"共同享有纸币发行权，并禁止其他银行发行纸币。1942年7月，国民政府进一步取消中交农三行的货币发行权，并责令其发行准备全部移交中央银行接收保管。至此，中国的纸币发行制度由长期的自由分散，发展为单一的垄断发行。

四、上海近代金属货币与纸币之间的竞争

（一）金属货币与纸币兑换券的竞争

法币改革之前的纸币并不是现代意义上的信用货币，而是代表金属铸币所有权的兑换券，其本质是一种所有权凭证，纸币以金属货币单位（银两或银元）标明面额，这一时期的货币制度本质上仍是银本位制。但当时发行的纸币兑换券并不是十足现银准备，而是采取"六成现金准备、四成保证准备"的发行制度，因此纸币兑换券仍然具有一定的信用衍生和货币扩张的作用。与金属货币相比，纸币兑换券具有易于携带和保管，便于支付和交易，纸币本身价值低，即使磨损也不会造成社会财富的巨大浪费等优点，但在发行准备不足、信息不公开或被随意挪用的情况下，也存在容易遭受挤兑、引发信任危机和金融风险的缺点。

纸币兑换券本身没有价值，在相关发行制度和约束机制不健全的情况下，一旦发行机构破产，兑换券与金属货币之间的等价关系破裂，将形同废纸。而金属货币是从商品交换中分离出来固定充当一般等价物的商品，即使面值作废，其本身的金属材质仍然具有相对稳定的市场价值，即金属货币同时具有价值和使用价值。民国前期长年战乱、政局不稳、挤兑风潮频发，公众对纸币兑换券与金属货币之间无法保持稳定兑换关系的担忧，是造成以银两、银元为代表的金属货币长期占据货币流通领域主导地位的重要原因，也是决定两种货币形态竞争趋势的主要因素。市场在伴随着货币形态演变的交易成本递减与伴随着金融中介发展的信用风险递增之间寻求平衡点，但货币发展的客观趋势呼唤一种更为强大的信用保障机制，法币改革由此应运而生。

（二）金属货币与信用货币的竞争：法币改革

法币改革标志着中国货币史上的信用货币制度的开端。法币属于不兑现的信用货币，不与任何金属保持等价关系，由国家法律赋予无限清偿能力，本质上采取的是汇兑本位制。信用货币一般以纸币为表现形式，与金属货币相比，其优势除易于携带、便于支付之外，还在于，一是信用货币不受金银数量的限制，规避了贵金属产量的有限性与商品生产和流通规模不断

---

[1] "四行二局"除中中交农四行以外，还包括中央信托局和邮政储金汇业局。

扩大之间的矛盾，即信用货币可以根据经济发展的实际需要调整货币供应量；二是国家对信用货币的管理调控成为经济正常发展的必要条件，中央银行运用货币政策实施宏观审慎监管和逆周期操作，平滑经济波动，有利于维护经济金融稳定。其缺陷在于货币通过信用程序投入流通领域，与金属货币通过自由铸造进入流通已有本质区别，货币流通失去了金属货币自发调节的机制，当国家通过信用程序所投放的货币过多而造成贬值，就会引发通货膨胀。

总体而言，法币改革是符合货币演变的基本趋势和经济社会发展的客观需求，但在国内经济、政治条件尚不成熟的情况下，强行推行不兑换纸币，容易引发纸币滥发，为日后国民政府的恶性通货膨胀埋下了隐患。

五、推动上海近代货币竞争的因素分析

（一）经济发展对货币形态演变的客观要求

货币起源于商品，是商品交换过程发展的必然产物，其形态在商品经济的矛盾运动中不断发展演变。按照货币价值与币材价值的关系，上海近代经历了从商品货币[1]、代用货币到信用货币的货币形态演变，实际上是货币购买力信用的保证由贵金属商品普适性信用向银行中间人信用、国家强权者信用的转化，这种货币演变和竞争的过程不仅体现了经济发展的客观要求，每一次币制改革的实现又进一步促进了经济社会的发展，两者互为促进，互为依托。就货币形态本身而言，是否便利流通和交易是决定其竞争力的重要因素。货币形态的统一是历史发展的必然。可以预见的是，随着世界经济、结算渠道和支付手段的多元化发展，货币形态将进一步向数字货币等更高层次发展演变。

（二）政府的币制改革使货币竞争走向统一

废两改元和法币改革是中国近代货币史上两次重要的币制改革。其中，废两改元主要体现金属货币内部的竞争，即银两和银元之间的竞争，以金属货币中的标准货币取代称量货币为竞争结果；法币改革则同时体现纸币内部的竞争以及金属货币与纸币之间的竞争，以货币发行统一以及信用货币取代金属货币为竞争结果。由此可见，币制改革体现了政府垄断货币发行权对货币竞争的强势介入，北洋政府时期混乱的货币制度及其带来的诸多弊端，已经证明货币层面的自由竞争并不利于经济贸易的发展和金融秩序的稳定，统一货币发行本身是货币制度发展的大势所趋，对提高全社会交易效率、降低交易成本具有重要意义。

（三）发行制度变革对纸币信誉的提升

健全完善的发行制度对于提高纸币信誉和竞争力具有重要意义，上海近代各发行银行大

---

[1] 商品货币又分为实物货币和金属货币，上海近代主要是金属货币。

多是发行制度变革的先驱力量。一是执行发行准备制度。民国早期的银行发行制度尚不健全，发行准备金难以考证，极易被挪作他用。[1] 此后，发行银行逐步改革会计制度和发行制度，并逐步按照《修正纸币取缔条例》规定的"六成现金准备、四成有价证券保证准备"的制度执行。二是采取集中准备和分区发行的制度。集中准备的目的在于各分行遭遇挤兑时，由总行随时调拨接济，并杜绝了准备金被各地军阀强征挪用的情况；分区发行的优点在于发行独立，避免了某一分行挤兑风潮引起的金融恐慌波及他行。三是实行准备金公开和检查制度。1924年5月，中国银行"由沪行与领券各行庄签订检查准备办法，实行公开检查，登报公告，以昭信实起见"。[2] 交通银行、四行准备库[3]也相继实行了准备公开和检查办法，并获得市场普遍好评，相应纸币的信誉也日益巩固，竞争力愈发增强。

（四）中央银行制度从萌芽到基本确立

清末民初，面对外商银行及其纸币在华势力的日益庞大，我国中央银行制度开始萌芽，中交两行（包括中国银行的前身大清银行和户部银行）在成立之初，就享有发行纸币、经理公债和国库的特权，具备"发行的银行"和"国家的银行"两项基本职能。1915年以后，国家银行领券制度开始实行和发展。领券制度是货币竞争在不断深入和演进过程中，市场自发形成的统一和结盟机制，不仅有利于发行权向少数国家银行集中，还在一定程度上起到了稳定金融秩序的作用，使中交两行进一步承担起中央银行"银行的银行"的职能。与北洋政府的软弱和放任不同，国民政府十分重视对全国金融的管控，初期便成立中央银行并不断加强其职能。同时，官僚资本不断加强对发行银行的渗透和控制，1935年通过法币改革，形成了"四行二局"的垄断金融体系；1942年7月，中央银行最终垄断货币发行权。至此，我国近代的中央银行制度也基本确立。

（五）金融风潮对货币竞争的集中考验

维持货币信用是提高货币竞争力的核心，近代银行纸币信用主要建立在应对金融风潮和坚持兑现的基础之上。1916年，中国银行上海分行抵抗停兑令是中国金融史上的一次重大事件，也对上海货币竞争产生深远影响。"往昔上海通用钞票，皆系洋商所发行""后以中交两行钞票，深得社会信仰，逐渐取代外商银行钞票之地位而代之。推及至此之由，与民国五

---

1 交通银行总行，中国第二历史档案馆.交通银行史料（第一卷下册）[M].北京：中国金融出版社，1995：847.

2 中国银行总行，中国第二历史档案馆.中国银行行史资料汇编（上编二）[M].北京：档案出版社，1991：950.

3 中南银行、盐业银行、金城银行、大陆银行被称为"北四行"，1922年成立四行准备库，联合办理兑换券发行，是近代中国第一个、也是唯一的一个联营组织。

年上海中国银行继续维持兑现,有莫大之关系"。[1]中国银行经此风波声名鹊起,其纸币发行与流通在货币竞争中逐渐占据优势,外商银行所发纸币无形中被排挤,外商银行控制上海金融市场的局面也逐渐改变。除此之外,同业组织和中央银行在应对金融风潮和维护货币信用中也发挥了重要作用,成为遏制挤兑危机蔓延、防范系统性金融风险发生、稳定市场情绪的中流砥柱,对金融风潮影响货币竞争走向起到了积极引导作用。

(六)银行公会等同业组织的积极作用

1915年,以中交两行为首的7家华商银行发起筹建银行公会,时称"银行业午餐会"。1918年,上海银行公会正式成立,并创办《银行周报》作为言论机关。1920年,上海银行公会制定了《上海银行营业规程》,刊发了旨在规范业务用语并与国际金融业务接轨的《银行会计科目名词研究》,改变了银行业自由散漫发展和无序竞争的状况,对维护上海银行同业利益和金融秩序稳定、建立行业制度规范和上海金融中心形成,均起到了积极的推动作用。上海银行公会对内,在服务实业、参与社会公益事务等方面发挥了重要的作用;对外,在与外国银行势力的竞争中,在赎回胶济铁路、收回关税存放权和筹建上海造币厂等事件中,表现出强烈的爱国主义情怀和社会责任感,成为国家银行乃至华商银行参与货币竞争的重要据力点。

(七)银行家等金融人才的推动作用

民国初建,上海及其周边出现了一批具有现代化意识、开拓进取精神和民族主义热情的银行家群体,他们大多拥有海外留学经历,具有较高的文化素养和丰富的现代经济知识,在金融业务中注重扶持有益于国计民生、服务社会、扶助工商业等事业。如:张嘉璈、宋汉章等银行家在抵抗停兑令中表现出独立自主的民族气节,为中国银行上海分行发行纸币的信誉奠定了基础。此外,作为江浙银行家的主要代表人物之一,陈光甫于1915年创办上海商业储蓄银行,始终以"顾客至上,服务社会"为宗旨,并创造了中国金融史上多个"第一",被誉为"中国的摩根"。其他如交通银行张謇、钱新之,浙江兴业银行徐寄庼,浙江实业银行李铭等银行家,均在推动废两改元、建立上海造币厂、致力于银行现代化、实行币制改革当中发挥了重要的作用,并直接或间接地催化了上海近代货币竞争进程。

六、货币竞争与上海近代远东金融中心的形成

近代以来,西方国家通过战争掠夺、跨境贸易和对货币流通领域的控制等诸多手段,在经济上把殖民地或落后国家拖入资本主义的世界体系。近代上海最先融入全球化的正是贸易

---

[1] 潘连贵.上海货币史[M].上海:上海人民出版社,2004:149.

白银货币与中国历史变迁问题研究

领域和金融领域,穿插其中的货币竞争也正是伴随贸易和金融的发展不断推进。上海具有天然优势的地理位置,以及由此形成的航运中心、贸易中心、工业中心地位,为其远东金融中心的形成提供了有利条件,而货币竞争则是其中重要的催化剂和组成部分。

民国早期,政治中心在北京,上海虽然一直是重要的金融中心之一,但还未占据绝对优势,不论从金融机构数量或从金融市场以及对外金融联系的发达程度等来衡量,均还不足以构成完全的金融中心。洪葭管(2008)认为,到20世纪20年代末至30年代初上海才成为完全的金融中心。[1] 当时的上海具有活跃的货币市场、证券市场、汇兑市场、标金和条银市场,金融市场功能完备,全国利率和多种金融资产行市依上海为转移,经营近代金融业的人才、信息和设备已经非常齐备。

同时,上海还是全国货币发行和竞争的中枢。从发行机构来看,以中央银行为代表的金融首脑机关集中于上海,各大金融机构陆续把总行迁到上海。据不完全统计,抗日战争全面爆发前的10年(1927—1937年),总行迁到上海的银行共有13家,其中北京6家、天津5家、青岛和重庆各1家。[2] 呈现三足鼎立局面的华资银行、外商银行和钱庄在上海的机构数量占比均较大(见表5)。其中,上海钱庄数量虽然不及广州、天津,但上海48家钱庄的资本总额高达1 800万元,而广州80家、天津53家钱庄的资本总额分别只有288.9万元和386.5万元,资本实力相差悬殊。[3]

表5 上海各类机构数量及占比

华资银行(1936年)			外商银行(1935年)			钱庄(1935年)		
地区	机构数量	占比	地区	机构数量	占比	地区	机构数量	占比
上海	58	35.37%	上海	28	33.33%	上海	48	15.64%
江浙	38	23.17%	天津	16	19.05%	北京	9	2.93%
京津	11	6.71%	北平	9	10.71%	天津	53	17.26%
西北	6	3.66%	汉口	9	10.71%	汉口	28	9.12%
西南	17	10.37%	广州	8	9.52%	重庆	13	4.23%
华中及华南	24	14.63%	青岛	6	7.14%	杭州	30	9.77%
东北	0	0.00%	其他	8	9.52%	宁波	40	13.03%

---

1 洪葭管.中国金融通史(第四卷)[M].北京:中国金融出版社,2008:150.
2 刘克祥,吴太昌.中国近代经济史(1927—1937)[M].北京:人民出版社,2010:1895-1896.
3 朱荫贵.抗战前钱庄业的衰落与南京国民政府[J].中国经济史研究,2003(1):61.

续表

华资银行（1936年）			外商银行（1935年）			钱庄（1935年）		
地区	机构数量	占比	地区	机构数量	占比	地区	机构数量	占比
香港及境外	10	6.10%				南京 广州	6 80	1.95% 26.06%

数据来源：华资银行数据来源于1936年《全国银行年鉴》第A16页，转引自黎杰生.上海金融中心功能研究 1927—1937[D].北京：中央财经大学，2014：71.外商银行数据来源于1936年《中国经济年鉴》第33-34页，转引自陈曾平.近代上海金融中心的形成和发展[M].上海：上海社会科学院出版社，2006：36.钱庄数据来源于1936年《全国银行年鉴》，转引自朱荫贵.抗战前钱庄业的衰落与南京国民政府[J].中国经济史研究，2003（1）：61.

从上海发行纸币的信誉来看，中国近代各省市纸币互不相通，"各地相互间之汇兑，汇水特重；甚且一省之间，甲地与乙地纸币不能融通，当地之纸币一出境即成废纸"[1]。所以，在纸币上，除了标明发行机构外，还会标注地名，为我国纸币的特有现象。纸币发行大省多为沿海通商口岸或者内陆商业重镇，其中"沪钞"信用最佳，为全国各项纸币之冠，流通地域亦为最广。

表6 各地区纸币发行及流通状况

名称	发行银行	流通额	备注
沪钞	中央、中国、交通、中国通商、四明、中南、中国实业、中国垦业、浙江兴业、中国农工、中国农民、农商等	恒在3亿元左右	上海各银行发行纸币简称
津钞	中央、中国、交通、浙江实业、河北省银行、北洋保商、四行准备库、大中、天津边业、中国实业、中国农工等	5 000万元左右	在华北各省大致均可通用
汉钞	中国通商、浙江兴业、农商银行、鄂省行与中国农民合组之二行准备库、四行准备库、交通、中国实业及中国农工等	1 300万元左右	武汉流通纸币
渝钞	中国、四川地方、重庆银行、重庆市民银行等	密不宣布	四川流通纸币
晋绥钞	山西省银行、绥西垦业银行、晋绥地方铁路银号等	晋钞600万元、绥钞500万元左右	

---

1 中国人民银行总行参事室.中华民国货币史资料（第二辑）[M].上海：上海人民出版社，1991：231.

续表

名称	发行银行	流通额	备注
粤钞	广东省银行、广州市立银行、约42家钱庄、外国银行		纸币流通最复杂者

数据来源：中国人民银行总行参事室.中华民国货币史资料（第二辑）[M].上海：上海人民出版社，1991：230.

从主要银行在上海的发行数量来看（见表7），中交两行作为北洋政府的国家银行，早期其沪行纸币发行额占比均不足10%。1916年和1921年两次停兑风潮当中，中交两行上海分行的纸币信用得到民众的认可，沪钞流通地域愈发广阔，国家银行沪行发行额占比一跃升至30%左右。国民政府时期，随着政府定都南京，以及各大金融机构总部纷纷迁沪，上海在国内乃至远东的金融中心地位进一步提高，同时上海还是废两改元和法币改革两项重大币制改革的策源和首发之地，此后中交两行沪行纸币发行额占其全行发行额的比例均超过60%。可见，上海的货币竞争已经成为全国货币竞争的缩影，代表了近代中国货币竞争的发展方向。

表7 国家银行在上海的纸币发行情况

单位：万元

年份	中国银行			交通银行		
	全行	沪行	沪行占比	全行	沪行	沪行占比
1916	4 644	370	8.0%	3 195	206	6.4%
1921	6 249	2 184	35.0%	3 014	898	29.8%
1924	8 998	4 133	45.9%	4 161	1 262	30.3%
1933	18 373	12 188	66.3%	9 301	4 312	46.4%
1934	20 471	13 687	66.8%	11 251	5 945	52.8%
1935	28 625	17 567	61.0%	18 083	9 729	53.8%
1936	45 931	29 400	64.0%	30 214	18 343	60.7%

数据来源：中国银行全行、沪行均为各年底发行数据，引自中国银行.中国银行上海分行史[M].北京：经济科学出版社，1991：22-23，67-68.交通银行全行为各年底纸币发行数据，引自交通银行总行，中国第二历史档案馆.交通银行史料（第一卷下册）[M].北京：中国金融出版社，1995：838；沪行1916年、1921年为两次停兑风潮时的纸币发行数据，1924年为筹设沪区发行总库时的年底发行数据，1933—1936年为各年底沪区纸币流通额，分别引自交通银行总行，中国第二历史档案馆.交通银行史料（第一卷下册）[M].北京：中国金融出版社，1995：869，870，850，839.

从上海的货币发行和流通总量来看,法币改革前夕各华商银行在上海的纸币发行额约在 4 亿元(见表 8),其中中央银行、中国银行、交通银行三行占 73.70%,商业银行仅占 26.3%,扣除这些银行在上海发行但流通到外地的纸币金额,"流通总额恒在三万万元左右"[1],即上海一地的纸币流通额在 3 亿元左右,为天津纸币流通额的 6 倍,武汉纸币流通额的近 30 倍,规模与流通广度可见一斑。此时,国家银行与商业银行在上海的发行额占比(见表 8)和两者在全国的发行额占比(见表 4)已相差无几,均为七三分成,进一步印证了上海货币竞争的代表性地位。

表 8 主要华商银行在上海的纸币发行情况

单位:元

行名	1933 年 12 月		1934 年 12 月		1935 年 10 月(法币改革前夕)	
中央银行	70 271 542	20.49%	85 339 300	20.80%	131 246 364	31.66%
中国银行	121 878 855	35.54%	136 868 530	33.37%	119 455 496	28.81%
交通银行	42 702 869	12.45%	57 883 500	14.11%	54 862 900	13.23%
国家银行小计	234 853 266	68.48%	280 091 330	68.28%	305 564 760	73.70%
浙江兴业银行	7 900 916	2.30%	9 247 838	2.25%	8 009 773	1.93%
中国实业银行	32 110 391	9.36%	33 645 413	8.20%	28 822 913	6.95%
四行准备库	28 079 337	8.19%	31 344 373	7.64%	20 937 573	5.05%
四明银行	19 497 600	5.69%	18 310 300	4.46%	13 449 900	3.24%
中国通商银行	14 813 600	4.32%	24 302 900	5.92%	25 280 300	6.10%
中国垦业银行	5 707 000	1.66%	7 084 000	1.73%	6 242 000	1.51%
中国农工银行	—	—	6 167 262	1.50%	6 295 582	1.52%
商业银行小计	108 108 844	31.52%	130 102 086	31.72%	109 038 041	26.30%
合计	342 962 110	100.00%	410 193 416	100.00%	414 602 801	100.00%

数据来源:潘连贵.上海货币史[M].上海:上海人民出版社,2004:236.

七、启示与建议

上海近代货币竞争的历史表明,混乱无序的货币竞争不仅大幅增加了社会交易成本,而

---

[1] 中国人民银行总行参事室.中华民国货币史资料(第二辑)[M].上海:上海人民出版社,1991:231.

Silver Currency and Its Role
in the Evolution of Chinese History
白银货币与中国历史变迁问题研究

且不利于全国统一货币流通市场的形成，货币割裂对国家统一形成阻碍，也成为外国势力对中国开展经济侵略的主要手段。但同时，不可否认的是，上海近代货币竞争所带来的国外先进货币制度和货币管理理念，客观上推动了中国货币体制的变革和现代化发展。权衡利弊，本文认为，多种货币竞争不利于经济社会发展，统一货币对维护金融稳定至关重要，中央银行应牢牢掌握货币发行权，维护货币信誉和币值稳定。此外，上海近代货币竞争历史还对当前一些重大议题提供了历史借鉴和有益启发。

一是增强人民币国际竞争力，提升人民币国际化程度。随着经济全球化的发展，货币竞争开始从一国境内转向国际货币市场，主权货币超越国界展开激烈竞争，并由此出现了货币国际化的现象。当前，我们要紧紧抓住共建"一带一路"契机，推进人民币在国际贸易和投资中计价结算，加大人民币境外托管库建设，大力发展跨境人民币现钞业务，拓宽人民币跨境流出和回流渠道，推动人民币国际化进程。

二是加强中央银行数字货币研发，牢牢掌握货币发行权。上海近代经历了从金属货币、代用货币到信用货币的货币形态演变。可以预见的是，随着世界经济、结算渠道和支付手段的多元化发展，货币形态将进一步向数字货币等更高层次发展演变。人民银行作为我国的中央银行，要加强数字货币研发和民间虚拟代币监管，为中央政府牢牢掌握货币发行权、抢占未来货币竞争先机增加筹码。

三是建设在岸人民币市场，助推上海国际金融中心形成。国际金融中心的演变与国内和国际层面不断深入的货币竞争具有较强的关联性和同步性。要加快上海人民币在岸金融中心建设，培育金融人才，加强行业自律，稳步推进利率市场化、资本项目可兑换和外汇市场改革，加强与香港等离岸市场的协同发展和风险隔离，维护币值稳定，减少外部冲击的干扰和影响，掌握人民币国际定价权，维护我国金融安全与稳定。

四是维护币值稳定，打好防范化解金融风险攻坚战。近代上海伴随着无序货币竞争的金融风潮、挤兑风波频发，其主要原因是货币制度在较短的时间内出现急剧且根本性的变化，未能形成稳定有效的货币制度安排。当前，人民银行要确保利率政策、汇率政策、货币供应以及其他宏观调控政策的连续稳定，形成合理的市场预期，在金融有效支持实体经济发展的同时，切实防范化解系统性金融风险。

参考文献

［1］《中央银行营业报告》1928—1937年上期，中国第二历史档案馆藏，中央银行档案，档号：三九六－2672（1）.

［2］杨荫溥. 杨著中国金融论[M]. 上海：黎明书店，1936.

［3］献可. 近百年来帝国主义在华银行发行纸币概况[M]. 上海：上海人民出版社，1958.

第一编　货币、货币制度与货币竞争

［4］中国人民银行上海市分行编.上海钱庄史料[M].上海：上海人民出版社，1960.

［5］马克思，恩格斯.马克思恩格斯全集（第四卷）[M].北京：人民出版社，1974.

［6］中国人民银行金融研究所.中国农民银行[M].北京：中国财政经济出版社，1980.

［7］中国人民银行总行参事室.中华民国货币史资料（第二辑）[M].上海：上海人民出版社，1991.

［8］中国银行总行，中国第二历史档案馆.中国银行行史资料汇编（上篇）[M].北京：档案出版社，1991.

［9］中国银行.中国银行上海分行史[M].北京：经济科学出版社，1991.

［10］交通银行总行，中国第二历史档案馆.交通银行史料（第一卷下册）[M].北京：中国金融出版社，1995.

［11］于彤，戴建兵.中国近代商业银行纸币史[M].石家庄：河北教育出版社，1996.

［12］骆玉鼎.交易货币化与货币的信用本质[J].财经研究，1998（9）：22-27.

［13］褚俊虹，党建中，陈金贤.普适性信任及交易成本递减规律——从交易货币化看货币的信用本质[J].金融研究，2002（3）：32-38.

［14］王玉峰，刘利红.论货币的本质是信用——从货币演变史中抽象货币的本质和演变规律[J].贵州财经学院学报，2003（6）：49-52.

［15］朱荫贵.抗战前钱庄业的衰落与南京国民政府[J].中国经济史研究，2003（1）：58-70.

［16］潘连贵.上海货币史[M].上海：上海人民出版社，2004.

［17］千家驹，郭彦岗.中国货币演变史[M].上海：上海人民出版社，2005.

［18］李耀华.上海近代庄票的性质、数量与功能[J].财经研究，2005（2）：98-109.

［19］陈曾平.近代上海金融中心的形成和发展[M].上海：上海社会科学院出版社，2006.

［20］洪葭管.中国金融通史（第四卷）[M].北京：中国金融出版社，2008.

［21］刘克祥，吴太昌.中国近代经济史（1927—1937）[M].北京：人民出版社，2010.

［22］黎杰生.上海金融中心功能研究1927—1937[D].北京：中央财经大学，2014：71.

第二编

货币存量与货币流动

历史观点中的中国贸易盈余和外汇储备

◎ 北京大学经济学院　管汉晖
◎ 中央财经大学经济学院　金星晔
◎ 北京大学经济学院　庞　浩[1]

摘要： 1978年改革开放以来，中国经济更深地卷入了全球化，由于在贸易中较好地符合了比较优势理论，中国很长时间里经常账户处于盈余状态，由此积累了较大规模的外汇储备。本文在更长远的历史视角下考察中国的贸易盈余和外汇储备。首先，查找和计算1636年以来的进出口，相对应的白银流入和流出，以及重要年份的白银存量数据。其次，基于同一年份的货币购买力，将历史上的贸易和白银存量与新中国成立后特别是1978年改革开放后的贸易和外汇储备进行比较。最后，计算人均进出口额和贸易盈余或者赤字，并进行长时段比较。研究发现：1636年到新中国成立前，中国的贸易规模不断扩大，新中国成立初期贸易量稍有下降，改革开放后贸易额大幅度增加，加入世界贸易组织后增速更快。以1990年美元计值，明代贸易带来的白银净流入高于清代，也高于民国初期和改革开放前，但显著低于改革开放后和加入世界贸易组织后的外汇储备。新中国成立前，人均贸易量不断增加，1948—1978年人均贸易量有所下降，改革开放后，人均贸易量进一步增加。本文的研究发现有助于从长期视角考察改革开放后的经常账户和资本账户，得到更加全面和客观的认识。

▶ **Abstract:** Since the reform and opening-up in 1978, China's economy has participated more deeply in globalization. Due to its comparative advantage

---

[1] 作者感谢国家自然科学基金面上项目《人民币国际化的路径与影响因素：基于国际货币理论和国际货币演变历史的研究》（批准号：70973003）、人民银行《中国历史上以美元折价的对外贸易和货币存量研究》项目和中央财经大学标志性科研成果培育项目的资助。感谢人民银行研讨会上易纲行长、研究局王信局长、货币金银局陈建新副局长及石俊志、何平、戴建兵、周卫荣、高聪明、吴景平、熊昌锟等学者对本文提出的建设性意见。

Silver Currency and Its Role
in the Evolution of Chinese History
白银货币与中国历史变迁问题研究

in trade, China ran current account surplus for a long time, accumulating large-scale of foreign exchange reserves. This paper examines China's trade surplus and foreign exchange reserves from a longer-term historical perspective. Firstly, this paper traces and calculates the import and export data since 1636, the corresponding silver inflows and outflows, as well as the silver stock data in some milestone years. Secondly, the historical trade and silver stocks are compared with the trade and foreign exchange reserves after the founding of the People's Republic of China, especially after the reform and opening-up in 1978. Finally, this paper calculates the per capita import and export volume and trade balance, and makes a long-term comparison. This paper finds that from 1636 to the founding of the People's Republic of China, China's trade scale continued to expand, the trade volume declined modestly in the early days of the People's Republic of China, increased significantly after the reform and opening-up, and surged after China's accession to the WTO. In terms of 1990 US dollars, the net inflow of silver as a result of international trade in the Ming Dynasty is higher than that in the Qing Dynasty, or that in the early years of the Republic of China or that in pre-1978 years of the People's Republic of China, but is significantly lower than that after the reform and opening up and after China's entry into the WTO. China's per capita trade volume increased continuously before 1949, but decreased between 1949 and 1978. After the reform and opening up, the per capita trade volume resumed growth. The findings of this paper are helpful to examine the current account and capital account after the reform and opening up from a long-term perspective, and provide a more comprehensive and objective understanding.

一、引言

1978年改革开放以来，中国经济更深地卷入了全球化，由于在贸易中较好地符合了比较优势理论，中国很长时间里经常账户处于盈余状态，由此积累了较大规模的外汇储备。根据 Rodrik（2006）的研究，20 世纪 90 年代以来，发展中国家外汇储备的规模大约为 GDP 的 30%，相当于 8 个月的进口额，外汇储备的成本接近 GDP 的 1%。就贸易规模而言，早在 2007 年，中国的进口已经占GDP的31%，大于印度的25%，大约是日本（16%）和美国（17%）的2倍（Keller et al.，2011）。

历史上，中国曾经发生过因为贸易盈余而积累较大规模外汇储备的情况，只是历史上的外汇储备不是今天的美元，而是贵金属白银。自从哥伦布于15世纪末发现美洲之后，人类才开始了全球化的进程（Acemoglu et al.，2005），在此之前，虽然郑和下西洋比哥伦布发现美洲早了不到100年，全球化还是非常有限的。发现美洲后，真正意义上的全球贸易开始，与之相伴随的是贵金属的跨地区流动。中国产品进入国际市场，出口丝绸、瓷器和茶叶，白银因而流入中国。因此，现代中国因为贸易盈余积累黄金和美元等外汇储备，历史上中国的贸易盈余反映的则是白银的流入。全球化的世界，各国平等竞争、自由贸易，中国的竞争力反映在顺差和逆差上，进而反映在外汇储备上，历史上的外汇储备很大程度上体现为白银的存量。

基于以上认识，本文查找历史上的进出口、相对应的白银流入和流出数据，将历史上的贸易及白银存量，与1949年后特别是1978年改革开放后经常账户和外汇储备的规模对比，有助于更全面地认识我国的对外开放历程。首先，本文查找和计算明末1636年以来经常账户的规模，相对应的白银流入和流出规模，以及关键年份的白银存量。其次，将历史数据转换为以1990年美元计价的数值，进而将历史上的贸易和白银存量与1949年后，特别是1978年改革开放后的贸易和外汇储备进行比较。最后，计算人均贸易和外汇储备，并将历史数据和改革开放后的数据进行比较。本文的研究发现：1636年到新中国成立前，中国的贸易规模不断扩大，新中国成立初期贸易量稍有下降，改革开放后贸易额大幅度增加，加入WTO后增速更快。以1990年美元计，明代贸易带来的白银净流入高于清代，也高于民国初期和改革开放之前，但显著低于改革开放之后和加入WTO之后的外汇储备。自明末1636年到新中国成立前，人均贸易量不断增加，1948—1978年人均贸易量有所下降，改革开放后，人均贸易量进一步增加。本文的发现有助于从长期视角考察改革开放之后的经常账户和资本账户，从而得到更加全面和客观的认识，也有助于更加全面地认识我国的对外开放历程，既能够站在今天的视角更客观地认识历史上的贸易规模，白银流动，也能够站在历史的视角全面看待今天的经常账户和外汇储备。

本文余下内容安排如下，第二部分简要介绍本文使用的数据，第三部分研究1636—1936年贸易和白银储备的演变，第四部分对历史数据和新中国成立后数据的比较提供一种可行的方法，第五部分研究以1990年美元计值的历史上的贸易和由贸易带来的白银储备，并与新中国成立之后的贸易和外汇储备进行总量和人均的比较，第六部分是结论。

二、数据来源

本研究使用了历史和新中国成立后的贸易数据，历史上的白银流量和存量数据，新中国

Silver Currency and Its Role in the Evolution of Chinese History
白银货币与中国历史变迁问题研究

成立后的外汇储备数据，相关的人口和价格数据，本部分内容对这些数据做一个简要说明，更详细的数据来源见附录 A。

（一）历史和新中国成立后的贸易数据

就进出口数据而言，1636—1644 年出口数据来自李隆生（2005），包括中国与日本、西属马尼拉、荷兰东印度公司（印度洋/欧洲）的贸易数据[1]；1764—1863 年进出口数据来自严中平等（1955），是中国与欧美各海上贸易国的贸易数据，除 1764 年、1768 年、1771 年、1772 年各年外，其余年份数据皆使用 1775—1785 年每船输入平均价值乘以 1764—1774 年到中国贸易的船只数而得；1864—1936 年的进出口数据来自郑友揆（1984）对近代海关年鉴中进出口数据所做的整理；1952—2018 年的进出口数据来自国家统计局。

（二）历史上的白银流量和存量及新中国成立后的外汇储备数据

就白银净流入而言，1636—1644 年数据来自李隆生（2005），1645—1911 年数据来自李隆生（2010），1912—1936 年数据来自余捷琼（1940）[2]。在李隆生（2010）所整理的数据中，1801—1833 年、1834—1866 年和 1867—1887 年数据参考了余捷琼（1940）对 1700—1937 年中国白银输出入的估计，其中 1801—1833 年数据，根据 Morse（1926）所整理的英国东印度公司档案资料，使用英国、美国和其他各国对华贸易的进出口额来估计输入输出中国白银的数量。1834—1866 年基本使用了余捷琼（1940）的数据，并加上了李隆生（2010）的推估。1867—1887 年数据中，上海海关仅在 1867 年、1886 年、1887 年有白银输入输出的资料，不过这一时期，中国其余海关皆有白银进出的数据，因此，上海海关白银净进口的数据以上海海关贸易额占全体海关贸易额的比例估算。由于 1882 年、1883 年、1885 年所藏关册不全，所以这三年的白银净进口，由线性插值方法估计，1888 年后，中国海关有完整的白银进出口记录，1888—1936 年数据参考了萧梁林（1974）的研究。1952—2018 年以外汇储备和黄金储备的变动来对应历史上白银净流入这一指标，外汇储备和黄金储备数据来自国家统计局。

就白银存量而言，唐、宋、元时期的白银存量由于数据缺乏，由银产量数据的加总来替代，明清时期的白银存量数据由银产量和白银净流入两部分组成。唐朝（618—907 年）、宋朝（960—1279 年）、元朝（1280—1370 年）和明朝（1390—1644 年）白银产量数据来自李隆生（2005），清朝白银产量数据（1645—1911 年）来自李隆生（2010）。明朝（1390—1644 年）白银净流入的数据来自李隆生（2005），清朝（1645—1911 年）和民国时期（1912—1933 年）的白银

1　数据为中国商品的离岸价值。

2　余捷琼（1940）关于 1912—1936 年白银净流入数据引用了杨端六和侯厚培（1931，第 159 页）所编金银进出口统计表所载银进出口数，其中 1929—1933 年数据系海关报告补入，在原表中 1933 年后以国币为单位，1 海关两 =1.558 国币，本文也照此兑换比例将 1933 年后以国币为单位的数据换算成海关两，然后根据李隆生（2010），按 1 海关两 =1.1 两银的比例换算为银两。

流入数据来自李隆生（2010）。综上，907年、1279年和1644年白银存量数据来自李隆生（2005），1911年、1933年的白银存量数据来自李隆生（2010）。用1952—2018年以外汇储备和黄金储备之和来对应历史上因贸易盈余而积累的白银存量这一指标，外汇储备和黄金储备数据来自国家统计局。

（三）人口和价格数据

1636—1936年特定年份人口数据来自Maddison数据库，其他年份通过线性插值法补充，1952—2018年人口数据来自国家统计局。就平减指数而言，1636—1840年的中国GDP平减指数（1840年为基期）来自Broadberry等人（2018），其中1636—1690年由于数据缺乏，由线性插值方法估计，1841—1936年使用粮价数据，用粮价的变动替代GDP平减指数，[1]数据来自许道夫（1983）的研究[2]。1952—2018年美国GDP平减指数来自美国经济分析局（US Bureau of Economic Analysis）。1952—2018年黄金的美元价格数据来自世界黄金协会（WGC）。

三、1636—1936年贸易和白银流动及白银存量的演变

（一）1636—1936年进口和出口的演变

本部分首先整理了1636—1936年以白银计价的中国进口、出口数据，得到一个可比较的较为连续的序列。由图1可见，就出口而言，1636年中国出口为382万两白银。1641—1644年，明清朝代更替，贸易规模有所下降，出口从554万两下降至186万两。到了清代中期的1764年，中国的出口恢复为364万两，此后出口规模持续扩张，1806年出口额达到1 117万两。1817—1833年中国的出口比较稳定，鸦片战争以后，出口规模大幅增加，1864年出口达到4 945万两。1864—1929年中国的出口规模虽有波动，但总体上持续增长，1929年达到峰值103 237万两。此后开始下降，1936年出口46 042万两。就中国的进口而言，1764年为191万两，1764—1806年进口不断增长，1806年增长到1 235万两。1817—1833年在879万两上下波动。鸦片战争以后，1864年进口额进一步增长为4 697万两，1931年达到最高的145 703万两，1932—1936年进口规模有所下降，进口额回落到61 425万两。

---

[1] 根据已有的研究（Broadberry et al., 2018, Xu et al., 2017），从980年到1933年，农业在我国经济结构中的比重基本在70%左右，因而，用粮价代表一般物价具有一定合理性。

[2] 许道夫的《中国近代农业生产及贸易统计资料》第89页所整理的粮价及指数，1841—1860年粮价数据来自彭信威（1965）第850页，1862—1920年粮价数据来自《实业来复报》第一年23册，1921—1936年粮价数据根据《海关册》估值，以当年进口米总值除当年进口米数量而得，其中1929—1932年数据来自国民政府粮食部编《粮情旬报》。

白银货币与中国历史变迁问题研究
Silver Currency and Its Role in the Evolution of Chinese History

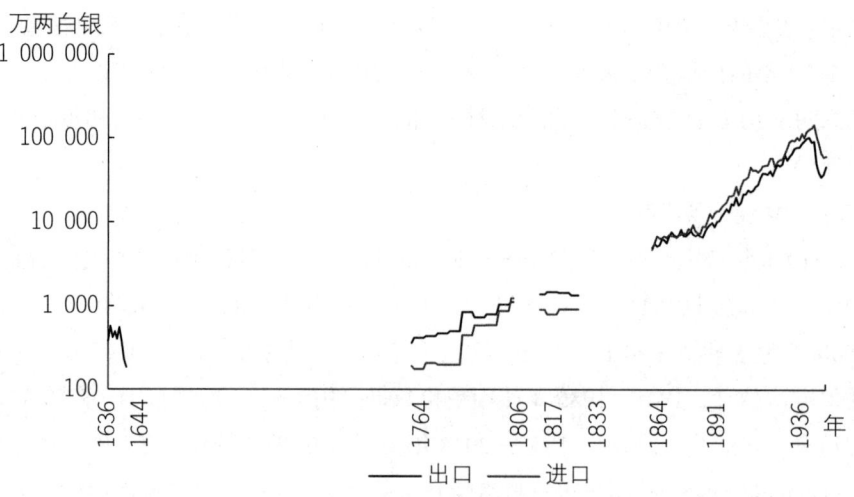

图 1　1636—1936 年的进口和出口

（数据来源：1636—1644 年出口数据来自李隆生（2005），数据来自中国与日本，西属马尼拉，荷兰东印度公司（印度洋/欧洲）贸易的加总。1764—1806 年数据来自严中平（1955），1764—1774 年数据，除 1764 年、1768 年、1771 年、1772 年外，其余年份数据皆使用 1775—1785 年每船输入平均价值乘以 1764—1774 年到中国贸易的船只数而得，英国的数据包括了印度，1780—1784 年，美国只有在 1784 年来中国贸易。1785—1936 年的贸易数据来自郑友揆（1984），数据未计入中国进口的走私鸦片）

（二）1764—1936 年贸易盈余或赤字的演变

图 2 显示了 1764—1936 年以白银计价的中国贸易盈余或赤字情况，由于 1833 年以前中国的贸易盈余或者赤字规模相对较小，为使数据更加清晰，1764—1833 年的数据在图 3 中做了进一步展示。如图 3 所示，1764—1804 年，中国处于贸易盈余状态，1805 年和 1806 年开始出现贸易赤字。[1] 1817 年直到 1833 年一直处于盈余状态，1833 年贸易盈余 428 万两。1833 年以后的数据如图 2 所示，鸦片战争后，1865—1936 年大多数年份处于贸易赤字状态，仅有 1872—1876 年有小幅贸易盈余，其中 1932 年赤字最高，达到 56 575 万两，1932 年后贸易赤字有所下降，1936 年回落到 15 384 万两。

1　1807—1816 年的数据缺乏，见李隆生（2010）：59.

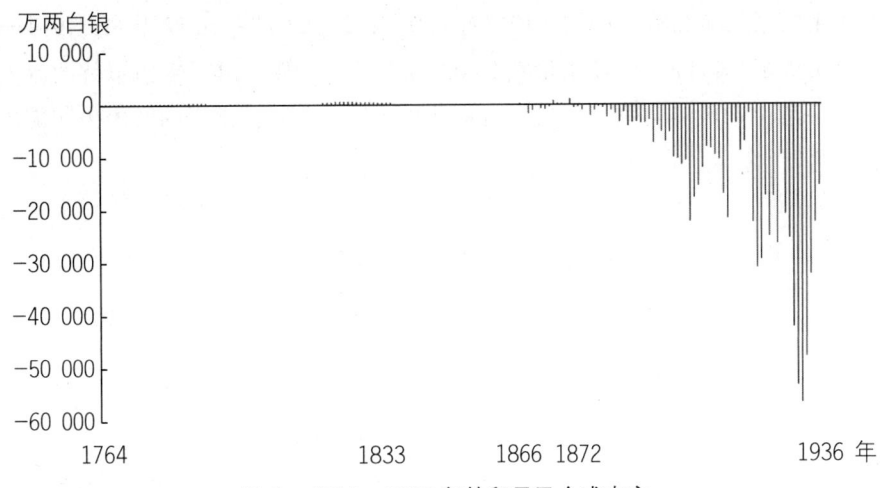

图 2　1764—1936 年的贸易盈余或赤字

（数据来源：与图 1 相同）

图 3　1764—1833 年的贸易盈余或赤字

（数据来源：与图 1 相同）

（三）1636—1936 年的白银流动及白银存量

本部分探讨 1636—1936 年中国白银流入和流出的情况。如图 4 所示，1636—1806 年白银持续流入中国，1807—1814 年白银流入流出频繁交替，1815—1826 年白银持续流入，此后白银开始流出中国。到了鸦片战争时期，白银流出量迅速上升，直到 1850 年开始转为流入状态。1850—1900 年大部分年份白银持续流入中国。到了 20 世纪，中国的白银流入和流出规模显著扩大。1901—1908 年白银持续流出中国，其中 1907 年的白银流出达到了 3 433 万两，

白银货币与中国历史变迁问题研究

1909—1913 年白银又转为流入中国,1913 年的流入量达到了 3 956.52 万两,1914—1917 年白银转为流出中国,1917 年的流出量达 2 308.14 万两,1918—1931 年白银持续流入中国,1928 年流入量达 11 703.53 万两,1932—1936 年白银转为大量流出中国,1936 年流出量达到 17 624.22 万两。

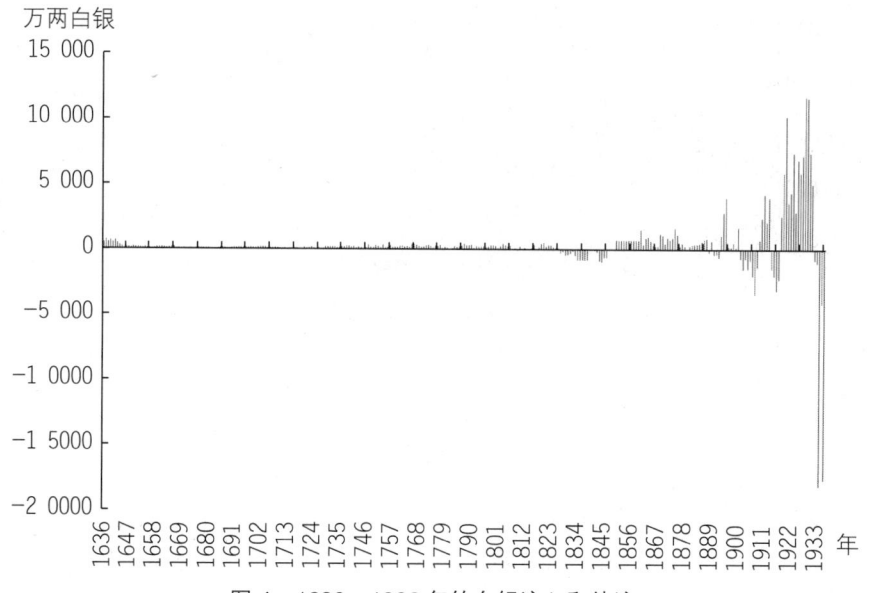

图 4　1636—1936 年的白银流入和外流

(数据来源:1636—1644 年白银净流入数据来自李隆生(2005),1645—1911 年数据来自李隆生(2010)。1912—1936 年数据来自余捷琼(1940))

图 5 进一步显示了历史上一些重要年份的白银存量。具体而言,唐末和宋末的白银存量完全来自国内产量,明末和清末,以及 1933 年的白银存量则由国内产量和白银流入的数据加总而得到。由图 5 可见,历史上不同时期的白银存量规模不断扩大,唐末 907 年的白银存量为 0.19 亿两,宋末 1279 年增长至 3.77 亿两,明末 1644 年增长至 7.6 亿两,其中包括整个明代海外流入白银 3 亿两,清末 1911 年增长至 13.3 亿两,其中包括整个清代海外流入白银 5.05 亿两,民国时期的 1933 年,白银存量增长至 22.1 亿两,其中包括 1912—1933 年海外流入的 8.71 亿两。为了更清晰地显示各时期白银存量,以下用公式表示:

907 年白银存量 =678 年至 907 年白银总产量　　　　　　　　　　　　　　(1)

1279 年白银存量 =907 年白银存量 + 960 年至 1279 年白银总产量　　　　　(2)

1644 年白银存量 =1279 年白银存量 +1280 年至 1644 年白银总产量
　　　　　　　　 +1390 年至 1644 年白银总流入量　　　　　　　　　　　(3)

1911 年白银存量 =1644 年白银存量 +1644 年至 1911 年白银总流入量　　　 (4)

1933年白银存量 =1911年白银存量 +1911年至1932年白银总流入量 （5）

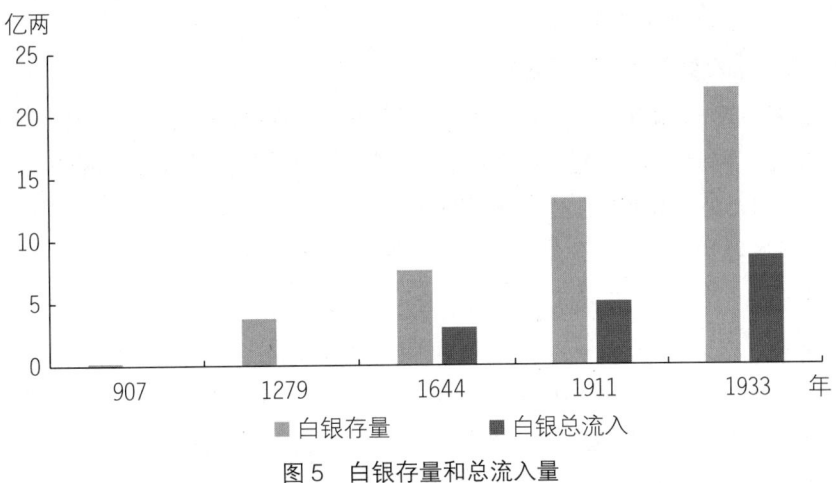

图5 白银存量和总流入量

注：907年白银存量为678—907年白银总产量，1279年白银存量为907年白银存量加960—1279年白银总产量，1644年白银存量为之前全部累计的白银产量和1390—1644年白银总流入数量的加总，1911年白银存量为之前全部累计的白银产量和1645—1911年白银总流入数量的加总，1933年白银存量为之前全部累计的白银产量和1912—1933年白银总流入数量的加总。

（数据来源：907年、1279年和1644年白银存量数据来自李隆生（2005）第162-168页，1911年、1933年白银存量数据来自李隆生（2010）第163页，明朝（1390—1644年）白银总流入数据来自李隆生（2005），第168页。清朝（1645—1911年）和民国时期（1912—1933年）的白银总流入数据来自李隆生（2010），第163页。更详细的数据来源见附录B）

四、历史数据和新中国成立后数据比较：一种可行的方法

本文的研究目的是将历史上的贸易和白银储备与1949年后特别是1978年改革开放后的贸易和外汇储备进行比较，因而，借鉴国际学术界通行的方法，本文将历史上的白银和新中国成立后的人民币或美元都换算为以1990年美元计价的数值，由此可以进行历史数据和新中国成立后数据的比较。具体的换算方法如下：

$$P = eP^*$$ （6）

其中，P为1840年英国一篮子商品的英镑价格，e为当年的名义汇率，P*为1840年中国一篮子商品的白银价格。本文能够找到的在1840年，中国和英国共有的商品为大米，小麦，糖，茶，盐，铁，棉布，由此构造商品篮子，因而，价格应为不同商品价格的加权平均，由此，上式变为：

白银货币与中国历史变迁问题研究

$$\sum P_i W_i = e \sum P_i^* W_i \tag{7}$$

表1显示了具体的计算过程和数据来源。1840年英镑与1990年美元的兑换比率直接参考Broadberry et al.（2015）的研究。

（一）历史上白银数据的换算方法

（1）根据GDP平减指数调整历史上每一年白银的实际购买力。由于白银是中国历史上的主要流通货币，因此本文可以使用GDP平减指数来调整每一年白银的实际购买力。就GDP平减指数而言，1636—1840年的GDP平减指数来自Broadberry et al.（2018）。1841—1936年没有GDP平减指数数据，由于传统社会中，农业占GDP的比重很大，因此本文使用粮价代替GDP平减指数，数据来自许道夫（1983）的研究。

（2）得到GDP平减指数后，以1840年作为基准年份（1840=100），计算历史上每一年的GDP平减指数。然后，将1636—1936年每年的白银除以历史上的GDP平减指数，得到以1840年白银计值的每一年数据，由此将历史上每一年一两白银的价值看作与1840年一两白银价值相同。

（3）根据1840年1两白银与1990年1美元的兑换比率，将贸易和白银数据转换为以1990年美元计值的数据。具体而言，参考Broadberry et al.（2018）中1840年英镑与白银的购买力平价，1英镑=2.03两白银，表1显示了1840年中国和英国购买力平价的具体计算过程。

（4）参考Broadberry et al.（2015）中1840年英镑与1990年美元的兑换比率，1英镑（1840年）=93.12893美元（1990年）。结合（3）（4）数据可得，1840年1两白银与1990年45.9美元的价值相同，即1两白银（1840年）=45.9美元（1990年）。最后，按照这一兑换比率，将以1840年白银计值的每一年的数据转换为以1990年美元计值的每一年的数据。

表1 1840年中国和英国的购买力平价

物品	中国 银两/磅	英国 英镑/磅	购买力平价 银两/英镑	中国权重	英国权重
米	0.01407	0.02500	0.56	0.201	0.000
小麦	0.00900	0.00691	1.30	0.134	0.335
糖	0.04900	0.02191	2.24	0.134	0.134
茶	0.09347	0.13021	0.72	0.134	0.134
盐	0.00544	0.00134	4.07	0.067	0.067
铁	0.04195	0.00402	10.44	0.046	0.046
棉布	0.20690	0.11301	1.83	0.284	0.284

续表

物品	中国 银两/磅	英国 英镑/磅	购买力平价 银两/英镑	中国权重	英国权重
食物			1.53		
其他			3.04		
全部			2.03		

数据来源和注释：

英国：

米：Beveridge（1939，第433页）。每12磅6先令是1830年的价格，数据出自Lord Steward's Department。

小麦：UK Board of Trade（1903，第70页）。每夸特（英制）66先令4便士这一数值源自《伦敦公报》。

糖：UK Board of Trade（1903，第162页）。该价格为每英担未精制糖的不含税平均价格。

茶：UK Board of Trade（1903，第177页）。该价格为每磅茶叶的平均存栈价格。

盐：UK Board of Trade（1903，第188页）。数据源自Greenwich Hospital。

铁：Mitchell（1988，第762页）。该价格为利物浦的英国商品条钢的价格。

棉布：Mitchell（1988，第761页）。该价格为出口棉布匹的平均价值，根据1840年兑换比率将其单位由"码"转化为"磅"，兑换比率出自Robson（1957，第331页）。

权重：依据Feinstein（1995）对19世纪中期的记录，食品与非食品项目在支出中的权重分别为0.67与0.33。在食品中，Feinstein（1995）认为谷物制品（小麦粉和面包）占食品支出的一半左右。因此，小麦的权重为0.335，米由于价格过于昂贵，权重为0。剩余的食品支出分摊给糖、茶和盐，其中糖和茶的权重相等，盐的权重较小，这也与预算研究大体一致。在非食品项目中，棉和铁之间的权重分配与这两个产业的增加值成正比，其中产业增加值数据出自Horrell et al.（1994）。

中国：

米：数据源自彭信威《中国货币史》（1965，第850页）。

小麦：数据源自《一斑录》。

糖：数据源自傅崇矩《成都通览（上）》（1987）。

茶：数据源自姚贤镐编《中国近代对外贸易史资料1840—1895第1册》（1962，第582页），数据基于出口价格。

盐：数据源自《清史稿》（食货志：盐法）。

铁：数据源自孔令仁等编《曲阜孔府档案史料选编第3编清代档案史料第3册公府组织与职掌上》（1981，第509、527页），此价格为锻铁价格。

棉布：数据源自姚贤镐编《中国近代对外贸易史资料1840—1895 第1册》（1962，第557、616页），数据基于出口价格。

权重：食品中除了大米，其余权重与英国相同，大米与小麦的权重分配是基于清末大麦与水稻产量的比例（30：20）。非食品中，棉花和铁之间的权重分配与清末纺织与金属生产的产业增加值份额基本一致。

（二）新中国成立后数据的换算方法

1949年后的数据包括进出口额和贸易盈余（或赤字）、外汇储备、黄金储备，将其换算为1990年美元的方法和具体过程如下：

（1）由于黄金储备数据以盎司为单位，首先使用对应年份黄金的美元价格将其换算成美元，再用美国的GDP平减指数（1990年为基期）进行调整，得到以1990年美元计值的黄金储备数据。

（2）由于外汇储备、进出口额和贸易盈余数据在国家统计局的原始数据以美元计价，因此本文直接使用美国的GDP平减指数（1990年为基期）进行调整，得到以1990年美元计价的外汇储备、进出口额和贸易盈余数据。

（3）将以1990年美元计值的黄金储备和以1990年美元计价的美元外汇储备相加，得到总的以1990年美元计价的外汇储备。

五、中国长期贸易盈余和外汇储备的演变

基于第二至第四部分的数据和方法，本节可以分析中国长期贸易盈余和外汇储备（白银储备）的演变。

（一）出口和进口额

图6展示了以1990年美元计值的明清至2018年的进口和出口。整体上看，中国的进口与出口的变动趋势基本一致。就出口而言，在明代，1636年出口为4.18亿美元。1641—1644年，明清朝代更替，贸易规模有所下降，出口从6.08亿美元下降至2.05亿美元。到了清代中期，1764年中国的出口额稍有提高，为2.26亿美元，此后出口规模持续扩张，到1785年，出口规模为5.34亿美元。在此之后出口额逐渐下降，1799年下降到4.29亿美元。1800—1806年出口额虽有波动但总体呈上升趋势。1817—1833年中国的出口稳定在7.18亿美元左右。鸦片战争以后，1864—1923年出口呈上升趋势，1923年达到历史上的峰值131.65亿美元。此后1924—1936年中国的出口额在波动中不断下降，1936年出口额为67.32亿美元。新中国成立后，1950年中国的出口额较之前有所下降，为26.43亿美元，之后我国出口额迅速增长，2018年增长到14 411.39亿美元。从进口数据来看，1764年的进口额为1.18亿美元，1806年增长到6.28亿美元。1817—1833年中国的进口在4.46亿美元上下波动。鸦片战争以后，1864年进口额达到15.98亿美元，1864—1921年进口额在波动中上升，1921年达到历史上的峰值175.78亿美元。此后到1936年中国的进口额虽有波动，但总体上呈下降趋势，1936年下降到89.81亿美元。新中国成立后，1950年中国的进口额为27.87亿美元，此后不断上升，2018年最高值为12 377.48亿美元。

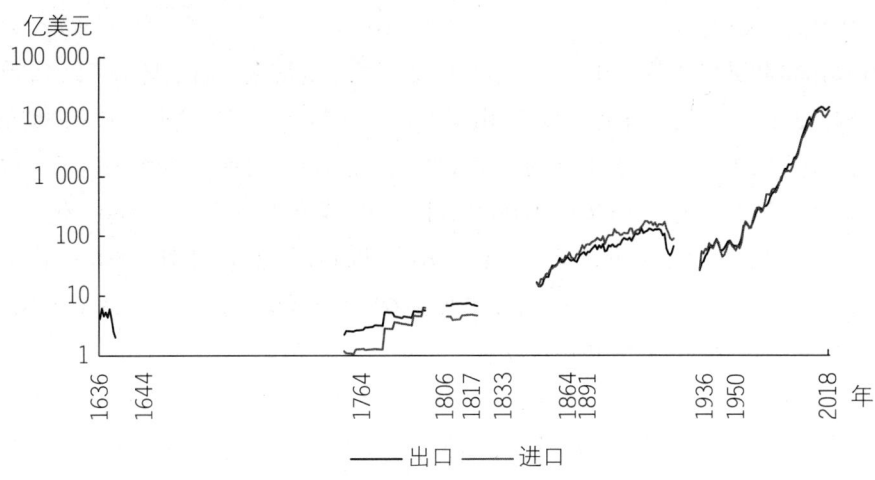

图6 1636—2018年进口和出口（以1990年美元计值）

（数据来源：1636—1936年进出口额数据与图1相同，1950—2018年进出口额数据来自国家统计局）

接下来，本文比较每一时期的年均进出口值。如表2所示，明代年均出口为4.41亿美元。清代贸易量大幅度提升，年均出口为24.31亿美元，年均进口为29.66亿美元，年均贸易总量为53.97亿美元。1912—1936年，年均出口为101.69亿美元，年均进口为136.35亿美元，年均贸易总量为238.04亿美元。新中国成立后的1950—1978年，中国贸易量较小，年均出口为82.07亿美元，年均进口为80.97亿美元，年均贸易总量为163.04亿美元，这些数据都高于对应的明清数据，但显著低于民国时期，可能与这一时期的我国对外开放程度不高有关。改革开放后的1979—2001年，中国贸易量开始增加，年均出口为848.55亿美元，年均进口为796.01亿美元，年均贸易总量为1 644.56亿美元。加入WTO后到2018年，中国贸易量大幅增加，年均出口为9 886.47亿美元，年均进口为8 309.39亿美元，年均贸易总量为18 195.86亿美元。

表2 历史上每个时期年平均进出口值（以1990年美元计值）

单位：亿美元

项目	明代（1636—1644年）	清代（1764—1806年、1817—1833年、1864—1911年）	民国（1912—1936年）	1950—1978年	1979—2001年	2002—2018年
出口	4.41	24.31	101.69	82.07	848.55	9 886.47
进口		29.66	136.35	80.97	796.01	8 309.39
贸易总量	4.41	53.97	238.04	163.04	1 644.56	18 195.86

数据来源：1636—1936年进出口额数据与图1相同，1950—2018年进出口额数据来自国家统计局。

（二）贸易盈余或赤字

在计算出口和进口之后，进一步考察长期贸易盈余的演变。图 7 显示了以 1990 年美元计值的 1764—2018 年的贸易盈余或赤字，由于 1764—1978 年的贸易盈余或赤字的数值很小，为使数据展示得更加清晰，这段时间的数据在图 8 中做进一步展示。如图 8 所示，1764 年中国的贸易盈余为 1.07 亿美元。1764—1806 年，除 1805 年和 1806 年赤字为 0.6 亿美元，其余年份都处于贸易盈余状态。鸦片战争后，除 1864 年和 1872—1876 年外，1864—1936 年中国处于贸易赤字状态。到 1932 年，贸易赤字增加到 69.24 亿美元。此后，贸易赤字逐渐下降，1936 年回落到 22.49 亿美元。新中国成立后一段时期内，中国仍处于贸易赤字状态，到 1956 年开始出现贸易盈余。此后，除 1960 年、1970 年和 1974 年外，1956—1978 年我国都处于贸易盈余状态。改革开放之后的数据如图 7 所示，1978—1993 年我国大部分年份都处于贸易赤字状态。此后，1994—2018 年我国均处于贸易盈余状态，并且在 2008 年贸易盈余达到 2 023.73 亿美元之后开始下降，到 2012 年开始反弹，2015 年达到峰值 3 645.38 亿美元，之后稍有回落，2018 年我国贸易盈余为 2 033.91 亿美元。

图 7　1764—2018 年的贸易盈余或赤字（以 1990 年美元计值）

（数据来源：1764—1936 年数据与图 1 相同，1952—2018 年数据来自国家统计局）

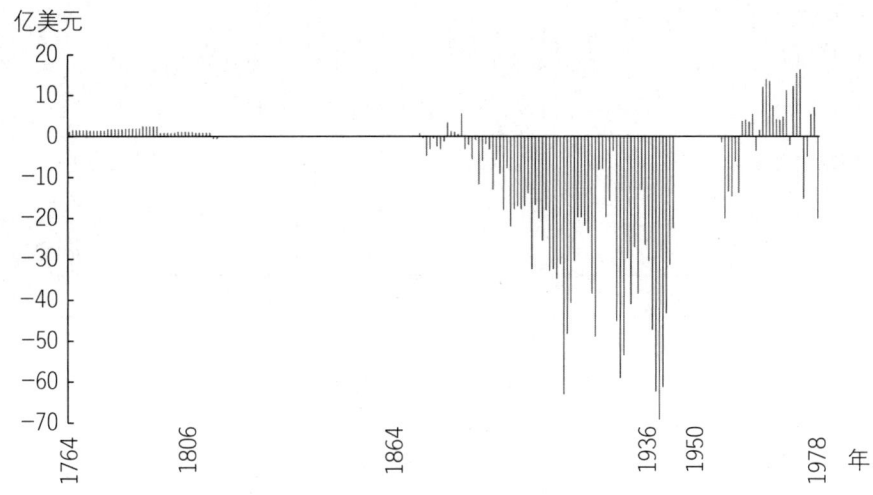

图 8　1764—1978 年的贸易盈余或赤字（以 1990 年美元计值）

（数据来源：与图 7 相同）

（三）白银流动和外汇储备演变

1. 白银流动和外汇储备变化（流量）

新中国成立前的外汇储备（白银储备）变动用以 1990 年美元计值的白银流动来表示，新中国成立后用以 1990 年美元计值的黄金加美元外汇储备的变化来表示。图 9 显示了以 1990 年美元计值的明清至 2018 年的白银流动情况，由于 1636—1978 年的数值很小，在图 9 中不易看出，因此这部分数据在图 10 中做了进一步展示。如图 10 所示，除 1807 年、1809 年和 1814 年以外，1636—1826 年中国白银都处于流入状态。1827—1846 年白银持续流出，并且在鸦片战争结束后流出规模大幅度增加。1850—1860 年白银处于流入状态，且流入量不断增加，1861—1887 年白银流入量持续波动，此后开始流出，经历了 1890—1892 年的持续流出后，1893—1895 年转为流入，并且流入量大幅度增加。1896 年白银流入量大幅度下跌，1901 年开始转为流出，流出量为 2.2 亿美元。直到 1909 年白银才开始又流入中国，并且流入量持续增加，到 1913 年达到 8.95 亿美元。此后，1914—1917 年白银开始流出中国，1918 年后又转为流入状态，并且流入量大幅波动。直到 1932 年白银开始流出中国，流出量为 0.99 亿美元。此后流出量大幅增加，到了 1934 年，达到 24.25 亿美元，1935 年流出量大幅下跌至 5.87 亿美元，而 1936 年流出量又快速增加，达到 25.77 亿美元。新中国成立后初期，作为外汇的美元一直在流入与流出之间不断变化。到 1978 年改革开放，外汇流出量为 27.92 亿美元。改革开放后的数据如图 9 所示，中国的外汇总体上呈流入状态，到 2009 年外汇流入量达到 3 176.31 亿美元。2010—2018 年外汇变化量大幅度波动，到了 2018 年外汇储备流出量为 383.42 亿美元。

图 9　1636—2018 年白银流动与外汇储备的变化（以 1990 年美元计值）

（数据来源：1636—1936 年数据与图 4 相同，1952—2018 年数据来自国家统计局）

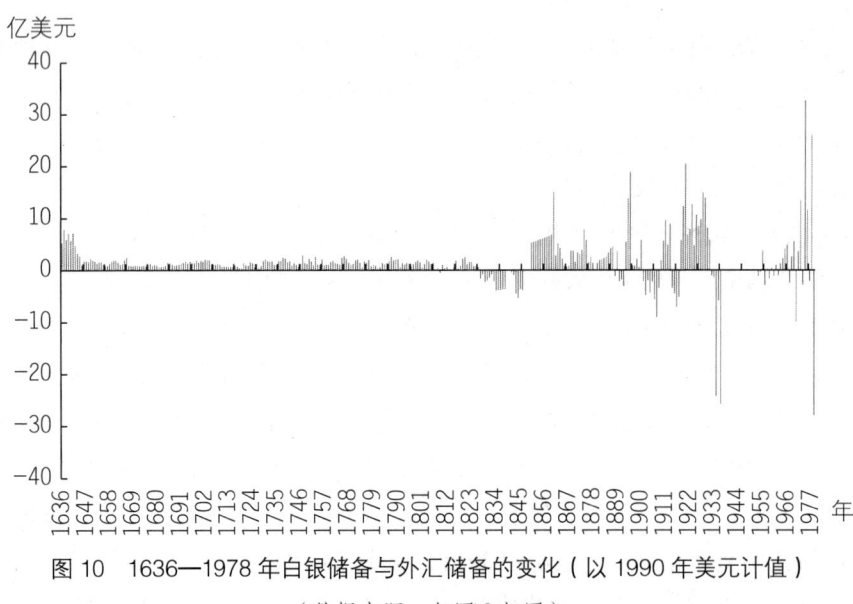

图 10　1636—1978 年白银储备与外汇储备的变化（以 1990 年美元计值）

（数据来源：与图 9 相同）

2. 白银储备和外汇储备变动（存量）

本部分进一步考察每一个时期由于贸易带来的白银存量或外汇储备的变化。如图 11 所示，以 1990 年美元计值，明代（1390—1644 年）白银净流入总值为 329.89 亿美元，清代

（1645—1911年）白银净流入总值为114.88亿美元，民国初期（1912—1933年）白银净流入总值为111.45亿美元。新中国成立后，外汇储备的变化为外汇储备加上黄金储备的变化。1952—1978年外汇储备增加60.07亿美元，改革开放之后，1979—2001年我国的外汇储备增加1 895.47亿美元，2002年到2018年外汇储备增加达到20 532.86亿美元。因而，以1990年美元计值，明代贸易带来的白银净流入高于清代，也高于清代、民国初期，以及改革开放之前，但是，显著低于改革开放之后和加入WTO之后的时期。

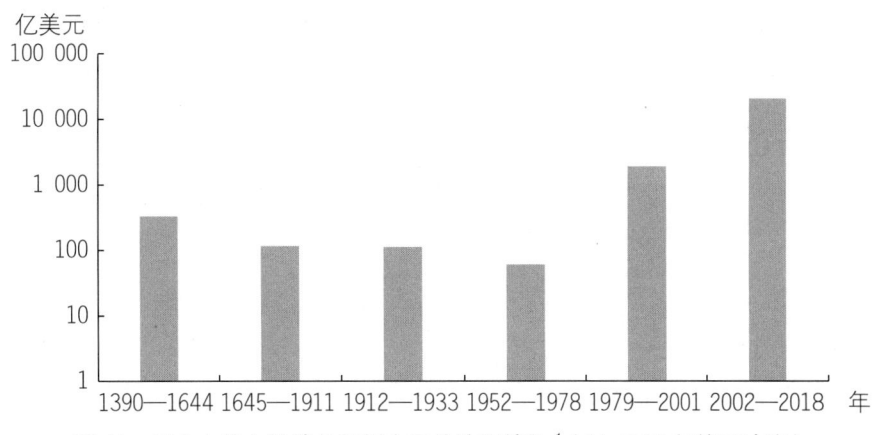

图11 历史上的白银储备和新中国的外汇储备[1]（以1990年美元计值）

（数据来源：明朝（1390—1644年）、清朝（1645—1911年）和民国时期的1912—1933年白银净流入的数据来源与图5相同；1952—1978年、1979—2001年、2002—2018年外汇储备变动数据来自国家统计局）

（四）人均出口和进口

在探讨贸易和外汇储备总量的变化后，本文进一步讨论人均出口和进口额的演变。图12显示的是以1990年美元计值的1764—2018年的人均进口和出口值。从人均出口值来看，1764年人均出口量为0.8美元。1764—1806年人均出口量总体呈上升趋势，到1806年人均出口量翻了一倍，增长到1.61美元。1817—1833年中国的人均出口稳定在1.82美元左右。

---

[1] 一般来说，历史上每一时期的外汇储备变化表现为由贸易带来的白银存量的变化，但并非所有时期都是如此。明代和清初，白银为中国和世界主要货币，白银流入基本由中国丝、茶、瓷器出口导致，因此，这一时期的白银存量与当代的外汇储备更为接近。清代后期及民国前期，主要西方国家采用金本位制，白银在西方国家不再是货币，白银流入中国，可能因为其在中国的相对价值更高，并非由于中国贸易的盈余导致，因而与中国贸易的竞争力关系较弱。因此，这段时间的白银存量与当代的外汇储备关系较弱，只能在一定程度上代表外汇储备的变化。由图2及图8可见，近代大多数年份中国贸易处于赤字状态，图4、图5和图10显示出，在很多贸易赤字的年份，白银却是净流入的。

鸦片战争后，1864—1919 年中国的人均出口虽有波动，但总体持续增长，1919 年达到峰值 29.08 美元。此后人均出口开始下降，1936 年下降到 13.25 美元。新中国成立后，1950 年我国的人均出口为 4.79 美元，此后经历了两次较大的波动，但总体处于增长状态，1978 年改革开放初期的人均出口为 17.75 美元，此后大幅增长，2018 年达到 1 032.79 美元。再从人均进口值来看，1764 年为 0.42 美元，1764—1806 年人均进口值不断增长，1806 年增长到 1.78 美元。1817—1833 年中国的人均进口在 1.13 美元上下波动。鸦片战争以后，1864 年人均进口量为 4.33 美元，此后不断增长，到 1921 年中国的人均进口规模达到新中国成立前的峰值 37.11 美元，此后有所下降，1936 年下降到 17.68 美元。新中国成立初期，1950 年人均进口为 5.05 美元，此后人均进口不断波动，但总体上呈增长趋势，到 1978 年改革开放，人均进口值为 19.82 美元，此后人均进口值大幅度增长，2018 年达到 887.03 美元。

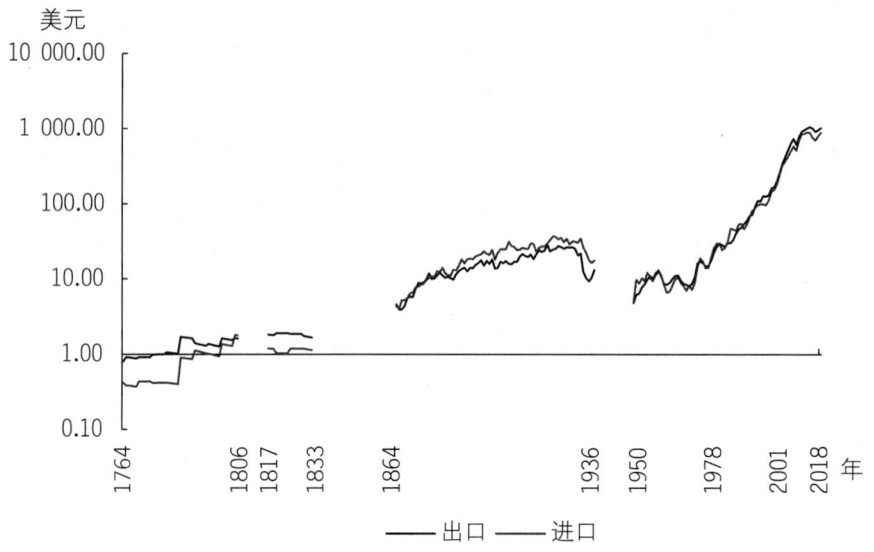

图 12　1764 年至 2018 年的人均进口和出口值（以 1990 年美元计值）

（数据来源：1764—1936 年进出口额数据与图 1 相同，1950—2018 年进出口额数据来自国家统计局，历史上特定年份人口数据来自麦迪森，其余年份通过线性插值补充，1950—2018 年人口数据来自国家统计局）

接下来，本文比较历史上每一个时期年平均人均进出口值。如表 3 所示，清代人均出口的年平均值为 6.33 美元，人均进口的年平均值为 7.62 美元，人均贸易总量的年平均值为 13.95 美元；1912—1936 年，人均出口的年平均值为 21.49 美元，人均进口的年平均值为 28.74 美元，人均贸易总量的年平均值为 50.23 美元；新中国成立后的 1950—1978 年，人均出口的年平均值为 10.59 美元，人均进口的年平均值为 10.67 美元，人均贸易总量的年平均值为 21.26 美元；改革开放后的 1979—2001 年，人均出口的年平均值为 71.25 美元，人均进口的年平均值为 67.29 美元，人均贸易总量的年平均值为 138.54 美元；加入 WTO 后的 2002—2018 年，人均出口的年平均值为 730.64 美元，人均进口的年平均值为 614.42 美元，人均贸易总量的年平均值为 1 345.06 美元。与表 2 以 1990 年美元计值的历史上每个时期年平均进出口值相似，表 3 显示的历史上各时期年平均的人均进出口，新中国成立后的 1950—1978 年，人均进口、出口及贸易总量，都高于对应的明清数据，但显著低于民国时期，可能与这一时期的我国对外开放程度不高有关。

表 3　历史上各时期年平均的人均进出口（以 1990 年美元计值）

单位：美元

项目	清代（1764—1806 年、1817—1833 年、1864—1911 年）	民国（1912—1936 年）	1950—1978 年	1979—2001 年	2002—2018 年
出口	6.33	21.49	10.59	71.25	730.64
进口	7.62	28.74	10.67	67.29	614.42
贸易总量	13.95	50.23	21.26	138.54	1 345.06

数据来源：与图 12 相同。

（五）人均贸易盈余或赤字

图 13 展示了以 1990 年美元计值的 1764—2018 年人均贸易盈余或赤字的演变，由于 1764—1978 年人均贸易盈余或赤字的数值很小，为使数据展示得更加清晰，这段时间的数据在图 14 中做进一步展示。如图 14 所示，1764 年中国的人均贸易盈余为 0.38 美元，此后逐渐增大，到 1785 年达到 0.8 美元，之后人均贸易盈余有所下降，1805 年和 1806 年变为赤字。1818—1833 年人均贸易盈余在 0.69 美元附近波动。鸦片战争之后，除 1864 年和 1872—1876 年外，1864—1936 年中国总体处于贸易赤字状态。1936 年人均贸易赤字为 4.43 美元。新中国成立后，1950 年人均贸易赤字为 0.26 美元，直到 1956 年中国开始出现贸易盈余，盈余值为 0.6 美元。此后，我国人均贸易盈余处于不断波动状态。改革开放以后的数据如图 13 所示，1978 年到 1993 年我国大部分年份都处于贸易赤字状态。此后，1994—2018 年我国人均贸易盈余出现两次峰值，在 2008 年达到峰值 152.39 美元，之后人均贸易盈余量开始下降，到 2012 年开始反弹，到 2015 年再次达到峰值 265.19 美元，之后稍有回落，到 2018 年我国人均贸易盈余为 145.76 美元。

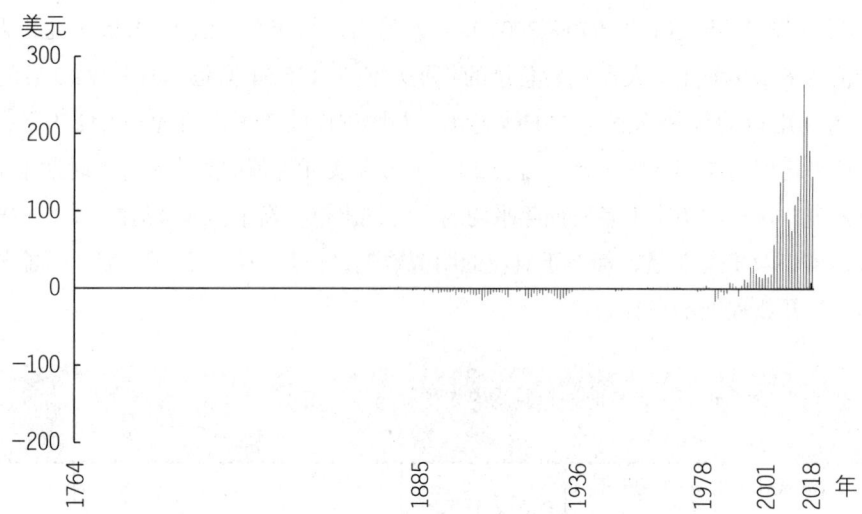

图 13　1764—2018 年的人均贸易盈余或赤字（以 1990 年美元计值）

（数据来源：贸易盈余或赤字数据与图 7 相同，人口数据与图 12 相同）

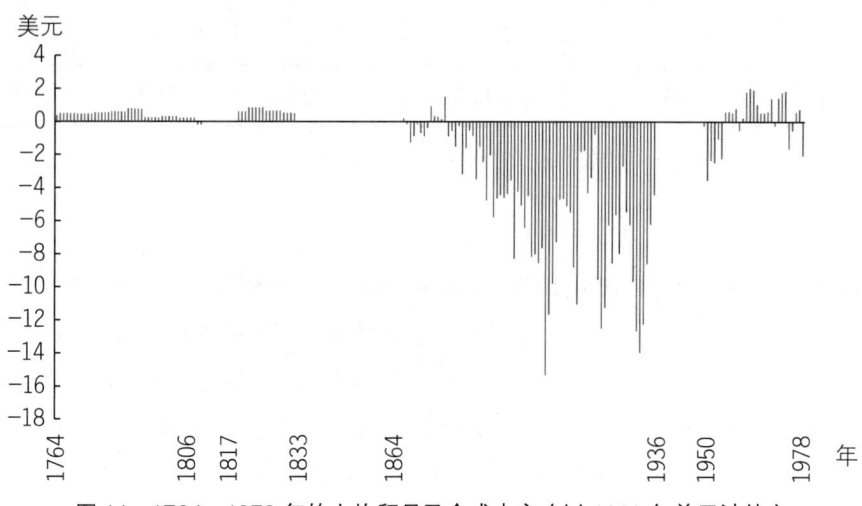

图 14　1764—1978 年的人均贸易盈余或赤字（以 1990 年美元计值）

（数据来源：与图 13 相同）

六、结语

1978 年改革开放后中国经济迅速发展，在对外贸易中，中国很长时间里经常账户处于盈余状态，由此积累了较大规模的外汇储备。本文在更长远的历史视角下考察中国的贸易盈余和外汇储备，从长时段经济史的角度考察中国的贸易和外汇储备的演变。

本文通过研究发现：1636 年到新中国成立前，中国的贸易规模不断扩大，新中国成立初期贸易量稍有下降，改革开放后贸易额大幅度增加，加入 WTO 后增速加快。以 1990 年美元计值，明代贸易带来的白银净流入高于清代，也高于民国初期和改革开放之前，但显著低于改革开放之后和加入 WTO 之后的时期。新中国成立前，人均贸易量不断增加，1948—1978 年人均贸易量有所下降，改革开放后，人均贸易量进一步增加。以 1990 年美元计值的历史上每个时期进口数量、出口数量、总贸易量，以及人均进口数量、出口数量、总贸易量，新中国成立后的 1950—1978 年，都高于对应的明清数据，但显著低于民国时期，可能与这一时期的我国对外开放程度不高有关。改革开放后，总贸易量和人均贸易量迅速增长，2001 年加入 WTO 后，远远高于历史上的每个时期。

本文的研究有助于从长期视角考察改革开放之后的经常账户和资本账户，从而得到更加全面和客观的认识。将历史上的进出口、白银流入和外流数据与 1978 年改革开放以来经常账户盈余和外汇储备的规模进行对比，也有助于更加全面地认识我国的对外开放历程，既能够站在今天的视角更客观地认识历史上的贸易规模、白银流动，也能够站在历史的视角全面客观地看待今天的经常账户盈余和外汇储备。

参考文献

[1] 实业来复报 23 册 [M]. 天津：直隶实业厅，1922.

[2] 傅崇矩. 成都通览（上）[M]. 成都：巴蜀书社，1987.

[3] 国民政府粮食部编. 粮情旬报 [R]. 南京：南京粮食部调查处，1948.

[4] 国家统计局. 中国统计年鉴 [DB/OL].（2019-12-30）[2020-12-30]. https://data.stats.gov.cn/adv.htm?cn=C01/.

[5] 孔令仁等. 曲阜孔府档案史料选编第 3 编：清代档案史料第 3 册：公府组织与职掌上 [M]. 济南：齐鲁书社，1981.

[6] 李隆生. 晚明海外贸易数量研究：兼论江南丝绸产业与白银流入的影响 [M]. 台北：秀威资讯科技股份有限公司，2005.

[7] 李隆生. 清代的国际贸易：白银流入、货币危机和晚清工业化 [M]. 台北：秀威资讯科技股份有限公司，2010.

[8] 彭信威. 中国货币史（第 2 版）[M]. 上海：上海人民出版社，1965.

[9] 许道夫. 中国近代农业生产及贸易统计资料 [M]. 上海：上海人民出版社，1983.

[10] 严中平，徐义生，姚贤镐，孙毓棠，汪敬虞，李一诚，宓汝成，聂宝璋，李文治，章有义，罗尔纲. 中国近代经济史统计资料选辑第一种 [M]. 北京：科学出版社，1955.

[11] 杨端六，侯厚培. 六十五年来中国国际贸易统计 [M]. 国立中央研究院社会科学研究所，1931.

[12] 姚贤镐.中国近代对外贸易史资料 1840—1895[M].北京：中华书局，1962.

[13] 余捷琼.1700—1937 年中国银货输出入的一个估计[M].上海：商务印书馆，1940.

[14] 赵尔巽等.清史稿（第 30 册）[M].北京：中华书局，1976.

[15] 郑光祖.一斑录[M].北京：中国书店，1990.

[16] 郑友揆.中国的对外贸易和工业发展 1840—1948[M].程麟荪，译.上海：上海社会科学院出版社，1984.

[17] ACEMOGLU D, SIMON J, JAMES R.The rise of Europe: Atlantic trade, institutional change, and economic growth[J].The American economic review, 2005, 95（3）: 546-579.

[18] BEVERIDGE W.Prices and wages in England from the twelfth to the nineteenth century[M].London: Longmans Green, 1939.

[19] BROADNBERRY S, JOHANN C, BISHNUPRIYA G.India and the great divergence: an Anglo-Indian comparison of GDP per capita, 1600—1871[J].Explorations in economic history, 2015, 56: 58-75.

[20] BROADBERRY S, GUAN H, LI D.China, Europe, and the great divergence: a study in historical national accounting, 980—1850[J].The journal of economic history, 2018, 78（4）: 955-1000.

[21] FEINSTEIN C H.Changes in nominal wages, the cost of living and real wages in the United Kingdom over two centuries, 1780—1990[C]//WHAPLES R, SCHOLLIERS P, ZAMAGNI V. Labour's reward: real wages and economic change in 19th- and 20th-Century Europe. Southern economic journal, 1995. 63（1）: 289.

[22] HSIAO L.China's foreign trade statistics, 1864—1949[M].Chicago: Harvard University Asia Center, 1974.

[23] HORRELL S, HUMPHRIES J, WEALE M.An input-output table for 1841[J].Economic history review, 1994, 47: 545-566.

[24] KELLER W, LI B, SHIUE C H.China's foreign trade: perspectives from the past 150 years[J].The world economy, 2011, 34: 853-892.

[25] Maddison Database.Maddison Historical Statistics [DB/OL]. (2010-12-30) [2020-11-02]. https: //www.rug.nl/ggdc/historicaldevelopment/maddison/.

[26] MITCHELL B R.British historical statistics[M].Cambridge: Cambridge University Press, 1988.

[27] MORSE H B.The chronicles of the east India company trading to China, 1635—1834[M]. Oxford: Clarendon Press, 1926.

[28] ROBSON R.The cotton industry in Britain[M].London: Macmillan, 1957.

［29］RODRICK D.The social cost of foreign exchange reserves[J].International economic journal, 2006, 20（3）: 253-266.

［30］UK Board of Trade.Report on wholesale and retail prices in the United Kingdom in 1902, with comparative statistical tables for a series of years[R].London: British Parliamentary Papers LXVIII, 1903.

［31］US Bureau of Economic Analysis.GDP deflator by year[DB/OL].（2020-01-01）[2020-11-02]. https://www.multpl.com/gdp-deflator/table/by-year.

［32］World Gold Council.Gold prices 100 year historical chart[DB/OL].（2020-01-01）[2020-11-02].https://www.macrotrends.net/1333/historical-gold-prices-100-year-chart.

［33］World Gold Council.Gold prices[DB/OL].（2020-01-01）[2020-09-02]. https://www.gold.org/goldhub/data/gold-prices.

［34］XU Y, SHI Z, VAN LEEUWAN B, et al.Chinese national income, ca.1661—1933[J]. Australian economic history review, 2017, 57（3）: 368-393.

数据附录 A

附表 A1　数据及来源

数据	来源
1. 进出口和贸易盈余（或赤字）	
1636—1644	李隆生（2005），第 167 页
1764—1806	严中平（1955），第 4–5 页
1864—1936	郑友揆（1984），第 334–337 页
1952—2018	国家统计局
2. 白银流入和外流或外汇储备变动	
1636—1644	李隆生（2005），第 167 页
1645—1911	李隆生（2010），第 148–1955 页
1912—1936	余捷琼（1940），第 4–5 页
1952—2018	国家统计局
3. 白银存量或外汇储备	
a. 整个朝代白银产量	
唐朝（618—907）	李隆生（2005），第 162 页
宋朝（960—1279）	李隆生（2005），第 163 页
元朝（1280—1370）	李隆生（2005），第 163 页
明朝（1390—1644）	李隆生（2005），第 165 页
清朝（1645—1911）	李隆生（2010），第 163 页
b. 整个朝代白银净流入量	
明朝（1390—1644）	李隆生（2005），第 167–168 页
清朝（1645—1911）	李隆生（2010），第 163 页
c. 白银存量或外汇储备	
1636—1644	李隆生（2005），第 167–168 页
1645—1911	李隆生（2010），第 163 页
1912—1933	李隆生（2010），第 163 页
1952—2018（外汇储备数据）	国家统计局
1952—2018（黄金储备数据）	国家统计局
4. 其他数据	

续表

数据	来源
a. 人口数据	
1644—1911	Maddison 数据库：（https://www.rug.nl/ggdc/historicaldevelopment/maddison/）
1952—2018	国家统计局
b.GDP 平减指数（1840 年为基期）	
1636—1840	Broadberry et al.（2018）
1841—1936 年使用粮价数据来替代	许道夫（1983），第 89 页
1.1841—1860	彭信威（1965），第 850 页
2.1862—1920	北洋军阀政府直隶省实业厅编：《实业来复报》第一年 23 册
3.1921—1936	据《海关册》估值，以当年进口米数量除当年进口米总值而得。其中 1929—1932 年，见国民政府粮食部编：《粮情旬报》
1952—2018 年美国 GDP 平减指数	US Bureau of Economic Analysis：（https://www.multpl.com/gdp-deflator/table/by-year）
1952—2018 年黄金的美元价值	世界黄金协会（WGC） https://www.macrotrends.net/1333/historical-gold-prices-100-year-chart https://www.gold.org/goldhub/data/gold-prices

数据附录 B

对于历史上的白银存量，本文仍然使用李隆生（2005；2010）的估计方法和数据。在中国，白银的较大规模流通从唐代开始，唐、宋、元时期的白银存量由于数据缺乏，由银产量数据来替代。即使是产量数据，历史典籍中也缺乏记载，因而，可行的方法是用银课数据和税率数据进行推算。附表 B1 显示了唐、宋、元时期的银课收入及银产量。

附表 B1　唐、宋、元时期的银课收入及银产量

年代	银课（两）	总银课（万两）	税率	银产量（万两）
唐（678—907）		392	20%	1 960
806—820	12 000~15 000			
宋（960—1279）	北宋四位皇帝（至道、皇祐、治平和元丰）银课收入平均 223 857 两	7 163	20%	35 815
至道 3 年（997）	145 000			

续表

年代	银课（两）	总银课（万两）	税率	银产量（万两）
皇祐（1049—1053）中	219 829			
治平（1064—1067）中	315 213			
元丰元年（1078）	215 385			
元（1280—1370）		710	20%	3 550
1328	78 061			

数据来源：李隆生.晚明海外贸易数量研究：兼论江南丝绸产业与白银流入的影响[M].台北：秀威资讯科技股份有限公司，2005，162-163.作者按20%税率计整理而得。

附表B1的数据中，唐朝的银课收入数据是李隆生（2005）根据陈鸿琦（1999）所认为的唐代中叶德宗元和年间（806—820年），每年银课约在1.2万~1.5万两进行推估而来，整个唐朝（618—907年）的银课收入约为392万两。[1] 宋朝的银课收入数据是李隆生（2005）以全汉昇（1991）所整理的北宋四个皇帝（至道、皇祐、治平和元丰）银课收入的平均值作为整个朝代的年均银课收入推估而来，整个宋朝（960—1279年）的银课收入约为7 163万两[2]。元朝的银课收入数据是李隆生（2005）以元朝天历元年的银课作为年均银课收入推估而来，整个元朝（1280—1370年）的银课收入约为710万两[3]。霍有光（1994）认为唐代全国白银年产量约为36万两，宋代则介于105万~205万两，根据他的数据，唐、宋两朝的白银总产量为60 040万两，李隆生的估计是37 775万两。由于难以精确估计，这两个数字都只是粗略估计。本文作者认为，李隆生用北宋的银课收入反推整个宋代的银产量，存在明显高估，因为北宋的银矿主要位于北方，南宋的银产量明显低于北宋。但是，没有更好的方法得到整个宋代的银产量，此外，即使李隆生高估的数据，也显著低于霍有光的估计，因而，本文仍然使用李隆生的估计方法和数据。

关于明代以前政府银课收入在银产量中所占的比率，加藤繁（1926）的研究较早，全汉

---

[1] 李隆生.晚明海外贸易数量研究：兼论江南丝绸产业与白银流入的影响[M].台北：秀威资讯科技股份有限公司，2005：162.

[2] 李隆生.晚明海外贸易数量研究：兼论江南丝绸产业与白银流入的影响[M].台北：秀威资讯科技股份有限公司，2005：163.

[3] 李隆生.晚明海外贸易数量研究：兼论江南丝绸产业与白银流入的影响[M].台北：秀威资讯科技股份有限公司，2005：163.

昇（1991）做了进一步的研究，认为唐、宋时代的银课，约为银矿产额的20%。到了元代，银课所占比率，因时因地而各有不同，有只占产额10%的，有多至30%的。本文采用李隆生（2005）的方法，三个朝代统一按照20%计算。

明代白银存量由银产量和贸易盈余导致的总白银流入量两部分组成。附表B2显示了明代的银课收入及银产量。明代1520年前银课数据记载于《明实录》，相比前代数据频率更高，1390—1520年历朝年均银课数据来自全汉昇（1991）的研究成果，全部银课、累计银课和累计产出为李隆生（2005）在此基础上计算而来。李隆生认为，由于未计入采矿官员高采低报和私采，所估得的银产量应是当时中国银产量的下限，本文作者同意他的判断。1520年后，《明实录》不再记录银课的数据，只能采用其他的方法估计。王士性著《广志绎》提到在万历八年（1580年），云南银课5万~6万两，云南银课收入大约占全国银课总额的一半以上，若以60%计，则1580年全国银课收入约为91 667两，该年银产量约为31万两。根据附表B2，明代上半期（1520年以前），平均每年的银产量为30万两。因此，对照1580年推估的数字，李隆生假设明代下半期（1521—1644年），白银年均产量为30万两，由此可以得到整个明代的银产量数据为8 310万两白银。加上唐宋元的银产量数据，到了明末，我国白银总产量达460百万两白银，明朝流入中国的白银总量近300百万两，明代白银存量为银产量和总白银流入量两项之和计7.6亿两。

附表B2 明代银课和银产量

单位：两

年代	年均银课	全部银课	累积银课	税率	累计产出
1390—1393	25 070	100 280	100 280	20%	334 267
1402—1423	224 313	4 934 886	5 035 166	20%	16 783 887
1424—1425	106 432	212 864	5 248 030	20%	17 493 433
1426—1434	256 450	2 308 050	7 556 080	20%	25 186 933
1435—1463	46 541	1 349 689	8 905 769	20%	29 685 897
1464—1486	61 913	1 423 999	10 329 768	20%	34 432 560
1487—1504	54 628	983 304	11 313 072	20%	37 710 240
1505—1520	32 920	526 720	11 839 792	20%	39 465 973
1390—1644					83 100 000

数据来源：李隆生（2005），第164-165页，税率按20%计算。

Silver Currency and Its Role
in the Evolution of Chinese History

白银货币与中国历史变迁问题研究

清代白银存量由银产量和总白银流入量两部分组成。清代的白银产量较低，基于全汉昇（1976）的研究，林满红（1989）估计1662—1795年，中国生产了91.2百万元白银，年均68万元，1811—1845年，中国共生产8.13百万元白银，年均23万元。也就是说，1662—1795年，中国共生产了6 290万两白银，1811—1845年，共生产565万两白银。其他年份的产量可以看作为零[1]。清代的白银存量更多地由白银流入构成。关于清代流入中国的海外白银，相关的研究和数据较多，附表B3提供了不同学者对清代流入中国的白银数量估计。

根据Morse（1926）估计，1700—1830年，由广州输入中国的白银约为4亿银元，其他港口合计仅约1亿银元[2]。庄国土（1995）估计1700—1840年，欧洲人和美国人共输入中国169 437 564两白银，这些白银原产自西属美洲[3]。全汉昇（1995）估计，1645—1820年，中国经菲律宾输入西班牙银元12 360万元、平均每年70万元。余捷琼（1940）估计，各西方国家前来中国贸易，1700—1751年，输入中国约6 800万元，1752—1800年，输入约10 000万元，1700—1800年合计16 800万元、平均每年约166万元[4]。Remer（1967）估计，1721—1800年，共计173百万元的白银流入中国；1808—1856年，共计384百万元的白银流出中国；1857—1886年，共计691百万元的白银流入中国[5]。钱江（1986）认为，每艘前往马尼拉贸易的中国商船，平均携带八万元的商品，则1570—1760年，中国和菲律宾间的贸易总额达24 752万元，他根据每年航抵马尼拉的中国商船数资料，据以得到1645—1760年，中国和菲律宾间的贸易总额约为12 584万元，因此中国商船携回的白银总量应该为8 809万元[6]。彭信威（1965）根据英国东印度公司的资料，整理得到1681—1800年，海外输入中国的白银数量达458百万两[7]。林满红（1989）对清代流入中国的白银数量做了非常多的研究，她根据余捷琼、严中平的著作和中国海关年鉴，估计1721—1740年，因贸易顺差，白银流入中国68百万元，平均每年340万西元；1752—1800年，因贸易顺差，白银流入中国105百万元、平均每年214万西元；1814—1850年，因鸦片进口和世界金银减产，白银流出中国150百万元，平均

---

1 李隆生.清代的国际贸易：白银流入、货币危机和晚清工业化[M].台北：秀威资讯科技股份有限公司，2010：158.

2 王业键.全汉昇在中国经济史研究上的重要贡献[C]// 傅筑夫.中国经济史论丛.台北：稻禾出版社，1996：1-17.

3 庄国土.16—18世纪白银流入中国数量估算[J].中国钱币，1995（3）：27-59.

4 林满红.世界经济与近代中国农业[C]// 中央研究院.近代中国农村经济史论文集.台北：中央研究院近代史研究所，1989：291-325.

5 REMER C F.The foreign trade of China[M].Tapei: Cheng-Wen Publishing Co，1967：222-225.

6 钱江.1570—1760年中国和吕宋贸易的发展及贸易额的估算[J].中国社会经济史研究，1986（3）：69-78.

7 彭信威.中国货币史（第2版）[M].上海：上海人民出版社，1965：605.

每年流出 405 万元；1850—1866 年，因丝、茶出口和全球贸易兴旺，白银流入中国 220 百万元，平均每年 1 294 万西元。1868—1886 年，因丝、茶出口和全球贸易兴旺，白银流入中国 504 百万元，平均每年 2 653 万元[1]。附表 B3 显示了整理之后的不同学者的估计。为了保持一致性，本文仍然使用李隆生(2010)估计的清代白银流入数据，他估计的数据是5.05亿两白银。[2]

附表 B3　清代流入中国的白银数量估计

单位：百万两

来源地	年	数量	资料来源
日本	1648—1708	38	Otake Fumio
	1700—1762	0.1	YamawakiTeijiro
	1763—1840	-8	YamawakiTeijiro
拉丁美洲经菲律宾	1645—1820	93	全汉昇
	1645—1760	66	钱江
拉丁美洲经欧美	1700—1751	51	余捷琼
	1752—1800	75	
拉丁美洲	1700—1840	169	庄国土
		170+	张晓宁
整体估计	1700—1830	375	Morse
	1721—1800	130	Remer
	1808—1856	-288	
	1857—1886	518	

1　林满红.世界经济与近代中国农业[C]//中央研究院.近代中国农村经济史论文集.台北：中央研究院近代史研究所，1989：291-325.以及林满红.中国的白银外流与世界金银减产（1814—1850）[C]//吴键雄.中国海洋发展史论文集（第五辑）.台北：中央研究院人文社会科学研究所，1991：1-44.

2　李隆生.清代的国际贸易：白银流入、货币危机和晚清工业化[M].台北：秀威资讯科技股份有限公司，2010：163.李隆生所使用的日本白银数据，依据 Otake Fumio 和 Yamawaki Teijiro 的研究（转引自林满红 China Upside Down）；拉丁美洲经菲律宾输入中国的白银，使用 P. Chaunu 所著 Les Philippines et le Pacifique des Iberiques，然后再加以修正；十七世纪末、十八世纪和十九世纪初的中西广州贸易，主要使用 H. B. Morse（1926）整理的英国东印度公司档案，参见 The Chronicles of the East India Company Trading to China 1635—1834 年和其他的书里；十九世纪和二十世纪初年，主要参考余捷琼（1940）《1700—1937 年中国银货输出入的一个估计》，以及萧梁林（Hsiao，1974）在 "China's Foreign Trade Statistics 1864—1949"整理的海关数字。

续表

来源地	年	数量	资料来源
整体估计	1681—1800	458	彭信威
	1721—1740	51	林满红
	1752—1800	79	
	1814—1850	−112	
	1850—1866	165	
	1868—1886	378	

数据来源：李隆生.清代的国际贸易：白银流入、货币危机和晚清工业化[M].台北：秀威资讯科技股份有限公司，2010：162.

综上所述，明末中国白银存量7.6亿两，其中包括海外流入中国的白银总量近3亿两；清代流入白银5.05亿两，自产白银0.69亿两，故1911年，白银存量约为13.3亿两。根据海关资料，1912—1933年，中国净流入的白银数据为7.92亿海关两，约等于8.71亿两（Hsiao，1974），故1933年白银存量约为22.1亿两。

附录参考文献

[1] 陈鸿琦.白银在中国的流通[J].国立历史博物馆馆刊，1999：69.

[2] 霍有光.宋代的银矿开发冶炼成就[J].科学技术与辩证法，1994（5）：28-34.

[3] 加藤繁.唐宋时代金银的研究[C]//加藤繁.东洋文库论丛（第六）.东京：东洋文库，1926.

[4] 李隆生.晚明海外贸易数量研究：兼论江南丝绸产业与白银流入的影响[M].台北：秀威资讯科技股份有限公司，2005.

[5] 李隆生.清代的国际贸易：白银流入、货币危机和晚清工业化[M].台北：秀威资讯科技股份有限公司，2010.

[6] 林满红.世界经济与近代中国农业[C]//中央研究院.近代中国农村经济史论文集.台北：中央研究院近代史研究所，1989.

[7] 林满红.中国的白银外流与世界金银减产（1814—1850）[C]//吴键雄.中国海洋发展史论文集（第五辑）.台北：中央研究院人文社会科学研究所，1991.

[8] 彭信威.中国货币史（第2版）[M].上海：上海人民出版社，1965.

[9] 钱江.1570—1760年中国和吕宋贸易的发展及贸易额的估算[J].中国社会经济史研究，1986（3）：69-78.

[10] 全汉昇.宋明间白银购买力的变动及其原因[C]//全汉昇.中国经济史研究（中）.香港：

新亚研究所, 1976.

[11] 全汉昇. 明代的银课与银产量[C]// 全汉昇. 中国经济史研究. 新加坡: 新亚出版社, 1991.

[12] 全汉昇. 明清间美洲白银输入中国的估计[D]. 台北: 台湾中央研究院历史语言研究所, 1995.

[13] 王士性. 广志绎[M]. 吕景琳, 点校. 北京: 中华书局, 1981.

[14] 王业键. 全汉昇在中国经济史研究上的重要贡献[C]// 傅筑夫. 中国经济史论丛. 台北: 稻禾出版社, 1996.

[15] 许道夫. 中国近代农业生产及贸易统计资料[M]. 上海: 上海人民出版社, 1983.

[16] 余捷琼. 1700—1937年中国银货输出入的一个估计[M]. 上海: 商务印书馆, 1940.

[17] 郑友揆. 中国的对外贸易和工业发展1840—1948[M]. 程麟荪, 译. 上海: 上海社会科学院出版社, 1984.

[18] 明实录[M]. 中央研究院历史语言研究所, 台北: 中央研究院历史语言研究室, 1962.

[19] 庄国土. 16—18世纪白银流入中国数量估算[J]. 中国钱币, 1995(3): 27-59.

[20] BROADBERRY S, GUAN H, LI D.China, Europe, and the great divergence: a study in historical national accounting, 980—1850[J].The journal of economic history, 2018, 78(4): 955-1000.

[21] HSIAO L.China's foreign trade statistics, 1864—1949[M].Chicago: Harvard University Asia Center, 1974.

[22] MORSE H B.The chronicles of the east India company trading to China 1635—1834[M].Oxford: Clarendon Press, 1926.

[23] REMER C F.The foreign trade of China[M].Tapei: Cheng-Wen Publishing Co, 1967.

中国历史上白银大规模跨境流动研究[1]

◎ 中国人民银行研究局　王　信
◎ 中国人民银行货币金银局（保卫局）　孟郁聪　郭冬生

摘要： 中国历史上，白银货币化直至银本位制的确立有一个长期发展的过程。明朝中后期以后，白银成为主要流通货币，直至民国法币改革后才退出历史舞台，其间长达四百年左右。但中国白银矿产储量较小，流通的白银主要依靠境外输入，白银跨境流动对白银货币化进程、货币供应以及经济发展都产生了重要影响。

地理大发现之后中国逐步加入国际分工和贸易体系，出现了几次大的白银跨境流动。即，明朝中期到清朝中期（16世纪中叶至19世纪初），中国长期处于外贸顺差地位，白银大规模流入。19世纪30年代至19世纪中叶，受鸦片输入和国际白银减产影响，白银流出中国。19世纪中叶至20世纪20年代，国际银价大跌、白银大量流入中国。其间少数年份，受中国战争赔款影响，白银出现净流出。20世纪30年代西方各国纷纷放弃金本位制，加之美国实施白银收购计划，国际银价大幅上涨，白银转为大规模流出中国。

本文的分析表明，白银跨境流动使国内货币总量变得难以控制，对经济社会稳定发展有着较大影响。这凸显了维护货币发行、流通调控权的至关重要性。在当今信用货币制度下，各国货币发行、流通不再受制于其掌握的贵金属总量，但跨境资金流动同样会给各国经济金融运行带来较大影响。深入研究白银跨境流动，仍有其重要意义。

Abstract: In the history of China, it took a long time for silver to become a currency and to establish the silver standard. Silver became the main currency of circulation in the middle and late Ming Dynasty, and was only replaced by banknote in the legal tender reform of the Republic of China. This lasted for about 400 years. However, the silver output of China was relatively small, thus

---

[1] 中国社会科学院石俊志、中国钱币博物馆高聪明等专家对于本文的写作提供了宝贵意见，特此致谢。

the silver currency in circulation was mainly imported. The cross-border flow of silver had an important impact on silver monetization process, money supply and economic development in China.

After the great geographical discovery, China gradually joined the international division of labor and trade system, and several large cross-border flows of silver occured. In other words, from the mid-Ming Dynasty to the mid-Qing Dynasty (from the mid-16th century to the early 19th century), China had a long-term surplus in foreign trade and a large-scaled inflow of silver. From the 1830s to the middle of the 19th century, due to the import of opium and the decline of international silver output, silver flowed out of China. From the mid-19th century to the 1920s, the international silver price plummeted and a large amount of silver flowed into China. Within this period, China's war reparations caused net silver outflow for several years. In the 1930s, Western countries gradually abandoned the gold standard, and the United States implemented the silver purchase program, causing international silver price to rise sharply. China experienced large-scaled silver outflow. The analysis of this paper shows that silver cross-border flow increases the difficulty in controling domestic monetary aggregate, and affects stable development of economy and society. This highlights the vital importance of maintaining the right to regulate currency issuance and circulation. Under the current fiat money system, the issuance and circulation of currency is no longer limited by the amount of precious metals that a country has in its possession. However, cross-border capital flows still have a significant impact on the economic and financial operations of various countries. An in-depth study of silver cross-border flows is still relevant.

中国白银货币有着悠久的历史。明朝中后期以后，白银成为主要流通货币，直至民国法币改革后才退出历史舞台，其间长达四百年左右。但中国白银矿产储量较小，流通的白银主要依靠境外输入，白银跨境流动对中国历史上的货币供应、经济发展等产生了重要影响。因此，研究白银的跨境流动很有意义。

Silver Currency and Its Role
in the Evolution of Chinese History
白银货币与中国历史变迁问题研究

一、白银跨境流动与白银货币化历程

中国历史上，白银货币化直至银本位制的确立有一个长期发展的过程。由于中国自身白银产量有限，境外白银的流入对中国的白银货币化和商品经济的发展起到了积极作用。

白银很早就发挥某种货币职能，但数量有限使其难以成为流通货币。早在春秋战国时期，楚国已有银布币和银质仿铸贝币作为货币使用[1]。但由于白银量少价高，货币作用十分有限。秦朝法令规定白银仅作为饰物及财富储藏，禁止其作为货币流通。相比之下，几乎同一时期的希腊、小亚细亚、伊比利亚等地均有银矿开采，古希腊、古罗马铸造的银币随城邦贸易以及马其顿、古罗马帝国的扩张而广为传播，发挥着无可替代的货币作用[2]。

汉朝至南北朝时期，随着国际交往增多和白银流入，白银的货币作用逐渐增强。汉朝至南北朝期间，白银从西方流入中国，其货币作用有所增强。丝绸之路贯通后，白银在跨境商贸中作为货币使用[3]。当时中国的金银比价低于西方，造成了黄金西输和白银东输，这种状况延续了大约1 000年[4]。受此影响，中国白银数量逐渐增多，货币作用不断增强。晋代以后，白银在对外贸易发达的广州、交趾、河西诸郡等地逐渐成为地区性通货[5]。南北朝晚期，内地大宗贸易也开始使用白银。

唐、宋时白银已作为大额支付手段，宋代大量用白银对外支付。唐代白银冶炼业得到发展，白银产量上升。白银主要用于大宗交易，出现了赋税用白银征收的情况。到了宋代，铜钱仍是主要货币，但白银与铜钱逐渐形成较稳定的兑换关系，白银货币化的条件初步具备[6]，主要在外贸、军饷、赈灾等方面充当大额支付手段。宋代白银大体是净流出的：一是支付辽、金的岁币银，以及祈和、刺探等费用；二是用于海外贸易，中国与古暹（今泰国）、浡泥（今文莱附近）、三佛齐（今印度尼西亚境内）、占城（今越南南部）等国往往贩来货物、支付金银[7]；三是向西南、西北少数民族政权买马，因其交易量大，白银外流可观，引起一些士大夫的忧虑。

白银在明朝成为主要流通货币，之后境外白银大量流入。元代和明初政府推行纸钞，禁止白银流通，但白银在日常交易中仍有私下使用，且大体上净流出[8]。明朝推行纸钞失败后，

---

1 千家驹，郭彦岗.中国货币演变史[M].上海：上海人民出版社，2014.
2 伊恩·卡拉代斯.古希腊货币史[M].黄希韦，译.北京：法律出版社，2017.
3 彭信威.中国货币史[M].上海：上海人民出版社，2015.
4 石俊志.中国货币法制史概论[M].北京：中国金融出版社，2012.
5 戴铭礼.中国货币史[M].郑州：河南人民出版社，2016.
6 王文成.丝路贸易与北宋白银货币化[J].云南社会科学，1998（2）.
7 汪圣铎.两宋货币史[M].北京：社会科学文献出版社，2016.
8 梁方仲.梁方仲经济史论文集[M].北京：中华书局，1989.

明英宗正统元年（1436年）取消白银流通禁令，田税、徭役、商税、盐税等可折收银两，白银的货币功能迅速提升。嘉靖年间（1522—1566年），朝廷规定了银两的成色、重量和单位，又将其定为纳税货币和财政收支的计量单位，确立了银两货币制度，白银成为主要流通货币[1]。此后，白银通过海外贸易快速流入，民间用银更为普遍，各种商品都用银计价，即使小额支付有时也用碎银[2]。明万历九年（1581年）推行"一条鞭法"，明令各地"计亩征银"，其他各项税收也一律征银，白银的货币地位更加巩固。白银货币的极大发展推动了中国从自然经济向货币经济转变，小农经济向市场经济转变[3]。

清朝沿用银两货币制度，但国外流入的银币广泛流通。商品经济的发展，并未改变中国的银两货币制度。当时中国各地货币重量、成色不一，商人交易时不得不切割银块以检验成色，交易成本很高。18世纪末期，西班牙王室统一了美洲殖民地货币发行权，采用机械加工技术造币，发行的西班牙银币成色好、难伪造，很快就成为当时世界主要货币。急需货币的中国从输入银锭、银块转为输入西班牙银币，该种银币很快就在广东、福建、江苏等南方地区广泛流通，成为主导货币。美洲独立革命后西班牙银币成色下降，其在中国货币流通的地位被大量流入的墨西哥鹰洋所取代。清末宣统二年（1910年），清政府试图统一币制：颁布《币制则例》，宣布实行银本位制，国币单位为"圆"，主币银元重库平7钱2分，含纯银九成，另有银、镍、铜辅币。由于清政府在次年被推翻，银本位制并未实施[4]。

银本位制在民国最终确立，但很快因白银大量外流而终结。民国初年中国货币制度极其混乱，流通的货币主要有银两、银元和纸币。1914年北洋政府颁布《国币条例》，规定国币单位为"元"，一元银币的重量成色与清末《币制则例》相同。但因政局混乱，《国币条例》并未真正实施。1933年，国民政府"废两改元"，规定银两和银元的换算率为规元7钱1分5厘合银元1元，真正确立了银本位制。但之后不久，国际白银价格大涨，中国白银大规模外流，政府通过征收白银出口税等措施也无法阻止，国内通缩严重。1935年，国民政府推行法币改革，宣布纸币不再与白银挂钩，银本位制废止，白银也不再作为流通货币。

二、16世纪以后中国几次白银大规模跨境流动

地理大发现后，世界贸易持续快速增长，中国逐步加入国际分工和贸易体系，向西方出口大量商品，长期处于顺差地位，白银大规模流入。清代中晚期，由于鸦片贸易、美洲银矿

---

1 万明.明代白银货币化与明朝兴衰[C].明史研究论丛（第六辑），2004.
2 萧清.中国古代货币史[M].北京：人民出版社，1984.
3 同上.
4 叶世昌.中国近代货币本位制度的建立和崩溃[C].中国钱币论文集第四辑，2002.

Silver Currency and Its Role
in the Evolution of Chinese History
白银货币与中国历史变迁问题研究

停产以及战争赔款，中国白银大量流出。20世纪前40年，受各国货币制度改革和国际白银市场剧烈波动等因素影响，中国白银大进大出。

（一）明中期至清中期（16世纪中叶至19世纪初）中国大量出口商品，白银大量流入

地理大发现后，欧洲殖民者大量开采美洲白银，加之日本白银的开采，使世界白银供应大幅增加。此后一个多世纪中国是世界最大的经济体[1]，长期对外提供丝绸、茶叶、陶瓷等商品，换取大量白银。

1. 白银初期主要通过西属菲律宾和日本，后改从欧洲，再后期主要从美洲输入

15世纪初郑和下西洋，以羁縻政策建立一个以中国为中心的海外朝贡贸易体系，不但涵盖东亚、东南亚，也连接印度、伊斯兰地区和欧洲等其他贸易区。其中，东南亚等地的华侨发挥了重要作用[2]。15世纪末至16世纪初，葡萄牙、西班牙等欧洲国家开辟了到达东方和美洲的航线，随之形成众多新的贸易路线。明正德六年（1511年），葡萄牙人进攻满剌加（古马六甲王国，国土位于泰国南部至苏门答腊西南部），遇到中国商船，中国与欧洲国家的直接贸易商路自此打开，海外朝贡贸易体系逐渐与西方国家建立的贸易体系融合。1567年明穆宗解除海禁，允许民间合法从事海外贸易，史称"隆庆开关"，自此民间海外贸易快速发展。16世纪中叶，西班牙殖民者在美洲发现大型银矿，世界产银量迅速扩大了2倍以上，据金德尔伯格估算最高年产量达804万两[3,4]，而同期中国白银最高年产量不足40万两。16—18世纪，西属美洲的白银产量约占全球的80%[5]。围绕白银，形成了一个世界贸易网络，第一个全球经济体系也随之出现[6]。

16世纪下半叶至17世纪，中国白银流入的主要来源是东南亚和日本。西班牙人1571年占领马尼拉后，发现中国商人贩来的商品非常精美，由此开启了以菲律宾为中转站的"大帆船贸易"[7]。中国的瓷器、丝绸、棉布等商品被华商运至马尼拉，由西班牙商人贩运到西属美洲殖民地、北美和欧洲，再运回美洲白银。1571—1645年，中国商船缴纳的关税在马尼拉关税中占比平均为74%，1641年、1642年高达92.8%。其间，西班牙人从美洲运往菲律宾的白

---

1 安格斯·麦迪森.世界经济千年史[M].北京：北京大学出版社，2003.
2 滨下武志.近代中国的国际契机：朝贡贸易体系与近代亚洲经济圈[M].北京：中国社会科学出版社，2004.
3 查尔斯·P.金德尔伯格.西欧金融史[M].北京：中国金融出版社，2010.
4 由于本文所涉的绝大部分时期中，中国均以"银两"（37.31克）为白银计量单位，为便于比较，将各文献中的银元、公两、宋两、盎司等单位均做了换算。
5 全汉昇.美洲白银与明清间中国海外贸易的关系[J].新亚学报，1983.
6 万明.晚明社会变迁问题与研究[M].北京：商务印书馆，2005.
7 龚宁.试析1571—1940年中菲贸易之兴衰[J].海洋史研究，2017（2）.

银，绝大部分都去往中国。此外，荷兰东印度公司总部所在地巴达维亚（今雅加达）也是中欧贸易的枢纽。17世纪20年代和30年代，中国商人在巴达维亚用糖、粗瓷器和铁制品换取胡椒和白银，1625年中国商船到达巴达维亚的总载重量，等于或大于返航欧洲的荷兰船队的载重量[1]。

16世纪末日本发现大银矿后，中国从日本输入的白银大幅上升。明后期，日本的产银量在2.54亿两左右[2]，约占全球的15%。但由于明朝对日实施海禁（隆庆开关后也未开放），日本白银主要由中国商人走私，或由葡萄牙、荷兰等国商人中转输入中国，用以换取中国丝织品、棉织品等商品[3]。居住在长崎的中国商人在1608年仅为20人左右，而十年之后就增加到2 000~3 000人。日本政治家新井白石认为，16世纪末至18世纪初，日本白银的四分之三流向海外[4]，其中绝大部分都输往中国。

18世纪白银流入中国路线发生了变化，主要由英、荷等国从欧洲运来。明清之交时，海禁松弛，民间走私贸易繁荣，大量白银流入中国。据日本学者山胁悌二郎估计，郑成功每年运往日本的中国丝达7万~8万斤[5]，其中大多换成白银流入中国。17世纪下半叶，清政府实施远比明朝严格的海禁，受此影响，日本于17世纪末期开始限制中日贸易，自此日本白银几乎不再输往中国。据弗兰克估计，明朝最后30年，中国每年白银流入超过4 300万两，而在清朝最初30年，白银年流入量迅速降至2 100万两左右[6]。

清朝海禁时，英国、荷兰商人已在广东、福建沿海私下进行贸易[7]。1684年清朝解除海禁后，中、荷商人以巴达维亚为中转港的海上贸易迅速恢复。1740年，荷兰人屠杀当地华人，巴达维亚中转贸易衰落，荷兰商人开始直航广州等地开展贸易。同时，英国商人集中在广州开展对华贸易。康熙五十四年（1715年）至乾隆十四年（1749年）的35年，到达广州的有国籍船只中，英国占53%，法国占20%，其余各国都不足5%[8]。在英国输华货物中，白银占比达90%以上[9]。

19世纪初美国是中国白银的主要来源。19世纪初拉美独立战争期间，美国凭借与拉美产银国的良好关系获得了白银，向中国大量采购茶叶，对华贸易份额迅速增长，向中国输出

---

1 伦纳德·鲍乐史，温广益. 荷兰东印度公司时期中国对巴达维亚的贸易[J]. 南洋资料译丛，1984（4）.
2 Willam S Atwell.International Bullion Flows and The Chinese Economy[J].Past and Present, 1982.
3 后智钢. 外国白银内流中国问题探讨[D]. 复旦大学，2009.
4 转引自梁方仲，同上.
5 山胁悌二郎. 长崎的唐人贸易[M]. 东京：吉川弘文馆，1964.
6 贡德·弗兰克. 白银资本[M]. 成都：四川人民出版社，2017.
7 汪敬虞. 论清代前期的禁海闭关[J]. 中国社会经济史研究，1983（2）.
8 万朝林，范金民. 清代开海初期中西贸易探微[J]. 中国经济史研究，2019（4）.
9 庄国土. 18世纪中国与西欧的茶叶贸易[J]. 中国社会经济史研究，1992（3）.

Silver Currency and Its Role
in the Evolution of Chinese History
白银货币与中国历史变迁问题研究

大量白银[1]。到19世纪50年代，墨西哥重新稳定发行银币，这些银币大量流入中国，并迅速在香港、上海等地成为主要流通货币。

18世纪中国陆上贸易也带来白银输入。除海上贸易外，中国商人在恰克图和尼布楚与俄国商人开展贸易，主要是出口棉布、进口白银。1775—1781年，俄国每年进口中国棉布达106万卢布以上，占当时中俄贸易额的63%。此外，尼泊尔商人用银币购买藏区麝香等商品，也造成白银输入。

2. 关于16世纪中叶到19世纪初中国白银流入规模，有16亿两、6亿两左右两种代表性估计

加州学派学者弗兰克的估计数最大[2]：1800年前的250年，中国从欧洲（其白银主要来自美洲）、日本获得近4.8万吨白银，可能还从马尼拉获得1万吨甚至更多，加上其他，总计约6万吨白银合16亿银两，占有记录的世界白银产量的一半。我国学者彭信威和庄国土的估计也较有代表性：彭信威认为到清末为止流入中国的白银折合约9亿银元（6.47亿两）；庄国土估计16世纪中叶到1840年白银流入中国的总量为5.2亿两[3]。

一些学者的观点支持弗兰克的估计。德国社会学家马克斯·韦伯认为，1493—1800年美洲运往欧洲的白银约合26亿两[4]。法国学者谢和耐（Jacques Gernet）估计1527—1821年，美洲所产白银至少一半流向中国。另一法国学者皮埃尔肖尼（Pierre Chaunu）则认为，三分之一强的美洲白银流向亚洲，其中大部分流向中国[5]。

弗兰克、庄国土以及其他学者对明代白银流入规模的估计相差不大。弗兰克估计，1610—1620年平均每年流入中国的白银数量为4 000余万两，17世纪20年代年均约为4 700余万两，17世纪30年代为4 300余万两，以此推算其对明代白银流入量的估计应在2.6亿~3亿两。庄国土估计，明隆庆元年（1567年）至崇祯十六年（1643年）的77年间，中国白银流入在3.5亿西班牙银元（2.8亿两）以上。Von Glahn估计明代中国从海外进口约1.93亿两白银[6]。王裕巽认为，从1567年隆庆开关到1644年明朝灭亡的七十多年间，海外流入中国的

---

1 Alejandra Irigoin.The End of a Silver Era: The Consequences of the Breakdown of the Spanish Peso Standard in China and the United States, 1780s—1850s[J].Journal of World History, 2009（2）: 207-243.

2 王信.明清与当今中国的外贸顺差之比较[J].国际经济评论，2010（1）.

3 庄国土.16—18世纪白银流入中国数量估计[J].中国钱币，1995（3）.

4 马克斯·韦伯.世界经济史纲[M].胡长明，译.北京：人民日报出版社，2007.

5 李隆生.明末白银存量的估计[J].中国钱币，2005（1）.

6 R. von Glahn.Myth and reality of China's seventeenth-century monetary crisis[J].The Journal of Economic History, 1996.

白银总量约为3.3亿两[1]。日本学者山村和神木（Yamamura、Kamiki）估计，1550—1600年流入中国的白银为2.31亿至2.87亿两[2]。此外，沙丁等估计在整个大帆船贸易时期，经菲律宾输往中国的美洲白银总数达2亿比索（1.2亿两）[3]；新井白石认为，在庆长六年（1601年）至清顺治四年（1647年）间，日本输出白银约7 480余万两[4]。这两者之和也在2亿两左右。

对清代中国白银流入量，弗兰克与庄国土等其他学者的估计差异较大。弗兰克的估计在10亿两以上，庄国土的估计仅为2亿~3亿两。其他学者们基于贸易数据的估计，往往介于两者之间。全汉昇估计，1700—1830年，中国共输入白银3.6亿两[5]。他引用了马士（H.B.Morse）的估计，即1700—1830年，仅广州一个港口净输入白银约9 000万至1亿镑[6]。李隆生主要根据西方贸易数据，估计了1645—1911年每年净输入中国的白银数量，得出清代流入中国的海外白银约为5亿两[7]。

（二）19世纪30年代至19世纪中叶，受鸦片输入和国际白银减产影响，白银大规模流出中国

1810—1830年，受拉丁美洲独立战争爆发影响，美洲银矿大多停产，世界白银供给不足。荷、法等国因缺乏白银，停止了对华贸易，英国则用鸦片取代白银作为出口中国的商品，继续扩大了对华贸易份额。据统计，清嘉庆五年（1800年）中国输入鸦片仅2 000箱，道光四年（1824年）猛增至12 639箱，道光十七年（1837年）更增至39 000箱[8]。鸦片战争前数年，中国购入鸦片年均花费约2 000万两，为清政府年财政收入的40%。这导致中国外贸持续逆差，白银外流，国内白银短缺、银价大幅上涨。余捷琼、李隆生均认为1827—1846年中国白银持续流出，其估计流出量分别为1.34亿元（0.96亿两）和0.94亿两[9]。林满红估计1814—1850年白银流出中国1.5亿元（1.08亿两）[10]。美国学者雷麦（C.F.Remer）估计，1808—1856年中

---

1 王裕巽.明代白银国内开采与国外流入数额试考[J].中国钱币，1998（3）.

2 Kozo Yamamura, Tetsuo Kamiki.Silver mines and Sung coins: a monetary history of medieval and modern Japan in international perspective, in J. F. Richards（ed）, Precious Metals in the Later Medieval and Early Modern Worlds[M]. Durhan, NC: Carolina Academic Press, 1983: 329-362.

3 沙丁，杨典求，焦震衡，孙桂荣.中国和拉丁美洲关系简史[M].郑州：河南人民出版社，1986.

4 转引自梁方仲，同上.

5 全汉昇.美洲白银与十八世纪中国物价革命的关系[J].新亚研究所，1972.

6 马士.东印度公司对华贸易编年史（1635—1834年）[M].区宗华，译，林树惠，校.广州：中山大学出版社，1991.

7 李隆生.清代（1645—1911）每年流入中国白银数量的初步估计[J].人文暨社会科学期刊，2009（2）：31-58.

8 魏建猷.中国近代货币史[M].上海：群联出版社，1955.

9 余捷琼.1700—1937年中国银货输出入的一个估计[M].长沙：商务印书馆，1940.

10 林满红.中国的白银外流与世界金银减产（1814—1850）[J].中国海洋发展史论文集第四辑，1991：1-44.

Silver Currency and Its Role
in the Evolution of Chinese History
白银货币与中国历史变迁问题研究

国白银流出共计3.84亿元（约合2.76亿两）[1]。

（三）19世纪中叶至20世纪20年代，国际白银价格大跌导致白银大规模流入中国，但战争赔款导致白银流出

世界主要国家采用金本位制，导致国际银价大跌、白银大量流入中国。19世纪之前，西方国家大多采用金银复本位制。19世纪70年代后，西方各国普遍改用金本位制，但中国并未效仿；1926年英属印度放弃银本位制后，中国成为采用银本位的唯一大国。西方国家白银非货币化导致国际银价大跌，1871—1930年的60年间跌幅超70%。虽然同期中国绝大部分年份出现外贸逆差[2]，但由于国际银价下跌导致"热钱"流入，中国白银反而净流入。1871—1911年，"热钱"与战争赔款收支相抵，白银可能净流入200万~300万两[3]。1912—1931年，中国白银净流入达9.13亿两[4]，期间只在一战时短暂出现白银净流出。流入的白银"热钱"主要用于中国黄金和物资套利。1830—1860年，国际市场金银比价长期保持在1∶15.5左右，1911年降至1∶38.3，1936年进一步降至1∶77.6。西方各国纷纷运银来华换取黄金。1895—1936年的大多数年份，中国黄金都在流出，累计净流出约合白银6.43亿关两（6.2亿两）[5]。

相当部分白银流入，系西方对华直接投资或中国政府借用外资兴建基础设施和开矿。国际银价下跌推动对华直接投资和中国借用外债的增长。民国以前40多年间，中国93%的铁路由外国投资或中国政府借用外债兴建。20世纪初，西方控制了中国90%以上的采煤权和80%以上的铁矿开采权。汇丰、花旗等在华外资银行控制大量白银，并凭此发行纸币。1933年在当时中国的金融中心上海和天津，外资银行持有约2.46亿两白银，超过当地中国各银行储备量的总和[6]。

战争赔款导致中国白银流出。1842—1938年，中国战争赔款总计造成13亿余两白银流出（见表1）[7,8,9]，其中超过10亿两在1895—1914年流出。1895年以前，清政府白银赔款4 100余万两。1895年，清政府因甲午战争失败向日本赔款白银2.3亿余两。为支付该笔款项，清政府向英、德、俄、法等国借款，赔款与利息合计支付约6.6亿两。1901年，清政府与英、俄、德等11国签订《辛丑条约》，共约定赔款白银4.5亿两，分39年付清，本息合计9.8亿

---

1 转引自李隆生，同上页脚注7。
2 陆仰渊，方庆秋.民国社会经济史[M].北京：中国经济出版社，1991.
3 西甫·里默.中国对外贸易[M].卿汝楫，译.北京：生活·读书·新知三联书店，1958.
4 中国人民银行上海市分行.上海钱庄史料[M].上海：上海人民出版社，1978.
5 陈争平.1895—1936年中国国际收支研究[M].北京：中国社会科学出版社，1996.
6 同2。
7 周志初，吴善中.中国近代赔款数额的考察[J].扬州师院学报，1994（3）.
8 王年咏.近代中国的战争赔款总值[J].历史研究，1994（5）.
9 相瑞花.试析近代中国的战争赔款[J].青海师范大学学报，1999（1）.

两。最终，清政府、民国政府在1902—1938年的37年间实付约6.3亿两白银。其中，1917年中国参加一战，停付德国、奥匈帝国赔款，英、法等"协约国"也同意中国延期支付，计约1亿两；1918年俄国十月革命爆发后中国停付对俄赔款约1.6亿两；1938年因日本全面侵华，停付余款约0.7亿两。此外，1909年起，美、法等国退还部分赔款，指定用于教育文化事业，但多是美元、法国法郎[1]。

表1　近代中国战争赔款支付白银情况

条约	时间	赔款对象	战争赔款	实际支付（折银两）
南京条约、广州合约	1842	英国	2 730万元(1)	约1 964万两
天津条约、北京条约	1858、1860	英、法	1 600万两(2)	1 600万两
北京专条	1874	日本	50万两	50万两
烟台条约	1876	英国	20万关平两	约19万两
伊犁条约、改订条约	1879、1881	俄国	900万银卢布	约500万两
马关条约、辽南条约	1895	日本	23 150万两	约66 000万两(3)
辛丑条约	1901	英美法德俄日意奥西尼比	45 000万关平两	约63 082万两(4)
续订藏印条约	1906	英国	50万英镑	约120万两
合计	—	—	—	约133 164万两

注：(1)《广州合约》商馆损失费取30万元，另有62万余元一说；(2)赔款单位另有关平两一说；(3)另有约6.6亿关平两一说；(4)另有约66 866万两一说。

资料来源：根据我国学者相关研究整理。

（四）20世纪30年代中期中国白银大量流出，银本位制崩溃

20世纪30年代，西方各国纷纷放弃金本位制，随之国际银价大幅上涨，白银大规模流出中国。1933年，美国、加拿大、墨西哥、秘鲁、澳大利亚等五大产银国与中国、印度、西班牙三大存银国在伦敦会议上签订《白银协定》，规定美国等产银国在4年内不得出售白银，且应收购本国所产白银共计1.4亿盎司（约合1.29亿两）；规定中国在4年内不得将银币熔铸成银条出售。1934年，美国通过《白银收购法案》，授权美国财政部在国际市场收购白银，

---

[1] 宓汝成.庚子赔款的债务化及其清偿、"退还"和总清算[J].近代史研究，1997（5）.

Silver Currency and Its Role
in the Evolution of Chinese History
白银货币与中国历史变迁问题研究

直到白银价格达到 1.29 美元/盎司或白银储备价值达到黄金储备的 1/3[1]。受此影响，国际银价大幅上涨。1932 年底纽约银价仅为 25 美分/盎司，1935 年达到 81 美分/盎司，上涨 2.24 倍[2]。白银因此从中国大规模、快速流出，1934—1938 年达 10.29 亿两，其中海关流出 7.51 亿两，走私流出 2.78 亿两[3]。在此过程中，在华外资银行起到了推波助澜的作用，其白银库存仅在 1934 年就锐减了 1.59 亿两。1934 年 7 月至 1935 年 9 月白银流出速度最快时，上海输出白银总量中，外资银行占 83%。

白银快速外流使中国国际收支逆差加剧，全国几十家银行和上百家钱庄倒闭，经济陷入通缩和衰退。1935 年，国民政府被迫实施法币改革，放弃银本位制。中国白银流出在 1939 年第一次世界大战爆发后趋缓，这种状况一直持续到 1949 年。国民政府 1935—1943 年用法币收兑 1.44 亿两白银，到 1947 年仍有 1.35 亿两[4]。1947 年，国民政府中央银行将其接收的日伪政权白银运往美国、英国出售，计 4541 万两。1949 年国民党溃逃台湾时，带走白银 2000 余万两。

三、各时期白银存量估计

国内外学者对明、清、民国的白银存量多有估计。

（一）唐代至清代中国白银产量低于 5.6 亿两

台湾学者林满红、全汉昇、李隆生等对历代中国白银产量做了较多研究。唐、宋、元三朝史籍中银矿产量数据较少，李隆生粗略估计三朝合计的政府银矿总收入约为 8265 万两，再由三朝银矿税率约 20%，推算出三朝的白银总产量约为 4.13 亿两[5]。考虑到李隆生选取的代表性年份大多政治和平、经济发展，其估计数可能偏大。到了明代，银矿收入数据相对完整，李隆生据此估计整个明朝（1368—1644 年）共出产 8310 万两白银；全汉昇的估计与之类似，万明对明后期白银年均产量的推断也可做印证（明后期白银年产量不超过 30 万两）[6]，因此李隆生的数据较为可靠。清代白银产量几乎全来自云南，全汉昇、林满红、李隆生等学者的估计大致相同，即清代在 1800 年前产银 6000 余万两，1800 年后产银 500 万~600 万两，合计产银 6600 万两左右。

---

1 熊昌琨. 试论民国时期中国各界应对白银危机的举措及失败的原因[J]. 上海经济研究，2015（11）.
2 李爱. 白银危机与中国币制改革——解析国民政府时期的政治、经济与外交[D]. 华东师范大学，2005.
3 中国人民银行总行参事室. 中华民国货币史资料第二辑[M]. 上海：上海人民出版社，1991.
4 洪葭管. 中央银行史料 1928.11—1945.5[M]. 北京：中国金融出版社，2005.
5 李隆生. 明末白银存量的估计[J]. 中国钱币，2005.
6 万明. 明代白银货币化与明朝兴衰[J]. 明史研究论丛，2004：395-413.

总之，唐代至清代中国白银总产量应低于5.62亿两，低于大部分学者估计的明中期至清中期（16世纪中叶到19世纪初）白银流入规模。

（二）明、清、民国白银存量

学者们对这些时期中国白银存量的估计相差不大，较符合彭信威、庄国土对白银流入量的估计。吴承明认为从16到17世纪，中国白银存量从1.5亿两增加到2.5亿两[1]。李隆生估计，明末（17世纪40年代）、清末（1911年）和"废两改元"时（1933年）中国的白银存量分别为7.6亿两、13.3亿两和22.1亿两[2]。他还列出了有关中国白银存量的其他估计：清朝度支部估计1910年存银13亿元（约9.4亿两）；余捷琼估计1931—1932年存银18亿~28亿元（约13亿~20亿两）；Eduard Kaning估计1935年存银14亿~15亿元（约10亿~11亿两）；寿台司格估计1935年存银17亿元（约合12亿两）；速水笃次郎估计1935年存银16亿元（约合11.5亿两）。此外，民国中央银行估计，1930年我国白银存量为20.5亿两，根据民国时期白银流入流出数据，可倒推清末白银存量为12亿两左右；到1947年，中国白银存量8.85亿两[3]。

学者们对货币用银的估计相差较大，其区别在于存量白银用于市场流通的比例。彭信威估计明末白银存量超过2.5亿两，但真正进入流通的白银不过1亿至2亿两；剔除销毁、改铸等情况，清末有5亿银元（3.6亿两）流通。王业键认为，如果假定全部存银量中1/4到1/3当作货币流通，白银流通量应从明末清初的不足1亿元（不足0.72亿两）增加到19世纪初的约3亿元（2.16亿两），增加3倍左右[4]。贺力平根据弗兰克的数据，剔除非货币用银（1/3）、运输损失和磨耗等，得出1800年中国货币用银的存量约10.7亿两[5]。

四、结论和启示

在中国历史上，白银很早就开始发挥某种货币职能，但白银货币化、成为流通中的主导货币，经历了较长时期。境外白银流入对中国白银货币化发挥了积极作用。

16世纪以后，中国经历了几次大的白银跨境流动。16世纪中叶到19世纪初，中国逐步加入国际分工和贸易体系，大量出口和外贸顺差使白银大规模流入。19世纪30年代至中叶，

---

[1] 吴承明.市场·近代化·经济史论[M].昆明：云南大学出版社，1996.
[2] 李隆生.清代（1645—1911年）每年流入中国白银数量的初步估计[J].人文暨社会科学期刊，2009.
[3] 洪葭管.中央银行史料1928.11—1945.5[M].北京：中国金融出版社，2005.
[4] 王业键.清代经济史论文集[M].台北：稻香出版社，2003.
[5] 贺力平.鸦片贸易与白银外流关系之再检讨——兼论国内货币供给与对外贸易关系的历史演变[J].社会科学战线，2007（1）.

由于鸦片输入和国际白银减产，白银大规模流出。19世纪中叶至20世纪20年代，国际白银价格大跌导致白银大规模流入中国，但战争赔款导致白银流出。20世纪30年代，国际银价上升，中国白银大量流出，直接导致银本位制崩溃。

可见，白银跨境流动主要受以下因素影响。一是国内外货币制度的变化。中国白银货币化完成后，因国内产银有限，中国对境外白银流入有较大需求。世界各国货币制度的变化也会产生直接影响：19世纪70年代后各国纷纷实行金本位制，国际银价下跌，大量白银流入中国；20世纪30年代各国放弃金本位制，国际银价上升，导致中国白银外流。

二是中国国际贸易投资的发展。中国外贸顺差、借用外债和吸引外国直接投资，都会导致白银大量流入。而明清相当时期内实行海禁，则使白银跨境流动大幅减少。

三是非经济因素也会直接或间接地导致白银跨境大规模流动。例如，清末战争赔款和1934年罗斯福总统为取悦产银州国会议员而采取白银收购政策，都使中国白银大规模外流。

在白银成为主要货币而国内产银较有限的情况下，白银跨境流动对货币制度的运行乃至经济社会稳定发展有着较大影响。白银流入可促进货币经济的发展，不一定引起通货膨胀。但在国内政治不稳、政府的政治社会控制力较弱的情况下，国外银元流入、在中国境内大行其道，使本国货币难以统一；西方国家凭借白银优势对华投资和贷款，则导致中国重要产业和经济命脉受制于人。白银流出的负面影响也很明显，往往导致国内货币供应收缩，对经济发展造成较大负面冲击。

总之，白银较大规模跨境流动将使国内货币总量变得难以控制，中国历史上的白银流动凸显了维护货币发行、流通调控权的至关重要性。在当今信用货币制度下，各国货币发行、流通不再受制于其掌握的贵金属总量，但跨境资金流动同样会给各国经济金融运行带来较大影响。深入研究白银跨境流动，仍有其重要意义。

参考文献

[1] 千家驹，郭彦岗.中国货币演变史[M].上海：上海人民出版社，2014.

[2] 伊恩·卡拉代斯.古希腊货币史[M].黄希韦，译.北京：法律出版社，2017.

[3] 彭信威.中国货币史[M].上海：上海人民出版社，2015.

[4] 石俊志.中国货币法制史概论[M].北京：中国金融出版社，2012.

[5] 戴铭礼.中国货币史[M].郑州：河南人民出版社，2016.

[6] 王文成.丝路贸易与北宋白银货币化[J].云南社会科学，1998（2）.

[7] 汪圣铎.两宋货币史[M].北京：社会科学文献出版社，2016.

[8] 梁方仲.梁方仲经济史论文集[M].北京：中华书局，1989.

[9] 万明.明代白银货币化与明朝兴衰[C].明史研究论丛（第六辑），2004.

［10］萧清.中国古代货币史［M］.北京：人民出版社，1984.

［11］叶世昌.中国近代货币本位制度的建立和崩溃［C］.中国钱币论文集第四辑，2002.

［12］安格斯·麦迪森.世界经济千年史［M］.北京：北京大学出版社，2003.

［13］滨下武志.近代中国的国际契机：朝贡贸易体系与近代亚洲经济圈［M］.北京：中国社会科学出版社，2004.

［14］查尔斯·P.金德尔伯格.西欧金融史［M］.北京：中国金融出版社，2010.

［15］全汉昇.美洲白银与明清间中国海外贸易的关系［J］.新亚学报，1983.

［16］万明.晚明社会变迁问题与研究［M］.北京：商务印书馆，2005.

［17］龚宁.试析1571—1940年中菲贸易之兴衰［J］.海洋史研究，2017（2）.

［18］伦纳德·鲍乐史，温广益.荷兰东印度公司时期中国对巴达维亚的贸易［J］.南洋资料译丛，1984（4）.

［19］Willam S Atwell.International Bullion Flows and The Chinese Economy［J］.Past and Present，1982.

［20］后智钢.外国白银内流中国问题探讨［D］.复旦大学，2009.

［21］山胁悌二郎.长崎的唐人贸易［M］.东京：吉川弘文馆，1964.

［22］贡德·弗兰克.白银资本［M］.成都：四川人民出版社，2017.

［23］汪敬虞.论清代前期的禁海闭关［J］.中国社会经济史研究，1983（2）.

［24］万朝林，范金民.清代开海初期中西贸易探微［J］.中国经济史研究，2019（4）.

［25］庄国土.18世纪中国与西欧的茶叶贸易［J］.中国社会经济史研究，1992（3）.

［26］Alejandra Irigoin.The End of a Silver Era：The Consequences of the Breakdown of the Spanish Peso Standard in China and the United States，1780s—1850s［J］.Journal of World History，2009，2：207-243.

［27］王信.明清与当今中国的外贸顺差之比较［J］.国际经济评论，2010（1）.

［28］庄国土.16—18世纪白银流入中国数量估计［J］.中国钱币，1995（3）.

［29］马克斯·韦伯.世界经济史纲［M］.胡长明，译.北京：人民日报出版社，2007.

［30］李隆生.明末白银存量的估计［J］.中国钱币，2005（1）.

［31］R. von Glahn.Myth and reality of China's seventeenth- century monetary crisis［J］.The Journal of Economic History，1996.

［32］王裕巽.明代白银国内开采与国外流入数额试考［J］.中国钱币，1998（3）.

［33］Kozo Yamamura，Tetsuo Kamiki.Silver mines and Sung coins：a monetary history of medieval and modern Japan in international perspective，in J. F. Richards（ed），Precious Metals in the Later Medieval and Early Modern Worlds［M］.Durhan, NC：Carolina Academic Press，1983：329-362.

[34]沙丁,杨典求,焦震衡,孙桂荣.中国和拉丁美洲关系简史[M].郑州：河南人民出版社,1986.

[35]全汉昇.美洲白银与十八世纪中国物价革命的关系[J].新亚研究所,1972.

[36]马士.东印度公司对华贸易编年史(1635—1834年)[M].区宗华,译,林树惠,校.广州：中山大学出版社,1991.

[37]李隆生.清代(1645—1911)每年流入中国白银数量的初步估计[J].人文暨社会科学期刊,2009(2)：31-58.

[38]魏建猷.中国近代货币史[M].上海：群联出版社,1955.

[39]余捷琼.1700—1937年中国银货输出入的一个估计[M].长沙：商务印书馆,1940.

[40]林满红.中国的白银外流与世界金银减产(1814—1850)[J].中国海洋发展史论文集第四辑,1991：1-44.

[41]陆仰渊,方庆秋.民国社会经济史[M].北京：中国经济出版社,1991.

[42]西甫·里默.中国对外贸易[M].卿汝楫,译.北京：生活·读书·新知三联书店,1958.

[43]中国人民银行上海市分行.上海钱庄史料[M].上海：上海人民出版社,1978.

[44]陈争平.1895—1936年中国国际收支研究[M].北京：中国社会科学出版社,1996.

[45]周志初,吴善中.中国近代赔款数额的考察[J].扬州师院学报,1994(3).

[46]王年咏.近代中国的战争赔款总值[J].历史研究,1994(5).

[47]相瑞花.试析近代中国的战争赔款[J].青海师范大学学报,1999(1).

[48]宓汝成.庚子赔款的债务化及其清偿、"退还"和总清算[J].近代史研究,1997(5).

[49]熊昌琨.试论民国时期中国各界应对白银危机的举措及失败的原因[J].上海经济研究,2015(11).

[50]李爱.白银危机与中国币制改革——解析国民政府时期的政治、经济与外交[D].华东师范大学,2005.

[51]中国人民银行总行参事室.中华民国货币史资料第二辑[M].上海：上海人民出版社,1991.

[52]洪葭管.中央银行史料1928.11—1945.5[M].北京：中国金融出版社,2005.

[53]万明.明代白银货币化与明朝兴衰[J].明史研究论丛,2004：395-413.

[54]吴承明.市场·近代化·经济史论[M].昆明：云南大学出版社,1996.

[55]王业键.清代经济史论文集[M].台北：稻香出版社,2003.

[56]贺力平.鸦片贸易与白银外流关系之再检讨——兼论国内货币供给与对外贸易关系的历史演变[J].社会科学战线,2007(1).

1550—1830 年中国白银流入及其影响[1]

◎ 中国人民银行扬州市中心支行　张　翼

摘要： 本文基于白银历史存量与货币需求，对明代后期到清代前中期（1550—1830年）的白银跨境流动进行估算，分析了海外白银流入中国的影响。主要结论包括四个方面：一是中国本土白银有限，难以满足国家财政运转和市场交易的货币需求，这成为海外白银持续流入的内在动力；二是初步估算在1550—1830年，通过贸易顺差净流入中国的海外白银约为5.6亿两（约合2.1万吨），海外流入白银约占中国同期新增白银的90%，大致占同期全球白银总产量的15%；三是海外白银流入标志着中国传统货币政策的终结，重塑了国家财政运作形式，改变了东亚贸易模式和中国国内生产流通格局；四是中国货币需求对于全球白银流动和早期经济全球化的影响被过分夸大。

▶ **Abstract:** Based on the historical data of silver stock and currency demand, this paper estimates the cross-border silver flow between late Ming Dynasty and early and mid Qing Dynasty (1550—1830), and analyzes the impact of silver inflow. The paper has four conclusions:(1)Limited domestic output could not meet the demand for silver arising from fiscal operations and market transactions. This drove the continuous inflow of overseas silver.(2) Based on preliminary estimation, between 1550 and 1830, the net inflow of overseas silver to China was about 560 million taels (approximately 21 000 tons). Overseas inflows of silver accounted for about 90% of the gain in silver stock and roughly 15% of the global silver output in the same period. (3) The inflow of overseas silver transformed China's monetary policy and fiscal operation, and

---

1 感谢复旦大学吴景平教授对本文的评阅意见。本文中白银计量单位全部按1两=1库平两=37.3克，1银元（比索）=0.73库平两换算，不考虑白银成色问题。

Silver Currency and Its Role
in the Evolution of Chinese History
白银货币与中国历史变迁问题研究

> reshaped regional trade in East Asia as well as China's domestic production and circulation pattern. (4) The impact of China's currency demand on global silver flow and early economic globalization was overstated.

一、中国的白银存量和对白银货币的需求

（一）16世纪以前中国的白银存量

白银是人类历史上最早的金属货币之一，公元前3000年前，苏美尔人已经开始使用白银。13世纪以后，黄金和白银逐步成为欧亚大陆各国普遍使用的货币，特别是从13世纪到18世纪，白银一直是最重要的国际货币。直到19世纪中叶之后，黄金才逐渐超过白银，成为最主要的国际货币。

在中国历史上，白银的货币化与货币的白银化是一个长期的过程。宋代（960—1276年）以后，白银的价值尺度功能开始强化。明代（1368—1644年），政府发行"洪武通宝"铜钱和"大明通行宝钞"纸币作为法定货币，禁止金银作为货币流通交易。但由于宝钞发行过滥、持续贬值，正统—成化年间（1436—1487年），白银逐步取代官方的纸币和铜钱，成为民间市场交易的主要媒介，实现了货币白银化。

14世纪以前，中国是亚洲主要的白银生产国。宋代史料记载：金国灭北宋时掠得银800万铤[1]，如果按照北宋大铤50两的规格计算，合4亿两，这一数据可能有夸张之处。但北宋时期每年向辽、西夏纳白银岁币10万~20万两，南宋时期每年向金国纳白银岁币20万~30万两，则有确凿数据可考[2]。据王雷和赵少军（2015）统计，北宋累计向辽和西夏支付白银岁币1328万两，南宋累计向金国支付白银岁币达1485万两。根据王文成（2000）推算，蒙古灭金后，仅1230年前后，蒙古政权就在7年内获得包税银1500万两，可见当时白银存量之大。李隆生（2005）根据唐、宋、元三代若干年份的银矿上缴官府的白银税收（银课）和银课税率，推算出唐宋元三代（618—1368年）累计的白银总产量约为4.1亿两（约合1.5万吨[3]），虽然不同年份产量之间存在较大波动，但总体上是可信的。不过需要强调的是，4.1亿两累计产量

1　（宋）李心传.建炎以来系年要录[M].卷1.上海：上海古籍出版社，1992.
2　霍有光.宋代的银矿开发冶炼成就[J].科学技术与辩证法，1994（5）：28-34.
3　唐宋到明清历代"两"的标准不一，宋代的1两大约在39~40克，略大于明清库平两（37.3两），为便于计算，本文统一按明清库平两，1两=1库平两=37.3克计算，下同。

并不等于实际存量,这里没有考虑损耗和外流因素。宋代海外贸易已经出现白银外流,特别是蒙古统治者将白银作为国际贸易支付工具,大量流向海外。爱宕松男(1973)估计,仅蒙古帝国早期(1206—1241年)就有约9 000万两白银(约合3 350吨)经由中亚和中东商人(色目人)之手流出中国。本文据此估计,整个蒙古统治时期(1206—1368年)的白银外流规模可能达到2亿~3亿两(约7 500~1.1万吨),加之元末战乱白银大量丢失和被窖藏等因素,导致明代初期的白银存量远低于唐宋元三代的累计产量。

对于明代前期白银的存量,目前未见确凿史料。吴承明(2002)[1]估算认为是在1亿两左右。这与前述唐宋元三代的累计产量减去外流损耗后的数值基本相当。白银的传统来源是国内银矿开采,根据全汉昇(1991)对《明实录》中银课数据的统计:1390—1520年的银课收入为1 135.6万两,按明代银课大体等于产量的30%估算,约合白银产量3 700万两。据此推算:明代前中期(1368—1550年),累计的国内白银产量约为5 000万两,即明代中期(1550年)的白银存量在1.5亿两左右。

(二)16世纪以前中国的白银需求

1.5亿两的白银存量和30万两的年产量是否能够满足货币需求?易纲(2003)指出,在考虑发展中国家的货币需求时,除了正常的交易需求和预防性需求外,还须考虑货币化进程所引起的额外货币需求。因此,对于明代和清代前中期社会这样的前现代经济体,白银需求不仅取决于人口和GDP规模,也要考虑到经济的货币化程度和货币白银化程度(白银在全部货币的占比)。根据管汉晖和李稻葵(2010)对明代GDP的估计,永乐年间(1403—1424年)的GDP以白银计值约为1.5亿~1.6亿两白银,而到16世纪下半叶(1550年以后),GDP已经超过3亿两白银,约为永乐时期的2倍,货币需求自然随之增长。更重要的是,明代前期(1500年以前)的经济体制被学术界称为"洪武型经济制度"。邱永志(2018)指出,洪武型经济制度最大的特点是极力压缩商品经济和货币交易的活动空间,国家财政运转主要依靠实物劳役而不是货币税收支持。在这种体制下,经济的货币化程度自然是极低的,对白银货币的需求非常有限。公元1500年以后,随着"洪武货币秩序"逐渐松动,经济货币化程度和货币白银化程度不断提高,货币需求特别是白银货币的需求迅速膨胀。这一点从明代成化、弘治时期(1465—1505年)的国库存银变化也可以得到验证。由于纸币制度崩溃,政府无法通过发行宝钞解决赤字压力,只能动用原先收储的金银等硬通货。因此,这一时期虽然未发生重大战乱灾荒,但国库存银已经空虚。内承运库是明代最重要的皇帝私库,入藏内承运库的白银主要有金花银、太仓库银、矿银、杂税银、赃罚银等。史料记载:从永乐年间(1403—

---

[1] 吴承明. 吴承明集[M]. 北京:中国社会科学出版社,2002:167.

1424年）到成化九年（1473年），内承运库累计收贮白银2 076万两[1]。但由于赏赐支出太多，成化九年实际存银仅有240.5万两。到弘治十四年（1501年），不仅皇帝私库存银"较之祖宗时十分不及一"，作为国库的户部存银也仅有100万两左右。到了嘉靖三十二年（1553年），户部的太仓库和工部的节慎库两大国库的存银合计也只有223万两[2]。白银供求失衡带来的"银荒"成为这一时期制约经济发展和引发财政危机的主要因素之一。根据刘光临（2011）的研究，明代财政和交易型货币需求在1480年为2 000万两白银左右，到1550年前后货币需求已超过1亿两，增长5倍。再考虑到各界对财富储藏和白银器物、工艺品等需求，原有白银存量和产量已经难以满足需求。因此，中国经济对白银货币的巨大需求和自身白银供应不足是海外白银持续流入的内在动力。

表1 明代白银货币需求估计（1480—1600年）

年代	财政需求	长途贸易需求	基层市场需求	合计
成化末（1480年前后）	300万两	200万~350万两	800万~1 400万两	1 300万~2 050万两
嘉靖（1522—1566年）	900万两	2 000万两	8 000万两	10 900万两
万历末（1610年前后）	2 500万~3 000万两	2 000万~3 000万两	8 000万~12 000万两	12 500万~18 000万两

资料来源：刘光临（2011）：81.

二、1550年后海外白银大规模流入及其外部原因

（一）海外白银大规模流入历史背景

如前所述，在中国明代货币白银化进程中，遇到白银供求失衡的"银荒"问题。而在16世纪下半叶（1550年以后），"银荒"逐渐得到缓解，主要原因是海外白银大规模流入。在古代历史上，大规模金银跨国流动往往是通过战争、掠夺、赔款、走私等不平等手段实现，

---

[1] 明宪宗实录.卷120：成化九年九月，户部覆内承运库太监林绣所奏："本库自永乐年间至今，收贮各项金七十二万七千四百余两，银二千七十六万四百余两，累因赏赐，金尽无余，惟余银二百四十万四千九百余两。"[M].台北：台北"中研院"历史语言研究所校印本，1962.

[2] 明世宗实录卷405 [M].台北：台北"中研院"历史语言研究所校印本，1962.

如欧洲殖民者在美洲的金银掠夺、宋代对周边政权支付的岁币、晚清时期中国对列强的赔款等，而1550年后，直到1830年左右，白银持续流入中国，主要是通过公平贸易方式实现，这在此前历史上是不多见的。

从中国对外贸易史看，尽管早在汉代就已经形成了陆上丝绸之路和海上丝绸之路，与欧亚大陆乃至非洲诸国建立了贸易关系。但是总体上，多数时期中外贸易基本平衡，在宋元时期（960—1368年）还出现了铜钱和白银外流现象[1]。明代前中期对外贸易（1368—1550年）以朝贡贸易为主，在赏赐与贸易相抵后，金银流入流出净额很小。而明代后期到清代前中期（1550—1830年），中国对外贸易出现持续大额顺差，巨量白银以顺差形式流入中国。这个局面之所以能够实现，除了中国自身白银供求不平衡这一内在原因之外，还包括三方面的外部原因。

1. 全球进入大航海时代

从中国对外贸易路线看，虽然陆上丝绸之路早在汉代已经开辟，也在文化交流方面发挥了重大作用。但是从经济意义方面，所起作用却相当有限。一方面是长途陆路运输本身成本极高，另一方面由于战乱、割据等因素，除了西汉、唐代前期和元代外，丝绸之路在多数时期处于半开半停乃至关闭状态。在海运方面，连接中国、印度和欧洲的海上丝绸之路同样可以追溯到汉唐时期，宋代航海和造船技术有了重大进步。但总体上，在15世纪前，海运尚未具备大规模、远距离运输和安全廉价的优势，尚未通过海上贸易将世界主要地区紧密联系起来。进入15世纪，以郑和下西洋、1492年哥伦布发现美洲以及15世纪末达·伽马从西欧绕过好望角到达亚洲为标志，全球进入大航海时代。特别是哥伦布及随后的欧洲航海活动，将欧洲同亚洲以及美洲联系起来，启动了早期的经济全球化。

2. 欧洲和日本对中国商品有很高需求，却没有相应出口商品

15世纪以后，中国主要输出商品包括生丝和丝织品、茶叶、蔗糖、陶瓷、棉纺织品等。当时欧洲和日本对中国产品有巨大需求，这些商品在海外市场价值很高。如1717年，波兰兼萨克森国王奥古斯都二世竟用600名骑兵同普鲁士国王换取150件中国青花瓷器。但与此同时，中国对于日本和欧洲商品却一直没有多大需求。16世纪前，日本由于无法解决贸易逆差问题，只好铤而走险，充当倭寇进行抢劫。葡萄牙人和荷兰人初到东亚时，除了当海盗，主要进行居间贸易，充当中国和东南亚、日本的中间商赚取利润。如果对中国商品需求和自身支付能力不对称问题不解决，欧洲和日本的对华贸易就无法长期持续。

3. 世界白银供给格局发生根本变化

从全球白银生产和供应看，公元1000—1500年，欧洲是世界上最重要的白银产地。14

---

[1] 宋元时期对外贸易输出的铜钱和白银，既有货币职能，也是一种商品，不能简单视为贸易逆差。

Silver Currency and Its Role
in the Evolution of Chinese History
白银货币与中国历史变迁问题研究

世纪中期，欧洲白银产量达到高峰，平均年产白银达 50 吨（约合 134 万两），随后又出现大幅下降。同期中国白银年产量为 70 万两左右，亚洲除中国外，其他地区白银产量很少，中东、中亚等地区主要依靠中国白银流入。到了 15 世纪，欧洲白银产量逐步恢复到 14 世纪中期水平，而中国白银产量仅为 14 世纪中期一半左右。1500 年后，中国白银生产并未根本改观，但在其他地区出现了巨大变化。欧洲白银产量随着新矿开发和技术进步有了很大提高，1530 年欧洲白银产量达到 90 吨（约合 240 万两）。日本在 1520—1540 年，发现多个银矿。到 16 世纪末，日本白银产量已占世界总产量的 1/4~1/3，高峰期的白银年产量高达 200 吨（约合 530 万两）。如 1526 年开始开采的石见银山，在 1600 年前后的鼎盛期，白银产量接近全球 1/3。据日本和其他国家学者估计，中国晚明时期（1550—1644 年），日本产银总量 8 000~9 600 吨（约合 2.1 亿~2.5 亿两）。

表 2 学者对晚明时期（1550—1644 年）日本白银产量估计

序号	学者	年代	白银产量
1	李隆生（2005）	1550—1645 年	25 429 万两
2	Atwell（1982）	1560—1640 年	21 440 万 ~25 728 万两
3	山村弘造、神木哲南（1983）	1550—1645 年	21 440 万两

资料来源：1. 李隆生（2005）；2. WilliamS.Atwell（1982），原文为 8 000~9 600 吨；3. 山村弘造、神木哲南：K.Yamamura andT.Kamik（1983），原文为 8 000 吨，按 1 两 =37.3 克折算为万两。

最重大的变化则是美洲白银生产。西班牙殖民者到达美洲的最初目的是掠夺黄金，16 世纪 40 年代后重点从黄金转向白银。西班牙殖民地秘鲁的波托西银矿（今属玻利维亚）从 1545 年开始开采，萨卡特卡斯和瓜纳华托的银矿分别在 1548 年和 1558 年开始开采。1581—1600 年，仅波托西银矿就每年生产白银 254 吨（约 680 万两），约占全世界产量的 60%。18 世纪以后，南美银矿衰落，而墨西哥成为世界最大白银产地。1803 年，墨西哥所产白银占全美洲的 67%。根据 Word Barrett.（1990）估计，16—18 世纪美洲白银产量约为 13.3 万吨（约合 35.5 亿两）。Richard L Garner.（1988）则认为，从 16 世纪中期到殖民地时期结束（19 世纪初），美洲西班牙殖民地（简称西属美洲）生产了约 29 亿~31 亿比索（约合 10 万~11 万吨或 26 亿~29 亿两）的白银。全汉昇（2011）估计，美洲白银产量占全球比例在 85% 左右，其中 18 世纪接近 90%。

表3 西属美洲白银产量和占全球白银产量比例

单位：吨

时间	美洲白银产量	占全球白银产量比例
1540—1600 年	17 000	73.2%
1600—1700 年	42 000	87.1%
1700—1800 年	74 000	89.5%
合计	133 000	86.3%

资料来源：1.美洲白银产量数据来源于贡德·弗兰克（2000）：283；2.全球白银产量比例来源于全汉昇（2011）：48。

综上所述，16—19世纪前期，中国面临白银货币需求与自身白银供给的不平衡。同时随着全球航运贸易能力的大幅提升，各国商人为弥补贸易逆差，将美洲、日本等地出产的白银运到中国，换取丝绸、陶瓷、茶叶等中国商品，最终形成了海外白银持续流入中国的局面。

（二）海外白银流入的时间起点和主要路线

从中国对外贸易看，直到明代隆庆元年（1567年），政府才宣布开放海禁（史称"隆庆开关"），成为海上贸易合法化的起点。但在"隆庆开关"之前，但在此前的1530 1540年，民间私下的海上贸易已经有了相当大的规模。到了1550年以后，大量白银持续流入中国。因此，本文将1550年作为白银流入的时间起点。

1. 中国—日本贸易

由于发现多处银矿，日本在1530—1540年开始大量用白银采购国外商品，对外贸易在16世纪末至17世纪初进入了兴盛期。由于当时中国官方禁止与日本直接贸易，因此1570—1600年，葡萄牙人几乎垄断了中、日贸易。1600年以后，日本派出朱印船开展海外贸易，同时荷兰和中国的海商（以郑成功之父郑芝龙等为代表）也在中日之间开展贸易。日本所产的白银，大部分用来购买中国商品，日本也成为中国在东亚最重要的贸易伙伴。据李伯重（2017）估计，在日本对外贸易鼎盛的1615—1625年，日本每年输出的白银约为130~160吨（约合350万~430万两），相当于日本以外的世界白银总产量的30%~40%。其中大部分用于购买中国商品，也有部分白银被居间贸易的荷兰人、葡萄牙人获得[1]。1630年以后，随着日本银矿产量减少和德川幕府实施闭关锁国政策，日本对华贸易和白银输出规模明显下降。总体而言，明代后期日本白银的大量流入，在时间上早于美洲，结束也早于美洲白银。

---

1 参见本文第三部分关于中日贸易的具体估计。

2. 中国—美洲贸易

西班牙等国由于从美洲殖民地获得大量白银，成为中国新的主要贸易伙伴。1565年，西班牙在菲律宾开始建立殖民据点，1571年攻占马尼拉，1574年开始了殖民统治，并展开与中国的直接贸易。通过著名的"大帆船贸易"，从墨西哥的阿卡普尔科港运送大量白银到马尼拉，再到澳门购买丝绸等中国商品，并经马尼拉运回阿卡普尔科港。其中约有一半在西属美洲销售，其余运往欧洲。据记载，16世纪末，每年从阿卡普尔科运到马尼拉的白银总计有500万比索[1]（约合365万两），1597年高达1 200万比索。到1632年，早期的贸易高峰已经回落，马尼拉的天主教会向西班牙国王通报，每年从阿卡普尔科运来的白银仍然达240万比索（约合175万两）[2]。

3. 中国—欧洲贸易

除了西班牙人控制的中国—美洲贸易外，中国从中欧贸易也输入了大量白银。西班牙人从西属美洲获取白银后运回到西班牙的塞维尔（塞维利亚），然后通过葡萄牙人及其占据的澳门与中国开展贸易，另一个途径是白银从西属美洲运回塞维尔，然后通过荷兰、英国的东印度公司与中国开展贸易。航线是经大西洋，绕道好望角，横渡印度洋，到达南亚、东南亚和东亚。例如17世纪，荷兰东印度公司和英国东印度公司分别直接运去4 000~5 000吨白银（约合1.07亿~1.34亿两），用来购买欧洲人所需的东南亚香料和中国的丝绸、瓷器、茶叶等商品。此外，中国的黄金价格比欧洲低，欧洲商人用白银换取中国黄金也可套利。

4. 中俄贸易

17世纪以后，俄国向西欧输出木材、皮毛、粮食等商品，西欧除向俄国出售毛纺织品外，还用美洲金银来弥补外贸逆差。1728年沙俄和清政府签订《恰克图条约》后，中俄边境的恰图克成为当时主要的贸易口岸。恰克图贸易前期主要是物物交换，后来货币也参与其中。俄国使用皮毛和西欧的白银向中国购买丝绸和茶叶。这样，西欧的白银也通过俄国的陆上贸易间接地流入到中国。

5. 中印贸易

16—18世纪，印度是仅次于中国的世界第二大经济体，尤其是棉纺织业居世界首位。印度本身几乎不产银，它通过欧洲的贸易顺差，吸纳了西方的大量白银，以至于欧洲人称印度为仅次于中国的第二大白银"秘窖"。但印度虽然对欧洲是贸易顺差，对中国却是逆差。印度用吸纳的西方白银来平衡东方的贸易，向中国输出白银。

在上述五条白银输入途径中，中俄贸易使用白银支付的年代相对较晚，净流入规模也较

---

1 按1比索=27.1克=0.73库平两计算。
2 李伯重.火枪与账簿——早期经济全球化时代的中国与东亚世界[M].上海：三联书店，2017：93-94.

小。中印贸易自英国入侵印度后，一直被英国东印度公司所垄断，可以在中国—欧洲贸易途径一并估算。因此下文对白银流入规模的估算主要根据中日贸易、中国—美洲贸易和中国—欧洲贸易三个途径进行估算，其中日本和美洲是白银的主产地，而欧洲是美洲白银的中转地。

三、对于1550—1830年白银流入中国的总量估计

（一）明代后期（1550—1644年）白银流入估计

1. 中日贸易流入

历史上最早对日本白银流入中国数量作出估计的是18世纪初的新井白石，他认为日本庆长六年（1601年）至正保四年（1647年）的47年间，自日本输出白银约7 480万两，几乎全部输入中国。由于日本对华贸易包括直接贸易、走私贸易和欧洲商人经东南亚的转口贸易，因此专家的估计差异较大。综合国内外学者估算，大体上可以分为两种观点，一种认为在0.5亿~1亿两，约占同期日本白银产量的1/3~1/2。另一种认为在1.7亿~2.5亿两，占同期日本白银产量的2/3以上甚至全部。本文倾向于前一种观点：因为白银不仅是中国所需要，也是日本主要货币和国际通行货币。16世纪末主政日本的丰臣秀吉把银矿视为进军亚洲大陆的战略资本，开启德川幕府的德川家康也认为"金银是政务第一的大事"，并从1609年开始限制高纯度的矿产白银出口[1]。而且当时在中日之间居间贸易的荷兰人也经常把在日本获得的白银运到印度等缺乏白银的地区。因此日本所产白银不可能全部向中国输出，必须考虑本国货币流通、储备和对其他国家贸易输出。比较合理的估算是略少于同期日本白银产量的一半，大约8 000万两。

表4 学者对明代后期（1550—1644年）日本流入中国白银估算

序号	学者	时间	白银数量
1	新井白石（1708）	1601—1647年	7 480万两
2	林满红（1990）	1644年以前	5 000万两
3	山村弘造、神木哲南（1983）	1550—1645年	19 600万~25 300万两
4	庄国土（1995）	1530—1644年	17 500万两
5	A.Kobata（1965）	1644年以前	17 000万两
6	万志英（1996）	1550—1645年	9 899万两

---

1 速水融.经济社会的成立17—18世纪[M].上海：三联书店，1997：140-148.

续表

序号	学者	时间	白银数量
7	吴承明（2002）	1550—1644 年	6 240 万 ~9 000 万两
8	万明（2004）	1540—1644 年	20 100 万两
	本文估计	1550—1644 年	8 000 万两

资料来源：1. 新井白石（1980）：679. 原作著于 1708 年；2. 林满红（1990）：12；3.K.Yamamura andT.Kamik（1983），原文为 7 350~9 450 吨；4. 庄国土（1995）；5.A.Kobata（1965）；6. 万志英（Richard Von Glahn, 1996）；7. 吴承明（2002）：172；8. 万明（2004），原文为 7 500 吨；上述吨、银元等单位一律折算为库平两。

2. 中国—美洲贸易

对于明代后期的大帆船贸易（美洲—马尼拉—中国）输入的白银规模，除了早期研究的梁方仲（1939）估算较低（2 000 万两），近年来万明（2004）估计的特别高（2.04 亿两）之外，其余学者估计较为接近，基本在 4 000 万~8 000 万两。从明代后期的白银流入进程看，来自日本的白银起始时间早于美洲直接流入的白银，对当时中国的影响也更大。本文认为多数学者的估计区间是合理的，即明代后期中国—美洲贸易（经马尼拉）输入白银规模略少于日本输入，取其平均数，在 6 000 万两左右。

表5 学者对明代后期（1550—1644 年）中国—美洲贸易白银流入估算

单位：万两

序号	学者	时间	白银数量
1	梁方仲（1939）	1573—1644 年	2 045
2	万志英（1996）	1550—1645 年	6 180
3	山村弘造、神木哲南（1983）	1550—1645 年	3 520
4	王士鹤（1964）	1571—1644 年	3 816
5	彭信威（1988）	1567—1644 年	约 4 000
6	王裕巽（1998）	1644 年以前	11 200
7	全汉昇（1972）	1644 年以前	6 000
8	庄国土（1995）	1567—1643 年	7 500
9	吴承明（2002）	1550—1644 年	5 900

续表

序号	学者	时间	白银数量
10	万明（2004）	1570—1644 年	20 400
	本文估计	1550—1644 年	6 000

资料来源：1. 梁方仲（1989）：76. 原作为 1939 年著；2. 万志英（Richard Von Glahn, 1996），原文为 2 309 吨；3. K.Yamamura and T.Kamik（1983）：329-326；4. 王士鹤（1964）；5. 彭信威（1988）：710；6. 王裕巽（1998），原文为 4 212 吨；7. 全汉昇（1972）：435-446；8. 庄国土（1995）；9. 吴承明（2002）：172；10. 万明（2004）：145-154，原文为 7 620 吨；上述吨、银元等单位一律折算为库平两。

3. 中国—欧洲贸易

晚明时期中国—欧洲贸易的白银估算更为困难，因为有相当一部分欧洲商人如葡萄牙人、荷兰人等从事中国与日本的转口贸易，也有从事中国与印度和东南亚的居间贸易，难以识别其白银来源。Attman（1986）在《欧洲世界贸易中的美洲银元（1600—1800 年）》中估算了西属美洲白银经欧洲流到东方的白银数量，据此估算，1550—1644 年西属美洲白银经欧洲流到东方的白银数量约为 4 亿银元（约合 2.8 亿两）。需要指出，这里的东方是一个非常广大的概念，包括奥斯曼土耳其、印度、中亚、东南亚以及中国等，这些地区白银产量很少，对流入白银有很强的需求。万志英（Von Glahn）估计：1550—1644 年，欧洲通过印度洋的海上贸易输入中国的白银约为 1 230 吨（约合 3 300 万两）[1]。考虑到少量欧洲白银通过中亚和俄国通过陆路进入中国。本文认为，这一时期经欧洲流到中国的白银数量不会超过中国—美洲贸易（经马尼拉）输入白银规模，大致在 5 000 万两以下。

4. 明代国内白银产量

如前所述，明代前中期（1390—1550 年）白银产量大致为每年 30 万两，到了明代后期，虽然国内银矿开发的热情进一步增加，但是矿藏勘探并无实质性突破。根据王裕巽（1998）的推算，嘉靖朝至万历朝（1522—1620 年）的白银产量为 1 082 万两。万历三十三年（1605 年），政府就下诏不准天下开矿，而且直到崇祯末年（1636 年）都没有重新开矿。据此推算，明代后期（1550—1644 年）的白银产量约为 1 000 多万两。

5. 明代后期白银存量和流量总体估计

综合上述分析，本文认为：明代后期（1550—1644 年）中国白银增量约为 2 亿两，其中海外白银流入规模在 1.9 亿两左右，同时国内矿产白银大约在 1 000 万两，即 95% 左右新增

---

[1] Richard Von Glahn: Fountain of Fortune.Money and Monetary Policy in China 1000—1700.Berkeley, 1996.

白银来自对外贸易顺差，明末白银存量约 3.5 亿两。按照李稻葵和管汉晖（2010）估计的明代 GDP：明代后期 GDP 约合 2.9 亿~3 亿两白银，与本文估计的明末白银货币存量基本相当。按明末人口 1.5 亿~2 亿计算，人均拥有白银 1.75~2.33 两。

从其他学者对明末白银存量的估计看：彭信威（1988）[1]估计明末流通中的白银至少为 2.5 亿两或更多，与本文估计大体相当。李隆生（2005）估计明末白银存量 7.55 亿两，与本文差异较大。但从具体结构看，他认为唐宋时期白银产量约为 3.77 亿两，整个明朝（1368—1644 年）共出产了 8 310 万两白银，因此到了明末共生产了约 4.6 亿两白银（未计入元代产量）。加上明中叶后海外流入中国的白银 2.95 亿两，两者合计为 7.55 亿两。本文基本认同李隆生关于唐宋时期白银产量的估计，但关键在于唐宋时期历史产量并没有成为明代的白银存量。如前所述，大部分唐宋时期存量白银已经在元代外流或在元末战乱中损耗灭失，明初实际白银存量（估计约 1 亿两）远低于唐宋时期的历史产量（3.77 亿两）。如果剔除这一差额，只统计李隆生所估计元明两代的白银产量（1.2 亿两）和海外流入量（2.95 亿两），则明末白银存量为 4.1 亿两，与本文的估计结果差距并不大。

表6　明末（1644 年）的中国白银存量及来源结构估计

来源	数量/万两	占比/%	增量占比/%
1550 年以前存量	15 000	42.9	—
中日贸易输入	8 000	22.9	40
中国—美洲贸易输入	6 000	17.1	30
中国—欧洲贸易输入	5 000	14.3	25
中国本土银矿开采	1 000	2.9	5
合计	35 000	比 1550 年增加	20 000
明代后期（1600 年）人口	1.5 亿~2 亿	人均拥有白银	1.75~2.33 两

资料来源：白银数据为作者根据前述相关研究综合估计；1600 年人口数据参考葛剑雄、曹树基（1995），该文认为 1600 年是明代人口的顶峰，明末数据可能略低于 1600 年。

（二）清代前中期（1645—1830 年）白银流入估计

17 世纪 30 年代以后，特别是清代初期（1645—1700 年），白银流入规模出现大幅度下降。主要原因：一是受白银产量和相关国家政策影响，海外白银供应下降；二是明末清初长期战乱，

---

[1] 彭信威. 中国货币史 [M]. 上海：上海人民出版社，1988：710.

人口减少、货币需求下降;三是清初(1655—1684年)实施闭关禁海政策。1700年以后,随着经济的恢复和海禁有限放开,白银流入出现恢复并有所增长。到1830年前后,受西方鸦片贸易等因素冲击,中国对外贸易从长期顺差转为逆差,白银持续流入局面结束,前后持续约280年。就具体国家而言,有的国家对华贸易在1800年之前已经从白银流入转为逆差,有的国家在1830年之后仍然对华持续输入白银。但从白银总体流动角度而言,本文统计流入时间下限为1830年。以下根据主要贸易线路进行估算。

1. 中日贸易流入

1630年以后,日本银矿产量下降以及德川幕府实施闭关锁国政策,导致日本对华白银输入持续下降。特别是1760年以后,中国对日本出现白银流出。综合吴承明、林满红、李隆生等的研究,估计1645—1830年中国从日本累计净流入白银约为3 000万两。

表7 学者对清代前中期(1645—1830年)日本流入中国白银的估算

单位:万两

学者	时间	白银数量
吴承明(2002)	1645—1700年	约5 000
林满红(2011)	1648—1708年	3 676
	1709—1762年	10
	1763—1840年	−729(流出)
	1645—1840年合计	2 957
后智钢(2009)	1645—1672年	1 520
李隆生(2009)	1648—1762年	7 565
	1762—1840年	−4 527(流出)
	1648—1840年合计	3 038
本文估计	1645—1830年	3 000

资料来源:1.吴承明(2002):172;2.林满红(2011):52,原文为银元,折算为库平两;3.后智钢(2009):91;4.李隆生(2009):56.

2. 中国—美洲贸易

清代以后,从美洲经马尼拉到中国的大帆船贸易一方面受到西班牙殖民者控制白银流出政策影响,另一方面受清政府海禁政策影响,贸易额和白银流入规模出现较大波动。总体上呈现两头低、中间高的局面。根据钱江(1985)的估计,1570—1799年从美洲经马尼拉到中国贸易累计流入白银约1.77亿两,减去本文估计明代部分(1550—1645年)约0.6亿两,清代前中期约为1.17亿两。而李隆生(2009)估计,1645—1800年,中国—美洲贸易的白银总流入为 9 401 万两。考虑到 1800 年以后经马尼拉白银流入已经很少,本文估计 1645—1830 年期间从美洲(经马尼拉)累计流入白银约 1 亿两。

表 8 学者对清代前中期(1645—1830 年)中国—美洲贸易白银流入估算

单位:万两

学者	时间	白银数量
钱江(1985)	1570—1760 年	17 500
钱江(1988)	1570—1799 年	17 700
李隆生(2009)	1645—1684 年	1 809
	1685—1777 年	6 902
	1778—1800 年	690
	1645—1800 年合计	9 401
本文估计	1645—1830 年 1645—1684 年	10 000

资料来源:1. 钱江(1985);2. 钱江(1988);3. 李隆生(2009).

3. 中国—欧洲贸易

清代以后,中国—欧洲贸易逐渐成为中国对外贸易主要线路,荷兰特别是英国占据了突出地位。根据钱江(1988)和彭信威(1988)等对英国东印度公司 1644—1833 年部分年度数据的统计,英国东印度公司累计向中国输入白银至少达 0.5 亿~1 亿两。其中 1700—1800 年是中欧贸易和白银输入的活跃期,余捷琼(1940)估计,这一时期英国和其他欧洲国家通过贸易输入中国白银数量约 1.26 亿两,庄国土(1995)则进一步细化到英国、荷兰和其他欧陆国家,估计白银流入总数约为 1.08 亿两。特别是乾隆中后期(1757—1799 年)欧洲白银流入达到高峰,李隆生(2009)和吴承明(2002)的估计分别达到 0.7 亿两和 0.9 亿两。本文综合相关研究(见表 9),估计 1700—1800 年占整个清代前中期流入的 2/3 左右,乾隆后期流入数量接近清代前中期流入的一半,估计整个清代前中期(1645—1830 年)从欧洲累计流入白银约为 1.8 亿两。

表 9 学者对清代前中期(1645—1830 年)中国—欧洲贸易白银流入的估算

单位:万两

学者	时间	白银数量
钱江(1988)	1644—1823 年(英国东印度公司部分年度)	4 896
后智钢(2009)	1760—1823 年(英国东印度公司部分年度)	3 312

续表

学者	时间	白银数量
彭信威（1988）	1681—1833年（英国东印度公司部分年度）	约7 000
李隆生（2009）	1757—1800年	7 447
	1775—1800年	4 971
庄国土（1995）	1700—1823年（英国东印度公司）	5 387
	1720—1795年（荷兰人）	1 582
	1719—1799年（其他欧洲大陆国家）	3 850
	欧洲合计	10 820
余捷琼（1940）	1700—1800年	12 600
吴承明（2002）	1760—1799年	9 590
本文估计	1645—1830年	18 000

资料来源：1.钱江（1988）；2.后智钢（2009）：73；3.彭信威（1988）：854；4.李隆生（2009）：56；5.余捷琼（1940）：32-34；6.庄国土（1995）；7.吴承明（2002）：219.

4. 中国—美国贸易

中国与美国的贸易开始于乾隆四十九年（1784年）美国"中国皇后号"商船的首航中国。至1803年，美国对华贸易额已经超出英国以外的所有欧洲国家。1800年后，美国成为世界主要的白银生产国和输出国之一。白银成为美国弥补对华贸易逆差的主要手段，在19世纪20年代前，银元占到美国输华商品总额的二分之一至四分之三。到19世纪30年代，美国参与鸦片走私，对华输入白银逐步减少。彭信威（1988）估计1784—1833年的50年，美国累计输入6 000万~7 000万两。而庄国土（1995）根据1805—1830年美国来华贸易船清单的估计，美国累计向中国输出白银约5 450万两（1830年以后仍有少量流入）。综上，本文估计1784—1830年美国向中国输入白银约6 000万两。

表10 学者对清代前中期（1645—1830年）中美贸易白银流入估算

学者	时间	白银数量
彭信威（1988）	1784—1833年	6 000万~7 000万两
庄国土（1995）	1805—1830年	5 450万两
本文估计	1784—1830年	6 000万两

资料来源：1.彭信威（1988）：831；原始数据为银元，折算为银两；2.庄国土（1995）．

5. 清代国内白银产量

关于清代前中期白银产量问题，目前相关研究不多。根据全汉昇（1967）统计：1708—1829 年，云南银课约为 2.1 万~7 万两，折合白银总产量 6 万~20 万两，云南通常占清代国内白银产量一半以上，部分年份甚至接近全部，据此估计清代白银年产量约为 10 万~30 万两。此外，李隆生（2009）根据银课推算清代（1645—1911 年）白银产量为 6 900 万两。本文由此估算清代前中期（1645—1830 年）白银产量约为 5 000 万两。

6. 清代前中期（1645—1830 年）白银存量和流量总体估计

综合上述分析，本文认为：明代末期的白银存量为 3.5 亿两，清代前中期（1645—1830 年）海外白银流入规模总计约为 3.7 亿两，同时国内矿产白银约为 0.5 亿两，中国全部白银增量约为 4.2 亿两，其中 88% 左右的清代新增白银来自对外贸易顺差。此外，由于明末清初长期战乱，大量白银遗失损耗（如近年来发现的四川彭山明末战场遗址"江口沉银"等[1]），粗略估计损失数量占明末白银存量的 20% 即 0.7 亿两。减去损耗（0.7 亿两）后，清代中期（1830 年）的国内白银存量约为 7 亿两。白银存量比明末增长约 1 倍，按当时全国人口 3.5 亿~4 亿计算，平均每人拥有白银约 1.75~2 两，与明末人均白银数量基本持平或略低（见表 11）。

表 11 清代前中期（1645—1830 年）的中国白银存量及来源结构估计

来源	数量/万两	占比/%	增量占比/%
明末（1644 年）存量	35 000	50.0	—
当期白银损耗	−7 000	−10.0	—
中日贸易输入	3 000	4.3	7.1
中国—美洲贸易输入	10 000	14.3	23.8
中国—欧洲贸易输入	18 000	25.7	47.6
中美贸易输入	6 000	8.6	9.5
中国国内银矿开采	5 000	7.1	11.9
合计	70 000	比明末净增加	35 000
清代中期（1830 年）人口	3.5 亿~4 亿	人均白银数量	1.75~2 两

资料来源：1. 白银数据为作者根据前述相关研究综合估计，增量为白银输入和国内银矿产量之和，净增加为增量减去当期损耗；2. 清代中期人口数据参见：曹树基，陈意新（2002）。

---

[1] 邓前程. 彭山"江口沉银"考古发掘的学术价值探讨[J]. 中华文化论坛，2019（4）：23-30.

表12　明代后期至清代前中期（1550—1830年）的白银存量及流量估计

单位：万两

年份	来源	数量
明代中期（1550年）	白银存量	15 000
明代后期（1550—1644年）	中国—日本贸易	8 000
	中国—美洲贸易	6 000
	中国—欧洲贸易	5 000
	合计：海外白银净流入	19 000
	中国本土银矿开采	1 000
明末（1644年）	白银存量	35 000
清代前中期（1645—1830年）	白银损耗	-7 000
	中国—日本贸易	3 000
	中国—美洲贸易	10 000
	中国—欧洲贸易	18 000
	中国—美国贸易	6 000
	合计：海外白银净流入	37 000
	中国国内银矿开采	5 000
明代和清代前中期合计（1550—1830年）	海外白银合计净流入	56 000
	中国本土银矿开采	6 000
	白银损耗	-7 000
清代中期（1830年）	白银存量	70 000

资料来源：见上文相关估计，中国—美洲贸易指中国与西班牙属美洲殖民地开展的直接贸易和转口贸易，不包括美国等非西班牙殖民地。中国—欧洲贸易指中国与欧洲商人及其所控制的东南亚、印度地区直接贸易，不包括欧洲商人在中国—日本、中国—美洲的居间贸易。中国—美国贸易指1784年以后中国与美国开展的直接贸易，不包括北美殖民地时期经过欧洲的转口贸易。

综合明清两代估算结果（见表12），本文初步估计1550—1830年，通过海外贸易方式流入中国白银的总量约为5.6亿两（约合2.1万吨），同期国内银矿生产约为0.6亿两，海外流入白银约占中国白银增量（6.2亿两）的90%，大致占同期全球白银总产量（约14万吨）的15%左右。考虑这一期白银损耗（约0.7亿两）后，中国白银净增约5.5亿两，国内白银存量从1550年的约1.5亿两提升到1830年的7亿两左右。

表13 学者对明代后期和清代前中期（1550—1830年）白银流入总体估算

学者	时间	白银数量
全汉昇（1972）	1700—1830年	3.65亿两
庄国土（1995）	1560—1840年	5.15亿两
弗兰克（2000）	1550—1800年	16.1亿两
吴承明（2002）	1550—1650年	超过1亿两
	1650—1799年	1.78亿两
	1550—1799年合计	约2.8亿两
麦迪森（2003）	1550—1700年	1.85亿两
王业键（2003）	1650—1800年	4.3亿~5.8亿两
本文估计	1550—1830年	5.6亿两

资料来源：1.全汉昇（1972）：第2册，503-504，原文为5亿银元，折算为银两；2.庄国土（1995）；3.贡德·弗兰克（2000）：207；4.吴承明（2002）：172、219；5.安格斯·麦迪森（2003）；6.王业键（2003）：192-193，原始数据为6亿~8亿银元，折算为银两。

与其他学者对明清白银流入总体估计相比（见表13），本文（5.6亿两）与庄国土（1995）的估计结果（约5.2亿两）基本一致。按对应时段折算后，与全汉昇（1972）和王业键（2003）的估计也较为接近，稍高于吴承明（2002）和麦迪森（2003）的估计结果，而弗兰克（2000）的估计结果（16.1亿两）远高于本文和其他学者估计。

四、白银流入影响和对部分代表性观点辨析

（一）海外白银流入中国的经济影响

1550—1830年，白银通过海外贸易方式持续流入中国，总量约5.6亿两（约合2.1万吨），约占同期中国白银增量的90%，大致占同期全球白银总产量的15%左右。在海外白银的推动下，中国的白银存量从1550年的约1.5亿两提升到1830年的7亿两左右，基本实现了货币和赋税的白银化，同时也对中国经济产生了全方位的影响。

1. 标志着中国传统货币政策的终结

16世纪以前，中国历代的主流货币如铜钱、纸币都是由官方垄断发行。而巨量白银自海外流入后，明代和清前期政府并未采取收集白银发行官方铸币，而是放任其以称量货币（银两）或外国铸币（银洋）形式流通，国家丧失了对于货币主权的掌控。而同时期的欧洲国家则始终掌握白银货币的发行权，民间持有的白银必须送交国家指定的铸币厂铸造成银币，并缴纳

一定比例的铸造费用才能流通。万志英（2012）据此认为，中国历史上的传统货币政策是由官方垄断货币发行并通过货币发行驾驭市场，而16世纪后的货币白银化标志着传统货币政策的终结。

2.重塑了国家财政的实现和运作形式

明代晚期，借助海外白银流入，推行"一条鞭法"，实现了国家赋税从实物劳务为主到白银货币为主的重大变化。部分学者认为：从实物赋税变为等价白银并无太多实质性变化。如黄仁宇（2001）对比了折银前后的明代财政管理体制，指出"认为使用白银是财政管理上的一个重大改进的想法没有什么实质的理论意义。"但刘志伟（2014）等更多学者认为白银的持续介入，改变了明清以后国家财政的实现和运作形式，使得税制向更具有现代意义的财产税转变，同时政府在货币金融领域的缺位造成了国家与社会的对立，加速了社会的失序。

3.改变了东亚贸易模式和中国国内生产流通格局

16世纪开始，西欧和日本商人用大量白银来购买中国瓷器、茶叶、丝织品、棉纺织品等，成为当时东亚乃至世界上一种主要的国际贸易模式。由于白银解决了欧洲和日本对中国商品需求与支付能力之间的缺口，世界主要经济体之间的贸易就借助白银的注入而急剧扩大起来。可以说，白银是早期经济全球化的助推剂。随着对外贸易的兴盛，国内的相关产业和商帮也得到了长足发展，如江南的丝和棉纺织品、景德镇的陶瓷、福建的茶叶等，成为在全球具有相当影响力的产品。

（二）对《白银资本》等代表性观点辨析

近年来，国内外学术界对16—19世纪白银流动问题高度重视，研究也日益深入。但是另一种倾向也值得反思，就是过分夸大白银流入中国的规模和中国在早期全球化中的地位。例如，德国学者贡德·弗兰克所著《白银资本》认为，18世纪以前，"从波士顿到哈瓦那，从塞维利亚到安特卫普，从摩尔曼斯克到亚历山大港，从君士坦丁堡到科罗曼德尔，从澳门到广州，从长崎到马尼拉，商人们都使用西班牙比索或里亚尔（银币名称）作为标准的交换媒介"[1]，形成环绕全球的白银漩流，把世界各地的经济生活卷在一起，而白银漩流的中心在中国。弗兰克估计：在1800年以前的两个半世纪里（1550—1800年），中国最终从欧洲和日本获得了将近4.8万吨白银，可能还通过马尼拉获得了1万吨甚至更多的白银，另外还从亚洲大陆上的东南亚和中亚地区以及中国自身获得一些白银。将这些加总起来，中国获得了大约6万吨（约合16.1亿两）白银，大概占世界有记录的白银产量（自1600年起为12万吨，自1545年起为13.7万吨）的一半[2]。若不是当时的中国政府海禁政策的阻挠，白银输入会更多。

---

1 贡德·弗兰克.白银资本：重视经济全球化中的东方[M].刘北成，译．北京：中央编译出版社，2000：189.
2 贡德·弗兰克.白银资本：重视经济全球化中的东方[M].刘北成，译．北京：中央编译出版社，2000：207.

Silver Currency and Its Role
in the Evolution of Chinese History
白银货币与中国历史变迁问题研究

作者据此认为，中国在 16—19 世纪一直是最重要的开放经济体，是早期经济全球化和全球货币体系的主导者。他进一步提出，近代以来，以欧洲为代表的"西方的兴起"并非来源于制度、科技等内在驱动力，而是在东方和西方的经济交流过程中发生的，具有明显的周期性特征。欧洲得益于美洲白银资本的助力，加入了亚洲为中心的全球贸易体系，并逐渐从边缘走向了中心。

《白银资本》一书出版后，在西方学术界产生了强烈的反响，曾获得 1999 年世界历史协会图书奖头奖，并产生了相当的社会影响。由于弗兰克对明清时期白银流入中国的规模、占比（1550—1800 年白银流入约 16.1 亿两，占全球产量的 50%），与本文（1550—1830 年流入约 5.6 亿两，占全球产量的 15%）以及其他多数学者的估计结果存在较大差异，并直接影响到对中国在早期经济全球化中地位的判断。因此，有必要对弗兰克的估算方法及其结果进行辨析。

一是从宏观看，弗兰克对中国白银流入份额的估计不符合一般货币需求规律。由于 16—19 世纪国际白银流动相关史料存在大量缺失、错误和自相矛盾之处，基于个别史料得出一个较高或较低的估计结果并不奇怪。但是对于货币数量的宏观估计不应违背一般的货币需求规律。13—18 世纪，白银一直是最重要的国际货币。特别是 16 世纪以后，白银的流通范围已经涵盖整个欧亚大陆和北非、美洲等广大地区，全世界绝大多数的文明社会和人口已经进入"白银社会"。而白银的供给由于银矿分布的不均衡，具有极大的地区差异。在这种情况下，从长期看，一个大型经济体通过和平贸易方式所能获得的国际通货（白银），最终取决于它的经济发展水平和货币需求。如前文所述，除了正常的交易需求和预防性需求外，还须考虑货币化进程所引起的额外货币需求。在国际贸易活动中，白银生产国必然会向其他有货币需求的国家输出白银，特别是 1500 年以前以实物经济为主的"洪武型经济体制"，使中国的货币化进程处于一个极低的起点，在很大程度上加大了中国对白银货币的需求。但是最终作为白银输入国，其所占的货币份额不可能超过其经济发展水平和货币化程度所对应的份额，更不可能向其他使用白银的经济体无限制吸收货币。1550—1800 年，整个文明社会（或者说"白银社会"）处于"大分流"的前期，中国与日本、印度、欧洲等地区的经济水平没有根本差别。如果按照人口份额推算（见表 14），中国大约占当时"白银世界"经济体量的 1/3 左右。由于中国本身不是白银输出地，加之明清时期铜钱仍然是小额流通支付的主要工具，在相当程度上填补了白银的货币需求。因此，在最理想情况下，中国人均白银货币的拥有量也不会超过包括白银产地在内的"白银社会"平均水平，即不超过这一时期全球白银总产量的 1/3。如果考虑到各产银国对白银输出的限制，以及中国海禁政策等影响，实际流入规模必然更低。认为中国吸收了全球一半以上白银的观点不符合货币需求的一般规律。

表14　1400—1850年世界和各地区的人口情况

单位：百万

地区	年份							
	1400	1500	1600	1650	1700	1750	1800	1850
欧洲	45	69	89	100	115	140	188	266
整个亚洲	224	254	292	319	402	508	612	743
俄国亚洲部分	9	11	13	14	15	16	17	19
西南亚	27	29	30	30	31	32	33	34
印度	46	54	68	80	100	130	157	190
中国（主体部分）	112	125	140	150	205	270	345	430
日本	14	16	20	23	27	32	28	33
东南亚	16	19	21	22	24	28	32	37
非洲	74	82	90	90	90	90	90	95
美洲	30	41	15	9	10	11	29	59
世界总计	373	446	486	518	617	749	919	1 163
使用白银地区人口	299	364	396	428	527	659	829	1 068
中国占白银地区人口比例	37.5%	34.3%	35.4%	35.0%	38.9%	41.0%	41.6%	40.3%

资料来源：贡德·弗兰克（2000）：159，使用白银地区包括亚洲、欧洲和美洲，不包括非洲。

二是从具体历史阶段看，本文与弗兰克的差异主要集中在对清代白银流入的估计。对于明代后期世界白银生产总量和转移情况，弗兰克认为：从16世纪中期到17世纪中期（1550—1650年），美洲和日本大约生产了3.8万吨白银，最终流入中国7 000～10 000吨（约合1.9亿～2.7亿两）。[1] 这一估计结果与本文对明代后期（1550—1644年）白银流入规模的估计（1.9亿两，约合7 000吨）基本一致。而对于清代前中期白银流入情况，根据弗兰克对明清时期（1550—1800年）白银流入的总估计（6万吨），剔除明代后期（1550—1650年）流入规模（0.7万～1万吨），其对清代前中期（1650—1800年）流入估计达到5万～5.3万吨（约合13.4亿～14.2亿两）。而本文对清代前中期（1645—1830年）海外白银流入的估计规模约为3.7亿两（约

---

1 贡德·弗兰克.白银资本：重视经济全球化中的东方[M].刘北成，译．北京：中央编译出版社，2000：210.

Silver Currency and Its Role
in the Evolution of Chinese History
白银货币与中国历史变迁问题研究

合1.4万吨）。弗兰克估算时间跨度略少于本文[1]，而估计清代前中期白银流入规模比本文高出近3倍，导致最终结果产生较大差异。

三是从白银的具体来源和估算方法看，弗兰克把"欧洲流入亚洲大陆白银""日本生产白银"与"欧洲流入中国白银""日本流入中国白银"等概念相混淆，导致估算产生很大偏差。如日本是海外流入中国白银最早来源地，其规模也仅次于美洲白银。弗兰克将日本16—18世纪白银产量（约9 000吨）直接等同于日本流入中国的白银数量。这一判断成立的前提是日本自身基本没有白银需求和输出限制。但实际上，早在1609年，当时日本的主政者德川家康已经意识到白银流出的风险，开始限制出口高纯度的矿产白银（灰吹银），提倡外贸使用含银量相对较低的日本银币。1668年，德川幕府禁止对荷兰商船输出白银，1685年颁布《御定高仕法》，限制对中国、荷兰的贸易，并鼓励用铜代替银作为出口支付工具。[2]特别是18世纪中期以后，虽然日本国内仍然生产一定数量的白银，但由于其自身经济对白银货币的需求以及铜产量增加，因此日本采取了向中国输出铜材（用于铸造铜钱）、从中国输入白银的政策，早期流入中国的日本白银开始部分回流（此时中国整体上白银仍然为流入）。把"日本白银产量"与"日本流入中国白银数量"画等号显然不符合史实。与之类似，弗兰克认为：在欧洲获得的白银中，大约一半（3.9万吨）又转手到亚洲，其中17世纪为1.3万吨，18世纪为2.6万吨，这些白银最终主要流入中国[3]。因此，他把欧洲流向亚洲大陆的白银（3.9万吨，约合10.5亿两）等同于流入中国的数量，这个判断成立的前提是亚洲大陆其他国家基本不进口白银或者收支相抵。事实上，当时亚洲大陆包括中国和印度两大经济体以及东南亚、中亚、西亚地区众多国家，这些经济体大多不产白银或产量很少。特别是印度，1550—1700年正处于封建社会的繁荣阶段，其人口规模和经济体量与中国接近，商品经济和货币化程度有很大提高，如德里省的土地税从1594年的1 500万银卢比（约合172吨或460万两白银[4]）增加到1700年的3 000万银卢比[5]（约合920万两白银）。印度同样需要获取大量白银以满足其经济需求，也因此被欧洲商人视为仅次于中国的白银"秘窖"。根据印度学者的研究，在英国、荷兰和法国的三家东印度公司输出的物资中，贵金属是最主要的组成部分，其他商品只占20%左右。18世纪20年代，欧洲公司每年有约1 000万卢比（约合300万两白银）的金银和货物通过好

---

1 本文对清代白银流入估计的时间跨度为1645—1830年，弗兰克估计时间段为1650—1800年，其中明末清初的1645—1650年，以及清代中期的1800—1820年，学术界公认为白银流入期，1820—1830年流入流出互现，总体是净流入还是净流出存在一定争议，但1800—1830年整体上仍然公认为净流入。因此，弗兰克所估算的白银流入期长度本身少于本文测算的长度。

2 速水融.经济社会的成立17—18世纪[M].上海：三联书店，1997：140-148.

3 贡德·弗兰克.白银资本：重视经济全球化中的东方[M].刘北成，译.北京：中央编译出版社，2000.

4 按1银卢比=11.5克白银=0.31库平两计算。

5 林承节.印度史[M].北京：人民出版社，2004：182.

望角转运印度。此外，17世纪30年代以后，日本成为荷兰东印度公司最大的白银来源，东印度公司将在日本所获得的大部分金银运送到了印度，用于交换其他商品货物。1667年荷兰东印度公司输入孟加拉国的白银中，近84%原产于日本。直到1668年日本禁止对荷兰人出口白银，方才中断。[1]因此，忽略日本和欧洲白银流入印度等亚洲经济体情况，把"流入亚洲大陆白银"直接等同于"流入中国白银"显然不符合史实。

从历史上看，西方把中国视为"白银秘窖"的观点由来已久。早在16—18世纪欧洲商人和传教士的描述中，东方特别是中国已经是当时的"白银秘窖"，巨量白银流入中国就消失得无影无踪。布罗代尔（2002）也认为："中国和印度已成为在世界各地流通的贵金属的最后归宿。贵金属进入这两个国家后，就再也出不来了"[2]。从传统的"欧洲中心论"观点看，中国和印度在近代落后，主要原因是经济制度的内在缺陷。而将白银货币作为财富囤积，不再投入贸易和生产，正是经济制度缺陷的体现。而弗兰克对于"白银秘窖"的解读则与"欧洲中心论"相反，他认为当时中国的经济制度与欧洲并没有实质差别，中国集聚了全球半数的白银货币，正说明中国是早期经济全球化的主导者，直到1800年，中国在经济发展水平上仍不落后于西方。最终西欧在近代取代中国，取得全球经济主导地位，只是超长经济周期内的盛衰转移，具有周期性和一定的偶然性，而与经济制度无关。本文认为，弗兰克的观点对于破除传统的"欧洲中心论"具有积极意义，白银从欧美、日本到中国的单向流动，根本原因是中国对白银的经济需求和本身产量不匹配，并非中国人比欧洲人更热衷于囤积白银或制度落后。但与此同时，弗兰克所认为的货币流向决定经济地位的观点，即贸易顺差国家主导国际经济分工体系，在逻辑上是否成立？即便这一观点在逻辑上成立，如前所述，事实上中国从海外获取的白银份额也远未达到弗兰克宣称的规模。这意味着中国在早期经济全球化当中只是参与者和受益者之一，远不是主导者。过分夸大中国货币需求对于全球白银流动和早期经济全球化的影响，是不可取的。

参考文献

[1] 爱宕松男. 斡脱钱与其背景——13世纪蒙古元朝银之动向[J]. 东洋史研究，1973（32）：1-2.

[2] 安格斯·麦迪森. 世界经济千年史[M]. 伍晓鹰等译. 北京：北京大学出版社，2003.

[3] 奥姆·普拉卡什. 16—18世纪输入印度的贵金属[J]. 中国钱币，2013（2）：37-44.

[4] 曹树基，陈意新. 马尔萨斯理论和清代以来的中国人口[J]. 历史研究，2002（1）：41-54.

---

1 奥姆·普拉卡什. 16—18世纪输入印度的贵金属[J]. 中国钱币，2013（2）：37-44.
2 费尔南·布罗代尔. 15至18世纪的物质文明、经济和资本主义（第2卷）[M]. 顾良，译. 上海：三联书店，2002：233.

［5］邓前程.彭山"江口沉银"考古发掘的学术价值探讨［J］.中华文化论坛，2019（4）：23-30.

［6］费尔南·布罗代尔.15至18世纪的物质文明、经济和资本主义（第2卷）［M］.顾良，译.上海：三联书店，2002.

［7］葛剑雄，曹树基.对明代人口总数的新估计［J］.中国史研究，1995（01）：33-44.

［8］贡德·弗兰克.白银资本：重视经济全球化中的东方［M］.刘北成，译.北京：中央编译出版社，2000.

［9］管汉晖，李稻葵.明代GDP及结构试探［J］.经济学（季刊），2010（3）：787-828.

［10］黄仁宇.十六世纪明代中国的财政与税收［M］.上海：三联书店，2001.

［11］后智钢.外国白银内流中国问题探讨（16—19世纪中叶）［D］.上海：复旦大学，2009.

［12］霍有光.宋代的银矿开发冶炼成就［J］.科学技术与辩证法，1994（5）：28-34.

［13］李伯重.火枪与账簿——早期经济全球化时代的中国与东亚世界［M］.上海：三联书店，2017.

［14］李隆生.明末白银存量的估计［J］.中国钱币，2005（1）：5-10.

［15］李隆生.清代（1645—1911）每年流入中国白银数量的初步估计［J］.人文暨社会科学期刊，2009，5（2）：56.

［16］李心传.建炎以来系年要录［M］.上海：上海古籍出版社，1992.

［17］梁方仲.梁方仲经济史论文集［M］.北京：中华书局，1989.

［18］林承节.印度史［M］.北京：人民出版社，2004：182.

［19］林满红.明清的朝代危机与世界经济萧条［J］.新史学，1990（4）：12.

［20］林满红.银线：19世纪的世界与中国［M］.南京：江苏人民出版社，2011.

［21］刘光临.明代通货问题研究——对明代货币经济规模和结构的初步估计［J］.中国经济史研究，2011（01）：72-83.

［22］刘志伟.从"纳粮当差"到"完纳钱粮"——明清王朝国家转型之一大关键［J］.史学月刊，2014（7）：14-19.

［23］明宪宗实录［M］.台北：台北"中研院"历史语言研究所校印本，1962.

［24］明世宗实录［M］.台北：台北"中研院"历史语言研究所校印本，1962.

［25］彭信威.中国货币史［M］.上海：上海人民出版社，1988.

［26］钱江.1570—1760年西属菲律宾流入中国的美洲白银［J］.南洋问题，1985（3）：96-106.

［27］钱江.十六—十八世纪国际间白银流动及其输入中国之考察［J］.南洋问题研究，1988（2）：81-91.

［28］邱永志.白银时代的落地：明代货币白银化与银钱并行格局的形成［M］.北京：社会科学文献出版社，2018.

［29］全汉昇.明清时代云南的银课与银产额[J].新亚学报,1967(9):61-88.

［30］全汉昇.中国经济史论丛(第1、2册)[M].香港:香港新亚研究所,1972(1):435-446,(2)503-504.

［31］全汉昇.中国经济史研究(下册)[M].台北:台北稻乡出版社,1991:602-615.

［32］全汉昇.中国近代经济史论丛[M].北京:中华书局,2011:48.

［33］速水融.经济社会的成立17—18世纪[M].上海:三联书店,1997.

［34］万明.明代白银货币化:中国与世界连接的新视角[J].河北学刊,2004(3):145-154.

［35］万志英.11—18世纪中国的货币与货币政策[J].思想战线,2012(6):74-78.

［36］王雷,赵少军.试论金代白银的货币化[J].中国钱币,2015(1):3-10.

［37］王文成.蒙古灭金前后的市场演变与白银使用[J].中国经济史研究,2000(1):117-125.

［38］王裕巽.明代国内白银开采与国外流入数额试考[J].中国钱币,1998(3):3-5.

［39］吴承明.吴承明集[M].北京:中国社会科学出版社,2002.

［40］新井白石.白石私记[M].北京:商务印书馆,1980:679.

［41］王业键.清代经济史论文集[M].台北:稻香出版社,2003:192-193.

［42］王士鹤.明代后期中国—马尼拉—墨西哥贸易的发展[J].地理集刊,1964(7).

［43］易纲.中国的货币化进程[M].北京:商务印书馆,2003:90.

［44］余捷琼.1700—1937年中国银货输出入的一个估计[M].北京:商务印书馆,1940:32-34.

［45］庄国土.16—18世纪白银流入中国数量估算[J].中国钱币,1995(3):3-10.

［46］A.Kobata. Silver in Seventeenths Century–Japan[J]. The Economic History Review, Vol. 18, No.2, 1965.

［47］Artur.Attman. America Bullion in the European World Trade, 1600—1800[M]. Goteborg, 1986:33.

［48］K.Yamamura and T.Kamik(山村弘造、神木哲南),Silver mines and Sung coins: a monetary history of medieval and modern Japan in international perspective, in J.F. Richards-ed. Precious Metals in the Late Medieval and Early Modern World[M]. Durham: Carol in a Academic Press, 1983, 329-326.

［49］Richard L Garner.Long Term Silver Mining Trends in Spanish America: a Comparative Analysis of Peru and Mexico [J]. The American Historical Review, Vol. 93. No. 4.1988.

［50］Richard Von Glahn: Fountain of Fortune.Money and Monetary Policy in China 1000—1700.Berkeley, 1996.

［51］William.S.Atwell.International Bullion Flows and the Chinese Economy circa 1530—

1650[J]. Past&Present No.95, May.1982.

[52] Word Barrett. World Bullion Flows, 1450—1800 [J]. in James D Tracy (eds). the Rise of the Merchant Empires, Long − Disdance Trade in the Early Modern World, 1350—1750 [M]. Cambridge University Press.

1830—1936年中国国际收支与白银流入流出情况

◎ 中国人民银行扬州市中心支行　张　翼

摘要： 本文基于国际收支平衡表，从货物贸易、服务贸易、单方面转移和资本活动等要素和不同历史阶段，对清代后期到民国前期（1830—1936年）中国的国际收支与白银流入流出进行估算。鸦片输入是导致贸易逆差最初和最直接的因素，此后工业制成品逐步成为贸易逆差主要来源。对外赔款进一步加剧了白银流出压力。华侨汇款和服务贸易顺差则是平衡货物贸易逆差的主要途径。外债和外国直接投资增加了当期白银流入，而债务偿付和利润汇出又增加了此后的流出压力。此外，金银兑换套利也是白银跨境流动的重要因素。总体看，中国近代为满足基本货币需求，多数时期维持了白银流入，其代价是白银供应受制于外部、黄金流出、权益丧失以及债务增加，并导致货币供应和物价剧烈波动。最终在国际资本冲击下，中国白银大量外流，银本位制宣告终结。

▶ **Abstract:** This paper estimates the balance of payments and the inflow and outflow of silver in China in various stages between the late Qing Dynasty to the early Republican period (1830—1936), considering factors such as trade in goods and services, unilateral transfers, capital activities, and etc. The import of opium was the initial and most direct factor of trade deficit. Later on, manufactured goods gradually became the main source of trade deficit. Payments of indemnities further aggravated the pressure of silver outflow. Remittance from overseas Chinese and service trade surplus helped balance the goods trade

---

1 感谢复旦大学吴景平教授和中国工商银行蒋立场博士对本文的评阅意见。本文中白银计量单位除特别说明外，全部按1两＝1库平两＝37.3克，1海关两＝1.01库平两，1银元＝0.72海关两或0.73库平两换算，不考虑白银成色问题。

Silver Currency and Its Role
in the Evolution of Chinese History
白银货币与中国历史变迁问题研究

> deficit. External borrowing and foreign direct investment increased the current inflow of silver, while debt repayment and profit repatriation increased the subsequent outflow pressure. In addition, gold and silver exchange arbitrage was also an important factor in the cross-border movement of silver. Generally speaking, in order to meet the basic currency demand in modern China, silver inflow was maintained for most of the period, whereby supply of silver was controlled by foreign countries. China experienced an outflow of gold, loss of rights and interests, and increase in external debts, which ultimately led to fluctuations in the money supply and prices. Eventually, due to factors such as the Silver Purchase Act of 1934 and international capital flows, a large amount of silver flowed out of China, and China's silver standard system came to an end.

一、引言和文献综述

明代后期到清代前中期（1550—1830年），大量海外白银通过贸易顺差方式流入中国，并对中国的货币制度、财政运作和生产流通格局产生了深远影响。清代中期（1830年）以后，中国对外贸易从顺差变为持续逆差，并直接导致白银流出。根据国际收支理论，贸易逆差通常导致储备（金银）减少。而近代中国在货物贸易长期逆差的同时，还存在对外赔款、华侨汇款、服务贸易、外债、外国直接投资和货币兑换等因素，各年份白银净流入流出数量与贸易逆差规模并不相等，大部分时段还出现了白银存量增加的现象。

对于近代以来中国的国际收支和白银流入流出情况，中外学者从对外贸易、货币金融、财政税收和产业投资等多方面进行了研究。如在国际收支方面，马士（H.B.Morse，1904）制作了1903年的中国国际收支平衡表，包括商品贸易及金银进出口、劳务收支、投资收益、华侨汇款及资本项目内容。郑友揆（1984）估算了1864—1936年中国的货物贸易收支，并制作了1903—1936年的国际收支平衡表。陈争平（1996）系统地估算了1895—1936年的中国国际收支情况，制作了这一时期的国际收支平衡表，分析了近代中国国际收支的主要特征、发展趋势以及对中国早期现代化的影响。在货币数量方面，彭信威（1988）[1]估算了清

---

1 彭信威.中国货币史[M].上海：上海人民出版社，1988：888.

代后期（1830—1911年）的白银流动以及清末的流通货币数量和结构。罗斯基（Rawski, 1989）对1910—1936年中国货币供应量和现银流动做了估算。在外债外资方面，徐义生（1962）和中国人民银行总行参事室（1991a）对近代（1853—1927年）特别是清代后期（1853—1911年）的外债进行了较为完备的统计，雷麦（1959）系统研究了近代外国直接投资的投入和利润汇出情况。在白银流动方面，萧梁林（Liang-Lin Hsiao, 1974）基于海关历年关册，整理出1881—1941年的金银进出口数据。林满红（2011）估算了19世纪上半叶世界白银减产和中国白银外流的规模，分析了白银流出和银钱比价变化对于中国经济社会的影响。

但就目前而言，相关研究还存在三方面的不足，一是在估算时间上，对于近代偏后阶段，特别是甲午战争（1894年）以后，估算较多，对近代早期（1830—1894年）的研究估算尚不充分。二是在估算项目方面，对于海关统计的正规货物贸易，以及对外赔款、政府外债等有条约、合同可查询佐证的项目，估算较为丰富完整，结果分歧也较小，而对于走私贸易、服务贸易、华侨汇款以及外国投资流入流出、货币兑换套利等非公开的项目，估算较为困难，结果分歧也较大。三是在估算方法上，一些研究者在估算近代白银流动时，只关注数据较为明确易得的项目，甚至只统计白银流出数据，不考虑白银流入，只考虑普通贸易，不考虑走私和资本活动，以至于估算的白银净流出量明显超过期初存量，或者白银存量明显低于经济运转的基本货币需求，不符合基本的经济逻辑。

针对现有研究成果和不足，本文立足于近代中国半殖民地半封建社会和白银核心型货币体系的基本国情，从整个国际收支平衡表出发，对涉及白银进出的货物贸易、赔款、华侨汇款、服务贸易以及外债、外资、货币兑换等项目进行综合分析。不追求单个项目估算绝对精确，而是首先确保整个收支平衡表和主要阶段白银存量、流向等关键指标，符合基本经济逻辑与历史常识。对于前人的估算成果，不仅考量其方法和史料来源的可靠性，亦注意与其他收支项目和总体存量的匹配程度，从而比选出较为合理可信的估算结果。

本文余下部分安排如下：第二部分是影响中国近代国际收支和白银流动的主要因素；第三部分是清代后期（1830—1911年）的国际收支和白银流动估算；第四部分是民国前期（1912—1936年）的国际收支和白银流动估算；第五部分是总结和评述。

二、影响中国近代国际收支和白银流动的主要因素

（一）鸦片输入是贸易逆差最早和最直接的因素

明代后期到清代前中期（1550—1830年），中国对外贸易长期保持顺差。清代中期（1830年）以后，中国对外贸易从顺差变为持续逆差。导致贸易逆差的原因是多方面的：包括清代中后期中国经济发展停滞，西方工业革命后产品竞争力提高等，但鸦片输入是最早和最直接的因素。

Silver Currency and Its Role
in the Evolution of Chinese History
白银货币与中国历史变迁问题研究

欧洲殖民者向中国大规模输入鸦片始于1760年。18世纪末，为平衡中国商品大量进口造成的贸易逆差和白银缺口，英国东印度公司专门成立鸦片事务局，在印度大量种植鸦片并向中国走私输出。

鸦片走私不仅改变了中国—欧洲贸易格局，也完全扭转了中国白银流动方向。欧洲殖民者在不到30年的时间内，单靠鸦片一项商品就挽回了此前100多年累积的对华贸易逆差。特别是英国对华鸦片输出，不仅解决了持续多年的对华贸易逆差，还有大量盈余换成白银运回本国。1800年以后，美国商人也开始向中国大量输出鸦片，替代原先用于购买中国商品的白银，来自美国的白银流入也逐步减少直至消失。

1830年前后，在鸦片走私冲击下，中国的对外贸易已经从顺差转变为持续逆差。第一次鸦片战争（1840年）后，清政府实施了只限制国内吸食、不禁止走私的有限禁烟政策，鸦片输入规模并未减少。第二次鸦片战争（1858年）后，鸦片贸易从非法走私变为合法贸易，西方殖民者对中国输入鸦片更加有恃无恐。甲午战争以后，鸦片输入规模和贸易占比明显下降，一方面是欧美等国相继禁止鸦片贸易，另一方面中国国内鸦片种植和生产的规模扩大，替代了进口[1]。1906年以后，中国的鸦片自给率达到90%以上。因此本文对于鸦片输入的估算仅限于清代后期（1830—1911年），对于民国前期（1912—1936年）的输入，不再单独估算。

（二）工业制成品是19世纪末以后贸易逆差的主要来源

19世纪末鸦片输入规模下降后，中国货物贸易状况并未改善。甲午战争后第二年（1896年），海关统计的合法贸易开始出现逆差。在进口商品结构方面，随着工业革命的深化，资本主义国家越来越多地对中国输出工业制成品，其货值逐步增加并超过从中国输入的农产品和手工制品。根据海关关册统计，1894年海关进口商品比重中，鸦片占20.6%，棉布占32.1%；而到了1899年，鸦片比重降为13.5%，棉布上升至39.1%[2]。生产资料类工业制成品上升更为明显：1893年全部海关进口商品中，包括鸦片在内的直接消费资料占78.6%，生产资料仅占8.4%。而到1936年，机器和建筑用品等生产资料中的制成品（不含工业原料）占海关进口商品的41.7%，直接消费资料进口降至42.5%。考虑到直接消费资料中的大部分如洋布、火柴、五金等也是工业制成品，工业制成品已经成为19世纪末以后中国贸易逆差的主要来源。

---

1 根据民国时期对国内13个鸦片产地种烟面积变化的调查，1914—1919年，种烟面积占当地耕地面积的3%，到了1929—1933年，这个数字上升到20%。

2 陈争平.1895—1936年中国国际收支研究[M].北京：中国社会科学出版社，1996：53-54.

表1　1893—1936年中国进口商品分类比重

单位：%

年份	生产资料			消费资料	
	机器及大工具	原料	建筑用品等	消费品原料	直接消费资料
1893	0.6		7.8	13.0	78.6
1903	0.7		14.3	22.3	62.7
1910	1.5	0.1	16	17.0	65.4
1920	3.2	0.2	25.1	16.9	54.6
1930	3.7	1.9	21.3	17.3	55.8
1936	6.1	2.7	35.6	13.0	42.5

资料来源：严中平等（1955）：72-73.

（三）对外赔款进一步加剧了白银流出压力

从1840年第一次鸦片战争到1900年八国联军侵华，清政府与列强签订了一系列不平等条约，主要的对外赔款[1]有8笔。金额从50万两到4.5亿两不等，折合标准库平两纹银7.39亿两。其中最大两笔是《马关条约》赔款和《辛丑条约》即庚子赔款，合计金额达6.99亿两（见表2）。由于对外赔款多以白银计算和支付，进一步加剧了中国白银的流出。

表2　中国近代历次对外赔款情况

序号	条约	签订时间	赔款金额	折合库平纹银（万库平两）
1	《南京条约》	1842年	2 100万银元	1 479
2	《北京条约》	1860年	1 600万库平两	1 600
3	《中日北京专条》	1874年	50万库平两	50
4	《中英烟台条约》	1876年	20万海关两	20.2
5	《中俄伊犁条约》	1881年	500万库平两	500
6	《中日马关条约》	1895年	23 150万特定库平两	24 475

---

1 本文所指的对外赔款不包括非战争原因引起的赔款（如教案和民事赔款），也不包括战争期间的军事掠夺。

续表

序号	条约	签订时间	赔款金额	折合库平纹银（万库平两）
7	《辛丑条约》（庚子赔款本金）	1901年	45 000万海关两	45 450
8	《中英续订藏印条约》	1906年	750万印度卢比银币	378.75
	赔款本金合计			73 952.95

资料来源：1.赔款金额根据相关条约原文整理，条约原文见王铁崖（1957），库平纹银按1库平两=37.3克，含银量93.5374%计算，1海关两=37.68克，折合1.01库平两，1银元=0.72库平两。除特别注明外，其余条约中的库平两按标准库平纹银计算；2.《南京条约》的银元与银两折算率按当时支付的实际数额计算，参见金源云、李国强（2017）；3.《马关条约》赔款银两按约定成色折算为标准库平银，1两白银=1.0572两标准库平纹银；4.1906年《中英续订藏印条约》第六款规定"西藏允兑给英国政府英金五十万镑，合卢比银币七百五十万元"即该条约最终赔付英国50万英镑，并折合成750万印度卢比银币支付。印度卢比银币与中国银两的比价根据清末陶思曾《藏輶随记》记载："光绪二十年（1894年）以前约三卢比折合关平银一两，今则（1907年）二卢比即合关平银一两矣"（见陶思曾（1985）），即1907年的市场比价为2印度卢比银币=1两关平银（合1.01两库平银），由此折算750万卢比银币折合375万两关平银或378.75万两库平银。

（四）华侨汇款和服务贸易顺差成为平衡中国货物贸易逆差的主要途径

从1830年开始，中国的货物贸易持续逆差，历次对外赔款又进一步加剧了白银流出压力。与此同时，随着中国参与世界经济体系程度的加深，增加了若干以往未有的白银流入项目，最突出的便是华侨汇款和服务贸易顺差。

明清以来，由于国内人口压力和躲避饥荒战乱，东南沿海地区大量劳动力前往东南亚、美洲等地谋生。到19世纪末，海外华侨人数已达数百万。他们勤俭节约，将积蓄所得汇回国内，资助家庭和亲属。虽然华侨汇款单笔规模不大，但因华侨人数众多，因此总量仍然非常巨大。特别是进入20世纪，随着华侨所在国经济发展和国际银价总体下跌，每年侨汇总额不断增长，华侨汇款成为近代中国最稳定、最可靠的白银流入来源。

在服务贸易方面，根据国际收支平衡表的定义[1]，服务贸易包括加工、维护和维修、运输、旅行、建设、保险、金融、知识产权使用、电信服务等项目。就近代实际情况而言，服务贸易主要包括外国人在本国和本国居民在外国的消费开支，以及居民与非居民之间的运输、保险等服务。由于近代中国是半殖民地国家，帝国主义列强在中国有大量侨民、传教士、旅客，甚至大量驻军，外国人在华开支成为近代中国服务贸易收入的主要内容。同时，中国人在国

---

[1] 国家外汇管理局.国际收支平衡表编制原则与指标说明[EB/OL].http：//www.safe.gov.cn/safe/2015/1230/6080.html.

外旅行、留学，也有相应支出。此外，近代中国的航运和保险等服务业长期被外国人垄断[1]，支付的运费、保费等也应计入服务贸易支出。不过，在总体上，服务贸易支出远小于外国人在华开支，服务贸易长期保持顺差。华侨汇款和服务贸易顺差成为近代最大的两个白银净流入项目。在多数年份，华侨汇款和服务贸易的白银流入基本冲抵了货物贸易和赔款的白银流出，使得中国国际收支和白银货币体系得以维系。

（五）外债和外国直接投资是影响白银收支的"双刃剑"

近代中国的外债主要是政府借款，包括普通借款、实业借款和租界市政借款，以普通借款为主。普通借款多为中国政府为偿付军费和对外赔款举借。清代政府举借外债始于1853年，在1894年甲午战争前，外债都属于短期周转性质，多数用于军费。甲午战争后，长期债务开始成为中国外债主体。1900年以后，铁路、交通和其他实业借款增加较多。总体上，清代后期（1830—1911年）外债处于从无到有阶段，债务收入大于偿债支出。到了北洋政府（1912—1927年）时期，财政极为窘迫，依靠"善后借款""西原借款"等外债维持军政开支。1927年南京国民政府成立后，由于前期清政府和北洋政府积欠外债太多，直到1935年之前很少借外债。总体上，民国前期（1912—1936年）逐步进入偿债高峰期，债务收入开始大于偿债支出。

近代外国在华投资以直接投资为主。大规模投资主要在1895年外国人取得在华投资设厂权以后，在20世纪初形成高峰。在1931年之前，外国投资获取的利润，大部分留在中国。1931年以后，受大萧条和国际银价上涨影响，以及对"九·一八"事变后中国局势的担心，前期在华外国投资留存利润大量流出，汇往海外母国。1931年以后，世界各国相继脱离金本位制，特别是1934年美国白银收购政策，导致中国白银大量流出，最终造成中国银本位制崩溃。因此本文将与白银有关的资本外逃也计入外国直接投资流出。总体上，外债和外国直接投资是把"双刃剑"，一方面增加了当期白银流入，另一方面，高额利息负担和投资回报又增加了此后的白银流出压力。

（六）货币兑换套利对白银流动产生很大影响

除了上述经常项目和资本项目之外，货币和汇率因素特别是货币兑换套利活动，对近代中国白银流动也产生了很大影响。

货币兑换套利首先是外国银元与中国银两兑换套利。中国明代已经确立了白银的主要货币地位，但一直缺乏官方白银铸币。市场流通的白银以称量货币形式存在，成色和重量标准各异，交易非常不便。1550年以后，以西班牙银元为代表的外国银元大量流入中国。外国银

---

[1] 1930年以后，中国民族航运业有所发展，但外商仍然掌控98%的航运费。参见郑友揆.我国近十年贸易平衡之研究[J].社会科学杂志，1935，6（3）.

Silver Currency and Its Role
in the Evolution of Chinese History
白银货币与中国历史变迁问题研究

元因其成色和重量统一、计量方便,受到市场欢迎,在交易中获得高于其金属价值的铸币溢价。据估算,17—18世纪,一枚外国银元相对于同等规格银两的溢价平均在11%左右。因此,西方商人用成色较低的外国银元换取成色高的中国银两,运到国外再铸成银币套利。1890年以后,清政府开始铸造银币,外国银元与中国银两的套利才有所减弱。不过这种套利对中国市场而言,只是白银成色含量的变动,白银的名义数量并未减少。因此本文未对外国银元与中国银两的套利进行估算。

规模更大的套利活动是金银兑换套利。16世纪以来,世界主流货币制度一直是银本位或金银复本位制。国际金银比价一直稳定在1∶15.5左右。19世纪上半叶,英国正式实施金本位制度,西方主要经济体在19世纪后期陆续转向金本位制,黄金取代白银成为国际主要货币。而中国在1935年法币改革之前,货币体系一直以白银为核心。19世纪下半叶到20世纪初,国际汇率基本走势是金贵银贱,因此多数时期,国际资本在中国购买黄金、输入白银,进行金银兑换套利。因此,本文所估算与白银流动有关的货币兑换主要是金银兑换套利。

此外,外国纸币在中国的流通也影响到中国国际收支和白银流动。如沙皇俄国修筑中东铁路及参加八国联军侵入东北时,带进大量卢布(当地称为"羌帖"),后来这些卢布又大量流出。日本在甲午战争和日俄战争期间,曾经在中国东北强制流通无准备金的军用手票(军票)。但由于缺乏相关统计资料,要厘清这些外国纸币流通总量和出入情况,存在较大困难,本文对此未做估算。

三、清代后期(1830—1911年)白银流入流出估计

总体而言,清代后期(1830—1911年)的白银流动大致可以分为三个阶段:第一阶段是道光中后期(1830—1850年),这一时期的国际收支项目仅有货物贸易和赔款,主要是受鸦片输入影响,白银从流入转为大量流出。第二阶段是咸丰到甲午战争前(1851—1894年),这一时期的国际收支项目不仅有货物贸易和赔款,华侨汇款、服务贸易、外债、外国投资、货币兑换套利等项目都开始活跃,呈现贸易入超和白银流入并存的现象。第三阶段是甲午战争后到清末(1895—1911年),这段时期货物贸易、对外赔款、华侨汇款、服务贸易、外债、外国投资、货币兑换套利等国际收支项目规模均空前增长,白银流动呈现大进大出、略有流入的情况。以下是各阶段的具体估算。

(一)白银流动拐点出现时间

据初步估计,明代后期到清代前中期(1550—1830年),通过贸易顺差方式流入中国的白银总量约为5.6亿两(约合2.1万吨),约占同期中国白银增量的90%,大致占同期全球白银总产量的15%。考虑同期国内白银生产和损耗,中国白银存量从1550年的1.5亿两增加到

1830年的7亿两左右[1]。清代道光时期（1821—1850年），中国对外贸易从顺差变为持续逆差，白银从流入变为大量流出。但由于贸易统计资料不完备，白银从流入转为流出的具体时间拐点目前尚无定论。彭信威（1988）认为1821—1830年开始白银净流出。林满红（2011）认为1814—1830年，白银"先净流出—流入—再流出"，其中1827—1830年为再流出阶段。根据李隆生（2009）的估计，1821—1830年累计流入流出轧差后基本持平（见表3）。综上，道光初期（1821—1830年）是白银从流入到流出的转折阶段，流出和流入大体持平，1830年以后开始出现持续的白银流出。为便于描述，本文将1830年视为清代白银从流入变为流出的拐点。

表3　学者对道光初期（1821—1830年）中国白银流入（流出）估算

单位：万两

学者	时间	白银数量
彭信威（1988）	1811—1820年	1 000
	1821—1830年	-223
	1831—1833年	-1 000
	1811—1833年合计	-223
林满红（2011）	1814—1817年	-1 545
	1818—1826年	2 093
	1827—1830年	-677
	1814—1830年合计	-128
李隆生（2009）	1821—1826年	1 287
	1827—1830年	-1 267
	1821—1830年合计	20

数据来源：1.彭信威（1988）：855；2.林满红（2011）：72-74；3.李隆生（2009），正数表示白银流入，负数表示白银流出。

（二）道光中后期（1830—1850年）白银流出规模估算

1850年以前，主要资本主义国家大多实施金银复本位制，白银仍然是世界主要货币，金银兑换套利引起的白银流动很少。此时，华侨汇款、服务贸易、外债和外国对华投资也尚未兴起。因此，道光后期（1830—1850年）白银跨境流动主要来自两方面：鸦片输入导致的贸易逆差

---

[1] 相关估算见前文《1550—1830年中国白银流入及其影响》。

和《南京条约》对外赔款。

对于鸦片贸易规模，晚清的章沅、黄爵滋、林则徐等人有多种估计，从每年数百万两到 3 000 万两不等，但均为主观推测。由于 1858 年之前，鸦片贸易一直属于非法走私，因此相关估计主要基于英国东印度公司等殖民机构账册以及外文报刊等。根据严中平（2012）估计，1816—1838 年，中国每年输入鸦片货值约为 590 万两。李伯祥等（1980）估计，1830—1840 年，中国鸦片年均输入 1 069 万两。其他如马良（2013）、吴义雄（2002）也估计道光时期年均输入鸦片货值 700 万~800 万两（见表 4）。

综上，本文估计道光后期（1830—1850 年）每年输入鸦片约为 800 万两，累计输入鸦片在 1.6 亿两左右。而整个清代前中期（1645—1830 年），中国净输入白银累计约 3.7 亿两，其中 1700—1800 年，英国和其他欧洲国家通过贸易输入中国白银数量不过 1.5 亿两左右[1]。也即欧洲殖民者在 20 年时间里，仅靠鸦片一项就挽回了此前百年累积的对华贸易逆差。

表 4 学者对清代道光时期（1821—1850 年）鸦片输入规模估计

单位：万库平两

学者	时间	鸦片货值	年均输入
严中平（2012）	1816—1838 年（全国进口）	13 572	590
	1838—1844 年（印度输华）	3 569	510
马良（2013）	1817—1833 年（广州口岸进口）	11 852	697
李伯祥等（1980）	1830—1840 年	11 763	1 069
吴义雄（2002）	1821—1839 年	15 149	797
本文估计	1830—1850 年	16 000	800

数据来源：1. 严中平（2012）：373；2. 马良（2013）：57；3. 李伯祥等（1980）；4. 吴义雄（2002）；5. 林满红（2011）：84.

由于此时中国在茶叶、丝绸等正常商品贸易上仍有大量顺差，因此实际贸易逆差和白银流出远小于鸦片输入货值。如马良（2013）[2]估计，1817—1833 年广州对欧美贸易中的合法商品交易与非法鸦片输入相抵后，白银净流出 2 859 万两，大致相当于鸦片输入货值的 1/4。林满红（2011）估计，1830—1850 年，中国白银流出约 2.48 亿银元（约合 1.81 亿两），年均 1 645 万两。而根据李隆生（2009）估计，1830—1850 年，中国年均白银流出约 370 万两。

---

[1] 相关估计见前文《1550—1830 年中国白银流入及其影响》。
[2] 马良. 明清时期白银货币泛化研究（16—19 世纪中叶）[D]. 辽宁大学，2013：57.

李勇五（2014）估计，1826—1855年，中国白银流出年均流出约190万两（见表5）。林满红的估计远高于其他研究，可能是低估了其他商品的顺差。本文参考李隆生、李勇五等学者的估计，估计1830—1850年贸易逆差（含鸦片输入）导致年均白银流出约330万两，合计6 600万两，加上《南京条约》的赔款（约1 400万两），估计道光后期（1830—1850年）白银流出总量约8 000万两。

表5 学者对道光中后期（1830—1850年）中国白银流出估算

单位：万两

学者	时间	项目	白银数量	年均流出白银
林满红（2011）	1840—1850年	贸易逆差	18 100	1 645
李隆生（2009）	1830—1850年	贸易逆差	7 800	371
李勇五（2014）	1826—1835年	贸易逆差	1 700	170
	1836—1845年	贸易逆差	2 000	200
	1846—1855年	贸易逆差	1 900	190
	1826—1855年合计	贸易逆差	5 600	187
本文估计	1830—1850年	贸易逆差（含鸦片输入）	6 600	330
		其中：鸦片输入	16 000	800
		对外赔款	1 400	
		白银总流出	8 000	

数据来源：1.林满红（2011）：69-70；2.李隆生（2009），其中1848—1849年数据缺失；3.李勇五（2014）：133-134.

（三）咸丰到甲午战争前（1851—1894年）白银流动估计

咸丰年间（1851—1861年），太平天国运动爆发，长达10多年的战乱给经济造成极大损坏。太平天国被镇压后，清朝进入"同治中兴"时期（1862—1875年），政治经济状况总体相对稳定，一直延续到甲午战争前（1894年）。从国际收支看，主要有以下情况。

1.鸦片输入货值基本稳定

第一次鸦片战争（1840年）后，清政府实施了只限制国内吸食、不禁止走私的有限禁烟政策，鸦片输入规模并未减少。第二次鸦片战争（1858年）后，由于鸦片转为合法贸易和国内开始种植，鸦片输入规模扩大而价格有所下降，总体货值基本稳定。根据林满红（2011）[1]

---

[1] 林满红.银线：19世纪的世界与中国[M].詹庆华，译.南京：江苏人民出版社，2011：84.

白银货币与中国历史变迁问题研究

估计，1868—1906年鸦片累计输入2.95亿两，年均约750万两。与前文估算1830—1850年期间年均输入800万两基本相当。按照年均输入750万两计算，1851—1894年鸦片输入货值约为3.3亿两。

2. 普通商品贸易从顺差转为逆差

1850—1860年，由于丝、茶出口数量猛增，抵消鸦片进口逆差后，净流入的白银估计有1.5亿元（约合1.1亿两）左右。但是从1860年起，随着中国丝绸、茶叶等出口商品竞争加剧，普通商品贸易顺差不断缩小，直至转为逆差。郑友揆（1984）[1]根据历年海关数据估计，1864—1894年，中国累计贸易逆差（含鸦片输入）为3.52亿海关两（约合3.56亿库平两）。考虑到1851—1863年的少量顺差，本文据此估算，1851—1894年，累计贸易逆差（含鸦片输入）约为2.4亿两。

3. 对外赔款次数较多，但总量不大

1850年之后，直到1894年甲午战争之前，中国发生了多次对外赔款，包括第二次鸦片战争、伊犁事件等（见表2），但单次赔款数额远低于后来的甲午战争和庚子赔款，赔款总数约为0.2亿两。

4. 华侨汇款和服务贸易顺差成为白银流入的重要来源

1850年以后，随着出国谋生的华侨和在华外国人增多，华侨汇款和在华外国人开支等服务贸易收入逐渐成为白银流入来源。但是对1894年以前的华侨汇款和服务贸易一直缺乏较为准确的资料，估算结果差异较大。魏格尔[2]（S.R. Wagel, 1914）估计1864—1913年，年均侨汇约为1 707万库平两，雷麦（1959）估计1885—1898年，年均侨汇约为2 000万海关两（约合2 020万库平两），张仲礼（2001）[3]根据晚清时期日本人调查，估计1880—1890年平均侨汇约为2 500万海关两（约合2 525万库平两）。本文认为，1880年以前华侨汇款相对较少，具体数量难以估计。1880—1894年，参考各家估算，按年平均侨汇2 000万库平两计算，累计收入约为3亿两。

服务贸易方面，收入项目主要是外国居民在华开支，支出项目包括中国居民在国外旅行、留学等开支，以及中国居民支付给外国企业的航运、保险等费用。在1894年以前，随着外国来华人员增长[4]，服务贸易总体上保持顺差，但缺乏较为可靠的估算数据。本文参考陈

---

1 郑友揆.中国的对外贸易和工业发展：1840—1948 [M].程麟荪，译.上海：上海社会科学院出版社，1984：334-337.

2 S.R. Wagel.Finance in China [M].上海：字林西报（North China Daily News），1914：238.

3 张仲礼.中国绅士的收入 [M].王寅通，译.上海：上海社会科学院出版社，2001.

4 如上海租界外国侨民，从1853年300多人，增加到1890年的4 000多人，参见吴桂龙.论晚清上海外侨人口的变迁 [J].史林，1998（04）：3-5.

争平（1996）估算的1895—1899年服务贸易顺差进行推算。1895—1899年的年均服务贸易收入约为3 500万海关两，年均服务贸易支出约为1 080万海关两，年均顺差2 420万海关两（约合2 444万库平两）。考虑到1885年以前服务贸易规模相对较小，1851—1884年累计服务贸易顺差按3 000万两计算，1885—1894年，按1895—1899年年均顺差规模的一半（年均1 200万两）计算，1851—1894年累计收入约为1.5亿两。

5. 外债和外国直接投资开始兴起，带来当期资金流入

1853年，晚清政府举借第一笔外债。截至1894年甲午战争前，清政府共举借外债62笔，总额6 709万两白银[1]，其中多数用于军费开支。不过由于1850—1894年期间举借外债大多数为短期外债，1894年之前多数债务基本已经清偿。考虑到1894年当年举借债务（约1 000万两，主要用于甲午战争军费），1850—1894年外债净流入为0.1亿两。

1850—1894年，外资尚未获取在华设厂权，外国直接投资主要集中在贸易、金融、航运等行业。另据孙毓棠（1957）统计，1894年之前外资已经在中国设立了190多家工业企业，资产总额约为2 000万两[2]。考虑到外资历年利润汇出和再投资部分，本文估计1850—1894年外资净流入为0.1亿两。

6. 金银兑换套利成为白银流入的重要来源

1850年以后，主要资本主义国家相继放弃银本位制和金银复本位制，实施单一金本位制，金银比价由1872年之前长期维持的1∶15.5左右提高到1884年的18.6，并进一步提高到1894年的32.5。金价上扬、银价下跌，导致国际资本向中国大量购买黄金并输入白银，进行货币套利。由于这一时期的金银进出口没有完整的参考数据，考虑到金银兑换套利主要发生在金银比价大幅升高的1885年以后，参考萧梁林（Liang-lin Hsiao，1974）[3]对于1895—1904年年均黄金出口货值的统计（年均出口450万海关两，合454万库平两）。本文估计，1851—1884年金银兑换基本平衡，1885—1894年金银兑换规模约为年均400万两，1851—1894年累计金银兑换流入白银约0.4亿两。

综合上述国际收支项目，本文估计，咸丰到甲午战争前（1851—1894年）中国累计净流入白银约2.5亿两，年均流入约568万两（见表6）。参考余捷琼（1940）、雷麦（1959）、李隆生（2009）的研究，估计这一时期年均流入白银规模在500万~600万两。因此本文认为这一估算结果大体上是可信的。

---

[1] 中国人民银行总行参事室. 中国清代外债史资料（1853—1911）[M]. 北京：中国金融出版社，1991a：136-140.

[2] 孙毓棠. 中国近代工业史资料第1辑[M]. 北京：三联书店，1957：247.

[3] Liang-lin Hsiao, China's Foreign Trade Statistics, 1864—1949[M]. Harvard University Asia Center, 1974: 128-129.

表6 学者对咸丰到甲午战争（1851—1894年）白银流出（流入）估算

单位：万库平两

学者	时间	项目	白银数量	年均流出（流入）
余捷琼（1940）	1867—1887年	白银总流出	13 300	633
雷麦（1959）	1870—1884年	白银总流出	8 000	533
李隆生（2009）	1851—1894年	白银总流出	27 400	622
本文估计	1851—1894年	贸易逆差流出	−24 000	
		其中：鸦片输入	−33 000	
		对外赔款	−2 000	
		华侨汇款	30 000	
		服务贸易顺差	15 000	
		外债净流入	1 000	
		外国直接投资净流入	1 000	
		金银兑换流入	4 000	
		白银总流出（流入）	25 000	568

数据来源：1.余捷琼（1940）；2.雷麦（1959）；3.李隆生（2009），服务贸易顺差＝外国人在华开支－中国人在外开支－对外运费、保费支出。正数表示流入，负数表示流出。

（四）甲午战争后到清末（1895—1911年）白银流动估计

1895年甲午战争之后，中国半殖民地化程度进一步加深，对中国的国际收支产生了多方面影响。突出表现为各类收支规模都显著扩张，呈现大进大出特征。具体项目估算如下。

1. 工业制成品取代鸦片成为贸易逆差主要来源

外国经济势力深入带动了进出口持续增长。1864年进出口总值为0.95亿海关两，《马关条约》签订后次年（1896年）达3.34亿海关两，1911年更增加到8.49亿海关两。在进口方面，随着工业革命的深化，资本主义国家越来越多地对中国输出工业制成品，逐步取代鸦片成为中国贸易逆差和白银流出的首要因素。同时贸易逆差规模也不断扩大，根据郑友揆（1984）的估计[1]，从1895—1911年的17年间，累计货物贸易逆差总额达16.2亿海关两（约合16.4亿库平两），是1864—1894年31年间累计贸易逆差的4.6倍。由于这一阶段鸦片也已经作为合法贸易列入统计，因此本文估计货物贸易逆差（含鸦片输入）为16.4亿两。

---

1 郑友揆.中国的对外贸易和工业发展：1840—1948[M].程麟荪，译.上海：上海社会科学院出版社，1984：334-337.

2. 对外赔款空前增加并转为长期债务

1840—1894年历次对外赔款总和不到0.4亿两，而《马关条约》和庚子赔款的总额接近7亿两，占历年赔款总额的95%。仅1895年当年支付给日本的战争赔款就相当于甲午战争前清政府全年财政支出的90%多，相当于1895年中国全年进口值的一半。

由于清政府无力在短期内偿付巨额赔款，《马关条约》采取先向外国银行借款，再用借款支付赔款的方式。清政府先后与俄法英德的银行进行了三笔长期借款（俄法借款、英德借款、英德续借款），用于支付对日本战争赔款（见表7）。

表7 甲午战争赔款的三次借款情况

年份	借款名称	贷款人	金额	折银（万库平两）	年限	票面利率	实际折扣	折算实际年利率
1895	俄法借款	俄法等国10家银行	4亿法郎	9 897	36	4%	94.125%	4.32%
1896	英德借款	汇丰银行、德华银行	1 600万英镑	9 762	36	5%	94%	5.38%
1898	英德续借款	汇丰银行、德华银行	1 600万英镑	11 278	45	4.5%	83%	5.61%

资料来源：戚其章（1998）.

而《辛丑条约》采取分期偿付形式，确定庚子赔款本金为4.5亿海关两，按年息4%，从1902年起分39年还清，实际上到1939年才完全中止，历届中国政府累计支付约6.58亿海关两（见表8）。除英美等国部分"退还"的因素，庚子赔款实际偿付本息约5.76亿海关两（约合5.81亿库平两），占赔款本息总数的58%，相当于清政府1903年财政收入的5.54倍。

表8 历年实际支付庚子赔款数额

单位：万海关两

年份	实际支付	年份	实际支付
1902	2 183	1921	354
1903	2 183	1922	384
1904	2 183	1923	551
1905	2 683	1924	540
1906	1 883	1925	2 242
1907	1 883	1926	1 241

续表

年份	实际支付	年份	实际支付
1908	1 883	1927	1 327
1909	1 883	1928	1 291
1910	1 883	1929	1 437
1911	1 492	1930	2 005
1912	186	1931	2 580
1913	4 148	1932	2 485
1914	2 402	1933	3 018
1915	2 663	1934	2 564
1916	2 083	1935	2 239
1917	1 312	1936	2 423
1918	267	1937	2 436
1919	231	1938	2 474
1920	216		
合计（万海关两）	65 237	折合（万库平两）	65 889

数据来源：海关总署研究室（1962）：228-234，1 海关两 =1.01 库平两，原表单位为海关两，本文省略了千位数以下部分（四舍五入），另外部分年份有先期付款扣回利息，合计 445 万海关两，特此说明。

为避免遗漏和重复计算，本文对通过举借外债直接付清的《马关条约》赔款（折合 2.4475 亿库平两）全部计入本期赔款支出（其对应外债则计入外债收支），而分期偿付的庚子赔款只统计 1902—1911 年的本息偿付（合计 2.34 亿库平两），1911 年以后的偿付和退还部分计入相应年份赔款支出（不计入外债收支）。加上 1906 年《中英续订藏印条约》赔款（约 375 万两）和外国侵略者直接掠夺的现银[1]，本文估计，1895—1911 年，中国对外赔款和被掠夺白银约为 4.6 亿两。

3. 华侨汇款和服务贸易收入顺差成为平衡贸易逆差的主要来源

随着海外华侨数量增长和近代外国在华人员规模扩大，华侨汇款和服务贸易收入顺差进一步扩大，成为平衡贸易逆差的主要来源。

---

[1] 这里仅估计在战争中被掠夺的现银，如 1900 年八国联军侵华时，日军掠走清政府户部存银近 300 万两。其他被掠夺公私财物未统计在内。

根据雷麦（1959）、张仲礼（2001）等学者的研究，1894年以后华侨汇款有了显著增长，从甲午战争前的年均0.2亿~0.3亿两，增长到1900年以后的0.6亿~0.7亿两（见表9）。根据相关研究，本文估计1895—1911年中国的华侨汇款年均收入约为0.7亿两，累计收入约11.9亿两。

表9 学者对近代华侨汇款估计

单位：亿库平两

学者	时间	年均汇款	累计汇款
魏格尔（S.R.Wagel，1914）	1864—1913年	0.17	8.5
雷麦（1959）	1885—1898年	0.2	2.8
	1899—1913年	0.71	10.6
马士（H.B.Morse，1904）	1903年	0.74	
张仲礼（2001）	1880—1889年	0.252	2.52
中国银行（1995）	1902—1913年	1.09	13.1
	1914年以后	1.45~2.54	
	1936年	2.33	2.33
陈争平（1996）	1895—1899年	0.556	2.77
	1903—1913年	0.761	11.4
本文估计	1880—1894年	0.2	3
	1895—1911年	0.7	11.9

资料来源：1.魏格尔（S.R.Wagel，1914）：238，原文为1 690万海关两；2.雷麦（1959）：61，原文为2 000万和7 000万海关两；3.马士（H.B.Morse，1904）；4.张仲礼（2001）附录，原文为2 500万海关两；5.见中国银行（1995）：215；6.见陈争平（1996）：66-71。原文为海关两，统一折算为库平两。

根据陈争平（1996）对服务贸易的估算[1]，1895—1899年，服务贸易支出相抵后，年平均顺差0.24亿海关两，1903—1911年，年平均顺差0.52亿海关两，主要是八国联军侵华之后，在华外国人包括驻军显著增加。将缺失年份（1900—1902年）按相邻年份平均数补足后，本文估计，1895—1911年，服务贸易项目合计净流入约为7亿两。

---

[1] 陈争平.1895—1936年中国国际收支研究[M].北京：中国社会科学出版社，1996：90-95.

4. 外债和外国投资快速流入，债务偿付和利润汇出也随之增长

为了支付战争赔款和维持统治，清政府不得不举借巨额外债，1895—1899 年年均借款额比 1894 年高 5 倍多。1894 年之后外国人获得了在华设厂权，直接投资也急速增长。1895—1899 年年均新设外资企业数是 1894 年的 20 多倍。外债还本付息额和外国企业投资利润汇出也成倍增加。根据陈争平（1996）[1] 对外债和外资收支的估算，1895—1911 年（1900—1902 年数据缺失），外债收入和本息偿付支出相抵后，净流入 3.47 亿海关两（约合 3.5 亿库平两），外国直接投资和利润汇出相抵后，净流出 1.42 亿海关两（约合 1.43 亿库平两）。考虑到数据缺失的 1900—1902 年，正值八国联军侵华和《辛丑条约》谈判，外债和外资流入数量应当略少于当期资金流出数量。本文估计，1895—1911 年，外债合计净流入约 3.4 亿两，外资合计净流出约 1.5 亿两。

表 10 学者对甲午战争到清末（1895—1911 年）中国白银流入流出估算

单位：亿库平两

学者	时间	项目	白银数量
萧梁林（Liang-lin Hsiao，1974）	1895—1911 年	白银总流出（流入）	0.19
李隆生（2009）	1895—1911 年	白银总流出（流入）	0.48
本文估计	1895—1911 年	贸易逆差	−16.4
		其中：鸦片输入	−1.3
		对外赔款	−4.6
		华侨汇款	11.9
		服务贸易顺差	7
		外债净流入	3.4
		外资净流出	−1.5
		金银兑换净流入	0.5
		白银总流出（流入）	0.3

数据来源：1. 萧梁林（Liang-lin Hsiao，1974）：128-129；2. 李隆生（2009）；服务贸易顺差 = 外国人在华开支 − 中国人在外开支 − 对外运费、保费支出。正数表示流入，负数表示流出。

5. 金银兑换总体维持"金出银进"格局

这一时期，国际上金银比价出现较大波动，金银比价从 1894 年的 1∶32.5 一直上升到

---

[1] 陈争平. 1895—1936 年中国国际收支研究 [M]. 北京：中国社会科学出版社，1996：80-89.

1902年的1∶39以上，又跌至1905年的1∶30.5，1910年又恢复到1∶38以上。金银兑换也随之出现双向流动，总体上仍然是黄金流出、白银流入为主。根据萧梁林（Liang-lin Hsiao，1974）[1]的统计，1895—1911年黄金出口货值为4 950万海关两（约合5 000万库平两），即金银兑换累计流入白银约0.5亿两。

在巨额贸易逆差、对外赔款和大规模外债、外国投资以及金银兑换等因素综合作用下，白银流动出现单项进出规模大、总体净差额小、流向频繁转换的局面（见表10）。综合上述项目，本文估计，1895—1911年，白银净流入约0.3亿两。李隆生（2009）和萧梁林（Liang-lin Hsiao，1974）等学者也认为这一时期白银呈现净流动，流入规模白银约为0.2亿~0.5亿两，与本文的估计结果较为接近。

（五）清末国内白银产量

现有关于清代白银产量的研究较少，李隆生（2009）基于"银课"推算清代（1645—1911年）白银产量为6 900万两。据此，本文推测清代后期（1830—1911年）白银产量约2 000万两。

从白银存量和变化看，清代中期（1830年）白银存量约7亿两。道光后期（1830—1850年）估计净流出白银约0.8亿两，咸丰到甲午战争前（1851—1894年）估计净流入白银约2.5亿两，甲午战争后到清末（1895—1911年）估计流入0.3亿两，整个清代后期（1830—1911年）累计白银净流入约2亿两，加上国内白银产量约0.2亿两，清末白银存量约9.2亿两（见表11）。

表11 清代后期（1830—1911年）中国国际收支和白银流动总体估计

单位：亿库平两

累计流入项目	数额	累计流出项目	数额
期初（1830年）白银存量	7		
华侨汇款	14.9	货物贸易逆差（包含鸦片输入）	−19.5
服务贸易顺差	8.5	对外赔款和被掠夺白银	−4.9
外债收支相抵净收入	3.5	外国直接投资收支相抵净支出	−1.4
金银兑换净流入	0.9		
流入合计	27.8	流出合计	−25.8
清代后期（1830—1911年）累计净流入		2	
清代后期国内白银生产		0.2	
清末（1911年）白银存量		9.2	

数据来源：见本文前述相关分析。服务贸易顺差＝外国人在华开支−中国人在外开支−对外运费、

---

[1] Liang-lin Hsiao. China's Foreign Trade Statistics, 1864—1949[M]. Harvard University Asia Center, 1974: 128-129.

保费支出。正数表示流入，负数表示流出。

从人均白银拥有量看，按清末全国人口4.3亿计算，平均每人拥有白银货币约2.14两，与本文前篇估算的明末人均白银数量（1.75~2.33两）大体相当，略高于清代中期水平（1.75~2两）。

本文还将这一结果与其他学者估算的清末白银存量进行了比较。彭信威（1988）对清末中国货币数量进行了分类估计，估计清末白银货币总量（包括中国和外国银元、银锭、银角等）约12.97亿银元，约合9.3亿两（见表12），与本文估计结果（9.2亿两）相当接近。罗斯基（T.G.Rawski, 1989）对清末（1911年）的白银存量有高、低两个估计，低估计认为清末白银存量9.4亿银元（约合6.9亿两），高估计认为清末白银存量19.65亿银元（约合14.3亿两），本文估计在其高低两个估计之间。

表12 学者对清末（1911年）中国白银存量的估算

学者	时间	银元（亿元）	折合库平两（亿两）
彭信威（1988）	清末（1911年前后）	12.97	9.34
罗斯基（T.G.Rawski, 1989）	1911年末（高估计）	19.65	14.34
	1911年末（低估计）	9.40	6.86
本文估计	1911年末	12.6	9.2

资料来源：1. 彭信威（1988）：888-889；2. 罗斯基（T.G.Rawski, 1989）：394.

四、民国前期（1912—1936年）白银流入流出估计

民国前期（1912—1936年）的白银流动也可分为三个阶段：第一阶段是一战前后（1912—1919年），白银流出流入相抵后出现小幅盈余。第二阶段是一战后到"大萧条"前（1920—1930年），白银大量流入。第三阶段是"大萧条"以后（1931—1936年），中国白银大量外流，最终导致银本位制崩溃。

（一）第一阶段：一战前后（1912—1919年）

1.贸易状况有所改善，货物贸易逆差显著收窄

在货物贸易方面，第一次世界大战期间，欧洲参战国对华商品输出下降，同时战争也拉动了对中国商品需求。加之辛亥革命后，从社会风气、商品市场、资本来源等方面，为民族

资本主义发展创造了有利条件。因此,有学者将一战前后这段时间视为中国民族工业的"黄金时代"[1]。根据郑友揆(1984)[2]的统计,一战爆发前的1912—1914年,中国年均贸易逆差为1.61亿海关两,而一战期间直到战后次年(1915—1919年),中国年均贸易逆差降至0.48亿海关两。综合上述年份,1912—1919年累计贸易逆差为7.2亿海关两(约合7.3亿库平两)。

2. 华侨汇款有所下降,服务贸易顺差稳中略增

一战期间,受战争影响,加之银价上涨,华侨汇款有所减少,根据陈争平(1996)[3]估计,一战前(1912—1913年),年均侨汇约0.74亿海关两,一战期间(1914—1919年),年均侨汇降至0.53亿海关两,而服务贸易顺差较为稳定,根据陈争平(1996)估计,一战前后,年均服务贸易顺差均在0.6亿海关两(约合0.61亿库平两)左右,略高于清末水平。综合上述年份数据,1912—1919年华侨汇款累计流入4.7亿海关两(约合4.7亿库平两),服务贸易顺差4.8亿海关两(约合4.9亿库平两)。

3. 债务收入大于偿债支出,赔款支出有所下降

在债务方面,甲午战争之后到清末(1894—1911年),清政府举借的巨额外债(如俄法借款、英德借款、英德续借款)和长期赔款(庚子赔款)主要是支付利息,还本则刚刚开始,偿债尚未成为国际收支的主要负担。辛亥革命后,为得到列强支持,临时政府和北洋政府宣布承认清政府签订的所有外债和赔款。对外赔款和债务偿付随着债务偿付进度安排加重了。到一战爆发前,北洋政府已无力偿付短期外债[4]。但由于北洋政府在1913年以后新举借了"善后借款"和"西原借款"等外债,因此这一时期的当期债务收入仍然超过债务偿付支出。根据陈争平[5](1996)的估计,1912—1919年外债收入与偿付支出相抵后,净收入0.84亿海关两(约合0.85亿库平两)。

在赔款方面,由于一战时中国参加了获胜的协约国一方,对协约国的庚子赔款在战争期间缓付,对战败方德、奥等国庚子赔款则在战后被废止。因此,赔款压力也暂时有所缓和,根据海关统计,1912—1919年累计支付1.33亿海关两(约合1.34亿库平两)(见表8)。

4. 外资汇出规模增加,金银兑换出现倒流

一战期间,列强对华投资下降,同时利润汇回增加。但由于外资企业包括很大一部分华

---

1 虞和平. 辛亥革命与中国资本主义的"黄金时代"[J]. 中国社会经济史研究, 1985(01): 79-87.
  马洪林. 第一次世界大战期间上海民族工业的发展[J]. 历史教学, 1980(05): 28-31.
  沈雨梧. 第一次世界大战时期的浙江民族工业[J]. 浙江师范学院学报, 1984(04): 92-99.
2 郑友揆. 中国的对外贸易和工业发展: 1840—1948 [M]. 程麟荪, 译. 上海: 上海社会科学院出版社, 1984: 334-341.
3 陈争平. 1895—1936年中国国际收支研究[M]. 北京: 中国社会科学出版社, 1996: 66-71.
4 吴景平. 论北洋政府的外债整理[J]. 历史教学问题, 2003(01): 3-7.
5 陈争平, 1895—1936年中国国际收支研究[M]. 北京: 中国社会科学出版社, 1996: 80-82.

资，而利润汇出时又包括现金、资产、证券等多种形式。因此研究者对于外资的净流入（流出）规模存在较大争议。如根据雷麦（1959）[1]估计，1902—1914年，外国在华直接投资增加约4亿两，其中50%~55%的新增资本来自于利润再投资，即新增外资投入与利润再投资以及汇出利润部分大体相当，外资流入流出基本平衡。而陈争平（1996）[2]则估计1912—1913年，外资投入与汇出相抵后，每年净汇出约0.2亿两，1914年以后，每年净汇出约0.7亿两。参考郑友揆（1984）[3]等学者认为1931年之前，外资利润大部分留在中国国内的判断，本文估计，1912—1919年，外资累计净汇出约为1亿两。

在金银兑换方面，一战期间，各参战国暂时退出金本位，19世纪下半叶以来金贵银贱的趋势出现反转，金银比价一度跌回到19世纪初1∶15.5的水平。受此影响，1916年以后，中国持续出现黄金净进口。国际资本向中国输入黄金、兑换白银。根据萧梁林（Liang-lin Hsiao，1974）[4]的统计，1912—1919年中国金银兑换净流出白银0.36亿海关两（约合0.37亿库平两）。

综合上述项目，本文估计，1912—1919年，白银流出流入相抵后，净流入约0.5亿两。从其他学者对白银进出和存量的估算看，吴大业（1933）和萧梁林（Liang-lin Hsiao，1974）对海关白银进出口统计后，估计1912—1919年净流入白银约0.5亿两。罗斯基（T.G.Rawski，1989）估计，这一时期国内白银存量增加约1亿两（见表13）。考虑到罗斯基估计的白银存量变动，包括国内白银产量以及国内银两改铸为银币后的溢价因素[5]，不完全是白银流入所致。因此本文关于1912—1919年白银流动的估算，与其他学者估计基本一致。

表13 学者对一战前后（1912—1919年）中国白银流入流出估算

单位：亿库平两

序号	学者	时间	估算项目	白银数量
1	吴大业（1933）	1912—1919年	白银净进出口	0.5

---

1 雷麦著.外人在华投资[M].蒋学楷，赵康节译.北京：商务印书馆，（1959）：61.

2 陈争平，1895—1936年中国国际收支研究[M].北京：中国社会科学出版社，1996：82-89.

3 郑友揆著.中国的对外贸易和工业发展——1840—1948[M].程麟荪译.上海：上海社会科学院出版社，1984：334-341.

4 Liang-lin Hsiao. China's Foreign Trade Statistics, 1864—1949[M]. Harvard University Asia Center, 1974：128-129.

5 近代国内市场上银币相对于同等含银量的银两有一定溢价，民国以后国内银币铸造量大大增加，仅1914—1919年袁大头一元银币的铸造量就有约4亿枚，加上含银量更低的银辅币，这意味着同样数量的白银金属从银两改铸为银币形式后，白银的名义数量也随之增加了。

续表

序号	学者	时间	估算项目	白银数量
2	萧梁林（Liang-lin Hsiao,1974）	1912—1919年	白银净进出口	0.5
3	罗斯基（T.G.Rawski,1989）	1912—1919年	国内白银货币存量变化	1.0
	本文估计	1912—1919年	贸易逆差	-7.3
			华侨汇款	4.7
			服务贸易顺差	5.0
			对外赔款	-1.3
			外债净收入	0.8
			外资净流出	-1.0
			金银兑换净流出	-0.4
			白银净流动	0.5

资料来源：1.吴大业（1933）；2.萧梁林（Liang-lin Hsiao,1974）：128-129；3.罗斯基（T.G.Rawski,1989，394，原文为1.41亿银元，原文中的银元和海关两，统一折算为库平两。服务贸易顺差＝外国人在华开支－中国人在外开支－对外运费、保费支出。正数表示流入，负数表示流出。

（二）第二阶段：一战后到"大萧条"前（1920—1930年）

1. 货物贸易逆差重新扩大

一战结束后，外国势力卷土重来，继续争夺中国市场。根据郑友揆（1984）[1]统计，中国年均贸易逆差，从一战期间（1915—1919年）的0.48亿海关两，重新上升到1920—1930年的年均2.48亿海关两，1920—1930年累计贸易逆差为27.3亿海关两（约合27.6亿库平两）。陈争平（1996）[2]则估计1920—1930年累计贸易逆差13.52亿海关两（约合13.65亿库平两），比1912—1919年累计逆差增加约一倍。本文认为，一战之后贸易逆差回升是事实，但郑友揆估计的逆差似乎过大，因此采用陈争平的估算。

2. 华侨汇款逐年增长，服务贸易顺差基本稳定

20世纪20年代，随着战后各国经济恢复和发展，华侨汇款逐年增加，到1930年已突破2亿多两，成为弥补中国国际收支逆差的一项主要收入来源。根据陈争平（1996）的估计，

---

[1] 郑友揆.中国的对外贸易和工业发展：1840—1948 [M].程麟苏，译.上海：上海社会科学院出版社，1984：334-337.

[2] 陈争平.1895—1936年中国国际收支研究 [M].北京：中国社会科学出版社，1996：21-58.

Silver Currency and Its Role
in the Evolution of Chinese History
白银货币与中国历史变迁问题研究

1920—1930年，年均华侨汇款达到1.35亿海关两（约合1.36亿库平两），累计侨汇收入达14.97亿库平两。

以外国人在华开支为主的服务贸易顺差较为复杂，一方面，随着局势变化，外国驻华军队和来华商务、旅游人数波动较大。另一方面，1920—1930年国际白银价格剧烈波动，也使得白银计价的服务贸易顺差出现大幅变化。总体上，本文估计，服务贸易顺差的年均水平与前一阶段大体持平（约每年0.6亿两），1920—1930年，累计服务贸易顺差约为6.7亿库平两。

3. 对外赔款明显减少，外债净收入由正转负

在赔款方面，由于一战结束后，对战败方德、奥等国庚子赔款被废止，同时苏俄、美、英等国也免除了部分赔款，因此，赔款总数明显减少，根据海关统计（见表8），1920—1930年累计支付0.95亿海关两（约合0.96亿库平两）。

但与此同时，1920年以后，由于前期积欠外债太多，新增外债已经很困难，存量外债需要还本付息，因此，外债项目从净收入转为净支出。此外，国际白银价格下跌，也增加了以金本位货币计算的外债负担。如北洋政府财政整理委员会曾计算1925年底的无担保外债，并按国际金价上涨（银价下跌）前后两种汇率分别折算。在国际金价上涨前，外债积欠总额为4.07亿元（2.97亿两），而金价上涨后，中国外债积欠总额达4.86亿元（3.55亿两），银价下跌导致的汇兑损失接近6 000万两。[1] 1927年南京国民政府成立后，于1929年成立了"整理内外债务委员会"。直到1935年之前很少借外债，仅在1928年发行过400万银元外国公债，1931年、1933年曾向美国借过两次棉麦借款。但这一时期地方政府仍然大量举债，初步估计在2亿两左右。到1931年末，中国各项外债余额约11.4亿美元（约合33.5亿两），其中政府普通借款占总数的60.2%，实业借款占37.8%，租界市政借款占2%[2]。根据陈争平（1996）[3]的估计，1920—1930年，外债收入和本息偿付相抵后，年均净支出达到0.13亿库平两。本文基于这一数据，估算1920—1930年，累计外债净支出约1.43亿两。

4. 外国投资投入汇出基本相当，金银兑换净流入增加

一战结束后，主要资本主义国家恢复对华投资。这些外国投资的利润，在1931年之前，大部分留在中国。考虑到本期投资中有相当一部分来自于此前利润，因此，本文估算，1920—1930年，外国投资的实际投入和利润汇出基本相当，即当期净投入基本为零。

同时，一战后各国恢复金本位制，加之世界白银产量持续增加。从1921年起，白银价格再次步入下降通道，至1929年，金银比价跌至1∶38.7，接近一战前水平。1929年后银

---

1 上海市档案馆、财政部财政科学研究所：中国外债档案史料汇编（一），1988：273，转引自吴景平. 论北洋政府的外债整理[J]. 历史教学问题，2003（01）：3-7.

2 雷麦. 外人在华投资[M]. 蒋学楷，赵康节. 译. 北京：商务印书馆，1959：97.

3 陈争平. 1895—1936年中国国际收支研究[M]. 北京：中国社会科学出版社，1996：72-82.

价暴跌，1930年金银比价跌至1∶62，1931年再跌为1∶72.9。从1920年到1931年，白银价格跌去3/4，被称为"银价有史以来空前绝后的惨跌"[1]。由于银价持续下跌，外国资金恢复向中国输入白银，兑换黄金。根据萧梁林（Liang-lin Hsiao，1974）对海关黄金进出口的统计，1920—1930年累计输出黄金价值约1亿两白银。考虑到1930年起，国民政府限制黄金出口，部分黄金通过走私出口。本文估计，1920—1930年，累计输出黄金兑换白银约1.5亿两。

综合上述项目，本文估计，1920—1930年，白银净流入约为7.2亿两。由于这一时期政府对白银进出口没有太多限制，因此可以用海关白银进出数据进行验证。根据吴大业（1933）和萧梁林（Liang-lin Hsiao，1974）对海关白银进出口的统计（见表14），1920—1930年累计净流入白银约7.2亿~8.1亿两。在国内白银存量方面，罗斯基（T.G.Rawski，1989）估计，这一时期国内白银存量增加约为8.2亿两。此外，根据雷文斯（Leavens，1935）对1921年以后中国白银存量估算：1922—1930年的9年，中国白银货币存量（包含银元和银两）增加约6.7亿两。因此，可以认为这一结果总体上是可信的。

表14 学者对一战后到大萧条前（1920—1930年）白银流入流出的估算

单位：亿库平两

学者	时间	估算项目	白银数量
吴大业（1933）	1920—1930年	白银净进出口	8.1
萧梁林（Liang-lin Hsiao，1974）	1920—1930年	白银净进出口	7.2
罗斯基（T.G.Rawski，1989）	1920—1930年	国内白银货币存量变化	8.2
雷文斯（Leavens，1935）	1922—1930年	国内白银货币存量变化	6.7
本文估计	1920—1930年	货物贸易逆差	−13.6
		华侨汇款	15.0
		服务贸易顺差	6.7
		对外赔款	−1.0
		外债净收入	−1.4
		外资净流入流出	0
		金银兑换白银净流入	1.5
		白银净流动	7.2

资料来源：1.吴大业（1933）；2.萧梁林（Liang-lin Hsiao,1974）：128-129，原文为7.17亿海关两；3.罗斯基（T.G.Rawski,1989），原文为增加11.2亿银元；4.雷文斯（Leavens，1935），原文为增加9.24亿银元，原文中的银元和海关两，统一折算为库平两；正数表示流入，负数表示流出。

---

[1] 银行周报[N].18（10），1934-3-20.

如前所述，本文估计清末（1911年）白银存量为9.2亿两，加上一战前后流入（0.5亿两）和1920—1930年流入（7.2亿两），1930年国内白银存量约16.9亿两。与雷文斯（Leavens, 1935）的估计（16.2亿两）基本一致（见表15），处于罗斯基（T.G.Rawski, 1989）的高低两个估计（16.1亿~23.5亿两）之间。

表15　学者对1930年中国白银存量的估算

单位：亿库平两

学者	估算项目	时间	白银数量
罗斯基（Rawski, 1989）	国内白银货币存量（低估计）	1930年	16.1
	国内白银货币存量（高估计）	1930年	23.5
雷文斯（Leavens, 1935）	国内白银货币存量	1930年	16.2
本文估计	国内白银存量	1930年	16.9

资料来源：1.罗斯基（Rawski, 1989）：394；2.雷文斯（Leavens, 1935）：45-58；原文为银元，统一折算为库平两；正数表示流入，负数表示流出。

（三）第三阶段："大萧条"后（1931—1936年）

"大萧条"后（1931—1936年）的货币和国际收支情况极为复杂。从国际看，发生了全球经济危机（大萧条）、各国退出金本位制、货币竞相贬值，中国国内则经历了两次币制改革，1933年正式确立银本位制（废两改元），到1935年又因为白银外流，银本位制崩溃，最终导致法币与白银脱钩（法币改革）。主要收支项目情况如下：

1.贸易环境全面恶化，货物贸易逆差空前扩大

1929年"大萧条"后，世界各国面临经济危机，中国出口面临全面下降压力。特别是1931年"九·一八"事变后，当时中国唯一保持贸易顺差的大区东北被日本侵占，货物贸易逆差空前扩大。根据陈争平（1996）[1]估计：1912—1919年，中国年均货物贸易逆差为0.68亿海关两；1920—1930年，中国年均货物贸易逆差为1.23亿海关两；而1931—1936年，年均货物贸易逆差达到3.45亿海关两；1931—1936年累计贸易逆差达20.7亿海关两（约合20.9亿库平两），超过了此前民国阶段（1912—1930年）货物贸易逆差总和。

2.华侨汇款和服务贸易顺差总体稳定

在华侨汇款方面，1931—1933年，受大萧条冲击，海外华侨收入全面下降，但由于白银价格处于低位，因此以白银计算的华侨汇款并未明显减少，特别是在银价达到历史低点的

---

[1] 陈争平.1895—1936年中国国际收支研究[M].北京：中国社会科学出版社，1996：99-106.

1931年，华侨汇款创下新高。1934年后，国际银价大幅上升，但由于主要国家经济有所改善，因此华侨汇款基本保持平稳。根据陈争平（1996）[1]的估计，1931—1936年，累计华侨汇款收入达到13.2亿海关两（约合13.4亿库平两）。

在服务贸易方面，由于没有特别重大的变化和可靠的估算数据，本文仍然沿用此前每年顺差约0.6亿两的估计，1931—1936年，累计服务贸易顺差为3.6亿两。

3. 赔款和外债净支出略有增长

在对外赔款方面，由于庚子赔款为分阶段逐步递增，1931年以后的每年平均偿付赔款在2 500万海关两以上，直到1939年国民政府才最终废止赔款。根据海关统计（见表8），1931—1936年，累计支付赔款1.53亿海关两（约合1.55亿库平两）。外债方面，这一时期新借外债不多，仅有国民政府1931年和1933年的棉麦借款和一些地方债务举债。而此前大量外债仍然需要还本付息。根据陈争平[2]（1996）的估计，1931—1936年，外债收支相抵后净支出1.36亿海关两（约合1.37亿库平两）。

4. 货币兑换和资本外逃空前增长，并直接导致银本位制崩溃

在金银兑换方面，1931年开始，欧美各国先后放弃金本位，并将本国货币相对于黄金大幅贬值。如美元从1879—1931年，一直维持每盎司20.67美元的固定含金量。1932年以后，美国政府放任美元对黄金贬值，直到1934年初，才重新稳定在每盎司35美元的固定水平，较之前贬值近70%。受此影响，中国黄金大量流出，兑换成为外币和白银。根据萧梁林（Liang-lin Hsiao，1974）[3]对黄金进出口的统计，1931—1933年累计输出黄金价值约3.9亿海关两白银（约合3.93亿库平两）。由于1934年1月以后，美元与黄金恢复固定比价，特别是美国1934年6月出台《白银收购法案》后，输出黄金已经不再起到兑换白银的作用（只能换回美元或其他资产）。因此本文不再将1934年1月以后中国输出黄金视为兑换白银的货币套利。初步估计，1931—1936年，累计输出黄金兑换白银约4亿两。

以往在金本位制下，黄金大量流出通常对应白银流入，1933年以后，中国出现了黄金和白银同时大量外流的局面。白银外流的主要原因除了贸易逆差之外，更多是外资利润汇出和资本外逃，特别是1934年以后，美国的白银政策引发国际银价上涨和中国白银外流。1931年之前，外资利润大部分留在国内从事再投资。1931年日本发动"九·一八"事变和1932年上海"一·二八"事变发生后，外资开始收缩投资。加之白银价格从1931年初的历史低点迅速反弹，在华的外商资本抓住银价回升的机会，将投资利润汇往海外。1933年，国民政府

---

[1] 陈争平.1895—1936年中国国际收支研究[M].北京：中国社会科学出版社，1996：99-106.

[2] 同上。

[3] Liang-lin Hsiao.China's Foreign Trade Statistics, 1864—1949[M]. Harvard University Asia Center, 1974：128-129.

Silver Currency and Its Role
in the Evolution of Chinese History
白银货币与中国历史变迁问题研究

实施"废两改元"币制改革，正式确立银本位制。但随后美国于 1934 年 6 月实施了《白银收购法案》，该法案授权美国财政部在国内外市场上收购白银，直到白银占美国国家货币储备的四分之一，或白银市场价达每盎司 1.29 美元（当时纽约市场银价为每盎司 0.45 美元）。《白银收购法案》推动国际银价大幅上涨，1934 年 6 月之后的一年时间，伦敦和纽约白银价格分别上涨 70% 和 66%[1]，也使得中国白银大量外流。根据国民政府财政部统计：1934 年 6 月购银法案出台后，仅 1934 年 7 月到 10 月中旬三个半月之间，"白银流出凡达 2 亿元（约合 1.46 亿两）之上"（见表 16）。

虽然国民政府自 1934 年 10 月开始征收白银出口税以减少白银出口，又设立外汇平准委员会在必要时干预外汇和金银市场，但这些措施未能从根本上解决中国白银外流问题，反而刺激了白银走私。实际白银流失远远高于海关统计。如 1935 年，海关统计白银出口为 5 900 万银元（约合 4 300 万两），而根据《白银市场年报》（ Hardy 等编），1935 年中国在国际市场实际净出售白银 1.9 亿盎司（约合 1.58 亿两），即当年白银走私规模在 1.15 亿两以上（见表 16）。白银急剧流失，造成严重通货紧缩和银本位制崩溃。最终国民政府于 1935 年 11 月实施法币改革，宣布由政府指定银行发行法币，国家统一管理白银，货币与白银脱钩，市场交易必须使用法币，个人持有的白银必须兑换成法币。这标志着中国近代"白银核心型"货币体系的终结，货币本位从白银转向不兑现纸币。

由于走私盛行，仅依据海关数据估算 1931—1936 年白银流动不再可行。本文列举了关于海关白银进出口和走私规模的几种估计（见表 16）。从相关估计看，仅 1934 年（主要是下半年）和 1935 年，白银流出量分别在 1.6 亿~1.8 亿两，合计约 3.4 亿两。考虑到法币改革之后（1936 年）仍然有相当数量的白银外流，如林维英（1936）估计 1936 年中国资本外流 4.25 亿元（约合 3.1 亿两），杨格（1981）估计 1936 年中国资本外流 3.5 亿元（约合 2.5 亿两），其中相当一部分仍以白银形式外流。本文初步估算，1931—1936 年，包括外资利润汇出、资本外逃与白银走私的白银外流总量，大致相当于 1934 年下半年白银流失数量（约 1.7 亿两）的 3 倍左右，即 5.1 亿两左右。

表 16 学者对 1934—1936 年中国白银外流及走私情况的估计

单位：亿两

统计机构	时间	统计项目	白银流出量
国民政府财政部（1935）	1934 年 7 月至 10 月中旬	国内白银净流出	1.46

---

1 中国科学院等编.上海解放前后物价资料汇编[M].上海：上海人民出版社，1959：13.

续表

统计机构	时间	统计项目	白银流出量
周伯棣（1936）	1934年5月至1935年8月	上海中外银行白银库存	1.58
贸易委员会调查处（1935）	1934年	中国白银净出口	1.87
《中国银行营业报告》（1935）	1935年	中国实际净出口白银（海关+走私）	1.68
中国人民政协文史资料研究委员会（1985）	1935年1—9月	日本在中国走私出口白银	0.83
杨格（1981）	1936年	中国资金转移国外	2.52
林维英（1936）	1934—1936年	资本外流	6.30
本文估计	1934—1936年	外资利润汇出、资本外流和白银走私	5.10

资料来源：1.南京国民政府财政部1935年11月3日"实施法币公告"，见吴岗（1958），第66页；2.周伯棣（1936），53；102-103表，原文为银元；3.贸易委员会调查处统计资料[Z].中国第二历史档案馆藏：国民党政府资源委员会档案，转引自郑会欣（1984），原文为银元；4.中国人民银行总行参事室编.中华民国货币史资料第2辑1924—1949[M].上海：上海人民出版社，（1991 b）：158；5.根据中国人民政协文史资料研究委员会编.法币、金圆券与黄金风潮[M].北京：文史资料出版社.1985：21："昭和十年（1935）……从1月至9月，由上海向日本走私输出的白银约有1.44亿日元，……日本输出之白银主要是由中国走私之白银"（见中国人民政协文史资料研究委员会（1985）：21.），按1935年中国银元兑日元的均价为每银元=1.2623日元计算，1935年1—9月日本从中国走私白银为银元1.14亿银元或0.83亿库平两；6.阿瑟·恩·杨格（1981）：294；7.林维英，朱义析（1936）：26；原文中的银元和海关两，统一折算为库平两。

综上，1931—1936年，中国白银净流出约为8亿两。流出白银约占1930年白银存量（16.9亿两）的一半，流出规模超过了此前民国阶段（1912—1930年）白银净流入的总和（7.7亿两）。

从这一时期白银存量的变化看（见表17），研究者都认为这一时期白银总量急剧减少，其争议主要是如何估算资本外逃和走私引起的白银流失规模。相对而言，本文估算的白银外流规模（8亿两）高于此前多数研究者的估算结果。由于资本外逃和走私活动的地下性，对其确凿验证难度很大。据当时媒体描述，白银流失情况确实比政府和海关等官方统计数据显示得更为严重。如1935年上海、北平、天津、广州等大城市市面上，只有纸币和铜币流通，很难见到现银，北平、天津等大城市银行券已经基本停止兑现。

表 17 学者对 1931—1936 年中国白银流入流出的估计

单位：亿库平两

统计机构	时间	统计项目	白银流出量
萧梁林（Liang-lin Hsiao, 1974）	1931—1936 年	海关白银净进出口	−5.2
刘巍，郝雁（2008）	1931—1935 年	海关净进出口 +1935 年走私估计	−5.4
罗斯基（T.G.Rawski, 1989）	1931—1936 年	白银货币存量净减少	−5.9
雷文斯（Leavens, 1935）	1932—1935 年 10 月	白银货币存量净减少	3.6
本文估计	1931—1936 年	贸易逆差	−20.9
		华侨汇款	13.4
		服务贸易顺差	3.6
		对外赔款	−1.6
		外债净收入	−1.4
		外资利润汇出和资本外逃（含走私）	−5.1
		金银兑换净流出	4.0
		白银净流出	−8.0

资料来源：1.萧梁林（Liang-lin Hsiao, 1974）：128-129，原文为海关两；2.刘巍，郝雁（2008）；3.罗斯基（T.G.Rawski, 1989）：394，原文为银元；4 雷文斯（Leavens, 1935）：45-58，原文为银元；原文中的银元和海关两，统一折算为库平两。正数表示流入，负数表示流出。

（四）民国前期的国内白银产量

民国时期，国内白银逐步从土法开采银矿转变为西法开采银铅、银锌共生矿，但生产规模较小。据记载，民国五年（1916 年）全国银产量仅为 937.5 千克（约合 2.5 万两）[1]，参考前述晚清时期（1830—1911 年）72 年累计白银产量约 2 000 万两，估计民国前期（1912—1936 年）25 年的白银产量不超过 1 000 万两，对国内白银存量的影响很小。

综上所述，民国前期（1912—1936 年）的白银流动情况如下：一战前后（1912—1919 年），白银净流入约 0.5 亿两；一战后到"大萧条"前（1920—1930 年），白银净流入约 7.2 亿两；"大萧条"后（1931—1936 年），白银净流出约 8 亿两。清末（1911 年）的白银存量约 9.2 亿两，整个民国前期（1912—1936 年）的白银累计净流出约 0.3 亿两。加上当期的国内白银产量约 0.1

---

[1] 霍有光.中国近银铅矿开发概貌[J].西北地质科学，1994，15（1）：45-52.

亿两，到1936年，国内白银存量约9亿两，比清末净减少0.2亿两。

表18 民国前期（1912—1936年）中国国际收支和白银流动总体估计

单位：亿库平两

累计流入项目	数额	累计流出项目	数额
期初（1911年）白银存量	9.2		
华侨汇款	33.1	货物贸易逆差	−41.8
服务贸易顺差	15.3	对外赔款	−3.9
金银兑换白银净流入	5.1	外债收支相抵收入	−2
		外资利润汇出和资本外逃（含白银走私）	−6.1
流入合计	53.5	流出合计	−53.8
民国前期（1912—1936年）累计净流入	−0.3		
民国前期国内白银生产	0.1		
1936年白银存量	9.0		

数据来源：见本文前述相关分析。正数表示流入，负数表示流出。服务贸易顺差＝外国人在华开支－中国人在外开支－对外运费、保费支出。

综合清代后期和民国前期估算，本文初步估计1830—1936年，累计货物贸易逆差（含鸦片走私）约61.3亿两，对外赔款约8.8亿两，外资收支相抵净流出（含资本外逃和走私）约7.5亿两，合计流出白银约77.6亿两（约合28.96万吨）。同期华侨汇款流入约48亿两，服务贸易顺差约23.8亿两，外债收支相抵净流入约1.5亿两，金银兑换白银净流入约6亿两，合计流入约79.3亿两（约合29.59万吨）。收支相抵后，净流入中国白银约为1.7亿两（约合0.63万吨），同期国内银矿生产约为0.3亿两。国内白银存量从1830年的约7亿两提升到1911年的约9.2亿两，并在1930年达到约16.9亿两，又在1936年迅速降至约9亿两（见表19）。

表19 1830—1936年中国国际收支和白银流动总体估计

单位：亿库平两

累计流入项目	数额	累计流出项目	数额
期初（1830年）白银存量	7.0		
华侨汇款	48.0	货物贸易逆差（包含鸦片走私）	−61.3
服务贸易顺差	23.8	对外赔款和被掠夺	−8.8

续表

累计流入项目	数额	累计流出项目	数额
外债收支相抵净收入	1.5	外资净流出（含资本外逃和走私）	−7.5
金银兑换白银净流入	6.0		
流入合计	79.3	流出合计	−77.6
1830—1936年累计净流入		1.7	
清代后期（1830—1911年）白银净流入	2.0	民国前期（1912—1936年）白银净流出	−0.3
清代后期国内白银生产	0.2	民国前期国内白银生产	0.1
清末（1911年）白银存量	9.2	期末（1936年）白银存量	9.0

数据来源：根据本文前述相关分析。正数表示流入，负数表示流出。服务贸易顺差＝外国人在华开支－中国人在外开支－对外运费、保费支出。

五、结论

（一）近代白银流动基本情况

本文基于清代后期和民国前期（1830—1936年）中国的主要国际收支项目，估算了白银跨境流动和存量变化情况。从白银流动的历史进程看，呈现分阶段转换特点：1830—1850年，受鸦片输入冲击，白银从流入转为持续流出；1851—1930年，货物贸易持续逆差，但受其他国际收支项目影响，白银总体保持流入；1931—1936年，受大萧条和美国白银政策冲击，白银迅速外流，导致银本位制崩溃，白银和法币脱钩。初步估计，国内白银存量从1830年的约7亿两增加到1930年的约16.9亿两，又降至1936年的约9亿两。1830—1936年，中国累计净流入白银约1.7亿两，当期国内白银产量约0.3亿两，白银存量净增加约2亿两。

从总体看，近代中国白银流出的根本原因是货物贸易长期逆差，货物贸易逆差约占全部白银流出的79%，对外赔款进一步加剧了白银流出压力。华侨汇款和服务贸易顺差则是近代中国平衡货物贸易逆差的主要途径，华侨汇款约占全部白银流入的60%，服务贸易顺差约占白银流入的30%。外债和外国直接投资一方面增加了当期白银流入，而债务偿付和投资利润汇出，又增加了此后的流出压力。此外，国际资本在中国兑换金银套利，也是白银短期流动的重要因素。

（二）白银流动的主要影响

1935年之前，白银一直是中国货币体系的核心。在近代白银流入流出的过程中，中国的主要国际收支项目都由国外操控。国际白银市场由西方操纵，而外资控制了中国对外贸易活动和国内白银储备。为满足基本货币需求，中国近代总体上维持白银流入，但其代价是货币主权和经济命脉始终受制于人，黄金大量流出、实业权益丧失以及债务的增加。同时白银流动导致货币供应和物价剧烈波动。如1934年美国《白银收购法案》出台后，中国白银大量流出、银根紧缩，上海的银行和钱庄贷款利率迅速上升，1935年初，市场年化利率超过30%。物价方面，由于白银流出导致严重通货紧缩，1935年上海批发物价指数仅为72.2（1931年=100），而同期美国物价指数为109（1931年=100）[1]。最终国民政府于1935年实施法币改革，白银与法币脱钩，白银在近代货币体系中的核心地位宣告终结。在不兑现法币制度下，政府发行纸币不再受白银储备数量制约，从而为财政赤字货币化和滥发纸币埋下了伏笔。

参考文献

［1］阿瑟·恩·杨格. 1927—1937 中国财政经济情况[M].陈泽宪，陈霞飞，译.北京：中国社会科学出版社，1981.

［2］陈争平.1895—1936 年中国国际收支研究[M].北京：中国社会科学出版社，1996.

［3］国家外汇管理局.国际收支平衡表编制原则与指标说明[EB/OL].http：//www.safe.gov.cn/safe/2015/1230/6080.html.

［4］海关总署研究室.中国海关与庚子赔款[M].北京：中华书局，1962.

［5］霍有光.中国近银铅矿开发概貌[J].西北地质科学，1994，15（1）：45-52.

［6］金源云，李国强.鸦片战争赔款实付银两数额再研究[J].河北大学学报（哲学社会科学版），2017，42（01）：86-91.

［7］雷麦.外人在华投资[M].蒋学楷，赵康节.译.北京：商务印书馆，1959.

［8］李伯祥，蔡永贵，鲍正廷.关于十九世纪三十年代鸦片进口和白银外流的数量[J].历史研究，1980（5）：79-87.

［9］李隆生.清代（1645—1911）每年流入中国白银数量的初步估计[J].人文暨社会科学期刊，2009，5（2）：50-55.

［10］李勇五.中国明清银本位货币制度研究[D].山西财经大学，2014.

［11］马洪林.第一次世界大战期间上海民族工业的发展[J].历史教学，1980（05）：28-31.

［12］刘巍，郝雁.对罗斯基估算的1910—1936年中国货币供给量之检讨[J].广东外语外贸大学学报，2008（03）：13-17.

［13］林满红.银线：19世纪的世界与中国[M].詹庆华，译.南京：江苏人民出版社，2011.

---

1 中国科学院等编.上海解放前后物价资料汇编[M].上海：上海人民出版社，1959：91，126，175-206.

[14] 林维英, 朱义析. 中国之新货币制度 [M]. 上海: 商务印书馆, 1936: 26.

[15] 马良. 明清时期白银货币泛化研究（16—19世纪中叶）[D]. 辽宁大学, 2013.

[16] 彭信威. 中国货币史 [M]. 上海: 上海人民出版社, 1988.

[17] 戚其章. 甲午战争赔款问题考实 [J]. 历史研究, 1998（3）: 3-5.

[18] 孙毓棠. 中国近代工业史资料第1辑 [M]. 北京: 三联书店, 1957.

[19] 沈雨梧. 第一次世界大战时期的浙江民族工业 [J]. 浙江师范学院学报, 1984（04）: 92-99.

[20] 陶思曾. 藏輶随记 [M].// 吴丰培. 川藏游踪汇编. 成都: 四川民族出版社, 1985: 365.

[21] 王铁崖. 中外旧约章汇编（第一卷）[M]. 北京: 三联书店, 1957.

[22] 吴大业. 金银本位国间金银货流动的原则及中国金银货进出口的解释 [J]. 经济统计季刊, 1933, 2（2）: 351-381.

[23] 吴岗. 旧中国通货膨胀史料 [M]. 上海: 上海人民出版社, 1958.

[24] 吴桂龙. 论晚清上海外侨人口的变迁 [J]. 史林, 1998（04）: 3-5.

[25] 吴景平. 论北洋政府的外债整理 [J]. 历史教学问题, 2003（01）: 3-7.

[26] 吴义雄. 鸦片战争前的鸦片贸易再研究 [J]. 近代史研究, 2002（2）, 50-73.

[27] 徐义生. 中国近代外债史统计资料 [M]. 北京: 中华书局, 1962.

[28] 严中平. 中国近代经济史（1840—1894）[M]. 北京: 人民出版社, 2012.

[29] 严中平等. 中国近代经济史统计资料选辑 [M]. 北京: 科学出版社, 1955.

[30] 银行周报 [N]. 18（10）, 1934-3-20.

[31] 余捷琼. 1700—1937年中国银货输出入的一个估计 [M]. 上海: 商务印书馆, 1940.

[32] 虞和平. 辛亥革命与中国资本主义的"黄金时代" [J]. 中国社会经济史研究, 1985（01）: 79-87.

[33] 张仲礼. 中国绅士的收入 [M]. 王寅通, 译. 上海: 上海社会科学院出版社, 2001.

[34] 中国科学院等编. 上海解放前后物价资料汇编 [M]. 上海: 上海人民出版社, 1959.

[35] 中国人民银行总行参事室. 中国清代外债史资料（1853—1911）[M]. 北京: 中国金融出版社, 1991a.

[36] 中国人民银行总行参事室编. 中华民国货币史资料第2辑 1924—1949[M]. 上海: 上海人民出版社 1991b: 158.

[37] 中国人民政协文史资料研究委员会编. 法币、金圆券与黄金风潮 [M]. 北京: 文史资料出版社, 1985: 21.

[38] 中国银行. 中国银行行史（1912—1949）[M]. 北京: 中国金融出版社, 1995.

[39] 郑会欣. 试论1935年白银风潮的原因及其后果 [J]. 历史档案, 1984（2）: 113-119.

[40] 郑友揆. 我国近十年贸易平衡之研究 [J]. 社会科学杂志, 1935, 6（3）.

［41］郑友揆.中国的对外贸易和工业发展：1840—1948 [M].程麟荪，译.上海：上海社会科学院出版社，1984．

［42］周伯棣编.白银问题与中国货币政策 [M].上海：中华书局，1936.

［43］Dickson H. Leavens.American Silver Policy and China[J]. Harvard Business Review, Vol.14（Autumn 1935）.45-58.

［44］H.B.Morse. An inquiry into the commercial liabilities and assets of China in international trade[M].Statistical Department of the Inspectorate General of Customs, 1904.

［45］Liang-lin Hsiao.China's Foreign Trade Statistics, 1864—1949[M]. Harvard University Asia Center, 1974：128-129.

［46］S.R. Wagel.Finance in China [M].上海：字林西报（North China Daily News），1914.

［47］Thomas G.Rawski.Economic Growth in Prewar China [M].University of California Press, Berkeley Los Angeles, Oxford, 1989.

1550—1826年流入中国白银数量估计
——基于文献综述的视角[1]

◎ 中国人民银行货币金银局（保卫局） 刘东岩
◎ 中国钱币博物馆 陈 祺

摘要： 明清时期，白银逐渐成为我国主要流通货币。日本、美洲白银通过海上贸易源源不断地运往中国，购买中国的生丝、瓷器、茶叶等商品，对中国社会经济发展产生了深远影响。然而，流入中国的海外白银数量长期以来为学界聚讼。从民国年间开始，国内外学者就根据不同的史料和方法加以测算，得出了诸多不同的结论。本文在剖析前人研究路径，汇总前人研究结论的基础上，基于文献综述的视角对流入中国白银进行了重新估算，认为在1550—1826年流入中国的海外白银总量约为5.7亿两。

▶ **Abstract:** During the Ming and Qing dynasties, silver became the major currency in circulation in China. Silver from Japan and the Americas was transported to China continuously through maritime trade, purchasing raw silk, porcelain, tea and other commodities from China, Which had profound impacts on China's social and economic development. However, the amount of silver flow into China has long been the subject of academic debate. Since the beginning of the 20th century, scholars from domestic and abroad came to various conclusions using different historical materials and methods. Based on an analysis of the research paths and a summary of previous research conclusions, this paper has reestimated the inflow of silver from the perspective of literature review, and concluded that the total amount of silver inflow into China is about 570 million taels between 1550 and 1826.

---

[1] 本文在写作过程中得到了中国钱币博物馆高聪明、南京大学范金民、云南省社会科学院王文成等专家的指导与帮助，特此致谢。

明清时期，白银逐渐成为我国主要流通货币。然而，我国银矿蕴藏并不丰富，仅靠自身产量远无法满足本国白银需求。日本和美洲盛产白银，其产量在16世纪中叶后迅速提升。葡萄牙、西班牙、荷兰、英国等国商人，将日本、美洲白银通过海上贸易源源不断地运往中国，购买中国的生丝、瓷器、茶叶等商品。中国对白银的巨大需求，成为促成全球性贸易网络的重要动力。

中外学者在明清时期流入中国的白银数量问题研究上着力甚多。在考察时段上，通常自16世纪中叶日本和美洲白银大量开采起，至19世纪20年代止。这一时期，中国因持续的贸易顺差赚取了大量白银。19世纪20年代后期，因大量进口棉花、鸦片，中国的白银流向发生逆转。根据余捷琼（1940）、贺力平（2007）、李隆生（2009）等学者的研究，1827年是白银流向逆转的时间起点，此后直至鸦片战争前，白银持续净流出中国。本文结合前人研究，对1550—1826年通过海上贸易流入中国的白银数量进行了梳理，从多方比对中，对近280年流入中国白银总量进行了估算。

一、估计方法及重要文献

学者对明清时期流入中国白银数量的估算方法可大致分为两类：一是基于贸易数据。通过海关记录、公司账簿、时人记述等，估算某一时期往来贸易船只数量及平均装载量，两者相乘得到流入总量；或是根据史料推测某一时期运往中国白银的年均数量，再乘以年数。这类方法为大多数学者所采用。但是，由于走私贸易的普遍存在，估计经由走私贸易流入中国的白银规模较为困难，结论众说纷纭。二是基于白银产量。一些学者试图通过考察日本或美洲某一时期的白银产量，并估算该时期通过贸易流入中国白银的大致比例，得到白银流入的大致数量。由于白银产量基数较大，有关流入比例的微小差异都会导致估算结果产生较大变化。在缺乏贸易数据支撑的前提下，其可信度存疑。在实际估算中，由于资料存佚状况各异，例如某国的白银产量，或与中国进行贸易的某个港口、某条航线或是某艘商船的贸易资料，学者们通常会分而治之，将整个时期分为几部分，结合不同资料、综合运用多种方法分别加以估算，以求得总量。尽管如此，准确估计白银流入数量依然是非常困难的。本文整理前人研究成果，力求从不同学者基于贸易、产量等方法的估计中寻求平衡，从多方比较、相互验证中，得出大概结论。

有关明清时代贸易数量的丰富资料主要保存在英国、日本及菲律宾等贸易对象国。国内外学者基于此类史料所做的基础性整理、研究在考察白银流入中国问题时常被提及。关于日本白银的流入，主要依赖日本学者小竹文夫（Otake Fumio）、山胁悌二郎（Yamawaki Teijiro）等根据长崎贸易的官方记录、时人记述等资料开展的相关研究。关于美洲经菲律宾的对华贸易，学者们多引用法国学者肖努（Chaunu，1960）的法文专著《伊比利亚人的菲律

Silver Currency and Its Role
in the Evolution of Chinese History
白银货币与中国历史变迁问题研究

宾和太平洋》。他根据马尼拉海关记录，对关税收入、来往船只数量等信息进行了细致整理。17世纪末至19世纪初的中、西广州贸易，主要使用美国学者马士（H.B.Morse，1926）整理的英国东印度公司档案，详见《东印度公司对华贸易编年史（1635—1834）》。美国学者普立查特（Pritchard，1936）在其著作《早期英中关系的重要阶段（1750—1800）》中，参考英、美两国政府文件和一些私家著述对英国东印度公司档案进行了补充、修正。除少数年份系估算外，其他数字都是据原件计算而得。此外，余捷琼（1940）根据马士研究校正、整理的《1700—1937年中国银货输出入的一个估计》以及严中平（1955）所著《中国近代经济史统计资料选辑》等也多被提及。

二、日本白银的流入规模估计

日本银矿发现较早，16世纪40年代开始大量开发。明末清初，由于贸易及金银比价因素，日本出口的白银多数都辗转流入中国。17世纪上半叶，日本白银输出达到顶峰。随着银矿资源枯竭以及幕府对白银出口的限制，17世纪中叶后日本白银输出明显下降，至18世纪初基本停止。一般认为，日本白银的年产量从16世纪中叶的50吨提升至17世纪初的150吨左右。1560—1644年，日本生产的白银总量大约为25 429万两（Atwell，1982，Reid，1990）。本文先从总量估计的视角出发，对日本白银流入中国数量进行估计，再进一步考察不同路径的流入情况。

（一）总量估计

1550—1644年流入中国的日本白银总量在1.8亿两上下。弗兰克（2017）认为，16世纪日本向中国输送2 000吨白银，17世纪为7 000吨白银，18世纪则基本停滞。1500—1700年，共9 000吨日本白银流入中国，合2.4亿两[1]。山村和神木（Yamamura & Kamiki，1983）综合运用葡萄牙人笔记和日本史料，估计1550—1645年从日本流入中国的白银达7 350~9 450吨，亦即1.97亿~2.54亿两。庄国土（1995）引用日本学者矢野和新井的研究，认为1567—1644年从日本流入的白银应在25 000万西元以上，合18 000万两。李隆生（2005）推算，日本输出白银大约始自1540年，1540—1644年日本共输出白银26 620万两，其中1540—1600年共输出3 300万两，1600—1644年共输出23 320万两。如以其中70%流入中国计算，则为18 000余万两。万明（2004）引用日本、欧美学者的研究，认为从16世纪40年代至1644年流入中国的日本白银总量为7 500吨，约合2亿两。

也有学者对明代日本白银流入的估计值偏低。美国学者万志英（1996）认为，1550—

---

[1] 除原文明确标注外，本文均按照1银元=0.72两，1两=37.265克的比率进行换算。

1600 年流入中国的日本白银数量为 1 190~1 370 吨，1600—1645 年为 2 432 吨，1550—1645 年合计流入 3 622~3 802 吨，其中间数折合 9 899 万两。弗兰克（2017）认为，万志英将出口商品按照固定比率折算为白银的估算方法，未考虑白银价值的下跌，因此低估了流入中国的白银数量。吴承明（2001）的估计较万志英更为低估。他根据岩生成一等学者的研究，粗略估算 1550—1645 年由日本流入中国的白银为 7 805 万两，并表示该结果"不合理想"。

清朝以后，因银矿资源枯竭、幕府限制，日本白银输出锐减。据岩生成一（1958）估计，1648—1672 年由中国船只从日本长崎运走的白银约 1 937.4 万两。岸本美绪（2010）从岩生成一统计的中国商船数据中剔除来自南洋、台湾的船只，估算 1648—1672 年由中国本土船只从长崎运走的白银约 1 245.2 万两。吴承明（2001）认为，1650—1699 年自日本流入中国的白银数量约为 1 067 万两。林满红（2011）援引小竹文夫和山胁悌二郎的研究，根据长崎官方贸易记录，推算 1648—1708 年日本经长崎出口到中国的白银数量为 5 036 万元，约合 3 777 万两。李隆生（2009）在估计清代日本白银流入量时，完全采纳了林满红的研究结论。考虑到林满红的研究所依赖的史料具备较高可信度，本文也接受林满红的结论，认为清代自日本流入中国的白银数量在 3 777 万两左右。

综上，本文推测 1550—1700 年由日本流入中国的白银总量应在 2.2 亿两左右。其中，晚明（1550—1644 年）流入 1.8 亿两，1645—1700 年流入约 4 000 万两（见表1）。此后，日本白银基本不再输往中国。

表 1　日本白银流入中国总量估计（1500—1700 年）

单位：万两

学者	时期	流入量
山村、神木	1550—1645 年	19 700~25 400
李隆生	1540—1644 年	18 000
庄国土	1567—1644 年	18 000
万明	1540—1644 年	20 000
万志英	1550—1645 年	9 899
吴承明	1550—1645 年	7 805
吴承明	1650—1699 年	1 067
林满红	1648—1708 年	3 777
弗兰克	1500—1700 年	24 000
本文观点	1550—1700 年	22 000

白银货币与中国历史变迁问题研究

（二）分路径估计

除总量估计外，一些学者试图分别估算不同路径流入的白银数量。按照贸易主体不同，主要分为通过葡萄牙、荷兰人中转贸易以及中日商人贸易（含第三国贸易）三条路径。

1. 通过葡萄牙人转口贸易

对 1550—1644 年由葡萄牙人运往中国的日本白银数量估计在 4 000 万 ~7 000 万两，本文取其中间数 5 000 万两，作为经葡萄牙转口贸易流入中国的日本白银数量。葡萄牙学者 Diogo do Couto 估计，在 16 世纪的最后 25 年，葡萄牙人每年从日本运走约 100 万两的白银。据此推测，1575—1638 年，葡萄牙人共计从日本运出了约 7 000 余万两白银。英国学者索扎（Souza）估计，1546—1638 年葡萄牙从日本输入中国 3 660 万 ~4 110 万两白银，取中间数为 3 885 万两[1]。台湾学者全汉昇（2011）认为，16 世纪最后 25 年，日本出产的白银有半数外流，其中大部分为澳门葡萄牙人运走，每年约为 50 万 ~60 万两。按此推算，1575—1599 年共运走约 1 375 万两。17 世纪前 30 年，每年运出约 100 多万两，有时多至 200 万 ~300 万两。他引用矢野的研究，认为 1599—1637 年葡萄牙人自日本运出 5 800 万两银至澳门，用于购买丝货及其他商品。两者合计，1575—1637 年共运出约 7 175 万两。倪来恩和夏维中（1990）根据时人有关葡萄牙人年均输出日本白银数量的记述，估算 1550—1639 年葡萄牙人通过长崎—澳门贸易输入中国的日本白银为 1 650 吨，约合 4 428 万两。万志英（1996）估计，经由葡萄牙人运往中国的日本白银，1550—1600 年为 740~920 吨，1601—1645 年 650 吨。1550—1645 年合计 1 390~1 570 吨，其中间数折合 3 947 万两。1635 年，日本幕府驱逐葡萄牙人，并限定中国、荷兰人仅在长崎活动，此后葡萄牙人逐渐退出中日贸易。故上述估算所取时期大体可代表葡萄牙人经营转口贸易的全部时期。

2. 通过荷兰人转口贸易

在葡萄牙人之后来到日本的是荷兰人。1602 年，荷兰东印度公司成立。1609 年，荷兰人第一次来到日本平户，此后至 17 世纪中叶是荷日贸易高峰。1668 年，幕府禁止白银出口，荷兰人的日本白银贸易被切断。所以，荷兰人的转口贸易时间范围大概在 1600—1668 年。全汉昇（2011）结合日本、欧美学者的研究，估计 1622—1649 年荷兰人自日本输出的白银共约 4 170 万荷兰盾，合 1 191 万两[2]；1650—1669 年输出 2 364 万荷兰盾，合 675.4 万两；两项合计 1622—1669 年共输出约 1 866.4 万两，其中大部分流入中国。万志英（1996）根据荷兰东印度公司贸易数据等资料，估算 1601—1645 年荷兰人转输中国的日本白银为 340 吨，约合 907 万两；若假设 1646—1668 年荷兰人年均输入中国的日本白银数量与此前相当，可粗略

---

[1] Diogo do Couto 和 Souza 论述皆转引自李隆生. 明末白银存量的估计[J]. 中国钱币，2005（01）：3-8.
[2] 换算比例为 1 两 =3.5 荷兰盾。

估计此一时期通过荷兰输入中国的日本白银数量约为463万两;两项合计1601—1668年共约1370万两。综合两位学者的研究,本文推测1601—1668年,日本白银经荷兰转口贸易,流入中国的总量应在1500万两左右。

3. 中日商人贸易

明朝隆庆元年(1567年)取消海禁、准贩东西二洋,但仍禁止中日直接贸易。尽管如此,中国商人无视政府禁令,将大量丝货运往日本贩卖,赚取白银回国。当葡萄牙人、荷兰人分别在17世纪30、60年代退出中日贸易后,幕府依然允许中国商人赴日通商。此外,17世纪上半叶,日本朱印船亦在幕府的支持下运载白银出海,在越南、菲律宾等地与中国商人间接贸易。由于资料匮乏以及走私贸易的存在,估计由中国商人直接运回或通过第三国贸易运回的日本白银数量较为困难。现有研究通常只能覆盖部分时段、某一渠道的输出量估计。山村和神木(1983)认为,在1560—1600年,中日商船平均每年运走11.25吨白银,总数达450吨,合1200万两。岩生成一(1953)估计,1600—1635年,共350只日本朱印船出海贸易,每年运走白银30~40吨,总额约在1000~1400吨,合3220万两。万志英(1996)曾尝试对1550—1645年由日本输往中国的白银按渠道进行整理,尽管其关于白银流入总量的估计偏小,但各流入渠道比例关系仍有借鉴意义。根据万志英数据,此一时期由中国人直接从日本运回的白银数量占比28%,由日本朱印船输入23%,由葡萄牙人输入40%,由荷兰人输入9%。前文估计1550—1645年自日本流入中国白银总量约1.8亿两,若按此推算,则此一时期由中日商人贸易流入中国的白银应超过9000万两。王裕巽(1998)根据中国赴日贸易船只数据推算,1560—1644年由中国商船运返的日本白银数量约9100万两。台湾学者刘序枫(1999)根据日本现存记录估计,1648—1684年,由唐船输出之日本银约265 374贯,合2654万两。综合万志英、王裕巽、刘序枫的研究,本文推测1550—1700年由中日商人直接或间接贸易流入中国的白银数量应在1.2亿两以上。

表2 日本白银流入中国数量分路径估计(1500—1800年)

单位:万两

来源	学者	时期	流入量
葡萄牙转口贸易	Diogo	1575—1638年	7 000
	索扎	1546—1638年	3 885
	万志英	1550—1645年	3 947
	全汉昇	1575—1637年	7 175
	倪来恩等	1550—1639年	4 428
	本文观点	1550—1644年	5 000

续表

来源	学者	时期	流入量
荷兰转口贸易	万志英	1601—1645 年	907
	全汉昇	1622—1669 年	1 866.4
	本文观点	1601—1688 年	1 500
中日贸易	山村、神木	1560—1600 年	1 200
	岩生成一	1600—1635 年	3 220
	王裕巽	1560—1644 年	9 100
	刘序枫	1648—1684 年	2 654
	本文观点	1550—1700 年	12 000

综上，将葡萄牙人运送的 5 000 万两、荷兰人运送的 1 500 万两、中日商人运送的 12 000 万两等不同路径流入中国的白银加总，可得 1550—1700 年流入中国的日本白银数量应不少于 1.85 亿两（见表 2）。这一数额，与总量估计所得的 2.2 亿两较为接近，考虑到走私贸易以及通过朝鲜、琉球等地流入中国的日本白银，2.2 亿两的估计应更为可靠。

三、美洲白银的流入规模估计

16 世纪中叶，美洲白银开始大规模开采。其中，秘鲁银矿开采于 16 世纪 50 年代，墨西哥银矿开采于 16 世纪末。西属美洲盛产的白银，一方面，横渡太平洋运抵西属菲律宾，用以向中国购买必要物资及商品；另一方面，经大西洋运抵欧洲，或是留存在美洲，其中相当部分通过葡、荷、英、美等国的对华贸易辗转流入中国。从时间跨度上看，美洲白银大规模输入中国自 16 世纪 70 年代始，一直持续到 19 世纪 20 年代。从产量看，Barrett（1990）认为从 16 至 18 世纪，美洲白银的产量分别为 1.7 万吨、4.2 万吨、7.4 万吨，总计 13.3 万吨，Attman（1986）的测算略有不同，17 世纪为 3.2 万吨，18 世纪为 7.5 万吨。Garner（1993）的结论是从 16 世纪中期到 19 世纪初，美洲白银的产量约为 11 万多吨。总的来说，美洲白银在世界白银产量中占有很高的比例。法国学者肖努认为，美洲白银有三分之一强流入中国。本文通过"美洲—菲律宾—中国""美洲—欧洲和美国—中国"两条路径考察美洲白银流入中国的有关情况。

（一）美洲—菲律宾—中国

1565 年，西班牙人抵达菲律宾宿务岛，1571 年攻占马尼拉，此后便建立起从菲律宾马尼拉到墨西哥阿卡普尔科的大帆船贸易，将美洲白银源源不断地运往亚洲。中国商船运载粮食、生丝、瓷器等商品赴马尼拉贸易，以赚取白银回国。对这一线路白银流入数量的估计，有肖努（Chaunu，1960）整理的马尼拉海关关税收入为参考。尽管如此，由于海关对粮食、军需品等部分商品免税，以及规模可观的走私贸易，估算中菲贸易规模以及流入白银数量仍然较为困难。

1550—1645年通过菲律宾流入中国的美洲白银数量在6 000万两上下。山村和神木（1983）估计，1550—1645年，从西属美洲经菲律宾流入中国的美洲白银为1 320吨，合3 542万两。梁方仲（2008）从时人关于每年30万~50万、100万、200万比索自马尼拉流入中国的不同记述中，选取30万比索的最保守估计，测算1573—1644年自马尼拉流入中国的美洲白银有2 130万比索，合1 534万两。彭信威（2007）依据西班牙官员、主教等写给国王的信件，估计自隆庆五年（1571年）马尼拉开港，到明末为止的七八十年间，经由菲律宾流入中国的美洲白银，在6 000万比索以上，合4 000多万两，并明确指出这一估计较为保守。全汉昇（2011）估计，整个明代共约7 500万比索美洲白银自菲律宾流入中国，合5 400万两。王士鹤（1964）从船只数量和贸易额入手，将每艘船平均贸易额定为3万比索左右，又估计白银运载量占回航贸易额的80%，认为1571—1644年经菲律宾流入中国的美洲白银大约有5 300万比索，合3 816万两。王裕巽（1998）认为，明代中国从马尼拉贸易中得到的白银约为11 700万比索，合8 775万两。庄国土（1995）认为，1567—1643年从菲律宾流入中国的白银有7 500万比索，合5 400万两[1]。万志英（1996）认为，1550—1645年，共2 304吨美洲白银通过菲律宾流入中国，合6 183万两。万明（2004）认为，1570—1644年自马尼拉输入中国的白银约为7 620吨，折合2.03亿两；若加上自欧洲运来的约5 000吨，美洲白银近一半产量流入了中国。这一流入比例及估计值远高于其他学者，且缺乏贸易记录的佐证。李庆（2018）根据多方整理的菲律宾"货物税"数据，推算晚明年间中菲贸易货物总值约为3 533万比索，若将华船货物总值等同于运返白银数额，可推算出1573—1644年经中菲航线输入中国的美洲白银约合2 826万两。李庆的研究未考虑免税货物对贸易总值折算的影响，因此其结论可能存在一定低估。

1645—1820年自菲律宾流入中国的美洲白银数量约为9 000万两。全汉昇（1991）认为，1645—1820年经菲律宾流入中国的西班牙银元约为12 360万元，合8 899万两。庄国土（1995）根据全汉昇、德科明（De Comyn，1974）的研究，认为1700—1840年自菲律宾输入中国白银为9 360万两左右。李隆生（2009）根据马尼拉海关记录以及同期美洲白银产量测算，他认为由于走私贸易的猖獗，菲律宾海关记录严重低估了进口额，如按照同期美洲白银产量10%流向菲律宾，而其中绝大多数流入中国计算，1645—1800年自菲律宾输入中国白银为9 399万两。

一些学者尝试对明清时期中菲贸易进行整体估计。弗兰克（2017）认为，19世纪前的两

---

[1] 庄国土.16—18世纪白银流入中国数量估算[J].中国钱币，1995（3）.

Silver Currency and Its Role in the Evolution of Chinese History
白银货币与中国历史变迁问题研究

个半世纪里,中国可能通过马尼拉获得了 1 万吨以上的美洲白银,合 2.68 亿两。德科明(1974)认为自 1571 年西班牙人占据马尼拉直至 1821 年的 250 年,由美洲运到马尼拉的白银共约 4 亿比索,其中约 1/4 即 1 亿比索流入中国;全汉昇(1991)认为 1/4 的比例太低,按 1/2 计算约有 2 亿比索流入中国,合 1.44 亿两。钱江(1985)根据西班牙官吏及主教的书信、马尼拉海关档案、荷兰东印度公司档案等资料推算,1570—1760 年共约 3 097 艘中国商船驶入马尼拉贸易,按照每艘商船平均贸易额 8 万比索、返程 95% 的载银量计算,1570—1760 年由中国商人自菲律宾运回的美洲白银共 23 537 万比索,合 16 947 万两。其中,1570—1644 年,1 736 只商船共运回白银约 9 500 万两;1645—1760 年,1 361 只商船共运回白银约 7 447 万两。吴承明(2001)采用钱江整理的贸易船只数据,但下修了贸易利润率、返程载银量,估算 1570—1759 年通过中菲贸易流入白银共计 11 546.5 万两。其中,1570—1644 年运回 6 598 万两,1645—1759 年运回 4 948.5 万两。比较可见,吴承明关于晚明(1570—1644 年)自菲律宾流入中国的白银数量估计与其他学者较为接近,但对清朝流入量的估计则因缺乏 18 世纪后 40 年的数据而偏小。钱江(1985)认为,1757 年后西班牙殖民当局大肆驱逐菲岛非基督教华侨,中菲贸易逐渐衰落,故其研究未涉及 1760—1800 年的中菲贸易。但若从马尼拉海关税收入看,1760—1790 年马尼拉进口总值、中国商船入口税等较此前显著增加,故此一时期经中菲贸易流入的美洲白银规模恐不容忽视。

综上,本文推测 16 世纪中叶至 19 世纪 20 年代前,通过菲律宾流入中国的美洲白银数量约 1.5 亿两。其中,1550—1644 年流入 6 000 万两,1645—1820 年流入 9 000 万两(见表 3)。

表 3 经菲律宾流入中国的美洲白银数量估计(1500—1840 年)

单位:万两

学者	时期	流入量
山村、神木	1550—1645 年	3 542
梁方仲	1573—1644 年	1 534
彭信威	1571—1644 年	4 000
全汉昇	1571—1820 年	14 299
王士鹤	1571—1644 年	3 816
王裕巽	1571—1644 年	8 775
庄国土	1567—1643 年	5 400
庄国土	1700—1840 年	9 360
万志英	1550—1645 年	6 183

续表

学者	时期	流入量
弗兰克	1550—1800 年	26 800
万明	1570—1644 年	20 300
李庆	1573—1644 年	2 826
李隆生	1645—1800 年	9 399
钱江	1570—1644 年	9 500
钱江	1645—1759 年	7 447
吴承明	1570—1644 年	6 598
吴承明	1645—1759 年	4 948.5
本文观点	1550—1820 年	15 000

（二）美洲—欧洲和美国—中国

晚明时期，将美洲白银自欧洲转运至东方的主要是葡萄牙人。葡萄牙人将对西班牙贸易中赚取的白银运往印度果阿，再将部分白银从果阿运往澳门，用以采购中国商品。1641 年，荷兰人攻占马六甲，葡萄牙商船航经此处常受阻挠，果阿—澳门贸易遂告衰落。清朝建立后，为颠覆台湾的郑氏王朝，清政府实行了较为严厉的海禁政策。1683 年征服台湾后，清政府取消海禁，允许对外贸易。中、西广州贸易在整个 18 世纪蓬勃发展。荷兰、英国、美国以及欧洲其他国家如法国、丹麦、瑞典等国商人将大量白银自欧洲、美国输往中国，促进了中国社会经济的发展。进入 19 世纪后，中国的对外贸易结构发生显著变化。因大量进口棉花、鸦片，中国对英国贸易逐渐转为逆差。但此时，中国对美国等其他国家贸易仍有可观顺差，白银依然净流入中国。19 世纪 20 年代后期，由于中英贸易逆差的不断增长，超过了对其他国家的顺差规模，白银流向发生逆转，开始持续净流出中国。英国东印度公司、荷兰东印度公司档案，对 17 世纪末至 19 世纪初期间的欧美各国对中国贸易做了较为详细的记录，成为研究自欧洲和美国流入中国的白银数量问题的重要依据。

1550—1644 年葡萄牙人自欧洲运往中国的美洲白银数量在 3 000 万两上下。万志英（1996）根据英国人 Ralph Fitch 在 16 世纪 80 年代的记述，按照葡萄牙人每年自印度运送二十万葡元（cruzados，约合 7.5 吨）至澳门计算，估计 1550—1600 年欧洲经印度洋输入中国的白银数量为 380 吨，合 1 020 万两；同时，根据 Attman 关于 1601—1645 年年均 33.28~36.4 吨白银自欧洲运往亚洲，其中半数流入中国计算，认为此一时期自欧洲输入中国的白银为 850 吨，合 2 281 万两。两者合计，1550—1645 年共输入 1 230 吨，合 3 301 万两。庄国土（1995）认为，

Silver Currency and Its Role
in the Evolution of Chinese History
白银货币与中国历史变迁问题研究

1569—1636 年葡萄牙人从欧洲输入中国 3 350 万西班牙银元[1]，合 2 700 万两，与万志英的估计较为接近。

1700—1826 年自欧洲运往中国的美洲白银数量约为 1.7 亿两。彭信威（2007）认为，道光以前的 140 年间（即约 1680—1820 年），从欧洲流入中国的白银当在 8 000 万两以上，而美商在 1833 年前的五十年间输入中国的白银数量约为 6 000 万~7 000 万两，两项合计应在 1.45 亿两以上。全汉昇（2012）援引马士的估计，认为 1700—1830 年通过广州贸易输入的美洲白银约为 4 亿元，合 2.88 亿两。余捷琼（1940）认为马士的估计过高，他根据马士等整理的英国、美国和其他各国对华贸易记录，测算 1700—1751 年，欧洲各国输入中国的白银为 6 807.32 万元，合 4 901 万两；1752—1800 年约 10 478.53 万元，合 7 545 万两；1801—1826 年白银净流入 7 468.51 万元，合 5 377 万两；三项合计约 1.8 亿两。吴承明（2001）测算，1700—1759 年通过中英、中荷贸易流入中国的白银数量约 2 500 万两，1760—1799 年通过中、西广州贸易流入的白银数量约 9 589.5 万两，两项合计约 1.2 亿两。庄国土（1995）根据英国、荷兰东印度公司贸易记录等资料估计，1700—1800 年，英国东印度公司输往中国的白银共约 4 557 万两；1720—1795 年，荷兰人输往中国的白银约 1 586 万两；1719—1799 年，其他欧洲国家运往中国的白银达 3 854 万两；1805—1840 年，美国商船共运送 6 148 万两白银到广州。由此，1700—1840 年从欧洲、美国运往中国的白银数量约为 1.7 亿两。李隆生（2009）结合马士、余捷琼、庄国土等人的研究做了更为细致的推算，他认为 1700—1800 年通过中西广州贸易流入中国的白银数量为 11 817 万两，1801—1826 年净流入 5 151 万两。因此，1700—1826 年合计流入约 1.7 亿两，与余捷琼、庄国土估计较为接近。1827 年后至鸦片战争前，白银开始持续净流出中国[2]。

另有一些学者估计值明显偏高，本文未予采纳。弗兰克（2017）从美洲白银产量出发，作出远超其他学者的估计。他认为 1500—1800 年从美洲运往欧洲的 9.8 万吨白银中，约有 3.9 万吨运往中国，合 10.47 亿两。万明（2004）引用弗兰克的研究，按照 50% 美洲白银产量运往东方计算，估算 1570—1644 年通过欧洲转运到中国的美洲白银约 5 000 吨，合 1.33 亿两。陈春声（2010）认为，弗兰克的估计缺乏具体贸易数据做依据，似乎有过度高估且结论先行的瑕疵。

---

1 庄国土.16—18 世纪白银流入中国数量估算[J].中国钱币，1995（3）.

2 部分学者关于 1827—1840 年白银净流出数量的估计：余捷琼（1940），6 172 万两；李隆生（2009），5 938 万两。贺力平（2007）认为，过往一些研究错误地将鸦片进口额简单等同于白银流出额，夸大了白银外流规模，他测算 1826—1839 年清朝白银净流出约 5 638 万两。

表4 经欧洲、美国流入中国的美洲白银数量估计（1500—1840年）

单位：万两

学者	时期	流入量
万志英（美）	1550—1644年	3 301
庄国土	1569—1636年	2 700
	1700—1840年	17 000
彭信威	1680—1833年	14 500
吴承明	1700—1799年	12 089.5
全汉昇	1700—1830年	28 800
余捷琼	1700—1751年	4 901
	1752—1800年	7 545
	1801—1826年	5 377
李隆生	1700—1800年	11 817
	1801—1826年	5 151
本文观点	1550—1826年	20 000

综上，本文推测1550—1826年，通过欧洲、美国流入中国的美洲白银总量应在2亿两左右。其中，晚明（1550—1644年）由葡萄牙人自欧洲输入的美洲白银约3 000万两，1700—1826年通过中、西广州贸易流入的白银约1.7亿两（见表4）。

四、结论

综合中外学者的研究成果，本文认为1550—1826年流入中国的日本、美洲白银总量约5.7亿两。其中，日本白银流入约2.2亿两，时间上集中在16世纪中叶至18世纪初。美洲白银流入约3.5亿两，包括经菲律宾流入的约1.5亿两，以及经欧洲、美国流入的约2亿两，时间上贯穿16世纪中叶至19世纪20年代末。

分朝代看，晚明（1550—1644年）流入中国的白银总量约2.7亿两，其中日本白银约1.8亿两，美洲白银约9 000万两，包括经菲律宾流入的6 000万两，以及经欧洲流入的3 000万两。清代（1645—1826年）流入中国的白银总量约3亿两，其中日本白银约4 000万两，美洲白银2.6亿两，包括经菲律宾流入的9 000万两，以及经欧洲、美国流入的1.7亿两。

参考文献

[1] 余捷琼.1700—1937年中国银货输出入的一个估计[M].上海：商务印书馆，1940.

[2] 岩生成一.近世日中贸易数量的考察[J].史学杂志，1953（62）.

[3] 严中平.中国近代经济史统计资料选辑[M].北京：科学出版社，1955.

[4] 岩生成一.朱印船贸易史研究[M].东京：日本东京弘文堂，1958.

[5] 王士鹤.明代后期中国—马尼拉—墨西哥贸易的发展[C]//中国科学院地理研究所编辑.地理集刊（第7期）.北京：科学出版社，1964.

[6] 钱江.1570—1760年西属菲律宾流入中国的美洲白银[J].南洋问题研究，1985（3）.

[7] 倪来恩，夏维中.外国白银与明帝国的崩溃——关于明末外国白银的输入及其作用的重新检讨[J].中国社会经济史研究，1990（3）.

[8] 全汉昇.16—18世纪中国、菲律宾和美洲之间的贸易[C]//中国社会科学院历史研究所明史研究室编.明史研究论丛（第5辑）.南京：江苏古籍出版社，1991.

[9] 庄国土.16—18世纪白银流入中国数量估算[J].中国钱币，1995（3）.

[10] 刘序枫.财税与贸易：日本"锁国"期间中日商品交易之展开[C]//中央研究院近代史研究所编.财政与近代历史论文集，1996.

[11] 王裕巽.明代国内白银开采与国外流入数额试考[J].中国钱币，1998（3）.

[12] 吴承明.中国的现代化：市场与社会[M].北京：三联书店，2001.

[13] 万明.明代白银货币化：中国与世界连接的新视角[J].河北学刊，2004（3）.

[14] 李隆生.明末白银存量的估计[J].中国钱币，2005（1）.

[15] 贺力平.鸦片贸易与白银外流关系之再检讨——兼论国内货币供给与对外贸易关系的历史演变[J].社会科学战线，2007.

[16] 彭信威.中国货币史[M].上海：上海人民出版社，2007.

[17] 梁方仲.梁方仲文集：明清赋税与社会经济[M].北京：中华书局，2008.

[18] 刘军.明清时期白银流入量分析[J].东北财经大学学报，2009（6）.

[19] 李隆生.清代（1645—1911）每年流入中国白银数量的初步估计[J].人文暨社会科学期刊，2009（5）.

[20] 陈春声，刘志伟.贡赋、市场与物质生活——试论十八世纪美洲白银输入与中国社会变迁之关系[J].清华大学学报（哲学社会科学版），2010（5）.

[21] 岸本美绪.清代中国的物价与经济波动[M].刘迪瑞，译，北京：中国社会科学出版社，2010.

[22] 林满红.银线：19世纪的世界与中国[M].南京：江苏人民出版社，2011.

[23] 全汉昇.中国近代经济史论丛[M].北京：中华书局，2011.

[24] 全汉昇.中国经济史论丛[M].北京：中华书局，2012.

[25] 贡德·弗兰克. 白银资本[M]. 刘北成, 译. 成都: 四川人民出版社, 2017.

[26] 李庆. 晚明中国与西属菲律宾的贸易规模及历史走向——基于"货物税"（almojarifazgo）文献的数据分析[J]. 中国经济史研究, 2018（3）.

[27] Morse H. The Chronicles of the East India Company Trading to China 1635—1834[M]. Oxford: Oxford University Press, 1926.

[28] Chaunu P. Les Philippines et le Pacifique des Iberiques[M]. Paris: S.E.V.P.E.N, 1960.

[29] Pritchard E. The Crucial Years of Early Anglo-Chinese Relations, 1750—1800[M]. New york: Octagon Books, 1970.

[30] EamesJ. The English in China[M]. London: Curzon Press reprint, 1974.

[31] Atwell W. International Bullion Flows and the Chinese economy circa 1530—1650[J]. Past and Present 95, 1982.

[32] Yamamura K, KamikiT. Silver mines and Sung coins: a monetary history of medieval and modern Japan in international perspective[C]// Richard J, Precious Metals in the Late Medieval and Early Modern World.

[33] Attman A. American Bullion in the European World Trade 1600—1800[M]. Goteborg: Goteborg, 1986.

[34] Barrett W. World Bullion Flows 1450—1800[C]// James, D. The Rise of the Merchant Empires. Long-Distance Trade in the Early Modern World, 1350—1750.

[35] Reid A. The seventeenth-century crisis in southeast Asia[J]. Modern Asia Studies, 1990.

[36] Garner R. Long Term Silver Mining Trends in Spanish America: a Comparative Analysis of Peru and Mexico[J]. The American Historical Review, 1993.

[37] Glahn R. Fountain of Fortune: Money and Monetary Policy in China 1000—1700[M]. California: University of California Press, 1996.

[38] Glahn R. Myth and Reality of China's Seventeenth-Century Monetary Crisis[J]. The Journal of Economic History, 1996（2）.

清代晚期白银外流情况分析 [1]

◎ 中国人民银行合肥中心支行　王亚洲　高克州　孔令中
◎ 中国科学技术大学　郭骏锐　秦　颍
◎ 安徽省钱币学会　张昌武　夏　楠

摘要： 晚清中国社会白银外流现象自发生一直持续至清政府灭亡，期间伴随着中央与地方权力的消长。清政府采取了向地方强行认摊等多种限制措施，以期弥补白银大量外流所致的亏空。这些方法没有从固有的中央体制、规范和控制地方财权改革入手，反而导致地方财政的收支独立逐渐成为现实。随着地方财政膨胀和割据局面的形成，晚清中央政府进一步丧失了对地方的控制能力，白银外流的渠道和重心也从中央移向地方。本文从白银外流的多重动因出发，深入研究清代晚期白银货币外流给中国政治、经济和社会带来的影响。西方列强侵略导致战争赔款、外债接连不断，国家财政的主要收入如海关税、部分常关税和厘金等的征税权都被列强巧取豪夺。这一系列的变化引发晚清中央财政权力的下放，从根本上遏制了其摆脱财政亏空的能力，成为清王朝衰弱的重要原因，最终导致其土崩瓦解。这也是整个晚清半殖民地半封建化发展在经济和社会层面所体现出的必然结果。

▶ **Abstract:** The outflow of silver continued throughout the late Qing Dynasty and took place concurrently with the growth and decline of the central and local powers. In order to fill up the gap caused by the large scaled outflow of silver, the Qing government took many restrictive measures, including compulsory allocation to local governments, rather than implementing institutional reform at central level of stepping up regulation and control of

---

1 本文为中国人民银行货币金银局（保卫局）、研究局（所），中国钱币博物馆，中国印钞造币总公司，中国金币总公司，上海黄金交易所共同推动的货币史研究系列成果之一，获人民银行2019年中国货币史研究三等奖。

local government fiscal affairs. These measures led to the gradual independence of local fiscal revenue and expenditure. With the local governments expanding and managing their finances independently from the central government, the Qing government lost its ability to control the local government further, and the channel and sources of silver outflow moved from the central government to the local governments. Based on an analysis of the multiple causes of silver outflow, this paper makes an in-depth study of the impact of silver currency outflow on Chinese politics, economy and society in the late Qing Dynasty. The invasion of the western powers led to continuous payments of war reparations and foreign debts, and the main revenue of the national finance, such as the right to collect customs tax, part of the regular tariff and tax on domestic commercial activities, were all seized by the foreign powers. These changes triggered the decentralization of the central fiscal power to the late Qing Dynasty, fundamentally restrained its ability to reverse fiscal deficit and became an important contributing factor to the weakening and eventual collapse of the Qing Dynasty. This was also the inevitable outcome of the semi-colonial and semi-feudal seate in the late Qing Dynasty.

白银在中国古代货币史上扮演着十分重要的角色。当社会财富增长时，对白银的需求有两个层面的动力：一是作为货币促进商品的流通，二是作为奢侈品被交易和收藏。明代中期以后，政府的禁银令受到冲击，白银逐步取代通胀严重的宝钞及铜钱而成为流通的主要货币，也促使了明清时期国内外经济贸易的繁荣。对当时堪称世界最大经济体的清朝而言，白银需求量增加更主要源于第一种动力，尤其是晚清资本主义萌芽和洋务运动的兴起，市场上商品银的流通情况发生了重要变化。随着折价交易及社会财富属性和流动性的增强，白银开始成为被频繁转移与让渡的重要财产。而晚清时期，政府开支中出现大量的军费和赔款，白银流动情况转变为大量流出：清廷一方面镇压农民起义，另一方面割地赔款。巨额军费开支和赔款外债使得清廷财政入不敷出，单是 19 世纪下半叶短短几十年间，清政府财政赤字多达近 4 600 万两库平银。当下，随着经济全球化和未来市场不确定性增强，未来可能发生的外汇储备缩水和一轮又一轮的资本外流以及货币贬值等将引发新兴市场金融危机。中国的国际资本流动形势从 2014 年起连续三年出现大幅逆差的局面，而 2015 年的资本（约 7 100 亿美元）外流引发了市场的恐慌。由此可见，本国货币大量外流会带来国内资本市场价格下跌，并伴随着房价下跌、大宗商品价格下跌、本国货币贬值等恶性影响。古代货币史是验证经济理论的重要实验室，是理解现代经济的一个参照系。研究清代晚期白银外流现象，站在历史和经

Silver Currency and Its Role
in the Evolution of Chinese History
白银货币与中国历史变迁问题研究

济学的角度梳理清廷和地方的应对举措和效果，用批判的眼光学习和研究货币史，不仅能以史为鉴，古为今用，为逆转今后可能发生的国际资本大举外流提供宝贵的历史经验，还能通过对中国晚清封建社会白银货币流出充分地挖掘和深入地解读，为当下央行人民币发行及调控工作提供有价值的数据资料分析。

一、晚清白银流出情况概述

对于以传统小农自然经济为主体的清代而言，清政府的收入总体相对比较固定，财政来源较为单一。有资料显示，道光十八年（1838年），清廷的年收入为4 127万两白银，而年支出达3 621万两，盈余仅有500万两左右。[1] 道光三十年（1850年），大清户部银库的储银有187万两。而同时期清政府开支中白银外流情况加剧：清廷一方面镇压农民起义，嘉道年间爆发了白莲教起义和西北回民叛乱，清廷连年用兵消耗了大量白银。而咸丰初年，一场规模空前的太平天国运动所耗军费就达1 800余万两白银。至咸丰三年（1853年），花费军饷已达2 963余万两，户部仅有22.7万两左右的白银可供支用。[2] 与此同时，清政府最重要的税源江南富庶之地尽失。

表1 1852—1863年大清户部银库收支情况

单位：两

年份	收入	支出	盈亏
1852	9 196 945	11 103 669	-19 067 224
1853	5 638 380	9 840 151	-4 201 771
1854	10 442 075	10 468 564	-26 489
1855	9 956 868	10 079 189	-122 322
1856	9 220 056	9 141 910	78 146
1857	—	9 812 355	—
1859	15 580 654	13 350 297	1 230 357
1860	9 397 441	1 279 530	-3 398 089
1861	7 108 582	6 581 645	526 937
1863	—	7 341 285	

资料来源：清代钞档：户部银库大进大出黄册，按官定比价折算成白银两。

---

[1] 中国人民银行总行参事室金融史料组.中国近代货币史资料（第1辑）上册[M].北京：中华书局，1964.
[2] 大清文宗显（咸丰）皇帝实录[M].北京：中华书局，1987：卷九七.

而另一方面,清廷又大兴洋务运动。巨额的军费开支和大笔洋务投资使得清廷财政入不敷出。1840—1911年,清政府与西方列强签订了大小条约多达35项,其中涉及政治、经济、文化等诸多方面。这些条约对晚清时期中国的经济掠夺尤为严重,从《南京条约》至《辛丑条约》,这些条约要求清政府赔款本息共计约十三亿两白银。[1]单是19世纪下半叶短短几十年,清政府财政赤字多达近4 600万两库平银,可谓是债台高筑。[2]

二、晚清白银流出情况分析

(一)鸦片所致白银外流

鸦片所导致的巨量白银外流是晚清白银货币购买力波动的重要影响因素之一。险恶的鸦片不仅毒害国人身心,还使得白银大量外流,致使常年中国对外的贸易顺差转而成为逆差。马克思在题为《中国革命和欧洲革命》的社论中指出:"英国用大炮强迫中国输入名叫鸦片的麻醉剂。……同时,中国的银元——它的血液——也开始流向英属东印度。"[3]在1830年以前白银不断地从印度、不列颠和美洲输入中国,中国的对外贸易是出超的。从1833年起,特别是1840年鸦片战争后,大量的非生产型鸦片消费引起白银外流。"由中国向印度输出的白银是这样多,以致天朝帝国的银源有枯竭的危险"。[4]

鸦片战争前40年里,英国走私运入我国的鸦片40余万箱,共计4 000多万斤,价值约3亿~4亿两白银,差不多相当于每年为英国提供了1/7的财政收入。根据加尔各答鸦片商客禀上英国枢密院的资料显示东印度公司所出口的鸦片无不在加尔各答税部簿上体现。自1832—1838年,有79 456箱鸦片从孟加拉出口,其中67 073箱出口至中国,具体数目如表2所示。[5]

表2 英国通过孟加拉输出鸦片统计表(1832—1838年)

单位:箱

年份	出口至中国	出口至亚洲其他国家和地区
1832—1833	7 589	1 810

---

1 龚书铎.鸦片战争与中国半殖民地化[J].北京师范大学学报社会科学版,1990(06).
2 徐义生.中国近代外债史统计资料(1853—1927)[M].北京:中华书局,1962:4-10.
3 马克思.中国革命与欧洲革命[A].马克思恩格斯全集第九卷[C].北京:人民出版社,1986:110.
4 马克思.中国革命与欧洲革命[A].马克思恩格斯全集第九卷[C].北京:人民出版社,1986:110.
5 中国人民银行总行参事室金融史料组.中国近代货币史资料(第1辑)[M].北京:中华书局,1964:37-38.

续表

年份	出口至中国	出口至亚洲其他国家和地区
1834	10 206	1 790
1835	9 485	1 510
1836	13 094	1 757
1837	10 393	2 213
1838	16 297	3 303

由此可见，鸦片贸易在中国的发展十分迅速，以至于在19世纪初成为中西贸易中西方向中国倾销的主要商品。林则徐曾指出："苏州、汉口等城市行商铺户，'近来各种货物、销路皆疲。凡二三十年前，某货约有万金交易者，今只剩半之数，问其一般售于何货，则一言以蔽之曰：鸦片烟而已矣'"。[1] 在购买鸦片的交易中，中国对外贸易由出超国转变为入超国，白银大量外流。[2] 1814年，户部左侍郎苏楞额描述白银外流"每年约计竟到百数十万之多"。[3] 1825—1840年对外贸易总逆差约为4 000万两白银，是当时清廷年岁入的数倍，而鸦片贸易导致的白银外流数量约占当时白银货币存量的3.6%~6.7%。[4] 最早认识到鸦片输入导致白银外流的是当时的著名学者包世臣，包世臣于1820年曾指出"鸦片耗银于外夷"。[5] 1822年，御史黄中模指出："洋商与外夷沟通贩卖鸦片烟，以致内地银两减少"。苏州一城鸦片吸食人数多达数十万。如就全国而言，统各省各城大镇，每年所费不下万万。[6] 道光十年（1830年）英国输入中国商品总值21 106 754元，其中鸦片占12 222 525元。中国输出商品总值13 049 574元，逆差高达8 057 180元。[7] 1800—1834年，中国因鸦片进口支付了17 190万两白银。尽管中国在其他贸易项目上仍然有可观的出超，但是中国白银的净流出量也达到了2 910万两。[8] 到了1837年，据统计"广东海口，每岁出银至三千余万，福建、浙江、江苏

---

1 中国第一历史档案馆.鸦片战争档案史料（第1册）[M].上海：上海人民出版社，1987：59.

2 孙文范.道光帝[M].长春：吉林文史出版社，1993：196.

3 中国第一历史档案馆.鸦片战争档案史料（第1册）[M].上海：上海人民出版社，1987：59：8

4 贺力平.鸦片贸易与白银外流关系之再检讨——兼论国内货币供给与对外贸易关系的历史演变[J].社会科学战线，2007（01）：63-80.

5 叶世昌.中国金融通史（先秦至清鸦片战争时期）[M].北京：中国金融出版社，2002：514.

6 赵靖，易梦虹.中国近代经济思想资料选辑[C].北京：中华书局，1982：12.

7 [美]马士.中华帝国对外关系史[M].张汇文等译.北京：生活·读书·新知三联书店，1957：102-103.

8 许涤新，吴承明.旧民主主义革命时期的中国资本主义——中国资本主义发展史（第二卷）[M].北京：人民出版社，1990：43-74.

各海口，出银不下千万，天津海口，出银亦二千余万"。[1]

英国人统计了1830—1834年来自中国输出白银的总值，如表3所示。

表3　中国入口白银的总值统计（1830—1834年）

单位：西班牙银元

年份	东印度公司输出	私商输出	总计
1830—1831	1 910 936	4 684 370	6 595 306
1831—1832	1 173 957	2 797 856	3 971 813
1832—1833	1 356 059	3 469 696	4 825 755
1833—1834	155 030	6 062 790	6 217 820

输出的白银以西班牙银元为主，另有美国银元、纹银、南美银条，还有少量银饼，这些都是以前美国商船自南美洲运载而来，中美通商时抵偿中国交割的货款。[2] 道光十八年（1838年）闰四月初十日，时鸿胪寺卿黄爵滋在"鸦片入口纹银外流请严塞漏卮"折中就提到："臣窃见近来银价远增，每银一两易制钱一千六百有零，非耗银于内地，实漏银于外夷也。盖自鸦片流入中国，我仁宗睿皇帝知其必有害也，故告诫谆谆，例有明禁。……故自道光三年至十一年，岁漏银一千七八百万两；自十一年至十四年，岁漏银二千余万两；自十四年至今，渐漏至三千万两之多。此外福建、江浙、山东、天津各海口，合之亦数千万两。"[3]

除了鸦片偷运走私带来的巨大逆差之外，在随之而来的鸦片战争期间，即自1840年7月至1842年7月间，英国侵略者在定海、广州、厦门、舟山、镇海、宁波、镇江等七个城市直接掠夺中国商民和官库的纹银及现金。据不完全统计，约合计有7 302 894银元；在鸦片战争后即1842—1845年勒索战争赔款2 100万银元，总数至少在2 830万银元以上。鸦片战争后，清政府被迫开放五口通商，特别是在开放初的十年里，因为大量鸦片的走私偷运，使得中国对外贸易失去平衡，大量白银外流。据各种不完全统计，1843—1844年中国对英印贸易的逆差，白银输出约有16 442 248~22 165 617银元（约合3 703 209~4 492 256镑），1845年中国白银外流约值16 428 000银元（约合370万镑），1846年英美及其他国家对华贸易中的中方逆差约有6 469 784~9 000 000银元。总计自1843—1846年，中国因贸易逆差外流的白银约有3 900万~4 700万余银元。1847—1848年，中国每年须以白银支付的贸易逆差约为1 000万银元。

---

1 赵靖，易梦虹.中国近代经济思想资料选辑[C].北京：中华书局，1982：134-141.

2 John Phipps: Practical Treatise on the China and Estern Trade, pp.167-168.

3 中国人民银行总行参事室金融史料组.中国近代货币史资料（第1辑）[M].北京：中华书局，1964：42.

Silver Currency and Its Role
in the Evolution of Chinese History
白银货币与中国历史变迁问题研究

伴随着鸦片走私和鸦片战争，当时国际间的主要货币——白银在财富转移过程中起着重大的作用，由此造成中国白银的外流数量十分可观。这还不包括当时经中国西北边疆及陆路贸易的白银输出数。当时有人曾估计中国货币市场中白银的流通数约为5亿银元，而晚清政府为清偿因鸦片导致的战争赔款和贸易逆差而流出的白银必然严重消耗国内所积蓄的白银。有时人冯桂芬评："盖通商五口，出入各货略相抵，独鸦片价皆以现银出洋，计每年漏银二、三千万两，故银骤贵"。

鸦片战争后中国的白银外流使得国内存银和银货流通日益减少，在当时商品货币经济发展极其错综复杂的情况下，白银外流引发了货币市场恐慌和各地银钱比价急剧波动。本来，银钱比价一直稳定维持在一两白银兑换1000文制钱左右。鸦片战争前夕已经发生了银贵钱贱的现象，某些地区银钱比价高达白银一两约换制钱1600文。鸦片战争结束的当年（1842年），陕西西安的银钱比价高达1∶1480，"较之道光十一年间，银价愈昂，钱价愈贱"。到1850年前后，福建、湖南、江西和江苏等省份的银价平均是一两白银兑2000文制钱左右。

银贵钱贱所带来的问题就是农产品和手工业品价格的不断降低，从而使得以农业手工业等自然经济为主体的晚清封建社会生产和经济结构受到严重损害。晚清社会商业和信用日趋发达。而在鸦片战争时期，各省商人和钱庄就利用当时发生的"银价日昂"通过钱票来进行投机活动。而商人和钱庄因投机活动失利而造成的结局通常就是无法维持信用继而关门逃匿。由是观之，鸦片导致的白银外流已经关系到清朝社会和经济稳定的问题。这也说明清朝经济体已经凸显出不同于此前中国历史上任何朝代的新情况——国内的货币供给不再仅仅由国内因素决定，而是与外部世界有着密切的联系。

而晚清政府面对白银外流和银价上涨先后采取了加强利用税收政策和出卖官爵典封的捐输办法。第一种方法不言自明，晚清封建统治者利用银贵钱贱而强征白银贡赋，并且有意动员各级大小官吏向百姓黔首加征捐税，以遂行"不居加赋之名，阴收加赋之利"的两面政策，使得当时"百姓之贫匮亦甚矣"。而明末"三饷加派"导致前朝覆亡的殷鉴不远，晚清统治者大力推行第二种方法，即捐输捐纳之法。此行一改前朝滥事鼓铸铜铁大钱和滥发纸钞作为增加通货的手段来挽救财政困难之法。因为当时白银外流，日益低落，从铸制铜钱中很难渔利。捐输虽然是清政府一向补救财政困难的救急方法之一，但是在鸦片战争之后银贵钱贱的情况下，显示出其极为特殊的作用和重大意义。如当时仅由户部收入的捐纳银数和户部银库每年收入银数比较，捐输获银所占比重：1843年为48.2%，1845年为16.5%，1846年为19.2%，1849年为12.2%。随着时间的推移，报捐人数和捐银收入的比重逐年减少。在此情势下，愈益促使晚清政府不惜采取广开捐纳，滥卖官爵之法来搜括白银以达到填补亏空之目的。直到道光末年，宣宗成皇帝（即道光皇帝）每与臣下言及开捐一事"未尝不咨嗟太息，憾宦途之滥杂，悔取财之非计也"。这也是晚清统治者变相认同为了搜括白银而滥卖官爵导致吏治腐败最后产生严重的后果，即白银外流从另一方面造成清王朝统治和行政体系的腐化。

（二）外国银元入侵所致白银外流

另一个影响白银货币购买力的重要因素是铸币税形式的白银外耗。所谓铸币税是指金属在铸制成硬币的过程中，金属本体价值与硬币价额之差。一般通过将贵金属铸制成硬币能够获得高额丰厚的利润，在这种因素的驱动下，晚清时期出现外国银元与中国白银不等交换等现象。此时大量国外贸易银元如西班牙本洋、墨西哥鹰洋、英国贸易银元（站洋）、法属印度支那贸易银圆（坐洋）等相继进入国内市场并大肆流通。这类银元因其形制整齐划一、印花精美、以枚计价且携带十分方便，一改传统银两平码折算、交割繁琐等缺点，故而商民喜用。但是国外的银元不是纯银，其含银量在九成左右，民间趋之若鹜地追捧外国银币，使得外国银币占领了中国货币的流通市场。御史黄爵滋在道光十三年七月二十一日的上疏中提到："盖自洋银流入中国，市民喜其计枚核值，便于运用，又价与纹银争昂，而成色可以稍低，遂有奸民射利，摹造洋板，消化纹银。"[1]外商在交易时有意识地用银币换取含银量更高的纹银锭（铤）再转运出境。道光帝于道光九年十二月十六日"著两广总督李鸿宾等禁止外国银元流通"的廷寄就提到"朕闻外夷洋钱有大髻、小髻、蓬头、蝙蝠、双柱、马剑诸名，在内地行使，不以买货，专以买银，暗中消耗，每一文抵换内地纹银，计折耗二三分。自闽、广、江西、浙江、江苏渐至黄河以南各省，洋钱盛行，凡完粮纳钱商贾交易，无一不用洋钱。番舶以贩货为名，专载洋钱至各省海口收买纹银。致内地银两日少，洋钱日多，近年银价日昂，未必不由于此……折耗之虞。"[2]的乱象。有资料显示，每兑换洋元一圆，我方白银亏损达11%以上。[3]

银元的兑换实际上是中国白银的外流。对于银元流入的数量有多种说法，其中较权威的当属彭信威先生。彭信威（1965）估算清代流入中国的外国银元累计有十二亿元以上，流出和熔毁的约有八九亿元，清末实存于国内的约在五亿元以下。[4]外国银元流入带来白银流失已经给中国造成巨大的损失。"道光三年以前，每岁漏银数百万两。……道光三年至十一年，岁漏银一千七八百万两。自十一年至十四年，岁漏银二千余万两。自十四年迄今，渐漏至三千万两之多。此外，江、浙、山东、天津各海口，合之亦数千万两。"[5]如此这般以银币易白银的套利差额是十分惊人的，白银外流的损失更是难以计量。

---

1 中国人民银行总行参事室金融史料组.中国近代货币史资料（第1辑）[M].北京：中华书局，1964：43.

2 中国人民银行总行参事室金融史料组.中国近代货币史资料（第1辑）[M].北京：中华书局，1964：42.

3 石毓符.中国货币金融史略[M].天津：天津人民出版社，1984.

4 彭信威.中国货币史[M].上海：上海人民出版社，1965：880.

5 筹办夷务始末（道光朝）[M].北京：中华书局，1964：31-36.

Silver Currency and Its Role
in the Evolution of Chinese History
白银货币与中国历史变迁问题研究

面对银荒钱贱、币制混乱的严峻形势,一些封疆大吏、洋务派官员纷纷上疏请求自铸银元,欲以中国银元抵制外国银元。而清政府此时也意识到此系"经国远谟,救时良策",允准试办。自1889年起,广东、湖北、直隶、浙江、安徽、奉天等依次铸制银元,龙洋发行数量大增,同行市肆,民间称便。但是自铸银元随之而来的问题就是各个省份自行铸造的银币标准各不相同,统治阶级内部在银元单位取舍的问题上也一直争论不休。自铸银元带有明显的地域性和无定制性,再加之帝国主义侵略势力出于控制中国财政经济命脉的目的而对晚清政府的币制改革横加干涉。晚清政府的币制改革举步维艰,最终币制的混乱导致白银的货币购买力暴跌,加速了清王朝的衰亡。[1]

(三)战费赔款所致白银外流

晚清时期,赔款借债是另外一种特殊的历史现象,它是随着西方帝国主义列强把中国变成殖民地半殖民地而用枪炮打开中国大门,强加在中国人民身上的。虽然这些赔款表面看来,多数是因晚清政府对外战争失败而偿付的,实际上它所代表的是以白银为主体的资本的大量外流。本文对晚清时期赔款数额巨大、外债影响深远的几次重大战费赔款支出做了梳理。

1.甲午战费赔款与偿还

在中日甲午战争以前,由于列强的索赔数额不大,最多也不过白银二千余万元,对晚清政府的财政收支以及货币市场的银钱比价并未产生根本性的影响,清政府还可以通过增税加捐、东挪西借勉强应付。甲午战争后,《马关条约》规定清政府向日本支付"赎辽费"三千万两白银,此外,还需承担日本威海卫驻屯军费150万两。甲午战争后,清政府应给付日本款项2.315亿两白银,数目之巨,举国哗然。当时清政府的年财政收入"合洋税、厘金、正供、捐输,每岁不过七八千万。"[2]

因甲午战费无着到后来因赔款无法偿付举债。清政府在"汇丰镑款""克萨镑款""瑞记洋款"筹借军费后,晚清政府仅在1894—1898年分别向沙皇俄国、法国和英国借款。在这5年期间,清政府所借的甲午战费和赔款借款,合计达库平白银3亿5千万余两,比甲午战争前所借总额还要高出6.6倍。[3]至1900年,这七笔外债每年偿付本息达白银2 490余万两,以后成为常年的财政负担。

---

1 [德]布威纳.我的清代货币研究历程与成就[J].中国钱币.2005(1).
2 北平故宫博物院编.清光绪朝中日交涉史料[M].卷三八,1932:25.
3 徐义生.中国近代外债史统计资料[M].北京:中华书局,1962(22).

表4 晚清政府为偿付甲午战争赔款统计表

名称	债额	实收额	折扣/%	期限/年	抵押品	用途	年利息/%	备考
俄法借款	4亿法郎（98 968 369.82）	3.765亿法郎（90 517 516.5）	94.18	36	关税	付甲午战争赔款第一次5 000万两和赎辽费3 000万两，扣拨华俄道胜银行中国股份库平银500万两。	4	实收额白银数按照提付赔款汇价折合为库平银两发行价96.5%在巴黎、森彼得、伦敦发行。
英德借款	1 600万英镑（97 622 400）	1 328万英镑（91 425 152.5）	94	36	关税	付甲午战争赔款第二次及威海卫军费共库平银69 333 333.32两，芦保铁路规银400万两，付订购船炮等款。	5	伦敦、柏林发行价3月27日为98.75%，至9月15日为99%，汇丰、德华各半承募。汇丰股票贴水，从174%涨至192%。
英德续借款	1 600万英镑（112 776 779.78）	1 504万英镑（80 727 077.71）	83	45	关税/七处厘金	提付甲午战争赔款第三次及威海卫军费库平银7 300万两，关内外铁路用款200万两，芦保铁路用款规银882 758.63两，津榆铁路息银58 000镑，建筑关外铁路用款。	4	伦敦、柏林发行价3月17日为90%，汇丰、德华各半承募。

资料来源：徐义生.中国近代外债史统计资料[M].北京：中华书局，1962：28-31. 注：英镑折合库平银以借款形成当时为准。

2. 中法战争赔款与偿还

1883年，继日本侵略台湾后，法国挑起侵略越南和中国的中法战争。刚刚从塞防建设中抽身的清政府国库早已吃紧，财政支绌。有限的海防薄款难以为继，不得已举借外债七笔共计白银12 591 143两，[1]"法事平后，各省需还洋债二千万。"[2]除了前线各省军费开支大量用银以外，京畿防务亦致使白银外耗。马尾海战后，法军预谋"北上作战"，清政府十分紧张，

---

[1] 中国人民银行总行参事室.中国清代外债史资料[M].北京：中国金融出版社，1991：115，重新统计的外债总数为21 935 786两白银，也有学者统计为库平银1 783 311余两。

[2]《复曾劼刚袭候》（光绪十二年正月十六日），《李文忠公全集》朋僚函稿，卷二十，第63页。

白银货币与中国历史变迁问题研究

遂急调神机营拱卫近畿,"以备不虞"。神机营军饷、军火等款项由汇丰银行筹措,共借款524余万两白银,实际用于中法战争100万两,修筑颐和园挪用252万两,其余在战后用于购买船炮和加强海防。[1]

表5 清政府"中法战争借款"统计表

年份	名称	贷款方	承借方	借款金额	利息				偿还年限	担保税项	用途
					借款所付	经手人报	银行贷出	市场发行			
1883	广东海防借款1	汇丰银行	两广总督张树声	100万两库平银	月息0.75%	月息0.75%	年息8%		3		拟购穹舰二艘,后作军饷
1884	广东海防借款2	汇丰银行	两广总督张树声	100万两库平银	月息0.75%	月息0.75%	年息8%		3		拟购穹舰二艘,后作军饷
1884	广东海防借款3	汇丰银行	两广总督张之洞	100万两库平银	月息0.75%	月息0.75%	年息8%		3		湘军军饷,西省道员方长华月饷
1885	滇桂借款	宝源洋行	两广总督张之洞	100万两库平银	年息8.5%	年息8%	年息8%	年息8%	3	各关洋税	滇桂军饷各40万两,刘永福军20万两
1885	福建海防借款	汇丰银行	闽浙总督左宗棠	3 589 781两库平银	年息9%	年息9%	年息7%	九八发行	10	闽浙江海浙海关洋税	闽省海防饷需,余款60万拨神机营
1885	广东海防借款4	汇丰银行	两广总督张之洞	2 012 400.293两库平银	年息9%	年息9%	年息7%	年息	10	粤海关税及洋药厘金	广东军需用款
1885	援台规越借款	汇丰银行	两广总督张之洞	2 988 861.822两库平银	年息8.5%	年息8.5%	年息6%	年息7%	10	各关洋税	台湾及援越越军军饷,各半支用

资料来源:许毅.清代外债史论[M].北京:中国财政经济出版社,1996:310-353.

---

[1] 马金华.外债与晚清政局[D].中国人民大学博士学位论文,2004:83.

3. 庚子赔款与偿还

1900年，八国联军侵华，占领北京后公开抢劫三日。北京城内"自元明以来之积蓄，上自典章文物，下至国家奇珍，扫地遂尽，西兵及日人出京，每人皆数大袋，大抵皆珍异之物，……今此所失，已数十万万不止矣。"[1]除了公开掠夺以外，11个帝国主义国家联合强迫清政府签订《辛丑条约》，勒索巨额赔款。关于赔款数额一事，当时国外报刊长篇累牍地报道宣传鼓噪中国应赔偿各国军费5 000万英镑，外加各种公私损害2 000万英镑，或作"至少"需赔付7 000万英镑，合"华银6亿两左右"。[2]但由于各国矛盾冲突十分激烈，利益盘根错节，国际共管中国财政的呼声甚嚣尘上，使得赔款金额悬而未决。最终在1901年9月7日签订的《辛丑条约》中约定以当时中国人口数4.5亿为准征收人头税每人摊派一两以示侮辱，定为海关银4.57亿两，年息4厘。[3]各国议和代表团最后就赔款分期摊还方案达成共识。1910年8月15日，庆亲王奕劻和两广总督李鸿章向各国提出合约草约，主动承诺："所有此次应行赔款之各事各款，中国即全行议赔"，建议各国"分派人员查明开单，送交照办"。[4]清政府就庚子赔款开具出四厘息赔的保票，分别交11国收执。保票分39年付清，即从1902年逐年还至1940年止。赔款按复利计息，45 000万两白银的赔款，连本加利共计98 223万两。还本付息，数额逐年指定，不能提前支付。据统计，至辛亥革命前夕，清廷海关税收为白银3 513万两，厘金4 318万两，官业收入6 265万两。而此时赔款与本息支出白银仍有5 263万两之多，占岁出的18%。[5]

4. 税收抵押担保

传统农业帝国的收入主要依赖农业税收，而农业税收在短时间内缺乏弹性。在晚清政府国库没有充足积蓄的情况下，意料外的大笔支出很容易造成财政崩溃社稷崩塌。依靠短时间大额增加税赋的苛政很容易对社会经济造成巨大破坏，激起民变。面对大量白银外流，晚清政府选择借债。军政、洋务、交通等项支出大多用于内政，而赔款与外债偿还导致的白银外流极大地消耗了清廷的财政经济实力，十分显著地反映出其财政支出的半殖民地性质。其实晚清时期的白银外流与外债有着千丝万缕的联系，帝国主义对中国的财富觊觎已久。早在第一次鸦片战争的2 100万元白银赔款，英国即有意将其变成债款，但因后期清政府按期偿付，其阴谋未能得逞。第二次鸦片战争中英、中法两个《北京条约》规定，付给英法两国各800万两白银赔款，除已付部分外，其余银两由各口关税内"分结扣缴二成"，直至付清为止。

---

[1] 柴萼. 庚辛纪事[M]. 中国史学会. 义和团（第一册）. 上海：上海人民出版社，1957：315.
[2] 中国近代经济史资料丛刊编委会主编. 中国海关与义和团运动[M]. 北京：中华书局，1983：42.
[3] 王铁崖. 中外旧约章汇编（第一册）[M]. 上海：三联书店，1957：1002-1008.
[4] 中国近代经济史资料丛刊编委会主编. 中国海关与义和团运动[M]. 北京：中华书局，1983：37.
[5] 清史稿·志一百·食货六[M]. 北京：中华书局，1977.

据统计，从镇压太平天国运动到中日甲午战争前夕，清政府所借共计近4 600万两白银的外债，且大多以海关关税为担保。例如，1861—1865年，江苏、福建、广东等地为镇压太平天国运动，先后向洋商举借的12笔外债中有11笔偿付是以海关关税为保。不过，这个阶段的白银的偿还与担保只牵涉某一处海关。随后，随着大量不平等条约的签订和战费军饷开支的陡然增加，一笔赔款和债务偿还，通常由数个海关的关税同时作担保。如上文提到的中法战争时期的十三次外债偿还过程就有十次是由数个海关摊还全部或部分的。从海关摊还白银的数额来看，每年白银外流从几十万增至一二百万两之多，财政负担的愈益增加意味着海关与白银外流的关联越来越紧密。

甲午战争后赔款的所借白银，清政府认为"有必要抵押某些厘金征收并委托总税务司署代征"，[1] 遂以五省七处盐厘共500万两白银充当抵押品。厘金"乃系地方官吏为谋的地方财政之收入而赋课之地方的内国关税"，[2] 厘金作为抵押，实际上就是把地方财政也与白银外流紧密联系起来。通过战争的赔款，白银外流使得帝国主义对清政府税收的控制已由关税全面扩大到内地赋税。

表6　八省厘金偿还数额

单位：万两白银

省份	数额	省份	数额
江苏	2 390.8729	湖南	223.8569
浙江	1 091.3636	福建	232.4016
安徽	63.9	广东	377.5562
江西	340.4603	山西	29.9744
合计	4 750.3859		

资料来源：根据罗玉东：《中国厘金史》有关数据整理而成。

《辛丑条约》强加给中国的巨额赔款，本息共计白银九亿八千多万两，平均每年摊付白银两千两百余万两，其中300余万两由中央财政提供，其余1 800余万两"按省份大小、财力多寡为断"向各省摊派，全国除东北外的19个省无一例外。而对于关税而言，在辛亥革命前夕"海常各关认摊之款，年约一千二百万余两"，[3] 1895—1901年，清政府每年的关税收入总计不过白银两千万两左右，同时还要支付海关行政费用、政府开支以及关税担保等其他费

1　刘锦藻.清朝续文献通考（卷七一），考8274[M].上海：商务印书馆，1955.
2　[日]高柳松一郎.中国关税制度论，第四篇[M].台北：台北文海出版社，1972：45.
3　贾士毅.民国财政史（下）[M].上海：商务印书馆，1917：1086.

用。困难形势之际，清政府不得不寻求新的财源，最终规定以下三项财源作为担保：（1）关税担保外债赔付以外的剩余及切实值百抽五的增税；（2）各通商口岸五十里以内的常关税；（3）盐税担保外债赔付以外的剩余。对于关税而言，税务处告知外务部总税务司："海关税项。向供抵还洋债赔款之用，现在洋债赔款多已届期，所有经乱之各海关所收税项，应饬总务司转饬各该税务司，于所收洋税项下，暂毋庸分别四六成，全数作为兑付各项洋债及赔款之用。"[1]

表7　海关历年偿付庚子赔款数量（1902—1938年）

单位：海关银两

年份	数量	年份	数量	年份	数量	年份	数量
1902	21 829 500	1912	1 858 337	1921	3 541 548	1930	20 050 584
1903	2 189 500	1913	41 482 644	1922	3 842 258	1931	25 801 080
1904	2 189 500	1914	24 018 973	1923	5 508 072	1932	24 849 195
1905	26 834 750	1915	26 632 647	1924	5 399 848	1933	30 177 732
1906	17 791 653	1916	20 827 872	1925	22 418 569	1934	25 643 046
1907	17 932 857	1917	13 124 239	1926	12 406 159	1935	22 387 637
1908	23 536 875	1918	2 672 085	1927	13 265 436	1936	24 228 725
1909	24 140 384	1919	2 309 117	1928	12 906 237	1937	24 363 446
1910	23 390 683	1920	2 158 447	1929	14 365 402	1938	24 473 263
1911	18 562 904						
总计							66 866 111 220

资料来源：《中国海关与庚子赔款》，第228-234页；《庚子赔款》第571页。注：海关银，两以下数字未计，但计入总数之中。

而盐税历来是财政税收之大宗，除了地丁关税以外，盐税最为重要。盐税在历年的财政收入中比重一般仅次于田赋。而面对白银不断外流，关税不敷抵押，西方列强借此控制盐税，从而进一步有效地操纵中国的财政经济命脉。

---

[1] 中国历史第一档案馆藏：税务处案卷目录（第7号），《税务处为筹还洋债事扎片外务部总税务司》（宣统三年十月十一日）．

表8 清政府以盐税收入作抵押的外债与赔款（1895—1911年）

债名	借债日期	债权者	债额	年息	期限（年）
克萨洋行借款	1895年	英国克萨洋行	100万镑	6厘	20
瑞记洋行借款	1895年	奥国瑞记洋行	100万镑	6厘	20
英德续借款	1898年	汇丰、德华银行	1 600万镑	4.5厘	45
庚子赔款	1901年	英德俄法日等十三国	45 000万两	4厘	40
湖广总督借款	1907年	日本横滨正金银行	200万两	8厘	10
英法借款	1908年	汇丰、东方汇理银行	500万两	5厘	30
湖北汇丰银行借款	1909年	汇丰银行	50万两	7厘	6
两江总督借款	1910年	汇丰、东方汇理、德华银行	300万两	7厘	6
湖广铁路借款	1911年	汇丰、东方汇理、德华银行及美国银团	600万两	5厘	40
湖北省银元借款	1911年	汇丰银行	200万两	7厘	10

资料来源：本表系根据1912年六国银行团善后借款合同英文草案附件5《盐税负债表》及《盐政杂志》第10期所刊"调查外省盐税担保之确数"一文内数字编制。丁长清，唐仁粤.中国盐业史[M].北京：人民出版社，1998：36.

就常关税而言，海关兼管50里以内常关，使得海关与白银外流的关系更为紧密。海关实际上已成为帝国主义从中国攫取白银的提款机，变成了侵华列强搜罗白银并将其源源不断输往本国的主要工具。据统计，晚清主要20处海关所兼管的常关，计有正关22处，分关分卡112处。[1]不但如此，海关强制接管甚至在五十里以外的关卡，如扬州常关在镇江50里外，本不应交管。但总税务司赫德却称："按水程折算，若出界外，然按陆路直线，仍在五十里之内。"[2]由此可见，通过战争赔款与关税税收，列强不断要把通商各口的常税搜刮殆尽，还企图搜刮全国各省各地的地方税款，甚至连常税之外的毫厘杂课也在搜刮之列。据统计，庚子赔款后，清政府每岁财政收入大约为1.0492亿两白银。当时的关税收入估计在2 800万两至2 900万两，[3]约占全年财政收入的30%；常关税约500万两，[4]占全年财政收入的5%；盐

---

1 黄序婉.海关通志（下）[M].北京：共和印刷局，1917：120-134.
2 中国近代经济史资料丛刊编委会主编.中国海关与义和团运动[M].北京：中华书局，1986：61.
3 王树槐.庚子赔款[M].台北：台北中央研究院近代史研究所，1974：64.
4 王树槐.庚子赔款[M].台北：台北中央研究院近代史研究所，1974：67.

税为1 300万~1 400万两,[1]约占全年财政收入的15%。由此可见,关税和盐税为晚清政府的主要财政收入,清廷财政收入一半以上都被帝国主义列强掠夺而去。大量的白银通过关口外流,晚清政府丧失了大部分财政主权,也断绝最主要的财源。财政入不敷出之数,每年至少在3 000万两白银以上,国家财政陷入总体崩溃的境地。

巨额的战费赔款和外债,加上利息、折扣以及其他繁多的杂项,业已成为晚清政府财政的沉重负担。各地方督抚在想保住既成经济结构和财政体制的前提下,想要面对源源不断外流的白银筹措摊派,只得从传统的"开源"和"节流"上做文章。节流无非是挪东补西,而开源则是在原有的赋税上再横加苛捐杂税。如上文提到的盐课,则在增强盐厘的征取上补充以盐斤加价。各地方官吏强取豪夺、贪污讹诈层不出穷。就连京畿之地、天子脚下的直隶省也"差徭之繁重,甲于天下,常年杂差,民力已苦不支",甚至"哀鸿遍野"。[2]从民间悉索敝赋搜刮而来的白银大量流向国外,变成他国的原始积累。国内白银的短缺,不仅夺走了中国正常国计民生周转的基金,使晚清社会经济发展势头遭到严重打击,更加重了劳动人民的负担。

三、结论

巨额外流的白银和不断增加的负债使得中国的财政逐步被西方列强所控制。晚清政府在筹款无方、点金无术的情况下,通过增加税赋、广开捐输、自铸银元、举借外债等多种方式应对白银大量外流。通过不同的应对方案和手段,晚清政府在资本主义全球化的处境中获得了以往中国历史上封建王朝没有的选择和命运。晚清叙事中,往往强调"三千年未有之变局"带来的负面后果。而白银外流和与资本市场对接的结果,使得晚清政府在经历太平天国运动这样规模空前的毁灭性农民战争、屡次对外战争和多次巨额赔款后依然能维护其风雨飘摇的统治。关税担保和举债也使得晚清中国社会与国际市场增加了接触,晚清政府继而能够平滑财政开支,将短期内爆发的危机分摊延续到了未来的数十年。全球贸易带来的大量关税收入,成为晚清政府应对大量白银外流的重要抵押品,甚至是西方列强眼中唯一的抵押品。两者一度实现了正向循环,关税之增收与白银之外流几乎处于同一时期。

20世纪初,面对财政危局,晚清政府曾一度以"立宪"和"新政"为掩护大规模推开财政改革和财政清理工作,试图加强对财政的集中管理。开源节流的不同侧重最终没有弥补白银大量外流带来的亏空,会计科目的调整与中央专项经费的设立最终没有实现实质性的改革。

---

1 王树槐.庚子赔款[M].台北:台北中央研究院近代史研究所,1974:68.
2 朱寿朋.光绪朝东华录(四)[M].北京:中华书局,1958:总3632.

Silver Currency and Its Role
in the Evolution of Chinese History
白银货币与中国历史变迁问题研究

新政前夕，清政府的财政系统混乱不堪，已无法在根本上改变由白银外流和经济利益分配所形成的地方自主局面，反而加剧了地方与中央的离心倾向。况且，任何改革都离不开财政的支持，仅仅编练新军一项，按计划每年的花费就在 5 400 万两白银以上，这对于支付赔款都捉襟见肘的晚清政府而言无异于天价。一贫如洗的财政状况和日渐式微的中央权威使得晚清政府已无力使用自有的经济杠杆来维持自己设计的新政改革的门庭，只得为应付大量白银外流而大量举债。白银的外流与地方借债的勃兴，也成为晚清封建集权专制财政体系趋于瓦解的重要标志。

总体而言，晚清中国社会中发生的白银外流一直持续到清政府的灭亡，也伴随着晚清中央与地方权力的消长。晚清政府为了弥补白银大量外流所致的亏空而使尽浑身解数，使用多种方法，却没有从固有的中央体制、规范和控制地方财权改革入手，反而采取了向地方强行认摊的方式，使得白银外流的渠道和重心从中央移向地方。在白银外流的同时，地方财政收支的独立也逐渐成为现实。随着地方财政的膨胀和地区性分割局面的形成，晚清政府更大程度上失去了对地方的控制能力。外流的白银充当了西方列强侵略中国的急先锋，国家财政的主要收入如海关税、部分常关税和厘金等的征税权都被列强巧取豪夺，这也是整个晚清社会经济半殖民地半封建化发展的必然结果。晚清财政的半殖民地化从根本上遏制了其摆脱财政亏空的活力机制。晚清政府所采取的多种举措和制定的财政体系已不能适应日益增长的资本主义因素。当白银外流的危机爆发时，晚清中国社会财政体制变革的呼声就与整个社会变革的呼声相对应。白银的外流引发权力的下放，而权力的下放成为清王朝衰弱的历史缘由，最终导致了清王朝统治土崩瓦解。

参考文献

［1］［德］贡德·弗兰克（Andre Gunder Frank）．白银资本：重视经济全球化中的东方［M］．北京：中央编译出版社，2001：335．

［2］龚书铎．鸦片战争与中国半殖民地化［J］．北京师范大学学报社会科学版，1990（06）．

［3］徐义生．中国近代外债史统计资料（1853—1927）［M］．北京：中华书局，1962：4-10．

［4］陈帅．从对外赔款谈晚清的通货膨胀［J］．黑龙江史志，2013（15）：117-119．

［5］习永凯．近代中国白银货币购买力的变动及影响（1800—1935）［D］．河北师范大学博士学位论文，2009：123．

［6］贺力平．鸦片贸易与白银外流关系之再检讨——兼论国内货币供给与对外贸易关系的历史演变［J］．社会科学战线，2007（01）：63-80．

［7］胡天琼．清末币制改革述评［J］．西北师范大学学报，2004（03）：121-125．

［8］石毓符．中国货币金融史略［M］．天津：天津人民出版社，1984．

[9] 吴承明. 中国的现代化：市场与社会[M]. 北京：生活·读书·新知三联书店，2001：236-240.

[10] 彭信威. 中国货币史[M]. 上海：上海人民出版社，2007.

[11] 魏建猷. 中国近代货币史（影印版）[M]. 台北：文海出版社，1974.

[12] 马士. 中华帝国对外关系史（第1卷）[M]. 上海：上海书店出版社，2000：232.

[13] 中国人民银行总行参事室金融史料组. 中国近代货币史资料（第1辑）[M]. 北京：中华书局，1964：480-490.

[14] S.A.M Adshead, 1973: "The Seventeeneh Century General Crisis in China", Asian Profile 1, no.2（October）: 271-280.

[15] William S. Atwell, 1986: "Some Obserrvations on the 'Seventeenth-Centurry Crisis' in China and Japan", Journal of Asina Studies, 45: 223-243.

鸦片进口及走私导致白银外流数量估算[1]

◎ 中国人民银行广州分行　袁　萍　黄亚捷

摘要： 近代史上，鸦片进口及走私使中国结束了280多年的对外贸易顺差，直接导致白银流动状况发生显著变化。为准确厘清清代鸦片进口及走私对我国白银流动的影响，本文首先总结了鸦片输入数量及价值的相关研究文献，并基于现有研究成果，以中外披露的官方文件以及公开发行的报刊资料等为依据，对数据进行校准。在测算得到1773—1917年输入中国的鸦片数量及价值后，基于进出口贸易数据，进一步估算白银外流数量，并分析鸦片进口与白银外流的关系。研究结果表明：第一，鸦片进口及走私数量在19世纪30年代快速上涨，于19世纪50年代至19世纪末期维持在较高水平，20世纪初期逐渐下降。第二，从19世纪初期至19世纪80年代，鸦片进口及走私在进口总额中所占比重较高，是导致19世纪80年代前中国对外贸易逆差和白银外流的主要原因。第三，19世纪80年代以后，鸦片在进口总额中的比重逐渐降低，对中国贸易的影响日益趋弱，不再是导致白银外流的主要原因。

Abstract: In modern history, opium import and smuggling ended the trade surplus that China had run for more than 280 years, and significant changed the flow of silver. In order to evaluate the impact of opium imports and smuggling on the flow of silver in China in Qing Dynasty, we first summarizes the relevant literature on the quantity and value of opium imports. Then we calibrate the data according to the official documents disclosed at home and abroad, as well as those published by newspapers and periodicals. After calculating the quantity and value of opium imported into China from 1773 to 1917, we further estimate the quantity of silver outflow and analyzse the relationship

---

[1] 感谢中国人民大学何平教授和河北师范大学戴建兵教授对本文的评阅意见。

between opium import and silver outflow based on the data of import and export trade. The results show that: first, the volume of opium imports and smuggling increased rapidly in the 1830s, remained high between the 1850s and the end of the 19th century, and gradually decreased in the early 20th century. Second, from the early 19th century to the 1880s, opium imports and smuggling accounted for a large share in total imports and became the driver reason for China's foreign trade deficit and silver outflow before the 1880s. Third, after the 1880s, with the share of opium declining in total import volume, opium played an increasingly smaller role in China's trade and in the outflow of silver.

近代史上，鸦片进口及走私是导致中国对外贸易失衡的重要原因之一。在鸦片进口和走私大量泛滥以前，中国保持了280多年的对外贸易顺差，而在1773年英国确立了鸦片政策、将鸦片作为对华贸易的支柱之后，中国对外贸易格局出现了显著变化，并在19世纪后由顺差转变为逆差[1]。部分学者在分析鸦片进口及走私与白银流动关系后认为，鸦片进口及走私是导致19世纪中国白银外流的主要原因，因此直接将进口及走私的鸦片价值视为白银外流的数量。还有部分学者通过对比分析19世纪鸦片进口及走私和当时的进出口贸易状况，测算这一时期白银外流数量。为准确厘清清代鸦片进口及走私对我国白银流动的影响，本文在总结前人研究成果的基础上，对近代输入中国的鸦片数量及价值进行测算，然后结合19世纪鸦片贸易在中国进口中的地位，辨析鸦片进口及走私对白银外流的影响。

一、鸦片输入数量及价值研究述评

现有关于中国近代鸦片输入数量及价值的研究文献较为零散，大多没有形成完整而又连续的统计数据。这主要是由于鸦片贸易在相当长一段时间内为清政府所禁止，走私进口鸦片主要通过澳门、广州两个渠道输入中国，或以伶仃洋为基地转运至沿海各地再进入。这些分散的地下走私贸易，造成了鸦片统计资料的零散、片面。

一方面，大部分研究文献都是对鸦片输入数量及价值进行阶段性分析，尤其以第一次鸦片战争前为重心（李伯祥，1980；刘鉴唐，1984；龚缨晏，1999）。马士《中华帝国对外关系史》（以下简称《关系史》）详细列示了1795—1839年中国鸦片输入数量及价值，被诸多学者引用，

---

[1] 根据广州白银流动的统计数据，1809年广州白银流出量首次超过了流入量，当年白银净流出968 153两。

Silver Currency and Its Role
in the Evolution of Chinese History
白银货币与中国历史变迁问题研究

其中包括林满红（2011）的《银线》一书。但李伯祥（1980）和龚缨晏（1999）认为，《关系史》中这一数据主要来自英国国会《关于 1795 至 1835 年加尔各答出口到中国、印度群岛各口岸及欧洲的鸦片数量的报告》，经对比后发现，《关系史》中所列数据存在多处错误。刘鉴唐（1984）对马士的《东印度公司对华贸易编年史》（以下简称《编年史》）和《关系史》两本书进行深入分析后认为，马士的统计数据并不能准确反映第一次鸦片战争前四十年输入中国的鸦片数量。主要原因在于，马士的统计资料只考虑了英国官方公开的从印度运抵中国的鸦片数量，而忽略了美国、葡萄牙等欧美国家输入中国的鸦片数量。刘鉴唐结合当时的报刊资料、鸦片商人的来往信件、散商的商船数据，对英、葡以外的西方国家 1800—1840 年鸦片输入中国数量进行了梳理和统计。由于文献史料的缺乏，对于更长时期内的鸦片输入数量及价值估算，相关的研究较少。林满红《银线》一书列示的 1840 年以后鸦片贸易数据，主要参考英国国会的一份关于汉口的报告文件，以及萧梁林的《China's Foreign Trade Statistics，1864—1949》一书中的统计资料。连东（2003）则主要参考税务司狄克于 1872 年所作报告和历年中国海关报告，提取第一次鸦片战争后的数据。

另一方面，现有研究文献并未就中国近代鸦片输入价值的估算达成一致。主要原因在于相关估算方法较为复杂，数据考证也面临更多困难。刘鉴唐在对鸦片输入价值进行测算时就指出，大部分学者所参考的马士《关系史》一书错误地将"麻洼红皮土"和"麻洼白皮土"统一记为"麻洼鸦片"，而在有准确记载的年份，后者的价格是前者的 1.5 倍。此外，不同国家的鸦片品质不同，也造成了其不同的价格，为鸦片价值估算带来了较大困难。林满红在《银线》中关于鸦片输入数量的数据较为详实，但对鸦片价值的估算较为简单，只罗列了 1868—1906 年每 5 年的鸦片输入价值，其他年份数据缺失。

为更好地估算历年输入中国的鸦片数量及价值，本文基于现有研究成果，以中外披露的官方文件以及公开发行的报刊资料等为依据，对数据进行校准。为保证数据在时间上的连续性，对于数据缺失的年份进行平滑处理，取相邻年份的均值进行替代。由于鸦片价格数据缺失较为严重，本文主要以有数据统计的年份的鸦片平均价值作为计算依据。尽管这会使得估计结果存在一定偏误，但能够较好反映鸦片输入价值的总体变化趋势，且具有较好的可比性。

二、近代输入中国的鸦片数量及价值估算

早在唐代，已有少量鸦片输入中国，元明时南洋诸国的贡品中也有此物，但均作为药材使用。西方殖民国家中，葡萄牙和荷兰最早以澳门为据点向中国内地贩运鸦片，但由于鸦片被作为医疗药品，数量并不多。英国向中国贩卖鸦片的时间较晚，但后来居上。1727 年，英国约向中国出口 200 箱鸦片（每箱 100~120 斤）。1757 年，英国占领印度鸦片产地孟加拉，10 年后贩运到中国的鸦片增加到每年 1 000 箱。1773 年，英属印度政府确立了鸦片政策，授

予英国东印度公司鸦片专卖权，开始了对华鸦片贸易。大部分关于中国近代鸦片贸易的文献也是以此为起点展开研究。考虑到数据的可得性，本文也将以此为起点，测算鸦片的进口及走私数量。

基于史料文献来源以及统计口径的差异，本文将近代中国鸦片进口及走私的情况分为四个阶段：第一个阶段为1773—1799年，第二个阶段为1800—1839年，第三个阶段为1840—1864年，第四个阶段为1865—1917年。具体测算思路如下：第一，关于1773—1799年的鸦片进口及走私测算，主要依据马士《编年史》的相关统计资料，获取英国对华鸦片贸易数据。第二，关于1800—1839年的鸦片进口及走私测算，主要参考刘鉴唐的研究，以马士《关系史》和《编年史》附录中的数据为基础，再利用其他相关文件和资料进行勘误，以获取最为准确的数值。第三，关于1840—1864年的鸦片进口及走私测算，以英国国会文件中印度伦敦办公室信件的附表数据和英国国会文件中关于孟加拉鸦片在印度的销售价格为依据。第四，关于1865—1917年的鸦片进口及走私测算，主要根据香港鸦片进口量的记载和中国海关统计数据。

（一）1773—1799年输入中国的鸦片数量与价值

对于这一时期鸦片进口及走私数量，现有研究主要基于马士《编年史》的记载。一是关于1790年之前的鸦片进口数量，《编年史》有准确记载，"1786年最少有2 000箱鸦片运入中国，不仅价钱高，而且比前六年每年都多出500~600箱"，据此可推算1780年向中国输入的鸦片已达到1 400~1 500箱。二是关于1790年之后的鸦片进口数量，由于马士《编年史》数据存在缺漏，采用Carl（1999）的研究数据进行补充。《编年史》中记载，1790年输入中国的鸦片数量为4 054箱，1798—1799年平均每年4 113箱。1791—1797年数据从Carl的有关研究中获取。据此，可以得到这一时期鸦片进口数量如表1所示。

表1 1773—1799年输入中国的鸦片数量

单位：箱

年份	1773—1779	1780—1781	1782	1783—1785	1786	1787—1789	1790
数量	1 000	1 450	1 601	1 450	2 000	3 027	4 054
年份	1791	1792—1794	1795	1796	1797	1798	1799
数量	3 277	2 500	1 070	2 387	1 985	4 113	4 113

数据来源：马士.东印度公司对华贸易编年史[M].区宗华，译.广州：中山大学出版社，1991：460.

根据马士《编年史》的统计资料，可以得到1780—1787年广州鸦片价格大致如表2所示。

表2 1780—1787年广州鸦片进口价格

单位：银元/箱

年份	1780	1781	1782	1783	1784	1785	1786	1787
广州鸦片价格	200~240	240~300	210~290	270~300	210~240	320~500	388	320~350

数据来源：马士.东印度公司对华贸易编年史[M].区宗华,译.广州：中山大学出版社,1991：460.

此外，龚缨晏在《1840年前输入中国的鸦片数量》一文中提及，1780—1789年孟加拉鸦片的销售价格为200~600西班牙元，1790—1799年该鸦片售价为290~600西班牙元，从而可得这一时期鸦片的大概价格。

为将不同国家货币单位统一为银两，根据马士《编年史》中以银元为单位报告的"鸦片交货价值"与严中平《中国近代经济史统计资料选辑》中以银两为单位的"鸦片走私进口值"进行对比可得，严中平等所使用的银两银元转换比率约为0.72（即1银元值0.72银两）。此外，1910年《币制则例》做了如下规定：中国银元重库平重量为七钱二分。因此，银两与银元之间0.72的转换率是可接受的。据此，可以估算这一时期以银两计价的鸦片流入价值（见表3）。

表3 1773—1799年输入中国的鸦片数量、价格及价值

年份	价格 （西班牙银元/箱）	均价 （西班牙银元/箱）	均价 （库平两/箱）	箱数	价值 （库平两）
1773	200	200	144	1 000	144 000
1774	200	200	144	1 000	144 000
1775	200	200	144	1 000	144 000
1776	200	200	144	1 000	144 000
1777	200	200	144	1 000	144 000
1778	200	200	144	1 000	144 000
1779	200	200	144	1 000	144 000
1780	200~240	220	158.4	1 450	229 680
1781	240~300	270	194.4	1 450	281 880
1782	210~290	250	180	1 601	288 180
1783	270~300	285	205.2	1 450	297 540
1784	210~240	225	162	1 450	234 900
1785	320~500	410	295.2	1 450	428 040

续表

年份	价格 （西班牙银元/箱）	均价 （西班牙银元/箱）	均价 （库平两/箱）	箱数	价值 （库平两）
1786	388	388	279.36	2 000	558 720
1787	320~350	335	241.2	3 027	730 112.4
1788	200~600	400	288	3 027	871 776
1789	200~600	400	288	3 027	871 776
1790	370	370	266.4	4 054	1 079 985.6
1791	290~600	445	320.4	3 277	1 049 950.8
1792	290~600	445	320.4	2 500	801 000
1793	290~600	445	320.4	2 500	801 000
1794	290~600	445	320.4	2 500	801 000
1795	290~600	445	320.4	1 070	342 828
1796	290~600	445	320.4	2 387	764 794.8
1797	290~600	445	320.4	1 985	635 994
1798	290~600	445	320.4	4 113	1 317 805.2
1799	290~600	445	320.4	4 113	1 317 805.2
合计				42 833	10 676 368.8

数据来源：连东.中国近代鸦片输入数量与价值研究[D].石家庄：河北师范大学，2003：4.

（二）1800—1839年输入中国的鸦片数量与价值

关于第一次鸦片战争前40年鸦片输入数量与价值的研究较多，从这一时期开始，外国输入的鸦片数量激增，扭转了中国对外贸易顺差的格局，导致白银净流入变为净流出[1]。根据史料文献来源的差异，本文将第一次鸦片战争前40年分为三个阶段：第一阶段为1800—1814年，主要采用马士在《编年史》卷三中记载的鸦片输入数量和所对应的白银外流数量；第二阶段为1815—1830年，根据当时鸦片商人孖地臣主办的《广州纪事报·鸦片行情》报刊资料和《British Trade and the Opening of China》一书进行估算；第三阶段为1831—1839年，根据《夷氛闻记》《海国图志》及《粤海关志》等书籍的记载进行估算。由此得出这一时期的鸦片进口及走私和白银流出情况，如表4所示。

---

1 根据广州对欧美海上贸易数据，1817年合法贸易出超1 460 578两白银，走私鸦片的进口价值3 008 520两白银，当年净流出1 547 942两白银。

表4 第一次鸦片战争前40年鸦片走私总值与白银外流情况

年份	输入广州、澳门的鸦片数（箱）			孟加拉国鸦片（西班牙银元/箱）	麻洼红皮鸦片（西班牙银元/箱）	次等麻洼（西班牙银元/箱）	土耳其鸦片（西班牙银元/箱）	鸦片走私总值=白银外流数（西班牙银元）	鸦片走私总值=白银外流数（库平两）
	未公布数	已公布数	合计						
1800	4 570		4 570	560~590				2 822 240	2 032 012.8
1801	3 947		3 947	720				2 846 035	2 049 145.2
1802	3 292		3 292	1 480				4 896 455	3 525 447.6
1803	2 840		2 840	1 350~1 400				3 792 718	2 730 756.96
1804	3 159		3 159	2 000				6 077 187	4 375 574.64
1805	3 928	300	4 238	1 400	1 300	400	1 000	5 940 399	4 277 087.28
1806	4 306		4 306	1 400	1 300		1 000	5 804 500	4 179 240
1807	4 538		4 538					6 796 906	4 893 772.32
1808	4 208		4 208					687 906	495 292.32
1809	4 593		4 593					6 676 916	4 807 379.52
1810	4 968		4 968					7 761 856	5 588 536.32
1811	5 091		5 091					7 961 855	5 732 535.6
1812	5 066		5 066					6 127 576	4 411 854.72
1813	4 769	2 500	7 269					9 719 840	6 998 284.8
1814	3 673		3 673	1 500				8 839 139	6 364 180.08
1815	4 310	2 800	7 110	2 000~2 100	1 400			13 157 673	9 473 524.56
1816	5 118	1 400	6 518	1 500		680	1 200	10 698 697	7 703 061.84
1817	3 692	8 683	12 375	1 300		680	1 200	16 270 867	11 715 024.24
1818	4 359	6 420	10 779	840		680	700	11 935 350	8 593 452
1819	4 186	7 100	11 286	1 170~1 260		730	1 000	13 523 000	9 736 560
1820	4 244	7 806	12 050	2 000~2 500		1 320		20 638 520	14 859 734.4
1821	5 959	6 678	12 637	1 890		1 320		24 870 120	17 906 486.4
1822	7 773	10 992	18 765	1 550		1 290		26 020 950	18 735 084

续表

年份	输入广州、澳门的鸦片数（箱）			孟加拉国鸦片（西班牙银元/箱）	麻洼红皮鸦片（西班牙银元/箱）	次等麻洼（西班牙银元/箱）	土耳其鸦片（西班牙银元/箱）	鸦片走私总值=白银外流数（西班牙银元）	鸦片走私总值=白银外流数（库平两）
	未公布数	已公布数	合计						
1823	6 535	12 322	18 857	1 420~1 600		925~1 120		23 814 300	17 146 296
1824	9 934	7 250	17 184	920	720	550	800~1 000	14 806 575	10 660 734
1825	7 873	7 979	15 852	920	720	550	1 000	11 189 250	8 056 260
1826	11 675	7 714	19 389	1 000				20 198 000	14 542 560
1827	11 154	7 950	19 104					21 509 400	15 486 768
1828	12 868	8 451	21 339					22 518 000	16 212 960
1829	16 257	8 735	24 992	860				24 205 000	17 427 600
1830	19 956	13 950	33 906	870		580		28 101 036	20 232 745.92
1831	16 550	12 863	29 413	800				23 695 500	17 060 760
1832	21 985	8 450	30 435	1 000				23 120 000	16 646 400
1833	20 486	2 400	22 886					14 860 900	10 699 848
1834	21 885	300	22 185					至少 30 000 000	21 600 000
1835	30 202	4 498	34 700					约 60 000 000	43 200 000
1836	34 776	300	35 076					至少 30 000 000	21 600 000
1837	34 373	10 300	44 673					至少 41 000 000	29 520 000
1838	40 200	300	40 500					约 40 000 000	28 800 000
1839	20 283	30 067	50 350					约 40 000 000	28 800 000
合计	439 591	198 528	638 119					699 073 679	503 333 048.9

数据来源：刘鉴唐.鸦片战争前四十年间鸦片输入与白银外流数字的考察[J].南开史学，1984（1）：162-173+218.

（三）1840—1864 年输入中国的鸦片数量与价值

1840 年爆发的第一次鸦片战争是外国对华鸦片贸易的重要分水岭。尽管受战事影响，鸦片输入量在 1840—1841 年略微下降，但 1842 年《南京条约》的签订导致鸦片输入进一步泛滥。

白银货币与中国历史变迁问题研究

这一时期的鸦片进口数量测算主要根据英国国会文件中一封由伦敦印度办公室于1881年发出的信件[1]。信件附件列示了1829—1860年印度出口至中国的鸦片数量和印度政府从鸦片出口中所获纯收益。关于这一时期的鸦片进口价格估算主要根据英国国会文件中的一份报告[2]，该报告提到了1829—1864年贝拿勒斯和比哈尔的鸦片生产和销售情况，参考这一文件所提供的孟加拉国鸦片在印度的平均售价，可以对1840—1864年输入中国的鸦片价值进行估算[3]。

表5 1840—1864年输入中国的鸦片数量及价值[4]

年份	鸦片输入量（箱）	单价（新卢比/箱）	价值（新卢比）	价值（库平两）
1840	15 619	811	12 667 009	4 231 794
1841	17 839.5	811	14 467 834.5	4 833 414
1842	25 225	1 344	33 902 400	11 326 114
1843	31 236	1 336	41 731 296	13 941 591
1844	30 011	1 343	40 304 773	13 465 019
1845	32 859.5	1 247	40 975 796.5	13 689 194
1846	34 072	1 268	43 203 296	14 433 357
1847	38 057.75	877	33 376 646.75	11 150 470
1848	46 000	966	44 436 000	14 845 179
1849	49 262.25	1 001	49 311 512.25	16 473 990
1850	47 509	937	44 515 933	14 871 883
1851	48 030	1 109	53 265 270	17 794 861
1852	56 089.5	971	54 462 904.5	18 194 967
1853	56 412.5	760	42 873 500	14 323 179
1854	60 054.5	736	44 200 112	14 766 373

---

1 Great Britain Parliament. Correspondence with the government of India respecting the negotiations with China on the subject of opium[R]. 1881: 46.

2 Great Britain Parliament. Opium war and opium trade[R]. 1865: 384–390.

3 之所以不采用马士在《关系史》中对这一时期的中国进口鸦片统计数量，是因为以下两个原因：一是该数据主要根据英国政府对印度麻洼鸦片征收的税收估算而来，二是马士将加尔各答和孟买运送到所有目的地的船货都纳入了统计范畴，且忽略达曼、卧亚和其他口岸运往中国的鸦片数量，以及土耳其鸦片数量。

4 新卢比与库平两的汇兑比率在英国国会文件中的报告中有所提及，约为1卢比=0.33408库平两。

续表

年份	鸦片输入量（箱）	单价（新卢比/箱）	价值（新卢比）	价值（库平两）
1855	69 910.25	944	65 995 276	22 047 702
1856	63 427	1 090	69 135 430	23 096 764
1857	66 305.5	1 444	95 745 142	31 986 537
1858	68 003.5	1 639	111 457 736.5	37 235 801
1859	74 707	1 760	131 484 320	43 926 282
1860	54 863	1 846	101 277 098	33 834 653
1861	60 012	1 449	86 957 388	29 050 724
1862	75 331	1 372	103 354 132	34 528 548
1863	62 025	1 002	62 149 050	20 762 755
1864	75 128	1 002	75 278 256	25 148 960
合计	1 257 989.75	1 190	1 496 528 112	499 960 112

数据来源：连东. 中国近代鸦片输入数量与价值研究[D]. 石家庄：河北师范大学，2003：21.

值得注意的是，1858年清政府与英国签订的《中英通商章程善后条约》允许鸦片进口，规定每百斤纳进口税银30两。这就肯定了鸦片进口的合法性，也表明在1858年以前，欧美等国向中国贩卖鸦片的行为并没有得到清政府正式允准，在此之前输入中国的鸦片大部分为走私入境。前述1773—1858年相关统计数据，既包括合法的鸦片进口，也包括非法鸦片走私进口。

（四）1865—1917年输入中国的鸦片数量与价值

关于这一时期鸦片进口数量及价值的估算，本文主要参考香港鸦片进口量的统计数据[1]以及中国海关数据[2]。

这一时期，输入中国的鸦片数量呈现先上升后下降的趋势：第一，1865—1891年，鸦片进口数量呈现波动性上升，1891年达到最大值77 226万担。造成这一情形的主要原因在于清政府政策的转变。1856年第二次鸦片战争爆发，清政府需支出高额军费，财政非常紧张。为了缓解这一局面，清政府开始鼓励鸦片贸易，以收取高昂的鸦片税收。第二，1892—1917

---

[1] 徐雪筠. 上海近代社会经济发展概况1882—1931——《海关十年报告》译编[M]. 上海：上海社会科学出版社，1985：367.

[2] 孙玉琴. 中国对外贸易史资料（第二册）[M]. 北京：对外经济贸易大学出版社，2001：859；王宏斌. 禁毒史鉴[M]. 长沙：岳麓书社，1998：220；历年海关统计年报.

年，鸦片进口数量直线下降。主要原因在于，大量中国国产鸦片挤占了进口鸦片市场。1859年，清政府颁布了《征收土药税厘条例》，使罂粟种植合法化，我国开始大面积种植罂粟。至1880年，国产鸦片数量已与进口鸦片持平。从1882年到1891年，洋烟进口量下降了15%左右。1906年，国产鸦片的产量达到了58.4万担，而进口数量仅为5.4万担，中国鸦片自给率高达91%。至1910年，鸦片占进口货物总值的比重不足0.3%。

从1865年以后的资料看，输入香港的鸦片数量一般高于全国报关的鸦片进口量，二者之间的差额即为走私入境数量。在计算全部鸦片进口及走私量时，应以输入香港的鸦片总数为准。1865—1897年，均有香港鸦片进口量的记载，这一数据根据印度对香港及中国其他各通商口岸的出口统计而来。从1898年起这一数据缺失，只能改用海关统计数据作为鸦片输入总量，无法统计走私进口部分。

表6 1865—1917年输入中国的鸦片数量及价值 [1]

年份	各港口进口数量（担）	香港进口数量（担）	海关进口价值（海关两）	香港海关进口价值（海关两）
1865	56 133	76 523	25 821 180	34 996 680
1866	64 516	81 350	31 386 162	38 362 378
1867	60 948	86 530	28 823 942	39 655 924
1868	53 913	69 537	23 538 621	29 871 864
1869	53 413	86 065	23 727 165	38 223 238
1870	58 817	95 045	24 967 196	40 328 764
1871	59 670	89 744	26 045 878	40 690 974
1872	61 193	86 385	25 295 131	34 704 689
1873	65 797	88 382	26 255 295	32 467 697
1874	69 844	91 082	28 564 782	33 175 559

---

[1] "担"亦作"石"，是中国古代的计重单位，一担等于100斤，即1 600两。在关于1865年后鸦片进口的统计资料中，多采用"担"作为重量单位，而在此之前所使用的"箱"是包装单位。每一箱鸦片重量并不完全相同，通常每箱100~120斤，超出100斤的部分是作为运输途中及储存时期的损耗。因此可以大致将"箱"与"担"视为相同的鸦片计量单位，不做区分地加以使用。"海关两"又作"关平两"，是近代中国海关使用的一种计算银两。海关两并无实银，其假定成色为十足纯银，虚设重量约合583.3英厘，但各方估计互有出入。海关两与库平两都是通行全国的标准银两，而各关的折算率又有参差。据当时报告，在同治、光绪、宣统三朝五十年中，天津海关收税，中国商人以行化银106两5分作关平100两，外国普通商人用105两作为关平100两缴纳，俄国商人缴纳茶税则用103两作关平100两计算。

续表

年份	各港口进口数量（担）	香港进口数量（担）	海关进口价值（海关两）	香港海关进口价值（海关两）
1875	62 949	84 619	25 355 065	29 106 923
1876	69 854	96 985	28 018 994	36 491 288
1877	70 179	94 200	30 257 812	32 303 963
1878	72 424	94 899	32 262 957	37 470 465
1879	83 051	107 970	36 536 617	41 479 892
1880	71 654	96 839	32 344 628	42 823 721
1881	79 074	98 556	37 592 208	41 691 567
1882	65 709.6	85 565	26 746 297	32 422 180
1883	67 405.14	94 036	25 345 613	30 252 912
1884	67 181.21	86 163	26 150 241	28 920 906
1885	66 645.13	90 329	25 438 914	29 705 336
1886	67 787.73	96 164	24 988 561	31 642 910
1887	74 349.98	89 369	27 926 865	
1888	82 401.55	88 830	323 30 506	
1889	76 040.59	90 193	30 444 869	
1890	76 636.03	86 629	28 956 329	
1891	77 226.86	87 262	28 333 156	
1892	70 928.95	83 235	27 418 152	
1893	67 912.24	63 965	31 691 399	
1894	63 051.24	66 773	33 336 067	
1895	51 525	56 555	29 164 800	
1896	48 930	52 859	28 651 592	
1897	49 217	53 576	27 901 056	
1898	49 785		29 255 903	
1899	59 100		35 792 768	
1900	49 201		31 030 811	
1901	49 466		32 936 579	
1902	50 801		35 456 656	

续表

年份	各港口进口数量（担）	香港进口数量（担）	海关进口价值（海关两）	香港海关进口价值（海关两）
1903	58 487		42 830 892	
1904	54 766		37 094 172	
1905	51 890		34 070 021	
1906	54 225		32 285 377	
1907	54 475		28 653 653	
1908	48 347		34 226 337	
1909	48 917		35 744 976	
1910	35 358		55 410 850	
1911	27 808		48 256 745	
1912	21 930.47		27 706 774	
1913	18 137.59		41 023 012	
1914	7 484.09		37 364 736	
1915	4 447.3		34 700 088	
1916	1 498.18		1 028 666	
1917	1 071.94		6 241 992	

数据来源：连东.中国近代鸦片输入数量与价值研究[D].石家庄：河北师范大学，2003：24.

甲午战争后，鸦片问题受到越来越多有识之士的抨击，禁烟呼声日益强烈。经过清政府与英国的多次交涉，双方于1908年3月签订了《中英禁烟条约》，此后中国鸦片进口量逐年减少。到1918年，已经没有合法进口的外国鸦片。1919年，浦东焚烟标志着库存外国鸦片处理完毕，完全结束了外国鸦片合法进口的历史，当年鸦片占进口货物总值的比重不足0.05%[1]。因此，本文对鸦片进口及走私的数量和价值的相关数据仅统计到1917年。

三、中国进出口贸易与白银流出数量估算

鸦片贸易是导致中国对外贸易由出超转为入超、白银流动由入超转为出超的重要原因。结合表3和表4数据可知，1773年至1839年，走私鸦片价值高达5.1亿两白银。但这些白银

---

[1] 严中平.中国近代经济史统计资料选辑[M].北京：科学出版社，1955：76.

并非全部以现银形式流出,而是被用于以下几个方面:第一,大部分白银通过资金汇划制度,转化为英国东印度公司在中国的投资,并被用来购买茶叶、丝织品等运回英国的货物。第二,一部分白银被欧美商人用于购买中国货物并运往印度。第三,一部分白银被美国商人用于购买中国商品并运往美国及其他地方。第四,一部分白银以高利贷形式借给中国行商。第五,剩余的白银则以现银形式运出中国。因此,要想厘清鸦片贸易对白银流动的影响并非易事,在讨论白银外流数量时,需综合考虑当时中国对外贸易状况。基于此,本文将白银流动划分为两个时期:第一个时期是第一次鸦片战争前的进出口贸易与白银流动情形;第二个时期是第一次鸦片战争后的进出口贸易与白银流动情况。之所以这样划分,主要原因在于第一次鸦片战争后,中国开放了沿海五个通商口岸,对外贸易格局出现了较大变化。

(一)第一次鸦片战争前的进出口贸易与白银流动

一是广州白银流动的情形。第一次鸦片战争前,中国处于闭关锁国状态,清政府一般禁止对外通商。广州作为当时唯一的通商口岸,承载了全中国绝大部分的进出口贸易。这一时期,英国的货物和鸦片都是先运至香港,再走私进入广州[1]。通过分析广州通商口岸鸦片走私和白银流动状况,即可大致了解鸦片输入导致的白银入超和出超的变化。严中平考察各方面关于白银数量流动数据后认为,从1800—1833年广州白银流动情况看(见表7),中国白银入超一直维持到1826年才结束。1829年,白银出超数量达到最高峰,当年从广州流出的白银高达430万两。尽管这一数据并没有包括大量走私出口的白银数据,但也可看到白银流动的趋势。

表7　1800—1833年广州白银流动

单位:库平两

年份	白银流入量	白银流出量	白银出(+)入(-)超
1800	440 103		-440 103
1801	1 077 130		-1 077 130
1802	2 508 480		-2 508 480
1803	4 385 614		-4 385 614
1804	3 727 114		-3 727 114
1805	2 391 840		-2 391 840
1806	3 006 720		-3 006 720

---

[1] 李伯祥,蔡永贵,鲍正廷.关于十九世纪三十年代鸦片进口和白银外流的数量[J].历史研究,1980(5):79-87.

续表

年份	白银流入量	白银流出量	白银出（+）入（-）超
1807	2 444 400	2 431 490	-12 910
1808	2 183 040	1 346 400	-836 640
1809	158 400	1 126 553	+968 153
1810	3 400 560	1 009 772	-2 390 788
1811	1 731 600	834 253	-897 347
1812	1 432 800		-1 432 800
1813	443 520		-443 520
1814			
1815	1 238 472		-1 238 472
1816	3 944 943		-3 944 943
1817	3 452 400	2 822 400	-630 000
1818	4 032 720	4 383 849	+351 129
1819	5 338 080	1 772 258	-3 565 822
1820	6 518 780	1 004 400	-5 514 380
1821	2 190 240	1 282 003	-908 237
1822	3 690 000	168 912	-3 521 088
1823	5 305 843	1 885 320	-3 420 523
1824	2 994 736	1 255 217	-1 739 519
1825	4 697 640	3 125 520	-1 572 120
1826	4 122 144	2 898 680	-1 223 464
1827	1 325 641	4 388 145	+3 062 504
1828	1 901 016	3 386 305	+1 485 289
1829	558 648	4 853 868	+4 295 220
1830	860 648	4 748 620	+3 887 972
1831	143 752	2 896 562	+2 752 810
1832	1 831 443	3 712 134	+1 880 691
1833	566 174	4 846 763	+4 280 589
合计	84 044 641	56 179 424	-27 865 217

数据来源：严中平. 中国近代经济史统计资料选辑[M]. 北京：科学出版社，1955：33.

二是考察中印之间白银流动情况。探查中印之间白银流动状况的原因在于，一方面，英商从中国走私出口，到印度则公开报关，无须隐瞒，所以仅就中英贸易往来而论，这一数据较为准确；另一方面，英国走私到中国的鸦片主要来自印度，印度输入中国的商品中，鸦片占据最大份额。通过考察印度孟买、加尔各答和马德拉斯三处海关记载发现，在鸦片走私最频繁的1833—1839年，中国对印度平均每年白银出超达到420万两。这只是中国白银流出的一部分，广州对欧美或亚洲其他地区还存在相当数量的白银出超。因此，中国对印度的白银出超数据可作为这一时期的最低值（见表8）。

表8　1814—1843年中印之间白银流动

单位：库平两

年份	自中国输入印度	自印度输入中国	中国出超额
1814	1 345 100	20 160	1 324 940
1815	1 088 029	19 593	1 068 436
1816	20 85 458	63 965	2 021 493
1817	2 571 961	22 893	2 549 068
1818	3 924 757	310 086	3 614 671
1819	1 888 952	903 008	985 944
1820	1 491 025	131 364	1 359 661
1821	1 195 030	97 016	1 098 014
1822	1 054 699	8 730	1 045 969
1823	2 053 912	606 190	1 447 722
1824	1 649 885	34 596	1 615 289
1825	3 086 052	14 040	3 072 012
1826	2 385 480	13 098	2 372 382
1830	2 774 258	2 449	2 771 809
1831	1 614 152	—	1 614 152
1832	1 700 440	9 830	1 690 610
1833	3 769 235	13 428	3 755 807
1834	3 477 866	3 456	3 474 410
1835	3 773 722	13 365	3 760 357
1836	3 572 915	16 677	3 556 238
1837	4 999 907	—	4 999 907

续表

年份	自中国输入印度	自印度输入中国	中国出超额
1838	6 155 076	15 599	6 139 477
1839	1 432 929	616 406	816 523
1840	2 665 853	35 700	2 630 153
1841	6 830 490	1 153 372	5 677 118
1842	6 233 526	216	6 233 310
1843	12 230 514	582 336	11 648 178
合计	87 051 223	4 707 573	82 343 650

数据来源：严中平．中国近代经济史统计资料选辑[M]．北京：科学出版社，1955：34．

三是广州与欧美海上贸易中合法商品与走私鸦片的情况[1]。从表9可以看出，剔除走私进口鸦片后，中国对欧美合法商品贸易始终保持贸易顺差。但由于鸦片走私贸易，中国对外贸易由顺差转为逆差。根据马士《编年史》的统计数据，1830—1834年，鸦片约占进口总值的52%；1837年，鸦片占进口总值的53%，原棉占进口总值的22%。可见，造成第一次鸦片战争前白银流出的主要原因在于鸦片的大量输入。

表9　1817—1833年广州与欧美海上贸易中的鸦片与白银

单位：库平两

年份	合法商品出口总值 I	合法商品进口总值 II	合法贸易出(+)入(-)超 III = I - II	走私进口鸦片值 IV	估计白银流出量值 V = IV - III
1817	11 910 183	10 449 605	1 460 578	3 008 520	1 547 942
1818	14 415 017	10 002 162	4 412 855	3 416 400	-996 455
1819	14 987 080	6 708 128	8 278 952	4 182 400	-4 096 552

---

1 也有诸多学者从清政府官员呈上的奏折中分析鸦片进口导致的白银外流数量。道光十六年（1836年）九月兵科给事中许球《请禁鸦片疏》中提及，"鸦片贸易实为白银外流之主因。嘉庆初年，夷人出售之鸦片，每年不过数百箱，今已增至两万箱。……上等烟土每箱为八九百元，次等烟土五六百元……。我国此项漏卮每年约一二千万两……"许乃济的奏折上同样提及，"嘉庆年间，每年约来数百箱，近年竟多至二万余箱，每箱百斤。……岁售银一千数百万元。每元以库平七钱计算，岁耗银总在一千万两以上。"又如黄爵滋奏折中说，"外洋来烟渐多，另有趸船载烟……故自道光三年至十一年，岁漏银一千七八百万两，自十一年至十四年，岁漏银二千余万两，自十四年至今（1838年），渐漏至三千万两之多。"虽然这些奏折中的数据略有夸大，但也反映出当时中国白银流出的情况。

续表

年份	合法商品出口总值 I	合法商品进口总值 II	合法贸易出(+)入(-)超 III = I - II	走私进口鸦片值 IV	估计白银流出量值 V = IV - III
1820	13 374 090	7 173 709	6 200 381	6 048 576	-151 805
1821	15 567 652	8 639 688	6 927 964	6 351 840	-576 124
1822	15 150 148	6 896 615	8 253 533	5 752 080	-2 501 453
1823	13 877 022	7 869 570	6 007 452	6 224 114	216 662
1824	15 422 345	9 182 859	6 239 486	5 707 800	-531 686
1825	16 707 521	9 710 322	6 997 199	5 477 904	-1 519 295
1826	13 734 706	10 284 627	3 450 079	6 957 216	3 507 137
1827	13 784 148	8 380 235	5 403 913	7 506 137	2 102 224
1828	13 901 480	8 805 107	5 096 373	9 899 280	4 802 907
1829	13 822 689	8 626 282	5 196 407	9 124 920	3 928 513
1830	13 316 534	8 462 825	4 853 709	9 895 680	5 041 971
1831	14 215 836	8 192 732	6 023 104	9 468 000	3 444 896
1832	15 988 204	9 498 107	6 490 097	10 240 056	3 749 959
1833	10 253 991	10 616 770	-362 779	9 272 304	9 635 083

数据来源：严中平. 中国近代经济史统计资料选辑[M]. 北京：科学出版社，1955：36.

（二）第一次鸦片战争后的进出口贸易与白银流动

第一次鸦片战争后，清政府被迫开放五个通商口岸，鸦片开始大量运入中国。关于这一时期的进出口贸易、鸦片贸易和白银流动的情况，本文主要从以下两个方面进行考察：

一是鸦片贸易在中国进出口贸易中地位的变化。从表10可以看出，1881年以前，鸦片占中国进口货物总值的比重几乎都在40%以上；1881年之后，鸦片进口份额逐渐下降。其主要原因在于，中国国产鸦片产量上升，以及外来进口商品品种大量增加。至1919年，鸦片占中国进口货物总值的比重已不足0.05%。可见，进入20世纪后，鸦片进口对中国贸易的影响日益趋弱。

表10　1867—1909年鸦片、棉织品、棉纱三项进口货值在中国进口货物总值中所占比重

年份	鸦片/%	棉织品/%	棉纱/%	三项共计/%
1867	46.15	18.75	2.33	67.23
1868	36.74	28.95	2.5	68.19
1869	36.8	31.29	2.36	70.45

续表

年份	鸦片 /%	棉织品 /%	棉纱 /%	三项共计 /%
1870	37.86	28.29	3.13	69.28
1871	37.42	35.44	2.67	75.53
1872	36.96	31.91	2.04	70.91
1873	39.23	24.39	4.71	68.33
1874	44.38	25.33	3.06	72.77
1875	37.4	25.54	4.05	66.99
1876	39.87	24.73	4.04	68.64
1877	41.32	21.79	3.88	66.99
1878	45.57	19.08	3.56	68.21
1879	44.43	23.6	3.88	71.91
1880	40.79	24.89	4.6	70.28
1881	40.9	23.74	4.6	69.24
1882	34.42	23.42	5.8	63.64
1883	34.45	22.84	7.13	64.42
1884	35.94	22.76	7.67	66.37
1885	28.84	26.78	8.92	64.54
1886	28.57	24.29	8.99	61.85
1887	27.31	23.92	12.31	63.54
1888	25.91	24.8	10.82	61.53
1889	27.46	20.85	11.74	60.05
1890	22.78	20.17	15.26	58.21
1891	21.14	24.11	15.66	60.91
1892	20.29	22.62	16.4	59.31
1893	20.94	18.02	11.8	50.76
1894	20.56	18.94	13.2	52.7
1901	12.3	19.7	18.6	50.6
1909	10.3	16.7	12.8	39.8

数据来源：姚贤镐.中国近代对外贸易史资料（第3册）[M].北京：中华书局，1962：1608.

二是进出口贸易差额的变化。1864—1894年(见表11),中国对外贸易整体处于入超状态,但与此同时,中国出口货物总值也出现显著上升,加之拉丁美洲白银生产的逐渐恢复,这一时期中国白银外流形势并不严峻(林满红,2011)。进一步对比表10和表11后可以发现:1864—1881年,鸦片占进口比重较高,中国进出口贸易出超和入超交替;1881—1894年,鸦片占进口总值的比重逐渐降低,中国对外贸易逆差却在扩大。这表明,第二次鸦片战争后的20年间,鸦片进口是造成中国对外贸易逆差的主要原因,但这一影响被中国对外出口的其他货物抵消,使得这一时期白银流入和流出交替呈现;之后,尽管中国对外贸易逆差扩大,但鸦片在进口中的重要性却逐渐降低,不再是导致白银外流的主要原因。

表11 1864—1894年进出口贸易货值

单位:海关银两

年份	总计	进口	出口	出超(+)入超(-)
1864	94 864 943	46 210 431	48 654 512	+2 444 081
1865	109 818 732	55 715 458	54 103 274	-1 612 184
1866	117 770 704	67 174 481	50 596 223	-16 578 258
1867	114 617 526	62 459 226	52 158 300	-10 300 926
1868	125 108 079	63 281 804	61 826 275	-1 455 529
1869	127 247 770	67 108 533	60 139 237	-6 969 296
1870	118 988 134	63 693 268	55 294 866	-8 398 402
1871	136 956 238	70 103 077	66 853 161	-3 249 916
1872	142 605 174	67 317 049	75 288 125	+7 971 076
1873	136 088 486	66 637 209	69 451 277	+2 814 068
1874	131 073 732	64 360 864	66 712 868	+2 352 004
1875	136 716 176	67 803 247	68 912 929	+1 109 682
1876	151 120 086	70 269 574	80 850 512	+10 580 938
1877	140 678 918	73 233 896	67 445 022	-5 788 874
1878	137 976 206	70 804 027	67 172 179	-3 631 848
1879	154 508 686	82 227 424	72 281 262	-9 946 162
1880	157 177 039	79 293 452	77 883 587	-1 409 865
1881	163 363 851	91 910 877	71 452 974	-20 457 903

续表

年份	总计	进口	出口	出超（+）入超（－）
1882	145 052 074	77 715 228	67 336 846	−10 378 382
1883	143 765 395	73 567 702	70 197 693	−3 370 009
1884	139 908 438	72 760 758	67 147 680	−5 613 078
1885	153 205 729	88 200 018	65 005 711	−23 194 307
1886	164 685 891	87 479 323	77 206 568	−10 272 755
1887	188 123 877	102 263 669	85 860 208	−16 403 461
1888	217 183 960	124 782 893	92 401 067	−32 381 826
1889	207 832 187	110 884 355	96 947 832	−13 936 523
1890	214 237 961	127 093 481	87 144 480	−39 949 001
1891	234 951 712	134 003 863	100 947 849	−33 056 014
1892	237 684 723	135 101 198	102 583 525	−32 517 673
1893	267 905 130	151 362 819	116 542 311	−34 820 508
1894	290 207 433	162 102 011	128 105 422	−33 996 589
合计	5 001 424 990	2 676 921 215	2 324 503 775	−352 417 440

数据来源：姚贤镐.中国近代对外贸易史资料（第3册）[M].北京：中华书局，1962：1591.

四、结论

　　1773年英国对华鸦片政策确立后，欧美等国开始将鸦片作为对华贸易的重要支柱以扭转其长期对华贸易逆差局面。随着19世纪30年代后鸦片进口及走私量在中国的快速增长，中国国际收支状况发生了显著变化，白银流动由入超转为出超。为准确厘清清代鸦片进口及走私对我国白银流动的影响，本文首先总结了鸦片输入数量及价值的相关研究文献，基于现有研究成果，以中外披露的官方文件以及公开发行的报刊资料等为依据，对数据进行校准；在测算得到1773—1917年输入中国的鸦片数量及价值后，基于进出口贸易数据进一步估算白银外流数量，并分析鸦片进口与白银外流的关系。研究结果表明：第一，鸦片进口及走私数量于19世纪30年代快速上涨，在19世纪50年代至19世纪末期维持较高水平，20世纪初逐渐下降，总体来看，鸦片进口及走私在近代中国持续了上百年之久。第二，从19世纪初期至19世纪80年代，鸦片进口及走私在进口总额中的比重较高，是导致19世纪80年代前中国对外贸易逆差和白银外流的主要原因。第三，19 世纪 80 年代以后，受国产鸦片冲击，以及进口货物品种的不断增加，鸦片在进口总额中的比重逐渐降低，对中国贸易的影响日益趋弱，不再是导致白银外流的主要原因。

参考文献

[1] 龚缨晏.1840年前输入中国的鸦片数量[J].浙江大学学报(人文社会科学版)，1999(4)：3-5.

[2] 贺力平.鸦片贸易与白银外流关系之再检讨——兼论国内货币供给与对外贸易关系的历史演变[J].社会科学战线，2007(1)：63-80.

[3] 李伯祥，蔡永贵，鲍正廷.关于十九世纪三十年代鸦片进口和白银外流的数量[J].历史研究，1980(5)：79-87.

[4] 连东.中国近代鸦片输入数量与价值研究[D].石家庄：河北师范大学，2003：21-24.[2003-04-01]. https://kns.cnki.net/kcms/detail/detail.aspx?dbcode=CMFD&dbname=CMFD9904&filename=2003115622.nh&v=ytleuj2KdS9uBpWTGKIfUvSxWP2AvxSodSg9q3MMDY%25mmd2Fp4PJ8L2Vc46Z7jL4anctk.

[5] 林满红.银线：19世纪的世界与中国[M].南京：江苏人民出版社，2011：98-100.

[6] 刘鉴唐.鸦片战争前四十年间鸦片输入与白银外流数字的考察[J].南开史学，1984(1)：162-173+218.

[7] 马士.东印度公司对华贸易编年史[M].区宗华，译.广州：中山大学出版社，1991：460.

[8] 徐雪筠.上海近代社会经济发展概况1882—1931——《海关十年报告》译编[M].上海：上海社会科学出版社，1985：367.

[9] 孙玉琴.中国对外贸易史资料(第二册)[M].北京：对外经济贸易大学出版社，2001：859.

[10] 严中平.中国近代经济史统计资料选辑[M].北京：科学出版社，1955：28-36.

[11] 姚贤镐.中国近代对外贸易史资料，第3册[M].北京：中华书局，1962：1591.

[12] 庄国土.16—18世纪白银流入中国数量估算[J].中国钱币，1995(3)：3-10+81.

[13] CARL A T. Opium, empire and the global political economy, a study of Asian opium trade 1750—1950[M]. London: Routledge, 1999.

第三编

货币制度、货币流动与中国社会历史变迁

海上丝绸之路与白银货币地位问题研究及启示[1]

◎ 中国人民银行杭州中心支行　徐子福　李培芳　唐照宇
◎ 中国人民银行宁波市中心支行　宋建江　包斌伶　任力刚　邱嗣峰

摘要： 海上丝绸之路源远流长，自汉唐至明清上下历经2000余年，影响极为深远。海上丝绸之路的发展过程中，白银经历了从商品、财富储藏、支付手段、流通货币到世界货币的过程。这二者的互动在16世纪后的大航海时代尤为明显。随着白银在明朝货币化和在国际贸易中成为国际货币，对全球贸易产生了深远影响。本文研究认为，明朝中后期以来繁荣的海上贸易有力地促进了白银世界货币地位的建立。同时，白银也以其作为世界货币的便利性和贸易平衡的润滑剂保障了当时全球贸易的繁荣与持续。当前在全球一体化背景下，中国社会经济发展面临贸易平衡、经济转型、货币地位定位等诸多机遇和挑战。海上丝绸之路与白银货币的这段历史启示我们：人民币国际化是一条必由之路，要持之以恒地努力。金融开放与金融安全始终是一对共生体，要科学把控，有所取舍。

▶ **Abstract:** The Maritime Silk Road, with a long history of more than 2000 years, had far-reaching influence. In the development of the Maritime Silk Road, the role of silver evolved, from a commodity, to wealth storage, means of payment, currency in circulation and world currency. The interaction between the Maritime Silk Road and silver, was particularly obvious in the age of great navigation after the 16th century. As silver was monetized in the Ming Dynasty and became an international currency in international trade, it had a profound impact on global trade. It is believed that the prosperous maritime trade since the middle and late Ming Dynasty promoted the monetization of silver in the

---

[1] 本文为中国人民银行货币金银局（保卫局）、研究局（所），中国钱币博物馆，中国印钞造币总公司，中国金币总公司，上海黄金交易所共同推动的货币史研究系列成果之一，获人民银行2018年中国货币史研究二等奖。

Silver Currency and Its Role
in the Evolution of Chinese History
白银货币与中国历史变迁问题研究

Ming Dynasty and its status as an international currency. At the same time, convenience of payment that silver offered as an international currency and its balancing role in international trade contributed to the prosperity and sustainability of global trade at that time. At present, in the context of global integration, China faces many opportunities and challenges in social and economic development, in terms of trade balance, economic transformation and currency status positioning. Based on a study of the history of the Maritime Silk Road and the silver currency, we believe that the internationalization of RMB is desirable and we should make persistent efforts. Financial openness and financial security should be pursued at the same time.

一、海上丝绸之路及贸易货币的变迁

（一）海上丝绸之路的起源及发展

海上丝绸之路一般意义是指秦汉时期至鸦片战争前中国与世界进行政治、经济、文化交往的海上通道。对于海上丝绸之路的研究与考证，最早源于法国学者沙畹（1865—1918年），他在研究中提出"线路有海陆两道"。正式提出"海上丝绸之路"一词的是日本考古学家三杉隆敏[1]，之后中国的饶宗颐[2]、冯蔚然[3]也先后正式提出"海上丝绸之路"的说法，得到了专家的普遍认同。1990年末1991年初，联合国教科文组织以"海上丝绸之路"（The Maritime Silk Route）为主题，进行了综合性考察活动，使该名称在全球不胫而走。

海上丝绸之路形成于秦汉，发展于隋唐，繁荣于宋，明达到顶峰，余音于清。海上丝绸之路有向东和向南向西方向两条路线。向东至朝鲜半岛和日本、琉球，甚至跨越太平洋至美洲，向南至东南亚、南亚，并远航至西亚、中东直至非洲、欧洲。以东海（宁波为代表的江浙地区）和南海（广州、泉州为代表的闽广地区）为两条起航线。通过海上丝绸之路，中国的丝绸、瓷器、茶叶、铁器、漆器、文化科技等源源不断向外输出，西方的香料、宝石、白银、宗教、科学技术等传入中国。海上丝绸之路始终存在政府和民间相结合、政府占据主导地位的现象。

---

[1] 三杉隆敏. 探寻海上的丝绸之路——东西陶瓷交流史 [M]. 东京：创文社，1967.
[2] 饶宗颐. 海上之线路与昆仑舶：历史语言研究所集刊第45本4分册 [G]. 1974.
[3] 冯蔚然. 航运史话 [M]. 上海：上海科学技术出版社，1978.

(二)海上丝绸之路贸易往来与贸易货币

海上贸易往来的发展必然伴随着交易支付的产生和发展,白银作为贵金属,其天然的货币属性使其具备成为货币支付手段的优势。根据芮内伟·韩森、王文成、李小萍、万明、徐瑾、周卫荣等众多中外学者的研究考据,白银在唐朝以前的对外贸易中尚未成为支付手段,唐朝时在部分地区已具备货币属性,两宋时期开始成为海上贸易的补充支付手段,元朝时在对外贸易中逐渐普遍使用,明朝中期之后成为海上国际贸易的主要支付手段,并延续至清朝。

1. 汉唐时期

施展[1]指出,秦汉时期沿海地区尤其是吴越地区出现了大规模漂洋过海的现象。在最早记载丝路贸易的《汉书·地理志》中,汉武帝派使臣沿百越民间开辟的航线远航南海和印度洋,经东南亚到达印度半岛东南部,抵达锡兰(今斯里兰卡)后返航。公元7世纪,唐王朝和中东阿拉伯帝国崛起,中西方贸易和文化交流进入新纪元[2]。据《新唐书·地理志》记载,唐朝我国东南沿海有一条通往东南亚、印度洋北部诸国、红海沿岸、东北非和波斯湾诸国的海上航路称做"广州通海夷道",这是我国海上丝绸之路的最早叫法。唐中期以后,海洋交通与贸易得到更大发展,中国与西方世界的经贸往来进一步扩大。至唐末,仅在广州从事贸易的外国人就有数十万之众。

汉唐时期,海上丝绸之路的商品交换中"以货易货"是主要的。同时,中国铜钱和绢帛也作为补充支付手段,尤其是丝绸在很长时间内承担着重要的货币职能,其一般等价物的作用得到了沿途各国认可,在丝路沿途可以当作硬通货使用[3]。唐朝时,部分地区(如岭南和西域地区)对外贸易受外来文化的影响,有用金银易货的记载,说明在局部范围内白银已具备货币的部分职能[4]。

2. 宋元时期

宋元王朝注重发展海外贸易,海上丝绸之路逐渐繁荣。宋朝在广州、明州(今宁波)、泉州等各主要通商海港设置市舶司,专门负责海外贸易。元朝市舶司制度更加规范化,推行"官本船"方式,垄断海外贸易。

宋朝曾严禁铜钱外流,明确对外贸易改用绢帛、瓷器、茶叶当作货币使用。因此,在当时海上丝绸之路上形成了绢帛、瓷器、铜钱作为货币并行的情况,白银仅作为补充支付手

---

1 施展.枢纽——3000年的中国[M].桂林:广西师范大学出版社,2018.
2 王爱虎.从海上丝绸之路的发展史和文献研究看新海上丝绸之路建设的价值和意义[J].经济与管理前沿探索,2015(1):1-14.
3 芮内伟·韩森.丝绸之路新史[M].北京:北京联合出版公司,2015.
4 王永生.钱币史话[M].北京:社会科学文献出版社,2016.

Silver Currency and Its Role
in the Evolution of Chinese History

白银货币与中国历史变迁问题研究

段[1]。元代中国从日本大量进口白银原料铸造银锭。在宁波濒临港口的闹市区发现大批元代私人藏银，极有可能是海外贸易遗存。在韩国出土的元代新安沉船中发现了银铤，元代银锭在日本也有发现，说明白银在当时的海外贸易中已发挥了支付手段作用[2]。

3. 明清时期

海上丝路贸易在明朝继续发展，于明中后期逐步达到鼎盛。明穆宗隆庆元年（1567年）部分开放海禁，在福建月港（今海澄）设置管理机构，允许私人出洋对外贸易，史称"隆庆开关"。以月港为中转站，形成了北起日本，南至菲律宾，西连西班牙，东到墨西哥的世界贸易网络。明朝末年至清朝初年的短暂海禁使海上丝路贸易发展受到一定影响。清康熙二十二年（1683年）收复台湾后，放开海禁，并于1685年在漳州、广州、宁波、云台4处贸易港口设关，对外贸易得到继续发展。1842年《南京条约》签订后，开放广州、厦门、福州、宁波、上海五口岸通商，允许与西方各国进行贸易。这一时期的海外贸易口岸虽被迫开放，但客观上促进了当时国际贸易的发展。[3]

明中期之后，由于海外贸易迅速发展的需要和世界白银产量的增加，白银作为国际贸易的支付手段地位得到了巩固，逐渐成为国际贸易支付的主要手段[4]。进入清朝后，外来的银元、银币开始大量流入，与白银一并成为当时海上贸易的主要支付手段[5]。

二、海上丝绸之路与白银货币地位的相互影响

白银具有天然的货币属性，但并不是天然的货币。自汉唐到宋元再到明清，海上丝绸之路的变迁促进了国际贸易的发展，从而对白银货币地位的变化产生深刻影响。白银经历了商品、财富储藏、支付手段、流通货币、国际货币的历程，最终通过白银货币的国际化促进了明朝以后全球贸易的兴旺与发展。

（一）海上丝绸之路促进了贸易的发展，推动了白银的货币化进程

秦汉时期，白银在大多数情况下仅作为商品和财富储藏手段。唐朝中期以后，丝绸之路快速发展，沿途诸国皆用银币，难以与中国的铜钱直接互换相通。要实现贸易交换，采用以分量计值的银锭是最便利的。随着商贸活动的普及，这种交换活动必然涉及社会的方方面面。

---

1 王文成. 宋代白银货币化研究 [M]. 昆明：云南大学出版社，2011：279.

2 李小萍. 试论元代海外贸易下的几个货币问题 [J]. 区域金融研究，2016（12）：79-85.

3 晁中辰. 明代海禁与海外贸易 [M]. 北京：人民出版社，2005：268.

4 万明. 明代白银货币化的总体视野 [J]. 学术研究，2017（5）：93-102.

5 徐瑾. 白银帝国 [M]. 北京：中信出版社，2017：49.

时间久了，国人必然走向接受白银货币[1]，白银的货币属性也逐步实现并增强。

宋朝海上丝绸之路的繁荣、商品经济的高度发达以及铜钱外流带来的钱荒，都增强了对贵金属货币的需求。白银在一定程度上具备了流通手段和支付手段的基本职能，但在交换媒介和价值尺度这两个关键职能上还比较弱。[2]进入元朝后，随着海上丝路贸易的发展，对外贸易使用白银更加普遍，白银使用范围遍及社会各阶层，白银已具备价值尺度职能。

（二）海上丝绸之路促进了明朝银本位制度的形成

明朝中后期最终确立了银本位制度，原因是多方面的，从贸易角度看，主要有以下两点：

一是贸易发展客观上对货币体系提出了新需要。明朝随着海上贸易的增加、商品交易规模的扩大，铜钱由于价值低、运输不便等原因，无法适应大规模贸易的需要。海上丝路贸易在明朝中后期达到鼎盛，对更贵重的金属货币的需求比以往更加迫切。

二是海上丝绸之路带来的贸易顺差提供了大量白银，促进了银本位制的建立。明朝以前，中国白银的产量很小[3]。明朝之后，由于中国与西方的贸易往来中一直处于巨大的顺差，白银大量流入中国。贡德·弗兰克认为，从1545年至1800年的两个半世纪，中国共获得了约6万吨白银，占全世界有记录的白银产量的一半左右，中国成全球最大"银家"[4]。这促进了以白银为主币的银本位制度的形成、巩固和稳定。从明英宗正统元年（1436年）实施金花银政策，明穆宗隆庆元年（1567年）颁布"银钱兼使"法令，到明神宗万历九年（1581年）张居正推行"一条鞭法"，正式建立银钱兼行的复本位制，白银货币化最终形成[5]。

（三）海上丝绸之路促进了白银世界货币的形成

1. 海上丝绸之路的发展使白银成为全球贸易支付货币

明朝以后，以中国为代表的亚洲先进手工业和农业的发展使亚洲成为全球贸易的重要商品供给地。随着航海技术的发展和探索新世界的热情，亚洲、欧洲、美洲的关系更加紧密。自16世纪起，全球贸易得到了新的拓展，形成了世界分工基础上的复杂贸易关系。在这个贸易关系中，亚洲保持了贸易顺差，而美洲、日本、非洲和欧洲则长期保持着逆差，只能通过白银进行平衡。货物与白银的反向流动构成了海上丝绸之路与全球贸易的新格局，全球贸易支付进入了"白银纪元"[6]。

---

1 周卫荣.丝路贸易与中国古代白银货币[J].中国钱币，2016（1）：3-8.

2 王文成.宋代白银货币化研究[M].昆明：云南大学出版社，2011.

3 全汉昇.明代的银课与银产额[J].新亚书院学术年刊，1966（9）.

4 贡德·弗兰克.白银资本[M].刘北成，译.成都：四川人民出版社，2017：149.

5 彭信威.中国货币史[M].上海：上海人民出版社，2015.

6 薛国中.世界白银与中国经济——16—18世纪中国在世界经济体系中的地位[J].中国政法大学学报，2007（1）：54-65.

2. 明朝国内银本位制与国际贸易支付的白银资本实现了统一，强化了白银的世界货币地位

明朝中后期，海外贸易伴随着全球贸易体系的形成与扩张得到了快速增长。据统计，明嘉靖、隆庆两朝，仅广州市舶司每年收取的关税和外商租地税就达二百万银元，明朝成为当时的全球贸易中心，中外贸易交易普遍使用白银作为价值尺度、流通手段和支付手段。明朝经济的繁荣和白银本位制的建立对白银产生了巨大的需求和消化能力，与国际贸易支付的白银资本实现了统一，强化了白银的世界货币地位。

（四）白银货币地位对经济贸易发展产生重大影响

1. 白银的世界货币地位强化了中国全球贸易中心地位，促进了全球贸易的发展

白银在16—19世纪的国际贸易中成为实质性的世界货币，推动了国际贸易的一体化进程。白银世界货币地位的确立有效地降低了交易成本，为全球贸易提供了润滑剂和推动力，加速了东西方的交流，确立了以亚洲尤其是中国为中心的全球多边贸易模式，带来了近代全球贸易的兴盛，促进了全球经济、生产、人口和文化的繁荣。据保罗·拜罗克（1992）对1750年世界国民生产总值的估算，按1960年的美元计算为1 550亿美元，其中1 200亿美元的产值（77%）出自亚洲，以中国为代表的亚洲地区成为全球贸易的核心地区。

2. 白银本位制促进了明朝中后期商品经济的发展，但也带来负面影响

明朝银本位体制的建立产生了对白银的巨额需求，进一步扩大了社会就业和生产，也促进了对外贸易的繁荣。[1] 白银的货币化打破了政府的货币垄断权，遏制了恶性通货膨胀的发生[2]，促进了明朝经济、文化、科学等全方位的繁荣。费正清认为，明朝有秩序的政府和社会的稳定，是人类历史上最伟大的时期之一[3]。

但是，明朝银本位制度的一个致命性缺陷是国内白银需求无法自给自足。据《明实录》记载，17世纪20年代初明朝国库1年的白银收入比，开采的白银仅占13%，剩余87%都由海外贸易输入。明朝白银不能自给自足带来的货币供给不稳定，为经济危机和社会危机埋下了隐患。

三、结论和启示

（一）国际间经济贸易的大规模往来必然对国际化货币提出现实需求，当前人民币国际化是一条必由之路

海上丝绸之路是通商之路，也是货币之路，带来了东西方货币制度的交流融合。从唐宋

---

[1] 贡德·弗兰克. 白银资本[M]. 刘北成，译. 成都：四川人民出版社，2017.
[2] 彭信威. 中国货币史[M]. 上海：上海人民出版社，2015：519.
[3] 费正清. 中国回忆录[M]. 北京：中信出版社，2013.

铜钱的"四夷通用",形成世界货币的雏形,到明朝中后期大量白银通过贸易注入中国,完成铜钱到白银的通货革命,白银成为实质性的世界货币,反映出国际贸易的大规模往来必然对货币的流通与国际化地位提出现实需求。当今中国与明朝时的外贸情况存在着相似之处,白银的世界化对人民币的国际化有可借鉴之处。明朝白银本位制与白银世界流通货币地位的同一性所带来的对经济、生产、贸易的促进,证明了人民币走向国际支付和储备货币是一条必由之路。

（二）货币体系与国际白银资本体系的紧密联系容易对金融安全造成冲击,当前坚持金融开放的同时须切实加强风险防范

明朝中叶以来,由于中国银矿资源缺乏,作为主币的白银主要依赖于海外贸易的输入,中国经济因此深受国际银价的影响。明后期因倭患实行的海禁,以及欧洲的金融危机和日本的闭关,使得海外白银输入通道相继中断,白银流入骤减,加剧了当时经济和社会环境的恶化,成为明朝灭亡的导火索之一。

当前,随着中国金融对外开放的力度日益加大,必须充分认识金融开放中存在的金融安全风险与输入性通货膨胀的可能。需切实加强管控工作,以安全、高效的金融开放政策和体系为中国的经济、社会发展提供有力支持与保障。

（三）劳动力与生产效率的比较优势是一把"双刃剑",当前应在保持比较优势的基础上实行产业升级与转型

从海上丝绸之路的历史兴衰可以看到,明朝以后以中国为代表的东方世界与西方相比具备了劳动力与生产效率的比较优势,西方国家无法在国际贸易中占据优势,最终走上了通过近代工业革命寻找效率之路。当时中国未充分意识到这一点,过度依赖比较优势,缺乏创新的动力,最终失去了走向工业革命的机会,使得在近代发展中逐渐落后于西方国家。

当前中国作为全球贸易大国,产品的比较优势为中国赢得了贸易顺差,而中国产品的可替代性又使得中国在贸易谈判中处于被动。因此,应继续发挥比较优势促进国际贸易发展,实行多元化出口,保障经济增长和人员就业的需要。提前布局产业升级和跨越式发展,在新兴产业发展上做好规划,在新的产业革命中提前布好局,以有效提升中国的国际竞争力。

参考文献

［1］三杉隆敏.探寻海上的丝绸之路——东西陶瓷交流史［M］.东京：创文社,1967.

［2］饶宗颐.海上之线路与昆仑舶：历史语言研究所集刊第45本4分册［G］.1974.

［3］冯蔚然.航运史话［M］.上海：上海科学技术出版社,1978.

［4］施展.枢纽——3000年的中国［M］.桂林：广西师范大学出版社,2018.

［5］王爱虎.从海上丝绸之路的发展史和文献研究看新海上丝绸之路建设的价值和意义［J］.经济

与管理前沿探索，2015（1）：1-14.

［6］芮内伟·韩森.丝绸之路新史［M］.北京：北京联合出版公司，2015.

［7］王永生.钱币史话［M］.北京：社会科学文献出版社，2016.

［8］王文成.宋代白银货币化研究［M］.昆明：云南大学出版社，2011：279.

［9］李小萍.试论元代海外贸易下的几个货币问题［J］.区域金融研究，2016（12）：79-85.

［10］晁中辰.明代海禁与海外贸易［M］.北京：人民出版社，2005：268.

［11］万明.明代白银货币化的总体视野［J］.学术研究，2017（5）：93-102.

［12］徐瑾.白银帝国［M］.北京：中信出版社，2017：49.

［13］周卫荣.丝路贸易与中国古代白银货币［J］.中国钱币，2016（1）：3-8.

［14］全汉昇.明代的银课与银产额［J］.新亚书院学术年刊，1966（9）.

［15］贡德·弗兰克.白银资本［M］.刘北成，译.成都：四川人民出版社，2017：149.

［16］薛国中.世界白银与中国经济——16—18世纪中国在世界经济体系的地位［J］.中国政法大学学报，2007（1）：54-65.

［17］彭信威.中国货币史［M］.上海：上海人民出版社，2015：519.

［18］费正清.中国回忆录［M］.北京：中信出版社，2013.

明清白银流入导致的社会变革及其现实启示[1]

◎ 中国人民银行南京分行　陈　锋　范卫红　义小明
◎ 南京大学　范金民　董圣兰

摘要： 16世纪后期至19世纪前期，中国以纺织品、瓷器、茶叶为代表的商品向世界各地输出，日本、美洲以及欧洲各国的白银大量流入中国。据估算，自明万历中期到清乾隆末年约200年间流入中国的白银总计约2.1亿两。巨额白银在东南数省广泛流通行用，影响了当地的民生日用和社会商品生产，助推以白银货币化为根本的赋税徭役制度变革得以完成和持续，改变了中国的货币体系，最终引发"价格革命"[2]及"消费革命"。同时，中国商品与各国硬通货之间的单向巨额流动，促使各国制定贸易保护政策，一定程度上影响了世界贸易的发展。

研究明清巨额白银货币的输入与社会变革之间关系的现实意义是：货币制度的选择与国家兴衰密切相关；建立稳定、可预测的货币制度，对经济社会的平稳发展至关重要；货币制度改革应以先进的经济金融理论为指导。

▶ **Abstract:** From late 1600s to early 1900s, China exported textile, porcelain, and tea worldwide while silver flew into China from Japan, America and Europe. According to the statistics, up to 210 million taels of silver flew into China in the 200 years from late-Ming Dynasty to the mid-QingDynasty. The

---

[1] 本文为中国人民银行货币金银局（保卫局）、研究局（所），中国钱币博物馆，中国印钞造币总公司，中国金币总公司，上海黄金交易所共同推动的货币史研究系列成果之一，获人民银行2018年中国货币史研究一等奖。

[2] 价格革命是指15世纪地理大发现后，西班牙人入侵美洲，掠夺大量黄金白银输入欧洲。由于各种物资并未增加，加上人口增长等因素，货币供应与各种商品尤其是农产品之间关系失衡，导致物价急剧上涨。在白银通过国际贸易向东流动时，所经之处也带来物价迅速上涨、货币贬值、投机活跃等现象。价格革命促进了当时的财富重组和阶级分化，推动了商人等阶层的崛起和现代国家的形成。

Silver Currency and Its Role
in the Evolution of Chinese History

白银货币与中国历史变迁问题研究

huge amount of silver, which was widely used as a currency in southeastern China, had a strong impact on people's livelihood and output of commodities, changed the monetary system of China, and triggered price revolution and consumption revolution. At the same time, huge amount of one-direction flow between Chinese goods and hard currencies abroad prompted other countries to adopt protectionist policies, which affected the development of world trade.

The significance of exploring the relationship between huge inflow of silver and social reform lies on three aspects as follows: the choice of monetary system is closely related to the rise and decline of a nation; it is of great importance to establish a stable and predictable monetary system; and the reform of the system should be guided by advanced economic and financial theory.

一、明清白银流入数量估算

15—16 世纪美洲大陆被"发现"后，西班牙等国掠夺大量金银输入欧洲，引起当地物价上涨。此时正值明代隆庆年间（1567—1572 年）政府颁令部分开海，"准贩东西二洋"，以江南棉布、丝绸为代表的中国纺织品以及瓷器和茶叶质优价好，江南纺织品的成本只有欧洲的 1/3 至 1/5，成为欧洲商人竞相追逐的目标。中国海外贸易长期顺差，大部分时期金银比价低于国外。这种局面导致白银大量流入中国，大致持续到清乾隆末年。明清以来白银流入中国的途径很多，但主要来自日本和美洲，对其数量长期以来一直有学者不断研究。

关于日本白银流入中国的数量，小叶田淳认为，从 17 世纪开始，日本通过中国与葡萄牙和荷兰等国家的贸易，每年平均输出白银 400 万~500 万两，其中大部分流入中国。[1] 新井白石估算，自庆长六年至明和元年（1601—1764 年）164 年间，日本向中国输出白银 112.3 万贯，约合 1.1 亿两。[2] 岩生成一认为，清初 1648 年到 1672 年 25 年间，中国商船自日本输入白银一项近 20 万贯，约合 2 032 万两。[3]

---

[1]［日］小叶田淳.金银贸易史の研究[M].东京：法政大学出版局，1976.
[2]［日］木宫泰彦著.日中文化交流史[M].胡锡年译.北京：商务印书馆，1980：649.贯是重量单位，一贯等于 3.75 公斤.
[3]［日］岩生成一.近世日支贸易に關する数量的考察[J].史學雜誌第 62 編第 11 號，1953.

关于明末从美洲等地流入中国的白银数量,梁方仲认为,从万历元年至崇祯十七年(1573—1644年)72年间各国通过贸易途径输入中国银元超过3 500万元以上,约合2 800万两。[1] 彭信威估计,从明隆庆五年(1571年)马尼拉开港到明末为止70余年间,经由菲律宾流入中国的美洲白银可能在4 000多万库平两。[2] 李庆利用西班牙收藏的中菲贸易货物税数据档案,推算出晚明中菲贸易货物总值约为3 533万比索,折合2 826万两。若将中国商船货物总值等同于携带回国的白银数额,可推算出晚明经中菲航线输入中国的美洲白银约为2 800万两。[3]

关于明末到清前期外国白银流入中国的总额,小竹文夫认为,自明末以来从日本输入白银约1亿元。在中西接触的250年间从西班牙输入了1亿元,清初以来从英国和其他国家输入了白银约6 000万~7 000万元,自18世纪末到道光十三年(1831年)从美国输入白银达9 000万元,明末以来输入外国白银总计3亿5千万元,约合2.8亿两。[4] 德科民(DeComyn)估计,自1571年至1821年的250年中,自西属美洲运往马尼拉的白银共约4亿元,其中约四分之一或二分之一都流入中国,约合0.8亿或1.6亿两。[5] 全汉昇认为德科民估计的四分之一太低,"他所估计的二分之一,即二万万西元或更多些,可能比较接近事实",约合1.6亿两或更多。[6]

综上推断,本文认为自明万历中期到清乾隆末年约200年间,从日本输入中国的白银约为7 000万两;明末70年,经由西班牙、葡萄牙和荷兰等国,从美洲等地输入白银近3 000万两;清前期经由英、法等国,输入白银11 000万两。三者总计,约为2.1亿~2.2亿两。

二、白银流入对中国社会乃至世界经济的影响

(一)外国银元成为中国特别是南方数省经济发达地区商品交换的价值尺度

明朝由于外国银元的大量输入,各地用银逐渐增多,并且得到法律认可,但洋银输入数量有限,流通地区仅限广东和福建。

---

[1] 梁方仲.明代国际贸易与银的输出入[J].(原载《中国社会经济史论集》第6卷第2期,1939年12月)转见《梁方仲经济论文集》,北京:中华书局,1989:173、176、178、179.

[2] 彭信威.中国货币史[M].上海:上海人民出版社,2007:52.

[3] 李庆.晚明中国与西属菲律宾的贸易规模及历史走向——基于"货物税"(almojarifazgo)文献的数据分析[J].中国经济史研究,2018(3):179,180.

[4] [日]小竹文夫.明清时代に於ける外国银の流入[J].支那经济史研究,1942:71.

[5] 全汉昇.再论明清美洲白银的输入中国[M]//中国近代经济史论丛.北京:中华书局,2011:13.

[6] 全汉昇.再论明清美洲白银的输入中国[M]//中国近代经济史论丛.北京:中华书局,2011:13.

Silver Currency and Its Role
in the Evolution of Chinese History
白银货币与中国历史变迁问题研究

入清后，顺治初年尚未海禁，对外贸易顺畅，外国银元继续输入，流通范围扩大到东南沿海数省。自顺治十八年至康熙二十二年（1661—1683 年），清廷实行大规模"迁海"，[1] 外国银元来路被堵截，流通地域和程度大为收缩。

康熙二十三年（1684 年）开海通商后，西洋商船前来者日益增多。乾隆时广东、福建两省民间自日常生活到交纳钱粮关盐等税，均用银钱。嘉庆年间，外国银元使用已推广至广西、江西、湖广的部分地区，因为计枚而算，使用方便，与纹银、制钱兑换比价持续看涨，已成为基准货币。广东民间小额交易先将纹银换成银元，再将银元兑换制钱。

道光年间，外国银元在中国流通范围已遍及黄河以南大部分地区，与纹银一样作为大宗贸易的结算货币，行用范围广及交纳赋税、粜籴米粟、贸易货物、置买房地产等各个方面。

第一次鸦片战争后五口岸通商，银元使用地域范围更广，普遍程度更甚于前。当时以上海为中心的江南地区，官府征收赋税钱粮均使用银元，银元比价也涨至纹银之上，超出实际价值 50%，民间商业和社会捐款几乎全部使用银元。

（二）巨量白银输入直接推动了中国各地大宗商品生产

在明清中国对外贸易持续顺畅时期，沿海数省从事海外贸易的民众数量可观。在大宗出口商品生产领域体现得尤为明显。例如，江南蚕桑业每年商品值可达 110 多万两，利用生丝织就各色丝绸所产生的附加值更难以计算。棉布生产在苏州、松江地区动用劳力以百万计。明后期直到清中期，江南书籍刻印及外销从业人员众多。乾隆中后期，苏州仅印纸作坊就多达 34 家，雇用工匠 800 余人。到 18 世纪中叶，西欧每年从中国进口茶叶由最初 1 万余担增加到 10 万余担，至鸦片战争前已达 45 万担。[2] 陶瓷对外贸易长期顺畅，自 1730 年至 1789 年，仅荷兰东印度公司运回欧洲的瓷器即达 4 250 万件。[3] 以徽商和江西商人为主体经营的景德镇陶瓷业，明后期即"聚佣至万余人"。[4]

（三）巨量白银输入导致白银货币化，推动中国货币体系发生重大改变

明初实行铜钱和宝钞双本位制。宝钞由于不断贬值，至成化、弘治时，民间几乎不行用。铜钱由于材质下降，数量有限，在明代中期流通也多有不畅。民间实际行用的主要是银两，普遍用于日常生活贸易交换，同时也成为衡量其他物品的标准。但白银始终是一种称重货币，各地通行的官颁白银即库平银与朝廷贮存进出的纹银含银成色不同，各地各行业自有其专用

---

[1] 清朝初年，朝廷为控制东南沿海抗清力量，实行大规模强制迁徙濒海居民的策略，史称迁海。顺治十八年（1661年）正式颁布"迁海令"，将沿海居民内迁五十里，至康熙二十二年（1683年）方才废除此令。

[2] 许涤新，吴承明.中国资本主义发展史第1卷[M].北京：人民出版社，2003：327.

[3] 全汉昇.略论新航路发现后的中国海外贸易[M]//中国近代经济史论丛.北京：中华书局，2011:81.

[4] （清）夏燮.明通鉴.卷五十七.纪五十七·世宗肃皇帝[M]//续修四库全书第365册,北京：中华书局，2013：611.

银色,日常生活与商品结算,均须兑换,手续繁复。钱粮征收,小额交易,零敲碎凿,既不方便,又不精准,熔铸块银,又有耗蚀。而外洋银元,含银成色大致均衡,计枚而算,携带结算极为方便,所以备受欢迎,迅速占据流通市场。外国银元的大量输入,不但改变了中国长期实行的称量货币体系,而且逐步改变着传统的银钱结构。

(四)巨量白银输入促进赋税徭役制度货币化变革得以完成和维持

明朝初年的赋税制度,沿用唐代中期以来一直实行的两税法,赋税征收实物,徭役则以亲身服役。随着明代商品经济的发展,赋役制度出现货币白银化趋势。主要分为两步:金花银和"一条鞭法"。金花银是指赋税徭役折银征收,但银两占比不高,仍非主流。"一条鞭法"的核心是量地计丁,计亩征银,无论赋税徭役,除了漕粮外,一律征收银两。入清后,清廷先于顺治二年(1645年)废除匠籍,将匠班银摊入地亩,[1] 后于雍正初年全面实行摊丁入地。上述由金花银、"一条鞭法"至摊丁入地的过程,有赖于外国白银源源输入。换言之,巨量外国白银的输入为明后期到清前期赋税徭役制度的改革提供了货币条件。

(五)巨量白银输入引发中国"价格革命"乃至"消费革命"

巨量白银输入刺激明末至清前期物价持续上涨。明末清初的叶梦珠在《续编绥寇纪略》中记载:"崇祯年间10年里,米价上涨了10倍"。清乾隆末年,常州人洪亮吉说:"闻五十年以前,吾祖若父之时,米之以升计者钱不过六七,布之以丈计者钱不过三四十。……今则不然……昔之以升计者,钱又须三四十矣;昔之以丈计者,钱又须一二百矣。"[2] 清乾隆中期,朝廷上下讨论物价持续上涨原因,后来才悟出是白银大量输入产生的间接后果。

巨量白银输入刺激了明清商品经济的繁荣发展,城市居民消费观念和行为发生较大变化。明初期崇尚节俭的风气,到明中期以后转向"不分贵贱,不论贤愚""凿朴为雕,易俭为侈"。[3] 鲜花盆景、茶社酒肆等休闲消费的群体从达官富贾、文人雅士扩大到市井民众。"杭州兰蕙……率自闽广移来,非富贵家不能有也。自嘉靖以来,满城皆植,而市廛中亦有担荷而鬻之者。"[4] 清乾隆时成书的《儒林外史》第二十四回称南京地区"大小酒楼有六七百座,茶社有一千余处",坐满了茶客。即使湖南的衡阳县,"酒肆茶坊……今则遍地青帘,沿街绿焙"。[5] 嘉靖时期的

---

1 范金民.清代废除匠籍的历史意义[J].社会科学辑刊,1995(1).

2 (清)洪亮吉.生计篇.卷一[M]//卷施阁文甲集.四部备要本:7.

3 (明)谢诏.天启赣州府志[M].北京图书馆古籍珍本丛刊第32册,北京:北京书目文献出版社,1990:86.

4 田汝成.西湖游览志余·委巷丛谈.卷24[M].杭州:浙江人民出版社,1980.

5 (明)谢诏.天启赣州府志[M].北京图书馆古籍珍本丛刊第32册,北京:北京书目文献出版社,1990:86.

苏州、松江地区甚至出现"产相十而用相百"的超前消费现象。[1]

（六）中国与各国商品和硬通货之间的单向巨额流动，引起贸易摩擦，各国纷纷实施贸易保护政策

白银巨量输入带来的东西方贸易不平衡，影响了输出国白银的持有量。当时欧洲盛行重商主义，重视现金，认为贸易逆差会给国家带来巨大损失。"各国政府往往通过保护主义政策来促进国内商业和制造业的发展，通过征收高额关税或禁止进口外国商品以及推动殖民地的发展，为国内生产者提供原料和市场。"[2]1591年3月，西班牙驻马尼拉总督发布禁止所有菲人穿用中国丝织物及棉布的禁令。日本幕府制定《海舶互市新例》，规定只有持有信牌的唐船才能入日本港从事贸易。西班牙王室先后于1593年、1599年、1601年、1608年、1609年、1620年、1634年、1635年、1636年、1639年、1706年、1718年、1720年、1724年、1727年15次颁发一系列禁令，禁止墨西哥和秘鲁的西班牙商人赴马尼拉经营丝绸贸易，并禁止或限制菲律宾运进墨西哥的中国货物转销到其他美洲殖民地。西班牙国王还多次规定马尼拉和阿卡普尔科之间的贸易额，同时对输入墨西哥的中国丝织品课以重税。乾隆二十二年（1757年），清廷也谕令收缩外国商船入口范围，粤海关成为全国唯一的专门管理外国来华贸易的机构。

三、明清白银流动的启示

（一）货币制度的选择与国家兴衰密切相关

15世纪美洲金银流入西欧后，引发"价格革命"，促进当地社会阶级分化和阶层的财富重组。新兴商人求富的愿望与国家政权求强的意志结合，新的产权保护制度得以确立，金融制度方面也多有创新，推动了近代西欧经济的腾飞。上述过程表明，货币因素必须引发经济金融基础制度变迁，才能长期、持续地促进经济增长。

与西欧类似，明清时期的中国也曾出现过外生货币因素，东西方贸易长期顺差带来的巨量白银输入，为银钱并行的货币制度以及赋税徭役制度的货币化提供了条件，由此带来一定时期的经济繁荣。但不同的是，中国白银流入建立在贸易顺差的基础之上，一方面消耗了大量的社会资源，另一方面缺乏创新的动力和环境，导致长期以来鲜有重大的基础制度创新，从而埋下风险隐患。明末清初海禁期间，中国对外出口商品数量减少，加之美洲银矿资源枯竭，白银输入一度大减，引发银荒。清朝中叶以后鸦片大量流入、白银大量流出，银贵钱贱现象更加严重，普通民众日常生活愈发艰难，成为清中后期长期的社会动乱的根源之一。

---

1 （明）何东序.嘉靖徽州府志[M].北京图书馆古籍珍本丛刊第29册，北京：北京书目文献出版社，1990：66.

2 林肯·佩恩.海洋与文明[M].陈建军，罗燚英，译.北京：后浪出版公司，2017.

（二）构建自身独立完善的货币体系，对经济社会的平稳发展至关重要

明清时期中国社会的发展与巨量白银输入高度相关。银本位或银钱并用的货币政策使原本缺乏白银矿藏的中国对流入白银的依赖逐日加深，货币市场调控能力严重不足。清代白银先是大量流入后是大量流出，洋银购买力持续上升，导致长期银贵钱贱。西方国家利用金银比价套购纹银，甚至铸造劣质银币套取利润，致使纹银大量流失。而清廷反应迟钝，因循保守，70余年间未能自铸银元，坐使巨额利益外溢。当下中国应该平衡国家、地方和民生关系，牢牢掌握货币发行权，构建自我调节完善的货币体系，增强对货币市场的调控能力。

（三）货币制度改革应以先进经济金融理论为指导

清代以来，银钱本位制度受到西方银本位币的强力冲击，银钱比价跌涨无常。银本位制度从最初对经济起到显著促进作用，到逐渐变为混乱、老化、僵硬，束缚制约经济贸易的发展。清廷内部曾有过一场有关鸦片贸易与白银外流的大讨论，其实质是如何看待国内货币供给稳定性与对外贸易平衡的关系。但由于种种原因，这场讨论未能上升到理论层次，而且在若干货币重要问题上的判断存在错误和偏差。针对纹银外流而采取的"禁纹银出洋"等举措，似乎更不得要领，完全不能奏效。由于缺少先进理论指导，晚清将货币改革的主要目标确定为增加财政收入，手段则是从货币成色重量、单位名称、主辅币种类等货币形式着手，而没有关注到更为关键的货币主权、货币本位制度、准备制度以及货币流通、回笼、调节等基本要素，最终导致银本位货币制度改革失败。

参考文献

[1] 彭信威.中国货币史[M].上海：上海人民出版社，2007：523.

[2] 许涤新，吴承明.中国资本主义发展史第1卷[M].北京：人民出版社，2003：327.

[3] （明）谢诏.天启赣州府志[M].北京图书馆古籍珍本丛刊第32册，北京：北京书目文献出版社，1990：86.

[4] 田汝成.西湖游览志余·委巷丛谈.卷24[M].杭州：浙江人民出版社，1980.

[5] （明）何东序，嘉靖徽州府志[M].北京图书馆古籍珍本丛刊第29册，北京：北京书目文献出版社，1990：66.

[6] 林肯·佩恩.海洋与文明[M].陈建军，罗燚英，译.北京：后浪出版公司，2017.

[7] [日]小叶田淳.金银贸易史的研究[M].东京：法政大学出版局，1976.

[8] [日]木宫泰彦.日中文化交流史[M].胡锡年，译.北京：商务印书馆，1980：649.

[9] （清）夏燮.明通鉴.卷五十七.纪五十七·世宗肃皇帝[M]//续修四库全书第365册，北京：中华书局，2013：611.

[10] 全汉昇.再论明清美洲白银的输入中国[M]// 中国近代经济史论丛.北京：中华书局，

2011：13.

[11] 全汉昇.略论新航路发现后的中国海外贸易[M]//中国近代经济史论丛.北京：中华书局，2011：81.

[12]（清）洪亮吉.生计篇·卷一[M]//卷施阁文甲集.四部备要本：7.

[13] 梁方仲.明代国际贸易与银的输出入[J].（原载《中国社会经济史论集》第6卷第2期，1939年12月）转见《梁方仲经济论文集》，北京：中华书局，1989.

[14] 李庆.晚明中国与西属菲律宾的贸易规模及历史走向——基于"货物税"（almojarifazgo）文献的数据分析[J].中国经济史研究，2018（3）：179，180.

[15] 范金民.清代废除匠籍的历史意义[J].社会科学辑刊，1995（1）.

[16] [日] 岩生成一.近世日支贸易に關する数量的考察[J].史學雜誌第62編第11號，1953.

[17] [日] 小竹文夫.明清时代に於ける外国银の流入[J].支那经济史研究，1942：71.

清代银钱比价波动及其对社会生活的影响[1]

◎ 中国人民银行南京分行　陈　锋　范卫红　义小明
◎ 南京大学　范金民　张景瑞

摘要： 清代采用白银与铜钱双本位货币制度，"银钱兼权"，相辅而行。银钱比价成为清代货币史研究的一个重要而复杂的问题。20世纪30年代，汤象龙先生率先注意到道光朝的银贵钱贱现象。之后，小竹文夫、彭信威、杨端六、陈春声、傅汉斯、谢杭生、林满红、王宏斌等学者先后关注清代银钱比价的波动情况，对比价变化的分期与原因提出各自的看法。彭泽益、郑友揆与汪敬虞等学者又从阶级关系和对外贸易等角度切入，探究银钱比价波动对社会经济发展的影响。但各家收集的数据或多或少存在舛误，从而降低了分期的准确性，不少考察又不免过于笼统，未能清晰揭示出清代银钱比价变动的实态。既有研究大多只探讨银钱比价变动本身，而对银钱比价波动的分期、原因探究不够，对社会生活的影响则几乎未曾涉及，留下的学术研究空间较大。故本文再作探讨，期能深化相关研究。

▶ **Abstract:** In the Qing dynasty, China adopted a double-standard monetary system of silver and copper. Silver currency was complementary to copper coins. The exchange rate between silver and copper is an important and complicated topic. In the 1930s, Tang Xianglong was the first to notice the phenomenon of silver being expensive and copper coins being relatively cheap in the reign of Emperor Daoguang. Subsequently, Fumio Kotake, Peng Xinwei, Yang Duanliu, Chen Chunsheng, Hans Ulrich Vogel, Xie Hangsheng, Lin Manhong, Wang Hongbin and other scholars focused on the fluctuation of the

---

[1] 本文为中国人民银行货币金银局（保卫局）、研究局（所），中国钱币博物馆，中国印钞造币总公司，中国金币总公司，上海黄金交易所共同推动的货币史研究系列成果之一，获人民银行2019年中国货币史研究一等奖，曾发表于《中国钱币》2020年第4期。

Silver Currency and Its Role
in the Evolution of Chinese History
白银货币与中国历史变迁问题研究

exchange rate between silver and copper, provided their respective review of the fluctuations along the timeline and explained the fluctuations.

Peng Zeyi, Zheng Youkui, Wang Jingyu and others explored the impact of the fluctuation on social life and economy based on the class relations and foreign trade. Nevertheless, the data from these scholars was not that precise, which affected the accuracy of time-specific analysis. Some of the analysis was overly general and could not uncover the essence of the exchange rate fluctuation between silver and copper during the Qing dynasty. The existing literature did not touch upon the impact on social life. This article deepen the exploration of the factors and effects behind the phenomenon.

一、银钱比价波动的时段

顺治元年（1644年），清廷发行顺治通宝，规定银1两兑换通宝700文，顺治四年，改为银1两易钱1 000文，并"永著为令"。[1]自此，清代官方视1∶1 000为银钱比价的"理想状态"。若市场中，银1两易钱多于1 000文，称之为"银贵钱贱"，少于1 000文，则称之为"银贱钱贵"。然而有清一代，银钱比价极少处于理想状态，更多是反复在银贵钱贱与银贱钱贵之间波动，其波动大致可分为以下14个时段：

1. 顺治元年至康熙十八年（1679年）银贵钱贱，比价波动剧烈。在这一时期，京师钱价波动于1 000~2 000文，江南钱价波动于1 000~3 000文，且3次跌破3 000文。[2]

2. 康熙十九年，钱价转昂。该年九月，御史常什布、罗秉伦等称"钱价甚贵，民用窘迫"。[3]二十三年，钱价约800~900文。[4]二十九年，朝廷申定"钱直不平禁例"，要求民间交易每两不得少于千文。[5]

---

[1] 乾隆官修.清朝文献通考[M].杭州：浙江古籍出版社，2000：4966，4967.

[2] 叶梦珠.阅世编[M].来新夏，校.上海：上海古籍出版社，1981：171；叶绍袁.启祯记闻录[M]//于浩.明清史料丛书八种：第7册.北京：北京图书馆出版社，2005：563.

[3] 中国第一历史档案馆整理.康熙起居注[M].康熙十九年九月二十日乙亥条.北京：中华书局，1984：616.

[4] 清圣祖实录[M].康熙二十三年九月丙寅条.北京：中华书局，2008：4077.

[5] 乾隆官修.清朝文献通考[M].杭州：浙江古籍出版社，2000：4975.

3. 康熙三十六年后，各地钱价陆续下落，但幅度有较大的地域差异。康熙四十五年，京城、山东均是1 700文，直隶为1 800文，钱贱问题突出，而江浙地区钱价趋平。[1]四十八年，江西人李绂对全国钱价的差异概述道："今天下之钱，江左右为善，京师二当其一，山东、湖广之钱二不当其一。"[2]

4. 康熙五十三年后，全国钱价上涨。该年，京师钱价达920文。[3]康熙末年，钱价更昂，自800余文减至700余文。[4]与京师与江南钱价贵贱交替不同，康熙朝云南与广东的钱价长期低贱。康熙二十四年临安铸局设立后，云南钱价跌至3 000余文，至康熙末年，仍有1 700~1 800文。[5]在广东，康熙十九年，钱价为1 923~1 961文，[6]至三十七年，跌至3 030~3 125文。[7]四十六年，广东钱价仍贱，并可能持续至雍正朝。[8]

5. 雍正二年（1724年）至九年钱价渐平，浮动于900~1 000文。

6. 雍正十年至乾隆三十年（1765年），钱价转贵。其间，乾隆十三年多地钱价在800文以下，陕西一度高至600余文，[9]可谓极贵。乾隆十四年至三十年间，除云南钱价波动于1 200文上下外，其他地区钱价多稳定在800~900文。

7. 乾隆三十一年至五十一年，钱价再度趋平，浮动在900~1 000文。

8. 乾隆五十二年后钱价下跌，于五十九年降到谷底，在云南达2 100~2 500文，在京师、安徽、浙江、湖南、福建、广东、广西、四川等地也跌至1 300文以上。

9. 嘉庆四年（1799年）春，钱价转昂。该年，长芦盐政董椿称："数年以来，每易库平纹银一两，需制钱一千二、三百文不等，今自嘉庆四年春间起，远年行销各处每易库平纹银一两止需制钱一千数十文至一千一百数十文不等。"[10]次年，浙江萧山钱价达1 000~1 080文，

---

1 中国第一历史档案馆整理.康熙起居注[M].康熙四十五年七月初六日辛酉条.北京：中华书局，1984：1997；孙文成.奏报粮价并收成分数折[M].康熙四十五年七月十二日//中国第一历史档案馆.康熙朝满文朱批奏折全译.北京：中国社会科学出版社，1996：439.

2 李绂.穆堂别稿[M]//续修四库全书：第1422册.上海：上海古籍出版社，2002：563.

3 中国第一历史档案馆整理.康熙起居注[M].康熙五十三年六月十九日己丑条.北京：中华书局，1984：2098.

4 王庆云.石渠余记[M].王湜华，点校.北京：北京古籍出版社，1985：214.

5 王崧.云南备征志[M]//中国方志丛书：云南省：第45号.台北：文成出版社，1967：1174-1175.

6 陈恭尹.独漉堂文集[M]//四库禁毁书丛刊：集部：第183册.北京：北京出版社，1997：667.

7 福隆安.钦定八旗通志[M]//景印文渊阁四库全书：第667册.台北：商务印书馆，1986：705.

8 陈春声.清代广东银钱比价[J].中山大学学报（哲学社会科学版），1986，1：101.

9 陕西巡抚陈弘谋.奏报开炉试铸钱文以平钱价事[M].乾隆十三年十二月二十九日//转引自王宏斌.清代价值尺度：货币比价研究.北京：三联书店，2015：80.

10 长芦盐政董椿折[M].嘉庆四年四月二十五日//转引自倪玉平.清朝嘉道财政与社会.北京：商务印书馆，2013：349-350.

至六年转昂，为 900 文，稍晚于北方。[1]

10. 嘉庆十三年钱价下降，在直隶宁津跌破千文。[2] 嘉庆二十四年，御史喻士藩奏报，直隶、山东、山西、河南、江浙、湖广等地钱价达 1 300~1 400 文及 1 600~1 700 文不等，福建为 1 340~1 350 文。[3] 此时全国大部分地区已进入银贵钱贱时期。道光末年、咸丰前期（1848—1856 年），多地银价达到顶峰，银钱比价最高值在直隶宁津是 2 355 文，在四川犍为 2 270 文，在安徽屯溪达 1 698 文。[4]

11. 咸丰六年前后至同治三年（1856—1864 年），各地钱价回升。京师钱价则因钱法混乱，于咸丰八年跌至 4 915 文，[5] 至咸丰十一年后才趋于稳定。

12. 同治四年后，钱价下跌。同治六年，刑部主事钟大焜称："现今各直省银价，每两值钱一千五六百文。"[6] 次年，两江总督曾国藩称湖北"钱二百文，合银一钱二三分"，比价达 1 538~1 666。[7] 同治八年，曾氏又称直隶地区"每两制钱一千八百上下"。[8] 此次银价增昂于同治十二年（1873 年）前后达到顶点。

13. 同治十三年后，钱价在波动中缓慢回落，但整体仍保持在银 1 两易钱 1 100 文以上。相比于其他地区，京师钱贱的持续时间更久，于光绪六年跌至谷底，为 1 702 文，此后逐步上涨。[9]

14. 光绪三十年至宣统三年（1904—1911 年），全国钱价下落。

另需指出的是，乾隆中期至咸丰前期（1749—1856 年），钱价尽管有波动，但整体呈下跌趋势。嘉庆后期至清朝统治结束，少于千文的情况几乎不复出现。

---

1 汪辉祖. 梦痕余录 [M]// 续修四库全书：第 555 册，上海：上海古籍出版社，2002：706，712，717.

2 严中平，徐义生，姚贤镐，等. 中国近代经济史统计资料选辑 [M]. 北京：中国社会科学出版社，2012：33.

3 掌浙江道监察御史喻士藩. 奏请平钱价以杜弊源以便民用事 [M]. 嘉庆二十四日二月二十四日 // 转引自王宏斌. 清代价值尺度：货币比价研究. 北京：三联书店，2015：188.

4 参见严中平，徐义生，姚贤镐，等. 中国近代经济史统计资料选辑 [M]. 北京：中国社会科学出版社，2012：33；罗绶香. 犍为县志 [M]// 中国地方志集成：四川府县志辑：第 41 册，成都：巴蜀书社，1992：369；郑友揆. 十九世纪后期银价、钱价的变动与我国物价及对外贸易的关系 [J]. 中国经济史研究，1986（2）：24.

5 Gamble S D. Daily Wages of Unskilled Chinses Laborers 1807—1902[J]. The Far Eastern Quarterly，1943，3（1）：60.

6 钟大焜. 拟请改铸轻钱议 [M]// 中国人民银行总行参事室金融史料组. 中国近代货币史资料：第 1 辑. 北京：中华书局，1964：561.

7 王定安. 两淮盐法志 [M]// 续修四库全书：第 845 册，上海：上海古籍出版社，2002：57.

8 曾国藩. 芦纲惫累请减成本折 [M]// 曾国藩全集：第 11 册，长沙：岳麓书社，2011：191.

9 Gamble S D. Daily Wages of Unskilled Chinses Laborers 1807—1902[J]. The Far Eastern Quarterly，1943，3（1）：61.

二、银钱比价波动的原因

清代银钱比价时而波动,有些时段波动幅度较大,有着深层次和较为复杂的原因,既有长期趋势,也有短期因素,各个阶段也可能有异,不可一概而论。

(一)长期趋势的原因

1. 清初钱贱的原因

明清鼎革后,明末劣钱仍在市场流通,导致顺治通宝发行不畅。其直接原因是顺治通宝与白银之间的官定比价太高,不为百姓接受。顺治元年,朝廷规定700文通宝兑银1两。江南民众"嫌太贵","未能奉令也"。[1] 顺治四年,朝廷又规定1 000文通宝兑银1两,但民户仍"奉行甚难"。[2] 官定比价不为百姓接受的深层原因是,顺治通宝的实际价值低于官定比价甚多。顺治朝京城宝泉与宝源二局铸钱千文的成本约为0.7~0.96两,江宁钱局是0.6~0.8两,湖北钱局最低,只有0.5595两。[3] 官定比价过高,民间掺杂低钱,官颁铜钱未能畅行,转而影响官钱投放量,恶性循环,更使劣钱流行,钱价持续走低。

顺治后期开始实行的海禁也加剧了当时的银贵钱贱。受海禁影响,中外贸易锐减。顺治元年至康熙二十三年(1644—1684年),中国至马尼拉的商船总数年平均只有6.6艘,远低于万历八年至崇祯十六年间(1580—1643年)的26.2艘与康熙二十四年至五十五年间的16.4艘。[4] 康熙三年至二十三年间,每年赴日船只数量锐减至20只以下,甚至10只以下。[5] 由于中外贸易低迷,海外白银大量流入的情形不再,加之清廷不断从民间征银,民间出现银荒。流通银两少,银价自然昂贵。

2. 康熙中后期银钱比价波动的原因

康熙二三十年间钱贵的主要原因有二。一是制钱质量改善。顺治八年,为提高钱价,朝廷将每文制钱的重量从一钱二分增至一钱二分五厘,六年后,又增至一钱四分。同时,也重视制钱做工,要求"轮廓圆明,字画端楷"。[6] 通过增加重量与改善做工,清廷制钱获得百姓认可,利于钱价上涨。二是铜价高昂。经过顺治时期的收集,康熙初年民间废钱、铜器已"搜刮殆尽"。[7] 自康熙二年起,朝廷开始从日本进口洋铜。由于国内铜源短缺,铜价长期居高不下,

---

[1] 叶绍袁. 启祯记闻录[M]// 于浩. 明清史料丛书八种:第7册. 北京:北京图书馆出版社,2005:543.

[2] 叶梦珠. 阅世编[M]. 来新夏,校. 上海:上海古籍出版社,1981:171.

[3] 王德泰. 清代前期钱币制度形态研究[M]. 北京:中国社会科学出版社,2013:155.

[4] 钱江. 1570—1760年中国和吕宋贸易的发展及贸易额的估算[J]. 中国社会经济史研究,1986(3):72.

[5] 岩生成一. 近世日支贸易に關する数量的考察[J]. 史學雜誌,1953(11):11-13.

[6] 户部尚书车克. 为请旨再行严勅以疏钱法以裕国用事[Z]. 顺治十年闰六月十五日. 中国第一历史档案馆,档号:02-01-02-2161-022.

[7] 刑科给事中张登选. 为请停各省铸钱事题本[J]. 历史档案,1984(1):20.

Silver Currency and Its Role
in the Evolution of Chinese History
白银货币与中国历史变迁问题研究

康熙二十三年时每斤铜料值银1钱4分左右，银1两仅买铜7斤有余。[1]

而康熙朝后期钱价下跌，则与制钱减重、私钱盛行相关。制钱减重的直接原因还是高铜价。高铜价会刺激民众将优质的康熙钱销毁为铜，以售卖获利。为防止民间销钱取铜，康熙二十三年朝廷将制钱重量减至一钱。但此举降低了制钱的生产成本，铸钱千文只需银0.9两，铸息达100文。[2] 铸钱成本降低，制钱价值也会减少，钱价自然下跌。

制钱减重尽管可以抑制民间销钱取铜，但也会加剧私铸铜钱。私铸之猖獗，由朝廷屡禁不止可见一斑。康熙二十三年，天子谕令中外地方官严禁私钱，[3] 二十九年，又行收买私钱之令。三十六年，再度议定严禁私钱。四十一年，为防私铸，又将制钱重量恢复至一钱四分，并许兼用一钱重的小制钱与一钱四分重的大制钱。然而大制钱重，小制钱轻，毁大铸小者多，私钱反而愈发盛行。四十七年，又严失察私钱处分之例。[4] 私钱多，则小制钱价贱，大制钱壅滞，钱价持续低迷。

3. 康熙晚期至乾隆晚期银钱比价波动的原因

制钱增重至一钱四分后，朝廷需铜甚多。为尽快铸造足够的铜钱，康熙四十二年提高了购买洋铜的价格，规定铜每斤1钱，外给水脚银5分。[5] 康熙四十年至五十四年，每年进口洋铜300万~500万斤，勉强满足京城宝泉、宝源二局铸钱所需。[6] 但康熙五十四年，日本颁布"正德新例"，每年只许出口铜300万斤，清廷铸钱原料再度短缺。次年，令京局收买旧铜以充鼓铸，价格与洋铜相同。铜价贵，一方面提高了制钱的价值，另一方面可减少私铸，因为民间更愿毁小制钱作铜卖。这是康熙五十三年后钱价上涨在制钱方面的原因。

雍正帝继位后，为平抑钱价，先后下令收买旧铜、禁止私钱、严禁民间造用黄铜器皿，又将京局铸钱的成分由铜六铅四降至铜铅各半。一系列抑制钱价的措施起了些作用，雍正二年至九年，钱价接近官定比价。

然而雍正九年后，钱价再度高昂，并延续至乾隆朝。乾隆帝登基后，废除铜禁，大力开发滇铜。乾隆七年，滇北矿场兴旺，云南铜矿进入全盛期。乾隆中前期，云南产铜总量在1 000万斤左右，乾隆中后期，产量最高达1 300余万斤，基本解决了各地钱局的用铜问题。铸钱进入大发展阶段。乾隆十年前，全国每年铸钱总数在100余万串，此后至乾隆五十九年，

---

1 清圣祖实录[M].康熙二十三年九月丙寅条.北京：中华书局，2008：4077.
2 王德泰.清代前期钱币制度形态研究[M].北京：中国社会科学出版社，2013：159.
3 叶梦珠.阅世编[M].来新夏，校.上海：上海古籍出版社，1981：172.
4 乾隆官修.清朝文献通考[M].杭州：浙江古籍出版社，2000：4975，4976，4977，4978.
5 乾隆官修.清朝文献通考[M].杭州：浙江古籍出版社，2000：4977.
6 刘序枫.清康熙—乾隆年间洋铜的进口与流通问题[C]//汤熙勇.中国海洋发展史论文集：第7辑.台北："中央研究院"人文社会科学研究中心，1999：139.

多维持在 240 万 ~300 万串，是清前期铸钱最多的时期。[1]

但在铸钱数量持续增加的情形下，雍正、乾隆时期全国钱价仍然高昂，究其原因，较为复杂。一方面，市面缺铜，铜价昂贵，民间普遍私毁制钱谋利。另一方面与制钱使用的地域范围扩大有关。乾隆初年，江、浙、闽、广等地均由行银之地变为行钱之地。[2]此外，民间大额交易、往来也由用银转为用钱。在福建，"近年以来，无论一切零星买卖皆用钱文，即置买田地、房产以及婚娶聘礼，自数十串以至二三百串，无不行用钱文"。[3]在江苏，"自乾隆五六年后银渐少钱渐多，至今日率皆用钱，虽交易至十百两以上率有钱无银"。[4]在向来用银较少的北方地区，大额交易用钱就更为普遍。以上因素均加大了民间对制钱的需求。

康熙五十三年后钱价偏贵的趋势还与白银流入的增加有关。康熙二十三年开海后，中外贸易迅速恢复并发展。西方各国来华洋船数量在康熙、雍正之际与雍正后期增多：康熙五十八年是 11 只，次年为 29 只，雍正元年达 31 只，雍正九年增至 39 只。来华洋船所载以银元为主，以特产商品为副，延续了 16 世纪后期以来的中西贸易趋势。康熙末年至乾隆初年，仅由广州入口的西洋船只，每年输入中国的白银数量约在 100 万 ~200 万两。[5]至乾隆二十九年，海外输入白银量每年不少于 190 万余两。[6]白银源源不断地输入内地，利于降低银价，抬高钱价。

4. 嘉庆至咸丰朝银钱比价波动的原因

嘉庆四年（1799 年）至十二年的银贱主要与市场上白银数量增多有关。一方面，海外白银流入中国的数量自乾隆晚期持续增加。白银年输入量在乾隆五十年至嘉庆四年间已恢复至乾隆初年水平，达 110 万 ~150 万两；在嘉庆五年至九年间增至 174.5 万两；此后两年间又猛增至 617.4 万两。[7]另一方面，嘉庆元年至九年的川楚白莲教战乱消耗了朝廷上亿两白银。如此之多的白银通过发放军饷、购买物资等途径，被投放至市场，对降低银价具有不可小觑的作用。

嘉庆十三年至咸丰六年（1856 年）前后，银贵产生的原因除鸦片进口导致的白银外流外，也与制钱质劣有关。一方面，官局铸钱偷工减料，官钱减重。嘉庆十四年，御史何学林称："京局钱文字画俱不分明，由铅多铜少，缦薄不堪，外省则有缺边漏缝等钱，不能通行垂久。

---

[1] 王德泰.清代前期钱币制度形态研究[M].北京：中国社会科学出版社，2013：96，39.
[2] 陈昭南.雍正乾隆年间的银钱比价变动（一七二三一一九五）[M].台北：台湾商务印书馆，1966：44-47.
[3] 福州将军新柱.奏请饬令民间交易银钱兼用以平钱价事[Z].乾隆十一年十二月十八日.中国第一历史档案馆，档号：03-0771-021.
[4] 黄卬.锡金识小录[M]//无锡文库：第 2 辑，南京：凤凰出版社，2012：15.
[5] 万朝林，范金民.清代开海初期中西贸易探微[J].中国经济史研究，2019（4）：17.
[6] 严中平，徐义生，姚贤镐，等.中国近代经济史统计资料选辑[M].北京：中国社会科学出版社，2012：4.
[7] 严中平，徐义生，姚贤镐，等.中国近代经济史统计资料选辑[M].北京：中国社会科学出版社，2012：4.

SLIVER Currency and Its Role
in the Evolution of Chinese History
白银货币与中国历史变迁问题研究

甚或暗减卯数，已发出者复潜归局中。"[1] 另一方面，民间私铸小钱盛行，以贵州、湖广为盛。[2] 道光帝曾令各省督抚一同查禁私钱，但收效甚微。

咸丰三年太平军占领武汉后，切断了运输滇铜的长江通道，滇铜生产衰落。咸丰六年至同治十二年（1873年），又因云南回族起义，各地铜矿封闭，几乎停产。而且英国人在上海收买制钱，[3] 更加剧了国内因铜产量不足造成的制钱短缺。此外，咸丰五六年后白银由净流出变为净流入。林满红估计，咸丰七年至同治五年间，白银净流入总值约为1.87亿元。[4] 制钱短缺与白银流入共同促使钱价自咸丰六年后上涨，并持续数年。

5. 同光两朝银钱比价波动的原因

为缓解国内钱荒，19世纪60年代后，清廷大量从日本、菲律宾进口铜钱或铜料，自此银钱比价波动很大程度上受国际铜价与银价变动的影响。同治四年至十二年，钱价短暂下降的主要原因是国际铜价下跌。在此期间，铜价由20.63两一度降至13.79两，后多维持在14~15两，下降幅度明显。受铜价下降影响，按制钱铜六锌四的成分比例计算的铜锌合价也呈下跌趋势，在从14.43两降至9.66两后，维持在10~12两。而在这一时期，国际银价稳定在每盎司61~60便士，波动极小。在白银购买力变化不大的情况下，铜锌合价下降意味着铸钱成本减少，钱价下降。[5]

同治十三年至光绪三十年（1904年）前后，钱贵的关键原因是国际银价下跌。19世纪70年代至90年代末，一方面，世界白银产量大增，另一方面，欧洲各国从金银复本位制改为金本位制，二者共同导致国际市场白银数量迅速增加，国际银价持续下跌。同治十三年后的30年里，伦敦银价由每盎司58.3便士降至26.4便士，贬值一倍以上。海关银对英汇价也由76.1便士降至34.4便士，下跌一倍以上。在银价持续下跌的影响下，钱价转贵。光绪三十年后，国际银价短暂回升，带动国内银价上涨。此外，光绪二十七年至宣统三年，约有4 200万两现银流出中国，加之《辛丑条约》的巨额赔款，国内银根紧缩。上述因素共同导致光绪三十年后银价上涨。[6]

6. 乾隆中期起钱价长期趋贱的原因

乾隆十四年后，钱价呈长期下跌趋势，银1两易钱少于1 000文的情况极少出现。其背

---

1 清仁宗实录[M].嘉庆十四年四月甲午条.北京：中华书局，2008：32096.
2 清仁宗实录[M].嘉庆二十一年十一月己巳条.北京：中华书局，2008：33742.
3 清文宗实录[M].咸丰七年九月庚辰条.北京：中华书局，2008：45981.
4 林满红.银线：19世纪的世界与中国[M].詹庆华，林满红，等.译.南京：江苏人民出版社，2011：85.
5 郑友揆.十九世纪后期银价、钱价的变动与我国物价及对外贸易的关系[J].中国经济史研究，1986(2)：13-14.
6 耿爱德.中国货币论[M].蔡受百，译.太原：山西人民出版社，2015：237-241.

后有着长期的影响因素，主要与商品经济发展、洋钱盛行与人口增长三方面紧密相关。

首先，其时全国经济恢复，并逐步发展，商品流通速度较晚明加快，国内市场愈发统一，大宗商品如丝绸、棉布、茶叶、粮食的生产与贸易创造了更高的经济价值。

清代江南生产的丝绸工艺精湛，质量上佳，销售范围遍布全国各地，并远销海外。在江南丝织业全盛期的乾嘉年间，每年生产的丝绸的总价值高达 1 300 万~1 500 万余两，较之明代增加 35 倍以上。仅丝绸一项，价值量就可与粮食相等。[1] 江南棉布贸易也复如是，"民生若无此利赖，虽棉、稻两丰，不济也。"[2] 棉布远销欧美、俄罗斯等国，盛称"南京布"。福建建宁府建阳、瓯宁、崇安等地是武夷茶的生产基地，当地成千上万人赖以糊口，所产之茶"水浮路转，鬻之四方"。[3] 鸦片战争之后，茶树在武夷山区"漫山遍野，愈种愈多"。[4] 云南普洱茶同样名满天下，主要出产于普洱府思茅厅茶山。乾嘉时人檀萃所辑《滇海虞衡志》称："入山作茶者数十万人。茶客收买，运于各处。每盈路，可谓大钱粮矣。"[5] 福建与云南等地贩卖茶叶的商人摩肩接踵，涉及的交易额度无疑是巨大的。中国茶叶在世界各国也拥有广袤的市场。

远途贸易的发展与国内市场的日渐统一，对货币数量的需求增大，并要求货币轻便而易行。但制钱易伪，量大质重，搬运维艰，显然不符合商业发展的长期需要。相较之下，白银价贵，易于携带，更具使用优势，故在流通领域日渐排挤制钱。这是清中后期银价趋涨、钱价趋贱的重要原因。

其次，乾隆中期后，钱贱趋势的形成与洋钱日渐盛行有关。从海外流入中国的洋钱以西班牙本洋、墨西哥银元与美国花钱为主，以枚计数，具有"取携便而无事称量"[6]的优点。最先流行于福建、广东地区，至乾隆中后期，流通至江、浙地区。嘉庆年间，洋钱的流通范围进一步扩展至广西、湖南、湖北等地。[7] 道光年间，安徽芜湖以东，黄河以南，均是洋钱通行之区。[8] 鸦片战争后五口通商，"夷船停泊之所，即洋钱散布之区"。[9]

---

1 范金民.清代江南丝绸的国内贸易[J].清史研究，1992（2）：19.

2 郑光祖.一斑录·杂述[M]//续修四库全书：第1140册，上海：上海古籍出版社，2002：233.

3 魏大名.崇安县志[M]//北京大学图书馆藏稀见方志丛刊：第223册，北京：国家图书馆出版社，2013：169.

4 卞宝第.卞制军政书[M]//沈云龙.近代中国史料丛刊：第20辑，台北：文海出版社，1968：292.

5 檀萃.滇海虞衡志[M].宋文熙，李东平，校注.昆明：云南人民出版社，1990：269.

6 黄钧宰.金壶浪墨[M]//续修四库全书：第1183册，上海：上海古籍出版社，2002：39.

7 苏楞额.奏请严禁洋商私运内地纹银及贩进洋钱折[M]//中国第一历史档案馆.鸦片战争档案史料：第1册，上海：上海人民出版社，1987：8.

8 郑光祖.一斑录·杂述[M]//续修四库全书：第1140册，上海：上海古籍出版社，2002：221-222.

9 邓廷桢.复议外省行用洋钱无碍[M]//中国人民银行总行参事室金融史料组.中国近代货币史资料：第1辑，北京：中华书局，1964：47.

白银货币与中国历史变迁问题研究

Silver Currency and Its Role in the Evolution of Chinese History

洋钱与制钱、银两在流通领域并非互补关系,而是竞争关系。洋钱的盛行无疑会挤占制钱与银两的流通范围。嘉庆时人梁学昌曾感叹道:"近年已来,民间盛行洋钱,几代制钱、白金之半,以其便也。"[1] 洋钱更是凭借携带方便的优势,取代制钱与白银,成为一种通行的价值尺度。工商业繁荣的苏州城,自乾隆五十年后,"一切货物渐以洋钱定价"。[2]

由于广受民间欢迎,洋钱的价格日渐上涨。道光十六年,江苏巡抚林则徐称:"近日苏松一带,洋钱每圆概换至漕纹八钱一二分以上,较比三四年前每圆价值实已抬高一钱,即兑换制钱,亦比纹银多至一百文以外。"[3] 洋钱成色本低于纹银,价格也应较纹银便宜,但洋钱与纹银的兑换比例却一路上涨,反贵于纹银。其与制钱的兑换比例,较之银钱比价,自然更为昂贵了。故钱泳惊叹"近岁洋钱盛行,则银钱俱贱矣"。[4]

(二)短期波动的原因

银钱比价不仅会在十余年或数十年内波动较大,即便是在一年内也会有明显变化。影响银钱比价短期波动的因素可分为规律性与不规律两种。

1. 规律性因素

规律性因素与经济活动紧密相关,具有周期性,主要分为农产品生产、商业贸易与财政收支三类。陈昭南对此已有详细的分析,本文不再赘述。[5]

2. 不规律因素

不规律因素主要指战争、自然灾害或商人操纵。在战争与自然灾害发生期间,银贱钱贵是普遍现象。其原因是战争与自然灾害改变了一地流通领域中的货币数量,打破了社会对制钱与白银需求的平衡,进而引发银贱钱贵。具体而言,朝廷为用兵或救灾,往往会发放大量白银,民间也会募集资金,其中又不乏白银。一时间,流通领域中的白银数量迅速增加。而兵丁与灾民在领取白银后,又需将其兑换成制钱以购买粮食、百货,因此社会对白银的需求下降,对制钱的需求急剧增加,引发制钱短缺,钱价上涨。

在银钱比价短期波动的背后,常有金融商人操纵钱价。操纵钱价方式之一是囤积居奇。在朝廷看来,"兑换之柄操于钱铺之手,而官不司其事,故奸商得任意高昂,以图厚利"。[6] 但有清一代,钱商囤积居奇的问题一直未能解决。操纵钱价方式之二是买空卖空。在苏州,银钱买空卖空名曰"露水","彼此只凭寸纸交易,至于百千万亿,自后各视银钱涨落以作盈亏。

---

1 梁学昌. 庭立记闻 [M]// 续修四库全书: 第1157册, 上海: 上海古籍出版社, 2002: 145.
2 郑光祖. 一斑录·杂述 [M]// 续修四库全书: 第1140册, 上海: 上海古籍出版社, 2002: 221.
3 林则徐. 漕费禁给洋钱折 [M]// 林文忠公政书, 北京: 中国书店, 1991: 67.
4 钱泳. 履园丛话 [M]. 张伟, 点校. 北京: 中华书局, 1979: 28.
5 陈昭南. 雍正乾隆年间的银钱比价变动(一七二三—九五)[M]. 台北: 台湾商务印书馆, 1966: 60-63.
6 乾隆官修. 清朝文献通考 [M]. 杭州: 浙江古籍出版社, 2000: 4994.

阳为生意，阴与赌博无异"。¹在上海，钱庄投机商人利用洋厘的高低、银拆的变化，哄抬或抑制行市。此类行为在同治三年后尤为盛行，屡禁不止。²

三、银钱比价波动对社会生活的影响

有清一代，银钱比价始终变动不居，其波动的影响涉及国计民生的方方面面，深刻影响着中国社会和民众的日常生活。

（一）银钱比价波动加重民户的赋税负担

康熙、雍正两朝，各地征收赋税除收粮外，主要收银。雍正十一年，安徽巡抚徐本奏请小户零星与大户尾欠银数在1钱以下者纳制钱，银1分连耗羡在内收钱10文，获得允准。³嘉庆四年（1799年），朝廷正式认可白银折钱征收的做法。至道光、咸丰时期，夏秋两税，"民间名为纳银，而实则输钱以折银，州县名为征银，而实则折钱以解银"。⁴

以钱折银，折价需随市价变动。一旦市价上涨，折价也要上涨，因此，银贵钱贱时，折银征收钱粮，实有暗加钱粮的玄机。道光十二年（1832年），给事中孙兰枝上疏称，嘉庆十年至道光十二年间，因钱价下跌350文，江浙两省额征地丁银折合制钱多征211万1100余串。这还未算入明贴、火耗、解费及州县浮收等。⁵

银钱比价波动也成为地方官府多收浮收钱粮的利薮。加征钱粮的理由往往是银价昂贵，州县征解不敷。道光八年，御史王兆琛反驳道："如果银价昂贵，倾解不敷，何不恪遵定例收银。既不肯收银，即照旧收之数折钱，亦可安于无事。乃日加日多，靡有底止，官不足而朘诸民，民不足又将谁朘？"⁶这说明地方官府利用银钱比价变动谋收额外利益。嘉庆与道光皇帝均下令禁止以银折钱之弊，但收效甚微。

即便是纳银，在银贵钱贱时期，民户卖粮得钱，官府以钱折银征收，民户完纳的实际赋额往往也会增加很多。咸丰八年，湖南巡抚骆秉章谓："从前银价，乾隆、嘉庆年间每银一两易钱一千文，道光初年每银一两尚止易钱一千三四百文，自后渐次增长至二千文，近更增

---

1 苏州杂闻[N].申报，1877-10-30（2）.

2 孔祥毅.金融贸易史论[M].北京：中国金融出版社，1998：307.

3 王庆云.石渠余纪[M].王湜华点校.北京：北京古籍出版社，1985：215.

4 缪梓.建议以钱代银[M]//中国人民银行总行参事室金融史料组.中国近代货币史资料：第1辑.北京：中华书局，1964：120.

5 孙兰枝.江浙两省钱贱银昂商民交困宜清积弊[M]//中国人民银行总行参事室金融史料组.中国近代货币史资料：第1辑，北京：中华书局，1964：9-10.

6 清宣宗实录[M].道光八年十二月癸未条.北京：中华书局，2008：37000.

Silver Currency and Its Role
in the Evolution of Chinese History
白银货币与中国历史变迁问题研究

至二千三四百文。农民以钱易银，完纳钱漕，暗增一倍有余之费。"[1]钱银折收，两番之间，业户多交一倍之税。而银价下跌，地方官员为多征赋税，却并不及时下调折价，因而出现"银价日贱，而折价如旧"的情况。[2]

官府浮收，官员肥己，也激化了官民矛盾。清后期，全国各地屡屡发生抗粮事件，多半就因官府折价浮收而起。

（二）银钱比价波动影响主雇关系

京城宝泉、宝源二局每炉额设炉头1人，负责发放铸钱工匠的工价钱。炉头发放工价时，先将制钱以市价兑换成白银，再按银1两易钱1 000文的比价将银两发放给工匠。如果市场上钱贵，即银1两易钱1 000文以下，炉头可获得比价差额，有利可图，反之，则要自行赔补亏损。但对工匠来说，情况恰好相反。钱贵时，工匠手持以官定比价发放的银两到市场上兑换制钱，实际所得少于朝廷规定的工价，工酬缩水。长此以往，难免心怀不满。康熙、雍正两朝均发生过工匠"抛砖掷瓦，图争工价之事"，[3]多因此而起。

在苏州的棉布加工业中，包头或踹坊主向踹布工匠发放布商的加工费用，即工价。工价以银两形式发放，踹匠兑换成制钱使用，实际收入不可避免地受银钱比价波动的影响。乾隆四十四年（1779年），钱价高昂，约820文兑银1两，踹匠孔体任等要求提高工价但被官府拒绝。[4]乾隆六十年，苏州钱贱，布号、坊户却将工价兑钱发放。这实质上是变相减少工价。踹匠联合禀请官府增加钱串，吴县、长洲、元和三县衙出面调停，重申工价以银两发放，禁止布商、坊户发钱。尽管此次禀请未能提高工价，但官府规定工价必须以现银支付，还是在一定程度上维护了工匠的利益。[5]道光年间，银价高昂，工匠争取工价的斗争更加频繁。

（三）银钱比价波动影响士兵收入

清代兵饷普遍是银钱搭放，即兵饷中的部分银两折合为制钱发放。搭放的比例因时因地有别，而银钱比价是朝廷调整搭放比例的参考因素之一。钱贵时，提高兵饷中制钱的比重是维持兵丁生活水平的一种方式。乾隆前期，钱价持续昂贵，兵饷中的制钱比例也不断提高。乾隆元年、二年，京城兵饷或以银九钱一，或银八钱二搭放。三年八月，制钱比重增至三成。九年，制钱在三月、六月、七月、十一月占二成，在四月、五月、九月、十月、十二月占三成，

---

1 骆秉章.沥陈湖南筹饷情形疏[M]//左宗棠.左宗棠全集·奏稿，长沙：岳麓书社，2009：572-573.

2 俞樾.春在堂杂文·六编补遗[M]//清代诗文集汇编：第686册，上海：上海古籍出版社，2010：431.

3 陈德华等.奏责令炉头算账补给工钱以平停铸折[M]//中国第一历史档案馆.清代档案史料丛编：第11辑，北京：中华书局，1984：36.

4 佚名.苏州府议定踹匠工价碑[M]//苏州博物馆等.明清苏州工商业碑刻集，南京：江苏人民出版社，1981：78.

5 佚名.元长吴三县会议踹布工价给发银两碑[M]//苏州博物馆等.明清苏州工商业碑刻集，南京：江苏人民出版社，1981：79.

八月高达四成。¹ 不过若钱价过贵，兵丁生活也会遇到不便。乾隆四年，台湾钱价涨至812文，"兵民力不能支，因与钱铺较论钱价，欲令稍减，开铺之人竟至闭歇"。最后，经过知府劝谕，并禁兵民不许强行勒换，钱铺才复业。²

钱贱时，发放制钱反而会降低士兵的生活水平。康熙十八年（1679年），给事中徐旭龄说："定例钱一千算银一两，民间则算银七八钱"，"外营领钱，脚价无出"，"营兵领钱，与民贸易，出入互异，辄见纷争"。³ 道光年间，钱价过贱，以制钱搭放兵饷，士兵亏损过多，生计拮据，各地官员纷纷奏请减少搭放制钱的比重，或全发银两。

（四）银钱比价波动影响物价变化

银钱比价波动也是影响物价贵贱的重要因素之一。细言之，银贵钱贱时，以钱计算的物价上涨。乾隆五十六年，江苏巡抚长麟指出，"江苏省自夏秋以来，市集钱价低贱，每银一两可换大钱一千一百余文。钱价日见平贱，物价渐觉增贵"，"是商民阳受钱价平减之名，阴受物价增昂之实"。⁴ 道光十七年，御史刘梦兰将银贵钱贱与物价上涨之间的关系讲得极为透彻，称："商贾贩运一切货物，概用纹银置买，及其转售，大率得钱，交易商贩，顾及成本，银价昂则物价不得不昂。近日民间衣食所需，较从前价几增倍，贫民一日力作，不足供一日之食。"⁵ 与以钱计算物价上涨相反，银贵钱贱时期以银计算则物价下跌；反之，银贱钱贵时，以银计算则物价上涨。

（五）银钱比价波动影响国家财政收入

清代各盐区运商买盐、运费、完课等项用银，售盐收钱，盈亏必然深受银钱比价波动的影响。银贱钱贵时，盐商在银钱兑换中获利，无形中增加了利润。雍正晚期至乾隆前朝，钱价长期昂贵，盐商在比价上约有一至二成利润。⁶ 而银贵钱贱时，盐商的成本加重。若钱价过贱，盐商将入不抵出，赔累较多。乾隆中后期，钱价渐减，向以善于经营著称的晋商成本日耗，"辗转赔折"，"日行支绌"，视盐务为畏途。⁷ 长芦盐商"每引亏折银五、六钱"，同样叫苦不迭。⁸ 道光年间，银贵钱贱严重，江浙盐商在银钱比价上"每年暗耗约有三百万串之多"，"日

---

1 上田裕之.清朝支配と貨幣政策[M].東京：汲古書院，2009：196.
2 清高宗实录[M].北京：中华书局，2008：9440-9441.
3 徐旭龄.通行钱法疏[M]//贺长龄，魏源，等.清经世文编，北京：中华书局，1992：1315.
4 江苏巡抚长麟.奏报调剂市集钱价事[Z].乾隆五十六年十月四日.中国第一历史档案馆，档号：03-0800-015.
5 刘梦兰.请严禁运银出洋[M]//中国人民银行总行参事室金融史料组.中国近代货币史资料：第1辑,北京：中华书局，1964：26-27.
6 徐泓.清代两淮盐商没落原因的探讨[J].徽学：第7卷，2011：25.
7 蒋兆奎.课归地丁全案[M]//四库未收书辑刊：第6辑第11册，北京：北京出版社，2000：6.
8 黄掌纶.长芦盐法志[M]//续修四库全书：第840册，上海：上海古籍出版社，2002：185.

形困乏而商力益疲"。[1] 其他省份的盐商每银 1 两同样折耗制钱数百文。盐商亏损严重，直接导致盐课难以如期足额完纳，朝廷盐课收入日减。乾隆十八年，盐课岁入 701 万余两，嘉庆五年减至 608 万余两，嘉庆十七年又降至 575 万余两。[2]

百货商业也受银贵钱贱影响而萧条。道光十八年，湖广总督林则徐谓："臣历任所经，如苏州之南濠，湖北之汉口，皆阛阓聚集之地，叠向行商、铺户暗访密查，佥谓近来各种货物销路皆疲，凡二三十年以前某货约有万金交易者，今只剩得半之数。"[3] 道光末年，商业依旧低迷，"凡百贸易，十减五六"。在经世致用的代表人物冯桂芬看来，商业不景气，"无非银贵有以致之"。他说："民间各种贸易，往往顿置论银，而零卖论钱。银贵以来，论银者不加而暗加，论钱者明加而实减，以是商贾利薄，裹足不前。"[4]

银价昂贵，客商失利，导致关税有绌无盈。苏州浒墅关本是众商辐辏之处，但在嘉庆九年至道光十一年，常年短收 2 万~9 万两，在道光十四年至二十九年间缺额更大，少则 10 万两，多则 14 万两。位于南京附近的龙江工关与西新户关同样征不足额。道光十二年至三十年间，两关每年均短收 3 万~5 万两。[5] 关税短绌，原因虽多，但银贵钱贱，商业利润下降，无疑是原因之一。

（六）银钱比价波动影响进出口贸易

外国商品在通商口岸以银两或银元完成交易，随后运至内地农村，以制钱标价销售。但银贵钱贱削弱了民户的购买力。据汪敬虞计算，鸦片战争后的十年间，因银贵钱贱，农民对洋货的购买力下降了近 1/3。受此影响，英国棉布的银计价格尽管有所下降，但对农民的吸引力被钱贱抵消了，销售状况不佳。[6]

银贵钱贱有利于中国商品出口。鸦片战争后，中国商品主要是生丝与茶叶的出口数量不断增长。道光二十三年至咸丰三年，生丝出口数由 1 787 包增至 62 896 包，茶叶出口数由 5 131 万磅增至 1 亿余磅。丝茶出口增长的原因之一是银计价格下跌。道光二十五、二十六年，生丝平均每担 330 元，茶叶平均每担 37 元，而至咸丰三四年间，生丝每担降至 237.5 元，茶叶每担降至 20.5 元。[7]

---

[1] 孙兰枝.江浙两省钱贱银昂商民交困宜清积弊[M]//中国人民银行总行参事室金融史料组.中国近代货币史资料：第 1 辑，北京：中华书局，1964：11.

[2] 陈锋.清代盐政与盐税[M].武汉：武汉大学出版社，2013：217.

[3] 林则徐.钱票无甚关碍宜重禁吃烟以杜弊源片[M]//林文忠公政书，北京：中国书店，1991：103.

[4] 冯桂芬.用钱不废银议[M]//校邠庐抗议，郑州：中州古籍出版社，1998：222-223.

[5] 倪玉平.清朝嘉道关税研[M].北京：科学出版社，2017：62-64，84-90.

[6] 汪敬虞.关于鸦片战后 10 年间银贵钱贱影响下中国对外贸易问题的商榷[J].中国经济史研究，2006(1)：22.

[7] 姚贤镐.中国近代对外贸易史资料：第 1 册[M].北京：中华书局，1962：527，582.

当钱价上涨时,农民的购买力提高,利于洋货销售。19世纪70年代后,国际银价大幅下跌,引起中国进出口银计物价的上涨,但受钱贵影响,折合成制钱后,进口物价低于内地土货价格。郑友揆指出,自19世纪70年代后期始,进口物价一直较土货物价低5%~10%,竞争优势明显。[1] 与此同时,中国进口商品(扣除鸦片)货值持续增长,从同治六年的3 733.5165万两增至同治十二年的4 496.5932万两,再增至光绪二十九年的11 967.1420万两。[2] 可见,银贱钱贵在其中发挥了作用。相反,钱贵也对出口产生一些阻碍作用。

（七）银贵钱贱引发道光朝禁烟运动

清代前期向来禁止白银出洋,但至嘉庆时期,禁令已无法落实。嘉庆十九年,户部左侍郎苏楞额称每年出洋银两达"百数十万之多"。[3] 道光二年,御史黄中模将日益严重的银贵钱贱现象更与白银外流联系起来,认为"广东洋面偷漏","以致内地银两渐少,其价日增"。[4] 九年,御史章沅又指出鸦片走私是白银外流的主要原因,称:"鸦片一物,流毒滋甚,该处伪标他物名色,夹带入粤,每岁易银至数百万两之多。"[5] 至此,鸦片走私通过引发白银外流与银贵钱贱联系起来,被视为银贵钱贱的根本原因。

其实早在雍正年间,朝廷就颁布过禁令,不许官民吸食鸦片。嘉庆至道光初年也频频禁止鸦片走私,但一直效果不佳。道光十八年,鸿胪寺卿黄爵滋认为若再不严格禁烟,银贵钱贱将愈发严重,并提出"重治吸食",即先给予吸食鸦片者一年期限戒烟,若一年后仍有烟瘾,则"罪以死论"。[6] 湖广总督林则徐不仅完全支持黄氏的主张,还拟定禁烟章程六则。次年,宗人府等衙门制定了39条禁烟细则,严厉打击走私、种植、贩运、吸食鸦片,开设烟馆等行为。[7] 自此,禁烟运动在全国各地轰轰烈烈地展开,林则徐也被派往广州主持禁烟,随即发生著名的"虎门销烟"事件,禁烟切实实施显然肇因于银贵钱贱。

---

1 郑友揆.十九世纪后期银价、钱价的变动与我国物价及对外贸易的关系[J].中国经济史研究,1986(2):17,19.

2 姚贤镐.中国近代对外贸易史资料:第2册[M].北京:中华书局,1962:1058-1059.

3 清仁宗实录[M].嘉庆十九年正月丁亥条.北京:中华书局,2008:33181.

4 黄中模.请严禁海洋偷漏银两[M]//中国人民银行总行参事室金融史料组.中国近代货币史资料:第1辑,北京:中华书局,1964:1.

5 章沅.粤洋通市不得违例私易银钱请议禁止章程[M]//中国人民银行总行参事室金融史料组.中国近代货币史资料:第1辑,北京:中华书局,1964:3.

6 文庆.筹办夷务始末[M]//续修四库全书:第414册,上海:上海古籍出版社,2002:26-27.

7 梁廷枏.粤海关志[M].袁钟仁,校注.广州:广东人民出版社,2002:369-391.

四、清代银钱比价波动对现实发展的启示

清代银钱比价的复杂波动，对现实社会发展有着重要的启示意义。

第一，货币的比价变动、制度变革与民生福祉、国家强弱高度密切相关。

第二，制定稳健、便民的货币政策，对社会经济的平稳运行与人民生活水平的稳步提高至关重要。

第三，秉持金融发展必须与法制建设、风险管控、市场改革、经济增长等因素相结合，完善金融法律体系，坚持防范金融风险的基本底线，优化市场准入与退出制度，增强企业活力，为我国金融业的进一步发展与繁荣创造良好环境。

第四，建立独立完善的货币体制，积极推动国际货币体系多元化与汇率稳定机制，有利于降低主导货币汇率波动带来的风险，有助于发展实体经济。

第五，货币体制改革与政策调整要以科学的货币理论体系为指导，不冒进、不保守，稳步推进人民币国际化，提高人民币在国际领域中的吸引力和竞争力。

总之，经济发展与改革必须立足现实，符合客观的历史条件，顺应人民大众的内在需求。当前，我国正处于"历史性交汇期"，面对复杂多变的国际经济形势，货币体制与政策的调整必须要牢牢以民生为导向，不冒进，不保守，与对外开放、法制建设、市场改革、风险管控、经济增长等因素相衔接配合，增强金融业的国际竞争力，为我国的金融改革、经济平稳发展打好坚实基础。

参考文献

［1］乾隆官修.清朝文献通考[M].杭州：浙江古籍出版社，2000.

［2］叶梦珠.阅世编[M].来新夏，校.上海：上海古籍出版社，1981.

［3］清圣祖实录[M].北京：中华书局，2008.

［4］中国第一历史档案馆整理.康熙起居注[M].北京：中华书局，1984.

［5］王庆云著，石渠余记[M].北京：北京古籍出版社，1985.

［6］王宏斌.清代价值尺度：货币比价研究[M].北京：三联书店，2015.

［7］玉平.清朝嘉道财政与社会[M].北京：商务印书馆，2013.

［8］严中平，徐义生，姚贤镐，等.中国近代经济史统计资料选辑[M].北京：中国社会科学出版社，2012.

［9］王德泰.清代前期钱币制度形态研究[M].北京：中国社会科学出版社，2013.

［10］陈昭南.雍正乾隆年间的银钱比价变动（一七二三—九五）[M].台北：台湾商务印书馆，1966.

第三编 货币制度、货币流动与中国社会历史变迁

［11］清仁宗实录［M］.北京：中华书局，2008.

［12］清文宗实录［M］.北京：中华书局，2008.

［13］林满红.银线：19世纪的世界与中国［M］.詹庆华，林满红，等.译.南京：江苏人民出版社，2011.

［14］耿爱德.中国货币论［M］.蔡受百，译.太原：山西人民出版社，2015.

［15］檀萃.滇海虞衡志［M］.宋文熙，李东平，校注.昆明：云南人民出版社，1990.

［16］钱泳.履园丛话［M］.张伟，点校.北京：中华书局，1979.

［17］孔祥毅.金融贸易史论［M］.北京：中国金融出版社，1998.

［18］清宣宗实录［M］.道光八年十二月癸未条.北京：中华书局，2008.

［19］苏州博物馆等.明清苏州工商业碑刻集［M］.南京：江苏人民出版社，1981.

［20］清高宗实录［M］.北京：中华书局，2008.

［21］贺长龄，魏源，等.清经世文编［M］.北京：中华书局，1992.

［22］陈锋.清代盐政与盐税［M］.武汉：武汉大学出版社，2013.

［23］倪玉平.清朝嘉道关税研［M］.北京：科学出版社，2017：62-64，84-90.

［24］姚贤镐.中国近代对外贸易史资料：第1册［M］.北京：中华书局，1962.

［25］梁廷枬.粤海关志［M］.袁钟仁，校注.广州：广东人民出版社，2002.

［26］上田裕之.清朝支配と貨幣政策［M］.東京：汲古書院，2009.

［27］叶绍袁.启祯记闻录［M］//于浩.明清史料丛书八种：第7册，北京：北京图书馆出版社，2005.

［28］孙文成.奏报粮价并收成分数折康熙四十五年七月十二日［M］//中国第一历史档案馆.康熙朝满文朱批奏折全译，北京：中国社会科学出版社，1996.

［29］李绂.穆堂别稿［M］//续修四库全书：第1422册，上海：上海古籍出版社，2002.

［30］王崧.云南备征志［M］//中国方志丛书：云南省：第45号，台北：文成出版社，1967.

［31］陈恭尹.独漉堂文集［M］//四库禁毁书丛刊：集部：第183册，北京：北京出版社，1997.

［32］福隆安.钦定八旗通志［M］//景印文渊阁四库全书：第667册，台北：商务印书馆，1986.

［33］汪辉祖.梦痕余录［M］//续修四库全书：第555册，上海：上海古籍出版社，2002.

［34］罗绶香.犍为县志［M］//中国地方志集成：四川府县志辑：第41册，成都：巴蜀书社，1992.

［35］钟大焜.拟请改铸轻钱议［M］//中国人民银行总行参事室金融史料组.中国近代货币史资料：第1辑，北京：中华书局，1964.

［36］王定安.两淮盐法志［M］//续修四库全书：第845册，上海：上海古籍出版社，2002.

［37］曾国藩.芦纲愚累请减成本折［M］//曾国藩全集：第11册，长沙：岳麓书社，2011.

［38］刘序枫.清康熙—乾隆年间洋铜的进口与流通问题［C］//汤熙勇.中国海洋发展史论文集：

第7辑，台北："中央研究院"人文社会科学研究中心，1999.

［39］黄印.锡金识小录［M］// 无锡文库：第2辑，南京：凤凰出版社，2012.

［40］郑光祖.一斑录·杂述［M］// 续修四库全书：第1140册，上海：上海古籍出版社，2002.

［41］魏大名.崇安县志［M］// 北京大学图书馆藏稀见方志丛刊：第223册，北京：国家图书馆出版社，2013.

［42］卞宝第.卞制军政书［M］// 沈云龙.近代中国史料丛刊：第20辑，台北：文海出版社，1968.

［43］黄钧宰.金壶浪墨［M］// 续修四库全书：第1183册，上海：上海古籍出版社，2002.

［44］苏楞额.奏请严禁洋商私运内地纹银及贩进洋钱折［M］// 中国第一历史档案馆.鸦片战争档案史料：第1册，上海：上海人民出版社，1987.

［45］邓廷桢.复议外省行用洋钱无碍［M］// 中国人民银行总行参事室金融史料组.中国近代货币史资料：第1辑，北京：中华书局，1964.

［46］梁学昌.庭立记闻［M］// 续修四库全书：第1157册，上海：上海古籍出版社，2002.

［47］林则徐.漕费禁给洋钱折［M］// 林文忠公政书，北京：中国书店，1991.

［48］缪梓.建议以钱代银［M］// 中国人民银行总行参事室金融史料组.中国近代货币史资料：第1辑，北京：中华书局，1964.

［49］孙兰枝.江浙两省钱贱银昂商民交困宜清积弊［M］// 中国人民银行总行参事室金融史料组.中国近代货币史资料：第1辑，北京：中华书局，1964.

［50］骆秉章.沥陈湖南筹饷情形疏［M］// 左宗棠.左宗棠全集·奏稿，长沙：岳麓书社，2009.

［51］俞樾.春在堂杂文·六编补遗［M］// 清代诗文集汇编：第686册，上海：上海古籍出版社，2010.

［52］陈德华等.奏责令炉头算账补给工钱以平停铸折［M］// 中国第一历史档案馆.清代档案史料丛编：第11辑，北京：中华书局，1984.

［53］刘梦兰.请严禁运银出洋［M］// 中国人民银行总行参事室金融史料组.中国近代货币史资料：第1辑，北京：中华书局，1964：26-27.

［54］蒋兆奎.课归地丁全案［M］// 四库未收书辑刊：第6辑第11册，北京：北京出版社，2000.

［55］黄掌纶.长芦盐法志［M］// 续修四库全书：第840册，上海：上海古籍出版社，2002.

［56］林则徐.钱票无甚关碍宜重禁吃烟以杜弊源片［M］// 林文忠公政书，北京：中国书店，1991.

［57］冯桂芬.用钱不废银议［M］// 校邠庐抗议，郑州：中州古籍出版社，1998.

［58］黄中模.请严禁海洋偷漏银两［M］// 中国人民银行总行参事室金融史料组.中国近代货币史资料：第1辑，北京：中华书局，1964.

［59］章沅.粤洋通市不得违例私易银钱请议禁止章程［M］// 中国人民银行总行参事室金融史料组.中国近代货币史资料：第1辑，北京：中华书局，1964.

［60］文庆.筹办夷务始末[M]//续修四库全书：第414册,上海：上海古籍出版社,2002.

［61］陈春声.清代广东银钱比价[J].中山大学学报：哲学社会科学版,1986.

［62］郑友揆.十九世纪后期银价、钱价的变动与我国物价及对外贸易的关系[J].中国经济史研究,1986（2）.

［63］钱江.1570—1760年中国和吕宋贸易的发展及贸易额的估算[J].中国社会经济史研究,1986（3）.

［64］刑科给事中张登选.为请停各省铸钱事题本[J].历史档案,1984（1）.

［65］万朝林,范金民.清代开海初期中西贸易探微[J].中国经济史研究,2019（4）.

［66］范金民.清代江南丝绸的国内贸易[J].清史研究,1992（2）.

［67］徐泓.清代两淮盐商没落原因的探讨[J].徽学：第7卷,2011：25.

［68］汪敬虞.关于鸦片战后10年间银贵钱贱影响下中国对外贸易问题的商榷[J].中国经济史研究,2006（1）.

［69］（日）岩生成一.近世日支貿易に關する數量的考察[J].史學雜誌,1953（11）.

［70］苏州杂闻[N].申报,1877-10-30（2）.

［71］户部尚书车克.为请旨再行严勒以疏钱法以裕国用事[Z].顺治十年闰六月十五日.中国第一历史档案馆,档号：02-01-02-2161-022.

［72］福州将军新柱.奏请饬令民间交易银钱兼用以平钱价事[Z].乾隆十一年十二月十八日.中国第一历史档案馆,档号：03-0771-021.

［73］江苏巡抚长麟.奏报调剂市集钱价事[Z].乾隆五十六年十月四日.中国第一历史档案馆,档号：03-0800-015.

［74］Gamble S D. Daily Wages of Unskilled Chinses Laborers 1807—1902[J]. The Far Eastern Quarterly, 1943（3）.

近代中国对外战争赔款问题研究

◎ 复旦大学中国金融史研究中心　吴景平

摘要：近代中国的对外赔款是对外战争失败的结果，成为长时期沉重的财政负担，并对经济与社会造成严重的后果。对外战争赔款涉及国别多，持续时间长，实际支付情况因不同时期、不同国别而异，近代中国为减轻乃至摆脱战争赔款的负担进行了多方努力，大部分国别庚子赔款的"退还"和"放弃"实际上是改变庚子赔款的具体拨付方式和用途。近代中国战争赔款强化了外国银行的地位，对于国内白银流动情况有较大影响，并成为导致近代外汇市场波动的重要因素之一。近代中国对外战争赔款的研究尚待在深度和广度上予以推进。

▶ **Abstract**：In modern times, China was forced to pay reparations to foreign powers as a result of being defeated in wars. Reparation payments soon became a heavy financial burden and triggered serious economic and social problems. Payment of war reparations involved different countries and lasted for a long time, and the actual country-specific payment varied in differerent time periods. The Chinese government made a lot of attempts to reduce the payment burden. Some countries entitled to the Boxer Indemnity claimed to return or waive it. In fact, the fund was remitted in different ways and earmarked to certain uses. Payment of war reparations strengthened the position of foreign banks in China and influenced the domestic silver flows, and became one of the important factors contributing to foreign exchange market volatility. The study of war reparation in modern China has the potential to go deeper in the future.

一、研究意义与目标

近代中国的对外战争赔款，起源于1840年至1842年中英之间的第一次鸦片战争，此后一直到 20 世纪初，中国的对外赔款通常是对外战争所签和约的重要内容之一，成为对外战争失败求和的重要前提和必然结果，与主权遭严重损害和领土被割让等一起，成为近代中国国耻的象征，是中国半殖民地半封建地位的伴生物。近代中国战争赔款的产生及其演变，涉及多个领域的重大问题，如国际局势和中国国际地位、国际货币体系和汇兑、国际财政支付清算、白银流动和白银货币制度运行，等等。本文涉及的内容较多，将汇聚于外债史、财政史和金融史的视野，主要梳理以下史实：近代对外战争赔款的达成和演变、战争赔款的支付方式和实际支付情况，在此基础上分析影响主要战争赔款结局的原因，以及战争赔款对中国财政运作、海关制度、国际汇兑、白银流动与货币市场、货币本位与改革、外商银行的地位等方面的影响。

二、近代对外战争赔款的达成与概况

近代中国的对外战争赔款，始于 19 世纪 40 年代的第一次鸦片战争，此后经过第二次鸦片战争、中日甲午战争、八国联军对华战争，中国都是在战败之后被迫签署包括赔款在内的条约，以下为各次赔款达成的情况。

（一）第一次鸦片战争赔款

1840 年 6 月至 1842 年 8 月中国与英国爆发第一次鸦片战争，1842 年 8 月 29 日，中英代表在英国军舰"皋华丽号"上签订了《江宁条约》（即中英《南京条约》），规定中国在 1842 年至 1845 年，分 7 次对英支付赔款共计银元 2 100 万元，包括赔偿英国鸦片烟费 600 万元、行商欠费 300 万元、军费 1 200 万元，共折合白银 1 348 万两。此外，英军另外勒索得广州赎城费 600 万元、宁波赎城费 120 万元、上海县城赎城费 50 万元再加上《广州和约》赔偿的 630 万元、折合白银约 480 万两。在第一次鸦片战争中，中国总共支付了约 1 828 万两白银的赔款。[1]

应当指出，除了对英赔款之外，《南京条约》和稍后达成的中英《虎门章程》还包含了多项严重侵犯中国领土完整和主权的条款，主要包括割让香港岛、五口通商、协定关税、领事裁判权、片面最惠国待遇、口岸租地居住和停泊军舰等。这样，近代中国对外战争赔款从其产生之时就不单是一个财政经济负担问题，而是关系到中国国际地位及领土和主权完整的重大问题之一。

（二）第二次鸦片战争赔款

1856 年至 1860 年，中国与英法联军爆发了第二次鸦片战争，中国战败，于 1858 年 6 月

---

[1] 王铁崖.《中外旧约章汇编》第一册[M].北京：三联书店，1957：30-32；张海鹏.中国近代史（第二版）上册[M].北京：高等教育出版社/人民出版社，2020：28-30.

Silver Currency and Its Role
in the Evolution of Chinese History
白银货币与中国历史变迁问题研究

分别与英、法签订《天津条约》，其中中英《天津条约》所附专条规定对英赔偿商亏和军费共400万两，以此作为英军撤出广州的条件；中法《天津条约规定》所附《和约章程补遗》规定对法赔偿民事和军费共200万两。[1]而随着战事扩大之后，1860年10月，中英、中法分别签订《北京条约》，把对英、对法赔款数各增加到800万两白银，另支付英国恤金50万两、法国20万两，合计1670万两。[2]

除了赔款之外，中国同意英法等国公使驻京、进一步开放沿海多个口岸和长江各口岸、内地传教和游历通商、修改海关税则等，另外被迫割让九龙司地方与英国，划入香港界内。

（三）1874年中国对日赔款

1874年因日本侵台，为解决善后事宜及日本从台湾撤兵，中日于该年10月31日签订《北京专条》，规定中国向日本赔付50万两白银。[3]

（四）1881年中国对俄赔款

第二次鸦片战争之后，沙俄乘机进犯新疆各地，1880年8月起中俄在俄京圣彼得堡举行谈判，于1881年2月24日签订了《中俄改订伊犁条约》，中国收回伊犁和特克斯河流域，同时中国赔付俄国商民和兵费共900万银卢布，约合白银509万两。[4]

（五）甲午战争赔款

1894年中日爆发甲午战争，1895年4月17日中日在日本马关（今日本下关）签订《马关条约》，规定中国废止与朝鲜的宗藩关系、对日割让辽东半岛南部、台湾及附属岛屿和澎湖列岛、增加开放口岸并允许设工厂等之外，中国要向日本赔付军费2亿两库平银，《马关条约》的附约规定，中国每年支付威海卫日军"驻守"费50万两库平银。后因俄、德、法三国干涉还辽，1895年11月8日中日签订《辽南条约》，中国须向日本支付所谓归还辽东半岛的赎金3 000万两库平银。[5]

（六）庚子赔款

1900年6月，爆发了俄、英、美、日、德、法、意、奥等八国联军对华战争。1901年9月7日，清政府的代表与俄、英、美、日、德、法、意、奥、西、比、荷等11国的公使签订了《辛丑各国和约》，规定中国要向上述11国以及西班牙、瑞典挪威和未列名各国（简称国际要求），共支付高达4.5亿两关平银的赔款，由于清政府无力一次性交付，赔款又转按借款方式分39

---

[1] 王铁崖：《中外旧约章汇编》第一册[M]. 北京：三联书店，103, 113.

[2] 同上，144, 147.

[3] 同上，343.

[4] 王铁崖：《中外旧约章汇编》第一册[M]. 北京：三联书店，381-382；《中国近代史》（第二版）上册，122.

[5] 王铁崖：《中外旧约章汇编》第一册[M]. 北京：三联书店，615-618, 637.

年还清，年息 4 厘，利息从 1901 年 7 月 1 日起算，自 1902 年 1 月 1 日起开始支付，到 1940 年为止，赔款本息合计将达到关平银 9.82238150 亿两。[1] 因 1901 年为庚子年，该笔赔款被称为庚子赔款。

三、近代对外战争赔款的实际支付

近代中国对外战争赔款均通过签约的方式达成，有关各方都将按照条约的规定办理。甲午战争之前的早期赔款一般都按期如数支付；甲午战争赔款三笔外债期限较长，受各种因素影响，实际支付情况发生若干变化；庚子赔款涉及国家多，屡受国际关系与政治、军事、金融等方面的影响，实际支付情况因不同时期、不同国别而异。

（一）早期战争赔款的直接支付

第一次鸦片战争的赔款主要是通过提用省库银两来直接支付，没有发生延期和其他争议。

第二次鸦片战争的赔款一般通过海关直接支付，数额约合中国海关收入的五分之一，其中相当一部分用来抵扣外商所纳税款。

1881 年中俄《改订伊犁条约》规定中方赔款 900 万卢布，约合库平银 509 万两。实际由中国方面将白银汇至上海的外国银行，购买（兑换）约 143 万多英镑，并根据俄方要求由汇丰银行汇至伦敦的布拉得格银行收领，汇费由俄方支付。这笔赔款已不是单纯的白银支付，牵涉白银与外币的兑换问题。

（二）甲午战争赔款通过借外债支付

1895 年 4 月订立的中日《马关条约》规定，中国须分次对日赔偿军费共库平银 2 亿两，其中第一次 5 000 万两在条约批准互换后 6 个月内支付，第二次 5 000 万两在条约批准互换后 12 个月内支付，其余分 6 次于 7 年交清；第一次交款后未交部分按年交息 5%，如果三年内全部清还，已交利息将予以扣还。[2] 加上赎辽费和威海卫代驻费，甲午战争赔款是清政府无力在限定时间内支付的负担，遂于 1895 年至 1898 年通过三次举借外债，分次向日本支付赔款，实际支付为按库平银 2 亿 3 150 万两（2 亿两军费赔款、3 千万两收回辽东费、150 万两威海卫驻军费）折换之英金 37 618 750 镑。[3] 由于中方在三年内全额支付了对日赔款，此前向日方支付的欠款利息得以收回。

《马关条约》签订后不久，日本方面提出，将库平银 2 亿两按照伦敦市场 3 个月内平均汇率折算为英镑，由中日各派驻英代表交收。中方考虑到俄法借款直接汇至伦敦，可节省相

---

[1] 王铁崖：《中外旧约章汇编》第一册[M].北京：三联书店，1005，1016.
[2] 王铁崖：《中外旧约章汇编》第一册[M].北京：三联书店，615.
[3] 中国人民银行总行参事室.中国清代外债史资料[M].北京：中国金融出版社，1991：229.

Silver Currency and Its Role
in the Evolution of Chinese History
白银货币与中国历史变迁问题研究

当可观的保险费、汇费等，遂与日方确定了这一支付方式和库平银与英镑的折算率。[1] 中方历次向日方支付赔款的情况如下：

光绪二十一年（1895年）9月10日，中国驻英大臣龚照瑗向日本驻英公使加藤高明，交收第一次对日军费赔款库平银 5 000 万两所折合之英金 8 225 245 镑 1 先令 10 便士又四分之三。[2]

光绪二十一年（1895年）9月30日，中国驻英大臣龚照瑗向日本驻英使臣加藤高明，交收赎辽费 3 000 万两所折合之英金 4 935 147 镑 1 先令 1 便士又二十分之十三。[3] 这笔英镑事先分别由伦敦汇丰银行划拨英金 200 万镑和英国官银行划拨英金 2 935 147 镑 1 先令 1 便士又二十分之十三，交由龚照瑗收存。

光绪二十二年（1896年）3月26日为交收第二次对日军费赔款库平银 5 000 万两之日期，根据日方要求，中方将库平银 5 000 万两折算之英金 8 225 245 镑 1 先令 10 便士又四分之三的各半数，分别在英、德向日方交付，另外息款库平银 125 万两及威海卫军费 50 万两折算之英金，也在伦敦向日方交收。[4]

光绪二十三年（1897年）4月7日为交收第三次对日军费赔款之日期，由中国驻英公使罗丰录将汇丰银行、德华银行先行划拨各款转交日本驻英使节加藤高明，包括第三次对日军费库平银 16 666 666 两 6 钱 6 分所折合之英金 2 741 748 镑 7 先令 3 便士、第三期军费半年利息库平银 416 666 两 6 钱折合之英金 68 543 镑 14 先令 2 便士、威海卫第二年军费库平银 50 万两折合之英金 82 252 镑 9 先令，共计英金 2 892 544 镑 10 先令 5 便士。[5]

1898年，以英德续借款支付对日赔款余欠库平银 7 250 万两。[6]

为支付对日赔款，中国举借的三次外债情况如下：[7]

1. 俄法借款

1895 年 7 月 6 日由清政府的代表与俄法银团签署，借款额 4 亿法郎（折合库平银 98 968 000 两），实得 94.81%，年息 4 厘，期限 36 年。

2. 英德借款

1896 年 3 月 23 日由清政府的代表与德英银行总会签署，借款额 1 600 万镑（折合库平

---

[1] 中国人民银行总行参事室.中国清代外债史资料[M].北京：中国金融出版社，1991:191.
[2] 同上，201 页。
[3] 同上，192 页。
[4] 同上，202 页。
[5] 同上，202-203 页。
[6] 同上，212 页。
[7] 同上，247 页。

银 97 622 400 两），年息 5 厘，实得 94%，期限 36 年。

3. 英德续借款

1898 年 3 月 1 日由清政府的代表与德英银行总会签署，借款额 1 600 万镑（折合库平银 112 716 000 两），实得 83%，年息 4.5 厘，期限 45 年。

甲午战争赔款举借的三笔长期外债，其偿付都延续到了民国时期，大体情况如下：

1895 年 7 月举借的俄法借款 4 亿法郎，合同规定折合英金 1 582 万镑，以及相应数额的德国马克、荷兰佛乐林和俄国金卢布，按年息 4 厘，自 1896 年 7 月 1 日起，分 36 年偿付，当时每年本息折合为库平银 510 万两。[1] 总计晚清时期支付 11 367 473 镑，民国时期支付 15 820 000 镑。[2]

1896 年 3 月举借的英德借款 1 600 万镑，按年息 5 厘，自 1896 年 4 月 1 日起算，分 36 年偿付，当时每年本息折合为库平银约 690 万两，向在上海的汇丰银行和德华银行支付。[3] 1931 年英德借款本息全部清偿，其中晚清时期支付本息约合 12 397 425 镑，民国时期至 1931 年共支付 19 996 035 镑。[4]

1898 年 3 月举借的英德续借款 1 600 万镑，按年息 4.5 厘，自 1898 年 3 月 1 日起算，分 45 年偿付，至 1943 年清偿，当时每年本息折合为库平银约 550 万两，按月分别向在上海的汇丰银行和德华银行各支付半数。[5] 英德续借款 1898 年开始付息，1899 年起每年按照合同支付本息，至 1939 年 3 月，共支付本金 13 003 575 英镑、利息 21 240 938 镑，合计 34 244 513 镑。[6] 1939 年 1 月国民政府宣布停付包括英德续借款在内的外债与赔款。

1911 年辛亥革命爆发后，因国内政局不稳导致地方承担的财政解款停止，俄法借款、英德借款和英德续借款的还本付息都出现过欠付情况，直到有关外国协商成立了专门处理中国关税担保借款和赔款问题的国际银行委员会之后，改由海关总税务司直接按期向有关外国银行拨存和支付本息，至 1912 年 4 月底，甲午战争赔款三大借款欠付本息得以补付完毕。

1917 年中国对德宣战之后，英德借款和英德续借款原向德华银行支付的部分临时转请汇丰银行合并经理，并一度停发本息与德国人和敌国人持有之债票。1924 年中德恢复邦交后，这一限制即予撤销。1929 年，原由德华银行经理之还本付息事项由中国银行经理。

---

[1] 财政科学研究所，中国第二历史档案馆.民国外债档案史料，第 3 卷[M].北京：中国档案出版社，1990：43.

[2] 同上，62-63 页。

[3] 同上，43 页。

[4] 同上，81-82 页。

[5] 同上，93 页。

[6] 同上，97-99 页。

（三）庚子赔款实际偿付情况

1901年9月7日《辛丑各国和约》规定了庚子赔款总额为4.5亿两，1902年6月14日有关国家达成了分成议定书，并按订约时的汇率折算有关外币数，按比例高低排列如表1所示。

表1　各国庚子赔款数额和利息

单位：海关两，照年息四厘计算

国别	百分比例/%	赔款本额	赔款利息	本利总计	折合各国货币本息
俄	28.97136	130 371 120	154 196 630.49	284 567 750.49	401 809 663.675 卢布
德	20.01567	90 070 515	106 531 031.72	196 601 546.72	600 617 725.225 马克
法	15.75072	70 878 240	83 831 340.74	154 709 580.74	580 160 935.584 法郎
英	11.24901	50 620 545	59 871 522.72	110 492 067.72	16 573 810.174 镑
日	7.73180	34 793 100	41 151 589.28	75 944 689.28	106 854 177.818 日元
美	7.31979	32 939 055	38 958 714.88	71 897 769.88	53 348 145.166 美元
意	5.91489	26 617 005	31 481 301.11	58 098 306.11	217 868 647.923 法郎
比	1.88541	8 484 345	10 034 871.30	18 519 216.30	69 447 061.148 法郎
奥	0.88976	4 003 920	4 735 642.16	8 739 562.16	31 418 725.957 克勒尼
荷	0.17380	782 100	925 029.91	1 707 129.91	3 066 005.289 佛乐林
国际要求	0.03326	149 670	177 022.41	326 692.41	49 003.767 镑
西	0.03007	135 315	160 044.01	295 359.01	1 107 596.295 法郎
葡	0.02050	92 250	109 108.82	201 358.82	30 203.796 镑
瑞典挪威	0.01396	62 820	74 300.45	137 120.45	20 568.075 镑
总计	100.00000	450 000 000	532 238 150.00	982 238 150.00	

资料来源：财政科学研究所，中国第二历史档案馆.民国外债档案史料，第12卷[M].北京：中国档案出版社，1990：13-14.

另根据《辛丑条约》规定，4.5亿两赔款额按A至E分为5组，各有不同的款额和起始年份，即A组7 500万两（1902—1940年），B组6 000万两（1911—1940年），C组15 000万两

（1915—1940年），D组5 000万两（1916—1940年），E组11 500万两（1932—1940年）。[1] 根据这一分组安排，中国每年应付本息的数额不尽相同，总体上是越往后每年还付额越大，以错开清末中国偿付外债的高峰期。

1902年起，中国开始向有关各国支付庚款本息。其中1902年至1911年9月由江海关道经理汇收各省所摊解款，届期向有关外国银行支付赔款本息（以银两折成相关外币）。辛亥革命爆发后，各省解款停止，遂调整归还办法，改由海关总税务司把收入之关款分存各国指定之银行，届期与各银行接洽划拨。抗日战争爆发后，中国因海关收入遭日本攫夺，与1939年起宣布停止支付庚子赔款，以后实际上没有再支付过庚款。根据江海关和海关总税务司的统计资料，中国对庚子赔款的偿付至1938年为止，实际还本付本息总额约合关平银652 377 987.75两。[2]

由于庚子赔款涉及多个国别，其限长，期间国内外时局动荡，中国的国际地位也发生重大起伏。其间虽然中方曾不得不接受增加中国偿付负担的安排，但更多的是欠付、停付、缓付、退还和放弃等变动。以下大体按照时间顺序，梳理庚子赔款偿付过程中发生过的有标志性意义的变故，兼及各国庚款的演变和结局。

首次付息延期而补付展缓利息。1901年7月1日至12月31日的利息共900万关平两，延付并分别摊付于1902年至1904年共三年期间，每年300万两，为此另须按4厘补付展缓利息。[3]

中国新增"镑亏"支付，并改为按月拨付。1905年7月，清政府与各国政府达成协议，为抵补1905年1月1日之前中国以银付还各国庚款导致镑亏，中国另支付关平银800万两予以了结，按和约各国比例分摊。该协议还规定，中方须按月将备付关款存于外商银行，但可以扣回提前拨付的利息。[4] 据统计，至1938年，历年因先期付款扣回利息总额达4 451 556.61两关平银。[5]

辛亥革命时期发生欠付。1911年10月辛亥革命爆发后，江海关道停付庚款，并由此引发了多期延付。改由海关总税务司以关款向外国银行拨存和支付庚款之后，1912年只补付了1911年10月的庚款，1913年补付了1911年11—12月和1912年全年欠付的庚款，其中

---

1 财政科学研究所，中国第二历史档案馆.民国外债档案史料，第12卷[M].北京：中国档案出版社，1990:8.

2 同上，48页。

3 同上，12页。

4 中国人民银行总行参事室.中国清代外债史资料[M].北京：中国金融出版社，1991:943-944.

5 财政科学研究所，中国第二历史档案馆.民国外债档案史料，第12卷[M].北京：中国档案出版社，1990:43.

Silver Currency and Its Role
in the Evolution of Chinese History
白银货币与中国历史变迁问题研究

1912年5月到12月的庚款还是由当年达成的善后借款内拨付的，而1913年12月的庚款是在1914年补付的。¹ 至此，辛亥革命时期发生的欠付问题才予以解决。

第一次世界大战爆发后，德、奥两国庚款被废止停付。1917年3月14日中国对德国绝交，同年8月14日中国对德、奥宣战，并向各国声明："所有中国与德奥两国订立之条约，无论关于何种事项均一律废止。至1901年9月7日所订之条款（即《辛丑各国和约》）及其他同类之国际协约，有涉及中国与德奥两国之关系者并从此废止。"² 自1917年3月起，中国停付了德、奥两国庚款。德国庚款占庚款总额达20%，占比仅次于俄国，本利总计关平银196 601 546.72两，合德币600 617 725.055马克，至1917年2月已还本息184 000 326.157马克。³ 1921年5月20日通过的《中德协约》确认了德国对华庚款权利的废止。⁴ 奥国庚款本息共8 739 562.16l两，合奥币31418725.957克勒尼，在庚款中占比0.889%，至1917年2月已还本息9 265 183.506克勒尼。⁵ 第一次世界大战结束后，1919年9月10日通过的《圣日耳曼条约（对奥和约）》，规定奥国放弃包括庚款在内的在华权利。⁶

第一次世界大战爆发后，主要协约国庚款缓付5年。与中国对德奥宣战相关，1917年12月1日起，比、法、英、美、意、日、葡、俄等协约国同意将各该国庚款缓付5年，其中除了比利时之外，其他各国该5年缓付庚款本息将分别延至1941—1945年补付，并免加算利息。⁷

第一次世界大战结束后，中国提前清偿"国际要求"庚款本金，预计未偿利息相应取消。庚子赔款的"国际要求"（亦称为杂项、未列名各国）部分，条约款额关平银149 670两，折合为英金22 450.500镑，预计本息总额49 003.767镑。⁸ 至1919年7月，该项债权未偿付总额为31 140镑16先令，其中包括本金19 861镑14先令8便士，利息11 279镑1先令4便士，利息清付期1940年。该债权先被售让于德华银行，第一次世界大战结束后，负责清理德华银行账目的汇丰银行与中方协商提前清偿，中方遂以英金19 861镑14先令8便士折算之规平

---

1 中国人民银行总行参事室. 中国清代外债史资料[M]. 北京：中国金融出版社，1991：33-34；上海市档案馆、财政部财政科学研究所. 中国外债档案史料汇编（一）[M]. 上海：1988:226-227.

2 中华民国史档案资料汇编，第3辑《外交》卷，江苏古籍出版社，1991：393.

3 民国外债档案史料，第12卷，13、86页。

4 中华民国史档案资料汇编，第3辑《外交》卷，952页；《国际条约集》（1917—1923），世界知识出版社，1961年，131页。

5 民国外债档案史料，第12卷，109.

6 国际条约集（1917—1923），315.

7 民国外债档案史料，第12卷，34-38.

8 民国外债档案史料，第12卷，14.

第三编　货币制度、货币流动与中国社会历史变迁

银 69 843 两 4 钱 6 分交付汇丰银行，未偿利息 11 279 镑 1 先令 4 便士相应取消。[1]

随着俄国国内政局演变和中俄关系变化，俄国庚款先后缓付、停付和放弃。俄国庚子赔款总额为 130 371 120 两关平银，加上利息合计为 401 809 663.675 卢布。在整个庚款中占比最高，达 28.971361%。1905 年后改按英镑计付，总额折算为 42 474 594.47 英镑。第一次世界大战爆发后，自 1917 年 12 月起，俄国庚款中占比 10% 的部分加入协约国成员庚款缓付 5 年，其余即占比 18.97136% 部分，中国因俄国局势动荡而于 1920 年起予以停付。1924 年 5 月中苏两国签订《解决悬案大纲协定》，规定"苏联政府允予抛弃前俄国部分之庚子赔款"，[2] 嗣后俄国庚款未付部分，将由双方成立的俄国庚款委员会管理，用于中国教育事业。截至 1928 年 6 月，未付本息达英金 17 463 319 镑。[3]

美国两度退还庚款，两度同意延付，并最终放弃庚款余额。美国庚款为 24 440 778.81 美元，加上利息后共 53 348 145.166 美元，在整个庚款中占比 7.31979%。1909 年起，美国退还部分庚款本息指定作为北京清华学校经费，数额为 28 922 519.312 美元；1924 年 6 月美国决定第二次退还庚款，包括自 1917 年 10 月起至清偿期止的全部，计 12 545 438.626 美元，但其用途应由美国总统指定，由中美合组的中华教育文化基金委员会收管支配。这样，从 1902 年到 1917 年 9 月，中国向美国实际支付庚款本息合计达 11 880 187.228 美元。[4] 1917 年 12 月 1 日至 1922 年 11 月底，美国与其他协约国一起同意中国缓付庚款 5 年；1931 年"九·一八"事变发生后，1932 年美国再次同意中国缓付一年。所有两次缓付之庚款移到 1941 年至 1946 年补还。1943 年 5 月 20 日中美平等新约生效，取消该日之后中国尚欠美国庚款本息。此前中国已经偿付美国庚款 46 843 167 美元，包括至 1917 年 9 月之前向美国实际支付庚款本息 11 880 187.228 美元，以及美国两次宣布退还之后中国历次向清华学校和中华教育文化基金委员会拨付款额。[5]

英国庚款两度同意延付，后宣布退还，并最终放弃庚款余额。英国庚子赔款总额为 50 620 545 两，加上预计利息，共 110 492 067.72 海关两，合 16 573 810.174 镑，在整个庚款中占比 11.24901%，居于俄、德、法三国之后。1917 年 12 月 1 日至 1922 年 11 月底，英国与其他协约国一起同意中国缓付庚款 5 年；1931 年"九·一八"事变发生后，1932 年英国再次同意中国缓付一年。所有两次缓付之庚款移到 1941 年至 1946 年补还。1925 年英国政府决

---

1 民国外债档案史料，第 12 卷，817-819 页。
2 中外旧约章汇编，第 3 册，425 页。
3 民国外债档案史料，第 12 卷，121-122 页。
4 民国外债档案史料，第 12 卷，203 页；中外旧约章汇编，第 3 册，456。
5 财政科学研究所，中国第二历史档案馆.民国外债档案史料，第 12 卷[M].北京：中国档案出版社，1990:203.

Silver Currency and Its Role
in the Evolution of Chinese History
白银货币与中国历史变迁问题研究

定，自1922年12月起中国各期所付庚子赔款不再入英国国库，另设"中国赔款"专项存于伦敦汇丰银行，由英国外交大臣主持，用以促进中英两国教育或其他事业。1930年9月两国就解决庚款换文，决定共同成立中英庚款董事会，将全部退还庚款设置基金投资整理中国铁路及其他生产事业，以所得利息兴办教育文化事业，另设伦敦购料委员会，凡以退还英国庚款在外洋购买铁路和其他生产事业材料，必须交伦敦购料委员会在英国办理。英国两次退还庚款的总额约为1 110余万英镑。[1]至1939年1月庚款停付时止，中国已经偿付英国庚款本息14 397 263.944镑，尚欠本息英金2 176 546镑。1943年5月20日中英平等新约生效后，该日之后的英国庚款予以取消。另外，因1939年起庚款停付，中英庚款董事会经费支绌，曾以1939年至1942年应收未收庚款作抵，由财政部担保两次向中央银行借款，合计国币5 000万元。[2]

法国庚款曾因第一次世界大战和金法郎案两度缓付，后宣布退还。法规庚子赔款总额为70 878 240两，加上预计利息，共154 709 580.74海关两，合580 160 935.584法郎，在整个庚款中占比15.75072%，居于俄、德国之后。[3]从1902年至1917年11月，中国均按照法郎计付。1917年12月1日至1922年11月底，与其他协约国一起，法国庚款缓付5年。嗣因金法郎案纠纷，1922年12月至1924年11月的法国庚款缓付，后商定延至1946—1947年补付。另外1922年7月中法政府换文，法国将庚款未付余额退还中国，用于改组中法实业银行和办理中法间教育事业。后因法方要求将庚款改按美元支付，双方于1925年4月达成协定，法国将1924年12月1日起至1947年12月31日止之庚款退还中国，但中国须全数按纯金折为美元，按年垫借与中法实业银行，作为该行发行公债基金。[4]至1946年6月7日中法新约生效，中国累计支付法国庚款本息188 579 405法郎，另加47 966 737美元；因平等新约成立取消该日之后庚款本息共27 590 227美元。[5]

意大利庚款两度缓付，后与中国通过协商提前结束庚款。意大利庚子赔款总额26 617 005两，加上利息为217 868 647.923法郎，在庚款总额占比5.91489%。1917年12月1日后意大利庚款缓付5年，嗣后1922年12月至1925年12月底的意国庚款亦暂由总税务司另行存储。1925年10月1日中意达成协定，中国将自1925年1月起至1948年12月底的意国庚款本金91 146 704.5法郎（包括此前各年延付未付），按照1905年汇率折成

---

1 财政科学研究所，中国第二历史档案馆.民国外债档案史料，第12卷[M].北京：中国档案出版社，1990:13-14，565-566。

2 同上，566-567。

3 同上，13-14。

4 同上，243。

5 同上，44-45。

17 587 061.42 美元（加上预计利息将达 28 374 012.9 美元），由华义银行垫付与意大利政府，中国以关款按月偿还华义银行垫款，该垫款清偿后，总税务司将按月所付之款交中意委员会用于两国间教育慈善公益事业。1933 年 7 月 1 日中意达成协定，中方向意方付清意币 7 000 万里拉（约合 5 582 137.16 美元），意国庚款即予以解决。据统计，从 1933 年 10 月至 1949 年的意国庚款余额达 20 952 064.28 美元。[1]

比利时庚款两度缓付，后与中国协商清偿和改变用途。比利时庚子赔款总额 8 484 345 海关两，加上利息共 18 519 216.3 海关两，在各国庚款占比 1.88541%，排第 8 位，折算为 217 868 647.923 法郎。第一次世界大战期间比利时与其他协约国取一致方法，于 1917 年 12 月 1 日至 1922 年 11 月底缓付庚款 5 年，嗣应比方要求，该 5 年缓付庚款安排于 1922 年 12 月起至 1927 年 11 月底期间补付，但因金法郎案纠纷，比国庚款实际上没有恢复支付，直到 1925 年 9 月 5 日中比为解决庚款换文，将所有缓付、未付比国庚款余额本金 29 053 611.15 法郎，按照 1905 年采用之电汇方法计算（合美金 5 605 991.42 美元），由华比银行垫付与比国政府，另由总税务司按月偿付华比银行垫款，垫款清偿后，总税务司按月改向中比委员会付款，用于中比教育公益事业。至 1939 年庚款停付时，中国已偿付比国庚款本息法金 22 573 539.049 法郎和 7 499 648.065 美元。1943 年 10 月 20 日中比新约生效，取消未偿本息 1 544 764 美元。[2]

荷兰庚款多年照常拨付，后商议退还。荷兰庚子赔款总额 782 100 海关两，加上利息共 1 707 129.91 海关两，折算为荷币共 3 066 005.289 佛乐林，在各国庚款占比 0.17380%，排第 10 位，第一次世界大战期间荷兰未加入协约国，荷国庚款仍照常拨付。1925 年荷兰政府曾主动提出，自次年起庚款悉数退还中国。1933 年 4 月 4 日中荷政府互换照会，确定退还之款的 65% 用于中国水利事业，35% 用于文化用途。至 1939 年庚款停付时，已拨付本息荷币 2 845 317.981 佛乐林。1945 年 5 月 29 日中荷达成新约，荷兰有关《辛丑条约》的一切权利终止，荷国庚款未付本息 2 845 317 佛乐林取消。[3]

日本庚款因第一次世界大战延付，后宣布改变用途，抗战爆发后被停付。日本庚款总额 34 793 100 海关两，加上利息共 75 944 689.28 海关两，折算为日币共 106 854 177.818 日元，在整个庚款占比 7.73180%，排第 5 位。1905 年起中国对日本的庚款部分改按 9.763 日元折合 1 英镑的比价，用英镑来支付。1917 年 12 月 1 日起，日本同意中国将对日庚子赔款缓付 5 年。1923 年 3 月，日本政府宣布将庚款余额用作对华文化事业，另设特别会计编制；1925 年 5 月，

---

[1] 财政科学研究所，中国第二历史档案馆.民国外债档案史料，第 12 卷[M].北京：中国档案出版社，1990:490-491, 509-510.

[2] 同上，44-45 页、413-414 页、424-425 页。

[3] 财政科学研究所，中国第二历史档案馆.民国外债档案史料，第 12 卷[M].北京：中国档案出版社，1990:790；中外旧约章汇编，第 3 册，1314-1315 页。

Silver Currency and Its Role
in the Evolution of Chinese History
白银货币与中国历史变迁问题研究

中日双方各派员组织中日文化事业总委员会，办理各项事宜。至1937年，日本庚款余额约为26 377 595元。[1]因日本发动全面侵华战争，中国自1937年9月起停付日本庚款部分，在上海汇丰银行开立特别账户存储。至1943年10月，该特别账户中的日本庚款约为525 196镑2便士。[2]另外1941年12月9日中国正式对日本宣战，"所有一切条约、协定、合同，有涉及中、日间之关系者，一律废止。"[3]这如同1917年对德、奥宣战书一样，宣布废止日本庚款。

西班牙庚款如期拨付，至抗战时期停付。西班牙庚款总额135 315海关两，加上利息共295 359.01海关两，折合1 107 596法郎295。在整个庚款占比0.03007%，排第12位。历年本息均如期拨付，至1939年1月停付，共计还付本息1 027 872法郎869，未还本息79 723法郎426。[4]

葡萄牙庚款因第一次世界大战延付，至抗战时期停付。葡萄牙庚款总额92 250海关两，加上利息共201 358.82海关两，折合30 203.796英镑，在整个庚款占比0.02050%，排第13位。1917年12月1日至1922年11月底缓付庚款5年，其余均如期偿付。至1939年1月停付，共计已还付本息24 265.384镑，未还本息英金5 938.412镑。[5]

瑞典挪威庚款如期拨付，至抗战时期停付。瑞典挪威庚款总额62 820海关两，加上利息共137 120.45海关两，折合20 568.075英镑，在整个庚款占比0.01396%，排第14位。历年本息均如期拨付，至1939年1月停付，共计还付本息19 087.611镑，未还本息部分英金1 480.464镑。[6]

四、关于近代对外战争赔款若干问题的评析

（一）战争与中国对外赔款的关系

近代中国主要赔款因对外战争失败而起，相关赔款的演变和结局也与战争密切相关。说到底，战争是中国国际地位的显示器。以中国对日赔款为例，甲午战争中国战败，对日赔款总计2亿3 150万两；6年后八国联军战争中国再度失败，庚子赔款总额中包括日本提出索取赔款本息共计约7 600余万两。然而，随着中国加入第一次世界大战和第二次世界大战，

---

[1] 王树槐.庚子赔款（中央研究院近代史研究所专刊第31号），台北精华印书馆，1974：537；黄延复.庚子赔款的退还和使用[J].近代史资料，总第70辑，110.
[2] 《民国外债档案史料》第12卷，561-562.
[3] 《中国近代对外关系史资料选辑》（1840—1949）下卷第二分册[M].上海：上海人民出版社，1977：163.
[4] 同2，13-14，813-814。
[5] 同上，13-14，811-812。
[6] 同上，13-14，815-816。

中国在庚款问题上开始处于相对有利和主动的地位。1917年中国在对德、奥宣战的同时便断然宣告废止该两国庚款并予以停付。此前日本得悉中国有可能加入协约国一方参战后，便向中方明确表示各国至少可以接受缓付庚款3年；[1] 待到中国正式对德奥宣战之后，驻华协约国公使联合向中方表示，同意缓付庚款5年，并免计缓付利息。[2] 据统计，列入该缓付5年安排的比、法、英、美、意、日、葡、俄各国庚款占比共达59.86%，总计5年内缓付关平银31 501 176.992两。[3] 而中国提出废止德奥庚款（在整个庚款中占比合计20.9%）的要求，也明确写入协约国对德、奥和约（即凡尔赛条约和圣日耳曼条约）。由于加入第一次世界大战，中国得以在5年内缓付、停付庚款总额的80%，并彻底废止了1917年起至1940年五分之一强的庚款总额本息。

再往后看，1937年抗日战争全面爆发后，由于两国间没有正式宣战，中国没有单方面宣布废除日本庚款，但于当年9月采取另存停付措施。1939年1月毅然宣布停付所有庚子赔款余额，与中国进入全面抗战但作为庚款基金的海关收入被日本攫夺直接相关。而美英于1943年1月分别在与中国达成的平等新约中宣布放弃庚子赔款，与一年前中国参加签署联合国家宣言与英美结成为反法西斯战争同盟国直接相关。

1945年日本战败投降，中国为取得抗日战争的胜利和为世界反法西斯战争的胜利，付出了重大牺牲，战后中国拥有对日索赔的充分权利，也曾经有过较好的历史性机会。

（二）外交重大进展助力中国摆脱赔款负担

自从背上庚子赔款的沉重负担之后，中国没有放弃过减缓负担的任何机会，但获得重大突破的机会可遇不可求。1924年苏联放弃前俄国庚款，就是中国外交突破的重要成果。1917年俄国十月革命之后，苏俄政府先后三次发布对华宣言，其中1920年9月发布的第二次对华宣言明确提出两国建立正式外交关系的条件，包括放弃庚子赔款："苏俄政府放弃中国因义和团起义而付偿的任何赔款，但中华民国政府不得在任何情况下，把此项赔款付给非法提出此种要求的前俄国领事或任何其他人或俄国团体。"[4] 与此相应的，当时中国政府已经意识到"俄国内乱增剧，该国驻华公使已名存实无"，决定把应付俄国部分庚子赔款之一部分款（即未加入5年缓付的18.97136%部分）予以停付，并知会在京的前沙俄政府公使。[5] 嗣后，北京政府前后两任外长王宠惠、顾维钧与苏俄代表进行了多轮会谈，最后于1924年5月达成上述《中

---

[1] 程道德.中华民国外交史资料选编（1911—1919）[M].北京：北京大学出版社，1988：290.

[2] 同1，57.

[3] 同1，34-38.

[4] 《中国近代对外关系史资料选辑》（1840—1949）下卷第一分册，上海人民出版社，1977：19.

[5] 财政科学研究所，中国第二历史档案馆.民国外债档案史料，第12卷[M].北京：中国档案出版社，1990:122.

Silver Currency and Its Role in the Evolution of Chinese History
白银货币与中国历史变迁问题研究

苏解决悬案大纲》，苏联宣布放弃俄国部分庚款，由中俄共同组成之俄国庚款委员会管理分配赔款事宜。这样，占庚款总额28%强的俄国部分在法理上得到解决。又如意大利庚款，南京国民政府成立后，十分重视改善与意大利的关系。在提前结束意国庚款问题上，1928年和1931年意方先后两次提出的方案中，中方仅能获得意大利庚款余额四分之一和二分之一的支配权，中方没有轻易接受，但不放弃相应的谈判交涉。直到1933年，国民政府利用意大利政府迫切希望提前清偿庚款的时机，通过谈判，达成支付相当庚款余额三分之一给意方的方案，[1] 从而以较小的代价结束了意国庚款。

（三）对外战争赔款对于中国财政经济的影响

近代对外战争赔款（尤其是甲午战争赔款和庚子赔款）无疑给中国带来了沉重的压力，这两大赔款的总额就很能说明问题。但更为深入的分析，需要结合中方实际偿付情况，并与相应财政收支状况相比较。如甲午战争赔款虽然是按照《马关条约》规定的数额向日本支付的，但对中国的偿付负担，却是按年支付三大洋款的本息，实际承担的财政负担远远超出狭义的赔款额。在甲午战争前后，每年清政府岁入总数约8 800万两，甲午战争赔款三次借款合计每年支付本息即达1 660万两左右，占岁入总数的18.8%；每年岁出总额即达10 100万两，年亏空约为1 300万两；而从户部银库实际储银数来看，从1894年至1899年，平均每年仅数十万两，根本不敷支出。[2] 另外，晚清时期无论是甲午战争赔款借款本息的支付还是庚子赔款偿付，主要是由各省摊付的，来源主要是地方海关、盐税、厘金和其他财税收入，仅以俄法借款偿付各省分摊情况来看，就涉及直隶、奉天、山东、河南、山西、陕西、云南、四川等17个省，每年摊借数合计6 135 000两。[3] 又如庚子赔款江苏一省直接分派便达2 500 000两，另外加上俄法借款承担1 007 500两、英德借款承担1 458 750两、英德续借款承担2 132 500两，为了应付沉重的对外赔款及相应外债的摊派负担，江苏省新增地方赋税14种。[4] 可以说，甲午战争赔款和庚子赔款给清末十来年中国的地方财政带来了极其沉重的负担，进而直接破坏了各地经济和社会生活的运行。辛亥革命爆发后，各地纷纷摆脱清廷的统治，拒绝继续承担甲午战争赔款外债和庚子赔款的负担，遂由海关总税务司直接以关税收入（最初加上部分盐税收入）赔付相关支出。从民国初年的财政状况看，1913年财政预算不敷为15 376余万元，约合11 150万两，同期甲午战争赔款外债加上庚款，每年本息达4 000余万两，占财政预算

---

1 财政科学研究所，中国第二历史档案馆.民国外债档案史料：第12卷[M].北京：中国档案出版社，1990:517-519.

2 周育民.晚清财政与社会变迁[M].上海：上海人民出版社，2000：316-317.

3 中国人民银行总行参事室.中国清代外债史资料[M].北京：中国金融出版社，1991:193-194.

4 同上，967-968、1017-1019。

不敷数的 35.8%。¹ 于是，甲午战争赔款外债和庚子赔款的偿付，成为中央政府无可推卸而又难以持续的财政负担。

（四）正确理解庚子赔款的"退还""取消"等改变处置的提法

在庚子赔款的历史上，有多国宣布和被称为"退还"庚款，以及取消、放弃（抛弃）了庚款，需要对这些提法的确切含义和实际内容进行具体的分析。

第一，历次外国政府宣布的"退还"或其他任何改变庚款处置的提法，都是指"将来"或"未来"，不包括中国政府已经赔付各国的部分。所有通过中外条约（如 1924 年中苏解决悬案大纲、1943 年中美和中英平等新约，等等）宣布关于庚款的"放弃""终止""废除"，同样只是指该条约生效日之后的部分，而不包括统计至该生效日前一日为止的债务。简而言之，所有业已赔付的庚款部分，是无法和不可能因嗣后的决定而"退还"和"放弃"的。

第二，需要厘清对于业已"退还""终止"的庚款，中国海关是否依然需要按期向指定外国银行拨付本息及其支配使用权问题。例如，1909 年和 1924 年美国两次宣布退还庚款后，美国不再接受相关部分庚款赔付进入国库，但并不意味着从此免除中国方面支付相关部分庚款本息的债务，海关总税务司将继续履行同样的扣存拨付。其中第一次退还美国庚款，由海关总税务司按期把应付款交与美国驻华公使，美国公使将该款送至中国外交部拨与清华学校使用，1917 年起由海关总税务司将款送至外交部拨交清华学校使用；第二次退还美国庚款由江海关税务司按期向美国公使给予相应款额支票，再由美国公使缮写后交与中华教育文化基金委员会收领。² 宣布"退还"了的美国庚款经历了第一次世界大战期间的缓付、1932 年的缓付和正常拨付，从中国海关的角度，对于美国庚款与其他各国庚款的支付义务，并无本质的区别。还应指出，1939 年 1 月中国政府停付全部庚款之后，清华大学和中华教育文化基金委员会经费无着，为此清华大学曾以未收庚款利息作抵，并由国民政府财政部担保，向中中交农四行借款 6 次，共计国币 1 824 万元；中华教育文化基金委员会也以该会 1939 年至 1943 年底应收未收美退庚款 230 余万美元作抵，由财政部担保，向中中交农四行借款 7 次，总额达国币 2 368.6 万元。³ 至于英国退还的庚款，还必须按期拨存至伦敦的英国银行。可以说，大部分国别庚款的"退还"和"放弃"，实际上是改变庚款的具体拨付方式和用途。

第三，对各国改变庚款处置（包括退还、放弃等）需要进行具体的评价。如美国虽然在整个庚款中占比只有 7.3%，排序第六，但美国是最早提出退还该国庚款的，尤其是第二次退还从提议到确定，直接影响了后续多国与中国洽商退换和改变用途；还因为无论清华学校安

---

1 民初财政预算不敷数，见《民国外债档案史料》第 1 卷 [M].北京：中国档案出版社，1990：5；同时期支付庚款本息数，见《民国外债档案史料》第 12 卷，33-34 页。

2 《民国外债档案史料》第 12 卷，185-186 页。

3 《民国外债档案史料》第 12 卷，203-204 页。

Silver Currency and Its Role
in the Evolution of Chinese History
白银货币与中国历史变迁问题研究

排学生留美和中华教育文化基金会的事业，后续都具有很大的成就和影响，美国退还庚款的意义已经不限于其涉及的款额和领域。可以比较的是1924年苏联宣布抛弃俄国庚款余额并确定用于中国教育事业，虽然原俄国庚款占比28%，为各国庚款之首，但随着1929年中东路事件和中苏断交，俄国庚款委员会停止运作，相关款项被国民政府作为关余处置，俄退庚款对于中国教育界乃至中国社会各界的影响，便无法与美国退还庚款相比了。

第四，近代中国政府利用部分停付庚款缓解财政负担。第一次世界大战期间中国对德国宣战并停付德国庚款，遂以停付德国庚款为在国内已经发行的几笔公债库券（如民国三年、四年和五年公债）提供新的担保，以提升这些债券的市场行情。此后停付庚款多次作为新发行债券的担保之一，如北洋政府统治的16年中，共发行内债27种，相应担保基金先后达45种之多，其中，以俄、德、奥三国停付庚款担保的内债共12次，占26.67%；数额占发行总额的24.42%。[1]以停付庚款担保的内债大部分用于筹措军政费用，用于建设、教育事业的很少。南京政府在庚款担保下借款5笔，其中4笔以俄、奥庚款为担保。[2]上述作为国内债券担保的各停付庚款，其本质是中国的关税收入，这些案例中相关国家的庚款权利已经被彻底废除（德奥）和彻底放弃（俄国），因而原先必须用以按期支付特定国别庚款的那部分关税收入，可以用于中国政府缓解财政负担。此外，中国政府曾利用部分退还英国庚款发行公债，为完成粤汉铁路工程筹集款项。[3]英方之所以同意这一安排，是因为粤汉铁路工程是当时英国对华主要长期投资项目之一。

（五）战争赔款与近代中国的白银问题

近代中国长期实行白银货币制度，国内大宗财政支付以银两计付，遇到甲午战争赔款和庚子赔款这样的巨额国际支付，除了银两之外没有其他选择。

从实际支付来看，中国在银本位情况下，就中方而言，支付赔款首先以银两（海关两或库平两）计算；实际交付情况则较复杂，如甲午战争赔款各次交付，都是事先折换为英镑，在伦敦向日方交付的。至于与甲午战争赔款直接相关的三笔外债（俄法借款、英德借款和英德续借款），本身就是外币单位借款。无论晚清时期还是民国时期，中方实际首选的都是以白银计付本息，与外方按照英镑结算。

晚清时期甲午战争赔款外债和庚子赔款主要由各地的摊还，汇集至上海由江海关道向指定外国银行拨付。其中三大洋款平均每年支付本息约1 660万两，庚子赔款各省每年摊还的数额最初在1 800万两以下，后仍有增加。如此大数额的银两从各地汇向上海，对于当时国

---

1 许声鹗.庚子赔款与内债之关系[J].中央时事周报，1936（9）.
2 财政部财政年鉴编纂处.财政年鉴[M].北京：商务印书馆，1935：1428-1430.
3《借用中英庚款完成粤汉铁路总契约起源及经过》（1943年11月）财政科学研究所，中国第二历史档案馆.民国外债档案史料：第12卷[M].北京：中国档案出版社，1992：651.

内白银流动情况影响甚大。进入民国时期，甲午战争赔款外债和庚子赔款均改由海关总税务司直接向外国银行拨付。晚清时期和民国时期，中国支付的白银（无论现银还是银票）与外币的兑换主要由外资银行完成。庚子赔款最初是按约定本息银两数额再折换成有关外币支付的，1905年之后改为按金本位货币数额计付，先后由江海关道和海关总税务司按月以实际关税收入拨存指定外国银行，外国银行再按期向各债权国拨付相应数额本息，虽然江海关道和海关总税务司的账目中有根据历次拨存数额折算之银两数。1931年中国海关征收实行金单位制，1933年中国废两改元，1935年银本位，海关总税务司拨付庚款更是以外币为单位。1937年抗战爆发之后，中央银行也是以外汇垫付各到期外债和庚款的。所以，上海江海关和海关总税务司关于至1938年底为止实际支付庚款总额的银两数，是把历次各种支付折算为银两的结果，是财政支付数额以银两为单位的统计，不能理解为实际的白银支付（包括银汇票）数额，更无法由此便确定相应的"白银外流"数量。这些尚需要进一步探讨。

（六）战争赔款与外国银行的关系

任何外国银行都不是《马关条约》和《辛丑条约》的直接缔约者。《马关条约》完全没有提及任何银行，但用于支付对日赔款的三笔外债，是由俄法银行团、汇丰银行和德华银行与清政府直接签订借款合同的，外国银行集债款募集人、债权方代理人和债款往来经理人于一身。

外商银行没有直接参加《辛丑条约》的谈判，但在条约正式签订前4个月，英国政府便曾提议由上海各主要外国银行组成一个委员会，代表有关国家向中国领取每次应付各国之赔款总额，再按照成数摊付与有关国家。[1] 在《辛丑条约》中，明确规定有关各国各派银行董事一名，在上海会同中方官员办理赔款本息的收存，然后分付有关国家，并代表向中方出具收执。[2] 从实际运作来看，任何关于庚款重大问题的变更，都是须经过中外政府层面的交涉，外国银行在庚子赔款中起的是收存和拨付作用。

代表外国政府参加庚款银行委员会的，最初是德华银行、华俄道胜银行、汇丰银行、横滨正金银行、东方汇理银行等5家，平均每家银行存放中国拨交庚款的二成。后来花旗银行、华比银行、荷兰安达银行、华义银行先后加入。[3] 上述9家银行所代表的庚款国别如下：

汇丰银行（英国、葡萄牙、国际要求）、东方汇理银行（法国、西班牙、瑞典挪威）、华比银行（比利时）、花旗银行（美国）、横滨正金银行（日本）、荷兰安达银行（荷兰）、华义银行（意大利）、华俄道胜银行（俄国）、德华银行（德国、奥国）。[4]

---

1 《中国清代外债史资料》，882页。
2 《中外旧约章汇编》第3册，1005页。
3 《中国清代外债史资料》，882-883页。
4 杨端六.清代货币金融史稿[M].北京：三联书店，1962：252.

Silver Currency and Its Role
in the Evolution of Chinese History
白银货币与中国历史变迁问题研究

辛亥革命爆发后，改由海关总税务司代表中国政府向外国银行拨存款项，经海关总税务司提议，在华公使团和有关外国银行商议，最后确定由汇丰银行、德华银行和华俄道胜银行作为中方拨款的保管人。[1]

1917年中国对德奥宣战之后，德华银行经理庚子赔款保管分付的份额，以及对于英德借款、英德续借款的经理事宜，均转由汇丰银行办理。1926年华俄道胜银行清理，其庚款保管权也转由汇丰银行接办。[2]至此，无论甲午战争赔款借款中的两笔英德借款和庚子赔款的本息收存拨付，都集中于汇丰银行一家。

无论晚清还是民国时期，甲午战争赔款外债和庚子赔款的历次收存拨付均由外国银行经理，这对相关外国银行而言是数额巨大的业务量，对于强化甚至固化以汇丰银行为代表的外国银行在金融市场的地位和影响，有着不容忽视的作用。曾长期担任中国银行主要负责人的张嘉璈便曾指出："外商银行对于货币的统一、中央银行的成立和金本位制的采用，无疑是一个阻碍。外商银行继续使用银两作为支付工具，并垄断外汇业务。进口货价的支付、外债的偿还、出口货价的收取及华侨汇款，差不多全由外国银行经手。"[3]

长期经理巨额战争赔款的存储往来，直接增加了外国银行的白银持有量。据统计，1921年时，上海70%的白银储备在外商银行手里。[4] 1932年时，著名经济学家马寅初说："中国输入之银，十之七八，系由英商银行承办。"[5]

表2 1921年上海主要银行白银持有量

银行	银两	银元	大条
麦加利银行	274万两	165万元	752元
汇丰银行	1 080万两	417万元	867条
道胜银行	179万两	68万元	
东方银行	200万两	40万元	
通商银行	60万两	135万元	
花旗银行	90万两	125万元	

---

1 《民国外债档案史料》第12卷，17。

2 《民国外债档案史料》第3卷，69、84；《清代货币金融史稿》，254页。

3 张公权：中国货币与银行的朝向现代化 [M]// 罗荣渠，牛大勇. 中国现代化历程的探索 [M]. 北京：北京大学出版社，1992：183。

4 Frank m. tamagna: Banking and Finance in China, International secretariat Institute of pacific relations publications office, New York.1942, P.103.

5 马寅初. 银价跌落救济问题 [M]// 马寅初全集. 第六卷. 杭州：浙江人民出版社，1999：189。

续表

银行	银两	银元	大条
荷兰银行	55万两	88万元	
华比银行	60万两	35万元	
中国银行	220万两	720万元	
有利银行	40万两	51万元	
交通银行	131万两	515万元	
中法银行	78万两	128万元	
友华银行	75万两	50万元	
菲律宾银行	30万两	6万元	
汇兴银行	95万两	18万元	
安达银行	110万两	10万元	
大通银行	15万两	17万元	
本 埠	585万两	305万元	

资料来源：上星期六银行查仓数补志[J].申报，1921-02-11.

鉴于外国银行与近代中国战争赔款的关系，要拓展近代中国战争赔款的研究范围和深化其研究层次，其重要路径就是加强有关外国银行相关历史的研究，包括外国银行与外国政府的关系、外国银行与海外中国债券的募集和本息偿付的关系、外国银行与中国白银货币支付和流通的关系，等等。

（七）战争赔款与外汇市场和国际汇兑的关系

影响外汇市场有多种因素，各种因素之间的关系错综复杂，但对外汇的供求关系是基本的。近代赔款因其数额庞大、支付方式复杂，对近代汇兑和汇率影响至大，成为影响近代外汇市场的影响因素之一。近代中国赔款转换成外债，并开始使用外币支付赔款外债，是从甲午战争赔款开始的，而对国际汇兑影响更大的则是庚子赔款。庚子赔款45 000万两是以海关两为单位的，但《辛丑条约》规定赔款要折成各国货币来支付，而且规定了海关两与各国货币的比价，中国白银货币对外汇率的波动随着清末"镑亏"问题受到各方的关注。同时因赔款有相对固定的支付时间，且支付数额巨大，导致汇率在短暂时间会出现更大程度的变化。如因庚款支付，每月月末上海外汇市场上对英镑的需求激增，使得掌控外汇买卖的汇丰等外商银行可以抬高镑价，压低中国银两电汇汇价，使得上海外汇市场上电汇等呈现出周期性的变动。当然，分析赔款的影响作用时，还必须结合影响外汇市场的其他因素进行具体的比较研究。

对外战争赔款中的庚子赔款,还涉及美英等国退还庚款的具体使用,更涉及诸如中华教育文化基金会、中英庚款董事会、伦敦购料会等专门机构的成立运作等重要内容。由此看来,对于近代中国对外战争赔款的研究还有着诸多新的领域。

参考文献

[1] 王铁崖.中外旧约章汇编:第1册[M].北京:三联书店,1957:30-32,103,113,144,147,343,381-382,615-618,637,1005,1016.

[2] 王铁崖.中外旧约章汇编:第3册[M].北京:三联书店,1957:425,456,1005,1314-1315.

[3] 张海鹏.中国近代史:第2版上册[M].北京:高等教育出版社,人民出版社,2020:28-30,122.

[4] 中国人民银行总行参事室.中国清代外债史资料[M].北京:中国金融出版社,1991:33-34,191-194,201-203,212,229,247,882-883,934-944,967-968,1017-1019.

[5] 财政科学研究所,中国第二历史档案馆.民国外债档案史料:第1卷[M].北京:中国档案出版社,1990:5.

[6] 财政科学研究所,中国第二历史档案馆.民国外债档案史料:第3卷[M].北京:中国档案出版社,1989:8,12,43,48,62-63,69,81-82,84,93,97-99.

[7] 财政科学研究所,中国第二历史档案馆.民国外债档案史料:第12卷[M].北京:中国档案出版社,1990:13-14,17,33-38,43-45,57,86,109,121-122,185-186,203-204,243,413-414,424-425,490-491,509-510,517-519,561-562,565-567,651790,811-819.

[8] 上海市档案馆,财政部财政科学研究所.中国外债档案史料汇编(1)[M].上海:1988:226-227.

[9] 中国第二历史档案馆.中华民国史档案资料汇编(第3辑外交卷)[M].南京:江苏古籍出版社,1991:393,952.

[10] 王树槐.庚子赔款(中央研究院近代史研究所专刊第31号)[M].台北:台北精华印书馆,1974:537.

[11] 黄延复.庚子赔款的退还和使用[J].近代史资料(总第70辑):110.

[12] 国际条约集:1917—1923[M].北京:世界知识出版社,1961:131,315.

[13] 复旦大学历史系中国近代史教研组.中国近代对外关系史资料选辑(1840—1949):下卷第1分册[M].上海:上海人民出版社,1977:19.

[14] 复旦大学历史系中国近代史教研组.中国近代对外关系史资料选辑(1840—1949):下卷第2分册[M].上海:上海人民出版社,1977:163.

[15]程道德.中华民国外交史资料选编（1911—1919）[M].北京：北京大学出版社，1988：290.

[16]周育民.晚清财政与社会变迁[M].上海：上海人民出版社，2000：316-317.

[17]许声鹗.庚子赔款与内债之关系[N].中央时事周报，1936（9）.

[18]财政部财政年鉴编纂处.财政年鉴[M].北京：商务印书馆，1935：1428-1430.

[19]杨端六.清代货币金融史稿[M].北京：三联书店，1962：252，254.

[20]张公权.中国货币与银行的朝向现代化[M]//罗荣渠，牛大勇.中国现代化历程的探索[M].北京：北京大学出版社，1992：183.

[21]马寅初.银价跌落救济问题[M]//马寅初.马寅初全集：第6卷.杭州：浙江人民出版社，1999：189.

[22] Frank M. Tamagna. Banking and Finance in China, New York: International Secretariat Institute of Pacific Relations Publications Office, 1942：103.

甲午战争时期中日军费筹措与金融动员：比较与启示

◎ 中国人民银行研究局　王　信
◎ 中国人民银行扬州市中心支行　张　翼

摘要： 中日甲午战争期间，日本政府对于如何筹措军费，曾有过"捐款论""外债论""内债论"等争议，最终通过发行国内公债筹措了大部分军费。大藏省和日本银行作为金融动员的核心部门，通过分批次发行、提高公债流动性、央行透支和国库挪借，以及发行不兑现军票等手段，保证了军费收入与国内金融市场基本稳定。清政府对甲午战争的财政准备严重不足，无论是财政拨款还是增税捐输均无法满足战争所需。清政府除了向外资银行举债，还首次发行国内公债，但成效不佳。最终日本在经济体量远小于中国且未使用外债的情况下，筹措军费超过了中国。尤其在战争初期和决定胜负的关键时期，两国金融动员能力差距巨大，直接影响到军费筹措进度和甲午战争的最终结局。甲午战争之后，日本从中国获得巨额赔款，不仅迅速偿还战争公债和央行透支，还将赔款作为准备金，完成了从银本位到金本位制的转换，进一步提升国际金融市场地位和筹资能力。而清政府在赔款的泥潭中越陷越深，债务负担沉重，经济金融命脉进一步受制于人。中日两国金融发展尤其是国内借贷市场的发展，直接决定两国金融动员能力，不仅影响甲午战争的胜负，也改变了两国的近代化进程。

▶ **Abstract:** During the First Sino-Japanese War (1894—1895), the Japanese government had internal discussion on how to raise military expenditures, including through "donations," "foreign debt," and "domestic debt." In the end, the Japanese government raised most of its military expenditure by issuing domestic public bonds. The Ministry of Finance of Japan and the Bank of Japan, as the core departments of financial mobilization, ensured stability of revenue of military expenditure and domestic financial market, by issuing treasury bonds in batches, improving the liquidity of the treasury bond market, central bank overdrafts, and issuing unrealized military banknotes. The Qing government's fiscal preparations for the First Sino-Japanese War were seriously inadequate, and neither fiscal allocations nor tax increases could meet the needs of the war expenditure. In addition to borrowing from foreign banks, the Qing government also issued domestic public bonds for the first time, but the results were not good. In the end, although Japan's economy was much smaller than China and it did not use foreign debt, Japan's military spending exceeded that of China's. Especially in the early days of the war and the critical period that determined the outcome of the war, the financial mobilization capabilities of China and Japan were vastly different and directly affected the progress of fund mobilization and the final outcome of the war. After the end of the First Sino-Japanese War in 1895, Japan received huge indemnities from China. The Japanese government used the indemnity to quickly repay the national debt and financial overdraft during the war, and used the indemnity as a reserve to switch from the silver standard to the gold standard. The switch further enhanced Japan's position in international financial market and its access to financing. At the same time, the Qing government was stuck in the quagmire of huge indemnity payments and heavy debt burden, and the economy and finance were controlled by foreign countries. The financial development in China and Japan, especially the development of the domestic lending market, directly determined the financial mobilization capabilities of the two countries, not only affecting the outcome of the First Sino-Japanese War, but also changing the modernization process of the two countries.

近代战争不仅是军事对抗，更是综合国力及金融等方面动员能力的比拼。甲午战争前后，中日两国的军费筹措与金融动员有较大差异，与本国金融发展尤其是国内借贷市场发展密切相关。两国金融动员能力悬殊是影响甲午战争结局的重要因素，战后中国对日赔款更加大了中日金融差距。

一、明治维新到甲午战争前中日两国的军费来源

从日本明治维新直到中日甲午战争前（1868—1893 年），军费都是中日两国财政支出的

白银货币与中国历史变迁问题研究
Silver Currency and Its Role in the Evolution of Chinese History

主要项目,但两国的军费结构和资金筹措存在显著差别。

(一)甲午战争前清政府的军费筹措

清代财政支出的军费包括日常维持费用和战争费用两大部分。1884年以后,清政府年均日常军费合计高达白银五六千万两,占常年财政支出的60%以上,而战时费用支出更远超平时。虽然甲午战争前清政府财政盈余,但仍不足以满足全面战争突发的需要(见附件甲午战争前中日两国的财政状况和军费支出)。

晚清军费筹措主要有三种方式:一是增加税收,特别是关税和厘金[1]。随着中国近代海关制度的完善及中外贸易的扩大,关税收入从1842年的413万两增加到1894年的2 252万两,占财政收入比重从11%增加到30%。厘金自20世纪60年代开设后,其增收范围和税率不断提高,1894年厘金收入达1 328万两,占全部财政收入的18%。北洋海军的费用主要来自海关关税和厘金。二是削减占用其他开支,包括削减官员俸禄和减少水利等公共工程支出。三是采用金融手段,主要是举借外债,近代西方国家常用的国内公债发行手段,此时尚未进入清政府视野。1853年,为镇压小刀会起义,上海道台向洋商借银7.1万两作为军费,成为晚清第一笔政府外债。1874年清政府与汇丰银行签订"福建台防借款"200万两,分10年还清,用于购置军舰枪炮和台湾防务经费。这是晚清第一笔用于军事的长期大额外债。陕甘总督左宗棠在1866—1881年,通过商人胡雪岩向上海洋商和丽如银行、汇丰银行等外资银行举借外债1 595万两,用于平定西北叛乱军费,这笔债务占1881年以前清政府全部外债的85%以上[2]。截至甲午战争前,清政府共举借外债51笔,共计5 720万两白银[3],其中多数用于军费开支。从债务人看,主要是地方政府借债,而中央政府基本不负债。这种情形在当时世界其他国家少有。主要原因是,自太平天国运动爆发以后,为依靠地方大员镇压太平军,清政府下令"就地筹饷",下放事权和财权,对部分地方政府"自借、自还、自用"外债的行为采取默认态度。1865年以后,清政府对外债管理有所加强,要求举借外债须经朝廷批准。相关军事外债(如左宗棠西征借款、福建台防借款、中法战争借款等)虽然是地方官员所借,实际是为中央政府的对外战略服务。此外,1884年中法战争后直至甲午战争前,中央政府财政一直盈余,客观上无举债的必要(见附件)。从清政府外债的债权人看,基本上是洋商或外商银行自持,通过市场转让债权(出售债票)的数额不多。

(二)甲午战争前日本的军费筹措

明治维新以后,日本政府把富国强兵作为首要目标,大力增加海陆军建设投入。军费占

---

1 厘金是晚清新设的一种国内流通税,政府在国内各地设立关卡,对过往货物收取厘金。
2 沈其新.左宗棠"西征借款"试析[J].兰州学刊,1986(06):63-68.
  马陵合.试析左宗棠西征借款与协饷的关系[J].历史档案,1997(1):106-111+105.
3 中国人民银行总行参事室.中国清代外债史资料[M].北京:中国金融出版社,1991:136-140.

财政收入的比重不断提高，在甲午战争前的 1893 年，日本财政总支出 8 458 万日元，其中军费 2 282 万日元，占 27%（见附件）。

日本政府筹措军费主要有三种方式：一是增税。1873 年日本政府专门设立"家禄税"[1] 以保障陆海军军费，同时将烟草税、酿酒税等消费税主要用于军费。据当时的大藏卿[2] 松方正义估计，通过增税措施每年可增加财政收入约 750 万日元。但 1883 年整理纸币后，由于通货紧缩，烟酒税收明显下降，即使削减其他部门开支，也难以保障军费增长。二是号召民众捐款。1874 年，明治天皇下诏节约宫内开支，捐款充作陆海军军费。受此带动，各级官员把薪金的 5% 甚至 10% 作为捐纳金充作军费。1887 年，明治天皇带头捐款，日本全国共募集资金 203 万日元，全部用于海军建设。三是开展金融动员，主要是发行国内军事公债。1886 年，日本政府颁布《海军公债条例》，计划分 3 年发行海军公债 1 700 万日元（约合 1 130 万两白银），用于军舰制造及相关配套开支。这是日本第一次以发行国内债券的方式来扩充军备。在舆论鼓动下，日本国内民众认购极为踊跃，1886 年第一期债券认购数量是计划发行量的 3 倍。直至甲午战争爆发前，国内军事公债都是日本海陆军建设的主要资金来源。

二、甲午战争时期双方的军费筹措和金融动员

甲午战争是改变中日两国近代化进程的一场战争。开战前，中国国内舆论普遍盲目乐观，认为日本国土、人口、财力和军事实力均逊于中国，若战必败（见表 1）。如《申报》在开战前夕断言，"日本国小地瘠、财尽民穷"，只要清朝停止对日贸易，则能"不战而屈人之兵"。[3] 中国当代学者在对甲午战争进行反思时，主流观点仍然认为日本"是在军备不足、政局不稳、财政不敷"的情况下发动甲午战争的，"如果中国能将战争持久下去，日本必定支撑不下去，胜利就会转到中国方面"。[4]

表 1　1893 年中日两国主要经济指标和军费支出对比

国家	人口	GDP 估算值	财政收入	军费支出
中国	3.87 亿	约 60 亿两纹银	8 311 万两	约 5 000 万两

---

[1] 家禄是明治初期日本政府支付给传统贵族（华族、士族）的俸禄，家禄税规定 5 石以上家禄所有者按累进税率征税。

[2] 大藏卿是明治初期日本大藏省的最高主管，主管财政金融税务，后改称大藏大臣。

[3] 论出战必持之以久 [N]. 申报，1894-07-24.

[4] 戚其章. 国际法视角下的甲午战争 [M]. 北京：人民出版社，2001：193.

续表

国家	人口	GDP 估算值	财政收入	军费支出
日本	0.4 亿	约 12.5 亿日元	8 500 万日元	2 240 万日元
	折合纹银	8.3 亿两	5 660 万两	1 490 万两
中日两国之比	9.6 倍	7.2 倍	1.46 倍	3.3 倍

资料来源：1.清代人口参见骆毅（1998）；2.清代财政收支数据见申学锋（2002，2004）；3.日本经济数据参见浜野洁等（2018）.

还有观点认为，甲午战争期间，日本主要依靠日本财界与民间支援，才成功地筹集战争经费。[1]但从史料看，在战争初期和决定胜负的关键阶段，日本的军费筹措明显优于清政府，其中金融动员发挥了主要作用。

（一）日本的军费筹措与金融动员

1.内债论在日本军费筹措争论中占了上风

1894 年 7 月 25 日，甲午战争全面爆发。8 月 9 日，日本大藏省召开第一次军费筹措专门会议，制定了甲、乙、丙三种军费预算方案。甲方案预估战争时间持续半年，即 1894 年 7 月至 12 月，军费总预算为 5 000 万日元；乙方案预估战争持续一年至 1895 年 6 月，军费总预算为 1 亿日元；丙方案预估战争持续时间一年半至 1895 年 12 月，军费总预算为 1.5 亿日元（见表 2）。虽然日本早就以清朝为假想敌，军事准备由来已久，但自身财力有限，可用于战争的国库结余资金仅为 2 600 万日元，离最乐观的甲方案还有一半距离。当时日本大藏省官员表示，按照甲方案筹措军费比较容易，乙方案则较为困难，而丙方案非常困难。大藏省主张，根据不同的预算方案，综合利用财政余款、增税、对外借款及公债等手段筹措军费。

当时的日本政府高层对于如何筹措军费有三种不同意见，即捐款论、内债论和外债论。日本首相伊藤博文认为，可以借助狂热的民族情绪，号召公众捐款。当时有一种说法：日本有 4 000 万国民，如果每人捐献 1 日元，全国就能贡献 4 000 万日元军费。伊藤博文认为，只需有 1 500 万元以上的捐款，加上 2 600 万日元的上年财政结余，就足够支持战争打到年底（即甲方案需求）。前首相松方正义等人表示反对。松方正义曾长期担任大藏卿，主导设计了日本的中央银行（日本银行），是财政金融方面的关键人物。松方正义向首相伊藤博文陈说"捐款论"的弊端，指出不管国民的爱国心如何强烈，也不会乐意将钱白白捐赠；如果强迫国民特别是富商捐款，势必引起经济恐慌，得不偿失。从中日双方实力看，中国毕竟是大国，日

---

[1] 李廷江.日本财界与甲午战争[M]//戚其章,王如绘主编.甲午战争与近代中国和世界甲午战争 100 周年国际学术讨论会文集.北京：人民出版社,1995：347-363.

本不可能在年内结束战事,战争费用不会少于1亿日元(乙方案),不可能靠捐款解决。

表2 日本大藏省制订的甲午战争军费预算方案[1]

单位:万日元

方案	甲方案		乙方案		丙方案	
预计时间	1894年7月至1894年12月		1894年7月至1895年6月		1894年7月至1895年12月	
军费预算	1893年结余	2 600	1893年结余	2 600	1893年结余	2 600
	特别会计资金	1 600	特别会计资金	1 600	特别会计资金	1 600
	借款、公债(国内)	800	借款、公债(国内)	800	借款、公债(国内)	800
			增收烟酒税和所得税	500	增收地租	700
			发行国内公债	2 000	增收烟酒税和所得税	500
			借款(外债)	1 800	发行国内公债	3 000
					借款(外债)	4 600
合计		5 000		10 000		15 000

资料来源:明治财政史发行所(1926):36-39.

在山县有朋、井上馨等实权人物支持下,伊藤内阁最终确定通过发行国内公债筹集军费。1894年8月13日,明治天皇颁布第143号敕令,允许日本政府采取挪用资金、借款及发行公债等手段筹措对清作战军费。8月15日,天皇颁布第144号敕令,授权政府发行5 000万日元军事公债,年利率为6%。到1894年9月底,随着战事的拖长,军费需求不断增长,日本部分实业家建议政府举借外债,英国表示愿意提供年利率4%的2亿日元贷款。但松方正义和日本银行总裁川田小一郎认为不到万不得已,不必举借外债,日本完全可以靠本国财力筹集足够的军费[2]。最终松方正义一派的意见占了上风,军费筹措仍以发行军事公债为主。1894年10月23日,天皇裁准颁布总额为1.5亿日元的军费预算,即丙方案。1895年3月2日,日本帝国议会通过追加1亿日元的军费预算,使日本甲午战争总预算达到2.5亿日元,相当于战争前三年日本财政收入之和。根据日本大藏省战后编制的《临时军费收入决算明细书》,整个甲午战争期间日本实际筹集军费2.25亿日元,占其军费总预算的90%。其中,国民捐款

---

1 明治财政史编纂会.明治财政史(第2卷)[M].东京:明治财政史发行所,1926:36-39.
2 崔金柱.甲午战争期间日本的军费筹支[J].世界历史,2015(2):69-77+159-160.

295万日元,只占总收入的1.3%;特别资金转入款7 896万日元,占35.1%;最大一项公债收入11 680万日元,占比高达51.9%(见表3)。需要说明的是,特别资金转入款即为1895年4月签订《马关条约》后,日本从清政府获得的赔款。在整个对清朝作战期间,日本主要军费来源是国库资金和国内公债收入,公债收入占赔款以外军费收入的70%以上,体现了松方正义等人在战争之初所主张的"内债为主"的筹款路线。

表3 日本临时军费特别会计实际收入决算明细(1894年6月至1896年3月)

军费收入情况 / 万日元			
筹款渠道	开始筹款时间	实际筹集金额	占比 /%
预算准备金及财政结余	1894年7月前	2 343.9	10.4
国民捐款	战争期间	295	1.3
占领地及杂项收入	战争期间	307.9	1.4
国债收入	1894年9月开始	11 680.5	51.9
特别资金(清政府赔款)	1895年4月以后	7 895.7	35.1
收入合计 / 万日元	22 523	折合纹银 / 万库平两	15 015
军费支出情况 / 万日元			
军费计划支出	21 000	军费实际支出	20 047
		收支结余	2 475

资料来源:日本内阁、大藏省,《临时军费收入决算明细书》,明治30年(1897年)。

2. 开战后日本开展一系列金融动员

为有效地通过内债筹措军费,作为金融动员核心部门的大藏省和日本银行开展了多种政策操作。

分批发行公债,以免冲击国内金融市场。日本在整个甲午战争期间(1894年7月至1896年3月)共发行了1.16亿日元国债,其中在《马关条约》签订前(1895年4月)发行了两批共8 000万日元,第一次为1894年8月发行3 000万日元,第二次为1894年11月发行5 000万日元。为避免巨额国债集中发行对国内金融市场带来冲击,大藏省采取了分期付款形式,将两次购买国债资金的缴纳期分成8次和7次。

提高公债市场流动性,以保障发行成功。1894年9月第一次军事公债招募前,大藏省召集民间银行协助募集3 000万日元国债。银行对此态度消极,担心抽取巨额资金会带来金融市场动荡。为提高公债流动性、消除银行认购顾虑，日本银行允许民间金融机构以公债为担保向日本银行贷款，贷款上限为公债面值的95%。第二次募集5 000万日元国债时，为进一步刺激民间认购，除了票面利率与上期同为5%之外，还将最低购买价降至面值的95%。在日本银行的政策支持和国内舆论鼓动下，两批军事公债的认购倍数分别达到2.6倍和1.8倍，公债发行获得空前成功。

通过央行透支和国库挪借，解决公债资金未及时到位问题。由于公债分批发行，前两批军事公债要等到1895年6月才能全部缴纳而成为政府收入，但实际上日本对清朝作战在1895年4月已经结束。从大藏省收支记录看，截至1895年5月初，日本海陆军临时军费支出为13 985万日元，基本上每月军费支出都在1 000万日元以上，而在1894年8月至12月，实际公债筹集的军费收入仅为1 756万元。为弥补军费短期收支的巨大缺口，日本政府向中央银行（日本银行）短期借款，同时日本银行利用管理国库的便利条件，临时挪借存于中央及各地国库的政府日常收入以支付战争所需。根据日本银行统计[1]，1894年10月到1895年3月，日本临时军费账户实际收支缺口为4 665.1万日元，约合纹银3 200万两，其中48%通过日本银行挪用借占其他国库款项解决，44%通过日本银行对政府透支解决。

发行无准备金的军票，解决本土以外作战费用支付问题。军票即军用手票，最初叫军用切符，是日本政府发行的一种军事代用货币，最早可追溯到1877年日本国内的西南战争。由于甲午战争的主战场在朝鲜半岛和中国，中、朝、日三国都是银本位制，为维持大量军队在本土以外作战的需要，日军需从国内携带银两支付当地战争费用。为防止白银外流导致国内日元发行准备不足，日本通过发行无准备金的军票代替硬通货和日元纸币，在占领区强制流通，征购军用物资。1894年11月17日，根据大藏省提议，日本内阁会议通过了《军用切符发行及征发证票使用办法之件》，由大藏省组织印制面值1 000万两白银的军票作为日军在海外的代用货币，其中的270万两（合378万日元）于1895年3月交付侵华日军使用[2]。

综上，在甲午战争中，国内公债占日本军费总收入（不含赔款收入）的70%以上。在甲午战争初期和决定胜负的关键时期（1894年10月至1895年3月），日本主要通过日本银行透支、国库挪借和发行军票等方式，弥补由于公债资金尚未到账而引发的短期军费收支缺口（见表4）。其中，货币超发（包括央行透支和发行军票）筹集的资金占短期军费缺口的52%。

---

1 李廷江.日本财界与甲午战争[M]//戚其章，王如绘主编.甲午战争与近代中国和世界甲午战争100周年国际学术讨论会文集.北京：人民出版社，1995：347-363.

2 军票即军用手票，是日本政府发行的一种无准备金证券，用于征购战争物资和军队在本土以外地区流通使用。日本从1877年西南战争开始使用军票，后来在甲午战争、日俄战争和侵华战争中均有使用。

表4 甲午战争期间日本军费收支缺口和填补来源（1894年10月至1895年3月）

单位：万日元

时间	支出缺口	国库挪借	日本银行透支	发行军票
1894年10月	-812.5	212.5	600	
1894年11月	-1 319	669	650	
1894年12月	-618.6	-84.4	703	
1895年1月	-764.4	875.4	-111	
1895年2月	-343.4	-67.6	411	
1895年3月	-807.2	632.3	-203	378
合计	-4 665.1	2 237.2	2 050	378
折合纹银	3 200	1 520	1 410	270
占比/%		48	43.9	8.1

资料来源：日本银行，《明治廿七八年战役临时军费始末概况》，见日本银行（1982）：467.

（二）甲午战争期间清政府的军费筹措与金融动员

虽然中国综合国力和清政府财力远超日本，但是战争准备严重不足。尽管中央财政常年盈余，但在战前并没有相应的应对方案和军费预算。甲午战争开战前夕的1894年6月，面对日本咄咄逼人的攻势，李鸿章提出添募士兵、加强北洋舰队，由户部拨二、三百万两白银作为军费的要求，但户部开始仅拨付18万两白银作为军费。经反复商议，最后户部也只答应150万两。甲午战争爆发后，户部虽然通过增税筹款，后动员官员和商人捐款，但总体上收效甚微。

由于征税和捐款筹款缓慢，1894年8月17日，户部召集京城诸多票号、银号商议借款。8月26日，户部官员裕绂上奏[1]，认为国内借债筹款优于外债，"与其谋及外洋，不若筹之内地。"9月8日，户部向光绪帝上奏：由于白银持续贬值以及手续费高昂，外债使中国吃亏太多，希借用国内商款以替代外债，即"息借商款"。为了保障认购，户部参照以往外债形式，拟定"息借商款"六条章程。[2] 光绪帝批准该奏折，以廷寄谕旨下发各省督抚执行。9月22日，户部再次上奏详细规范了"息借商款"的细节，除了重申借款全程自愿，不准扰民，按期足

---

1 戚其章.中国近代史资料丛刊续编·中日战争：第1册[M].北京：中华书局，1989：138.
2 主要内容包括：借款期限为两年半，半年为一期，共5期，首期只还利，自第二期等额还本付息；利率参照历年外债，定为月息7厘，即年利率8.4%，遇闰月加增；颁发印票（债券），写明出借人、本息金额、交兑日期，并附五期还款小票；借还款使用足色纹银，防止短亏；严禁官吏借机摊派勒索扰民

额还款付息之外，还规定借票到期可冲抵地粮关税等税赋。户部设想的重点借款区域为广东、天津、山西、新加坡（面向华商）等地，筹借数额除广东为库平银500万两之外，其他地区为200万至300万两。

在实际执行中，各省对"息借商款"进行了一定修改和变通。如广东将借款期限拉长为6年，并由海关税收提供担保；上海由各级官员带头购买，以带动商人认购；山西交由负责财政的清源局办理，选派办事人员赴各州县对富户进行劝导；京城则由户部直接出面，向钱庄票号等金融机构借款100万两。1895年3月，随着外债借款陆续到位，加之战局胜负基本落定，户部停止了"息借商款"。最终，只有广东、江苏、直隶、山西、浙江、京师等10省有"息借商款"入账，其他地方未能借到，合计实收借款975万两。这些借款并未全部用于甲午战争，明确记载用于户部军费的仅直隶、京师各100万两和山西的40万两，合计240万两；根据东征粮台报告等史料，用于甲午战争的"息借商款"远低于440万两[1]。综合相关研究，实际用于甲午战争的息借商款占借款总数的三分之一左右，大致在300万~400万两。

清政府主要通过更为熟悉的外债渠道融资。1894年8月4日，台湾巡抚邵友濂提出举借外债用于防务。8月12日，李鸿章致电清政府要求购买快船，"其不足之数，容鸿问洋商挪借，岁息六、七厘（年利率6%~7%）可行"，但户部以往年外债"镑亏"严重为由拒绝。9月15日，朝廷批准邵友濂向上海洋商处借款50万两规平银，这是甲午战争中清政府举借的第一笔军费外债。11月，清政府开始与英国商谈外债；1895年1月，向汇丰银行借银1 000万两，此后又有了第二次汇丰借款（汇丰镑款），以及张之洞等地方官员与洋商和外国银行举借的外债。整个甲午战争期间，主要有6笔外债，即上海洋商借款、汇丰银款、汇丰镑款、张之洞购械借款、瑞记借款、克萨借款等（见表5），本金总计约4 350万两白银，其中有2笔外债是马关条约签订之后借债。还有部分外债虽然签订了合同，但由于种种原因未能兑现。最终，实际用于对日作战的外债资金约2 850万两。

总体来看，战争之初清政府对借外债犹豫不决，随着中国战局的恶化，原先有意融资的外国银行多不肯借贷，清政府失去了以相对优惠条件借债的有利时机，更导致在决定战争胜败的关键时期无钱可用。1895年1月以后，"息借商款"和汇丰借款资金才陆续到账，但胜

---

[1] 1896年5月，负责战时物资转运、军火供应的东征粮台上奏，汇报战时粮台的收支情况，其中收入项列明："收部拨长芦盐课并各省关地丁税银捐款，及息借商款京协各饷银"共444.3万两，"息借商款"只是其中五项收入之一，显然要远少于444.3万两，参见金普森.中日甲午战争与中国外债[J].东南学术，2000（1）：107-111。

负大局已定，迟到的军费于事无补了[1]。

表5 甲午战争清政府军费筹措情况

单位：库平两

筹款渠道	开始筹款时间	筹集金额	实收金额	实际用于作战部分	票面年利率
户部拨款	1894年6—8月	700万两	700万两	700万两	
各地捐输	1894年9月以后	350万两	350万两	约250万两	
息借商款（内债）	1894年9月以后	约1 000万两	975万两	约350万两	8.4%
上海洋商借款（外债）	1894年9月	50万两规银（约合45.6万两）	45.6万两	45.6万两	7%
汇丰银款（外债）	1894年11月	1 000万两	994.5万两	994.5万两	7%
汇丰镑款（外债）	1895年1月	300万英镑（约合1 865万两）	1 711.9万两	约1 260万两	6%
张之洞购械借款（外债）	1895年1月	约200万两	约200万两	约200万两	不详
克萨镑款（外债）	1895年6月	100万英镑（约合621.8万两）	573.6万两		6%
江南瑞记贷款（外债）	1895年6月	100万英镑（约合621万两）	570.6万两		6%
外债合计		约4 354万两	约4 096万两	约2 850万两	
筹款合计		约6 500万两	约6 100万两	约3 800万两	

资料来源：金普森（2000）.

综上，甲午战争期间，清政府筹措军费约6 100万两，其中通过户部拨款、增税和捐输等财政渠道筹款约1 050万两，占17%；内债（息借商款）实际筹款约975万两，占16%；外债实际筹款约4 096万两（不含发行折扣），占67%。在实际用于作战的约3 800万两军费中，外债占75%，财政开支占16%，而内债只占9%。就融资成本而言，内债（息借商款）

---

[1] 据统计，截至1895年2月28日，汇丰银款尚有38万两在伦敦；汇丰镑款1895年5月还存伦敦70.3万镑（折银约436.5万两），估计《马关条约》签订时尚余450万两左右，参见金普森.中日甲午战争与中国外债[J].东南学术，2000（1）：107-111.

的票面年利率（8.4%）高于清政府的外债利率（6%~7%），更远高于日本国内军事公债的利率（5%）。同时，"息借商款"的融资规模和效率远低于日本的军事公债。

三、中日两国金融动员能力存在较大差异的原因

甲午战争期间，日本在经济体量远小于中国的情况下，筹集军费约合1亿两白银（1.46亿日元）[1]，远超中国的6100万两白银，且主要依靠内债。尤其在战争初期和决定胜负的关键阶段，两国军费筹措进度差距巨大，直接影响了甲午战争的结局。两国军费筹集和金融动员能力的不同，根本原因在于日本在明治维新之后，货币金融发展远超中国。

（一）近代中国货币金融制度发展缓慢

甲午战争前，中国的财政金融体制仍非常落后，债券融资能力匮乏。清政府实行传统的"量入为出"财政体制，对于近代西方国家早已习以为常的发行国内公债，仍知之甚少。甲午战争前，中国金融市场的流动性相当充裕，1894年上半年，上海钱庄"银拆"日利率的每月平均水平仅为0.05（折合年利率1.8%）[2]，即使在甲午开战后的1894年下半年，银拆平均利率也不过是0.13（折合年利率4.7%）。但由于缺乏相关意识和金融工具，清政府对此未能加以有效利用，开展市场化筹资。在发行国内公债即"息借商款"时，虽然票面利率高于同期政府外债和日本军事公债，但由于缺乏承销银行和公债发行经验，在很多地方变成了官府对商人百姓的摊派，甚至威逼恐吓勒索。债票面值100两纹银，远超一般人家的承受力，加之国内没有债券二级市场，商户认购的债票无法变现，民间怨声载道[3]。

与此同时，清政府货币制度混乱，货币金融调控无从谈起。近代中国使用的银两的形制、成色五花八门，且外国银元甚至外国银行纸币大行其道。币制不统一，政府未掌握货币发行权，货币的发行、流通受制于人，大大增加了市场交易成本。就金融机构而言，除外资银行外，本土金融机构仍以传统钱庄、票号为主，业务范围和作用无法与近代银行相比。中国第一家中资银行——中国通商银行在甲午战争之后的1897年才正式创立，最早具有中央银行职能的户部银行直到1905年8月才开业。因此，在甲午战争期间，清政府根本无法采取增发货币、信贷调控、国内债券发行等金融动员措施。

（二）日本货币金融制度得到长足发展，货币金融调控较好地保证公债发行和金融市场稳定

明治维新之后，日本加快了金融近代化步伐，建立了中央银行制度。甲午战争前，日本

---

[1] 不含《马关条约》后转入日本军费账户的清政府赔偿款。
[2] 中国人民银行上海市分行.上海钱庄史料[M].上海：上海人民出版社，1978.
[3] 周育民.试论息借商款和昭信股票[J].上海师范大学学报（哲学社会科学版），1990（01）：70-74.

Silver Currency and Its Role
in the Evolution of Chinese History
白银货币与中国历史变迁问题研究

已有130多家国有银行和600多家普通银行。1882年，日本建立了中央银行即日本银行。根据当年颁布的《日本银行条例》和1884年颁布的《兑换银行券条例》，日本银行负责管理国库款项，是全国唯一具有纸币发行权的金融机构。针对之前多家国家银行发行不兑现纸币过滥引发通货膨胀的问题，大藏卿松方正义强力整顿币制，由日本银行统一兑换和注销各银行发行的银行券[1]。1885年，日本银行实现了国内可自由兑换的日元纸币的独家发行，日本近代货币金融体系得以确立。相比之下，西方主要央行的前身，如英格兰银行、法兰西银行和意大利银行等都是在成立多年之后，才获得独家纸币发行权。日本银行的成立和独家发行可兑现纸币，为此后日本采取央行增发货币、国库挪借、公债承销和抵押等金融动员措施奠定了基础。

战前的货币整治与"松方紧缩"，为战时货币金融调控创造良好条件。甲午战争前，日本刚刚经历了由松方正义主导的货币整治，经济处于通货紧缩即"松方紧缩"。随着可兑换纸币发行和银币供应量的增加，日本利率稳中有降，日本银行贷款利率从1885年的8.5%降至1893年的5.5%。低利率降低了国债发行负担，也刺激了国内投资，形成物价稳定与"企业勃兴"并存的局面[2]。这为甲午战争的金融动员创造了良好环境。

战争期间货币金融调控保证军事公债的成功发行，避免市场动荡。由于政府存款提取和纸币增发，日本金融市场一度面临巨大压力。1894年3月，东京贷款市场的平均日利率为2.38钱（年利率8.6%），甲午战争爆发的当月（1894年6月），利率涨到2.52钱（年利率9.1%），次月，利率涨到2.66钱（年利率9.6%）。为稳定市场，日本银行在1894年6月和7月，连续两次提高法定利率，央行贷款利率从1.9钱升至2.2钱，并维持在该水平近1年。日本银行还通过压缩民间投资、逐步收回一般贷款等方式调节货币供应量，日本一般银行的信用规模在战争期间总体平稳，市场利率水平在战争初期快速上涨后，也基本保持稳定。1894年8月第一期军事公债发行后，债券市场也逐步触底回升。战争时期，日本国内物价水平总体较为平稳。[3]

四、结论和启示

本文对中日两国甲午战争以前及期间的军费筹措和金融动员进行了比较分析，探究其背后两国金融发展和货币金融调控能力的差异。甲午战争前，中国军费主要来自财税渠道和外债，没有进行国内金融动员；而日本主要通过增税、捐款和发行国内公债筹集军费。

甲午战争期间，中日两国金融动员能力差距明显。中国、日本实际筹集军费分别约为6 100万两和1亿两白银。日本在经济总量远小于中国且未使用外债的情况下，筹措的军费规

---

1 庞宝庆.近代日本金融政策史稿[M].长春：吉林大学出版社，2010：41-42.
2 浜野洁等.日本经济史1600—2015[M].南京：南京大学出版社，2018：141-143.
3 庞宝庆.近代日本金融政策史稿[M].长春：吉林大学出版社，2010：69.

模更大、效率更高，对战争胜负起到了直接作用。日本军费主要来自于国内发债，财政拨款和民间捐款只占较小部分。大藏省和日本银行作为金融动员的核心部门，通过分批次发行公债、提高公债市场流动性、央行透支和国库挪借弥补短期资金不足，以及发行不兑现的军票等手段，保证了军费的及时开支和国内金融市场基本稳定。相比之下，清政府对甲午战争的财政准备严重不足，财政拨款、增税捐输均远未能满足战费支出需要，不得不主要依靠外债筹资。虽然首次发行了国内公债即"息借商款"，但缺乏承销银行和有效的发行安排，作用有限。中日两国金融动员的差异，反映了明治维新之后，日本在货币金融制度尤其是中央银行制度、货币金融调控能力上远超中国。

甲午战争后，中国的战争赔款进一步加大中日两国金融发展的差距。根据《马关条约》，中国赔偿日本军费库平银2亿两[1]，加上中国每年须支付日本在威海卫驻军费用库平银50万两[2]，以及支付"赎还辽南费"库平银3 000万两[3]，从1895年到1902年，中国合计须向日本支付赔款及利息达库平银2.5472亿两，相当于清政府年度财政收入的3倍多。清政府向外国银行借款以支付赔款，最终在1898年全部付清。

甲午战争巨额赔款，加之此后的庚子赔款，使清政府不得不靠举借外债和发行公债，支付赔款和维持政权运转，加剧了清朝末年"全国可破产而乱亡"的严峻局面，外籍海关税务司和外资银行通过办理赔款，逐步掌握中国的财税和金融主导权。

反观日本，其获得的中国赔款折合约3.895亿日元，相当于日本年度财政收入的4.87倍[4]。这些赔款大部分用于发展军事，小部分用于教育和经济建设，对日本的金融发展也起到重要作用。一方面，日本首先用7 896万日元赔款（约合5 600万两白银）偿还了此前的央行透支和国库挪借款项（3 200万两），促进了国内物价和金融市场的基本稳定。另一方面，日本利用战争赔款完成从银本位制到金本位制的转换，进一步融入国际金融体系。日本政府于1895年5月与清政府协议定案，中国赔款折合成英镑，在伦敦支付给日本政府的代理——横滨正金银行伦敦分行。后来《辽南条约》追加的赎辽赔款，也基本沿用该方式。利用巨额英镑作为准备金，1897年3月，日本议会通过《货币法》，实现了从银本位到金本位制的转换。以松方正义为代表的日本高层认为，欧美列强已普遍实施金本位制，日本转向金本位制是大势所趋，有利于日本同欧美开展贸易，密切日本与国际金融市场的关系，吸引金本位制国家

---

1 《马关条约》中日方专门规定了赔款银两的库平重量和成色标准，该标准实际上远高于标准库平，1两白银=1.0572两标准库平纹银。

2 《马关条约另约》第1款规定，赔款交清前，日本在威海卫驻军费用，由中国每年支付库平银50万两。

3 《马关条约》签订后，在俄德法"三国干涉还辽"之后，中日双方于1895年11月缔结《辽南条约》，规定日本归还其占领的中国辽东半岛，中国向日本政府支付3 000万两白银作为"酬劳"。

4 戚其章.甲午战争赔款考实[J].历史研究，1998（3）：3-5.

来日投资。日本转向金本位制，进一步促进了日本金融市场的发展。

综上，甲午战争之前及期间中日两国军费筹措和国内金融动员存在较大差异，表明在一定程度上，战争与金融发展有着密切联系。而从中外货币金融史来看，军费筹措、战争胜败受国内金融动员能力的影响，战争胜败和赔款又进一步影响相关国家的经济金融发展。战争需要进行充分的金融动员，往往又是金融创新和发展的巨大推动力。

附：

甲午战争前中日两国的财政状况和军费支出

甲午战争前10年（1885—1894年），清政府的财政收支一直保持盈余，处于鸦片战争后财政状况最好的时期，但仍然比较脆弱，不足以应对突发战争的巨额军费开支。日本在明治维新初期，财政极端困难。明治政府实行财政集权和税制改革，逐步收回地方财权，积极开拓新税源。到甲午战争爆发前，日本财力达到清政府的七成左右。日本将军费作为政府支出的首要用途，军费支出主要用于新式海陆军的装备和训练。甲午战争前，日本军费开支约占财政支出的27%，总量和支出占比均低于中国。但用于新式军队特别是海军的支出超过中国。

（一）甲午战争前中国的财政状况和军费支出

清代前中期，政府财政收入和支出规模总体相当，略有结余。乾隆、嘉庆直到道光时期（1740年至19世纪40年代），中央财政年均收入[1]在3 000万~4 000万两纹银左右，"岁入"与"岁出"[2]相抵一般出现盈余，乾隆中后期国库平均存银6 000万~8 000万两。中央财政出现缺口，主要是由于战争造成临时军费支出，一般通过捐纳[3]等非常规手段予以填补。如嘉庆初年的白莲教之役，清政府前后支出军费约2亿两白银。嘉庆三年（1798年），朝廷为筹集军费平定白莲教，开设"川楚事例捐"，共收银3 000余万两。从嘉庆初年到鸦片战争爆发前（1800年至19世纪30年代），户部存银在1 000万两左右。

1840年鸦片战争之后，清政府为应对内外战争、支付对外赔款和兴办洋务，各类支出迅速增加。1850年太平天国运动前夕，户部存银已降至187万两。运动爆发后，清政府军费开支激增，中央财政根本无力支付，不得不下令"就地筹饷"，将财权下放至各总督巡抚，只求各省筹足军费和保障朝廷旧有税赋份额，其筹资方式和来源朝廷概不过问。"就地筹饷"打破了清朝建政以来"财权操自户部，各省不得滥请丝毫"的中央集权财政体制，形成中央

---

1 除特别说明外，本文所指的清代财政收入仅指中央政府的货币收入，不包括实物和劳务收入与地方财政收入。清代财政收入数字参见申学锋.清代财政收入规模与结构变化述论[J].北京社会科学，2002（1）：84-90.

2 岁出指能够奏销的经常性财政支出，包括官员俸禄、日常军饷、例行的水利整修等支出，不包括赈灾的减免钱粮、战争支出、临时性河工水利支出等。清代财政支出数字参见申学锋.清代财政支出规模与结构演变述略[J].学术研究，2004（07）：98-102.

3 捐纳是明代和清代前期主要的非常规财政收入，政府根据所捐钱物多少给予功名或实职，即民间所称"捐官"。

与地方财政分权格局。正是财权下沉,导致晚清地方政府能够"自借、自还、自用"外债,举借外债只需事后向朝廷报备而不必中央事前批准。梁启超指出,世界各国之地方行政区,"未有能直接为国际交涉以借外债者,有之则从中国始。"[1]

平定太平天国运动之后,清政府试图加强对政府债务的管理,地方政府举借外债须得到朝廷批准。多数军事外债(如左宗棠西征借款、福建台防借款)虽是地方官员所借,实际是为中央政府战略服务。与此同时,中央财政收入通过增收关税、厘金和其他捐纳实现了增长。到了光绪中期(1884—1894年),中央财政的收入在8 000万两以上,是嘉庆道光时期的两倍左右,且每年都有财政盈余(见表6)。1885—1894年,清朝财政累计结余5 986万两白银。其中甲午战争爆发前一年(1893年),中央财政收入8 311万两白银,财政支出为7 434万两,结余967万两。

需要说明的是,上述财政收支记录并没有包括意外开支,实际财政准备金远少于账面累计结余。而在清政府所有财政支出中,军费一直占主体,军费包括日常维持常备军的费用和战争费用两大部分。1884年中法战争前后,清朝军饷支出已达3 400万两,这只是常年军饷。此外,尚有新设京兵、海军、奉天、吉林、黑龙江练军以及购买枪炮船舶、修筑炮台诸费。各种日常军费合计高达五六千万两,占财政支出的60%以上。

表6 清政府1885—1894年岁入岁出

单位:万库平两

年份	岁入	岁出	结余
1885	7 708	7 286	422
1886	8 127	7 855	272
1887	8 422	8 128	294
1888	8 839	8 197	642
1889	8 076	7 308	768
1890	8 680	7 941	740
1891	8 968	7 935	1 033
1892	8 336	7 564	772
1893	8 311	7 343	968
1894	8 103	8 027	76

资料来源:周育民(2000).

---

1 梁启超.中国国债史[M]//饮冰室文集点校(二).昆明:云南教育出版社,2001:1120.

以甲午战争的主力北洋水师为例，据统计，光绪元年（1875年）至二十年（1894年），清政府对北洋海防的拨款为2 302万两白银，实际支出2 136万两[1]，占当时财政收入的1.6%左右，其中用于购置舰船军火约800多万两。战时费用支出更远超平时。据估算，1866—1881年左宗棠西北用兵，合计军费在1亿两以上。1883—1885年中法战争军费支出约3 000万两。因此，甲午战争前清政府财政虽有结余，但仍不足以应对突发战争的巨额军费开支。

（二）甲午战争以前日本的财政状况与军费支出

日本明治维新初期，全国80%的人口为农民，中央政府只能征收直辖地的租税、地税，即所谓"800万石（米）朝廷"（约合800万两白银）。在财政支出方面，除了供养军队和各级官员之外，"废藩置县"后，武士集团上层（华族）仍然坐食俸禄，每年俸禄支出达财政收入的三分之一。明治政府第一个财政年度的支出是财政收入的8.3倍[2]，财政压力极大。与晚清政府下放财权相反，明治政府逐步收回了地方诸藩的财税权力，改革俸禄制度以减少对华族的财政供养，通过地税改革降低了税收成本，同时扶持民间资本，开拓新税源。随着新政推进和经济转型，日本财政收入持续增长。到了甲午战争爆发前的1893年，日本政府财政收入为8 500万日元（约合5 660万两白银）。

在财政支出方面，日本政府把富国强兵作为首要目标，大力增加海陆军建设投入。以海军为例，1870年，日本兵部省提出《创建海军建议》，计划用20年建造200艘军舰，合计投入6 000万两白银，计划完成后每年的维持费高达1 152万两[3]。但限于经济实力和财政收入规模，1873年，海军省不得不将造舰计划目标削减为18年建造110艘军舰。1878年至1882年，日本海军军费基本维持在每年300多万日元，约合纹银200万两[4]，而用于舰船制造和采购更新部分不足10%，远低于同期中国北洋水师的购船投入。1875年，日本海军首次向英国订购3艘现代化军舰，建造费用为311万日元。1882年朝鲜"壬午事变"爆发后，日本政府以中国为假想敌，大力扩军备战。1883年，海军军费增长到624万日元，1885年达750万日元。19世纪80年代后期，世界造船技术有了很大突破，加之中国北洋水师规模不断扩大，主要舰船吨位、装甲、武器性能都超过日本海军，日本政府的危机感增强，进一步扩充军备。1886年，日本海军省重新制定海军军备扩张计划，计划新造舰艇54艘，总计6.63万吨。1892年底，日本议会通过了海军扩军方案及军费预算，计划在1893—1899年，投入继续费[5]1 808万日元（约合1 200万两白银）用于海军建设。在甲午战争前的1893年，日本财

---

1 姜鸣.龙旗飘扬的舰队[M].上海：上海交通大学出版社，1991：136-137.

2 戚其章.甲午战争赔款考实[J].历史研究，1998（3）：3-5.

3 庞宝庆.日本海军的军备扩张与军费筹措（1868—1921）[J].军事历史研究，2018，32（01）：14-23.

4 1885年，日本正式实施完全可兑换的银本位制，从1885年至1896年日本实施金本位制前，1两库平纹银约等于1.5日元，下文如无特别说明，日元与银两汇率均按1.5：1计算。

5 继续费指延续数年度的事业，预先经过议会表决，不需要每个会计年度的表决而支出的经费。

白银货币与中国历史变迁问题研究

政总支出8458万日元,其中军费2282万日元,占财政支出的27%。军费开支特别是武器装备购置费用已经成为日本财政支出的首要用途。

参考文献

[1] 浜野洁等.日本经济史1600—2015[M].南京:南京大学出版社,2018.

[2] 崔金柱.甲午战争期间日本的军费筹支[J].世界历史,2015(2):69-77+159-160.

[3] 姜鸣.龙旗飘扬的舰队[M].上海:上海交通大学出版社,1991.

[4] 金普森.中日甲午战争与中国外债[J].东南学术,2000(1):107-111.

[5] 李廷江.日本财界与甲午战争[M]//戚其章,王如绘主编.甲午战争与近代中国和世界甲午战争100周年国际学术讨论会文集.北京:人民出版社,1995:347-363.

[6] 梁启超.中国国债史[M]//饮冰室文集点校(二).昆明:云南教育出版社,2001:1120.

[7] 骆毅.清朝人口数字的再估算[J].经济科学,1998(6):120-128.

[8] 马陵合.试析左宗棠西征借款与协饷的关系[J].历史档案,1997(1):106-111+105.

[9] 明治财政史编纂会.明治财政史(第2卷)[M].东京:明治财政史发行所,1926:36-39.

[10] 庞宝庆.日本海军的军备扩张与军费筹措(1868—1921)[J].军事历史研究,2018,32(01):14-23.

[11] 庞宝庆.近代日本金融政策史稿[M].长春:吉林大学出版社,2010.

[12] 戚其章.甲午战争赔款考实[J].历史研究,1998(3):3-5.

[13] 戚其章.国际法视角下的甲午战争[M].北京:人民出版社,2001.

[14] 戚其章.中国近代史资料丛刊续编·中日战争(第1册)[M].北京:中华书局,1989.

[15] 日本银行.日本银行百年史[M].日本银行,1982.

[16] 申学锋.清代财政收入规模与结构变化述论[J].北京社会科学,2002(1):84-90.

[17] 申学锋.清代财政支出规模与结构演变述略[J].学术研究,2004(07):98-102.

[18] 沈其新.左宗棠"西征借款"试析[J].兰州学刊,1986(06):63-68.

[19] 中国人民银行总行参事室.中国清代外债史资料[M].北京:中国金融出版社,1991.

[20] 中国人民银行上海市分行.上海钱庄史料[M].上海:上海人民出版社,1978.

[21] 周育民.试论息借商款和昭信股票[J].上海师范大学学报(哲学社会科学版),1990(01):70-74.

[22] 周育民.19世纪60—90年代清朝财政结构的变动[J].上海师范大学学报(哲学社会科学版)2000(4):52-60.

庚子赔款的债务化偿付及其影响[1]

◎ 中国人民银行研究局　王　信　魏　磊
◎ 中国人民银行扬州市中心支行　张　翼

摘要： 庚子赔款是中国近代史上最大一笔赔款，也是以长期债务形式体现的赔款。本文对庚子赔款的债务化偿付安排、利率水平、支付流程及经济影响等进行比较分析后发现：(1) 庚子赔款本金4.5亿两，是清政府1903年财政收入的4.33倍，但通过债务化偿付，每年支付赔款占财政收入的比重逐步下降；(2) 按照购买力折算，庚子赔款本金约占1900年中国GDP的2.1%；(3) 与当时主要国家长期债务利率相比，庚子赔款4%的利率属于中等水平；(4) 将庚子赔款与德国第一次世界大战赔款进行比较，发现赔款本金占经济总量比重，中国低于德国，但中国支付赔款的财政压力高于德国；(5) 庚子赔款偿付对近代中国的财税金融产生深刻影响，外籍海关税务司借机成为独立于中国政府的"第二财政"，外商银行藉此强化其"隐性中央银行"地位，赔款还催生了货币市场的"新周期"和"新危机"。总体上，赔款的债务化偿付安排不仅受政治外交形势主导，也与金融机构特别是银行跨国经营存在密切联系。赔款的经济影响不仅取决于偿付总量，也取决于经济治理能力和财税金融制度。国家经济治理能力和资金筹措动员能力强，则赔款对本国的冲击较小；国家财税金融制度落后，则受到冲击较大。

▶ **Abstract:** Boxer indemnity is the largest Indemnity to foreign countries in the history of modern China, and also an indemnity in the form of long-term debt. Based on relevant historical materials and previous studies, this paper made a detailed and comparative analysis of the debt repayment arrangement, interest rate level, payment process, exchange gains and losses, actual repayment

---

[1] 感谢复旦大学吴景平教授、安徽师范大学马陵合教授、北京大学管汉晖副教授和中国社会科学院熊昌锟博士对本文的评阅意见。本文发表于《金融研究》2021年第2期。

and present value conversion of boxer indemnity. This paper found that :(1) Boxer indemnity was 4.33 times of the Qing government's fiscal revenue in 1903. However, through debt repayment, the actual payment of indemnities as a percentage of fiscal revenues gradually declines each year .(2) Boxer indemnity accounted for about 2.1% of China's GDP in 1900. (3) Compared with the long-term interest rates of major countries around 1900, the 4% interest rate of Boxer indemnity is at a moderate level. (4) Comparing the Boxer indemnity with the German war indemnity of World War I, the scale of Boxer indemnity and its share in the total economic of China are far lower than that of German's indemnity.However, China's actual payment of indemnities each year accounted for the proportion of fiscal revenue was higher than the proportion of German indemnities. (5) Boxer indemnity had a profound impact on China's finance, banking and currency. In terms of fiscal taxation, the Chinese Maritime Customs Service, which manages foreigners, took advantage of Boxer indemnity to expand its power, and became the "second fiscal" independent of the Chinese government. In the financial market, foreign banks have further strengthened their financial privileges and market advantages by handling Boxer indemnity business, and established their status as "recessive central bank" in China. In terms of currency, Boxer indemnity did not change the "old system" of China's chaotic currency system, but gave birth to a "new cycle" and "new crisis" in currency circulation.Based on the above findings, this paper holds that debt settlement of war reparations in recent history was not only dominated by the political and diplomatic situations, but also closely related to the transnational operations of financial institutions, especially Banks. The economic impacts of war reparations depend not only on the total repayment amount, but also on the ability to govern the economy and the fiscal and financial systems. If the country's economic governance capacity and fund mobilization are strong, the impacts of compensation on the country will be smaller; if the country's fiscal, tax and financial systems are backward, the impacts will be greater.

一、引言

1901年，清政府被迫与八国联军签订《辛丑条约》，赔偿列强白银45 000万海关两，年息4%，从1902年起分39年还清。这笔巨额赔款史称"庚子赔款"，这是中国近代史上最大的一项对外赔款，也是一笔以长期债务形式体现的对外赔款。对庚子赔款的债务化偿付安排、利率水平、赔款实际价值和经济后果等进行详细梳理和比较分析，有助于更深入地理解近代中国经济金融史。

现有文献有关庚子赔款的研究主要包括三个方面：一是对庚子赔款的议定过程和赔款支付中产生的汇兑、减免和退还等问题。王树槐（1974）所著《庚子赔款》系统地阐述了庚子赔款的议定过程、中国政府如何赔偿、赔偿中出现的问题，以及美、英等国退还庚款的情况。侯中军（2014）认为庚子赔款之前的对外赔款主要采取一次赔偿或银行贷款，而庚子赔款最终采取了分期偿还债务方式。对清政府而言，避免了被瓜分和财政破产，而列强同意分期偿还，主要是为维持清政府统治，实现其在华利益最大化。国外学者也从西方视角对庚子赔款议定和偿付进行研究。如Frank.H.King(2006)认为庚子赔款谈判初期列强诉求不一，局面极为混乱，最终谈判达成，主要是海关总税务司赫德在列强之间斡旋以及汇丰银行的居间作用。二是对赔款实际支付和退还金额的考证。海关总署研究室（1983）依据旧海关所藏原始档案和账册，整理编译海关税务司在庚子赔款金额谈判、款项筹拨、"镑亏"交涉以及赔款缓付、停付和退还方面的有关史料，并核算历年支付实际赔款金额。宓汝成（1997，1999）对庚子赔款的来源、债务形成和偿付，以及此后的"镑亏""金法郎案"、庚款退还及其用途等重要问题进行了综合研究，对庚子赔款实付金额、退还金额等关键数据进行了考证。三是对庚子赔款相关影响的研究。徐义生（1962）对包括庚子赔款债务在内的近代外债按借贷双方、币种、数额、利率等要素逐项排列统计，并对庚子赔款债务及其他外债影响简要评述。财政方面，梁义群（1992）指出庚子赔款后，清政府财政入不敷出，只得向各省硬性摊派、征收苛捐杂税，更加激起民愤，最终导致清朝灭亡。货币金融方面，彭信威（1988）指出，晚清落后的货币本位制度加剧了庚子赔款债务负担，使中国在赔款之外又受到汇兑损失。洪葭管等（2008）指出近代中国对外赔款特别是庚子赔款和外资银行有密切关联。如汇丰银行通过参与对中国政府贷款，以及经手庚子赔款等，逐步成为汇兑、结算等领域的"万能垄断者"。随着美国经济对外扩张和索取庚子赔款，花旗银行也在中国拓展业务。此外，庚子赔款及部分退还与近代文化教育、社会使用等方面的关系一直是研究热点，本文主要限于经济金融领域讨论，在此不再赘述。

综上所述，学术界对庚子赔款的研究成果丰富，但大多基于传统史学考证，对新史料和新方法的运用有待拓展。在研究对象上，多数研究把庚子赔款作为单独事件进行述论，缺乏与同时代其他国际赔款的比较，以及与全球市场相联系的综合性分析。有鉴于此，本文从债务视角出发，研究庚子赔款债务化及其影响。整理制作了赔款支付流程图，相对简明地阐述了庚子赔款的支付流程。进而从货币购买力和国际比较的角度，分析庚子赔款的经济总量和财政收入的占比以及在财政、金融、货币等方面的影响。主要贡献包括：

一是庚子赔款本金相当于清政府1903年财政收入的4.33倍，但通过债务化偿付，每年实际支付的赔款占当年财政收入的比重逐步下降。二是使用不变价国际元和GDP平减指数进行折算，发现庚子赔款本金约占1900年中国GDP的2.1%。此外，由于19世纪下半叶白银贬值，按米价购买力折算，庚子赔款占中国近代历次赔款之比明显低于按白银计算占比。三是与当时清政府的内外债利率以及1900年前后主要国家的长期主权债务利率相比，庚子赔款4%的利率属于中等水平，既不是特别的优惠，也并非额外的剥夺。四是将庚子赔款与德国一战后的赔款比较，发现庚子赔款本金规模和占中国经济总量比重，远低于德国一战赔款及其占比。但中国每年实际支付赔款占当年财政收入比重，高于德国每年赔款占财政收入的比重。五是庚子赔款对近代中国的财税金融和货币产生深刻影响。外国人管理的海关税务司借庚子赔款扩张权力，成为独立于中国政府的"第二财政"；外商银行通过办理庚子赔款业务，进一步确立了在中国的"隐性中央银行"地位；庚子赔款没有改变近代币制混乱的"旧制度"，却催生了货币流通的"新周期"和"新危机"。赔款的经济金融影响不仅取决于偿付总量，也取决于经济治理能力和财税金融制度。

本文后续结构安排如下：第二部分对庚子赔款基本情况和债务偿付过程进行系统梳理。第三部分基于债务要素，分析庚子赔款债务的利率水平、汇兑损益和实际偿付情况，制作庚子赔款支付流程图。第四部分开展纵向和横向比较，测算庚子赔款占财政和经济总量的比例，与历次赔款的购买力比较，并与德国一战赔款进行比较。第五部分主要分析庚子赔款对近代中国财税体制、金融市场和货币流通的影响。第六部分是结论性评述及下一步研究方向。

二、庚子赔款的基本情况与债务化

（一）庚子赔款本息额及偿付条款

按照《辛丑条约》，庚子赔款利息计算是"按照上年还本若干，次年减利若干核算"。如果按贷款等额本息偿还方式，39年应付本息是8.96亿两；按等额本金偿还方式，应付本息是8.1亿两。实际上，由于清政府财力有限，庚子赔款并非在39年期限内按等额本息或等额本金方式偿还，而是将4亿5千万两赔款本金分成5组，采取分组偿还、前期还本少、后期还本多的安排，每年支付的本息从最初1 882万海关两[1]逐步递增至1932年之后的每年3 534

---

[1] 不含摊付1901年利息。

万海关两。根据这一安排，清政府需支付庚子赔款本息合计98 223.815万两，即通常所说《辛丑条约》赔款9.8亿两。需要指出的是，这一数字仅包括1902年至1940年39年的还本付息总额。但《辛丑条约》还规定，庚子赔款虽然从1902年起还本，利息却从1901年7月1日起开始计算。从1901年7月1日至12月31日的半年，清政府还需支付利息900万两。因清政府无力立即偿还，这笔利银可自1902年起分3年偿还，但利银展期的利息，也要按年息4%付清。也就是说，在条约规定的本息之外，中国还需支付963万两利息，因此，庚子赔款最终应付本息总额为白银99 186.815万海关两（见表1），即接近10亿两。需要强调的是，4.5亿两赔款本金和近10亿两赔款本息都是白银的金属数量，而同等数量白银在不同年份购买力存在很大差异，因此本文对于庚子赔款的经济价值以及近代历次赔款的购买力进行了进一步折算比较（见本文第四部分）。

表1 庚子赔款本息偿付安排

单位：万海关两

分组	每组偿还金额	开始还本时间	还本结束时间	还款年限	每年还本付息金额	本息合计	还本前的付息金额
A	7 500	1902	1940	39	382.95	14 935.05	
B	6 000	1911	1940	30	346.98	12 569.4	1902—1910年每年付利息240万两
C	15 000	1915	1940	26	938.4	32 198.4	1902—1914年每年付利息600万两
D	5 000	1916	1940	25	320.05	10 801.25	1902—1915年每年付利息200万两
E	11 500	1932	1940	9	1 546.635	16 219.715	1902—1931年每年付利息460万两
本金合计	45 000		还本付息合计		98 223.815	含前期利息合计	99 186.815

注：作者根据《辛丑条约》原文整理计算，原文见王铁崖（1957）。

（二）庚子赔款与近代中国其他对外赔款比较

从1840年第一次鸦片战争到1900年八国联军侵华，清政府与列强签订了一系列不平等条约，主要的对外赔款[本文所指的对外赔款不包括非战争原因引起的赔款（如教案和民事赔款），也不包括战争期间的军事掠夺]有8笔，金额不等，其中最大的两笔是《马关条约》赔款和庚子赔款。虽然中国历次对外赔款都以白银计价，但实际支付有银两和银元之分，包括不同成色（含银量）、不同名目。作为法定成色标准的纹银，其含银量为93.5374%。成色高于法定标准的银两，交易中可以多算重量，即为升水；成色低于这一标准的，交易中可以少算重量，即为贴水。而银两的重量单位又有"库平两""海关两"（亦称"关平两"或"关平银"）、漕平等不同标准，甚至不同时期、不同地区的库平两重量标准也不一样。如签订《马关条约》时，日方专门规定了赔款的"库平两"标准，其重量和成色要求远高于标准库平两，而庚子赔款的计量单位是海关两，《中英续订藏印条约》赔款则按印度卢比银币计算。为便于比较，全部按重量和成色折算为标准库平纹银（见表2）。考虑到白银历史购买力的差异，对历次赔款经济价值的折算比较详见本文第四部分。

表2 中国近代历次对外赔款情况

条约	签订时间	赔款金额	折合纹银/万库平两
《南京条约》	1842年	2 100万银元	1 479
《北京条约》	1860年	1 600万库平两	1 600
《中日北京专条》	1874年	50万库平两	50
《中英烟台条约》	1876年	20万海关两	20.2
《中俄伊犁条约》	1881年	500万库平两	500
《中日马关条约》	1895年	23 150万特定库平两	24 475
《辛丑条约》（庚子赔款本金）	1901年	45 000万海关两	45 450
《中英续订藏印条约》	1906年	750万印度卢比银币	378.75
赔款本金合计			73 952.95

资料来源：1.赔款金额根据相关条约原文整理，条约原文见王铁崖（1957），库平纹银按1库平两=37.3克，含银量93.5374%计算，1海关两=37.68克，折合1.01库平两，1银元=0.72库平两。除特别注明外，其余条约中的库平两按标准库平纹银计算；2.《南京条约》的银元与银两折算率按当时支付的实际数额计算，参见金源云、李国强（2017）；3.《马关条约》赔款银两按约定成色折算为标准库平银，1两白银=1.0572两标准库平银；4.1906年《中英续订藏印条约》第六款规定"西藏允兑给英国政府英金五十万镑，合卢比银七百五十万元"即该条约最终赔付英国50万英镑，并折合成750万印度卢比银币支付。印度卢比银币与中国银两的比价根据清末陶思曾《藏輶随记》记载："光绪二十年（1894年）以前约三卢比折合关平银一两，今则（1907年）二卢比即合关平银一两矣"（见陶思曾（1985）），即1907年的市场比价为2印度卢比银币=1关平银（合1.01库平银），由此折算750万卢比银币折合375万两关平银或378.75万两库平银。

（三）庚子赔款的债务化

在庚子赔款之前的历次对外赔款中，清政府基本上是一次性或在较短期限内付清，如1842年《南京条约》签订后，清政府3年内分7期支付了全部赔款。而在中日甲午战争之后支付《马关条约》赔款时,赔款金额相当于清政府年度财政收入的3倍,清政府无力在短期内支付,便采取了先向外国银行借款,再用借款支付赔款的方式。清政府先后与俄、法、英、德等国的银行进行了三笔长期借款(俄法借款、英德借款、英德续借款),最终在1898年全部付清甲午战争赔款(见表3)。

表3 甲午战争赔款三次借款情况

年份	借款名称	贷款人	金额	折银/库平两	年限	票面利率	实际折扣	折算实际年利率/%
1895	俄法借款	俄法等10家银行	4亿法郎	9 896.837	36	4%	94.125%	4.32
1896	英德借款	汇丰银行、德华银行	1 600万英镑	9 762.24	36	5%	94%	5.38
1898	英德续借款	汇丰银行、德华银行	1 600万英镑	11 277.678	45	4.5%	83%	5.61

资料来源:借款数据见戚其章(1998)。

而在签订《辛丑条约》时,一方面,列强对于索取金额和偿付方式有不同立场,每一国都寻求本国利益最大化;另一方面,清政府财政已近崩溃,不仅无法一次性支付巨额赔款,通过发行债券或银行借款支付也难以完成。因此,索取赔款成为列强互相勾结、互相妥协的过程,最终《辛丑条约》确定庚子赔款本金为4.5亿海关两,按年息4%,从1902年起分39年还清。赔款从一次性支付变成了清政府对列强的长期债务。

三、庚子赔款的债务利率、汇兑和实际偿付情况

(一)对庚子赔款利率的评价

庚子赔款所确定的赔款债务利率为年息4%,以往的研究对利率本身的高低很少予以评价,仅王树槐(1984)有所提及:1920年,英国中国协会曾认为4%的利率过高,原因是这一利率高于当时英国国债利率。侯中军(2014)的研究注意到利率也是赔款谈判的一部分,如英国驻华参赞杰弥逊曾两次赴武汉,与湖广总督张之洞商讨庚子赔款事项。张之洞希望将赔款利息减为三厘三毫(3.3%)或三厘半(3.5%),杰弥逊以英国可商,但他国未知为由,加以搪塞。但并未对这一利率本身的高低给予评价。

本文认为,评价利率不能脱离当时的经济金融环境。一方面,与清政府在庚子赔款之前(1894—1898年)举借的"息借商款""昭信股票"等内债(年息5%~8.4%,见表4)和"汇丰银款"等外债(年息4.32%~7%,见表4)相比,以及同时期(1894—1905年)日本政府

举借的甲午战争军事公债（内债）、日俄战争外债等（年息 4.5%~6%，见表 4）相比，庚子赔款 4% 的利率并不算高。另一方面，从世界利率史看，整个 19 世纪，西方主要国家的长期利率总体呈单边下行趋势，如英国长期国债利率年息从 1800 年的 5% 左右降至 1900 年的 2.5%，公开市场贴现率从 1800 年的 5% 左右降至 1900 年的 2.1%，基本上处于 100 年间最低点。美国长期国债利率也在 1899—1902 年达到了自立国以来的最低点（见表 4）。因此，庚子赔款债务 4% 的利率本身处于中等水平，基本上与当时主要国家的长期债务利率水平相当，既不是西方列强在巨额赔款之外的额外盘剥，也不是列强对华让步或恩惠。

表 4　庚子赔款利率与同时期主要国家长期利率比较

国家	利率品种	平均年利率	时间
英国	长期国债（2.5% 票面利率）	2.67%	1901 年
美国	长期国债（1930 年到期、票面利率 2%）	1.67%	1901 年
法国	永久年金（3% 票面利率）	2.96%	1901 年
荷兰	中央政府永久债务（票面利率 2.5%）	3.24%	1901 年
德国	长期国债（3% 票面利率）	3.36%	1901 年
瑞典	新发行长期国债有效利率	3.82%	1900 年
俄国	政府债券市场收益率（4% 票面利率）	3.99%	1903 年
意大利	长期国债（5% 票面利率）	4.9%	1902 年
意大利	在英国发行外债年利率	4%	1899 年
日本	甲午战争军事公债	6%	1894 年
日本	日俄战争第一、二回外债（关税担保）	6%	1904 年
日本	日俄战争第三、四回外债（烟草收入担保）	4.5%	1905 年
中国	甲午战争军费外债（汇丰银款）	7%	1894 年
中国	甲午战争军费外债（汇丰镑款）	6%	1895 年
中国	甲午战争军费内债（息借商款）	8.4%	1894 年
中国	甲午战争赔款外债（俄法借款）	4.32%	1895 年
中国	甲午战争赔款外债（英德借款）	5.38%	1896 年
中国	甲午战争赔款外债（英德续借款）	5.61%	1898 年
中国	甲午战争赔款内债（昭信股票）	5%	1898 年
中国	庚子赔款利率	4%	1901 年

资料来源：1. 美国和欧洲各国利率数据来自［美］霍默等（2010），2. 日本利率数据参见孙涛（2017）：27-28；3. 中国外债利率见徐义生（1962），甲午战争内债利率见周育民（1990），其中甲午战争赔款外债利率为计算折扣之后的实际年利率。

（二）庚子赔款汇兑损益："镑亏"和"金法郎案"

在银本位或金银复本位下，以银两计算的赔款不存在汇兑损益。19世纪上半叶英国率先实行金本位制，到1870年以后，西方主要国家相继采用金本位，将银两折算为金本位货币时就面临汇兑损益问题。当时习惯上对外付款主要以英镑汇价为标准，因此将对外支付款项因英镑汇价上涨所造成的亏损统称"镑亏"，反之，因英镑汇价下跌而获得的收益则称"镑余"。19世纪下半叶到20世纪初，一方面，国际白银产量持续增加，另一方面，白银不再作为本位货币，导致白银需求下降，国际上金贵银贱成为长期趋势。因此，"镑亏"对外债和赔款偿付造成了很大影响。

庚子赔款本身用白银计算，但当时列强货币已是金本位，《辛丑条约》规定："本息用金付给，或按应还日期之市价易金付给"。这就带来一个问题，如果中国用白银兑换成金本位货币偿付赔款，金银比价（汇率）如何折算。是按《辛丑条约》签订时候约定的货币比价（见表5）折算成黄金，还是以支付日的金银比价为准。由于19世纪末到20世纪初金贵银贱是长期趋势，1901年《辛丑条约》签订时，1英镑=6.66两海关银，而到1902年庚子赔款开始正式还本付息时，已涨到1英镑=7.5两海关银。当清政府准备按约定将相应数量白银交付各指定银行时，列强却拒绝接受，提出还款应按照签约时比价将白银折算成黄金。经过三年交涉，最终清政府于1905年与各国达成协定，按照列强要求，所有赔款都以《辛丑条约》约定的汇率折算为金本位货币。清政府还一次性支付给列强800万两白银，以弥补1905年之前用银赔款的"镑亏"。[1]

表5 各国所获庚子赔款份额和《辛丑条约》约定汇率折价

国家	赔款本金的银两数/万海关两	赔款占比/%	1海关两折合该国货币
德国	9 007.05	20.02	3.055 马克
奥地利	400.39	0.89	3.595 克勒尼
比利时	848.43	1.89	3.75 法郎
西班牙	13.53	0.03	3.75 法郎
美国	3 293.90	7.32	0.742 美元
法国	7 087.82	15.75	3.75 法郎
英国	5 062.05	11.25	0.15 英镑

---

1 海关总署研究室编译.中国海关与庚子赔款[M].北京：中华书局，1983：22-23.

Silver Currency and Its Role
in the Evolution of Chinese History
白银货币与中国历史变迁问题研究

续表

国家	赔款本金的银两数/万海关两	赔款占比/%	1海关两折合该国货币
葡萄牙	9.22	0.02	0.15英镑
意大利	2 661.70	5.91	3.75法郎
日本	3 479.31	7.73	1.407日元
荷兰	78.21	0.17	1.796佛乐林
俄罗斯	13 037.11	28.97	1.412卢布
瑞典和挪威	6.28	0.01	0.15英镑
未列名各国	14.96	0.03	0.15英镑
合计	45 000	100	

资料来源：《辛丑条约》原文参见王铁崖（1957）。

在确认庚子赔款以金为准的同时，协议规定赔款运用的金本位货币由各国自行选择，俄、日等国采用英镑，而英、美、法、德等多数国家则选择本国货币。由于法国法郎在第一次世界大战期间及战后大幅贬值，法国政府于1922年要求北洋政府将法郎支付改为法郎贬值前对应的黄金或美元。意大利和比利时也要求改用黄金替代已贬值的本国货币。这就是近代史上的"金法郎案"。几经交涉，北洋政府于1925年将法意比三国的赔款从该国货币改为保持金本位的美元，完全接受了列强的无理要求[1]。据宓汝成（1997）估算，中国在镑亏和金法郎案的全部汇兑损失合计约为1亿两，即庚子赔款理论上的赔付总数达到11亿两。由于后来发生汇率变化、赔款停付、减免和退还等情况，实际支出并未达此数额。

（三）庚子赔款的支付方式和付款流程

《辛丑条约》规定[2]，庚子赔款以海关关税、常关税及盐政各项进款作抵押，清政府将相关赔款保票交驻京各国大使并分成零票，每支付一笔，由中国官员在相应零票上画押。款项的汇总、支付事宜由上海的江海关道及其所属官银号经办，签约的西方列强在上海成立了"庚子赔款各关系国银行委员会"，负责将清政府交付的赔款按规定份额分拨各国。即每期的赔款本息，在清政府海关税收项下按时拨付各国指定之经理银行。

---

1 海关总署研究室编译. 中国海关与庚子赔款[M]. 北京：中华书局，1983：22-23.
2 具体条约原文见《辛丑条约》第六款之乙至戊条，王铁崖. 中外旧约章汇编（第一卷）[M]. 北京：三联书店，1957.

以对美国赔款为例，美国政府与花旗银行于 1901 年达成协议，"凡根据议定书所确定中国政府应付美国的全部赔款均由该行负责经收。该行按付款日上海银两价值将中国应付美国的金额折成美元，该行不担负折算上的任何损失，将已收款项计入美国政府账下"。[1] 即花旗银行并不需要把收到的银两款项运到美国，只需将已收银两对应的美元数额计入美国财政部在花旗的账户，同时花旗银行收取 1.5% 的手续费。1905 年，清政府与列强就镑亏问题达成协议[2]，确认新的付款方式为："每月应付之本利，此后改为按月摊还，于每月末日由中国按各国应得份额直接分交有关各国；付款办法，中国或按伦敦市面银价用银付还；或以电汇、或用金汇票，听任各国自行选择"。即庚子赔款从"赔银给银"变成"赔银给金"，美国政府因此中止了与花旗银行的协议。花旗银行虽然不再履行银行委员会代表职责及作为经收中国赔款的美国财政部代理人职责，但其代理经收庚子赔款的法定地位并未改变。花旗银行上海分行收到上海江海关道的赔款银两并按《辛丑条约》的约定汇率折算为美元后，开出收据并将已收的赔款电汇美国财政部。

1911 年武昌起义之后，列强以保障债权人利益为名，将关税的保管权和赔款的支付经办转至外籍海关税务司[3]。清朝灭亡之后，北洋政府继续承认《辛丑条约》并支付赔款本息。此时的支付流程为：关税收入统一存入海关总税务司在上海汇丰银行的账户，汇丰银行按月将庚子赔款部分拨入庚款账户，其中美国的赔款部分折算为美元后送交花旗银行上海分行，再由花旗银行电汇给美国财政部。这种方法一直持续到美国决定退还庚子赔款为止。根据上述史实，本文整理制作了对美国的庚子赔款支付流程图（见图 1），其他指定银行与外国政府的支付流程基本类似。

---

[1] 美国外交文件集（Foreign Relations of the United States，简称 FRUS）1905 年卷，美国国务院历史学家办公室网站。
[2] 美国没有参与镑亏问题谈判，但是默认了新的支付方式。
[3] 海关总署研究室编译. 中国海关与庚子赔款 [M]. 北京：中华书局，1983：22-23.

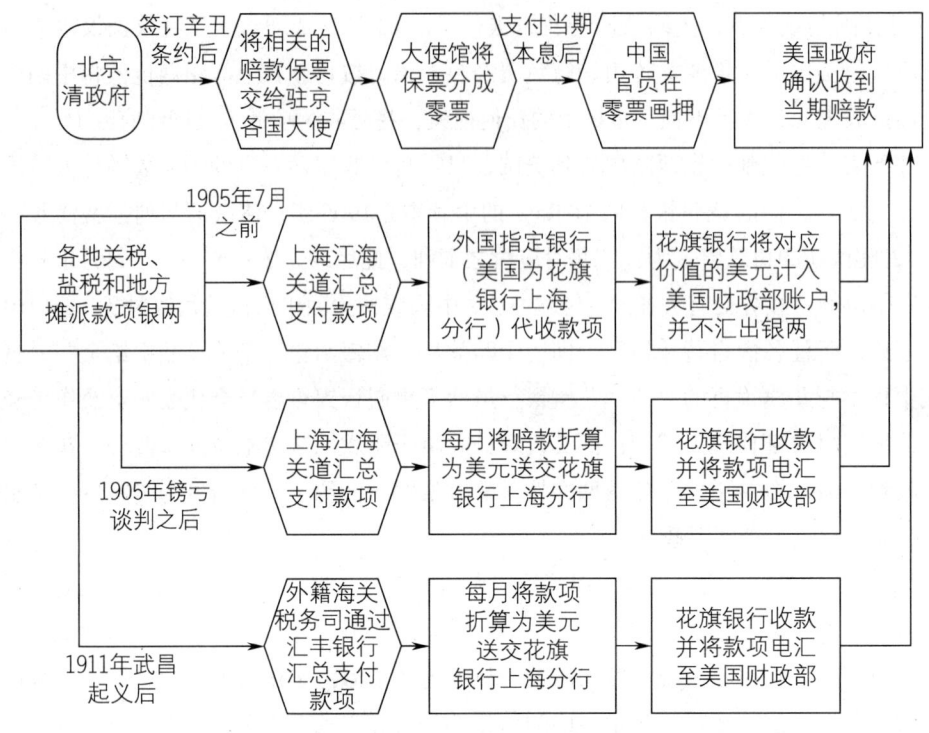

图 1　庚子赔款支付流程（以对美国赔款为例）

（资料来源：作者根据协议文本、赔款谈判及执行等史料制作）

（四）庚子赔款实际偿付情况

1914 年第一次世界大战爆发，北洋政府加入协约国，停止对德国赔款。一战结束后，根据《凡尔赛和约》，中国中止对战败的德国、奥匈帝国的赔款。"十月革命"爆发后，1924 年苏联政府明确表示放弃俄国的庚子赔款。1907 年，美国国会授权政府退还部分庚子赔款，用于中国的教育；1924 年，美国国会通过决议退还其余庚子赔款。1925 年，英国国会正式通过"中国赔款案"，放弃中国尚未支付的庚子赔款，此外，比利时、意大利分别于 1925 年、1933 年订立协定退还中国庚子赔款，荷兰于 1926 年将剩余庚子赔款全部还给中国，各国相关赔款主要用于文化教育事业。而日本则以挪用庚子赔款的手段，资助对华的文化侵略，庚子赔款实质上完全没有退还。直到 1939 年初，国民政府才正式全面停止偿付庚子赔款。据统计，中国累计支付庚子赔款本息总额约为 6.52 亿海关两[1]，扣除美英等国收到后退还的赔款折合白银约 0.76 亿两，中国最终实际支付赔款约 5.76 亿海关两（约合 5.81 亿库平两），占赔

---

[1] 海关总署研究室编译. 中国海关与庚子赔款[M]. 北京：中华书局，1983：22-23.

款本息总数的58%[1]（见表6）。

表6 历年实际支付庚子赔款数额

单位：万海关两

年份	实际支付	年份	实际支付
1902	2 183	1921	354
1903	2 183	1922	384
1904	2 183	1923	551
1905	2 683	1924	540
1906	1 883	1925	2 242
1907	1 883	1926	1 241
1908	1 883	1927	1 327
1909	1 883	1928	1 291
1910	1 883	1929	1 437
1911	1 492	1930	2 005
1912	186	1931	2 580
1913	4 148	1932	2 485
1914	2 402	1933	3 018
1915	2 663	1934	2 564
1916	2 083	1935	2 239
1917	1 312	1936	2 423
1918	267	1937	2 436
1919	231	1938	2 474
1920	216	合计	65 237

注：历年赔款数据见海关总署研究室（1962）：228-234，原表单位为海关两，本文省略了千位数以下部分（四舍五入），另外部分年份有先期付款扣回利息，合计445万海关两。

---

[1] 宓汝成.庚子赔款的债务化及其清偿、"退还"和总清算[J].近代史研究，1997（05）：41-77.

四、庚子赔款的价值占比与国际比较

（一）庚子赔款与当时政府财力及经济总量的比较

如前所述，庚子赔款的绝对数量是一个公认的数字，但是其相对于当时财政收入、经济总量的比例仍然未有较为准确的测算。本文根据相关研究，将庚子赔款与清政府财力及晚清经济总量进行测算比较，并在此基础上开展国际比较。

1. 赔款支出占财政收入的比例

在现有清代财政资料中，地方政府收支有相当一部分属于自收自支未列入统计。因此，无法测算包括中央和地方的全口径财政收入，只能基于中央财政收入进行比较。根据邓绍辉（1997）的研究，清代中央财政收入中有一部分属于粮食草料等实物形态，未折算为货币。但从实物收入占比看，清代前期实物占比较高，咸丰以后逐步实施漕运改折，实物收入逐渐减少，货币税征收逐渐增多。1902年，清政府废除漕运，标志着清代的主要实物赋税形式——漕粮征解制度退出历史舞台。因此，可以认为晚清特别是庚子赔款（1902年）以后的中央财政收入基本是货币形态。根据申学锋（2002）的统计，庚子赔款开始偿付的次年即光绪二十九年（1903年），清政府中央财政收入为1.0492亿库平两，约合海关银1.0388亿两。庚子赔款本金4.5亿海关两，相当于清政府1903年中央财政收入的4.33倍。在中国近代历次赔款当中，庚子赔款不仅在绝对量上最多，占当期政府财力的比重也是最高的（见表7）。但由于庚子赔款采取债务化分期偿付，当年实际支付赔款本息低于本年财政收入。而且随着清末财政收入的增长和白银实际购买力的变化，当年支付赔款占年度财政收入比值呈现逐年下降态势。如1903年支付的庚子赔款本息相当于该年财政收入的20.8%，而到1908年和1909年，这一比例分别降至8%和7.2%，到1911年，应付赔款占比进一步降至6.8%（由于发生辛亥革命，实付赔款少于应付，占当年清政府财政收入的5.1%）。对于列强而言，债务化之后赔款的偿付风险下降，避免了因清政府财政可能破产而拿不到赔款的局面，列强利益得到维护。但对于中国而言，晚清政府的财政收入增长并非来自经济增长，而主要来自关税收入和厘金收入增长，财政收入和偿债能力的提升，实际上是以进口规模扩大[1]和国内商品流通成本提高（厘金支出）为代价，最终受损的仍然是中国经济。1911年辛亥革命清政府被推翻后，北洋政府没有稳定的中央财政收入来源，加之发生了庚子赔款因一战停付，对德、奥等国赔款废止以及英美等国"退还"赔款等情况，每年实际支付赔款占财政收入比例波动很大。限于篇幅，不再详细分析。

---

[1] 清末海关进口关税的税率基本没有变化，关税收入增加主要源于进口规模扩大。

表7　庚子赔款及其他近代赔款占清政府中央财政收入比重

单位：亿库平两

项目	赔款金额	对应年份中央财政收入	赔款/财政收入
第一次鸦片战争赔款	1 479	4 125（1841年）	35.8%
第二次鸦片战争赔款	1 600	约5 000~6 000（1860年）	26.6%~32%
甲午战争赔款	24 475	8 103（1894年）	302%
庚子赔款本金	45 450	10 492（1903年）	433%
1903年支付庚子赔款	2 205	10 492（1903年）	21.0%
1908年支付庚子赔款	1 902	23 482（1908年）	8.1%
1909年支付庚子赔款	1 902	26 382（1909年）	7.2%
1911年应付庚子赔款	2 010	29 696（1911年）	6.8%
1911年实付庚子赔款	1 507	296 96（1911年）	5.1%

注：清政府各年度财政收入数据见申学锋（2002），其中1860年财政收入为申学锋（2002）的估计数据，历次赔款金额参见表2，具体年份庚子赔款支付额见表6，按照1海关两=1.01库平两折算为库平两。1911年应付赔款为根据赔款安排计算的赔款支付额（见表1），由于1911年发生辛亥革命清政府被推翻，导致1911年和1912年实际支付赔款少于应付赔款，相差部分由北洋政府在1913年付清。

2. 赔款占GDP的比例

相较于财政收入，历史GDP的估算需要基于系统全面的经济统计资料，难度和争议较大。目前学术界对于庚子赔款开始偿付时各具体年份GDP尚未有公认数据，本文尝试借助已有历史GDP估算的成果，对庚子赔款前后（1900年左右）的GDP及赔款占比进行估算。一个思路是借助已有历史年份的白银计价GDP估算结果进行折算，如张仲礼等估计1887年中国GDP约合白银33.27亿海关两[1]，巫宝三（1947）估计1933年中国GDP约为203.19亿元（约合146.3亿海关两），可以对1887—1933年相关年份GDP进行线性推算。但实际上，由于19世纪末到20世纪初白银购买力和国际金银比价剧烈波动，如1901年时金银比价为34.68，1919年降至18.44，而到1932年时高达73.29，直接用已知年份的白银计价GDP推算其他年份GDP误差过大，因此不能直接用名义值按增长率来计算庚子赔款前后的GDP[2]。

1　原始结果为国民生产总值（GNP），减去国外净收入而得到国内生产总值（GDP），相关数据见费正清编.剑桥中国晚清史（下卷）[M].中国社会科学院历史研究所编译室译.北京：中国社会科学出版社，2006：9.

2　历年国际金银比价数据参见刘逖.前近代中国总量经济研究（1600—1840）——兼论安格斯·麦迪森对明清GDP的估算[M].上海：上海世纪出版集团，2010：224-225.

SILVER CURRENCY AND ITS ROLE
IN THE EVOLUTION OF CHINESE HISTORY
白银货币与中国历史变迁问题研究

另一个方法是采取不变价国际元法，即以 1990 年不变价国际元（Geary-Khamis Dollar，以下简称国际元）计价的 GDP 为基础，将国际元折算为对应历史年份的美元和白银，从而避免白银购买力变化导致的 GDP 名义值波动。麦迪森（2011）估计，1900 年中国人均 GDP 为 545 国际元，GDP 总量为 2 181.5 亿国际元。不过，麦迪森（2011）的估计虽然影响广泛，但存在统计技术缺陷及估算过于简略的问题，使其结果存在很大不足[1]。根据金星晔、管汉晖和李稻葵等（2019）进一步的修正估计，1820 年中国人均 GDP 为 623 国际元，1952 年为 538 国际元，1820—1952 年人均 GDP 年增长率为 -0.11%。按线性增长推算，1900 年中国人均 GDP 为 570.5 国际元，按照麦迪森（2011）估计中的人口数据（约 4 亿人），中国 1900 年 GDP 总量为 2 282 亿国际元。在赔款价值方面，按照庚子赔款议定时的美元与海关银比价 1 海关两白银 =0.742 美元（见表 5），庚子赔款本金 4.5 亿海关两折合 1902 年的 3.339 亿美元。根据 1990 年不变价国际元的定义，1990 年不变价国际元等于 1990 年美元。查阅历年美元 GDP 平减指数（1800=100）[2]，1902 年 GDP 平减指数 =79.89，1990 年 GDP 平减指数 =1 124.1，庚子赔款本金 4.5 亿海关两，折合 1902 年 3.339 亿美元，相当于 46.98 亿国际元。即根据上述两种估算方法，庚子赔款本金占 1900 年中国 GDP 的比例分别为 2.06% 和 2.15%（见表 8）。

表 8 庚子赔款占中国经济总量比重

单位：亿库平两

项目	赔款金额	1902 年 GDP（白银法）	赔款 /GDP（白银法）	1902 年 GDP（国际元法）	赔款 /GDP（国际元法）
赔款本金	4.545	54.47	8.3%	240.99	1.9%
赔款本息	9.9182	54.47	18.2%	240.99	4.1%
实际支付	5.8167	54.47	10.7%	240.99	2.4%

注：1.GDP1 见麦迪森（2011）：157；2.GDP2 系作者根据金星晔等（2019）估算的 1820—1952 年人均不变价 GDP，按线性增长率折算 1900 年人均 GDP，并参照麦迪森（2011）的 1900 年人口数据计算 GDP；3. 庚子赔款折算 1902 年美元按《辛丑条约》约定汇率，1 海关两 =0.742 美元，1902 年美元折算国际元使用 GDP 平减指数口径，美元 GDP 平减指数折算标准见美国经济分析局（Bureau of Economic Analysis, 2009）。

---

1 中国历史 GDP 核算研究的相关进展见李稻葵，金星晔，管汉晖. 中国历史 GDP 核算及国际比较：文献综述[J]. 经济学报，2017，4（02）：14-36.

2 美元历年 GDP 平减指数参见美国经济分析局 Bureau of Economic Analysis.The annual consumer price index for the United States, 1774—2008[M].Measuring Worth, 2009.

3. 历次对外赔款的购买力比较

如前所述，表1和表2列举的仅是近代历次赔款的白银数量，而不同历史年份的白银价值比较需要根据GDP平减指数进行折算。从中国历史上的经济结构看，从北宋到近代（20世纪30年代以前），农业在我国经济结构中的比重基本在70%，因而，使用粮价特别是一定跨度时期的平均米价代表一般物价水平具有一定合理性。本文根据许道夫（1983）的研究成果，基于1841—1911年各个阶段的平均米价，对历次赔款的购买力进行了折算（见表9）。从购买力折算结果看，受国际"金贵银贱"大趋势影响，晚清时期特别是19世纪末到20世纪初，白银购买力持续下降。1901—1911年的平均米价比1841—1850年的平均米价上涨了2.35倍。就历次赔款而言，按白银计算的庚子赔款本金占历次赔款总量之比为61.5%，而按米价折算后，庚子赔款本金占历次赔款比例降至47.5%。白银的相对贬值在一定程度上缓冲了庚子赔款的巨大压力，避免了清政府直接破产。

表9 近代历次对外赔款购买力折算比较

赔款事件	条约签订年份	赔款/万库平两	米价/库平两/市担	赔款折米/万担	米价备注
《南京条约》	1842	1 479	0.75	1 975.2	1841—1850年均价
《北京条约》	1860	1 600	0.57	2 812.9	1851—1860年均价
《中日北京专条》	1874	50	1.12	44.5	1866—1875年均价
《中英烟台条约》	1876	20.2	1.02	19.9	1876—1880年均价
《中俄伊犁条约》	1881	500	1.06	472.4	1881—1890年均价
《中日马关条约》	1895	24 475	1.68	14 526.9	1896—1900年均价
《辛丑条约》（庚子赔款本金）	1901	45 450	2.51	18 087.4	1901—1911年均价
《中英续订藏印条约》	1906	378.75	2.51	150.7	1901—1911年均价
历次赔款折合银两合计（万库平两）		73 952.95	历次赔款折米合计（万市担）		38 089.9
庚子赔款本金占历次赔款银两比例		61.5%	庚子赔款本金占历次赔款折米合计比例		47.5%

注：1.历次赔款均折成库平纹银，参见表2，只统计赔款本金，不含利息。2.近代米价数据采用许道夫（1983）整理的近代粮价数据，原文为元/市担，按照1银元=0.72库平两折算为库平两/市担。

（二）庚子赔款与德国一战赔款的比较

从世界近代史看，战争赔款变为长期外债并非孤例，在赔款的债务化及其后果方面，庚

Silver Currency and Its Role
in the Evolution of Chinese History
白银货币与中国历史变迁问题研究

子赔款与德国一战赔款有相似之处。一战结束后,根据《凡尔赛和约》,战败国德国须向协约国支付巨额战争赔款。1921年1月,法、英、比、意四国组成的赔款委员会将德国赔款总额定为2 260亿金马克,分42年付清,同时将德国的全部海关收入宣布为缴付赔款的保证。由于战争破坏和战后鲁尔区被占领等影响,德国经济极度困难。政府靠增加纸币流通量的办法,仍无力支付赔款和填补巨额财政赤字,并催生了超级通货膨胀,1922年8月,1美元兑换1 000马克,到1923年底,1美元竟兑换42 000亿马克,德国经济退到原始物物交换,形成了严重的社会危机。在这种情况下,赔款委员会以及该委员会决定成立的两个专家委员会(由美、英、法、意、比五国财政专家组成)最终将德国赔款总额由2 690亿金马克削减至1 139亿金马克,并实施"道威斯计划"[1]"杨格计划"[2]帮助德国战后经济恢复。同时德国在20世纪20年代也通过向其他国家借债,偿付对英法等国的战争赔款。1924—1931年,德国对外支付赔款27.5亿美元,同期仅从美国就得到了22.5亿美元贷款。此时德国的赔款实际已经转化成为长期外债。经过二战之后,直到2010年10月,德国才还清一战赔款的所有本息,前后历经92年。[3]

从赔款的金额和占比看,根据White, Eugene N(2001)的估计,德国1925年财税收入约为142.8亿金马克,一战赔款相当于该年财税收入的7.98倍。根据麦迪森(2003)的估计,1929年德国的GDP约为759亿金马克,一战赔款占其经济总量的150%。赔款本金占德国财政收入和GDP的比重,远高于庚子赔款占中国财政收入和GDP比重(见表10)。但从每年实际支付赔款看,按照"杨格计划"安排,德国平均每年支付19.88亿金马克赔款,相当于1925年财税收入的13.9%,而庚子赔款初期每年支付本息2 183万海关两,约占中国1903年

---

[1] 1924年8月协约国批准了"道威斯计划":英美给予德国贷款,帮助其恢复经济,保证赔款偿付;暂不确定德国赔款总额和支付年限,支付方式为分期分批逐年提高,第一年10亿金马克,第二年12.2亿金马克,第三年15亿金马克,第四年17.5亿金马克,从第五年起每年支付25亿金马克;规定德国赔款来源50%来自关税收入和烟、酒、糖等消费间接税,26%来自铁路运输收入,其余来自工业利润。参见朱懋铎.第一次世界大战后的德国赔款问题[J].山东大学学报(哲学社会科学版),1990(03):19-24+47.

[2] 1929年6月,赔款委员会专家委员会提出了"完全彻底解决赔款问题"的报告,即"杨格计划",并获得特别专家委员会1930年海牙会议通过。该计划规定德国赔款总额由1 320亿金马克(相当于330亿美元)减至1 139亿金马克;赔款分59年还清,利率5.5%。设立由美、英、法、意、比五国组成的"国际清算银行",将德国赔偿给英、法、意、比的款项划转美国,以偿还有关国家欠美国的债务,款项改由外国货币支付(以前大部分用实物偿还)。参见朱懋铎.第一次世界大战后的德国赔款问题[J].山东大学学报(哲学社会科学版),1990(03):19-24+47.

[3] 德国一战赔款,按当时规定分59年还清。二战期间中断赔偿,二战结束后,联邦德国(西德)政府在1953年同意恢复赔偿一战赔款。同时民主德国(东德)也表示承认并偿还一战赔款。两德统一后,德国政府继续偿还一战赔款,到2010年还清所有赔款本息,前后历时92年。

财政收入的 21%。从支付赔款的进度看,从 1918 年到 1931 年,德国实际支付赔款共 370 亿金马克[1],占赔款本金的 32.5%,而中国庚子赔款仅晚清 10 年(1902—1911 年)就支付 2.01 亿海关两,占赔款本金的 44.6%。因此,虽然德国一战赔款本金占其经济总量的比例高于中国庚子赔款,但中国每年实际支付赔款的财政压力则高于德国。

表 10　德国一战赔款与庚子赔款实付金额比较

指标	德国一战赔款	中国庚子赔款
赔款本金	1 139 亿金马克	白银 4.5 亿海关两
赔款本金占财政收入	798%(1925 年)	433%(1903 年)
赔款本金占 GDP 比重	150%(1929 年)	2.06%~2.15%(1900 年)
赔款初期每年偿付额	19.88 亿金马克(1925 年)	2 183 万海关两(1903 年)
赔款初期每年偿付额占当年财政收入	13.9%(1925 年)	21.0%(1903 年)

从赔款的金融后果看,德国一战赔款导致了恶性通货膨胀,甚至跟纳粹上台都有很大关系,其根本原因是德国政府为支付赔款而滥发纸币。而清政府自 1862 年废弃户部官票和大清宝钞之后,一直到 1898 年中国通商银行发行兑换券之前,中国本土机构长达 30 多年未发行过纸币。在签订《辛丑条约》时,中国还没有真正的中央银行和政府信用纸币[2],政府不具备发行纸币支付赔款的条件,自然不会出现类似德国的恶性通胀。但相对于短期冲击,庚子赔款却在更长时段上影响了中国的财税、货币和金融市场体系(见第五部分)。

五、庚子赔款对近代中国财税、货币、金融的影响

(一)在财政税收方面:海关税务司借赔款扩张权力,成为独立于中国政府的"第二财政"

庚子赔款不仅改变了清政府的财政收支状况,也极大地影响了税收结构和财税管理体制。最突出地表现在关税制度方面。晚清丧失海关自主权是一个由来已久、逐步渐进的过程。从

---

[1] 德国赔款实付金额存在争议,协约国赔款委员会认为 1924 年之前德国支付了 104.26 亿金马克,德国政府则认为已支付 420.59 亿金马克。凯恩斯和"经济学会"的估算是:1924 年以前德国已支付 260 亿金马克,1924 年 9 月 1 日至 1931 年 6 月 30 日,德国支付了 110 亿金马克,总计 370 亿金马克,此处采用凯恩斯的估算数据。资料来源于科佩尔·平森.德国近现代史[M].北京:商务印书馆,1987:597.

[2] 1905 年清政府成立户部银行(后改为大清银行),发行银元票和银两票。但其性质仍然是银行兑换券,并非政府信用纸币。1935 年,国民政府法币改革之后才真正出现政府信用纸币。

Silver Currency and Its Role
in the Evolution of Chinese History
白银货币与中国历史变迁问题研究

1854年英国领事提出中外合组海关，英、美、法三国领事税务监督以来，中国海关主权逐步被外国控制，而庚子赔款的议定和偿付是其中一个关键节点。在庚子赔款之前，海关的行政权和关税征收权虽然由外籍总税务司把持，但是关税收入的存管及支配仍由清政府委派的海关监督掌理，国内贸易进出关卡所征收的国内关税（常关）全部由中方管理。在八国联军入侵和《辛丑条约》谈判期间，海关总税务司赫德利用英国人和中国政府雇员的双重身份，周旋于清政府与列强代表之间，成为幕后主导议和谈判的关键人物。赫德和海关税务司贺璧理等人一方面反对列强瓜分中国，建议"将赔款要求限制在适度和可行的范围以内"，避免清政府因为赔款直接崩溃；另一方面努力为列强提供可靠的赔款担保，并利用议定赔款的机会，巩固和扩大外籍税务司对中国海关的控制权（薛鹏志，1998）。最终庚子赔款方案在还款来源、支付方式等方面基本上按照赫德等人的方案，以海关关税、各通商口岸常关税及盐政各项进款作抵押，除田赋外，其他主要财税收入几乎都被抵押。同时，条约规定海关兼管通商口岸50里范围内的常关，而庚子赔款规定分39年摊还，使得海关税务司的特权至少可以延至1940年。在庚子赔款议定后的次年（1903年），清政府关税收入达3 022万两海关银，是鸦片战争时（1841年）的7.39倍，比甲午战争前（1894年）增长35.5%，关税占中央财政收入比重达到31.5%，分别比1841年和1894年提高18.1个和1.3个百分点[1]。

民国以后，外国人管理的海关税务司继续通过庚子赔款事务渗入中国内政，获得更多财税权力。在1910年之前，关税征收虽然由税务司负责，但关税税款的保管和赔款支付仍然由清政府海关道负责，由各地银号钱庄及大清银行分支机构具体经手。1911年武昌起义之后，列强以保障债权人利益为名，制定了《税款归还债赔各款办法》[2]，将关税保管权和赔款的支付权转至外籍海关税务司。至此，外籍海关税务司从庚子赔款前单纯的海关关税征收机构，变成了拥有海关及通商口岸常关的关税征收、税款保管和支配使用权的综合性财税机构，成为独立于中国政府的"第二财政"。第一次世界大战期间，北洋政府用停付或缓付的各国赔款等作为担保，大量发行国内公债，海关税务司进而控制了内债的发行和偿付。根据北洋政府的财政部长顾维钧记述，当时"任何债券不管用哪种形式以关税作担保，均须得到海关总税务司的同意"。否则，"债券就不能在市场上出售"，英国籍总税务司安格联甚至被外界称为"太上财政总长"[3]。南京国民政府成立后，海关税收在全部税项收入占比仍保持在50%以上，1928年高达69.1%[4]。直到1937年抗日战争全面爆发后，海关总税务司梅乐和仍然以"保

---

[1] 中央财政收入指中央政府货币性收入，包括税收、举债收入和官营事业收入，不包括地方财政收入，相关数据见邓绍辉.晚清赋税结构的演变[J].四川师范大学学报（社会科学版），1997（04）：105-113.

[2] 条约原文见王铁崖.中外旧约章汇编（第一卷）[M].北京：三联书店，1957.

[3] 顾维钧.顾维钧回忆录（第1分册）[M].北京：中华书局，1983：284，306.

[4] 杨荫溥.民国财政史[M].北京：中国财政经济出版社，1985：47.

持海关完整、维护税收"为名，主张向日本继续支付庚子赔款[1]。直到1939年初，国民政府才正式全面停止偿付庚子赔款，但税务司仍然控制中国海关主权。直到1949年中华人民共和国成立，以洋员税务司为主宰的海关制度才宣告结束。

（二）在金融市场方面：外商银行通过办理庚子赔款进一步强化其特权和优势，确立"隐性中央银行"地位

中国近代的中央银行制度出现于1927年，实质上到1935年法币改革之后，政府才统一货币发行权，出现真正意义上的中央银行。而在此前数十年，外商银行已经凭借市场优势以及母国列强的支持，在中国金融市场获得类似于央行的地位。滨下武志（1999）认为，1891年以后的外商银行，因为经营金银汇兑，对外承载着"稳定中国币制对外机能的作用"，对内"利用银两银元间的比价变动向钱庄进行银资金的贷款和回收"，"发挥着一种中国中央银行的机能作用。"戴建兵（2009）指出，甲午战争前，外国银行就已经成为中国发行货币的银行，又通过对钱庄的掌控而成为银行的银行。甲午战争后，外国银行通过提供贷款而成为中国政府的银行，"逐渐成为中国经济中隐性的中央银行"。本文认为，在外商银行成为"隐性中央银行"的过程中，办理庚子赔款的作用值得重视。19世纪70年代以后，外商银行逐渐取代洋行，掌控中国的贸易和金融市场，并介入地方政府举债。甲午战争之后，清政府为筹措战费和甲午战争赔款举借外债，外商银行获得向中央政府融资的机会，但此时外商银行在发行纸币、代理国库和掌控流动性方面的话语权还相当有限，尚未全面主导金融市场。《辛丑条约》谈判期间，英国提议设立"各国监督收存赔款银行委员会"。先由英国汇丰、德国德华、俄国道胜、法国汇理、日本正金等5家外国银行经收赔款。后来美国花旗银行、华比银行和荷兰银行又先后加入该委员会，将所收本息摊交各国。相关外商银行通过办理庚子赔款，强化了各方面的金融特权和市场优势，最终确立了在中国的"隐性中央银行"地位。

一是纸币发行规模和占比不断扩大，成为20世纪初中国最主要的"发行的银行"。从1847年开始，外商银行在中国境内发行钞票，但最初"由于外国银行发行钞票受资本额和准备金的限制，加之中国人并不乐意使用外国银行钞票，故流通量均不大"[2]。《辛丑条约》之前的1890—1900年，外商银行在华发行流通纸币折合银元约1 344万元，仅占当时中国货币流通量的1%（见表11）。《辛丑条约》签订以后，经收庚子赔款的外商银行得益于赔款带来的白银储备，货币发行迅速增长。到1910年，在华发行纸币的外商银行从4家增加到8家，其中经收庚子赔款的8家外商银行除荷兰银行之外，其余7家银行都在华发行纸币，外商银行在华发行纸币折合银元约3 537万元。到1927年，外商银行在华发行纸币折合银元达3亿

---

[1] 袁成毅.中国对日庚子赔款述略[J].抗日战争研究，1999（04）：41-55.
[2] 洪葭管.上海金融志[M].上海：上海社会科学院出版社，2003：179.

元，占当时流通中货币的 8% 以上，纸币发行量和占比都远超过中资银行。以花旗银行为例，1901 年花旗银行在美国成立时，仅是一个注册资本 300 万美元的小银行。1902 年，为适应美国收解庚子赔款的需要，花旗银行在上海设立分行，并自 1907 年起，在中国发行纸币。1910 年到 1933 年，其纸币发行额增加了 100 多倍，成为近代美国在华最大的银行。

表 11　外商银行在华发行纸币情况

年份	发行纸币银行数/家	纸币发行流通额/万元	占全部流通中货币比重/%
1890—1900	4	1 344	1.0
1910	8	3 537	2.7
1920	10	11 203	3.9~6
1927	19	30 000	8~10.9

资料来源：1. 纸币发行流通额见姜建清等（2016）：267-268，单位为折合中国银元；2.1900 年和 1910 年的流通中货币数量采用彭信威对清末货币流通总量的估计：流通中货币包括银元、银两、铜钱、铜元和纸币等，见彭信威（1988）：888-889 页；3.1920 年和 1927 年流通中货币数量采用 Thomas G.Rawski 对相关年份的估计，流通中货币包括现银、铜元和纸币，其中现银数量有高、低两个估计，占比区间表示根据高低两个估计测算的结果，见 Thomas G.Rawski（1989）。

二是全面代理国库收支，成为政府的银行。按照庚子赔款的最初约定，赔款汇总、支付事宜由上海的江海关道及其所属官银号经办，相关外商银行并不直接经手中国的国库收支。1911 年武昌起义之后，列强制定的《税款归还债赔各款办法》不仅将关税保管权和赔款的支付权转至外籍海关税务司，也使得各家外商银行成为具体经办关税存款及支付的金融机构。尤其汇丰银行既是庚子赔款中"镑亏借款"的融资机构[1]，又是存放保管关税、盐税等赔款来源最多的银行，特别是德华银行、道胜银行相继关闭后，海关全部收入都存储在汇丰银行。每年平均有 1.57 亿港元的关税、盐税等财政资金通过该行汇集和转拨赔付[2]。庚子赔款及其衍生业务使得汇丰银行对政府和金融市场的影响力不断提高，正如英国学者柯立斯（1979）指出"汇丰银行作为那些拨付赔款的公共税收的保管银行这一声誉，在某种意义上看，已使它成为中国的政府银行了"。

三是掌控中国金融机构的流动性来源，成为"银行的银行"。在庚子赔款之前，外商银行已经垄断了中国的白银进出口和国际汇兑，但是国内金融机构对外商银行的流动性依赖尚不算深。根据张国辉（1986）的研究，19 世纪 80 年代末，上海金融市场每年货币流转额近

---

[1] 1905 年赔款镑亏谈判结束之后，由于镑亏款交付期限紧迫，清政府以 5% 利率向汇丰银行借款 100 万英镑。
[2] 寿充一，寿乐英. 外商银行在中国[M]. 北京：中国文史出版社，1996：16.

1 000万两，而外商银行对钱庄的拆借不过300万两左右。从1902年开始，按《辛丑条约》规定，庚子赔款在上海开始偿付，加上此前其他外债，上海金融市场每年必须付出数千万两白银，随着各省摊派赔款，现银需求又传递到全国各地。形成了白银从中国城乡各地向省城和通商口岸等大城市集中，再在金融中心上海汇聚，最后流入外商银行的"新流向"。庚子赔款偿付常态化后的1910年前后，上海钱庄向外商银行的拆借额达1 100万~1 300万两。外商银行完全掌握了钱庄和中资银行等金融机构的流动性来源，成为市场上的"最后贷款者"。王玉茹等（2009）的研究表明，直到20世纪30年代，中资银行的市场地位才逐步超过外商银行。

（三）在货币流通方面：庚子赔款没有改变币制混乱的"旧制度"，又催生了"新周期"和"新危机"

一方面，庚子赔款加剧了晚清币制改革的紧迫性，却没能改变币制混乱的"旧制度"。19世纪下半叶，主要资本主义国家相继采用金本位制，金贵银贱成为长期趋势，而中国仍然以白银为主要货币。到19世纪末，中国已经成为当时世界上唯一仍以白银为主要货币的大国，而且市场上各种银两、银元混用，没有统一的法定货币。白银贬值和币制混乱加剧了外债和赔款负担。以庚子赔款为例，由于银价跌落，根据当时国际货币汇率，清政府每年在支付赔款本息之外，还要支付300万两左右的"镑亏"，成为一笔沉重的财政负担。由于赔款镑亏日益严重，加之英国、日本、美国等国出于自身利益，要求中国统一币制，清政府开始酝酿币制改革。1903年，海关总税务司赫德建议中国应首先统一全国银币，并确定银币与金价的固定比率，采用虚金本位。1904年，美国货币专家精琪应清政府邀请，来华帮助规划币制改革方案，其核心在于建立金汇兑本位制。1903年，清政府颁布上谕，计划统一铸造银币，并在天津设立户部铸造银元总厂，于1905年开始铸造银元。但是统一币制的举措很快受到地方既得利益的抵制，天津造币总厂铸造银元后，各省仍然自行铸造银元、铜元，以免铸币利益外流。列强也对中国币制改革各怀目的，美国希望借机将中国拉入美元国际集团，而英国则明确抵制。1903年的伦敦会商，美国建议为减轻清政府"镑亏"，庚子赔款在10年内仍按银支付，而英国直接拒绝讨论。总之，庚子赔款增加了晚清改革币制的紧迫性，却由于清政府与列强、中央与地方以及列强之间的利益纠葛，最终进展寥寥。此后，清政府和北洋政府虽然颁布了《厘定国币则例》和《国币条例》，确定了银本位制以及银币面额、重量、辅币等。但实际上，这些币制规章一直是纸上空文，中央与各省地方铸造的银元、银两、外国银币（洋钱）都按成色重量在市场流通，铜元和各种纸币包括官办银行券、民间纸币（私票）、外币和外商银行在华发行纸币都以白银为核心兑换，形成了中国近代特有的"白银核心型货币体系"（戴建兵，2012）。直到1933年国民政府"废两改元"，才真正确立了银本位制，此时距离清政府为弥补庚子赔款镑亏酝酿币制改革已经有30年。

另一方面，庚子赔款没有改变旧的货币制度，却催生了货币市场的"新周期"和"新危机"。从当时最主要的货币市场利率——上海银拆利率[1]看,按照中国传统的商业习惯,现银需求和资金拆借利率的高峰主要集中在农历月末。庚子赔款偿付后,由于庚子赔款在公历的月末支付,银拆利率出现了在公历月末利率升高,月中回落的新周期。根据蒋立场和王丽(2008)的统计,晚清偿付庚子赔款的1902—1911年,公历月中的银拆平均利率为0.16两,月末的银拆平均利率为0.24两,月末利率比月中高出50%。当这种"新周期"与原有的市场周期以及外部冲击相叠加的时候,就不可避免产生流动性风险乃至"新危机"。典型案例便是清末上海的"橡皮风潮"[2]。20世纪初,受国际市场橡胶(当时称橡皮)价格上涨推动,上海出现了橡皮股票投机热潮,当时上海钱庄可动用的资金几乎全部投入股票投机中。1910年6月,国际市场橡胶下跌,连带上海橡皮股票价格暴跌。1910年7月,囤积大量橡皮股票的上海正元、谦余、兆康等钱庄因资金周转不灵同时关闭歇业。作为主要资金提供者的外商银行也表示要"将所放之款收回",加剧了金融市场流动性紧张。此时,作为地方长官的上海道道台蔡乃煌不得不出面周旋,向汇丰、麦加利等9家外商银行借款350万两,另由道库拨官款300万两,贷给源丰润等几家上海主要的银号和钱庄,金融市场的流动性危机得到初步缓和。但蔡乃煌拨付救市的300万两官款来源于各省解付到上海的庚子赔款。1910年9月,清政府度支部下令上海道兼管的江海关提交当月应付的庚子赔款190万两。此时江海关的现银已贷给上海钱庄和银号,手头无款可交,只得请求朝廷度支部通过大清银行拨200万两救急。而度支部认为上海道"以市面恐慌为恫吓,以还期迫促为要求","不顾大局,实难再事姑容"。请求朝廷将蔡乃煌"即行革职",并要求在两个月之内,将钱庄存管的江海关庚子赔款悉数缴清。在政府催逼赔款资金的情况下,上海的主要银号源丰润于1910年10月倒闭歇业,亏欠公私款项2 000余万两,其设在各地的分号也同时歇业,在全国引起强烈震动。到1911年3月下旬,又有大票号义善源受源丰润银号牵累宣告破产,负债1 400多万两。从上海的钱庄总数看,1910年南北市有钱庄91家,源丰润银号倒闭之后降至51家,到1911年辛亥革命后只剩下28家[3],整个金融市场受到沉重打击。

需要指出的是,晚清民国时期中国财政金融货币的演变,无论是海关税务司成为"第二财政",还是外商银行的"隐性中央银行"地位,以及货币流通的"新周期"和"新危机",都不是庚子赔款单个因素的作用,而是多种政治经济因素以及其他重大历史事件共同参与的结果。限于篇幅,不再一一赘述。

---

1 上海银拆利率是近代上海金融同业拆借银两的利率,单位为1 000两上海规元的日拆借利息。
2 张国辉.二十世纪初期的中国钱庄和票号[J].中国经济史研究,1986(01):127-146.
3 中国人民银行上海市分行编.上海钱庄史料[M].上海:上海人民出版社,1960:188.

六、结论及思考

本文在前人研究的基础上，从债务视角出发，研究庚子赔款的债务化及其影响，得出以下几点结论：一是赔款的债务化偿付安排不仅受政治外交形势主导，也与国际货币金融存在密切关系。例如对庚子赔款债务年息4%的高低，以往研究未给出合理客观评价。本文通过比较同时期主要国家利率的长期变动趋势，指出庚子赔款利率在当时处于中等水平，既不是巨额赔偿之外的盘剥，也不是列强的让步或恩惠。庚子赔款偿付过程中的镑亏问题和金法郎案，直接原因是全球货币制度从金银复合本位转向金本位带来的白银过剩压力。通过梳理庚子赔款支付流程以及近代汇丰、花旗等银行在华的发展史，也可以发现近代史上战争赔款、重大外交事件与金融机构特别是银行的跨国经营存在密切联系。二是在评估历史数据的经济意义和进行跨期比较时，选择价值尺度标准非常重要。特别是近代，白银货币的购买力变化很大，对白银计价的赔款、债务、财政收入、国内生产总值等项目进行经济分析和跨期折算比较时，不能进行简单的数量加总。较为稳妥的方法是使用不变价国际元或粮价等为基础，对具体历史年份的白银购买力进行折算。三是战争赔款的经济影响不仅取决于其支出总量，也取决于经济治理能力和财税金融制度。一般而言，国家经济治理能力和资金筹措动员能力强，则赔款对本国的冲击较小；国家财税金融制度落后，则受到的冲击较大。本文将庚子赔款与德国一战赔款进行初步比较。指出德国在一战之后面临的巨额战争赔款也是靠借外债偿付，造成货币滥发、恶性通货膨胀、经济崩溃和全方位社会危机，这些与庚子赔款有很多共性。庚子赔款本金占中国经济总量比重，低于德国一战赔款本金占其经济总量比重；但中国每年实际支付赔款的财政压力则高于德国。推而广之，近代国际上重要战争赔款的实际支付额及占本国经济总量、财政收入的比重；赔款国的资金筹措动员能力以及本国财政金融发展水平对赔款的影响；战争赔款对本国经济金融制度变迁的影响等，都值得作为进一步比较分析的对象。如1871年普法战争后，德国要求战败的法国赔偿50亿法郎，赔款约占当时法国GDP的四分之一，被有的学者称为"历史上一国向另一国支付的最为庞大的财产"（Gavin. M，1992）。而法国政府通过两次发行高利率国债筹措资金，增加间接税和提高关税实现国际收支平衡，结果仅用两年多时间就付清了赔款，迫使德国提前从法国撤军。赔款之后，法国消费减少，储蓄和出口增加，长期利率很快回落至战前水平，法国国力并未受到明显削弱。而中国庚子赔款和德国一战赔款却产生较为严重的经济社会后果，其原因值得进一步深入研究。

参考文献

［1］安格斯·麦迪森.世界经济千年史［M］.北京：北京大学出版社，2003.

［2］安格斯·麦迪森.中国经济的长期表现：公元960—2030年［M］.北京：北京大学出版社，

2011：157.

［3］滨下武志.近代中国的国际契机：朝贡贸易体系与近代亚洲经济圈[M].朱荫贵，欧阳菲，译.北京：中国社会科学出版社，1999.

［4］戴建兵.中国近代的白银核心型货币体系（1890—1935）[J].中国社会科学，2012（09）：189-205+209.

［5］戴建兵.隐性中央银行：甲午战争前后的外商银行[J].安徽师范大学学报（人文社会科学版），2007（03）：277-285.

［6］戴一峰.论清末海关兼管常关[J].历史研究，1989（06）：95-108.

［7］邓绍辉.晚清赋税结构的演变[J].四川师范大学学报（社会科学版），1997（04）：105-113.

［8］费正清编.剑桥中国晚清史（下卷）[M].中国社会科学院历史研究所编译室译.北京：中国社会科学出版社，2006：9.

［9］顾维钧.顾维钧回忆录（第1分册）[M].北京：中华书局，1983.

［10］海关总署研究室编译.中国海关与庚子赔款[M].北京：中华书局，1983.

［11］洪葭管.从汇丰银行看帝国主义对旧中国的金融统治[J].学术月刊，1964（04）：35-47.

［12］洪葭管.上海金融志[M].上海：上海社会科学院出版社，2003.

［13］洪葭管等.中国金融通史（国民政府时期1927—1949）[M].北京：中国金融出版社，2008.

［14］何平.论不完全财政体制对清代社会的破坏机制[J].学术研究，2004（06）：89-94.

［15］侯中军.庚子赔款筹议方式比较研究[J].清史研究，2014（02）：102-110.

［16］霍默等.利率史（第四版）[M].北京：中信出版社，2010.

［17］姜建清，蒋立场.近代中国外商银行史[M].北京：中信出版社，2016.

［18］金星晔，管汉晖，李稻葵，BROADBERRY Stephen.中国在世界经济中相对地位的演变（公元1000—2017年）——对麦迪森估算的修正[J].经济研究，2019，54（07）：14-29.

［19］金源云，李国强.鸦片战争赔款实付银两数额再研究[J].河北大学学报（哲学社会科学版），2017，42（01）：86-91.

［20］蒋立场，王丽.试论清末十年金融市场之嬗变[J].中国矿业大学学报（社会科学版），2008（03）：108-111.

［21］科佩尔·平森.德国近现代史[M].北京：商务印书馆，1987：597.

［22］李稻葵，金星晔，管汉晖.中国历史GDP核算及国际比较：文献综述[J].经济学报，2017，4（02）：14-36.

［23］刘逖.前近代中国总量经济研究（1600—1840）——兼论安格斯·麦迪森对明清GDP的估算[M].上海：上海世纪出版集团，2010：224-225.

［24］梁义群.庚子赔款与晚清财政的崩溃[J].社会科学辑刊，1992（03）：106-110.

［25］毛里斯·柯立斯.汇丰银行百年史［M］.北京：中华书局，1979.

［26］宓汝成.庚子赔款的债务化及其清偿、"退还"和总清算［J］.近代史研究，1997（05）：41-77.

［27］宓汝成.庚款"退款"及其管理和利用［J］.近代史研究，1999（06）：64-100.

［28］彭信威.中国货币史［M］.上海：上海人民出版社，1988.

［29］戚其章.甲午战争赔款问题考实［J］.历史研究，1998（03）：64-77.

［30］寿充一，寿乐英.外商银行在中国［M］.北京：中国文史出版社，1996：16.

［31］苏黎明.庚子赔款的四次变故［J］.求是学刊，2001（02）：105-111.

［32］申学锋.清代财政收入规模与结构变化述论［J］.北京社会科学，2002（01）：84-90.

［33］孙涛.1890至1912年日本军费政策研究［D］.渤海大学，2017.

［34］陶思曾.藏輶随记［M］//吴丰培.川藏游踪汇编.成都：四川民族出版社，1985：365.

［35］王铁崖.中外旧约章汇编（第一卷）［M］.北京：三联书店，1957.

［36］王玉茹，燕红忠，付红.近代中国新式银行业的发展与实力变化［J］.金融研究，2009（09）：175-191.

［37］王树槐.庚子赔款［M］.台北："中央研究院"近代史研究所，1984.

［38］巫宝三.中国国民所得1933修正［J］.社会科学杂志，1947，9（2）.

［39］献可.近百年来帝国主义在华银行发行纸币概况［M］.上海：上海人民出版社，1958：51.

［40］徐义生.中国近代外债史统计资料：1853—1927［M］.北京：中华书局，1962.

［41］许道夫.中国近代农业生产及贸易统计资料［M］.上海：上海人民出版社，1983：89.

［42］薛鹏志.中国海关与庚子赔款谈判［J］.近代史研究，1998（01）：173-190.

［43］杨荫溥.民国财政史［M］.北京：中国财政经济出版社，1985.

［44］袁成毅.中国对日庚子赔款述略［J］.抗日战争研究，1999（04）：41-55.

［45］张国辉.二十世纪初期的中国钱庄和票号［J］.中国经济史研究，1986（01）：127-146.

［46］朱懋铎.第一次世界大战后的德国赔款问题［J］.山东大学学报（哲学社会科学版），1990（03）：19-24+47.

［47］周育民.试论息借商款和昭信股票［J］.上海师范大学学报（哲学社会科学版），1990（01）：70-74.

［48］中国近代史资料丛刊编辑委员会.中国海关与庚子赔款［M］.北京：中华书局，1983.

［49］中国人民银行总行参事室.中国清代外债史资料（1853—1911）［M］.北京：中国金融出版社，1991.

［50］中国人民银行金融研究所.美国花旗银行在华史料［M］.北京：中国金融出版社，1990.

［51］中国人民银行上海市分行.上海钱庄史料［M］.上海：上海人民出版社，1960.

［52］Bureau of Economic Analysis.The annual consumer price index for the United States,

1774—2008[M].Measuring Worth, 2009.

［53］Davis, Clarence B.Financing Imperialism: British and American Bankers as Vectors of Imperial Expansion in China, 1908—1920[J].Business History Review, Cambridge University Press, 1982, Vol.56（2）: 236-264.

［54］Frank. H. King. The Boxer Indemnity: Nothing but Bad [J].Modern Asian Studies, Vol.40, No.3, 2006（7）: 663-689.

［55］Michael H. Hunt. The American Remission of the Boxer Indemnity: A Reappraisal[J]. The Journal of Asian Studies, Volume 31, Issue 3 May , 1972 : 539-559.

［56］Gavin, M. Inter temporal Dimensions of International Economic Adjustment: Evidence from the Franco－Prussian War Indemnity [J].American Economic Review, 1992, Vole. 82.

［57］Thomas G.Rawski.Economic Growth in Prewar China [M].University of California Press, Berkeley Los Angeles, Oxford, 1989: 394.

［58］White, Eugene N. Making the French pay: The costs and consequences of the Napoleonic reparations [J].European Review of Economic History, 2001（5）: 351.

后　记

　　本书是在中国人民银行易纲行长、郭树清书记、陈雨露副行长、范一飞副行长、刘桂平副行长等多位行领导的亲自指导与关心下，由《白银货币与中国历史变迁问题研究》编写委员会组织编写的，汇集了近年来人民银行组织开展中国历史上的白银货币问题研究的主要成果。这些成果的取得，得益于人民银行行领导的悉心指导和货币史研究平台的良好运行，有赖于人民银行分支机构的积极参与，离不开行内外专家学者的宝贵意见。

　　感谢中国钱币博物馆、中国印钞造币总公司、中国金币总公司、上海黄金交易所等货币史研究平台单位，充分发挥各自优势，为课题设立、学术研讨、论文评审等工作提供全方位支持！

　　感谢人民银行各分支机构为金融史、货币史研究提供各种人力、物力支持，感谢各位研究人员的辛勤劳动！

　　感谢人民银行办公厅李文森主任，中国钱币博物馆周卫荣馆长、高聪明副馆长，中国国际经济关系学会曹志鸿副秘书长，复旦大学吴景平教授，中国人民大学何平教授，中国社会科学院石俊志研究员，河北师范大学戴建兵教授，云南省社会科学院王文成研究员，安徽师范大学马陵合教授，北京大学管汉晖长聘副教授，陕西师范大学石涛副教授，中国社会科学院熊昌锟副研究员，中国工商银行蒋立场博士等同志提供宝贵意见，或给予各种形式的支持。感谢吴景平、管汉晖等专家学者承担重大课题研究任务。

　　在本书的出版过程中，中国金融出版社李融主任和董飞编辑提供了大力支持和帮助，特表示衷心的感谢！

编写组
2021 年 1 月